Kalewipoeg.

Aus dem Estnischen

übertragen

von

F. Löwe.

Mit einer Einleitung und mit Anmerkungen

herausgegeben

von

W. Reiman.

Reval 1900.
Verlag von Franz Kluge.

Дозволено цензурою. — Юрьевъ, 18 февраля 1900 года.

1973
Verlag Harro v. Hirschheydt
Hannover-Döhren
ISBN 3-7777-0892-5

Einleitung.

Herder, der zuerst mit empfänglicher Seele auf die Stimmen der Völker lauschen lernte und in ihnen eines Gottes Stimme erkannte, gab zur Beachtung und Sammlung estnischer Volkslieder den ersten Anstoß. Als er die Herausgabe seiner „Volkslieder" oder, wie sie später betitelt wurden, „Stimmen der Völker in Liedern" vorbereitete, veranlaßte er den bekannten Prediger in Oberpahlen, August Wilhelm Hupel, für seine Sammlung estnische Volkslieder aufzuzeichnen. Die Zusendung vermittelte Herder's Verleger Hartknoch in Riga [1]). Aus der Sendung veröffentlichte Herder unter „Lieder aus dem hohen Norden" acht estnische Volksgesänge, während er zweien die Aufnahme versagte. Die Originale sind im Herder'schen Nachlaß von Prof. Dr. B. Suphan aufgefunden und von Prof. Dr. Leo Meyer in den Druck gegeben worden [2]). Aber selbst ein Herder vermochte das tief eingewurzelte Vorurtheil gegen die estnische Volksdichtung nicht zu heben. Sogar der berufenste Vertreter der estnischen Sprache damaliger Zeit, Pastor Hupel, charakterisirt das estnische Volkslied als elend und unausstehlich kindisch [3]). Diese hausbackene Ansicht über den Werth der Volkspoesie blieb noch Jahrzehnte hindurch maßgebend. Die von Pastor J. H. Rosenplänter herausgegebenen Beiträge zur genaueren Kenntniß der estnischen Sprache (20 Hefte. 1813—1832.) brachten so manche Perle echter Volkspoesie, so namentlich aus der reichhaltigen Sammlung des Pastors A. Knüpffer zu St.-Catharinen, aber ein tieferes Verständniß geht auch diesen Sammlern völlig ab. Mit Mitleid, wenn nicht

---

[1]) Leo Meyer, Ueber einige estnische Volkslieder und ein finnisches Lied bei Göthe. Verhandlungen der Gelehrten Estnischen Gesellschaft VII. Heft 4. S. 41 ff.

[2]) Acht estnische Volkslieder aus Herders Nachlaß. Verh. der Gel. Estn. Ges. XVI, 239—267.

[3]) Topographische Nachrichten von Lief- und Estland II, 158—161.

mit Verachtung sprechen sie von den „sogenannten" Liedern der Esten, denn mehr als dem Namen nach seien sie schwerlich Lieder[1]). Aus ihnen leuchte nichts weniger als poetisches Talent hervor. „Von Kunst darf bei ihnen vollends nicht die Rede sein. Es sind meist unzusammenhängende Aeußerungen, deren Urheber die Melodien dazu nebst dem Tact wohl nach den Tönen und Bewegungen ihres brauchbarsten Gefieders und Viehes componirten[2])". Es bleibt schlechterdings unverständlich, wie der Herausgeber trotz eines solchen Standpunktes auch noch weiterhin in den „Beiträgen" Proben „estnischer Volkspoesien" veröffentlichen konnte. Rosenplänter's „Beiträge" sind es nun auch, die uns die früheste Kunde von Kalewipoeg bringen. In dem Vierzehnten Heft, welches Christfried Ganander Thomasson's finnische Mythologie enthält, schreibt der Uebersetzer Christian Jaak Peterson Anmerkung S. 102: „Bei den Ehsten erzählt man von einem Sohne Kalewa's (kallewe-poeg), daß er grasreiche Landstriche mit einem hölzernen Pfluge durchfurcht habe, und daß seit der Zeit auf ihnen auch kein Grashalm mehr wachse. Dieser bösartige Riese stellte auch dem weiblichen Geschlechte nach." Diese Bemerkung ging in Jacob Grimm's Deutsche Mythologie über, vermochte aber das Interesse zur weiteren Verfolgung der Sage nicht wachzurufen, noch weniger das einmal gefaßte Vorurtheil gegen das estnische Volk und gegen seine Geistesschöpfungen zu brechen. Zudem galt es erhebliche Schwierigkeiten zu überwinden, um in den Besitz von estnischen Liedern und Sagen zu gelangen. Gegen den Fremden zeigte der Este große Zurückhaltung und ein weitgehendes Mißtrauen, das in jedem Versuche, in seine alten Ueberlieferungen tiefer einzudringen, eine gefährliche Absicht argwöhnte und seinen liederfrohen und sagenkundigen Mund verschloß[3]). Als Kreutzwald bei Weißenstein in Estland ein von einem Mädchen gesungenes Schaukellied aufschrieb, hörte er von einem nebenstehenden Esten die Bemerkung: „Nicht genug, daß wir der Herrschaft schon von Allem den Zehnten geben müssen, wollen sie jetzt auch noch den Liederzehnten bei uns einführen, damit Alles verzollt werde.".[4]) Andererseits sprach Herrnhut und der Pietismus über das Volkslied das Anathema aus. Es wurde als „tühi lori" (leeres Geschwätz) gebrandmarkt und war als „päris kuradi teenistus" (reiner Teu-

---

1) Bachmann, Poesien der Esten. Beiträge II, 73.
2) Frey, Ueber die Estnische Poesie. Beiträge II, 16.
3) F. R. Fählmann, Estnische Sagen. Verh. der Gel. Estn. Ges. I. H. 1 S. 38 ff. J. Bonbrig, Volkssagen und Traditionen aus dem eigentlichen Estlande, besonders aus Harrien und Wieck. Ibidem. II. H. 3. S. 50 ff.
4) Kreutzwald, Mittheilungen über Volkslieder bei den im Pleskauschen Gouvernement angesiedelten Esten. Verh. der Gel. Estn. Ges. II. H. 2. S. 44. ff. O. Kallas, Jutt neist kahest, kes wälja läksiwad wanawara korjama. Eesti Üliõplaste Seltsi Album I, 139 ff.

felsdienst) verpönt.¹) Unter der Ungunst solcher Verhältnisse hatten namentlich diejenigen Ueberlieferungen zu leiden, welche an den Namen jenes oben erwähnten uralten Heros Kalew anknüpften, dessen Andenken in seinen angeblichen Söhnen (Kalewi pojad) selbst bei den Lappen nachklingt²) und nach welchen das eigentliche Finland in alten Sagen Kalevala heißt. Besonders „die mythischen Stoffe, auf denen das Epos beruht, die im Alterthum wacher Stämme obschwebten, leibhafte Gestalt gewannen und ganze Zeiten hindurch fortgetragen waren,"³) mochten den frommen Eiferern seelengefährdend vorkommen.

Da erschien zu Ende des Jahres 1835 Lönnrot's Kalevala eli Karjalaisten Runoja Suomen vanhoista ajoista (Kalevala oder Karelische Gesänge aus den ältesten Zeiten Finlands). Die Kunde von der Begeisterung, welche das Werk in den Gemüthern der aufgeweckten jungen Generation Finlands entfachte, muß sich schnell über den Finnischen Meerbusen auch nach Estland verpflanzt haben, wo namentlich der verdiente estnische Sprachforscher Pastor Eduard Ahrens zu Kusal mit den finnischen Gelehrten rege Beziehungen unterhielt. Schon der Gesammtname Kalevala, unter welchem Lönnrot die Karelischen Runen herausgab, sowie die Bezeichnung der vornehmsten Gestalten des großen Sagenkreises mit Kalevan pojat mußte lebhaft an den estnischen Kalewipoeg erinnern, „dessen sichtbare Spuren das Volk in Granitblöcken sah, von denen es glaubte, er habe sie herumgeschleudert, in großen Felsen, die es als seine Sitze bezeichnete," und an dessen Thaten viele Ortsnamen erinnerten. So sehen wir, daß schon ein Jahr nach dem Erscheinen der Kalevala Pastor Gustav Heinrich Schüdlöffel zu Jegelecht, ein Freund des Pastors Ahrens, mit einem ganzen Cyclus von Kalewipoeg-Sagen hervortrat, die er aus dem Munde verschiedener nationalen Erzähler vernommen hatte⁴). Hier tritt zum ersten Mal Kalewipoeg aus dem dichten Nebel der Vorwelt hervor und wir gewinnen von ihm ein anschauliches, scharf gezeichnetes Bild „als von einem gewaltigen Recken, gigantisch von Körperbau und von überaus großer Stärke."

Schüdlöffel hatte seinen Artikel im „Inland" mit den Worten geschlossen: „Wen treffen diese Zeilen? Hoffentlich auch solche, die mehr geben können und wollen, berichtigend und ergänzend diese Bruchstücke."

---

1) M. Weske, Ueber das estnische Volkslied. Sitzungsberichte der Gel. Estn. Ges. 1874. S. 68—76. Bertram-Schultz, Zur Geschichte und zum Verständniß der estnischen Volkspoesie. Baltische Monatsschrift II, 433—437.

2) W. Schott, Erman's Archiv für wiss. Kunde von Rußland, XIII, 4. O. Donner, Lieder der Lappen S. 7 ff.

3) J. Grimm, Ueber das finnische Epos, Höfer's Zeitschrift für die Wissenschaft der Sprache I, 12.

4) Káallew's Sohn. (Kallewi poeg). Inland. 1836. Sp. 529—536.

Aber seine Bitte verhallte ungehört. Das von ihm gezeichnete Bild des Kalewipoeg mochte wenig anziehen und zum weiteren Sammeln anspornen. Die estnische Heldensage etwa in ähnlicher Weise zu bearbeiten wie Lönnrot in Finland mit den epischen Gesängen seiner vaterländischen Vorzeit gethan, fiel Niemandem ein, wie denn das von Schüdlöffel Ueberlieferte auch in ungebundener Rede vorerzählt und aufgeschrieben war. Zudem mangelte es an einem einigenden Mittelpunkt für gleichgesinnte Männer, an einer Gesellschaft, welche die Mittel hätte beschaffen können, wie in Finland, wo die 1831 gegründete Finnische Literaturgesellschaft (Suomen Kirjallisuuden Seura) in hingebendster und fruchtbringendster Weise die Bestrebungen Lönnrots gefördert hatte und sie noch weiterhin kraftvoll unterstützte. Zwar hegte Dr. Friedrich Robert Fählmann[1]) in Dorpat schon seit geraumer Zeit einen gleichen Wunsch, einen Verein ins Leben zu rufen, der sich zur Aufgabe stellte, die wenigen historischen Erinnerungen des estnischen Volkes in Liedern und Sagen zu sammeln, soweit sie noch erreichbar, und sie vor dem gänzlichen Untergange zu retten[2]), aber erst 1838 verwirklicht sich diese seine Lieblingsidee. Voll Freude schreibt er den 30. März 1838: „Die Estnische Gesellschaft ist begründet und bestätigt. Lasset uns fleißig schaffen!" Laut § 1 der Statuten hatte die Gesellschaft zum Zweck, „Die Kenntniß der Vorzeit und Gegenwart des estnischen Volkes, seiner Sprache und Literatur, so wie des von ihm bewohnten Landes zu fördern". Die neu gegründete Gesellschaft machte sich mit Ernst an ihre hohe Aufgabe, zu deren Lösung bisher so wenig geleistet worden war. Mit für eine ihrer dringendsten Pflichten hielt sie das Sammeln, die Herausgabe und die Bearbeitung der nationalen Poesie die schon damals im Erlöschen begriffen war. Auf diesem Wege allein konnte auf die früheste Vergangenheit des estnischen Volkes einiges Licht fallen, wo die Blätter der Geschichte schweigen. Die aus einer besseren Vergangenheit stammenden Sagen mußten jedenfalls für den Geist und den früheren Culturzustand des Volkes wichtige Aufschlüsse darbieten. Namentlich Fählmann war von dieser Anschauung tief durchdrungen, wie

---

1) Friedrich Robert Fählmann, geboren den 20. December 1798 zu Hageweid, einem Landgute im St.-Marien-Magdalenen'schen Kirchspiel in Estland, bezog 1814 das Gymnasium zu Dorpat, studirte 1817—1825 in Dorpat Medicin, promovirte 1827 zum Dr. med. und wirkte bis zu seinem den 10. April 1850 erfolgten Tode als practischer Arzt in Dorpat. 1842—1850 bekleidete er das Amt eines Lectors der estnischen Sprache an der Landesuniversität, 1843—1850 stand er der Gelehrten Estnischen Gesellschaft als Präsident vor. Zu seiner Lebensgeschichte vgl. Kreutzwald, Dr. Friedrich Robert Fählmann's Leben, Verh. der Gel. Estn. Ges. II. H. 4. S. 4—50. J. W. Jannsen, Friedrich Robert Fählmann, Tähtsad mehed. I, 26—46. W. Reiman, Friedrich Robert Fählmann, Eesti Üliôplaste Seltsi Album IV, 1—33.

2) Kreutzwald, Dr. Friedrich Robert Fählmann's Leben. Verh. der Gel. Estn. Ges. II. H. 4. S. 33—34.

auch dieser Aufgabe durchaus gewachsen. Er selbst war aus dem Volke
hervorgegangen und kannte genau dessen Sprache, Sitte und Sage. Schon
dem Knaben erschloß sich die reiche Sagenwelt der Esten, als Jüngling
war er von dem lebhaftesten Interesse für die estnische Nationalpoesie beseelt, als Mann überall bestrebt, dem Volke seine Lieder abzulauschen, wo
sich ihm irgend eine Gelegenheit bot. In frühester Jugend schon hatte
der Knabe an seinem Geburtsort Hageweid reichliche Gelegenheit in den
düsteren, spärlich erleuchteten Räumen der Gesindestube den „schauerlichen,
wundervollen" Märchen und Sagen seines Volkes zu lauschen. Ihrer tie-
feren Bedeutung unbewußt hatte er die empfangenen Eindrücke lebendig
bewahrt, welche ihm später nach seinem eigenen Ausdruck zum „Ariad-
nens Faden" wurden, vermittelst dessen er verborgene Schätze aus dem
inneren Volksleben an den Tag brachte, die man bis dahin nicht gekannt
hatte. Vermöge seines trefflichen Gedächtnisses behielt er neben dem Inhalt die eigentliche Färbung des Erzählungstones, wodurch er das Gehörte oft wortgetreu wiedergeben konnte. In den Sommerferien seiner
Studienjahre machte er Excursionen nach allen Richtungen, um den reichen
Schatz der in der Kindheit gehörten Sagenwelt zu ergänzen und zu er-
weitern. Bei solchen Gelegenheiten mischte er sich am liebsten ungekannt,
„nicht ganz in der Kleidung und Haltung der Nationalen, aber doch sich
ihnen annähernd" unter das Volk, wo er, mit der genuinen Sprache und
den Sitten völlig vertraut, so gut die angenommene Rolle spielte, daß
nicht leicht Jemand gegen ihn Verdacht schöpfte, noch weniger die gegen
Fremde oder Höherstehende beobachtete Zurückhaltung zeigte[1]). Zuweilen
wurde er aber dennoch „von deutschem Geruch" erkannt und die jungen
Bursche drohten „ihm das unberufen Gehörte mit derben Schlägen aus-
zuklopfen". Nur der rechtzeitigen Warnung eines gutmüthigen Mütterchens verdankte er einst, daß er seinen Verfolgern entrann[2]). Sein Be-
mühen war unabläßlich darauf gerichtet, alle historischen Erinnerungen
des Volkes in Sagen und Liedern zu sammeln. Besonders hatten es ihm
aber diejenigen Erzählungen und Volkslieder angethan, in welchen der
Held des Volkes, Kalewipoeg, erwähnt wurde. Schon sehr frühzeitig
scheint er an eine Sammlung dieser Bruchstücke gedacht zu haben. Bereits
1833 schreibt er: „Von Kalewipoeg habe ich noch nichts zu Papier bringen können."[3]) Nach dem Vorgange Finlands legte sich ihm der Gedanke nahe, daß es möglich wäre, auch in Estland ähnliches zu schaffen
und die zerstreuten Theile der Kalewidensage in ein Ganzes zu vereinigen.

---

1) Kreutzwald a. a. O. S. 8, 19.
2) Fählmann, Die Sage vom Kallewi poeg. Handschriften der Gel. Estn. Ges.
AA. Nr. 214, 4. und 15. Blatt.
3) Kreutzwald a. a. O. S. 33.

Wie aus den Verhandlungen der Gel. Estn. Ges. I. H. 1. hervorgeht, war die finnische Kalevala unter den Gliedern der Gesellschaft Gegenstand lebhafter Auseinandersetzungen. Cand. H. J. Holmberg lieferte eine Uebersicht des Inhalts der Kalevala und nachträglich eine estnische und deutsche Uebersetzung des Prologs. Nicht minder anregend wirkten die von Prof. Preller gelieferten Vorträge über die finnische Sage. Aber schon früher, auf einer der ersten Sitzungen der Gesellschaft, hatte Fählmann den Kalewipoeg zur Sprache gebracht. Sein den 4. Januar 1839 gehaltener Vortrag liegt uns noch jetzt im Wortlaut vor und wird in der Handschriftensammlung der Gel. Estn. Ges. AA. Nr. 214 aufbewahrt. Einleitend bemerkt Fählmann: „Heute will ich Ihnen einen Sagencyclus vorführen. Die Sagen erhalten aber um so mehr Werth, wenn wir auch das Volk kennen, dem sie angehören. So Mancher ist in Estland gewesen Jahre lang, er hat das Volk nicht kennen gelernt, ja es ist so Mancher daselbst geboren, aufgewachsen und zum Mann gereift und weiß vom Esten nichts weiter, als daß er un deutsch spricht, einen schwarzen Rock trägt und ein Mann ist, der im Linné'schen System so allenfalls die Lücke zwischen Menschen und Vieh füllen könnte. Schiefe Ansichten machen sich durch Vorurtheile und mangelhafte Beobachtung. Beobachten wir aber den Esten ohne Vorurtheil, ohne Brille, scharf mit eigenen Augen, so finden wir in ihm einen ganz herrlichen Menschen, beschränkt in vieler Hinsicht — doch nur, weil ihm Gelegenheit zur Bildung mangelte, ehrlich, duldsam, vor tiefem Gemüth und von einer Festigkeit des Charakters, die oft und oft an Unbeugsamkeit, Starrheit und Verschrobenheit grenzt. Der Deutsche hat sich alle Mühe gegeben 700 Jahre lang, ihn zum Vieh herabzuwürdigen — es ist ihm nicht gelungen; Krieg und Pest haben das Ländchen während dieser Unglückszeit öfter und ärger heimgesucht, als vielleicht kein anderes und dennoch hat sich der Este Liebe zu Gott und zu seinem Vaterlande erhalten; neue Verhältnisse, die das Land umgestalteten, eine neue Religion, die seiner alten schlechten Gottesverehrung sich schroff entgegenstellte, haben dennoch nicht vermocht, auch ihn umzugestalten. Der Este ist zum Theil noch geblieben, wie ihn die Bremer Kaufleute vor 700 Jahren fanden.

Von verschiedenen Seiten kann der Beobachter in das Volksleben der Esten einzudringen suchen, und er wird überall volle Befriedigung finden. Ich als Sagenmann will Sie heute in die Sagenwelt einführen. Von einem schönen Sagencyclus will ich das wiedergeben, was mein leider zu ungetreues Gedächtniß noch nicht verschleudert hat. Ich meine die Sage vom Haupthelden der Esten, ihrem herrlichen Kalewipoeg".

Des Weiteren versucht Fählmann für die Heldensage dadurch ein nachhaltigeres Interesse zu erwecken, daß er Bruchstücke mittheilt, welche er aus dem Munde des Volkes gehört, gesammelt und geordnet hatte. Das Bild, welches er hier vom Leben und von den Thaten des Kalewipoeg entwirft, stimmt in Großen Zügen mit dem, wie es später Kreutzwald in seiner Bearbeitung zeichnet. Als Wesentliches vermissen wir jedoch hier gänzlich die Fahrt des Kalewipoeg nach Finland und alles, was damit zusammenhängt. Fählmann schließt:

„Die estnischen Sagen sind eine Beute noch in den Händen der Zeit; sie hat mit ihren Stürmen und Regengüssen darin herumgerast und manche Zeile ist verwischt und manches Blatt vermodert. Diese kleine Skizze möge mehr zum Weiterforschen ermuntern, als sie auf Vollendung Anspruch machen kann."

Die mitgetheilten Fragmente, welche später Professor F. Kruse in seine „Ur-Geschichte des Ehstnischen Volksstammes" S. 175—184 aufnahm,. erregten großes Aufsehen und man war sehr gespannt, mehr davon zu hören. Die größte Begeisterung, ja schwärmerischen Eifer legte Dr. Georg Schultz (Bertram) aus St. Petersburg an den Tag, der über diesen Gegenstand in einer späteren Sitzung derselben Gesellschaft einen ebenso geistreichen, als warmen Vortrag hielt, in welchem er der Kalewidensage noch eine große Zukunft prognosticirte[1]). Unter Anderem sagte er: „Denken Sie sich, welch erhebenden Einfluß auf ein niedergetretenes Volk das erwachte Bewußtsein geschichtlicher Existenz und Größe haben muß! Ginge es ihm nicht wie jenem Bettler, dem man plötzlich sagt: Du bist ein Königssohn! — Denn beweist wohl irgend etwas unwidersprechlicher die geschichtliche Bedeutung eines Volkes als der Besitz einer Epopöe. Uns aber, als den Beförderern der geistigen Wiedergeburt dieses Volkes, uns, den Philistonen, gebührt es, diesen Torso, der verstümmelt und mit späteren Zusätzen verunstaltet in den entlegendsten Winkeln der Provinz seiner Anerkennung entgegenharrt — diesen in abgelegenen Thälern und tiefen Wäldern verhallenden Gesang — auf eine seiner würdige Art in die Reihen der glänzenden Erzeugnisse des menschlichen Geistes einzuführen. Dadurch könnte es vielleicht gelingen, das Volk zum Bewußtsein zu bringen, ihm Selbstgefühl einzuflößen und indem man ihm die Erbschaft einer großen Vergangenheit übergiebt, es von der erbärmlichen Tendenz zurückzubringen, in ein copirtes Zwittergeschlecht auszuarten. Hierdurch würde die Hauptaufgabe des Vereins gelöst werden können: denn ich glaube, meine Herren, daß Sie dieses bezwecken. Oder was ist unsere Absicht, was ist unsere Tendenz? Glauben wir an eine Zukunft des Volkes oder nicht? Ist es wahrscheinlicher, daß es allmälig in eins von den beiden mächtigen Nachbarvölkern sich verlieren sollte? Aber wozu diente denn das Bestreben, ein Gebäude stützen zu wollen, das den Keim des Verfalls schon in sich trägt? Nein — ich glaube an eine originelle Kraft des Volkes. Ich glaube, daß es in der langen Völkerreihe gleichsam ein Element

---

1) Kreutzwald, Kalewipoeg, eine Estnische Sage, Vorwort S. VI.

darstellt. Es mag nicht zu den kostbaren Elementen gezählt werden, es ist kein germanisches Gold, aber wohl ein zähes und braves Kupfer, das nie in Eisen oder Gold verwandelt werden kann noch soll.

Wie soll nun unsere Gesellschaft die Aufklärung und geistige Wiedergeburt eines mündig erklärten, von Leibeigenschaft losgesprochenen und doch unter der Last seiner Unmündigkeit und Verzagtheit fortseufzenden Volkes am kräftigsten fördern?

Ich glaube durch zwei Dinge. Geben wir dem Volke ein Epos und eine Geschichte und alles ist gewonnen! Zu dem zweiten ist Material genug vorhanden, zu dem ersten lassen sie uns noch sammeln".

"Ich habe oben die Sage von dem Sohne Kallewa's mit dem Torso, verglichen. Dann erscheint sie mir wieder bisweilen wie ein zertrümmertes Megatherium. Es sind zerstückelte Riesenglieder, deren Verbindungen verloren gegangen sind, und die eines poetischen Cuvier's bedürfen, um zur Anerkennung eines organisch gewesenen Ganzen, eines lebendigen Wesens, das sich einst herrlich bewegte — zu gelangen".

"Wie in der eigentlichen Epopöe ist der Gegenstand ein tragischer. Eine höhere Nothwendigkeit regiert die Ereignisse und trotz Heldenhaftigkeit und mancher günstigen Wendung geht der Fluch, der auf dem Helden lastet, doch endlich in Erfüllung und die Macht des Schicksals siegt über den Sinkenden. Der tiefe Schmerz, der Kern aller griechischen Poesie und der wie ein duftiger Schleier über den erhabensten Schöpfungen ihres Meißels zu ruhen scheint, wird hier verschwenderisch gefühlt. Und wieder spreche ich aus, daß wenn auch das Ganze als solches mehr geahnt und gefunden ist, die Nothwendigkeit einer gewesenen Einheit eben so wenig unserer Sage abzusprechen ist, als einst Kopf und Glieder dem Torso".[1]

Zum Schluß giebt Schultz den Inhalt der einzelnen Bruchstücke an, die eine ungefähre Skizze des Ganzen darstellen: "Kallewa, der Riesenkönig des Nordens, und Linda zeugen zwölf Söhne, unter denen Soini bald hervorragt, indem er wie Hercules schon in der Wiege seine Kraft bewährt. Er wird einem Schmiede verkauft als Knabe. Zum Schmiede geht der junge Held, um sein Schwert schmieden zu lernen. Soini ergrimmt über seine Knechtschaft, erschlägt den Sohn des Meisters und ertrotzt sich die Zauberwaffe. Aber der Fluch des Vaters scheint auf ihm zu ruhen und durch dieses Schwert selbst soll Kallewa's Sohn einst fallen.

Sein Leben wird von nun an ein fortgesetzter Kampf, aus dem er aber stets siegreich hervorgeht. Der Glanzpunkt seiner Thaten ist die Höllenfahrt. Der Verlust seines Rosses und seines Schwertes, das Wiedersehen mit seinen tapfern Brüdern, dem Meer und Erdaufschäumer, bilden sehr poetische Episoden, und der Heldentod, den er zuletzt durch sein eigenes

---

[1] Handschriften der Gel. Estn. Ges. AA. Nr. 202.

Schwert findet, ist ebenso großartig und rührend, als der Burgunden Mord und der Nibelungen Noth.".

Nebenbei legte Dr. Schultz der Gesellschaft einige Ansichten aus der Gegend von Allatzkiwi vor, welche vom Volke als Schauplatz der Thaten des Kalewipoeg angesehen wird. „Diese Ansichten waren Veranlassung und Grundlage für die vom Lithographen Schlater ausgeführten Gemälde, welche aus Fählmann's Nachlaß von seiner Wittwe der Gesellschaft verehrt wurden und noch gegenwärtig eine Zierde der Räume der Gesellschaft bilden [1])".

In den nun folgenden Jahren macht die Angelegenheit keine merkbaren Fortschritte. Die einbrechenden Ereignisse und Wirrsale, unter denen besonders Fählmann furchtbar litt[2]), ließen an dem Weiterbestande des estnischen Volkes zweifeln und schienen jede Bemühung um das Estnische vergeblich zu machen. Zu dem kam noch, daß Fählmann's weitere Veröffentlichungen aus dem Gebiet der estnischen Mythendichtung[3]) mit mißtrauischen Augen betrachtet wurden. Gelehrte und Ungelehrte, „obgleich aller Mittel der Kritik bar," unterwarfen die Publicationen Fählmann's ihren Zweifeln und Spöttereien, ja bezichtigten ihn, den Ehrenmann, selbst absichtlicher Fälschung, ja des Diebstahls aus den Sagen anderer Völker! Man traute dem estnischen Genius nicht soviel Poesie zu und glaubte, „Fählmann habe mit seinen Mittheilungen eine pia fraus begangen, indem er der estnischen Volksdichtung die Gaben seiner Muse unterschob, um entweder seinen Kindern unter einer solchen Firma ein besseres Fortkommen in der literärischen Welt zu sichern, oder seinem von ihm mit der innigsten Herzenswärme geliebten Volke den durch ihn fabricirten Schmuck ein lebhafteres Interesse zu erwecken".[4]) Männer wie Anton Schiefner[5]) und Friedrich Reinhold Kreutzwald[6]) mußten ihn, der überall wahr und treu, allem Lug und Trug abhold" gewesen war, öffentlich gegen solche Verunglimpfungen in Schutz nehmen. Solches alles trug wenig dazu bei, Fählmann in seinem Vorhaben zu fördern. Dazu kam noch die aufreibende Arbeit eines vielbeschäftigten Arztes. Nichts destoweniger hielt er

---

1) Jahresbericht der Gel. Estn. Ges. in Dorpat vom 18. Jan. 1861 bis zum 18. Jan. 1862. Handschriften der gen. Ges. AC. 363.

2) Vgl. W. Reiman, Friedrich Robert Fählmann, Eesti Ülioplaste Seltsi Album IV, 17—27.

3) Estnische Sagen aus Dorpats Umgebung. Verhandlungen der Gelehrten Estn. Ges. I. H. 1. S. 40—47. Koit und Ämmarik. Ibidem. I. H. 3. S. 84—86. Die Sage von Wannemuine. Ibibem. II. H. 4. S. 72—76.

4) Santo, Ankündigung der baldigen Erscheinung des Kalewi-Poeg. Verh. der Gel. Estn. Ges. III. H. 1. S. 84.

5) Zur ehstnischen Mythologie. Mél. russ. II.

6) Der Ehsten abergläubische Gebräuche S. 100—101.

zäh an seiner Lieblingsidee fest. Wie er selbst an Kreutzwald schreibt, hatte er sich „zur Lebensaufgabe gemacht, die zerstreuten Theile des Kalewipoeg in ein Ganzes zu vereinigen". Zugleich forderte er Kreutzwald auf, die ihm bekannten Einzelheiten der Kalewisage niederzuschreiben und gleichzeitig durch Freunde und Bekannte in Estland neue Beiträge sammeln zu lassen¹). Er selbst entwarf von der Kalewidensage einige Grundzüge, und theilte noch kurz vor seinem Tode in der Gel. Estn. Gesellschaft „Lebensumrisse des estnischen Volkshelden Kallewi" mit²). Nach seiner Idee sollten die Thaten des Kalewipoeg, je nachdem der ganze Stoff mehr oder minder ergiebig sich gestaltete, in 7 Abschnitte, nach der biblischen Schöpfungsgeschichte, oder in 12 Abschnitte, wie die Thaten des Hercules, gebracht werden. Alles, was sich dort nicht unterbringen ließ, sollte in Episoden zwischen den Hauptabschnitten einen Platz erhalten³). Da er bis zum Lebensende die Hoffnung nicht aufgab, es müsse ihm gelingen bei einer Wanderung durch das Estland die fehlenden Zwischenglieder in der Kalewisage zu ergänzen, so wollte er nicht früher das dem Gedächtniß Anvertraute zu Papier bringen, als bis er im Stande sein würde, das Ganze vollständig zu liefern. Im Stillen nährte er noch einen anderen Wunsch. Er wollte nur noch zwei bis drei Jahre als practischer Arzt wirken, dann die medicinische Laufbahn aufgeben und den Rest seiner Tage sprachlichen Studien und der Aufzeichnung der Sagen widmen⁴)."

Ein unerwartet früher Tod (den 10. April 1850) vereitelte die Ausführung des Vorhabens. Eine Hauptquelle für den Kalewipoeg schien mit ihm versiegt zu sein. Wie Freunde versichern, war die Ausbeute an Sagen, welche er seinem treuen Gedächtniß anvertraut hatte, sehr groß und ihr Verlust ein unersetzlicher.⁵)

Fählmann's unerwartet früher Tod brachte die Angelegenheit nur vorübergehend in's Stocken. Von Seiten der Gelehrten Estnischen Gesellschaft ergingen bald öffentliche Aufforderungen durch Beiträge und Notizen nunmehr Dr. Friedrich Reinhold Kreutzwald⁶) in Werro zu

---

1) Kalewipoeg, eine Estnische Sage. Vorwort S. VII.
2) Handschriften der Gel. Estn. Ges. AA. Nr. 140, 1. Blatt.
3) Blumberg, Quellen und Realien des Kalewipoeg S. 9.
4) Kreutzwald, Fählmann's Leben. Verh. der Gel. Estn. Ges. II. H. 4. S. 34, 7.
5) Santo, Ankündigung der baldigen Erscheinung des Kallewi-Poeg. Verh. der Gel. Estn. Ges. III. H. 1. S. 86.
6) Kreutzwald, geboren den 14. December 1803 als Sohn eines freigelassenen estnischen Bauern zu Jömper (Jöepere) im St.-Catharinen'schen Kirchspiel in Estland, bereitete sich unter den schwierigsten Verhältnissen zum Abiturium vor, bestand 1825 in St.-Petersburg die Prüfung und bezog die Militäracademie daselbst, um sich dem Studium der Medicin zu widmen, 1826 ging er jedoch zu der Universität Dorpat über, promovirte 1831 zum Dr. medicinae, war 1833—1877 Stadtarzt in Werro und starb den 13. August

unterstützen, dessen eigenen Wünschen die Gesellschaft entgegenkam, als sie ihn ersuchte, die Arbeit in seine Hand zu nehmen¹). In dem „Vorwort" zum „Kalewipoeg, eine Estnische Sage" 1857 S. VII. ff. berichtet Kreutzwald selbst über den Fortgang der Arbeit folgendermaßen:

„Nach Dr. Fählmann's Tode machte die Gelehrte Estnische Gesellschaft mir den Antrag, die Ausführung des Fählmann'schen Projectes zu übernehmen, da sie mit Grund voraussetzte, daß ich in den Plan, den sich der Verewigte vorgezeichnet hatte, vollkommen eingeweiht sein müsse, und mir hinlängliche Kenntniß der Sprache und Sitten des Volkes zutraute, um eine Arbeit zu Stande zu bringen, die mich stets lebhaft interessirt hatte und zu deren Gunsten ich Jahre lang schon als Schüler der Hochschule auf meinen Ferienreisen und bei andern Gelegenheiten, die mich mit den Nationalen in nähere Berührung brachten, unaufhörlich bemüht gewesen war, Materialien zu sammeln und zur gelegentlichen Benutzung aufzuschichten und zu ordnen. Ich durfte den ehrenvollen Antrag nicht zurückweisen, um der guten Sache willen schon, deren Förderung mir gewiß nicht weniger am Herzen lag, als irgend einem andern Mitgliede der Gel. Estnischen Gesellschaft, dann aber auch, weil ich mir bewußt war, manche unverdiente Auszeichnung von Seiten der Gesellschaft empfangen zu haben, für deren Zwecke ich bisher nicht so viel geleistet hatte, als man von mir zu erwarten berechtigt war; ich erklärte daher meine Bereitwilligkeit, mich den Wünschen der Gesellschaft zu fügen, habe aber weder bei der Zusage, noch im Verfolg der Arbeit selbst jemals das Gefühl unterdrücken können, wie wenig meine Kräfte hinreichten, um die schwere Aufgabe auch nur den bescheidensten Anforderungen gemäß zu lösen. Alles im Archiv der Gelehrten Estnischen Gesellschaft angesammelte den Gegenstand betreffende Material ward mir auf meine Bitte nebst den bezüglichen Papieren aus Dr. Fählmann's Nachlaß sofort zugestellt und ich begann meine Arbeit, ohne den Erfolg abzuwarten von der mittlerweile an das Publicum ergangenen Aufforderung, durch geneigte Mittheilungen das Unternehmen fördern zu helfen. Diese Aufforderung ist denn auch wirklich, wie ich schon hätte voraussehen können, nicht allein erfolglos gewesen, sondern hat auch noch in öffentlichen Blättern Aeußerungen hervor-

---

1882 zu Dorpat. Zu seiner Lebensgeschichte und seiner Bedeutung als estnischer Schriftsteller vgl. Dr. Friedrich Kreutzwald †, Meelejahutaja VI, 440—444. M. Weske, Eesti Kirjameeste Seltsi aastaraamat 1882. Aruanded Seltsi koosolekutest S. 13—15. M. J. Eisen, Tähtsad mehed, I, 47—102. A. Granfeldt, Kansanvalistus-Seuran Kalenteri 1883. S. 140—145. W. Reiman, Eesti Üliõplaste Seltsi Album I, 30—37. J. Künder, Eesti kirjandus S. 11—27. K. A. Hermann, Eesti kirjanduse ajalugu S. 386—403.

¹) Jahresbericht der Gel. Estn. Gesel. 1861—1862. Handschriften der gen. Ges. AC. 362, 1. Blatt.

gelockt, die das ganze Unternehmen und die dabei Betheiligten von ver=
schiedenen Seiten in ein ungünstiges Licht zu stellen versuchten; aber diese
Theilnahmlosigkeit und beziehungsweise Ungunst des Publicums hat den
Fortgang der Arbeit nicht hindern können, da ich einerseits so reichen
Stoff zur Benutzung besaß, als ich vorläufig nur wünschen konnte, ander=
seits zu tief in die Sache eingedrungen war, um durch kleine, wenn auch
mitunter recht boshafte, so doch in der That nicht zutreffende Sticheleien
mich weiter stören zu lassen."

Alles, was mir seit meiner Jugend[1]) von der Kalewisage im Ge=
dächtniß zurückgeblieben war und was ich in späteren Jahren von Kun=

---

1) „Kreutzwald hatte in seinen frühesten Knabenjahren in Alt=Sommerhusen bei
Wesenberg in der Spinnstube auf die Volksgesänge mit aufmerksamem Ohr gelauscht und
dabei auch manches Bruchstück aus der Kalewi=Sage aufgehorcht aus den Erzählungen
des Dieners Kotleb, der nach der Freilassung später den Zunamen Jankowitz erhielt.
Diese Sagenbruchstücke schienen anfänglich in der Luft zu schweben, bis er im zehnten
Lebensjahre Gelegenheit hatte die Fußstapfen der Sage zwischen St.=Catharinen und Aru=
küll mit eigenem Auge zu sehen und für das Gehörte einen festen Boden zu gewinnen.
Im sechszehnten Lebensjahre machte Kreutzwald in Erlenfeld im Haggers'schen Kirchspiel
die Bekanntschaft des alten Jaakob, mit dem Zunamen Fischer, eines aus der Wiek stam=
menden, beinahe 80=jährigen Greises, mit jugendlich frischem Gemüth und einem unge=
wöhnlichen Gedächtniß. Dieser Jaakob bildet die Hauptquelle, aus der Kreutzwald die
wichtigsten Daten für die Kalewi=Sage schöpfte, wie z. B. die Schwimmfahrt über den
finnischen Meerbusen und die Abenteuer in Finland, welche selbst Fählmann unbekannt
geblieben. Vom 16. bis zum 19. Lebensjahre verlebte Kreutzwald seine Sommer= und
Winterferien in Erlenfeld, beutete bei dieser Gelegenheit Jaakob's Sagenschatz aus, wobei
Vieles notirt wurde, namentlich bezügliche Liederbruchstücke. Ueber diesen Greis hat
Kreutzwald Folgendes mitgetheilt: „Der alte Jaakob war eine tief angelegte poetische
Natur, der die Gebilde seiner lebhaften Phantasie verkörpert mit eigenen Augen glaubte
gesehen zu haben. Er war in jüngeren Jahren ein gewandter Geigenspieler gewesen,
weil der „Geist" in seiner Geige gesessen und die Melodien geschaffen habe. Das folgende
im Jahre 1820 frisch niedergeschriebene Bruchstück dient am Besten zu seiner Charakteri=
stik: „In stürmischer Herbstnacht des Meeres Wellenschlag belauscht, wie es seine Kraft
am Felsen bricht, — ist Musik und lehrt uns Melodien, deren Echo das Instrument wie=
derzugeben nicht im Stande ist. Wenn ich in solchen Momenten mit meiner Geige auf
dem Glint am Strande saß, wünschte ich mir ein Boot, das mich durch die Brandung in
die Musik getragen hätte, wo ich spielend untergegangen wäre. Bisweilen trieb mich's
mit unsichtbarer Gewalt aus dem geräuschvollen Leben der menschlichen Wohnungen;
wenn ich dann im Waldesschatten sitzend das leise Säuseln der Wipfel, der Vögel Zwit=
schern und Singen in den Zweigen vernahm, da erwachten neue Melodien in meinem
Geiste, schnell griff ich zur Geige und versuchte die innere Stimme in Tönen wiederzuge=
ben. Und hatte mich in solchen Beschäftigungen die Nacht unbemerkt überrascht, da war
es mir als würden alle Sterne wiederklingen. Ja alles in der Welt hat seine Stimmen,
seine eigenthümliche Sprachweise, doch unser Ohr versteht solche Sprachen nicht. In
solchen einsamen Stunden habe ich die lieblichsten Melodien auf meiner Geige gespielt,
dabei die körperlichen Bedürfnisse — Trank und Speise — vergessend. Selbst jetzt noch,
wo ich seit Jahren Niemandem vorgespielt, wandelt mich im einsamen Walde die Lust

digeren gehört hatte, war schon vor dem Pact mit der Gel. Estnischen Gesellschaft vollständig zu Papier gebracht worden. Nachher wurde diese Sammlung durch manches wichtige Sagenbruchstück vermehrt von dem verewigten Pastor Kolbe in Werro, der aus dem Bartholomäi'schen Kirchspiele, wo er geboren war, vieles mitzutheilen wußte, und von einem in Werro ansässigen Nationalen aus dem Cais'schen Kirchspiele¹), der mir auch in sprachlicher Hinsicht von großem Nutzen gewesen ist. Nächst diesen beiden Quellen boten die Pleskau'schen Esten das reichhaltigste Material zu meiner schon vorhandenen Sammlung, namentlich an Liedern. Die Pleskowiter, hüteten sich aber, diese Lieder als solche zu bezeichnen, die vom Kalewipoeg handeln, als ob es streng verpönt gewesen wäre, dergleichen zu besitzen oder zu verbreiten. Auch der Herr Revisor Rosenpflanzer machte diese Erfahrung an einem Pleskau'schen Esten, der ihm Mittheilung von Kalewiliedern nur unter der Bedingung versprach, daß Niemand von dieser Mittheilung erführe und namentlich der Ortsgeistliche und der Bezirksverwalter nicht. Ungeachtet ihm die Bedingung zugesagt worden war, ließ sich der Pleskowiter doch nicht wieder sehen. Manchen interessanten Beitrag erhielt ich auch späterhin aus Lais, Torma und Tarwast. Die Tarwast'schen waren meist kurze Bruchstücke, die aber oft so genau zu den Pleskau'schen Estenliedern paßten, daß diese erst durch jene ihre Ergänzung zu erhalten schienen, als wenn sie von ihnen abgebrochen gewesen und durch irgend ein Ereigniß weitweg fortgeschleudert worden wären.

  Die Sichtung des aufgespeicherten Materials war keine leichte Arbeit. Es boten sich dabei manchmal Schwierigkeiten dar, die erst nach langem Besinnen und Erwägen einen Entschluß reifen ließen. Viele Bruchstücke z. B. wollten weder unter sich, noch mit irgend einem Gliede des projectirten Ganzen zusammenpassen, da die bindenden Mittelglieder entweder ganz fehlten, oder, durch Vermischung mit fremdartigen Stoffen verunstaltet, so unkenntlich geworden waren, daß man sie im ersten Augenblick für nichts weniger als Bruchstücke der Kalewisage erkannte. So kamen, namentlich zu den Beiträgen aus dem Fellin'schen, deutsche Märchen und Teufelsgeschichten, christliche Legenden und anderes nicht hierher gehörige oft genug vor, mit Merkmalen indessen vermischt, die bei genauerer Prüfung sie unverkennbar für die Kalewisage in Anspruch nahmen. Thaten z. B., die sonst überall dem Kalewipoeg zugeschrieben werden, läßt man in einem Bruchstücke der bezeichneten Herkunft den Teufel

---

an, der alten Neigung zu folgen; aber vergebens mühe ich mich ab, die Töne der früheren Zeit wieder zu finden." Die Einleitung zum Kalewipoeg ist größtentheils nach den Mittheilungen des alten Jaakob geschrieben. Blumberg, Quellen und Realien des Kalewipoeg S. 10—11.

  1) Märt Mohn aus Leedis, der 1831—1845 in der Krümmer'schen Anstalt in Werro Diener war.

verrichten. In einer andern Mittheilung derselben Kategorie wird der
Kalewssohn mit seinem berühmten Roße identificirt, dessen bekannte Hufs=
spuren man für die Fußstapfen des Helden erklärt. Mittheilungen aus
der jüngsten Zeit waren natürlich am meisten verunstaltet. Nächst Wier=
land und Jerwen haben die Kirchspiele Lais, Bartholomäi, Torma und
Koddafer und der Pleskau'er Estenkreis die von den Vorfahren überkom=
menen Sagen am reinsten bewahrt. Hier fanden sich wenigstens keine
fremdartigen Elemente mit hineingemischt, wenn es sich auch traf, daß
eine und dieselbe That des Helden einmal so, ein andermal anders erzählt
wird, während eine andere garnicht an die vorhandenen Glieder anzurei=
hen war. In dem ersten Falle machte ich zuweilen Platz für beide Les=
arten hinter einander, im zweiten Falle renoncirte ich ganz auf die Be=
nutzung. Von den mir zugegangenen und zur Einflechtung in das Ganze sich
nur theilweise eignenden Liedern wählte ich, wenn mehrere Lesarten dawaren,
natürlich nur die besseren aus und warf die schwächeren über Bord.

Auch bei den Ortsbestimmungen für die einzelnen Begebenheiten
kam ich nicht selten in Verlegenheit, da ich einzelne Thaten des Kalewiden,
die im ganzen Volk bekannt sind, bald an verschiedene Localitäten ange=
knüpft, bald ohne allen Anhaltspunkt gelassen gleichsam in der Luft schwe=
bend antraf, bald sogar mit Orten in Verbindung gesetzt fand, deren Lage
zu der Begebenheit selbst nicht passen wollte. Am häufigsten werden Orte
mit einander verwechselt, die von dem Wohnorte des Erzählenden entfernt
sind, da dann oft schon der kurze Zwischenraum von zwei oder drei Kirch=
spielen hinreicht, um die wunderlichsten Fehlgriffe in dieser Hinsicht zu be=
gehen. Erzählt der Wierländer oder Jerwenser von Begebenheiten, die
er in die Nähe von Dorpat oder wohl gar hinter Dorpat verlegt, dann
ist's vollends aus mit seiner Geographie, und der Dorpat'er Este ist schon
deshalb nicht im Stande die nöthige Aufklärung zu geben, da er den
Kalewipoeg kaum dem Namen nach kennt und von dessen Thaten gar
nichts weiß. Hier gab es für mich nur zwei Auswege, entweder die er=
zählte Begebenheit ganz ohne specielle locale Unterlage zu lassen, oder aber
sie mit einer Localität zu verknüpfen, deren natürliche Beschaffenheit mit
derselben in Überstimmung zu bringen war. Erstere Maxime beobachtete
ich bei den in Finland, letztere bei den zwischen Dorpat und Werro spie=
lenden Abenteuern unseres Helden".

Im Einzelnen läßt sich der Fortgang der Arbeit an der Hand von
Briefen verfolgen, welche Kreutzwald aus Werro an seinen Freund
Dr. Emil Sachssendahl, damals Secretair der Gel. Estn. Gesellschaft, und
an Pastor em. Carl Reinthal, den Uebersetzer des Kalewipoeg, nach
Dorpat schrieb. Diese Briefe reichen vom Jahre 1850 bis zum Jahre
1859, umfassen also die Zeit, während deren Kreutzwald am Kalewipoeg
arbeitete, von der ersten Andeutung dieses Unternehmens bis zur dessen

Vollendung. L. von Schröder hat sie 1896 größtentheils in seiner Studie „Zur Entstehungsgeschichte des Kalewipoeg", Verhandlungen der Gel. Estn. Ges. B. XVI, 6 ff. veröffentlicht und kritisch beleuchtet. Aus diesen Briefen geht hervor, daß Kreutzwald bereits einige Wochen nach den Eingehen auf den Vorschlag der Gel. Estn. Gesellschaft mitten in der Arbeit drin steht und vom glühenden Eifer beseelt ist, die Sache zu fördern. Er ist fest entschlossen, Alles auf den Kalewipoeg Bezügliche zusammen zu tragen und so so weit es geht, die einzelnen Glieder in gleichmäßiger Form aneinander zu reihen, damit wenigstens von dem Bekannten nichts verloren gehen kann:

„Gelingt es mir, die Sage von Kallewe poeg soweit darzustellen, daß die einzelnen Bruchstücke sich ungezwungen zu einem Ganzen fügen werden: dann habe ich meine Aufgabe gelöst und der Kallewe poeg soll das Hauptwerk meines Lebens werden, wenn mich der Tod vor Vollendung derselben nicht zwingen wird, die Feder aus der Hand zu werfen. „Paikene kulla surm", will ich ihn bitten, „wiiwita natuke aega, kunni ma tööga walmis saan". (Liebes Goldchen Tod, zögere noch eine kleine Zeit, bis ich mit der Arbeit fertig werde)".[1]

Auch die Sage von Wanemuine, die angezweifelten Mythen von Koit und Hämarik, Entstehung des Embachs, Sprachenkocherei u. s. w., von denen behauptet wurde, es sei nicht möglich, sie in dieser Schönheit und Zartheit im Estnischen wieder zu geben, will Kreutzwald in das Epos einflechten[2]. Diese Absicht hat er thatsächlich ausgeführt „in der Vorgabe in vier Gesängen, von denen drei ausschließlich Fählmann's Eigenthum enthalten",[3] und welche im Manuscript fertig vorlagen, nachher aber ausgeschlossen werden mußten. Leider sind sie uns spurlos verloren gegangen. Vorläufig liegt ihm aber am dringlichsten der „Riesenjüngling" Kalewipoeg auf dem Herzen. Die Arbeit schreitet auch merklich fort. Den 26. Nov. 1851 schreibt er an Sachssendahl: „Von Kalewipoeg liegt ziemlich viel im Manuscript fertig". Die Zumuthung jedoch, den Kalewipoeg als Festschrift zum 50-jährigen Jubiläum der Universität Dorpat (12. Dec. 1852) erscheinen zu lassen, weist er in einem Schreiben d. d. 22. März 1852 energisch ab: „Allerdings habe ich mich mit dem Gegenstande ziemlich ernstlich beschäftigt, das Material geordnet, einen Plan entworfen und eine und die andere Stelle, die mich gerade für den Augenblick anzog, flüchtig firirt, indessen dürften noch Jahre vergehen, ehe das Manuscript fertig werden wird[4]". Den 31. August 1853 kann er über den erfreulichen Fortgang seines Schaffens berichten: „Ein Dutzend Capitel, circa 8 Druckbogen, liegen im Brouillon fertig, das vor-

---

1) Kreutzwald an Sachssendahl den 19. Juni 1850. Schröder, a. a. O. S. 9.
2) Schröder a. a. O. S. 8.
3) Santo, a. a. O. S. 89.
4) Schröder a. a. O. S. 13.

handene Material berechne ich auf 3—4 Bogen¹)". Einen Monat später, den 28. Sept. 1853, schreibt er: „Ich ochse jetzt tüchtig und hoffe gegen Ende des Jahres mein MS. im Brouillon wenigstens zu vollenden. Die aus vier Abschnitten bestehende Einleitung liegt ebenfalls im Entwurf fertig, so daß nur noch im letzten Abschnitt der eigentliche Schwanz fehlt. Nicht früher will ich rasten und ruhen, noch weniger eine andere Arbeit vornehmen, bis ich meinen Riesensohn auf die Beine gebracht habe²)". In demselben Schreiben spricht er sich über die Art und Weise, wie er seinen Stoff behandelt hat und wie er denselben in seiner großen Bescheidenheit beurtheilt wissen möchte: „Wenn ich nur einigermaßen annähernd den Volkston unserer Nationalsänger — der Volkslieder — werde getroffen haben, bin ich ganz zufrieden, von Poesie kann natürlich nicht die Rede sein, schon deshalb nicht, weil sonst die vielen einschlagenden, in Liederform erhaltenen Bruchstücke — welche sämmtlich am geeigneten Orte eingeflickt werden — als fremdartige Lappen erscheinen. Ueber die Volkslieder ging nirgends mein Bestreben, gebe der Himmel, daß ich an einzelnen Stellen nicht zu tief unter dieselben falle. Wenn es mir auch möglich gewesen wäre mehr oder weniger consequent den sogenannten Gedankenreim überall durchzuführen, so habe ich doch bei weitem auf den wenigsten Stellen solches gethan, eben so wenig der Alliteration zu gefallen die bestimmte Ausdrucksweise einer Sache geopfert, während ich im Allgemeinen dem Buchstabenreim sein Recht nicht streitig gemacht habe. Möchte nur nicht gar zu viel für kurzzeilige Prosa d. h. fades Gewäsche anerkannt werden. Wo nicht früher, hoffe ich zum 18. Januar k. J. ein Pröbchen meiner Arbeit einzusenden, um die Feuerprobe zu versuchen!!³)

Den 9. Dec. 1853 zeigt Kreutzwald an, er schließe mit seiner Sammlung von Fragmenten des urestnischen Kalewipoeg-Epos. Er habe sie zusammengestellt, metrisch verbunden und stelle die Herausgabe dieses großartigen Denkmals ehemaliger schöner Zeiten des jetzt ersterbenden Estenvolkes der Gesellschaft anheim⁴).

Bereits nach einigen Wochen kann Kreutzwald die erfreuliche Mittheilung machen: „Der Kalewipoeg ist vollendet. Hoffentlich werde ich zum 18. Januar meinen Riesensohn einsenden". Den 18. Januar findet bekanntlich die Jahresversammlung der Gel. Estn. Gesellschaft statt. Den 18. Dec. 1853 stellt er zu diesem Tage auch eine deutsche Uebersetzung der „Einleitung" (Sissejuhatuseks) in Aussicht, „falls sie einigermaßen gelingen sollte". Zu der wahrscheinlich seitens der Gesellschaft gewünschten

---

1) Schröder a. a. O. S. 15.
2) Schröder a. a. O. S. 16.
3) Schröder a. a. O. S. 17.
4) Generalbericht der Gel. Estn. Ges. den 18. Sept. 1857. Handschriften der gen. Ges. C. A. Nr. 252. 3. Bl.

Uebertragung bemerkt er: „Da die Alliteration des estnischen Originals im Deutschen sich nicht wiedergeben läßt, so wird man selbst bei der gelungensten Uebersetzung und besten Uebersetzung das Eigenthümliche des Originals vermissen".[1]

Endlich ist Alles zum Druck vorbereitet. Den 7. Sept. 1854 schreibt Kreutzwald an Sachssendahl: „Du kannst den Druck beginnen lassen, sobald es Dir beliebt. Von meiner Seite sollen keine Hindernisse mit der Lieferung des Manuscripts eintreten. Auch soll die verlangte Vorrede bei Beendigung des ersten Heftes richtig einlaufen. — Soll eine deutsche Uebersetzung mit dem Original gleichzeitig erscheinen, so richtet es ein, wie es Euch beliebt. Meiner Ansicht nach, wie ich schon früher bemerkte, wäre es besser, vor der Hand keine Version zu liefern, vielmehr könnte man solche einer späteren Privat-Speculation überlassen. — Ich sende Dir heute die zweite Lieferung des Manuscripts, mit der sich die Vorgabe[2] schließt. Vom eigentlichen Kalewipoeg werde ich jedoch nicht früher Nachsendungen machen, bis die Druckerei ihren Papierankauf und andere Vorkehrungen überwindend an die Arbeit gegangen sein wird. — Ich hoffe mit dem vorhandenen, noch unbearbeiteten Stoffe wenigstens zwei neue Gesänge zur Ergänzung des Ganzen hinzufügen zu können. Die freien, schönen Herbstabende will ich fleißig benutzen. Bei den Correcturbogen sollen die Stellen mit einem kleinen [1] oder einem ähnlichen Zeichen angedeutet werden, wo ich genuines Volkslied unverändert und unverfälscht geliefert habe".[3]

Ein schleuniger Fortgang des Werkes liegt dem Dichter sehr am Herzen, wie dies aus dem Schreiben d. d. 19. Sept. 1854 hervorgeht: „Macht wie Ihr es wollt. „Doch darf ich bitten, bitt' ich eins": Verschiebt die Sache nicht, sondern lasset die Herren Uebersetzer, deren Feiler, Wortepolirer und wie die Hülfsmittel alle heißen mögen, rasch an die Arbeit schreiten. Ich werde Euch nicht im Stich lassen. Jetzt bin ich mit Lust und Liebe dabei; werfe ich aus Verdruß die Arbeit zur Seite, dann können leicht Monate und Jahre vergehen, bevor ich sie wieder hervorsuche. Vorläufig haben die Uebersetzer MS. genug, geht dieses auf die Neige, so wird unverzüglich eine neue Sendung nachfolgen. Wie ich Dir bereits gemeldet, kommen neue Gesänge zu und werden die bereits fertigen tüchtig gefeilt und gemodelt werden".[4]

---

1) Schröder a. a. O. S. 19.
2) Diese Bearbeitung enthielt 14,180 Verse und zerfiel in vier Hauptcapitel: 1. in eine Widmung, 2. Einleitung, 3. in eine Vorgabe in vier Gesängen, von denen 3. ausschließlich Fählmann's Eigenthum sind, in einem Gesange aber kurze historische und mythologische Erinnerungen aus der Vorzeit entlehnt, 4. in den eigentlichen Kalewipoeg, in 12 Gesängen. Vgl. Generalbericht der Ges. Estn. Ges. 1853—1854. Handschriften der gen. Ges. A. A. Nr. 221, 1. Bl.
3) Schröder a. a. O. S. 20—21.
4) Schröder a. a. O. S. 21

Wer die Uebersetzung anfertigen soll und wie weit sie gediehen ist, erfahren wir aber nicht. Wohl aber gewährt der folgende Brief d. d. 26. Oct. 1854 einen Einblick in die Art und Weise, wie Kreutzwald unablässig an der Vervollkommnung seines Werkes weiter arbeitet: „Die fünf ersten Gesänge habe ich total umgearbeitet, sie haben namhafte Zusätze vom genuinen Volksliede erhalten, daher darf ich diese Veränderung für wesentliche Verbesserung erklären. Dadurch wird das Ganze in dieser neuen Gestalt um 5 oder 6 Gesänge mehr betragen. Jetzt muß ich eine Pause machen, die kaum vor des Decembers Mitte aufhören kann. Darum brauchst Du dich nicht zu geniren, sobald Deine Uebersetzer die bereits gelieferte Einleitung werden überwunden haben, kann ich augenblicklich den 1. bis 6. Gesang einsenden, die bis auf die letzte Raspel vollendet liegen".[1]) Mitte December 1854 kann Kreutzwald richtig die Arbeit wieder in Angriff nehmen: „In den nächsten Tagen hoffe ich wieder zu meinem Riesensohn zu gehen, der noch bis Weihnacht bis zum 10. Gesange durchgefeilt werden soll. Den Schluß lasse ich bis zum nächsten Jahre, bis dahin wird der HE. Censor vielleicht auch so viel Zeit finden, um die Einleitung durchzulesen. Wenn wir in diesem Maaßstabe fortrechnen, so wird das Censiren eines jeden Gesanges einen Monat Zeit nehmen. Man könnte zum 1. Januar wieder 3 neue Gesänge einliefern, die wir dann hoffentlich zum 1. April wieder bekommen. Mir ist diese schneckengängige Beförderung ganz angenehm, ich kann dabei mit Muße fortarbeiten, ohne gedrängt zu werden".[2])

Da stellen sich unerwartet dem baldigen Erscheinen unüberwindliche Censurschwierigkeiten entgegen. Die Censur findet nämlich in der sogenannten Vorgabe, welche die von Fählmann mitgetheilten, von Kreutzwald in vier Gesängen bearbeitete Sagen enthielt, Stellen, welche ihr Anstoß erregten. Es sollten daher 100 Verse fortbleiben[3]). Kreutzwald entrüstet sich darüber sosehr, daß er „ein so verkümmertes und verstümmeltes Werk" gar nicht mehr drucken lassen will. „Mir ist meine jahrelange Arbeit zu theuer, um sie auf diese Weise verhunzen zu lassen", schreibt er den 24. Januar 1855 erregt an Sachssendahl. „Komme ich ein wenig zur Ruhe, dann will ich die in Angriff genommenen neuen Gesänge vollenden, darauf das MS. einschließen und es meinen Erben hinterlassen."[4]) Nach einer im Frühling 1855 überstandenen Krankheit nimmt Kreutzwald in der That die Bruchstücke von Kalewipoeg's Reise nach dem „Weltende" (maailma otsa) vor und versucht aus ihnen einen neuen Gesang zu „formiren". Das Material hiezu hatte ihm der Landmesser J. Lagos aus Tarwast beschafft.

---

1) Schröder a. a. O. S. 22.
2) Schröder a. a. O. S. 23.
3) Jahresbericht der Gel. Estn. Ges. 1861—1862. Handschriften der gen. Gesellschaft AC. 363. 1. Blatt.
4) Schröder a. a. O. S. 24.

Um der Censurnoth zu entgehen, veranlaßt der zeitweilig sich in Dorpat aufhaltende finnische Gelehrte A. Ahlqvist mit Finland Verhandlungen anzuknüpfen, die sich aber sehr in die Länge ziehen. Zwar wird mit mag. J. Tikkanen, dem Redacteur der „Suometar", die Höhe der Auflage — 900 Exemplare — festgesetzt, über Papier, Typen, Correcturen und Kosten halbwegs Vereinbarungen getroffen, aber der noch immer andauernde Krimkrieg legt auch diesem Vorhaben neue Schwierigkeiten in den Weg. Unterdessen steigen in Kreutzwald Bedenken und Zweifel auf, ob der von der Censur beanstandete erste Theil (die s. g. Vorgabe in vier Gesängen) überhaupt gedruckt werden soll. In der That wird davon später Abstand genommen. Im Sommer 1855 widmet Kreutzwald „jeden müssigen Augenblick" der Redaction und beendet den 16. Gesang. „Zwei, vielleicht auch drei Gesänge werden noch erwachsen, denn der 11. und 12. Gesang in der ersten Bearbeitung sind noch nicht umgearbeitet. Mein opus wird um 1/3 verlängert erscheinen, als der ursprüngliche Plan war: circa 3 Gesänge sind ganz neu, die anderen theils verlängert, theils anders geordnet. Ob ich dadurch das Ganze verbessert habe, wage ich nicht zu behaupten, wer indessen sich die Mühe nehmen wollte, die zweite Arbeit mit der ersten zu vergleichen, müßte zugeben, daß der Verfasser keine Mühe gescheut hat".[1]

In einem Brief an Sachssendahl d. d. 13. Nov. 1855 wird uns zuerst der Name des Pastor em. Carl Reinthal als desjenigen Mannes genannt, der die deutsche Uebersetzung anzufertigen sich unter gewissen Bedingungen erboten hat. Dieser Brief ist der letzte an Sachssendahl, der vom Kalewipoeg handelt. Der bald darauf erfolgende Tod Sachssendahl's setzte der freundschaftlichen Verbindung ein Ziel.

„Unterdessen hatte Kreutzwald noch so bedeutendes Material erhalten, namentlich unter Anderem von Dr. Woldemar Schultz aus der Gegend von Koddafer, und durch des Revisors Rosenpflanzer Vermittelung Lieder und Sagen aus dem Pleskau'schen, daß er sich zu einer gänzlichen Umarbeitung entschloß, wonach die anstößige Vorgabe ganz wegfiel und der Kalewipoeg selbst statt in 12, in 20 Gesängen erschien".[2]

Wiederum verstreicht ein Jahr, Reinthal's Uebertragung macht Fortschritte, die Verhandlungen mit Finland gerathen in's Stocken und werden ganz aufgegeben, weil die Censurschwierigkeiten in Dorpat überwunden werden können — wir stehen schon im Jahr 1856. — Die Gel. Estn. Gesellschaft will Kalewipoeg auf ihre Kosten in den „Verhandlungen"

---

[1] Schröder a. a. O. S. 27.
[2] Jahresbericht der Gel. Estn. Ges. 1861—1862. Handschriften der gen. Ges. A. C. 363. 1. Bl. „Hr. Dr. Kreutzwald in Werro hat uns eine neue Bearbeitung des Kalewipoeg in 20. Gesängen in beinahe 18,000 Versen mit Angabe der aus dem Munde des Volkes entnommenen Traditionen übergeben." Generalbericht 1855—1856. Handschriften A. A. Nr. 234, 1. Blatt.

drucken¹) lassen und billigt Kreutzwald's Bedingungen, nämlich, daß seine Orthographie unverändert bleibt und ihm und seinen Erben das Recht der etwa nöthig werdenden ferneren Auflagen gewahrt wird. Den 9. Dec. 1856 kann der Gesellschaft der erste Druckbogen vorgelegt werden. Obwohl anfangs eine dreifache Ausgabe beabsichtigt wurde, so ist doch nur eine zweifache ausgeführt worden, nämlich eine estnische mit gegenüberstehender deutschen Uebersetzung und ein nur deutscher Abdruck, theils wohl aus Mangel an Geldmitteln, theils um die Verzögerung nicht zu vermehren, theils um weniger Anstoß bei der Censur zu erregen. Wohl dem letzten Umstande haben wir es zuzuschreiben, daß der estnische Text allein erst 1862 zu Kuopio in Finland herausgegeben werden konnte. Der Titel lautete: Kalewipoeg, üks ennemuistene Eesti jutt. Die für die doppelsprachige Ausgabe vorgesehene Ueberschrift: „Estnisches Nationalepos" hat Kreutzwald in seiner übergroßen Bescheidenheit gestrichen. Ja, diese ging soweit, daß er an Reinthal den 17. März 1857 schreibt: „Meinen Namen weiter als Herausgeber auf dem Titel anzugeben, halte ich für eitle Prahlerei, er steht ja schon zum Ueberfluß unter der Vorrede". So enthält denn das so modificirte Titelblatt bloß die eigenthümliche Angabe: „Kalewipoeg, eine Estnische Sage, verdeutscht von Carl Reinthal".

Der Druck der doppelsprachigen Ausgabe, welcher Kreutzwald kurze Erläuterungen sprachlicher und sachlicher Art auf ein paar Seiten beigab, nahm noch 5 Jahre in Anspruch. Seinen Grund hatte das ebenso in den geringen Geldmitteln der Gesellschaft, aber auch in der Schwierigkeit der Uebersetzung, in der Beschwerlichkeit der Correctur von Werro aus, in Verzögerungen von Seiten des Buchdruckers und endlich in dem während dieser Zeit oft vorgekommenen Wechsel in der Verwaltung der Gesellschaft, der zum Theil durch schmerzliche Todesfälle veranlaßt war²). Die Geldmittel der Gesellschaft fanden erst 1859 eine bedeutende Verstärkung, als nach Kreutzwald's Besuch in St.-Petersburg³) sich dort ein großer Enthusiasmus für den Kalewipoeg verbreitete und Dr. G. Hirsch eine Subscription veranstaltete, die sich auch auf Finland und Estland erstreckte und eine lebhafte Abnahme veranlaßte, wodurch aber der Vorrath an Exemplaren so erschöpft wurde, daß das erste im Jahre 1857 erschienene Heft bald als vergriffen angesehen werden mußte. Die dadurch erzielten größeren Einnahmen hätten nunmehr zur schnelleren Beförderung

---

1) Der Druck wurde dem Buchdrucker H. Laakmann in Dorpat zu dem Preise von 10 Rubeln per Bogen bei 500 Exp. Auflage und 6¹/₄ Rbl. per Bogen für die Sonderabdrücke bei ebenfalls 500 Exp. Auflage überlassen. Generalbericht der Estn. Ges. den 18. Sept. 1857. Handschriften der gen. Ges. C. A. Nr. 252, 3. Blatt.
2) Jahresbericht 1861—1862. 2. Blatt.
3) Schröder a. a. O. S. 39. ff.

des Druckes verwandt werden können,¹) wenn nicht die Uebersetzung neue Schwierigkeiten bereitet hätte. Reinthal, der mit Liebe und Aufopferung sich der Sache gewidmet hatte²), ward von der öffentlichen Kritik hart mitgenommen und zog sich verstimmt zurück. Er sah sich um so mehr dazu genöthigt, den Schluß anderen zu überlassen, als ein beschwerliches Augenübel ihm ohnehin jedes angestrengte Arbeiten untersagte. Kreutzwald war gezwungen, die Uebersetzung der fünf letzten Gesänge selbst zu übernehmen, wobei sich Dr. G. Schultz (Bertram) ein wesentliches Verdienst erwarb.³) Wenn aber Kreutzwald in einer Anmerkung der estnischdeutschen Ausgabe behauptet: „die Uebersetzung des 16. Gesanges ist von einem Ungenannten nicht von mir, wie durch ein Versehen das Inland Nr. 41 angegeben hat", und wenn er auf das Titelblatt der 6. und 7. Lieferung schreibt: „Verdeutscht von Dr. Bertram", so ist das ungenau und wiederum auf die einzigartige Bescheidenheit Kreutzwald's zurückzuführen, der nun einmal seinen Namen auf dem Titelblatt nicht haben wollte. In einem Schreiben⁴) an den Secretair der Gel. Estn. Gesellschaft legt G. Schultz 1861 dagegen energische Verwahrung ein: „Daß man meinen Schriftstellernamen (Bertram) ohne Weiteres als Mitübersetzer genannt hat, ist nicht ganz genau. Der wahre Uebersetzer vom 17.—20. Gesange ist Dr. Kreutzwald. Ich habe allerdings die letzte Hand an's Werk gelegt, den Urtext consultirt und wo wir beide nicht ausreichten, fragten wir einen scharfsinnigen Esten um Rath. Ich deprecire also gegen diese Bezeichnung und bitte zu Protocoll zu nehmen, daß ich es nicht gewesen bin, der auf dem Titel hat prangen wollen. Wer Jahre lang Mühe hatte, dem macht es Freude, seinen Namen genannt zu sehen, aber meine Spielerei während einiger Tage in Werro berechtigt mich gar nicht neben dem ursprünglichen Uebersetzer zu stehen. Auf keinen Fall darf mein Name vor das Ganze kommen." —

Wie schon erwähnt, bestand das Material, das Kreutzwald bei der Abfassung des Kalewipoeg zu Gebote stand, meist aus Prosaerzählungen. Ja, Kreutzwald war anfänglich der Meinung, „daß die Sage niemals in gebundener Rede im Volke könne existirt haben, weil sämmtliche Ueberlieferungen derselben, mit sehr geringen darauf bezüglichen Spuren in älteren Volksliedern — unter dem gegenwärtigen Estenvolke nur in prosaischer Form aufstoßen".⁵) Im Lauf der Arbeit gab Kreutzwald jedoch diese Ansicht auf. Den 18. November 1853 schreibt er: „Durch unsere Bekanntschaft mit den liederreichen Pleskau'schen Esten bin ich ganz an-

---

1) Jahresbericht der Gel. Estn. Gesellschaft 1861 bis 1862. 2. Blatt.
2) Schröder a. a. O. S. 28—52.
3) Obiger Jahresbericht 1861—1862.
4) Handschriften der den. Gesellschaft AC. 350.
5) Santo a. a. O. S. 80.

derer Meinung geworden und habe nunmehr die feste Ueberzeugung gewonnen, daß vor Jahrhunderten die ganze Kalewisage in Liederform im Munde des Volkes gelebt haben muß. Eine große Menge zerstreuter Liederbruchstücke, die uns als Theile eines alten sehr langen Liedes (wana, wäga pitka laulu sõnad)¹) bezeichnet werden, sind ganz unbezweifelt Ueberbleibsel der alten Kalewisage, daher habe ich kein Bedenken getragen, diese Liederbruchstücke an geeigneten Stellen meiner Zusammenstellung der Sagen wörtlich einzuverleiben". ²)

Was sollte aber mit den Prosaerzählungen geschehen? Nach dem Erscheinen der ersten Lieferung des Kalewipoeg schrieb J. Grimm den 30. Sept. 1857 an Pastor Reinthal: „Fast hätte ich gewünscht, daß alles in Prosa Erzählte auch in Prosa gegeben worden wäre". ³) Kreutzwald hatte sich nach langen Erwägungen anders entschlossen. Er wollte keine bloße Materialiensammlung liefern, sondern war bestrebt, die Bruchstücke in einheitlicher Form so aneinander zu reihen, daß sie trotz mancher fehlenden Mittelglieder ein Ganzes bilden sollten. ⁴) Als die geeignetste Darstellungsform empfahl sich ihm das genuine Volkslied. ⁵) „Die Sage sollte ja ein estnisches Nationalwerk werden, sollte Fleisch und Bein seines Volkes haben, daher habe ich es mir zur Pflicht gemacht, nirgends aus dem Geleise der Volksdichter zu treten". ⁶) Mitbestimmend wirkte, daß manches von der Sage in dieser Form schon fertig dalag. Auf den Rath G. M. Santo's, der 1853—1856 Präsident der Gel. Estn. Gesellschaft war, bezeichnete Kreutzwald die selbsteigenen Liederworte des Volkes mit einem Sternchen zu Anfang und am Ende. „Die vielen Reminiscenzen aus Volks-

---

1) Comparetti, Der Kalevala S. 43.
2) Santo a. a. O. S. 86—87. Die Zahl derjenigen Verse im Kalewipoeg, die wörtlich dem Volksmunde entnommen sind, beträgt nach M. Weske's Berechnung etwa 7600. Sitzungsberichte der Gel. Estn. Ges. 1875. S. 18.
3) Sitzungsberichte der Gel. Estn. Ges. 1872 S. 96.
4) Santo a. a. O. S. 88.
5) Ueber die Form der estnischen und finnischen Volkspoesie, in welcher der vierfüssige Trochäus vorherrscht und als deren Hauptmerkmale Alliteration und Parallelismus zu gelten haben, vgl. H. Neus, Ueber die Volkslieder der Ehsten. Dorpater Jahrbücher für Litteratur, Statistik und Kunst V, 217—232. Neus, Ehstnische Volkslieder, Einleitung S. IV—VI. Bertram-Schultz, Zur Geschichte und zum Verständniß der estnischen Volkspoesie. Baltische Monatsschrift II, 431—448. H. von Kaisersberg, Ueber die Form der estnischen Poesie. Inland. 1862. Sp. 49—55, 65—70. A. Ahlqvist, Suomalainen Runo-oppi, Suomen kielen rakennus S. 119—184. W. Schott, Ueber den Stabreim bei Finnen und Tataren. Monatsberichte der Königl. Preuß. Akademie der Wissenschaften zu Berlin 1877. S. 232—238. J. Bergmann, Luuletuskunst. Eesti Kirjameeste Seltsi aastaraamat 1878. S. 36—48. J. Kunder, Eesti kirjandus. I, 1—4. Comparetti, Der Kalevala S. 29—47. T. Sander'i Eesti kirjanduse ajalugu I, 8—12.
6) Santo a. a. O. S. 89.

liedern, die außerdem noch vorkommen, haben diese Marke nicht erhalten, weil die Häufung derselben für den Leser störend gewesen sein würde, da ich sie an vielen Stellen auch dort eigentlich hätte anbringen müssen, wo die Versification mir gehört. Denn ich habe es mir stets angelegen sein lassen, die in Prosa dem erzählenden Esten wörtlich nachgeschriebenen Sagenbruchstücke nicht bloß in einzelnen Wörtern, sondern auch in ganzen Redensarten möglichst treu wiederzugeben, so daß ich mit wohlbegründetem Rechte sagen kann: Der Kalewipoeg, wie er in dieser Bearbeitung erscheint, ist durch und durch nach Form und Inhalt Mark, Knochen, Fleisch und Blut des estnischen Volks und nicht bloß „in sofern ein estnisches Erzeugniß zu nennen, weil der Herausgeber ein Este ist".[1] —

Der Rahmen einer Einleitung, welcher zur Aufgabe gestellt war, in kurzen Zügen die Entstehungsgeschichte des Kalewipoeg zu erzählen, gestattet es nicht, sich über seinen poetischen und epischen Werth auszulassen. Aus dem Gewirre der Stimmen, welche auf der Scala überschwänglicher Begeisterung bis zur niedrigen Verdächtigung herab sich bewegten, heben wir nur ein Urtheil heraus, in welches zwei bewährte und besonnene Kenner der finnischen Sprachen und Völker, A. Schiefner und J. F. Wiedemann, ihre wohlerwogene und sachlich begründete Würdigung der Kreutzwald'schen Lebensarbeit zusammenfaßten:

„Keine Ilias hat Dr. Kreutzwald geschaffen, wohl aber der estnischen Literatur ein Capitalwerk geschenkt, das für alle Zeiten den Esten sein wird, was den Griechen ihre Ilias war. Es ist ein volksthümliches Werk voll des köstlichen Reichthums der estnischen Lebensweisheit und voll sinniger Betrachtung der ganzen estnischen Welt. Ist hie und da auch ein modernes Element eingedrungen, hie und da auch ein Ausdruck gebraucht worden, der gegen die Gesetze der strengen Epik verstößt, so ist doch das ganze ein treffliches Gebäu, in welchem das Herz des Esten mit allen seinen Leiden und Freunden, mit seinem Sehnen und seinem Trachten beständig wohnen und darin immer frische Labung und neuen Trost finden wird."[2] —

Was die vorliegende Uebersetzung betrifft, so entspricht sie einem dringenden Bedürfniß. Die von Carl Reinthal besorgte Uebertragung fand wenig Anklang. „Sie trug an vielen Stellen das Gepräge großer Eilfertigkeit, welche bald in allzu prosaischen Ausdrücken und Wendungen, bald in einer an Untreue grenzenden Freiheit sich kund gab[3]". Zudem

---

[1] Kalewipoeg, eine Estnische Sage, Vorwort S. XIV—XV.
[2] Ueber die estnische Sage vom Kalewipoeg, von A. Schiefner. Aus dem gemeinschaftlich mit J. F. Wiedemann verfaßten Bericht über das zum 29. Demidow'schen Concurs eingereichte Werk Kreutzwald's. Mél. russ. IV, 159—160.
[3] W. Schott, Kalewi Poeg, eine estnische Heldensage. Magazin für die Litteratur des Auslandes. 1859. S. 503 ff.

war sie gleich nach dem Erscheinen vergriffen. Daher trug Ferdinand
Löwe, ehem. Bibliothecar an der St.-Petersburger Academie der Wissen=
schaften, schon 1869 sich mit dem Gedanken, eine neue Uebersetzung zu
liefern. In den Verhandlungen der Gel. Estn. Ges. B. X. H. 4 ge=
langten 1881 auch die drei ersten Gesänge, sowie Ges. IV, 1—250 und
Ges. XVII zum Abdruck, dann traten aber dem Weitererscheinen Schwie=
rigkeiten in den Weg, welche erst jetzt überwunden werden konnten. Wir
hoffen, daß Löwe's Uebersetzung allen billigen Anforderungen genügen
und wohl geeignet sein wird, das Verständniß des estnischen Heldengedichts
auch in den Kreisen zu fördern, welche das Epos im Original nicht lesen
können. An wenigen Stellen ist die Uebertragung nach dem Tode des
Autors geglättet worden, wobei theilweise die Uebersetzungsproben berück=
sichtigt wurden, welche W. Schott seiner Abhandlung „Die estnischen Sagen
von Kalewi-Poeg" beigegeben hat. Im Löwe'schen Nachlaß wurde eine
Uebertragung des „Anrufes" (Soowituseks) vermißt. Mit fr. Erlaubniß
der Gel. Estn. Ges. wurde aus ihren Verhandlungen B. IV. H. 1 die
Reinthal'sche Uebersetzung mit einigen Veränderungen herübergenommen.
Die zum Verständniß des Textes nothwendig erscheinenden Anmerkungen
sprachlicher, mythologischer und geographisch-historischer Natur sind aus
technischen Gründen in den Schluß verwiesen worden. Besondere Sorgfalt
wurde auf die Literaturnachweise verwandt. Art und Aufgabe der Anmerkun=
gen brachten es mit sich, daß die Literaturangaben nicht vollständig sein können.
Auf bibliographische Vollständigkeit ging ich überhaupt nicht aus. Ich be=
gnügte mich, was mir unter den benutzten Hilfsmitteln bemerkenswerth erschien,
der Beachtung des Lesers zu empfehlen. Auch war ich bestrebt, mehr die leichter
zugänglichen und erreichbaren Werke anzuführen. Nur in einzelnen Fällen
mußte nach Bedürfniß auf entlegenere Hilfsmittel verwiesen werden. Ob ich bei
der an manchen Punkten angehäuften Fülle des Materials immer das
richtige Maß bei der Auswahl getroffen habe, muß dem billigen Urtheil
des Lesers überlassen bleiben. Es galt nicht nur das in den Anmerkungen
Gesagte mit Literaturnachweisen zu belegen, sondern sie wollen auch den
Leser zum Weiterforschen anregen und dazu den Weg und die Richtung
vorzeichnen. Dem gleichen Interesse soll auch das beifolgende Verzeichniß
der Kalewipoeg-Literatur dienen.

Pastorat Klein=St.=Johannis, Januar 1900.

W. Reiman.

Literatur.

Ahrens, E., Lug und Trug. Inland. 1855. Sp. 161—166.
— Dialog. Inland 1857. Sp. 584—587.
Алексѣевъ, Н., Сынъ-Калева. Древне-эстонская поэма. Ревельскія Извѣстія 1893. № 87, 88, 95—97, 104—107, 137, 144, 145, 235—237. — 1894. № 70, 76—78, 214. 217, 278—280.
Beermann, G., Zwei alte Wege. Sitzungsberichte der Gelehrten Estnischen Gesellschaft 1893. S. 43—45.
— Ueber die sog. Kalewipoeg=Betten. Ibidem S. 101—102.
Bergmann, J., Herakles ja Kalewipoeg. Eesti Kirjameeste Seltsi aastaraamat 1878. S. 1—9.
Bernhof, G., Des Kalewiden Tod und Schwert. Inland. 1851. Sp. 380—381.
Blumberg, G., Quellen und Realien des Kalewipoeg nebst Varianten und Ergänzungen. Verhandlungen der Gel. Estn. Ges. B. V. H. 4.
Büchner, L'Hercules de l'Estonie. Caen. 1865.
Carrière, Moriz, Die Poesie der Finnen und Esten. Internationale Revue. B. II, Heft 2, S. 176—180.
Comparetti, Domenico, Der Kalewala. S. 42—45. 189—195.
Dido, A., Kalewipoeg, Épopée nationale Estonienne. Revue des Traditions Populaires. IX, 137—155.
Dieckhoff, A. v., Ueber Kalewipoeg's Tod in Illuk. Sitzungsberichte der Gel. Estn. Ges. 1869. S. 50—51.
Donner, O., Kalevipoeg jumalaistarulliselta ja historialliselta kannalta katsottuna. Suomi. Toinen jakso, 5 osa. S. 145—207.
Eisen, M. J., Kullerwo. Isamaa kalender 1887. Lisa. S. 47—65.
— Kalewipoeg ja wanapagan. — Kodused jutud. S. 97—101.
— Kalewipoeg Turje keldris. Kalewipoja hobune. Kalewipoja wagu. Kalewipoeg heinamaal. Kalewipoisi jäljed. Kuremägi ja Kontsu järw. Kalewipoja surm. Kalewipoja haud. — Teised kodused jutud. S. 3—12.
— Kalewipoja surm ja selle teisendid. Isamaa Kalender 1900. S. 153—160.
Elmgren, S., Ein Vortrag über das estnische Heldengedicht Kalewipoeg. Inland. 1859. Sp. 333—342.
Gould, S. B., The Kalewipoeg. Fraser's Magazine. Vol. 78. S. 534—544.
Grosse, Julius, Die Abenteuer des Kalewiden. Ehstnisches Volksmärchen. Leipzig. 1875.

Hausmann, R., Eine Kalewipoeg-Reminiscenz aus Waiwara. Sitzungs-
  berichte der Gel. Estn. Ges. 1895. S. 86—87.
Hermann, K. A., Eesti kirjanduse ajalugu. S. 393—402.
Holzmayer, J. B., Osiliana I. Verh. der Gel. Estn. Ges. B. VII.
  H. 2. S. 34.
Hurt, J., Vana kannel I. S. XI—XIII. XVII—XVIII.
Israël, C. Chr., Kalewipoeg oder die Abenteuer des Kalewiden. Eine
  estnische Sage frei nach dem Estnischen bearbeitet. Frankfurt a. M.
  1873.
Jung, J., Olewi kiwi Tori jões. Muinasteadus Eestlaste maalt. II, 68.
  — Kalewipoja säng. Ibidem S. 202.
  — Kalewipoja künniwagu. Ibidem S. 231.
Kalewipoeg, eine Estnische Sage, verdeutscht von Carl Reinthal (bis
  zum 16. Gesang) und Dr. Bertram (Ges. 17—20). Dorpat.
  1857—1861. Schriften der Gel. Estn. Gesellschaft.
Kallas, R. G., Wanakandli perekond, pulmad ning Kalewide kallim
  poega. Perekonna-raamat. S. 158—219.
  — Wie das Volk sich in memorativer Noth hilft. System der Gedächt-
  nißlehre. S. 272—286.
  — Wäinämöinen's Harfe. Ibidem S. 326—369.
  — Illustrationen aus der memorativen Kunst der Volksepen. Ibidem
  S. 386—393. Vergl. Ibidem S. 102, 253, 254, 269—272.
Kirby, W. F., The Hero of Esthonia and other studies in the romantic
  literature of that country. 2 Bände. London. 1895.
Körber, M. Über Kalewi põld und Kalewi kiwid. Sitzungsber. der Gel.
  Estn. Ges. 1876. S. 187—188.
  — Der öselsche Nationalheld. Oesel einst und jetzt II, 145—164.
Kõrw, J., Tükikesed Kalewipojast. Eesti rahwa ennemuiste-jutud ja
  wanad-kõned I, 32—36.
Kreutzwald, F. R. Kalewipoeg, eine Estnische Sage, verdeutscht von
  Carl Reinthal und Dr. Bertram. Estnischer Text mit deutscher
  Übersetzung. Verhandlungen der Gel. Estn. Ges. B. IV. H. 1 - 4,
  B. V, 1—3. Dorpat. 1857—1861.
  — Kalewi poeg. Üks ennemuistene Eesti jut, kaheskümnes laulus.
  Kuopio linnas. 1862. 3. Auflage. Dorpat. 1875.
  — Eestirahwa laludest ja ennemuistesest juttudest. Sippelgas. II,
  23—33.
  — Lühikene seletus Kalewipoja laulude sisust. Tartus. 1869.
  — und Neus, H., Mythische und magische Lieder der Ehsten S. 23.
Krohn, J., Kalewalan runot Vironmaalla. Suomalaisen kirjallisuuden historia
  I. 157—186.
Kruse, F., Sage von Kallewe Poeg. Ur-Geschichte des Esthnischen Volks-
  stammes. S. 176—184.
Kunder, J., Kalewipoeg. Lugu Eesti muinaskangelasest. Tartus. 1885.
Kurrik, J., Kolm suurt lugu. Eesti ja Saksa rahwa-eposed „Kalewi-
  poeg" ja „Nibelungid". Nende sisu ja wõrdlemine. Eesti kunst-
  epos „Lembitu". Selle tuum ja tähendus. Tartus. 1886.
Lipp, M., Groß-Tõll, eine Oeselsche Volkssage. Sitzungsber. der Gel.
  Estn. Ges. 1886. S. 213—240. Vgl. S. 233—237.

Löwe, F., Uebersetzung des Kalewi poeg. Gesang I—III. VI, 1—250. XVII. Verh. der Gel. Estn. Ges. B. X, H. 4. S. 1—104.

Meyer, F. F., Kalewipoeg, eine Estnische Sage, verdeutscht von C. Reinthal. 1. Lieferung. Inland. 1857. Sp. 301—303.

Neus, H., Die epischen Dichtungen: Der Sang von Hiawatha und Kalewipoeg. Inland. 1858. Sp. 401—406, 417—421.

— Ehstnische Volkslieder S. 3—23.

Niemi, A., Kaksi Kalevipoeg'in kokoonpanoa koskevaa kirjettä. Virittäjä. 1899. S. 5—12.

Nolcken, Nic. Baron, Der Kalewipoeg nach seinem epischen Werthe betrachtet. Arensburger Wochenblatt. 1875. Nr. 32, 35, 37, 38, 40, 42.

Ostrow, M., Eine Variante zu Kalewipoeg's Tod. Sitzungsber. der Gel. Estn. Ges. 1893. S. 45—46.

Oxenford, John, The Estonian Hercules. Macmillan's Magazine. Vol. 30, S. 263—272.

Perli, August, Kalewipoja laulu kawa. Jurjewis. 1895

Peterson, Chr. J., Christfrid Ganander Thomasson's Finnische Mythologie. Rosenplänter, Beiträge zur genaueren Kenntniß der ehstnischen Sprache. XIV, 102.

Raitio, K., Kalewipoeg. Helsingissä. 1884.

Reiman, W., Kullakaewajad. Eesti Üliõplaste Seltsi Album. I, 29—35.

Reinwald, A., Seletus Kalewipoeast. Wiljandis. 1877.

Reinwald, J., Kalewipojast. Oma Maa. 1886. S 231—232.

Rußwurm, C., Salme und Linda. Kalew. Kalewipoeg's Stein. — Sagen aus Hapsal, der Wiek, Oesel und Runö. S. 1—10.

Sander, T., Eesti kirjanduse ajalugu. I, 18—30.

Santo, G. M., Ankündigung der baldigen Erscheinung des Kallewi-Poeg, eines estnischen Nationalepos, nebst einigen Bemerkungen über die estnische Volkspoesie. Verh. der Gel. Estn. Ges. B. III, H. 1. S. 78—91.

— Einige Bemerkungen über den Namen Linda und die Kalewidensage. Inland. 1854. Sp. 837—844.

Schiefner, A., Ueber die Mythenstoffe des Kalewipoeg. Inland. 1858. Sp. 627—629.

— Ueber die ehstnische Sage vom Kalewipoeg. Bulletin de l'académie des sciences de St.-Pétersbourg II, 273—297. Mélang. russ. IV, 126—161.

Schott, W., Kalewi-poeg (der Sohn des Kalew), eine estnische Sage. Magazin für die Litteratur des Auslandes. 1857. S. 457—458.

— Kalewi Poeg, eine estnische Heldensage. Magazin für die Litteratur des Auslandes. 1859. S. 125—127, 503—506.

— Kalewi-Poeg, eine epische Sage der Esten. Archiv für wissenschaftliche Kunde von Rußland. XIX, 346—363.

— Die estnischen Sagen von Kalewi-Poeg. Aus den Abhandlungen der Königlichen Akademie der Wissenschaften zu Berlin. 1862. S. 413—487.

— Ueber finnische und estnische Heldensage. Monatsberichte der Königlichen Preußischen Akademie der Wissenschaften zu Berlin. Aus dem Jahre 1863. S. 249—260.

Schröder, Leopold von, Zur Entstehungsgeschichte des Kalewipoeg.
    Mittheilungen aus Briefen des Dr. F. R. Kreutzwald an die Her-
    ren Dr. Sachsendahl und Pastor Reinthal. Verh. der Gel. Estn.
    Ges. B. XVII, S. 1—53.
Schüdlöffel, G., Káallew's Sohn. Inland. 1836. Sp. 529—535. Wie-
    der abgedruckt E. Pabst, Bunte Bilder. I, 49—56.
S. z. J. [Schüdlöffel zu Jegelecht]. Dialog zwischen zwei Freunden der
    ehstn. Sprache. Inland. 1855. Sp. 678—679.
Schultz, G., Der Streit über die Aechtheit der Kalewidensage. Inland.
    1855. Sp. 69—70.
— Die Estensage vom Kalewipoeg in ihrer neuesten Gestalt. Inland.
    1859. Sp. 879—884.
— (Dr. Bertram) Die estnische Sage vom Kalewipoeg. Inland.
    1861. Sp. 89—90.
·· [Bertram] Die estnische Sage vom Kalewi-Poeg. Revalsche
    Zeitung. 1861. Nr. 41. Extrablatt.
— Ueber Kalewipoja säng. Sitzungsberichte der Gel. Estn. Ges. 1862.
    Heft 8.
— [Dr. Bertram] Wagien. Dorpat. 1868. S. 1—13.
— [Bertram], Die Region der Kalewiden Lager. Magazin für die
    Litteratur des Auslandes. 1868. S. 207—208.
— S[chultz], Dr. G., Ein Sendschreiben an Dr. Kreutzwald in Werro.
    Dörptsche Zeitung. 1872. N. 219.
Tischler, J., Kalewipoja sisust: Missugused kõlbulised arwamised paista-
    wad meile Kalewipojast silma? Tartus. 1887.
Трусманъ, Юрій, Калевичъ. Древняя эстонская сага въ двадцати
    пѣсняхъ. I вып. Ревель. 1886. II вып. Ревель. 1889.
Vikár, Béla, Der erste Gesang des Kalewipoeg in's Magyarische über-
    setzt. Budenz József XXV éves nyelvészeti müködése emlékére
    kiadják tanitványai. S. 14—25.
Weske, M., Entstehung mythischer Personen aus dem Ei in estnischen
    und finnischen Märchen. Ausland. 1873. S. 361—363. Vgl.
    Mythen und Märchen vom Ei. Sitzungsber. der Gel. Estn. Ges.
    1874. S. 17—25.
— Über das Resultat seiner im Laufe des Sommers gemachten wissen-
    schaftlichen Reise. Sitzungsber. der Gel. Estn. Ges. 1876. S.
    161—169.
— Bericht über die Ergebnisse einer Reise durch das Estenland im
    Sommer 1875. Verh. der Gel. Estn. Ges. B. VIII, H. 3. S. 69—73.
— Beitrag zur Sage vom Kalewipoeg. Sitzungsber. der Gel. Estn.
    Ges. 1877. S. 32—38.
— Kalewipoja juttude lisad. Oma maa. 1884 S. 23—25, 56, 85—86,
    135—137.
Wiedemann, F. J., Aus dem inneren und äußeren Leben der Ehsten.
    1876. S. 421—423.

Anruf.

Leihe mir die Harfe, Wanemuine,
Herrliche Mär beweget das Herz mir,
Aus dem Schatze der alten Zeiten
Treibt's mich mächtig ein Lied zu singen.

Grauer Vorzeit Stimmen, erwachet!
Regt euch, geheimnißvolle Worte,
Die ihr von besseren Zeiten singet
Und von dem Reize schönerer Tage!

Komm, du kundige Tochter des Sängers,
Eilig entsteige dem See des Endel!
Viel zu lang schon im silbernen Spiegel
Hast du das seidene Haar dir geglättet.

Helfet mir malen ihr grauen Schatten,
Zeichnen die längst entschwundenen Züge
Tapferer Helden, mächtiger Zauberer
Und die Fahrten des Kalewsohnes!

Schweifet mit mir froh in den Süden,
Einige Schritte hinauf gen Norden,
Wo in des Haidekrauts heimlichem Weben
Sagen dem Boden der Fremde entsprießen!

Was ich auf heimischen Fluren gesammelt,
Aufgepflügt aus dem Boden der Fremde,
Was mir die Winde zugewehet,
Lustig die Wellen an's Ufer gespület;

Was ich lange im Herzen getragen,
Heimlich im Busen mir verborgen,
Und worauf ich so manches Jahr schon
Einsam gebrütet im Felsenhorste,

Will ich verkünden im schallenden Liede
Laut vor den Ohren fremder Hörer,
Da meines Frühlings theure Gespielen
Längst schon unter dem Rasen schlummern,

Wo nicht des Sängers fröhliche Lieder,
Nicht seines Kummers Schmerzenslaute,
Noch seiner Sehnsucht inniges Flehen
Zu der Schlummernden Ohr gelangen.

Einsam verklingen die Freudentöne,
Einsam verhallen des Kuckucks Klagen,
Einsam sing' ich in stiller Sehnsucht,
Bis ich dahinwelk' auf den Fluren.

Zur Einführung.

Sauft heran, ihr alten Sagen,
Mären von den Kalewmännern,
Hebet euch von Kalma's Hügeln,
Schwellet an aus schwerem Nebel,
Dann aus Dämmerlicht erwachet,
Sprießt auf aus dem Haidekraute,
Dampft herauf aus moos'gem
      Moore!
Wo die Schatten schaurig stille
Lange Leideszeiten bergen,
10 Plagen unter dichter Decke
Im Verließ des Staubes liegen,
Schlummernd unter Uku's Fittig,
Schlafend in Maria's Schoße.

Sie bescheinet nicht die Sonne,
Kuckuck's goldnes Gellen dringt nicht
Noch der Vögel Nestgezwitscher
Lockend, reizend unter'n Rasen.

Hell scheint hoch herab das
      Mondlicht
Sternenaugen blinken nieder,
20 Leih'n ihr Licht der Schatten
      Wächtern,
Der Gestalten Liebespflegern —
Die in's Friedenskleid sie bergen,
In die dunkle Decke wickeln,

So das Todtenhaus umhüllend,
Und die Schläfer fest umschlingend.

Rast ein Sturm aus Regengüssen,
Der der Wellen Brausen wecket:
Bring' er mit sich manche Grüße,
Künde köstlichstes Geschehniß,
30 Das jetzt ganz vergessen schlummert,
Aus dem Sinn geschwund'ne Sagen,
Die im Abendlicht aufleuchten,
In der Dämmrung Schauern schei=
      nen,
Dann sich mit den Dünsten heben,
Schwebend auf des Nebels Schwin=
      gen;
Wo dann Geister spät noch gerne
Sich im nächt'gen Düster regen,
Sich dem Regensaus gesellen
Häufend sich am Abendhimmel,
40 Wo sie nun in nächt'ger Kühle —
Spielend farb'ge Sagen finden,
Goldne Mären wirksam weben.

Jetzo schau dem Spiel zu, Jüng=
      ling,
Lausch dem Weben, liebe Jungfrau,
Merkt euch wohl die flücht'gen
      Worte,

Für den Sänger sind die Worte!
Wie, wenn rasch die Morgenröthe
Sich als Tages Herold hebet,
Auch das Traumgesicht versinket,
50 Also treibt der Lerche Trillern,
Nimmt der Nachtigallen Schlagen
Und des Kuckuck's goldnes Gellen
Nacht und holdes Glück von hinnen.

    Flink entfliehen unsre Tage,
Rasch wie Rosse unsre Stunden,
Hasten zu den Hügeln Kalma's,
Fliegen zu des Friedens Erlhain
In die grause Gruft des Todes.
Heimath hat hier nicht, was sterb=
    lich,
60 Kein Verbleib der Erdenpilger,
Stand des Staubes ist sein Erb=
    theil!

    Sturmesbrausen bringt Getöne
In des Waldes hohe Wipfel,
Reißt zu Boden lange Bäume,
Daß sie niederstürzend stöhnen;
Sommers läßt der laue Lufthauch
Sänftlich sich die Blätter regen,
Läßt die Birke leicht aufrauschen,
Läßt der Espe Laub erzittern,
70 Wie des Diebes Faust beim Fange,
Wie der schlimme Räuber schlottert.
Abends lassen leise Klänge
Hören, wie die Bremsen brummen,
Wie die Mückenschwärme schwirren,
Wie die Fliegen helle hummen,
Wie die Käfer leise summen —
Nur der Falter lusterfüllt
Flattert lautlos durch die Lüfte.

    Alles hört das Ohr des Weisen,
80 Deutet sinnend sich der Kund'ge,
Freudige wie Kummerkunde,
Hört den Wehruf der Gehärmten,
Hört aus Allem Vorweltsmären,
Deutet sich der Vorzeit Denken,
Die Verwicklung dunkler Worte.

    Freud' und Trau'r sind Zwil=
    lingsschwestern,
Heimisch beid' im Haus der
    Schöpfung,
Gehen Hand in Hand mitsammen,
Schreiten gleichen Schrittes fürder
90 Zeugte sie derselbe Vater,
Säugte sie dieselbe Mutter,
Wiegte sie in einer Wiege.

    Abendrothes glühend Antlitz
Ist umsäumt von Sammelwolken,
Diese dann von goldnen Rändern,
Die mit seid'nen Franzen prangen:
Weißt du, Sohn, was im Gewölke
Für ein tück'scher Kern sich birget?
Pitkne's Blitze, Donnerschläge,
100 Wüstes Hagelschlossenwetter,
Ungestümes Schneegestöber,
Äike's dräuende Gewitter
Schliefen in der Wolken Schooße,
Ihrem trüg'rischen Verstecke.

    Kennst du wohl den Thau der
    Augen,
Wasser von den Wangen fließend?
Wie der flücht'ge Rausch der Wonne,
So des Unglücks jäher Jammer
Lassen gleich sehr Thränen sprießen
110 Und den Thau der Augen quellen.
Wenn das Herz dir höher hüpfet,
Wenn das Weh den Muth dir
    beuget,
Rinnen reichlich Thränen nieder,
Schwillt der Augen Thau ge=
    schwinde,
Lust wie Leid erkennen lassend.

Zur Einführung.

Wenn der Sänger seine Lieder
Anstimmt, Maß der Verse modelnd,
Nimmt ein Theil er aus der
    Täuschung,
Wählt ein andres aus der Wahr-
    heit,
120 Schöpft ein drittes aus Gerüchten,
Dann auch noch aus dem Gedächtniß,
Vorrathskammer der Gedanken.
Beut das Bild ein gülden Aussehn,
Trägt das Wort der Wahrheit
    Farbe,
Wahrheitsfarbe, Weisheitsstempel:
Rühmt man ihn als rechten Sänger,
Tadellosen Tonverbinder.

    Hörte wohl den Mardus wim-
        mern,
Weinen in des Waldes Tiefe,
130 Klagen in des Forst's Umfangung.
Was denn weckte seinen Wehruf,
Trieb zu Thränen seine Trauer,
Ließ die Klagelaute wachsen,
Und die schweren Seufzer schwellen?
Mardus klagt das Blutvergießen,
Blutvergießen, grause Gräuel,
Klagt die Qual, der Thränen Quelle,
Klagt den Druck der schweren Plage,
Was am Himmel ausgeprägt steht,
140 Durch den Wolkensaumspalt sichtbar.

    Hülle breitet über Leid sich,
Ueber Trübsal dichte Decke,
Und verschließt im Wolkenschleier
Licht dem sehnsuchtsvollen Sänger.

    Geister nahn im Nebelschatten
Auf des Thaues Schwingen schwe-
        bend,
Treten hin mit scheuem Tritte —
Machen kund die blut'gen Kämpfe,
Schwertertanzes wildes Toben,

150 Mörderisches Beilgemetzel,
Brennender Gehöfte Einsturz,
Heulen bei des Hungers Qualen,
Harter Pestverheerung Spuren —
Bringen lauter Kummerkunde,
Seufzertön' aus Leidenstagen,
Thränen aus der Zeit der Marter.
Für des Vaterlandes Freiheit,
Gegen Fremde tapfer kämpfend
Sanken ganze Heldenstämme,
160 Welkten hin die wackern Gaue
In das Grab der grauen Vorzeit.
Ihrer Peinigung harte Qualen,
Ihrer Manneskraft Erlahmung
Kling' als Zeugniß theurer Tage
Unvergeßlich uns im Herzen.

    In Altvaters Himmelswohnung,
In dem Kreis der Taara-Söhne
Saßen kraftbegabte Krieger,
Hohe Helden, die als Gäste
170 Bei des Feuerherdes Scheine
Von der Vorzeit sich besprachen.
Kalews Sohn, der rief'ge Recke,
Ruhmbedeckter Königssprosse,
Saß inmitten dieser Männer,
Auf die Hand gestützt die Wange,
Lauschte auf der Sänger Lieder,
Auf des Harfenspielers Hochlob,
Wie sie seine tapfren Thaten,
Seine seltnen Abenteuer
180 Seine Wunderwerke priesen.
Die gewalt'gen Machtbeweise,
Die im Leben er geleistet,
Bis zum Tode stets bethätigt —
Alles ward nach späten Spuren,
Nach zerstreuten Ueberbleibseln
Bei dem Feuerschein gefeiert,
Ward mit goldnem Wort besungen;
Werde schon auch Worte ordnen,
Werde gülden Garn verspinnen,
190 Silberfäden sauber zwirnen

Werde Kupferspulen wenden,
Wenn zu weben ich beginne,
Sehen lasse die Gesichte,
Die Geheimnisse verkünde,
Laut die Lieder dazu singe.

Schau! im Schooß der Waldes=
wüste
Waldeswüste, Busches Schatten,
Eingefaßt von finstern Erlen,
Ueberdacht von Trauerbirken,
200 Sind der Kalma's Hügel sieben,
Sieben übermooste Maale,
Sieben Hügel, halbverfallen,
Um die keine Seel' sich kümmert,
Die auch Freundeshand nicht pfleget,
Die kein scharfes Auge hütet,
Keine zarte Liebe zieret.

Trübsal's Angst liegt in dem
ersten,
Knechtschaft Fesseln in dem zweiten,
Krieges Qualen in dem dritten,
210 Hungers Marter hegt das vierte,
Daseins Elend liegt im fünften,
Pest Versengung ruht im sechsten,
Tautsi's Opfer in dem siebten.

Also war der Esten Elend
Vor des Russenreiches Herrschaft,
Vor der Liebe Fittigschutze.
Führt dereinst des Glückes Fügung,
Oder auch der Elfen Lockruf,
Oder Mardus' Mahnungsstimme
220 Dich zu diesen sieben Hügeln,
Zu den übermoosten Maalen,
Setze dann, o Sohn, zu Ehren
Deines Vaters dort ein Bäumchen,
Glücksblumen deiner Mutter,
Einen Rosenstrauch der Schwester,
Einen Kirschbaum für den Bruder,
Einen Faulbaum für den Nachbar;

Steck die Pflanzen ein verständig,
Grabe in den Grund die Wurzeln,
230 Thu' sie in die rechte Tiefe,
Daß sie kräftig weiter wachsen,
Zaubrisch dann zur Zeit erblühn,
Große Zierde für die Gräber,
Steter Schmuck der Schlummer=
stätten,
Starke Stütze für den Rasen,
Denkmal denen, die dort schlafen.

Was schläft dort, bedeckt vom
Rasen,
Ruht im stillen Schooß des Stau=
bes?

Unterm Rasen ruhn im Boden
240 Sind versteckt im Schooß des
Staubes
Unsere Erinnerungen,
Früh'rer Zeiten freies Erbtheil,
Früh'ren Glückes frohe Blüthen,
Früh'rer Rede frische Schöpfung,
Früh'ren Sanges alte Sagen.

In der Zeiten Mutterschooße
Deckt die Decke des Vergessens,
Hüllt die Hinterlist des Truges,
Wie des blinden Wahnes Wort=
schwall
250 Alles, was die Pest gewürget,
Was die Qualen hingequälet,
Was das grimme Schwert ließ
schwinden,
Es in Todesschlummer schlingend,
Und im Nebelgrau'n vernichtend.

Als ich jung noch war an Jahren,
Jung an Jahren, keck wie Knaben,
Leichten Fußes der Heerde folgend,
Kurni spielte auf dem Anger,
Wohlig mich auf der Schaukel
wiegte:

260 Fiel ich einst in Schlafes Schlingen,
Bei dem Feuer einer Feldhut
Unterm Busch geborgen ruhend,
Von der Burg des Jaan nicht ferne.
Da — welch' wunderbare Wesen,
Goldene Gestalten — standen,
Aus dem Traum hervorgetreten,
Vor des Schlummermüden Auge,
Dem Gesichte seines Geistes.

Wack're Männer, weise Greise,
270 Lebensfrohe Liederschöpfer,
Goldner Harfe gute Meister,
Schöngelockte minn'ge Maide,
Hüpften von den Grabeshügeln,
Sich zu mitternächt'ger Feier
In dem Nebelreigen neigend;
Traten her mit scheuem Tritte,
Scheuem Tritte, leichter Sohle,
Glitten näher stets und näher,
Machten mir verstohl'ne Zeichen,
280 Blinzelten mir zu die Bitte:
Lull' uns ein zu lindem Schlafe!

Schlafet denn, vergeff'ne Geister,
Weilt, verwitterte Gestalten,
Einen gold'nen Schlummer schlafend,
Bis euch einst in beffern Tagen
Eines schönen Morgens Schimmer
Auferweckt in Taara's Wohnung!

Junge Männer, stark und muthig,
Wierland's ihr und Jerwen's
Sproffen,

290 Harrien's holde Schwestern alle,
Pernaus minnigliche Maide,
Ihr der Wiek verwandte Nachbarn,
Hört, o höret meine Rede!
Ferner Vorzeit blaffe Bilder,
Schatten längst verblichnen Lebens,
Früh'res Glück und früh're Freude,
Einst'ger Trübsal, Sorg' und
Trauer,
Einst'ger Tage gold'ne Rede,
Einst'ger Sänger sinn'ge Lieder
300 Regen sich in meiner Seele,
Laffen meine Blicke leuchten.
Hört denn die verklung'nen Sagen,
Kunde von dem Kalewiden,
Auskunft von dem Alewiden,
Aufschluß über den Olewiden,
Sagen von dem Sulewiden:
Was mir von der Eberesche,
Ferner von dem Faulbaum zufloß,
Oder auch von Taara's Eiche, —
310 Was aus alten krausen Worten,
Tief gewurzelten Geschichten,
Was von Wanemuinens Geist kam,
Von dem Ringelhaare Juta's.

Was ich so mir hab' erraffet,
Spurverfolgend fein gesammelt,
Spann ich zu Gesangesfäden,
Wob's zu gutem Leinengarne,
Zu dem Bild des Kalewhelden.

Erster Gesang.

Rudre Sänger, Runenkund'ger,
Rudre nur des Sanges Nachen,
Das beschwingte Sagenschifflein,
Rudr' es kühn an jene Küste,
Wo die Adler goldne Worte,
Wo die Raben Silberreden
Und die Schwäne Kupfersagen
Aus der Vorzeit Schatz geschüttet,
Ausgestreut aus alten Tagen.
10 Kündet es ihr kund'gen Vögel,
Weithin tönet es, ihr Wellen,
Laut ihr lieben Winde sagt es:
Wo der Kalewsöhne Wiege,
Wo der starken Männer Stätte,
Wo der hehren Helden Heimat?
Singe, Sänger, singe immer,
Weßhalb, goldner, willst du schweigen?

Was denn künd' ich Kummervogel,
Was denn sing' ich stumpfer Schnabel?
20 Jugend welkte in der Wüste,
Bleichte ab auf ödem Blachfeld,
Trübe unter Trauerbirken.

Sonst wenn ich im Jubel jauchzte,
Flöte blies beim Sonnenflimmer,
In des Sanges Silberfäden
Goldenes Gewebe schlingend —
Da erschaut' ich schöne Scherze,
Heitre heimliche Geschichten,
Wußte manche Wundermäre.

30 Windesmutter schwang die Schwingen,
Sturmesalte wirkte Waldbruch,
Zwang die Wogen aufzuwallen,
Sich auf weitem Meer zu wälzen,
Trieb die wirren Wetterwolken
Her vor Pitkne's pfeifenden Pfeilen.

Oft wenn ich von heitern Höhen
Auf der Sonne Antlitz blickte,
Boten sich der Vorzeit Bilder,
Hingeschwund'ner Tage Thaten.

40 Rascher strömt einher, ihr Ströme,
Hügel, zaudert nicht zu zeugen,
Wälder, weiset alte Spuren,
Haine, kündet Heimlichkeiten!

Hoch hebt sich des Sanges Jubel,
Wie wenn Sonne bricht durch Wolken,
Weckt die Seele auf zum Sinnen,
Die sich labt an lichtem Denken.

Erster Gesang.

Seh' ein Heim von fern sich
heben,
Fels'ge Feste der Kalewiden;
50 Eichen stehn die Mauern stemmend,
Felsgeröll fügt sich zum Dache,
Ringsum reih'n sich Faulbaum-
gruppen.

Schon schlägt an mein Ohr das
Tosen
Wilder Wellen, die sich wälzen
An's Gestein, wo sie zerstieben —
Denn der Fels bleibt ungefährdet,
Der im Wetter nimmer wankte,
Den kein Wolkenbruch gebrochen.

Leiten wir den Lauf der Rede
60 In das Bett der alten Sage,
Auf den Pfad der Eisenzeiten.

Weiland wuchs in Kalewala
Eine Reihe ries'ger Männer,
Wuchsen auf in manchem Weiler,
Hauseten in manchem Hofe:
Sprößlinge von Taara's Söhnen,
Senkreiser von Siegeshelden
Sind aus ird'scher Schönen Schoße
Sie an's Licht der Welt geboren.

70 Sie, Altvaters Ruhmessöhne,
Weisen Rathes will'ge Spender,
Weiser Werke Kraftvollender,
Huldigten in holder Freundschaft
Menschgebor'nen schönen Maiden,
Bis der Liebchen zarte Leiber
Schwollen von der schweren Sohns-
last.
So entsproß das weltberühmte,
Das Geschlecht der Kalewhelden,
Männer stark wie Eichenstämme.

80 Weit im Norden hob ein Heim sich,
Stand ein stattliches Gehöfte,
Lehnt' am Fels an Taara's Eich-
wald,
Halb umhegt von hohen Bäumen,
Halb ins flache Feld sich streckend.

Wuchsen auf im Heim drei Knaben,
Sprößlinge von Taara's Söhnen.
Einer reisete nach Rußland,
Stürmte Turja zu der zweite,
Dreist der dritte sich der Brüder
90 Schwang auf Nordlands-Adlers
Schwinge.

Der nach Rußland war gereiset,
Wurde ein gewandter Kaufherr,
Ein gar flinker Bortenflechter;
Der nach Turja hin gestürmet,
Wurde hier ein tapfrer Kriegsmann,
Fertig seine Axt zu führen.

Der auf Aaresschwingen schwebte,
Auf des Nordlands-Adlers Fittig
Der flog lange, schwebte lange,
100 Flog gen Süden eine Strecke,
Flog gen Osten eine Strecke,
Fuhr hin über Finland's Meerflut,
Strich hin über Strandwieks Meer-
flut,
Kreuzte über Wierlands Meerflut,
Bis durch des Geschickes Gunsten,
Durch der Götter weises Walten
Auf ein Felsenriff der Adler
Warf den Mann an Wierlands
Küste.

Kaum war er in's Land gekommen,
110 Als er rasch ein Reich aufrichtet,
Eine große Siedlung gründet,
Einen schönen Bau erbauet,

Daß von da siegreich und sicher
Er des Landes Schicksal lenke.

And'res ist auf unsern Auen,
Unsern weiten Wasserwiesen,
In der Märe nicht gemeldet
Von dem alten Vater Kalew,
Ward nichts kund von seinem
  Kommen.

120 Aber von des Kalew Brautfahrt,
Wie er ging ein Weib zu werben,
Davon kam vertraute Kunde
Wohl zu uns aus Pleskau's Weich=
  bild,
Davon soll ein Lied verlauten,
Werden goldne Worte reden.

———

In der Wiek 'ne junge Wittib
Einsam haust' auf ihrem Hofe,
Einem Bau gleich ohne Balken,
Einem Hause ohne Dachung.

130 Ihre Heerde selbst zu hüten
Ging sie froh am Sonntag frühe
Wie am Werkeltag jeweilig.
Was denn fand sie auf der Viehtrift,
Auf dem Ranft voll Rinderspuren,
Auf der Dorfes=Schaukel Rasen?
Fand ein Küchlein auf der Viehtrift,
Auf dem Ranft ein Ei vom Birk=
  huhn,
Auf dem Rasen ein Krähenjunges.

Nahm die Wittib auf das Küchlein,
140 Birkhuhnei in ihren Busen,
Sich zum Trost in ihrer Trauer,
Und zur Lindrung ihres Leides,
Sie im Hause gut zu hegen:
Warf auch noch das Krähenjunge
In die aufgeschlagene Schürze.

Trug die dreie treulich heimwärts.
Trug sie heim in ihre Halle,
In den steingewölbten Keller.
Nahm behend zur Hand den Woll=
  korb,
150 Breitete das Paar zum Brüten,
Unten Ei und oben Küchlein
Unterm Deckel zu gedeihen;
Stellte still sodann den Brutkorb
Auf des Korneskastens Kante,
Warf darauf das Krähenjunge
In die Katzeck' hinterm Kasten.

Küchlein wuchs das Ei bebrütend,
Unterm Deckel dehnt sich's Küchlein,
Unterm Flaum das Ei des Birk=
  huhns.
160 Wuchsen einen Mond, schwoll'n
  zweie,
Wuchsen dritten Monds ein Viertel,
Wohl vom vierten eine Woche,
Drüber dann noch einge Tage.

Ging die Wittib hin, zu schauen,
Ihre Pfleglinge zu prüfen,
Was wohl wüchse unterm Deckel?
Aus dem Küchlein kam ein Mägd=
  lein,
Aus dem Ei 'ne andre Tochter;
Küchlein war die sanfte Salme,
170 Birkhuhn war die linde Linda.

Was ward aus dem Krähen=
  jungen,
Das da lag im Katzenwinkel?
Aus der Krähe ward 'ne Waise,
Eine dienende Arbeitsdirne,
Hüterin des Herdefeuers,
Trägerin des Tragholzjoches.

Um die Salme freiten Freier
Fünf und sechs mit Branntwein=
  krügen,

Sieben kamen her auf Kundschaft,
180 Acht von fern, zu schaun die Schöne.
Stolze Freier stellten ein sich,
So der Mond, der Sonnenjüngling
Und der Sternenknab' als dritter.

Kam der Mond, der junge Knabe,
Bräutigam mit bleichem Antlitz,
Fuhr daher mit funfzig Rossen
Und mit sechzig Rosselenkern,
Wollte Salme sich gesellen,
Sich die holde Maid vermählen.
190 Salme die's vernahm, versetzte
Und man hörte aus dem Speicher,
Aus dem Steinhaus ihre Stimme:
„Nimmer nehm' den Mond ich gold'ne,
Silberne nicht den Nachterheller!
Dreifach sind des Mondes Aemter,
Sechsfach was er sonst noch schaffet;
Scheint bald früh im Dämmrungs=
Schimmer,
Bald wenn nah der Sonne Neigen,
Bald wenn sichtbar wird die Sonne.
200 Bald ermüdet er am Morgen,
Eh' das Licht des Tages leuchtet,
Hält am hellen Tag bald Wache,
Lauert lange bis zum Mittag."

Mürrisch ging der Mond nach
Hause,
Blinzte scheidend bleicher Wange.

Kam daher der Sonnenjüngling,
Bräutigam mit brennenden Augen;
Fuhr heran mit funfzig Rossen
Und mit sechzig Rosselenkern,
210 Wollte Salme sich gesellen,
Sich die holde Maid vermählen.

Salme, die's vernahm, versetzte:
„Ging ich goldne nicht zum Monde —
Mag ich nicht den Sonnenjüngling.
Wählt er doch gar viele Weisen,
Giebt sich mancherlei Geberde,
Sendet Sengestrahlen nieder —
Wandelt jäh das heitre Wetter;
Ist es eben hell zur Heumahd,
220 Rieselt Regen er hernieder;
Will man heute Hafer säen,
Schickt er schwere schwüle Donner,
Senget so die Saat des Hafers,
Tödtet in dem Thal die Gerste,
Stürzt den Flachs im Flachsand
nieder,
Hemmt die Erbsen in den Furchen,
Haidekorn bleibt ohne Blüthe,
Linsen schießen ohne Schoten;
Will man schneiden reifen Roggen,
230 Läßt er Ströme niederstürzen,
Rastlos Regenschauer rauschen."

Unwirsch wich der Sonnenjüng=
ling,
Feurig funkelten die Wangen,
Glühend roth in Zornesgluthen.

Drauf erschien der dritte Freier,
Kam daher der Sternenknabe,
Nordpolsternes Erstgeborner,
Fuhr heran mit funfzig Rossen
Und mit sechzig Rosselenkern,
240 Wollte Salme sich gesellen,
Sich die holde Maid vermählen
Da sprach Salme aus dem Speicher,
Rief aus ihrer Kleiderkammer:
„In den Stall des Sternes Rößlein,
An die Raufe schick den Schecken,
An den Mehltrank weist den Wallach,
Vor ihm die geputzte Wandung,
Neben ihm die glatte Wandung;
Häufet Heu ihm auf, das beste,
250 Füttert ihn mit fettem Hafer,
Tränket ihn mit reinem Tranke,

Laßt ihn schlemmend Mehltrank
  schlürfen,
Mehltrank schlürfen, schäumend
  weißen,
Hüllt das Thier in theures Leinen,
Breitet über breite Laken,
Schützet es mit seidnen Decken,
Ruhen soll sein Kopf auf Sammet
Und auf Haferspreu die Hufen.
Wohl hab' ich den Stern erwählet,
260 Gebe gern die Hand dem Sterne,
Will sein goldnes Weibchen werden.
Stetig strahlet Sternes Antlitz,
Sternes Sinn ist sonder Schwanken,
Nicht versehrt der Stern die Saaten,
Noch die reife Roggenernte.

  „Setzet mir den Sternenknaben
An die gut geputzte Tafel,
Hinter ihm die glatte Wandung,
Unter ihm die Bank von Buchen,
270 Vor ihm laßt das breite Tischbrett
Sauber sein belegt mit Linnen;
Traget Fische auf die Tafel,
Bringt ihm nah den saft'gen Braten,
Legt ihm vor die leckern Würste,
Bietet ihm das Hochzeitsbackwerk,
Schiebt die Schüsseln Honig nahe,
Kommt mit Kannen kräft'gen Bieres,
Bringet Becher süßen Methes."

  Sternenknabe ward zur Stube
280 An den Speisetisch geladen
Und die Wittib sprach die Worte:
„Iß, o Stern, doch, trink, o Stern,
  doch,
Habe, lieber Stern, Behagen."

  Stern ließ seine Klinge klirren,
Ließ den Schmuck, den goldnen,
  gellen
Und das blanke Blech der Sporen —
Stampfend mit der Eisenferse.
„Mütterchen, ich mag nicht essen,
Mütterchen, ich mag nicht trinken,
290 Habe sonst auch kein Behagen.
Bringt die Braut mir in die Stube,
Schaffet Salme mir zur Stelle."

  Salme lauscht des Liebsten
  Losung,
Hört was Sternenknabe wünschet,
Salme sendet aus dem Speicher
Ueber'n Hof in's Haus die Stimme:

  „Bräutigamchen, braver Knabe,
Gern gesehner Gast von ferne,
Gabst du Zeit mir zu gedeihen,
300 Zeit der Salme aufzusprießen,
Gieb mir Zeit auch mich zu zieren,
Mich mit Hochzeitsschmuck zu
  schmücken."

  „Schlüpfe, Linda, schleun'gen
  Fußes,
Fliege flink zur Kammer, Schwester,
Tripple an die Kleidertruhe.
Bring die Wämser mir, die woll'nen,
Sammt den seidenen Gewändern,
Und den goldgewirkten Jäckchen,
Auch die streif'gen Zwickelstrümpfe;
310 Häubchen hol' mit goldnen Flittern
Nebst der bunten Halsbedeckung."

  Rief die Wittib aus dem Winkel,
Pflegemutter aus der Kammer:
„Iß, o Stern, doch, trink, o Stern,
  doch,
Habe nur, o Stern, Behagen,
Froh des nah'nden Freudenfestes."

  Stern vernahm es und versetzte,
Stern gab die gemess'ne Antwort:
„Will nicht essen, will nicht trinken,

320 Will auch kein Behagen haben
Froh des nah'nden Freudenfestes —
Will gewahren erst mein Liebchen."

Wohl vernahm's die Wittib,
  sagte:
„Willst du, Beerlein, denn nicht
  schlafen,
Noch auch ruhig weiter rasten?"

Wieder rasch der Stern erwiedert,
Stern giebt die gemeßne Antwort:
„Nein, ich Beerlein will nicht
  schlafen,
Auch nicht länger ruhig rasten.
330 Sternenaug' kennt keinen Schlum-
  mer,
Hat nie Lust das Lid zu schließen,
Will die Wimpern nimmer senken.
Bringt die Braut mir in die Stube,
Schaffet daß ich Salme schaue,
Holet her die Huhnentsproßne."

Brachte man die Braut zur Stube,
Schaffte in den Saal man Salme.
Fremd erschien der Frau das
  Mädchen,
Nicht erkannte sie das Kostkind,
340 Das an stiller Stätte heimlich
Rasenmutter umgemodelt,
Waldesjungfrau'n fein geformet.
Ungewiß die Wittib fragte:
„Ist der Mond das, ist's die Sonne,
Ist's der Abendröthe Tochter?"

Jetzt ließ man zur Hochzeit laden,
Gäste wurden gleich gebeten,
Mitzufeiern diese Feier;
Da die Eich' aus Dorpats Grenzen
350 Und die Erl' aus Revals Gassen
Mit den Wurzeln ineinander,
Mit den Wipfeln sich umschlungen.

Kreiseten umher im Kreuztanz,
Wirbelten im Wierlandstanze,
Daß der Kiessand knisternd knirschte,
Und der Rasenboden bebte!

Sternenknab' und Jungfrau Salme
Feierten die Hochzeitsfeier!

Kam der Mond zum andern Male
360 Zu der Hochzeit Jubeljauchzen
In's Gehöft der Wiek hinwieder;
Fuhr daher mit funfzig Rossen
Und mit sechzig Rosselenkern,
Um die Birkhuhnsei-Entsproßne,
Um die liebe Linda werbend.
Gerne gönnten sie die Brüder,
Salme selbst dem Fürst der Nächte;
Linda mag den Mond nicht minnen,
Linda ruft aus ihrem Badraum,
370 Linda läßt von ihrem Lager,
Von dem Pfühle sich vernehmen:

„Mit dem Mond nicht geh' ich
  goldne,
Silbermaid nicht mit dem Nacht-
  Fürst.
Sechse sind des Mondes Aemter,
Hat noch ferner fünf der Dienste,
Dann ein Dutzend and'rer Pflichten.
Steigt bald auf in stiller Frühe,
Hebt sich bald am hellen Tage,
Schwimmet bald in nassen Nebeln,
380 Schlägt sein Haupt in feuchte
  Schleier,
Birgt sich bald in dichten Wolken.
Dann erscheint er mit der Däm-
  rung,
Dann erst mit dem dichten Dunkel,
Dann auch geht er ganz und gar fort,
Läßt die Lande ohne Schutzwacht.

Unwirsch weicht der Mond von
  dannen,

Zorn malt sich in seinen Zügen,
In den Brauen brütet Unmuth.

Kreiseten umher im Kreuztanz,
390 Wirbelten in Wierlands Tanze,
Huben an den Tanz von Harrien,
Daß der Kiessand knisternd knirschte,
Und der Rasenboden bebte.

Sternenknab' und Jungfrau Salme
Feierten die Hochzeitsfeier!

Da erschien der and're Freier
Bei der Hochzeit Jubeljauchzen,
Will sein Heil noch einmal wagen.
Sonnenknab' im Strahlenkranze
400 Fährt heran mit funfzig Rossen,
Und mit sechzig Rosselenkern,
Reitet selbst auf feur'gem Rosse,
Will um Linda für sich werben,
Um die Birkhühnsjungfrau freien.
Gerne gönnten sie die Brüder,
Salme selbst dem Herrn des Tages;
Linda aber liebt ihn nimmer,
Linda ruft aus ihrem Badraum,
Linda läßt von ihrem Lager,
410 Von dem Pfühle sich vernehmen:
„Nicht den Sonnenjüngling nehm'
   ich,
Küre nicht des Tages König,
Denn er schaffet vielen Schaden,
Läßt den Flachs im Flachsand welken,
Läßt des Hafers Korn verkümmern;
Sonne sengt die Gerstenfelder,
Welkt den Weizen auf dem Acker,
Und den Roggen in den Rillen,
Leuchtet lange Tage Sommers,
420 Kommt nicht in die Kammer Win-
   ters."

Zornig zog der Sonnenjüngling
Ab mit stechend heißen Blicken.

Und sie kreiseten im Kreuztanz,
Wirbelten im Wierlandstanze,
Huben an den Tanz von Harrien,
Wütheten im Wiekschen Tanze,
Daß der Kiessand knisternd knirschte,
Und der Rasenboden bebte.

Sternenknab' und Jungfrau Salme
430 Feierten die Hochzeitsfeier!

Drauf erschien der dritte Freier
Bei der Hochzeit Jubeljauchzen.
Wasserbräutigam kam brausend,
Fuhr daher mit funfzig Rossen
Und mit sechzig Rosselenkern,
Sitzet selbst auf grauem Schimmel,
Wollt' um Linda für sich werben,
Um die Birkhuhnstochter freien.
Gerne gönnten sie die Brüder,
440 Salme selbst dem Fürst der Fluthen;
Linda stritt und widerstrebte,
Linda ruft aus ihrem Badraum,
Linda läßt von ihrem Lager,
Von dem Pfühle sich vernehmen:
„Mag den Meerfürst nicht ich goldne,
Silberne nicht den Fluthenkönig.
Wogen wälzen wild Verderben,
Tödtlich droht des Meeres Tiefe,
Quellen quellen und versiegen,
450 Flüsse fluthen über furchtbar."

Weinend wandte sich der Meer-
   fürst,
Trübe floh der Fluthen König,
Rauschte ruhlos durch die Pforte.

Kreiseten umher im Kreuztanz
Wirbelten im Wierlandstanze,
Huben an den Tanz von Harrien,
Wütheten im Wiekschen Tanze,
Jubelten im Tanz von Jerwen,
Daß der Kiessand knisternd knirschte,
460 Und der Rasenboden bebte.

Sternenknab' und Jungfrau Salme
Feierten die Hochzeitsfeier!

Da erschien der vierte Freier
Bei der Hochzeit Jubeljauchzen,
Kam der Wind herangewirbelt,
Fuhr daher mit funfzig Rossen
Und mit sechzig Rosselenkern,
Selbst er saß auf einem Sturmhengst,
Wollt' um Linda für sich werben,
470 Um die Birkhuhnstochter freien.
Gerne gönnten sie die Brüder,
Salme selbst dem Luftbeherrscher.
Linda weigert, sich zu widmen
Dem Gebieter grauser Winde,
Linda rief aus ihrem Badraum,
Linda ließ von ihrem Lager,
Von dem Pfühle sich vernehmen:
„Nehm' den Luftfürst nicht, ich
goldne,
Meide ihn, ich Silbermädchen;
480 Windeswirbel wüthen grimmig,
Stürme tosen tollen Tobens —
Flau nur lispeln laue Lüfte.

Sausete der Wind von dannen.
Kummer kümmert ihn nicht lange,
Und sein Weh währt keine Stunde.

Kreiseten umher im Kreuztanz,
Wirbelten im Wierlandstanze,
Huben an den Tanz von Harrien,
Wütheten im Wiekschen Tanze,
490 Jubelten im Tanz von Jerwen,
Taumelten im Tanz von Dorpat,
Daß der Kiessand knisternd knirschte,
Und der Rasenboden bebte.

Sternenknab' und Jungfrau Salme
Feierten die Hochzeitsfeier!

Drauf erschien der fünfte Freier
Bei der Hochzeit Jubeljauchzen;
Zu des Wiekschen Hofes Schwelle
Kam der Sohn des Kunglakönigs;
500 Fuhr heran mit funfzig Rossen
Und mit sechzig Rosselenkern,
Selber hoch auf einem Goldhengst;
Wollt' um Linda für sich werben,
Um die Birkhuhnstochter freien.
Gerne gönnten sie die Brüder
Ihm, auch Salme selber lobt' ihn;
Linda nur liebt Kungla's Sohn nicht,
Linda rief aus ihrem Badraum,
Linda ließ von ihrem Lager,
510 Von dem Pfühle sich vernehmen:

„Gilt kein Königssohn mir
goldnen,
Ich, die silberne verschmäh' ihn;
Koboldstöchter hat der König,
Würden hassen die Hausesfremde."

Grollend geht der Kungla-Freier,
Fluchend fleucht er durch die Pforte.

Kreiseten umher im Kreuztanz,
Wirbelten im Wierlandstanze,
Huben an den Tanz von Harrien,
520 Wütheten im Wiekschen Tanze,
Jubelten im Tanz von Jerwen,
Taumelten im Tanz von Dorpat,
Wies ein Jeder seine Tanzweis',
Daß der Kiessand knisternd knirschte,
Und der Rasenboden bebte!

Sternenknab' und Jungfrau Salme
Feierten die Hochzeitsfeier!

So erschien der sechste Freier
Bei der Hochzeit Jubeljauchzen,
530 Kalew kam, der starke Kämpe,
Fuhr daher mit funfzig Rossen
Und mit sechzig Rosselenkern,
Selbst auf prächt'gem Rosse pran-
gend;

Wollt' um Linda für sich werben,
Um die Birkhuhnjungfrau freien.
Abhold waren ihm die Brüder,
Und die Wittib wehrt' es strenge;
Linda aber gönnte Gunst ihm,
Rief aus ihrem Baderaume,
540 Linda ließ von ihrem Lager,
Von dem Pfühle sich vernehmen:

„Diesem Manne schenk' ich
Minne,
Laßt mich diesem mich verloben."

In's Gemach ward nun geladen
Kalew und zum Tisch geleitet;
Vor ihm die geputzte Tafel;
Hinter ihm die glatte Wandung,
Die mit Leinen hell behang'ne.
Vor ihm stand die Silberkanne,
550 Glänzete der goldne Becher,
Vollgefüllt mit süßem Methe,
Unten seimig, oben schäumig,
Rothes Bier rinnt in der Mitte.
Speise wollte ihm die Wittib,
Trank ihm bieten Salme, baten:
„Esset, Kalew, trinket, Kalew,
Labt euch an den Leckerbissen,
Kostet unsre Hochzeitskuchen,
Schlürft aus bunten Branntwein-
krügen,
560 Habet Kalew doch Behagen
An dem langen Festgelage."

Kalew ließ die Klinge klirren,
Ließ den goldnen Zierat gellen,
Stampfte mit den starken Sporen,
Daß erklang das Gold im Gurte;
Gab dann die gemess'ne Antwort:

„Mütterchen, ich mag nicht essen,
Frauchen, mich erfreut nicht Trinken,
Bietet mir nicht süße Bissen,

570 Noch das treffliche Getränke,
Habe keinerlei Behagen —
Bringet mir die Braut zur Stelle,
Lasset Linda hier erscheinen,
Birkhuhnstochter bei den Andern!"

Linda, die's vernahm, versetzet:
„Bräutigamchen, braver Knabe,
Gabst du zu gedeihen Zeit mir,
Aufzublühn zu einer Jungfrau,
Einer Maid mit braunen Brauen,
580 Schenk' auch Zeit mich schön zu
schmücken!
Langsam schmückt die Vaterlose,
Gürtet sich die Mutterlose,
Lange fältelt sie das Leibchen;
Lange krauset sie die Aermel,
Keine Mutter kommt zu helfen,
Eltern bieten keinen Beistand,
Nicht mit Grüssen nahn Verwandte,
Keine Schwester bringt den Glück-
wunsch.
Beistand bieten Frau'n vom Dorfe,
590 Alte Weiber wollen schmücken —
Doch das Dorf leiht dürft'gen Bei-
stand,
Haben eisenharte Herzen."

Kalew kostet keinen Tropfen,
Nimmt auch keine Nahrung zu sich,
Läßt die leckern Speisen liegen.

Linda ließ sich nunmehr bittend
Von dem Speicher her vernehmen

„Komm verwaistes Kind, o Krähe
Du gering gehaltne Frohnmagd,
600 Die im Katzenwinkel aufwuchs;
Fliege wie ein tücht'ger Falter
Hin zur vollen Kleidertruhe,
Hol' das Hemd, das nebelflorne,
Drein den holden Leib zu hüllen,

Bring das Hemd, das birkenrind'ne,
Daß es decke die schönen Glieder,
Bring den Rock, den reich gesäumten,
Ueber's zarte Hemd zu ziehen,
Bring 'nenzweiten Rock, gesprenkelt,
610 Ueber den weißen Rock zu werfen,
Gieb den Gürtel dann den farb'gen,
Schling' ihn um die schlanken Hüften,
Um die schwanenweißen Weichen,
Bring' das Mieder mir, das bunte,
Bergend hohen Mädchenbusen;
Bring' das strömlingfarb'ne Tüchlein
Ueber dieses bunte Mieder
Um den weißen Hals zu werfen,
Dann das Kleid, das goldgewirkte,
620 Und das buntbetreßte Kopfband."

Rief die Wittib aus dem Winkel,
Bat der Linda liebe Pfleg'rin:

"Esset, Kalew, trinket, Kalew,
Habet, Kalew, doch Behagen
An dem langen Festgelage;
Sternenknab' und Jungfrau Salme
Halten lange Hochzeitsfeier."
Kalew, der's vernahm, versetzte,
Sprach gemeßnen Worts der Spröde:

630 "Mag nicht essen, mag nicht trinken,
Will auch kein Behagen haben
An dem langen Festgelage.
Bringet mir die Braut zur Stelle,
Lasset Linda hier erscheinen,
Birkhuhnstochter bei den Andern."

Wurde her die Maid geholet,
Linda in's Gemach gelassen,
Birkhuhnstochter zu den Andern.
Fremd erschien der Frau das Mädchen,

640 Sie erkannte nicht das Kostkind,
Das an stiller Stätte heimlich
Rasenmutter umgemodelt,
Waldesjungfrau'n fein geformet.
Wittib staunt' und wollte wissen:
"Ist der Mond das, ist's die Sonne,
Ist's der Abendröthe Tochter?"

Linda, die's vernahm, versetzte:
"Nicht der Mond ist's, nicht die Sonne,
Noch des Abends junge Tochter.
650 Die im Haus gehegte Tochter
Ist's, dem Birkhuhnsei Entstiegene".
Kalew freite dann die Jungfrau
Hauses Hühnchen ward ihm Linda,
Blieb sein liebes Herzchen fürder,
Blieb sein süßestes Gespiele.

Jetzt ließ man zur Hochzeit laden,
Gäste wurden gleich gebeten,
Mitzufeiern diese Feier,
Da die Eich' aus Dorpats Grenzen
660 Und die Erl' aus Revals Gassen
Wanden sich mit ihren Wurzeln,
Mit den Wipfeln ineinander.

Laßt im Kreuzestanz uns kreisen,
Laßt im Wierlandstanz uns wirbeln,
Laßt uns Harriens Tanz anheben,
Laßt im Tanz der Wiek uns taumeln,
Jerwens Tanz nicht weiter tanzen,
Laßt dem heim'schen Tanz uns huld'gen,
Bis entsteigt das Rind dem Röhricht,
670 Rind dem Rohr, ein Bach dem Boden,
Unterm Fuß aufsprießt ein Beerlein,
Beerlein mit 'nem Blüthenständer.

Kalew hielt mit Jungfrau Linda
Hochzeit unter Jubeljauchzen!

2

Rüstet sich der Stern zur Rück=
  fahrt,
Ruft ab aus dem Saale Salme,
Hühnchen aus der Hochzeitskammer,
Die aus Balken bald gefüget,
Schräge an das Dach geschränkt war,
680 Und gestützt durch Erbsenstangen.

Wendet sich der Stern zur Wittib,
Dankt für's Fest und redet ferner:
„Gott befohlen, gute Mutter,
Gott befohlen, Hochzeitsgäste,
Gott befohlen, Schwager Kalew,
Gott befohlen, junge Schwäg'rin,
Fortgeführt wird eure Salme,
Fortgeführt die feueräugige;
Mutter sieht die Salme nimmer,
690 Schwester hört von Salme's Heil
  nicht.
Brüder, weint um Salme's willen,
Weint, ihr wackern Wiekschen
  Mädchen,
Salme soll entrückt euch werden,
Weilen wird sie hinter Wolken,
Glänzen als Maid der Abendröthe,
Wird gen Himmel hoch erhoben.

Salme sagte unter Thränen,
Salme schluchzte aus dem Schlitten:

„Mutter, meine theure Mutter,
700 Muß nun meiden dich für immer,
Wie die Gans geht von der Herde,
Wie das Birkhuhn von der Kette,
Wie der Schwan von den Ge=
  schwistern.
Entchen folgt der Uferfähre,
Schwan im Schlitten schleift den
  Schneepfad,
Moosbeer' muß den Fluß hinunter,
Blaubeer' bleibet nicht im Moore;
Nur der Wind weht her zu stärken,
Linder Luftzug kommt zu laben."

710 Her vom Hofe ruft die Schwester,
Aus der Kammer klagt die Mutter,
Aus dem Winkel fragt die Frohn=
  magd:

„Wohin führt man unsre Salme,
Rafft der Habicht unser Hühnchen?"

Hauch des Windes nur haucht
  Grüße,
Regen rieselt Abschiedsthränen,
Thau träuft Trennungsgram her=
  nieder —
Sonst von Salme keine Botschaft.

Kalews Hochzeitsfeier dauert
720 Fort in frischem Freudenjubel.

Laßt im Kreuzestanz uns kreisen
Laßt im Wierlandstanz uns wirbeln,
Laßt uns Harriens Tanz anheben,
Laßt im Tanz der Wiek uns taumeln,
Jerwens Tanz nicht weiter tanzen,
Laßt dem heim'schen Tanz uns
  huld'gen,
Bis entsteigt das Rind dem Röhricht,
Rind dem Rohr, ein Bach dem
  Boden,
Unterm Fuß entsprießt ein Beerlein,
730 Beerlein mit' nem Blüthenständer.

Kalew hielt mit Jungfrau Linda
Hochzeit unter Jubeljauchzen!

Harren dein zu Haus, o Mägdlein,
Harren dein zu Haus fünf Freier,
Freier fünfe, Werber sechse,
Sieben sollen Botschaft bringen,
Achte sollen deiner achten.

„Kamen sie, so laß sie kommen,
Matt wird nicht der Pforte Pfosten,

740 Bricht nicht Bruders Brunnenhaken,
Weil das Rößlein sie des Werbers
Halten und die Kupferkette.
Kommen könnten andre fünfe,
Andre fünfe, andre sechse,
Andre sieben sinn'ge Werber,
Acht die auf mich achten sollen;
Lieber ohne Liebsten leben,
Als das lust'ge Fest verlassen."

Laßt im Kreuzestanz uns kreisen,
750 Laßt im Wierlandstanz uns wirbeln,
Laßt uns Harriens Tanz anheben,
Laßt im Tanz der Wiek uns taumeln,
Jerwens Tanz nicht weiter tanzen,
Laßt dem heim'schen Tanz uns
huld'gen,
Bis entsteigt das Rind dem Röhricht,
Rind dem Rohr, ein Bach dem
Boden,
Unterm Fuß aufsprießt ein Beerlein,
Beerlein mit 'nem Blüthenständer.

Kalew hielt mit Jungfrau Linda
760 Hochzeit unter Jubeljauchzen!

"Krähe komm, gekränkte Waise,
Tag und Nacht geplagte Dirne,
Frohnmagd eisenharter Frohne,
Hole her das Eimertragholz,
Häng' die Eimer in die Haken,
Bringe Wasser aus dem Meere,
Flink bring' Wasser aus dem Flusse,
Schleunig schöpf' es aus der Quelle!"

Träumend hub ich an zu harren,
770 Säumend blieb ich um zu sehen,
Wie den Laich die Fisch' abließen,
Wie die Quappe kreuzend schwärmte,
Abgehn hieß der Hecht den Samen
Und die Weißfischweibchen kos'ten.
Weilte wohl ein wenig lange,
Schlummerte ein stilles Stündchen.

Hurtig kehrt' ich dann nach Hause,
Rannte zurück zum Hochzeitsreigen.
Trat die Wirthin mir entgegen,
780 Wollte wissen, wo die Nacht ich
Und den halben Tag geweilet?

"Mütterchen, mein holdes Herz-
chen,
Weißt du nicht, was Jugend fesselt,
Weißt du nicht, was Waisen wohl-
thut?
Fünferlei macht zögern Jugend,
Sechsmal wird der Fuß gefesselt,
Siebenmal will der Schritt nicht
schreiten!
Träumend hub ich an zu harren,
Säumend blieb ich um zu sehen,
790 Wie den Laich die Fisch' abließen,
Wie die Quappe kreuzend schwärmte,
Abgehn hieß der Hecht den Samen
Und die Weißfischweibchen kos'ten.
Weilte wohl ein wenig lange,
Schlummerte ein stilles Stündchen."

Laßt im Kreuzestanz uns kreisen
Laßt dem heim'schen Tanz uns
huld'gen,
Bis entsteigt das Rind dem Röhricht,
Rind dem Rohr, ein Bach dem
Boden,
800 Unterm Fuß aufsprießt ein Beerlein,
Beerlein mit 'nem Blüthenständer.

Kalew rüstet nun zur Rückkehr,
Rufet Linda vom Gelage,
Birkhuhnstochter ab vom Feste,
Seinen Schwan vom Schwarm der
Gäste.

In den Hof hinaus ruft Linda:
"Tränke, Knabe, rasch das Rößlein,
Lohnknecht, lege auf den Sattel,

Laufbursch, dreh den schlanken
　　Schlitten,
810 Dreh zum Fenster hin die Deichseln,
Dreh zur Schwelle hin die Seiten,
Leg' die Lehne gegen Osten!"

Wendete sich dann zur Wittib,
Letztes Lebewohl zu sagen.
„Gott befohlen, Pflegemutter,
Muß dich nun für immer meiden,
Schwan von den Geschwistern schei=
　　den,
Aar darf nicht im Dorfe bleiben.
Mein Loos fordert fortzugehen,
820 Fort von allen lieben Leuten —
Trennung von den trauten Plätzen
Von den holdgewohnten Höfen!
Lasse nun das Festgelage,
Harr' nicht aus beim Hochzeits=
　　schmause.
Zecht nur fort im besten Biere,
Und verzehrt die weißen Wecken."

Linda schlüpfte nun zum Schlitten
Saß mit einem Satz beim Gatten.
Kalew legt sein langgestrecktes
830 Bein um sie wie einen Gürtel,
Aus dem Schlitten schlenkert's andre.

Kalew rasselt mit dem Spornrad
Und der klare Goldschmuck gellte:

„Liebe Linda, du mein Weibchen,
Was hast du zu Haus vergessen.
Dreie hast zu Haus vergessen.
An der Schwelle mahnt der Mond
　　dich,
Das ist doch dein alter Vater —
Sonne an des Speichers Sparren,
840 Das ist doch dein alter Oheim —
Birken auf des Hauses Hofe,
Das sind deine jungen Brüder,
Die im Wald gewachs'nen Vettern."—

„Blieben sie, sie mögen bleiben,
Uku sendet neuen Segen;
Wo sich eine Straße strecket,
Wo ein Steg vor dir gesteckt ist,
Findet sich zum Ziel der Führer."

Mond blieb traurig nachzu=
　　schauen,
850 Trüben Sinnes schien die Sonne,
Birken weinten in die Kammer.
Vöglein Linda kennt nicht Kummer,
Grämt sich nicht bei Andrer Grame.
Linda flog gehegt vom Gatten,
Schwebte in dem schwanken Schlit=
　　ten,
Ueber Flächen, über Fluren,
Und durch dunkle dichte Wälder,
Fuhr bei Tag im Sonnenscheine,
Nachts beim Silberglanz des Mon=
　　des,
860 Hin zu Kalews hehrem Hofe,
In die seidne Seitenkammer,
Wo ein Bett ist schön geschmücket,
Winkt von weichem Flaum ein Lager.

Zweiter Gesang.

Laß ich laut mein Lied ertönen,
Des Gesanges Fluthen fließen,
Voll den Strom der Sage strömen,
Können mich nicht Zügel zwingen,
Zügel zwingen, Bande binden,
Hemmen mich nicht Wolkenhöhen,
Bändigt nicht des Himmels Bogen.
Dörfer lauschen meiner Leier,
Höfe horchen meinen Weisen,
10 Deutsche Herren harr'n in Schaaren,
Ferne Städte lauern lauschend.

Noch war Jugend nicht verblühet,
Lebens Mittag noch erlebt nicht,
Als der Schooß von Kalews Gattin
Reiche Frucht getragen hatte.
Linda hatte unter Liedern
Oft gewippt die Kinderwiege,
Groß gezogen kräft'ge Knaben
Zu des Vaters Ebenbildern.
20 Hatte an der Brüste Bronnen
Mit der Mutterliebe Labung
Sie genährt zu braven Buben,
Aufgesäugt zu muntern Mannsen —
An des Vaters Brust bei Vollmond
Sie gesetzt um Kraft zu saugen,
Auch klug schnalzend sie gebadet,
Bis die sauberen Gesellen
Die Geschäfte kundig schafften.
An des Vaters Lebensabend
30 Knospeten noch daheim zwei Knaben,
Gleich zwei schönen Erbsenschoten;
Denn die andern waren, folgend
Windes Winken, Vögelpfaden,
In die Fremde frei gepilgert,
In die weite Welt gewandert,
Ausgezogen, Glück zu suchen,
Wohnungsräume zu erwerben.
Konnte unser karges Land doch
Mit den magern Ackerflächen
40 Allen nicht Gedeihen geben,
Keine Kost für Alle schaffen,
Alle nicht mit Schutzdach schirmen,
Noch sie wärmen mit Gewanden.

Vater Kalew's Vorschrift hatte
Fest und feierlich befohlen,
Unser Land bleib' ohne Theilung
Einem Sohne erb und eigen,
Der als Fürst die Herrschaft führe.

Waren gleich die Söhne sämmtlich
50 Von des Vaters hohem Wuchse,
Hatte auch von Kalew's Stärke
Jeglicher sein Theil genommen,
So war dennnoch dies nicht fraglich,

Daß des Vaters wahres Wesen,
Sein Gemüth und sein Gebahren,
Reicher sich in einem regte,
In dem letzten Sprößling lebte,
Der als heiß gehegtes Nestei,
Als des Ehbunds Spätlingssprosse
60 Nach dem Hingang des Erzeugers
Erst das Licht der Welt erlugte.

Spuren dieses späten Sohnes,
Zähe Zeichen seiner Laufbahn
Sind noch heute viel erhalten.
Mancher Orten nennt der Volksmund
Zwar den letzten Sprößling Sohni,
Während weit die meisten Esten
Heute von dem hehren Helden
Keinen andern Namen kennen
70 Und kein weitres Beiwort wissen,
Um ihn kenntlich zu verkünden,
Als der Mären Menge meldet,
Wo er Kalewsohn nur heißet.

Auf den Spuren dieses Sohnes
Werden Bäche rinnend rieseln,
Meeresfluthen flimmernd rauschen,
Wolken vor dem Sturm verwehen,
Werden spröde Knospen springen,
Vögel zwitschern auf den Zweigen
80 Und der Kuckuck golden gellen!

Diesen nachgebornen Sprößling,
Weiland aller Esten Walter,
Singt der Sang der heim'schen Sänger,
Rühmt die reiche alte Sage.
Wäre irgendwo ein Dorf wohl
Oder eine Hütte einsam,
Wo aufwachsen Estenknaben,
Wo aufblühen Estenmädchen,
Die von lieber Eltern Lippen
90 Nicht die altersgraue Kunde

Von dem Kalewsohn vernahmen?
Geh' nur, Sohn, in Pernau's Gegend,
Jage dann nach Jerwens Gegend,
Weiter weg in Harriens Gegend,
Auf die feuchten Wiekschen Wiesen,
Streiche bis zum Strand von Wierland,
Wandre bis zu Pleskau's Weichbild
Hinter Taara's heil'gen Eichhain,
Zieh' zum grauen Allentaken,
100 Bis zur fernen Küste Finlands —
Aller Orten sprießen sprühend
Sagen von dem Sohn des Kalew.
Aus dem Thau bethauter Haide,
Aus des Nebels dichter Decke
Dringt von Kalew her die Kunde,
Bahnt sich den Pfad durch Eichenpfähle,
Ueberrennet ehr'ne Riegel,
Stürmt durch starre Felsenstege,
Uebermannet Eisenmauern,
110 Bricht durch ungebrochne Burgen.
Lediglich im Dörptschen Lande
Ist der Sage Quell versieget.

Als des Glückes Abend anbrach,
Lebens stille Dämmrungs=Stunde,
Da hub heimlich Vater Kalew,
Künftiges voraus verkündend,
Seinem trauten treuen Weibe
Solches an zu offenbaren:

„Linda, liebe holde Blume,
120 Goldne Zierde meines Gartens,
Die im Laufe deines Lenzes,
Und in Sommersonnentagen
Starke Buben mir geboren,
Sie mit Muttermilch gesäuget,
Sie auf weichem Arm gewieget,
Wirst im Herbst noch deines Lebens
Einem Keime geben Körper,
Einem Saatkorn sichres Aufgehn.

Linda, liebe Ehgenossin,
130 In der Wiek gewachs'nes Blümchen,
Aus dem Birkhuhnsei Entstieg'ne,
Wieder wandelst du die Tage
Schweren Ganges hoffnungs=
  schwanger,
Säumst nicht jeden Morgen sorglich
Deiner Schuhe Paar zu wechseln,
Daß der schlaue Feind nicht schleiche.
Lange wird die Frist nicht laufen,
Bis du dich der Kindesbürde
Eines starken Sohns entledigst.
140 Wirst ihn auf dem Schooße schau=
  keln,
An der Brüste Bronnen kräft'gen,
Lallend ihn in Schlummer lullen,
Auf dem weichen Arme wiegen.

„Dieses Söhnlein, unser Nestei,
Dieses letztgeborne Lämmlein,
Ist des Leibessegens Sieglung.
Nach der guten ew'gen Götter
Im voraus gesetzter Satzung
Wird jedoch mein alternd Antlitz
150 Diesen jüngsten Sohn nicht sehen.
Aber dieser späte Sprößling,
Dieses letzte Ei vom Stocke,
Dieses winterliche Pflänzchen
Wird in Allem ebenbürtig
Meinem Wesen, meinem Wirken.
Künft'ge Zeiten werden künden
Seines Namens seltne Ehre,
Seine hehren Heldenthaten.
Wenn zum Mann er ist gewachsen,
160 Und die Herrschaft hat ergriffen,
Wird die Zeit des Glücks herauf=
  zieh'n,
Friede wird bei frohen Menschen
Lagern auf dem Land der Esten.
Nicht will ich des Königreiches
Machtgebiet und Stärke mindern,
Und in Stücke es zerstückeln:
Ungetheilt das Reich soll bleiben
Unter eines Herren Herrschaft,
Die es schützet und es schirmet.

170 Weiter seinen Willen äußernd
Sagte Kalew noch, der Alte:
Bleibt nur ungetheilt das Ganze,
Eines Sohnes sichres Erbe,
Dann ist es durchaus von Dauer,
Stark wie Stahl und fest wie Felsen.
Theile aber, schwach und schwankend,
Würden selber sich verzehren.
Ward mein jüngster Sohn zum
  Manne,
Laßt ihn losen mit den Brüdern,
180 Wer das Volk als Schirmherr schütze,
Wer des Reichs Regierer werde,
Wer als König sei verkündet.
Führungen der guten Götter,
Winke der Gewalt'gen Taara's,
Werden für der Alles fügen,
Mehr zum Heil als wir es meinen,
Und es sollen seine Brüder
Frei in fremde Länder pilgern,
Fernen Felsenboden suchen;
190 Mögen wohnen auf dem Winde,
Siedeln auf dem Saum der Erde,
Häuser bau'n auf Beerenbüschen,
Hütten stell'n auf Klettenstauden,
Badestuben bau'n auf Wolken,
Schwitzgerüste unter'm Regen.
Weithin breitet sich die Erde,
Weithin wölbet sich der Himmel,
Sturmesfittig trägt den Starken,
Daß er hoch in Wolken horste,
200 Adlergleich auf Felsengraten.
Bande binden nicht den Starken,
Zwängen ihn nicht Eisenzwingen."

Wer lag kalt da in der Kammer,
Starr gestrecket in der Stube,
Hingebettet auf dem Langstroh?

Vater Kalew, hochbetaget,
Lag nun kalt da in der Kammer,
Starr gestrecket in der Stube
Hingebettet auf dem Langstroh.

210 Als er seinen Willen wörtlich
Kundgegeben, wie es künftig
Mit der Herrschaft sei zu halten,
War der Kalewiden Ahnherr
Auf das Siechbett hingesunken,
Auf das lange Leidenslager,
Um sich nie mehr aufzurichten
Noch die Füße hoch zu heben.

Linda ließ die Spange schwingen,
Ließ den Erlenkäfer fliegen:
220 „Schwebe, Spange, schwing dich, Spange,
Fliege, flattre, Erlenkäfer!
Hastig holt herbei die Aerzte,
Werbet mir den Windeszaubrer,
Sprechet an den Spruches zaubrer."

Spange wirbelt eine Woche,
Erlenkäfer flieget flüchtig
Ueber Länder, über Meere,
Königreiche drei durchdringt er,
Streicht noch nordwärts weite Strecken.
230 Wer denn war's, der ihm begegnet?

Sah den Mond sich sanft erheben
An des Sternes Stätte tretend.
„Gruß dir, Mond, Genesungsbronnen,
Holde Quelle der Erquickung,
Springfluth von Gesundungskräften!
Kann der Alte Heilung hoffen,
Lösung von der Haft des Lagers?"

Mond vernahm's mit trübem Antlitz,
Gab dem Frager keine Antwort.

240 Spange wirbelt eine Woche,
Erlenkäfer flieget flüchtig
Ueber Länder, über Meere,
Königreiche drei durchdringt er,
Streicht noch nordwärts eine Strecke,
Fliegt durch dichte dunkle Wälder,
Läßt den Goldberg auch nicht liegen.
Was denn wollte ihm begegnen?

Sah den Stern sich strahlend heben,
Abendstern am Himmel steigen.

250 „Gruß dir, Stern, du starkes Auge,
Jüngling mit dem blitzenden Blicke,
Sprich zu mir, o Sproß des Himmels,
Kann der Alte Heilung hoffen,
Lösung von der Haft des Lagers?"

Stern mit starkem Aug' vernahm es,
Gab dem Frager keine Antwort
Und versank am Saum des Himmels.

Spange wirbelt eine Woche,
Erlenkäfer flieget flüchtig
260 Ueber Länder, über Meere,
Königreiche drei durchdringt er,
Streicht noch nordwärts eine Strecke,
Fliegt durch weite Haideflächen,
Sieben Werst durch Kiefernwaldung,
Läßt den Goldberg auch nicht liegen.
Was denn wollte ihm begegnen?

Sah die Sonn' er sich erheben,
Sah das Licht des Tages leuchten.

„Gruß dir Sonne, sei willkommen,
270 Gieb mir Kunde, goldnes Auge,
Sprich zu mir, o Sproß des Himmels:
Kann der Alte Heilung hoffen,
Lösung von der Haft des Lagers?"

Sonne hört's, sie glüht und glitzert,
Giebt dem Frager keine Antwort.

Linda ließ die Spange schwingen,
Ließ den Erlenkäfer fliegen:
„Schwebe, Spange, schwing' dich, Spange,
Fliege flattre, Erlenkäfer!
280 Hastig holt herbei die Aerzte,
Werbet mir den Windeszaubrer,
Sprechet an den Spruchedzaubrer,
Machet nahn den Manazaubrer!

Spange wirbelt eine Woche,
Erlenkäfer flieget flüchtig
Ueber Länder, über Meere,
Königreiche drei durchdringt er,
Streicht noch nordwärts eine Strecke,
Fliegt durch weite Haideflächen,
290 Sieben Werst durch Kiefernwaldung,
Läßt den Goldberg auch nicht liegen.
Wer denn wollte ihm begegnen?
Wandeln her der Windeszaubrer,
Spruchedzaubrer auch von Finnland,
Manazauberer vom Goldberg.

„Gruß, ihr großen Zaubrer,
Gruß euch!
Kündet mir auf mein Befragen,
Gebet günstiglich mir Antwort:
Kann der Alte Heilung hoffen,
300 Lösung von der Haft des Lagers?
Bat den Mond schon um Bescheidung,
Suchte bei der Sonne Auskunft,
Auch Verständigung vom Sterne:
Störrisch blieben stumm die dreie."

Zaubrer hörten's und versetzten,
Sagten sämmtlich ohne Säumen:
„Was die Dürrglut schon verdorrte,
Auf dem Feld der Brand versengte,
Was des Mondes Licht ließ bleichen
310 Und des Sternes Aug ließ sterben,
Draus entsteht nicht mehr ein Pflänzchen,
Treibet nimmer mehr ein Keimchen."

Eh die Spange ausgeschwungen
Und der Erlenkäfer fliegend
Heimgekehrt die Mär zu melden,
War der Kalewiden Ahnherr
Schon in bleichem Tod erblasset.

Linda, leidensschwere Wittib,
Leise zagend, laut aufklagend,
320 Grimme Gramessehnsucht nährend,
Weinte um den theuren Todten,
Goß die Kummerthränengüsse
Auf des bleichen Gatten Bette;
Trauert um den trauten Ehherrn
Sieben Nächte sonder Schlummer,
Sieben Tage sonder Speise
Sieben bange Morgenröthen,
Sieben bittre Abendröthen,
Daß die Lider sich nicht schlossen,
330 Daß die Thränen nicht versiegten,
Von der Wange Weinen wich nicht,
Aus dem Herzen herber Schmerz nicht.

Linda, leidensschwere Wittib,
Wusch des Todten kalten Körper,
Wusch ihn wohl mit ihren Thränen,
Wusch ihn ab mit Meereswasser,
Reinigt' ihn mit Regenwasser,
Spült' ihn ab mit Sprudelwasser,
Strich mit weicher Hand das Haar ihm,
340 Bürstet' es mit Silberbürsten,
Kämmte es mit goldnen Kämmen,
Die vormals gedient der Meermaid
Sich das glänzende Haar zu glätten,
Hüllt' ihn in ein Hemd von Seide,
In ein Sterbekleid von Sammet
Um den goldgewirkten Leibrock,
Um das Wams mit Silbergürtel.

Legte Nebelflor darunter,
Deckte dünne Linnen über.

350 Linda, leidensschwere Wittib,
Ging ein schönes Grab zu graben
In des grünen Rasens Grunde,
Zehen Klafter Tiefe klaffend.
Bettete das kühle Bett ihm,
Daß auf seinem letzten Lager
Raum der Ruhe fand ihr Gatte.
Füllte dann die Gruft mit Grant aus
Bis zur Bodenflächenhöhe,
Bis zum Rasendeckenrande.
360 Rasen grünte auf dem Erdreich,
Kurzes Gras wuchs auf dem Grabe,
Windhalm auf des Todten Halse,
Auf den Wangen rothe Blumen,
Auf den Augen blaue Blumen,
Auf der Stirne Sternenblumen.

Linda, leidensschwere Wittib,
Klagt um ihr verlornes Kleinod,
Trauert um den trauten Ehherrn,
Klagt 'nen Mond, klagt einen zweiten,
370 Härmt sich einen Theil des dritten,
Manchen Tag noch von dem vierten,
Dämpft mit Thränen ihre Trauer,
Ihren Harm mit heißem Thaue,
Der dem Augenquell entquollen.

Linda, leidensschwere Wittib,
Hub an, Steine herzutragen,
Hoch sie auf die Gruft zu häufen,
Dacht' ein Denkmal aufzurichten,
Daß der Nachwelt Söhne sämmtlich
380 Und der künft'gen Tage Töchter
Wüßten, wo des Kalew Grab sei,
Wo des Ahnen stille Stätte.

Wer, wenn er nach Reval reiste,
Aufgethan die Augen spähend,
Ward gewahr den Wall von Steinen,
Auf den spätere Geschlechter

Stolze Häuserreihen stellten,
Kunstreich eine Kirche bauten.
Heute heißet man die Stätte
390 Revals Domberg — weithin ragt er.
Da nun ruht der Recke Kalew,
Schläft allda den ew'gen Schlummer.

Linda, leidensschwere Wittib,
Als zur Malstatt ihres Mannes
Treu sie Steine trug zusammen,
Hatte einst vom Feld ein Felsstück,
Einen wuchtigen Granitblock
Fern her für das Grab gefördert,
Drückend lag die Last im Nacken,
400 Mälig matter war die Träg'rin
Schwand die Kraft der Schwerbe-
            lad'nen.
Und noch war ein gut Stück Weges,
Gut Stück Weges, starke Strecke
Bis zur Malstatt zu durchmessen.
Stolpernd stieß an einen Stumpf sie,
Daß der müde Fuß verfehlte.
Gleich begann der Stein zu gleiten,
Schlüpfte aus des Haupthaars
            Schlingen,
Aus den knapp geknüpften Oesen,
410 Fiel denn krachend ihr zu Füßen.

Der vom Werke müden Wittwe,
Der vom scharfen Schmerz Er-
            schöpften,
Mit dem schweren Gang der
            Schwangern,
Fehlt die Kraft die Last zu lupfen,
Wieder hoch den Stein zu heben.
Ließ dann Linda auf dem Steine
Nieder sich zu ruhn, zu rasten,
Hub dann an mit hellen Thränen
Ihres Grames Glut zu löschen.
420 „Weh der armen Wittwe, wehe,
Die am Busch ein baares Beerlein,
Die ein Stüblein ohne Stütze,

Zweiter Gesang.

Ein Gemäuer ohne Dachung,
Ackerfeld, dem Zäune fehlen,
Jedem Windstoß, der da wehet,
Jeder Welle preisgegeben,
Einsam auf der Welt muß weilen,
Einsam ihre Trauer tragen.
Von der Erde löst das Laub sich,
430 Von dem Faulbaum wehn die
　　　　　　　　Blätter,
Fall'n vom Apfelbaum die Blüthen,
Kätzchen lassen leer die Birke,
Sinken säuselnd von der Espe,
Trennen sich von starken Eichen,
Rauschen nieder von den Rüstern,
Von den Föhren fall'n die Zapfen,
Von der Eberesch' die Beeren.
Nicht ist milder mein Geschicke,
Nicht mein Lebensloos ist leichter.
440 Minder nicht der Mühsal Dauer,
Minder nicht des Jammers Dauer!"

Weinte die verwaiste Wittwe
Ihre bangen Trauerthränen,
Ihres Harmes heiße Zähren,
Klagte, stöhnte auf dem Steine,
Weilte lange, bitter weinend.
Ihre Thränen troffen nieder,
Troffen, bis entstand 'ne Lache,
Aus der Lache ward ein Weiher.
450 Aus dem Weiher ward ein See noch.

· Diesen See aus Linda's Zähren,
Aus der Wittwe Trauerthränen,
Könnt gewahren ihr noch heute:
Obersee ist er geheißen,
Auf dem Laaksberg fließt er leise,
Oder wogt vom Wind beweget.
Auch der Stein steht an dem Ufer,
Wo die Wittwe saß und weinte,
Wo die Trauerthränen flossen.

460　Also ist in ferner Vorzeit
　　Aus dem Zährenstrom der Wittwe,
Aus dem Born der bangen Thränen
Einst der Obersee entquollen.

　Solltest, Brüderchen, du jemals
An dem See den Saumpfad kom=
　　　　　　　　mend,
Um zur stolzen Stadt zu ziehen,
Diese Uferstraße streichen:
Laß am Strand dein Rößlein rasten,
Kühle deine trockne Kehle,
470 Ruhe an des Steines Rande,
Denke dann der alten Dichtung
Von des Kalew fernen Fahrten,
Schau dir an das Dauer=Denkmal,
Das die Wittw' in ihrem Wehe,
Kühlend ihres Kummers Gluthen,
Auf die Fläche ließ erfließen,
Daß im Schein der Sonn' es
　　　　　　　　schimmre!

———

· Liefen ab die langen Tage,
Leid'gen Tage der Erwartung.
480 Linda fühlte, daß die Stunde,
Bald die bange Stunde komme,
Quälend immer unbequemer,
Drängend immer drangsalvoller;
Linda ließ die Badstub' heizen,
Ließ den Raum für's Lager richten,
Ließ das Schmerzensbette betten,
Ließ auch eine Ruhbank' rüsten,
Einen Stuhl der Wehen stellen.

　Weiber aus dem Weiler heizen,
490 Mägde bringen Brunnenwasser,
And're richten den Raum für's Lager,
Stellen hin den Stuhl der Wehen.

　Schwangre Frau, du schwerbe=
　　　　　　　　drängte,
Tausendmal ziehst durch die Zimmer,
Hundertmal wohl in die Badstub',
Zehenmal wohl an den Brunnen,

Labung, Linderung zu finden.
Gehest, Arme, Schmerzensgänge,
Gürtellos, den Gurt in Händen,
500 Ohne Haube, hältst die Haube,
Betest bang' empor zu Uku,
Richtest Flehn an Rõugutaja:
„Wolle, Gott des Windes, kommen,
Eine Bangende zu baden,
Eine Leidende zu laben,
Eine Trauernde zu trösten!"

Winkel sind im Zimmer viere,
Du beträufest sie mit Thränen;
Wände in der Kammer viere,
510 Windest dich an allen Wänden,
Kauerst an des Ofens Simse,
Setzest dich auf alle Sitze,
Duckst dich auf der Diele ächzend.
Betest bang' empor zu Uku,
Richtest Flehn an Rõugutaja:

„Wolle, Gott des Windes, kom=
men,
Eine Bangende zu baden,
Eine Leidende zu laben,
Eine Trauernde zu trösten,
520 Komm' der Harrenden zu Hülfe,
Löse von des Sohnes Last sie!"

Das Gesinde klagt auf Bänken,
Kinder flennen auf den Fliesen,
Weiber weinen in der Kammer.
Gatte Kalew, kühl gebettet,
Hört nicht mehr der Wittwe
Wimmern.

Schwang're Frau die schwerbe=
drängte,
Ging durch helle Haine viere,
Lief durch Leidensstätten fünfe,
530 Eine war 'ne Faulbaumholzung,
Ahornholzung war die andre,

Kreuzdornholzung war die dritte,
Ebereschʼ die vierte Holzung,
Kirschbaumholzung war die fünfte.
Fährlichkeiten nimmt der Faulbaum,
Angst bezwingen Ahorns Zweige,
Weh verwehet in den Kreuzdorn,
Ebereschʼ tilgt langes Leiden,
Qualen quellen in den Kirschbaum.

540 Doch die Wehen kehrten wieder,
Kehrten wieder, kamen ärger,
Wichen nimmer von der Wittwe,
Mochte sie im Zimmer zittern,
Vor dem Ofen stehend stöhnen,
Oder liegen auf den Latten.

Bange betet sie zu Uku,
Richtet Flehn an Rõugutaja:
„Wolle, Gott des Windes kommen,
Eine Bangende zu baden,
550 Eine Leidende zu laben,
Eine Trauernde zu trösten;
Komm der Harrenden zu Hülfe,
Löse von des Sohnes Last sie!"

Das Gesinde weint auf Bänken,
Kinder flennen auf den Fliesen,
Weiber weinen in der Kammer.
Gatte Kalew, kühl gebettet,
Hört nicht mehr der Wittwe
Wimmern.

Schwangre Frau, du schwerbe=
drängte,
560 Von der Pein gepeitschte Wittwe!
Fühlst schon einen Fuß im Grabe,
An den Grabes Rand den Andern,
Meinst des Mana Raub zu werden,
Beute für das kühle Bette.

Sende Seufzer auf zu Uku
Und zu Rõugutaja rastlos,

Brünstigen Gebetes Boten
Schicke zu den guten Göttern!

Kam das Stündlein in die Stube,
570 Drängte dreist bis an den Ofen,
Haftig bis hinauf zum Hitzherd.
Schwankt die Frau, die schwer=
 dränkte,
Taumelt hin und her in Thränen,
Bebt und zittert, bang' sich bergend.

Bange betet sie zu Uku
Richtet Flehn an Rõugutaja:
„Wolle, Gott des Windes kommen,
Eine Bangende zu baden,
Eine Leidende zu laben,
580 Eine Trauernde zu trösten;
Komm der Harrenden zu Hülfe,
Löse von des Sohnes Last sie!"

Uku hört es in der Halle,
Rõugutaja in der Darre,
Hülfespender, Krankheitswender,
Dringen ein durch Dach und Wände.

Still trat in die Stube Uku
Ruhig folgte Rõugutaja,
Faßten Fuß am Ofen Beide,
590 Schritten an des Bettes Schranke.
Uku streut vom Nacken Stroh hin,
Rõugutaja reichet Kissen,
Legten Linda auf das Lager,
Auf das Bett die Sterbenskranke,
Auf die Kissen die Gequälte;
Legten sie auf feines Linnen
Unter weiche Wollendecken.

Köpfe zwei schau'n aus den Kissen,
Vier sind Schenkel auf dem Bette,
600 Füße vier am Fußgestelle,
Hände in der Mitte viere.

Uku spricht hinaus zur Thüre,
Rõugutaja rufet freudig:
„Schleunig schließt des Grabes
 Pforten,
Decket zu des Sarges Deckel!
Linda liegt im Bett verborgen,
Wohl bedeckt mit weichen Leinen;
Köpfe zwei schau'n aus den Kissen,
Vier sind Schenkel auf dem Bette,
610 Füße vier am Fußgestelle,
Hände in der Mitte viere."

Dank sei dem Allvater droben,
Dank den guten Göttern allen,
Dank den Heil= und Hülfespendern!
Uku stand die Stund' im Zimmer,
Rõugutaja im Gemache,
Heimliche Helfer an dem Bette.

Wöchnerin, du schwaches Weibchen,
Hebe aufwärts beide Hände,
620 Beide Hände, Finger zehne,
Daß der rauhen Stund' entrannst du!

Als ein Trost der trüben Witwe,
Trockner ihrer Trauerthränen,
Lind'rer ihres schweren Leides,
Wuchs heran das theure Söhnlein.
Sog der Knabe Saft der Liebe
Aus der Mutterbrüste Bronnen,
Sog am Quelle der Erbarmung
Trank der Kraft, Gedeihen treibend,
630 Wunderflüssigkeit zum Wachsen.

Merkt es, merkt es, junge Männer,
Wägt es wohl, ihr wackern Buben,
Wisset es, ihr weisen Weiber,
Wer da schlummert in der Wiege,
Wer' in Windeln eingewickelt,
Störrisch strampelt, trotzig schreiet!

's ist der Wittwe Kummerknabe,
Pflänzchen ohne Vater's Pflege.
Seiner walten schützend Winde,
640 Regenschauer machen's schießen,
Thaues Frische macht es tauglich,
Dunst des Nebels giebt Gedeihen.

An der Wiege saß die Wittwe,
Saß und schaukelte sanft die Wiege,
Summt' ein Lied dem lauten Buben,
Sein Gezeter zu bezähmen.
Doch der Knabe weinte weiter,
Schrie aus schierer Lust zu schreien,
Kreischt 'nen Mond, kreischt einen
    zweiten
650 Gröhlt vom Abend bis zum Morgen,
Daß das Licht nicht löschen durfte,
Und es hell blieb in der Halle.
Hülfe heischte nun die Mutter,
Suchte einen Säuglingssänft'ger,
Einen Kindes=Kummerstiller,
Einen Söhnleins = Wehbewält'ger,
Seines schrillen Schreiens Dämpfer.

Als des Schreiens Monde mälig
Und des Weinens Wochen wichen,
660 Riß der Knabe ratsch die Windeln,
Sammt dem Wickelband in Fetzen,
Brach entzwei der Wiege Bretter,
Dehnt die Glieder auf der Diele,
Krabbelt, kriecht auf allen Vieren,
Wälzt sich kriechend immer weiter.
Kroch 'nen Mond, kroch einen zweiten,
Dreist im dritten trat er auf schon,
Stand schon stark auf seinen Füßen.

Sog der Knabe Saft der Liebe
670 Mächtig aus der Mutter Brüsten,
Wuchs zum Lindrer ihres Leides,
Zum Beschwicht'ger ihrer Schwer=
    muth,
Und zum Trockner ihrer Thränen.

Drei Jahr hatte ihren Knaben
Linda, liebevoll gesäuget,
Eh' sie von der Brust ihn brachte.
Bald zum Buben ward der Knabe,
Ward zum kernigen Kalewsohne.
Wohl verhieß er, die Verheißung
680 Seines Vaters Vorverkünd'gung
Allerwege zu bewähren;
Tücht'ger will er täglich werden,
Stählend seines Leibes Stärke.

Kalew's köstlicher Erzeugter
Linda's lieber Leideslindrer —
Heute ist er Hüterknabe,
Morgen schirrt er schon die Pflug=
    schar.
Wuchs empor zum Wuchs der
    Eichen:
Wohl verhieß er, die Verheißung
690 Allerwege zu bewähren;
Tücht'ger will er täglich werden,
Stählend seines Leibes Stärke.
Spielte Kurni auf dem Rasen,
Warf das Rad auf weitem Anger,
Schichtet auf dem Grund die Klötze,
Hüben, drüben einen Haufen,
Warf vom Grund sie mit dem
    Knüttel,
Daß die Klötz' im Schwunge
    schwebten,
Sausend sich von dannen hoben,
700 Ueber Feld und Fluren rollten,
Durch die ferne Aue flogen!
Weithin stoben stets die Klötze,
In die Kreuz und in die Quere,
Durch die Haine, über Höhen,
Ueber Fluren, über Flächen,
Auch in's Meer noch fielen manche.

Kalew's Kurniklötze sieht man
Mancher Orten heut zu Tage.
Glattgeriebne platte Steine,

710 Länglich runde Felsenstücke,
Die man heißet Jungfernsteine —
Das sind Kalew's Kurniklötze.

Kalew's kern'ger Jüngsterzeugter
Ließ auch aus der Schleuder Schlinge
Starke Steine weithin fliegen;
Uebt' am Strand das Quappen=
    werfen.
Sammelt quick die Quappensteine,
Flache Fliesen aus dem Boden
Brechend, wohl von Fußes Breite,
720 Ferner von drei Füßen Länge,
Und von mehren Zollen Dicke.
Flogen dann die Quappenfliesen
Spielend auf dem Meeresspiegel
Weiter noch als eine Werst hin.
Während so die Fliesen flogen,
Stand der Kalewsprößling köpf=
    lings,
Weil er ließ die Eiche wachsen.

Kalew's jüngster Nachgeborner
Spielte auf dem heim'schen Hofe,
730 Riß die jungen Fichtenbäume
Und die schlanken Birkenstämme
Mit den Wurzeln aus dem Rasen,
Zimmert zierlich deutsche Schlitten
Draus, und hübsche Katzenkörbchen.

So im Gleis der Zeit hingleitend
Förderten des Jahres Schritte
Rasch den Lauf des jungen Lebens:
Und den kecken Kahn des Knaben
Steuerte der Mutter Sorge
740 In das Meer des Jünglingsalters.

Kalew's jüngster Sproß wuchs
    mächtig,
Maß bald volle Manneshöhe,
Bracht' es zu der Brüder Größe,
Hob sich zu des Vaters Höhe.

Also wuchs im heim'schen Hofe,
Bei dem Leid der Wittwe Linda,
Freudig auf als frische Blume,
Stark wie Stämme von Taara's
    Eichen
Kalew's letzterzeugter Sprößling.
750 Wuchs heran ein fester Felsen,
Weiser wurd' er als die Brüder:
Wohl verhieß er die Verheißung
Seines Vaters Vorverkünd'gung
Allerwege zu bewähren.

———

Rückwärts rudern eine Weile
Laßt uns jetzt des Liedes Nachen.
Ihn dem Gang der Sonn' entgegen
Rasch zum Morgenrothe richten,
Daß auf uns'rem Wege wieder
760 Wir zurück 'ne Strecke streben.

Was hat heut' auf Linda's Hofe,
In des Morgens Dämmerdufte
Hin und her sich so gereget,
Wer fuhr sachte aus der Pforte?

Freier hatten wohl gefreiet,
Werber hatten wohl geworben,
Zehenmal vor Sonnenaufgang,
Fünfzigmal vor Tagesanbruch,
Hundertmal im Lauf des Morgens,
770 Nach des kühnen Kalew Tode
Heischend die sich härmende Wittwe,
Um die reiche Frau sich reißend.

Als der Alte war erkaltet,
Still sein treues Herz gestanden,
Und sein rothes Blut geronnen,
Wallten zu der reichen Wittwe
Viele Freier auf die Freite:
Fünf mit Flaschen, sechs mit Krügen,
Hundert heimliche Heirathszettler,
780 Manches Hundert Mittelsmänner

Nach der Frauen Habe haschten,
Nach der Wittwe Reichthum gehrten.
Alle warfen aus die Netze,
Um den Fisch des Glücks zu fangen.

Sie vernahm es und versetzte:
„Ich vermähl' mich keinem Mann
  mehr,
Hühnchen hegt nicht andern Gatten,
Birkhuhn beut sich keinem andern,
Schwälbchen keinem zweiten Buhlen,
790 Schwänin keinem neuen Schwane,
Täubchen keinem Hofestauber.
Liebeszeiten sind verlebt,
Wonnezeiten hingewelket,
Ruhen starrend unterm Rasen."

Drob verdrossen sind die Männer
Und die Freier unzufrieden;
Reif fiel auf der Werbung Worte,
Blitz schlug in das heitre Harren;
Hochzeit hofften nicht die Bursche,
800 Muntre Tänze nicht die Mädchen.

Als nun sonst'ge Feierfahrten
Mälig immer minder wurden,
Selten Männer Hoffnung hegten,
Da bewarb sich um die Wittwe
Meldend sich mit seinem Malschatz,
Brüstend sich mit Branntweins-
  krügen,
Finland's Zaubrer, Windeweiser:
Vater Kalew's Sippe zählt ihn
Als entfernten Anverwandten.

810 Linda, leidgebeugte Wittib,
Will von seinem Wort nichts wissen,
Brennt für keinen neuen Bräut'gam,
Beut sich keinem neuen Buhlen.

Flüche fluchend ging der Zaubrer,
Schwor die schwere Schmach zu
  rächen.

„Werthes Weiblein ich vergelte
Schon den Schimpf ein ander Mal
  noch,
Ich bezahle, wenn es Zeit ist,
Dir die Schmach, verschmäht zu
  werden."

820 Wittwe Linda hatte Lachen
Lediglich für diese Drohung:
„Was wohl, Windesweiser, sollt ich
Deine leere Drohung fürchten!
Hab' daheim drei Adlersöhne,
Wetzen schon die scharfen Schnäbel,
Krümmen schon die Eisenkrallen,
Werden wohl der Wittwe walten,
Machtvoll ihre Mutter schützen."

Jahre strichen, Jahre wichen,
830 Strichen, wichen raschen Fluges;
Wurd' es still mit Werbewegen,
Feierten die Freierfahrten.
Ruhe hatten da die Rosse,
Rast die wackern Wallachpferde.

Wer dereinst sein Glück versuchte,
Kalew's Wittwe kam zu freien,
Trällerte ein Lied den Freunden,
Sang den Brüdern solche Worte:

„Liebe Freunde, liebe Brüder,
840 Werbet nimmer um die Wittwe,
Freit sie nicht aus Kalews Hause!
Die hat große Spangenbusen,
Schwere Brüst' am Münzenhalse,
Silberperlen, Eisenzähne,
Feuerwort' am Zungenbande
Werbet nimmer um die Wittwe,
Freit sie nicht aus Kalews Hause;
Wer nach reicher Wittwe lüstern,
Der bring' heim 'ne Feuerharke!

850 „Bauet, Männer, andre Schiffe,
Zimmert beff're Freierböte,
Ziehet auf die seidnen Segel,
Seidne Segel, goldne Taue,
Laßt das Schiff die Segel lösen,
Lenken laßt das Steu'r die Alten!
Rudert Alte, rudert Junge,
Rudert nach dem Lande Soome,
Nordwärts führt das prächt'ge
    Fahrzeug!

Dort an hohem Felsenufer
860 Steh'n in Reihe junge Mädchen;
In der vordern Perlenhälse,
In der hintern Thalerbrüste,
Seitwärts Ringeträgerinnen,
Längshin Paternostermädchen,
In der Zwischenreih' die Wai=
    sen,
In der Mitt' Korallenhälse.

Nieder tritt die Spangenbrüste,
Nieder wirf die Perlenhälse,
Nieder auch die Thalerbrüste,
870 Spreng' die Ringeträgerinnen,
Und zerstreu' die mit den Patern,
Wähl' aus dem Gewühl die Waise,
Aus der Mitte die Korallenhalsige
Dann erwirbst ein wackres Weib du,
Eine güldne Ehegattin!

Werbet nimmer um die Wittwe,
Freit sie nicht aus Kalew's Hause!
Aus der Wittwe wird kein Jungweib,
Wittwenbrüst' zerrissen Kindlein,
880 Spang' ist leeren Brunnens Deckel,
Silberschnall' auf trockner Quelle.
Wittwe bangt nach todtem Manne,
Wittibs junger Mann nach Mägd=
    lein.
Werbet nimmer um die Wittwe!"

Dritter Gesang.

Saß im schwülen Sonnenglanze
Auf des Uferfelsens Rande
Kalew's letztgeborner Sprößling,
Nach dem Spiel der Wellen spähend,
Wie die weite Fluth sich wälzte,
Aufgewirbelt von dem Winde.
Da urplötzlich drang mit Dräuen
Aus der schwarzen Wolke Schooße
Lauten Sturmes tolles Toben,
10 Schwellte auf den Schwall der
    Wogen,
Daß sie rauschend hoch sich hoben.

Aike auf der Eisenbrücke
Fuhr daher mit eh'rnem Wagen —
Schleudert Feuer schleunig nahend,
Sprühet Funken fährlich jagend.
Vater Pitker fuhr gewaltig,
Flog dahin mit lautem Lärmen,
Schleuderte der Blitze Schlangen.

Bange bebten böse Geister
20 Hörend ihres Züchtigers Zürnen,
Flüchteten vor Pitkne's Flammen
In des weiten Meeres Wogen,

Schimpften dann mit scharfen
　　　　　　　　Worten
Aike, höhnten häßlich Pitker.
Stürzten drauf vom steilen Ufer,
Tauchten in die Meerestiefe,
Daß es schallte, daß es schäumte.

　　Sprang des Kalew jüngster
　　　　　　　　Sprosse
Ihnen nach in's wilde Wasser,
30 Fiel mit Flugfall eines Adlers
Auf die kecken Koboldschaaren,
Fing sie, wie man Krebse fänget,
Füllt 'nen Sack von hübscher Höhe,
Wieder dann zum Wasserspiegel,
Kam herauf der kern'ge Jüngling,
Schwamm 'ne Strecke hin zum
　　　　　　　　Strande,
Warf die Wichte aus dem Sacke,
Wuchtgen Wurfes an das Ufer,
Raub für Pitkne's Eisenruthe,
40 Wurden da zu Brei gedroschen,
Wurden Fraß für gier'ge Wölfe.

　　Die drei Brüder, Söhne Kalew's,
Hatten einst das Haus verlassen,
Um im Walde zu lustwandeln.
Blieb allein zu Haus die Mutter
Als der Truhen treue Wächt'rin,
Als der Vorrathskammern Schütz-
　　　　　　　　rin,
Als des Thalerhortes Hüt'rin.

　　Stellt' an's Feuer fein den Kessel,
50 Kochte Kost für ihre Söhne,
Schob die Scheite an einander,
Wahrte gut des Feuers Funken,
Daß die Flamm' empor nicht flackre,
Und des Hauses Dach verheere.
So geziemt' der Spanggezierten,
So gehört's der Herdeskön'gin.

　　Kalew's junge Söhne streiften
Durch den Wald auf allen Wegen,
Spähend nach des Wildprets
　　　　　　　　Spuren,
60 Fahndend auf des Bären Fährte,
Spürend nach des Elenns Spuren,
Passend auf den Auerochsen,
Wartend auf des Wolfes Wittrung.
Hausete der Bär im Hafer,
Stöberte in Bienenstöcken,
Elen rodete im Roggen,
Wölfe streiften auf der Weide,
Füchse lauschten im Gelände,
Hasen hockten auf dem Brachland.

70 Dreie hatten sie der Hunde,
Erst den Irmi, dann den Armi,
Dann den Würger Mustukene.

　　Ihrer Hunde Spuren folgend
Fanden sie im Forst den Bären,
Im Gehölz die Honigtatze —
Riß ihn Irmi, rauft' ihn Armi,
Warf ihn nieder Mustukene,
Bändigten den grimmen Bären.
Drauf der jüngste von den Brüdern
80 Band den Bären auf die Schulter,
Abwärts baumelten die Beine,
Wollt' ihn wohl nach Hause tragen,
Fleisch zur Nahrung, Fell zur
　　　　　　　　Kleidung.

　　Kamen nun auf's Feld die Brüder,
Aus dem Wald auf flache Fluren,
Mit gewaltigem Geweihe
Trat einher Gevatter Elen.
Stürzten drauf die starken Hunde
Dräuten Tod dem Hörnerträger,
90 Irmi riß ihn, Armi rauft' ihn,
Warf ihn nieder Mustukene,
Tödteten den Hörnerträger.
Drauf der jüngste von den Brüdern,
Warf das Elen auf die Achsel,

Baumelnd hing es mit dem Bären,
Wollt' es wohl nach Hause tragen,
Fleisch zur Nahrung, Fell zur
   Kleidung.

 Drauf im Föhrenwalde fangen
Wollten sie den Auerochsen,
100 Fanden im Gestrüpp die Fährte,
Folgend ihrer Hunde Spuren.
Riß ihn Irmi, rauft' ihn Armi,
Warf ihn nieder Mustukene,
Ward der starke Stier bezwungen.
Drauf der jüngste von den Brüdern
Hing den Ochsen an den Hörnern
Sich auf die beladnen Schultern,
Wollt' ihn wohl nach Hause tragen,
Fleisch zur Nahrung, Fell zur
   Kleidung.

110 Kalew's starke Söhne drangen
Weiter dann durch Waldesweiten,
Kamen streifend in Gesträuche.
Sieh, da rennt ein Rudel Wölfe,
Eine Heerde Wüstenhunde.
Stürzen drauf die raschen Rüden,
Greifen grimmig an das Waldthier.
Riß es Irmi, rauft' es Armi,
Warf es nieder Mustukene,
Würgeten sie dutzendweise.

120 Drauf der jüngste von den Brü-
   dern
Hub die Wölfe an zu häuten,
Hat vier Dutzend schon gehäutet,
Will sich zu dem fünften wenden,
Heimwärts heischen jetzt die Brüder.
So ergreift er seine Bölge,
Nimmt das Bündel auf den Nacken,
Daß des Bären Fell es decket,
Wollt' es wohl nach Hause tragen.

 Kamen durch den Wald die Knaben
130 Aus dem Haine auf die Haide,

Trafen saubere Gesellschaft,
Eine hübsche Heerde Füchse.
Stürzen drauf die raschen Rüden,
Riß sie Irmi, rauft' sie Armi,
Warf sie nieder Mustukene;
Bissen Dutzende zu Tode,
Machten Hunderten das Garaus,
Drauf begann der jüngste Bruder
Abzuziehn das Fell den Füchsen,
140 Hat vier Dutzend abgehäutet,
Will sich zu dem fünften wenden,
Heimwärts heischen jetzt die Brüder,
Schob der jüngste auf die Schulter
Sich die Bälge, die des Elenns
Rücken wie ein Ranzen deckten.

 Kalew's starke Söhne drangen,
Weiter durch des Waldes Pfade,
Streiften über Haidestrecken;
Da ließ eine Herde Hasen
150 Sich auf grünem Felde finden.
Stürzten gleich die raschen Rüden
Auf des Espenhaines Kinder,
Riß sie Irmi, rauft' sie Armi,
Warf sie nieder Mustukene,
Bissen Dutzende zu Tode,
Machten Hunderten das Garaus.
Drauf der jüngste von den Brüdern
Hub die Hasen an zu häuten,
Hat vier Dutzend schon gehäutet,
160 Will sich zu dem fünften wenden:
Heimwärts heischen jetzt die Brüder,
Schob der jüngste auf die Schulter
Sich das Bündel, das dem Ochsen
Saß, ein Sattel, auf dem Rücken.

 Nunmehr machten sich die Männer
Hurtig auf, nach Haus zu kommen.

 Du verschlagner frecher Freier,
Ränkevoller Wittwenräuber!
Wer hat dir den Weg gewiesen?

170 Wie vermochtest über Felsen,
Ueber mächt'ge Meeresbreiten,
Du durch Schluchten dich zu schleichen
Und auf Klippen herzuklimmen
In's Gehöft der harten Thaler,
In's Gesinde voll von Silber?
Bist ein frevelhafter Freier,
Ränkevoller Wittwenräuber!
Fandest darum wohl die Wege,
Klommest über Felsenklippen,
180 Flogest über wilde Fluthen!
Wußtest wohl an's Ziel zu kommen,
Durch die Schluchten dich zu schleichen,
Durch die steilen Felsenstege,
Her in's Haus des Helden Kalew,
Wo die Pfennige sind gesammelt
Und gehäuft die harten Thaler:
Ziert ein Silberknauf das Hofthor,
Schmücken zwei die Vorraths=
  kammer,
Drei das Dach des Lagerhauses,
190 Fünf den Eingang zu dem Anger,
Sechs den Zaun der Kälberwiese.

Darum wußte wohl die Wege
Zu erspähn der schlimme Freier
Nach der Kalewswittwe Wohnhaus,
Als die jungen Adler auswärts.
Nicht im Nest die krummen Schnäbel,
Und die Mutter ohne Schutz war.

Finlands Zaubrer, Windeweiser,
Lange sannest du auf Listen,
200 Hast dir, ruh'los Ränke spinnend,
Oft und viel den Kopf zerbrochen,
Wie die Wittwe zu berücken!
Hast gelegen auf der Lauer,
In dem Felsenspalt gespähet,
Wie im Hof der Kalewhelden
Alles sich begab und fügte.
Wohl hast du, verschlagner Freier,
Ränkevoller Wittwenräuber,

Die gelegne Zeit erlauert,
210 Dir den Augenblick ersehen,
Um des Kalew werthe Wittwe
Hinterlistig hart zu drängen,
An der schwachen Frau zu freveln.
Stille lauernd stand der Nachen,
Lag das Schiff im Schutz des Felsens,
Und du böser Schelm im Schiffe,
Früh und spät erspähend Alles.

Finlands Zaubrer, Windesweiser,
Lag im Boote auf der Lauer,
220 Als die Söhne, fern von Hause,
In dem Wald des Waidwerks
  pflagen.
Wohl erwog der Windesweise,
Daß die Mutter ohne Machtschutz,
Nicht gehegt von starken Händen,
Einsam war daheim geblieben,
Wo sie nicht auf Hülfe hoffen
Konnte, auf der Kinder Kommen.
Waren weit die jungen Adler,
Flogen fort die rüstgen Raben,
230 Mochten nicht den Schrei der Mutter,
Nicht den oft erneuten Nothruf,
Ihre Klag' in Räubers Klauen
Hören weit im Walde weilend.
Denken durfte Finlands Zaubrer,
Jetzo hält der Dieb die Habe!
Ohne Stütze blieb das Stübchen,
Ohne Dach des Hauses Höhlung,
Bloßgestellt dem Wehn der Winde,
Preisgegeben wüstem Wetter.
240 Sind doch nicht im Nest die krummen
Schnäbel und die Eisenkrallen:
Jetzt beut sich dem Dieb die Beute,
Ist des Räubers Macht ausreichend.

Finlands Zaubrer, Windesweiser,
Stieß vom Felsen nun das Fahrzeug,
In die offne Bucht das Boot ab,
Ließ die Ruder dann sich rühren,

Um das Fahrzeug fortzutreiben,
Daß es flink die Fluth durchschneide,
250 Ließ das Segel blank sich blähen,
Daß der Wind das Fahrzeug fördre.

Schaukelte das gute Schifflein,
Rasch bewegt von Wind und Wellen,
Strebte stets dem Strande näher,
Hin wo Kalew's Söhne hausten.

Finlands Zaubrer, Windesweiser,
Lenkte nun an's Land den Nachen,
Unter Kalew's Kälberwiese,
Barg das Boot an sicherer Stelle
260 Nah dem Leichenhügel Kalew's.
Sprang sodann mit leichtem Sprunge
An das felsgefügte Ufer.
Hier auf Diebeswegen wandelnd,
Rege folgend Räuberpfaden,
Rastlos auf dem Rasen kriechend,
Fort sich stehlend hinter Steinen,
Wie die Katz', die Vögeln nachstellt,
Nahte er sich nun dem Hause.

Ohne Zaudern schlich der Zaubrer,
270 An des Kalewhauses Hofthor,
Schwang geschwinde sich hinüber,
Stellte stät sich auf die Füße,
Drang dann dreisten Schrittes weiter
Und betrat des Hauses Diele:
Lugte hin erst über die Halbthür,
Eh' er in die Stube stürmte.

Hart am Herde saß die Wittwe,
Rüstig ihre Suppe rührend —
Und es blieb der Aufgescheuchten
280 Zeit nicht sich zur Wehr zu wenden.
Finlands Zaubrer, Windesweiser,
Packt die Wittwe gar gewaltig,
Preßte arg sie in die Arme,
Schlug die Räuberkrallen krampf-
haft

Um des hohen Weibes Hüften,
Wollte in den Kahn die Wittwe,
In das Boot die Beute schleppen.

Wie die keusche Wittwe Linda
Wild sich auch zur Wehre setzte,
290 Mit den Fäusten schlug den Schlim-
men,
Mit den Nägeln riß den Räuber,
Mit den Zähnen an ihm zerrte:
Mußte doch der Hartbedrängten
Kraft im schweren Kampfe schwinden
Vor der rauhen Macht des Räubers,
Vor dem zorn'gen Zaubersegen,
Womit ihre Kraft er kränkte,
Ihres Leibes Stärke löste,
Ihre Macht in Fesseln legte.

300 Finlands Zaubrer, Windesweiser,
Sprudelte von Zaubersprüchen,
Wußte Worte klug zu fügen,
Hatte hundert Flüsterworte,
Andre hundert heimliche Worte,
Und ein drittes härt'res Hundert,
Alle steigernd seine Stärke,
Wachsthum wirkend seinen Kräften,
Seine Macht beständig mehrend.
Hatte hundert andre Sprüche,
310 Um des Feindes Macht zu mindern,
Seine Stärke zu versehren
Seine Leibeskraft zu lähmen:
So besaß er feste Fesseln,
Widersacher zu bewält'gen.

Der verlaßnen armen Linda
Krampfhaft ausgestoßnes Kreischen,
Ihres Harmes Hülferufe,
Wehten wohl in alle Winde,
Schlugen an den Schlag der Wellen,
320 Streiften hin an das Gesträuppe,
Fingen sich im Fichtenhaine
Und verklangen in den Klüften:

Doch ihr herbes Hülferufen
Drang nicht zu den dreien Söhnen.

Linda bat mit bangem Flehen,
Bat den Zaubrer sie zu lassen,
Bat um Hülfe wilde Thiere,
Bat um Hülfe gute Menschen,
Bat um Hülfe fremde Menschen,
330 Bat der Schutzesgeister Schaaren,
Rief des Gatten bleiches Bild auf,
Flehte an die guten Götter,
Seufzte laut hinauf zu Uku
Zu Altvaters hohem Himmel!

Finlands Zaubrer, Windesweiser,
Reich an starken Zauberrunen,
Stopfte stark sich zu die Ohren,
Daß der Frau beweglich Wimmern,
Daß ihr wildes Wehgeschrei nicht
340 Seinen Willen wankend mache.

Doch die Götter, gut und wachsam,
Mächtig über Erdenmächte,
Unterdrückten hold und hilfreich,
Hörten Linda's lautes Rufen,
Ihre qualerpreßten Seufzer,
Ihre bangen Hülfsgebete.

Auf Gebot Altvaters sollte
Hülf' ihr werden aus der Wolke,
Lindrung aus der Luft ihr kommen.

350 Finlands Zaubrer, Windesweiser,
Hatte rasch mit seinem Raube
Iru's steilen Berg erstiegen,
Wollte von der Höhe weiter
Abwärts sich zur Küste kehren,
Wo das Boot ihm lag verborgen.
Aike stellte plötzlich dräuend
Sich des Räubers Gang entgegen,
Pitker polternd aus Gewölke!
Brausend auf der Eisenbrücke
360 Fuhr daher Altvaters Wagen,
Sprühte furchtbar flammend Feuer.

Finlands Zaubrer, Windesweiser,
Fiel dahin in Ohnmachtsfesseln,
In die Haft des halben Todes.
War gelähmt sein Leib vom Blitze,
Sein Empfinden schier erstarret:
Also sank er sinnlos nieder
Auf den Rasen wie ein Todter.

Die Gewalt der Schutzgewährer,
370 Huldbeistand der Himmelsmächte,
Retteten des Kalew Wittwe,
Vöglein aus des Habichts Fängen.

Kalews keusche Wittwe wurde
Blitzgeschwinde umgeschaffen
In ein starkes Steingefüge:
Iru-berges Felsenplatte.
Ihres Lebens Bande lösten
Sich aus langem Leid und Wehe,
Aus dem dunkeln Hain des Harmes,
380 Aus der Trauer trübem Forste.
Nicht gelang es Finlands Zaub'rer,
Linda's Lager zu beflecken.

Finlands Zaubrer, Windesweiser,
Wacht erst auf nach einer Weile
Aus der schweren Ohnmacht Banden,
Aus der harten Haft des Scheintods.
Als er aufschlug seine Augen,
In die Höhe hob die Lider,
Warf er weit herum die Blicke,
390 Ob nicht Spuren zu erspähen,
Wohin Linda sich gewendet,
Wo das Hühnchen hingerathen.
Doch die Wittwe weilte nirgends,
Birkhuhnstochter blieb verborgen.

Das zu Stein erstarrte Hühnchen,
Linda, Kalew's liebe Wittwe,

Könnt ihr heute noch erkennen,
Könnt ihr wachen Aug's gewahren.
Auf des Jru-Berges Gipfel
400 Sitzt die Wittwe hart am Wege,
Sitzt die Birkhuhnsei-Entsproßne.
Mancher weiß es von den Wandrern,
Wenn auch unsrer Zeit Erzeugte,
Taub den Mären alter Tage,
Linda's Namen bald vergaßen.
Für den Felsblock ist der Name
Jru's Mutter gäng und gebe.
Wer den Weg nach Reval richtet,
Soll dem alten Brauch gehorsam
410 Jru's Mutter erst begrüßen:
Seinen Hut soll auf das Haupt ihr
Achtungsvoll der Landsmann setzen.

Wenn auch an dem starren Stein=
block
Keine leise Spur von Leben
Noch Bewegung sichtbar wurde —
So betheuern doch Betagte,
Wissen Kundige zu künden,
Wie die Sagen sind gesäet,
Und die Mären oft gemeldet:
420 Daß der Schooß des starren Steines
Noch geheime Kräfte hege,
Und ein Wunderwalten berge.
Wer das Steinbild von der Steile
Je in's Thal am Abend rollte,
Findet Morgens Mutter Linda
Wieder auf dem alten Flecke,
Wo sie steht, wie sie gestanden.

Darum also, lieber Landsmann,
Geh der Wittwe Ehr' erweisen,
430 Birkhuhnstochter zu begrüßen!
Setze deinen Hut auf's Haupt ihr,
Leg' den Arm um sie mit Liebe,
Das bringt dir nicht Schuld noch
Schaden,
Weder Schande, weder Schelten!

Die drei kecken Kalewsöhne
Waren Willens zu lustwandeln:
Gingen bald gebahnte Pfade,
Bald sodann auf flachen Fluren,
Bald auf sandigen Gesenken,
440 Bald auf moosbedeckten Mooren,
Stießen ihnen auf vier Wälder,
Vier gehegte lichte Haine:
Goldner Fichtenwald der erste,
Stolzer Eichenwald der zweite,
Feiner Birkenwald der dritte,
Stiller Erlenwald der vierte.

Mit dem goldnen Fichtenwalde
Ist der Königswald dasselbe,
Mit dem stolzen Eichenwalde
450 Taara's eigner Wald dasselbe,
Dann der Birkenhain, der feine,
Ist der Hain der Perlenhals'gen,
Und die stille Erlenwaldung
Ist der Wald der Wehbetroffnen,
Ist der Waisen Wallfahrtsstätte.

Saß der Kalewsöhne ältster
Nieder in dem Fichtenhaine,
In dem köstlichen Königsforste
Unter einer goldnen Fichte:
460 Ließ ein Lied hoch in die Lüfte
Kraftvoll tönend sich erheben,
So daß flugs der Bäume Blätter
Grün erglänzend sich entrollten,
Daß der andern Bäume Nadeln
Schossen, schimmerten wie Seide,
Daß die jungen Fichtenzapfen
Purpurn in der Sonne prangten,
Eicheln schwollen an den Eichen,
Hübsche Kätzchen an den Birken,
470 Daß der Blüthen Knospenknoten,
Jetzt noch zwerghaft an den Zweigen,
Stracks im Sonnenglanz ent=
glommen,
Auf sich thaten im Strahl des
Mondes.

Sang, daß töneten die Wälder,
Daß die Halden wiederhallten,
Daß die Gründe klar erklangen
Und des Kunglakönigs Töchter
Weinten bei des Sängers Wohllaut.

Saß der Kalewsöhne zweiter
480 Nieder in dem Birkenhaine
Unter einer Trauerbirke,
Ließ ein Lied hoch in die Lüfte
Kraftvoll tönend sich erheben,
Wuchtig rollen in die Weite,
Daß die Blüthenknospen sprangen,
Blumenkelche sich erschlossen,
Lockte Aehren auf den Acker.
Aepfel auf die Apfelbäume,
Nüsse auf die Haselstauden,
490 Jauchzte Kirschen auf den Kirsch=
baum,
Rothe Erdbeer'n auf die Raine,
Blaubeer'n auf die moos'gen Moore,
Preißelbeeren auf Moraständer,
Schellbeer'n auf die Rasenschorfe,
Trauben an die Ebereschen.
Sang, daß weit die Wälder tönten,
Daß die Halden wiederhallten,
Daß es durch Gesträuche schallte,
Daß die Gründe klar erklangen.
500 Nimmer konnten sich die Nixen
Süßen Weinens drob erwehren.

Saß der dritte Sproß des Kalew
Nieder in dem Eichenwalde,
In Altvaters schönem Forste,
An dem Stamm einer stolzen Eiche.
Ließ ein Lied hoch in die Lüfte
Kraftvoll tönend sich erheben,
Wuchtig rollen in die Weite,
Daß es feur'ge Funken sprühte!
510 Sang Geflügel in den Erlhain,
Weibchen in den Wald von Birken,
Männchen in den Forst von Fichten,
Kundge Vögel in die Kiefern,
Weise Vögel in die Eichen,
Jauchzte, daß auf wehenden Wipfeln
Kecker rief der kluge Kuckuck,
Und die Tauben turtelnd girrten;
Sang die Drosseln in's Gesträuppe,
Nistevögel in's Gesträuche,
520 Lerchen auf die grüne Landmark,
Schwalben schwangen sich zur Sonne,
Schwäne kamen rasch geschwommen,
Enten trieben an die Fähre,
Gänse ruderten zur Quelle;
Jauchzte, daß der Nachtigallen
Schlag die scheue Nacht verschönte:
Flöteten im Dämmerdunkel,
Sangen süß vor Sonnenaufgang.
Sein Sang ließ die Wogen rauschen,
530 Hohe Felsen wiederhallen,
Schlanke Wipfel abwärts wanken,
Bergesgipfel tief erbeben,
Wolkenberge macht' er bersten,
Und den hehren Himmel lauschen.
Waldeskönigs einz'ge Tochter,
Minnigliche Waldesmaide,
Holde Nixen mit goldnen Haaren,
Weinten bei des Sängers Wohllaut:
Möchte dieser Mann uns minnen,
540 Gerne unser Gatte werden.

———

Auf dem Laube lag die Sonne,
Frischer wehete der Windhauch,
Näher kam die Abendkühle,
Kund zu thun des Tages Neige
Und das Ziel des lust'gen Treibens.
Mußten wohl die Männer merken,
Nun sei nöthig heimzukehren,
Trug der brave jüngste Bruder
Die geborgne Waidwerks=Beute,
550 Die nicht scheuten seine Schultern,
Leicht nur lag sie auf den Achseln.

Dritter Gesang.

Eilten fürbaß die drei Männer,
Hurtig über Haideflächen
Ohne Zaudern heimwärts ziehend,
Ließen ihre Augen lugen,
Wollten nach dem Rauch sich richten,
Ob dem Herd entlodre Lohe,
Ob vom Kessel Brodem brodle:
War kein Rauch doch zu gewahren.

560 Mächtig schritten die drei Männer
Durch den wüsten Sand sich mühlend,
Haus und Hof rasch zu erreichen:
Schickten scharfe Blicke heimwärts,
Ob sie Rauch vom Dach entdeckten,
Ob sich Dampf vom Herd erhebe.
Doch kein Rauch erreicht das Auge,
Noch erhob sich von dem Herde
Dampf, der Kunde geben konnte.

Hatten nun den Zaun erreichet,
570 Stürzten hastig in das Hofthor,
Flogen über die Rasenfläche,
Drangen drohend an die Thüre,
Blitzgeschwinde auf die Schwelle.
An den dunkeln kalten Kohlen,
An dem Herde ohne Heizung,
Merketen alsbald die Männer,
Daß die Herrscherin des Herdes,
Daß des Feuers wache Wächt'rin
Weit vom Hause weilen müsse.

580 Spricht der jüngste Sproß des
Kalew:
„Krumm und kraus der Fluß sich
windet,
In die Schluchten schlingt der Pfad
sich,
Hier ist etwas nicht geheuer.
Angelweit das Hofthor offen,
Aufgethan des Hauses Thüre,
Fremde Stapfen auf dem Freiplatz,
Machen kund ums einen Kummer,
Einen heillos bösen Handel."

Laut erhoben jetzt und lärmend
590 Ihre Stimmen die drei Brüder,
Schickten durch die Abendstille
Weit hinaus ihr rastlos Rufen:
„Gieb uns Antwort, gute Mutter,
Laß dich hören, holdes Goldchen,
Singe her, du süßes Vöglein,
Einen Laut nur, liebes Birkhuhn!"

Stumm blieb ihrer Mutter
Stimme,
Ward kein Wörtlein ausgewechselt,
Gegenrufe gab nur Echo,
600 Haiden hallten hin und wieder,
Waldesbreiten brachten Antwort,
Drüben dröhnt es her von Dagö,
Schallet es von Oesel's Scholle.

Lärmend ließen Kalew's Söhne
Abermals die Stimme steigen,
Schickten durch die Abendstille
Weit hinaus ihr rastlos Rufen:
„Gieb uns Antwort, gute Mutter,
Ruf' uns Kunde, lieber Kuckuck,
610 Schweige nicht, du holder Schwane,
Beut uns Rede, Birkhuhnstochter!"

Nimmer bot Bescheid die Mutter,
Keine Auskunft kam vom Birkhuhn,
Klippen gaben Antwort gellend,
Hohe Felsen hallten wieder,
Brandung brachte Gegenrede,
Sturmeswehn durchbrach die Stille.

Kalew's Söhne huben heftig
An zum dritten Mal zu lärmen,
620 Schickten durch die Abendstille
Weit hinaus ihr rastlos Rufen:
„Gieb uns Antwort, gute Mutter,
Gackre, holdes Huhn des Hauses,
Schweige nicht, verschwundne
Wittwe,

Ruhe nicht bei unserm Rufen,
Gönne Kunde deinen Kindern."

Stumm blieb ihrer Mutter Stimme,
Keine Antwort bot das Birkhuhn,
Gackerte nicht das Huhn des Hauses,
630 Schweigt der holde Schwan beharrlich;
Da wohin das Rufen reichte,
Bebten, barsten Felsenmassen,
Wo das heft'ge Rufen hallte,
Brach's im Forst die Föhren nieder,
Wo das schrille Schreien hindrang,
Schäumten schaurig auf die Wogen,
Krachten wüthig Wetterwolken.

Nicht war Mütterchen zu finden,
Huhnes Gackern nicht zu hören,
640 Birkhuhns Falzen nicht von ferne,
Kuckucks Ruf gab keine Kunde,
Nicht von grünen Rasengründen,
Noch von moosbedeckten Mooren,
Noch aus tobender Meerestiefe,
Noch aus dichtem Waldesdickicht
Noch von weiten Haidewüsten.

Linde Luft und Windesstille:
Schlummer hat die Welt beschlichen.

Traten aus dem Thor die Treuen
650 Mit einander auf den Haushof,
Kamen auch zur Kälberwiese,
Nach der Mutterspur zu spähen,
Räubers Fährte zu verfolgen,
Einer lief entlang den Anger,
Auf die Wiese trat der zweite,
Stracks zum Strande schritt der dritte.

Wohl der älteste der Brüder
Angstvoll auf dem Anger suchte:
Nicht erspäht er ihre Spuren,
660 Brachte ihm kein Merkmal Meldung.

Und so fand der zweite Bruder,
Der zur Wiese war gekommen,
Spähend nicht die Spur der Mutter,
Nicht den Richtungspfad des Räubers;
Wollt' ihm keine Deutung werden,
Wo das Hühnchen hingekommen,
Wo das Vöglein hingeflogen.

Nur der dritte von den Brüdern,
Der zum Meeresstrand gestreift war,
670 Fand gar klare Fingerzeige,
Traf auf treffliche Beweise,
Wo die süße Mutter säume,
Wo das Haushuhn hingekommen.

Finlands Zaubrer, Windesweiser,
Hatte sich sammt seinem Boote
In der Felsenbucht geborgen,
Wo er wachen Augs gewartet,
Bis der Schwall der Fluth beschwichtigt.
Mußte manche lange Tage,
680 Viele finstre Nächte harren,
Und in Dämmerungen dauern,
Wie ein Dieb, der Beute birgt.

Sorg' und Weh erwuchs den Männern,
Manches Denken ob der Mutter,
Ob nicht der verschmitzte Freier,
Der in List gewandte Werber,
Ihrer sich mit Macht bemeistert,
Sie mit Diebesklau'n umklammre.

Sprach der älteste der Brüder,
690 Ließ das Wort sich rudernd regen:
„Laßt uns jetzt an Brot uns laben,
Uns zur Abendspeise sputen,

Um den müden Leib zu laben.
Legen wir uns dann auf's Lager,
Ob uns nicht ein tröstend Traumbild
Spendet Rath zur Spur der Mutter:
Morgen mögen wir dann suchen."

Sprach darauf der zweite Bruder,
Ließ das Wort sich rudernd regen:
700 „Während wir im Schlummer liegen,
Mag des Himmels hohe Weisheit,
Uku mag's im Schlaf' entschleiern,
Wie im thaubenetzten Thale,
An dem Rand der Regenwolke
Wir der Mutter uns bemächtgen,
Wie das holde Huhn des Hauses,
Wie das Vöglein, das entflogen,
Wir aus Habichtsfängen haschen."

Dann, nach reiflicher Berathung
710 Und nach weislicher Erwägung
Streckten sich die beiden Brüder,
Ihren müden Leib zu laben.

Doch der jüngste der drei Brüder,
Kalew's köstlicher Erzeugter,
Er der Wittwe Kummerwender,
Der Betrübniß treuer Tröster,
Hegte heftig andre Meinung,
Hatte selber seine Absicht
Zu ganz anderm Lauf' gelenket.
720 Er des Helden hehrer Sprößling
Dachte solcherlei Gedanken:
„Hänge nicht das Werk von heute
An den Pflock des nächsten Morgens:
Jeder Tag hat seine Thaten,
Jede Stunde ihr Gestatten,
Bald der Sorgen bange Bürde,
Bald der Wünsche Weiterstreben.
Soll die Stunde Nutzen stiften,
Soll den Glückesfang sie fördern,
730 Zaudre nimmer, zögre nimmer,
Walte hurtig sonder Weile,

Glückes Schritte gleiten flüchtig,
Fünffach ist des Trägen Trübsal,
Sechsfach schwer des Säum'gen Bürde,
Sieben Hemmungsknoten knüpft er."

Der Verlust der lieben Mutter,
Lastend lag er auf dem Sohne,
Drückte nieder seine Seele.
Als nun seine beiden Brüder
740 Sich im Bette schon geborgen,
Da war's, daß der jüngste Bruder
Schweigend überschritt die Schwelle,
Rasch durchmaß die Rasenfläche,
Und den Anger stracks durchstreifte,
Hier die hast'gen Schritte hemmend
Wandt' er sich zum Grab des Vaters.

Kalew's köstlicher Erzeugter
Tritt auf's grüne Grab des Vaters,
Setzt sich auf den Leichenhügel,
750 Schweren Kummer zu beschwicht'gen.

Vater fragt aus Grabes Grunde:
„Wer denn rührt sich auf dem Rasen,
Wer betritt den Grabeshügel?
Auf's Gesicht mir senket Sand sich,
Auf die Brauen rollt Gerölle".

Wohl vernimmt's der Sohn, er= wiedert:
„Deiner Söhne letztgeborner
Selber rührt sich auf dem Sande,
Selber schreitet auf dem Grabe,
760 Sitzt in sorgenvoller Trübsal
Auf des Vaters Leichenhügel.
Stehe auf, du mein Erzeuger,
Wache auf, o lieber Vater!
Komm, die Fährte mich zu führen,
Wo die Mutter ging verloren".

Unterm Rasen ruft der Vater,
Spricht der Alte unterm Hügel, —
Stark tönt aus der Gruft die Stimme:
„Kann mich nicht erheben, Söhnlein,
770 Nicht erheben, kann nicht aufstehn,
Brauner Fels die Brust mir drücket,
Schwer Gestein den Leib belastet,
Trollblum' decket meine Brauen,
Veilchen decken meine Augen,
Primeln wachsen auf den Wangen.
Mag der Wind den Weg dir weisen,
Lüfte mögen dich belehren,
Sterne dir Erleuchtung leihen!"

Schritt der Knabe raschen
 Schrittes,
780 Macht sich auf zum Meer im Fluge,
Stehet bald auf steilem Ufer,
Auszuspähn der Mutter Spuren,
Das verlorne Huhn zu haschen.
Wo noch jüngst das Boot geborgen
Auf der Lauer lag, war jetzo
Alles leer wie weg gefeget.

Kalew's köstlicher Erzeugter
Starrte von der Ufersteile
Auf das Meer im matten Schimmer,
790 Blickte weithin auf die Wellen,
Lugt so weit das Auge langte,
Des Gesichtes Fitt'ge faßten,
Ob nicht aus der Fluthen Fläche,
Auf den Wogen, die sich wälzten,
Eine Spur des Diebes daure,
Ob nicht sonstwo sich ein Zeichen,
Ein absonderliches Merkmal
Von des Räubers Raube zeige,
Ob nicht fern der Mutter Ferse,
800 Ihre Zehen Spur gelassen,
Ob ihr Weg wo sei bewahret.

Welle wälzte sich auf Welle,
Rollten rauschend rastlos weiter,
Brachen an der Felsenbrüstung,
Schossen schäumend an die Klippen,
Dort in naßen Staub zerstiebend.
Aber weiter keine Winke
Gaben sie und keine Kunde,
Wer heut auf dem Wellenspiegel,
810 Auf den glatten Fluthen gleitend
Heimlich war dahin gezogen.
Sterne standen still am Himmel,
Milde flimmernd auf den Fluthen,
Zeugniß kommt von keiner Zunge
Und kein Wörtlein will verlauten.

Also spinnt das Spiel der Wellen
Und das Wallen weiter Meersluth
Stets sich fort in gleicher Schöne,
Nimmer fragend wer's gewesen,
820 Der da heut in hohler Fluthen
Feuchtem Schooß den Tod gefunden!

Weder Schaukelspiel der Wogen,
Weder Wirbeln krauser Fluthen,
Sternes Aug' vom Himmel
 blickend,
Fragen nicht nach unsrer Freude,
Fragen nicht nach unsrem Leide.

Welle rollet hinter Welle,
Wälzt sich an das Felsenufer,
Klettert an die Uferklippen,
830 Schießet schäumend auf die Felsen
Und zerstiebt in nassem Staube,
Feuchten Hauch am Ufer häufend.
Doch sie bringet keine Kunde
Keine Antwort je dem Frager.

Welle rollet hinter Welle,
Wälzt sich an das Felsenufer,
Klettert an die Uferklippen,
Schießet schäumend auf die Felsen!
Unsres Lebens kleine Wellen
840 Rollen in des Abends Schauern
Schwankend gegen Kalma's Hügel,

Unter Grabes Rasendecke.
Sternes Auge blickt vom Himmel,
Mondes Auge aus der Höhe
Sonne strahlt mit heitrem Antlitz
Auf die Sterbenden, die Todten.

Aber Sprache hat das Grab nicht
Wort ist nie in Sternes Munde,
Nicht versteht der Mond zu reden,
850 Auch die Sonne kann nichts künden,
Nicht dem Frager Antwort geben.

Vierter Gesang.

Künde, Kuckuck, goldner Vogel,
Singe, sage, Silberschnabel,
Köstlich töne, Kupferzunge!
Künde uns der Vorzeit Kunde,
Singe uns die alten Sagen,
Laß den Liederschatz verlauten,
Spinn den Faden ferner Tage.
Kündest du nicht, künd' ich selber,
Meld' es selbst, ich Meeresente,
10 Laß' als Schwan die Silbersänge,
Siebenfache selt'ne Märe
Aus der Vorzeit Schatz erschallen,
Rührt die eine von der Robbe,
Von der Meerfei her die zweite,
Von den Klippen klingt die dritte,
Von den Nixen stammt die vierte,
Fünfte von der Wasserfürstin,
Wob des Mondes Strahl die sechste,
Siebte kommt vom Inselvater,
20 Von der Inselmutter Meldung.

Felsenzacken konnten zeugen,
Weite Wogen konnten wissen,
Sternenaugen es bestät'gen,
Wie des Kalew Letztgeborner
Muthig seiner Mutter Spuren,
Den verborg'nen Pfad des Birkhuhn's
Ohne Roß ging rings zu suchen,
Ohne Hengst umher zu wandern,
Ohne Pferd auf öden Pfaden.
30 Manchem Manne gäb's zu denken,
Manches Weib brächt' es zum Weinen,
Manche Maid zu Trauerthränen,
Wenn sie so den Sohn des Kalew
Auf dem Meer, dem markenlosen,
Auf der weiten Wellenwüste
In dem Strudelschaume schauten,
Wie in finstrer Nacht er vorwärts
Seine öde Straße strebet.

Als vom Ufer scharfes Schauen,
40 Scharfes Schauen, lauernd Lugen
Nirgends eine Spur erspähte,
Eine Fährte fern entdeckte,
Sprang der Jüngling von dem jähen
Ufersaume in die Seefluth,
In das weite Wellenbette,
In der Brandung lautes Brausen,
Ließ die Hände hurtig rudern,
Ließ die Füße stetig steuern,

Lose Locken weh'n als Segel!
50 Schwamm gar kühn gen Soome's
　　　　　　Küste,
Steuerte gen Turja's Steile,
Hin zu Nordlands Marken mächtig;
Fromm die Mutter frei zu machen,
Birkhuhn aus dem Netz zu nehmen,
Aus der Schlinge Reif zu raffen.
Sehnlich wünscht den windesweisen
Finlandszaubrer er zu zausen,
Durchzubläun die Diebesklaue,
Durchzudreschen den dreisten
　　　　　　Räuber,
60 Daß an Frau'n nicht fürder Frevel,
Noch an Mädchen schlimme Tücke
Auf der Welt verübet werde.

Schwed'scher Bär, der alte Wagen,
Nordens Nagel, Sternenknabe,
Wiesen mit dem scharfen Auge
Unterm Himmel dem die Straße,
Der da schwamm auf wüsten Wellen,
Zeigten ihm die feuchten Fährte,
Nasse Bahn nach Soome's Buchten,
70 Nach der starren Ufersteile.
Auf den Wellen wohnt kein Dol=
　　　　　　metsch,
Nirgends Dörfer, nirgends
　　　　　　Schänken,
Noch auch giebt es Hüterhütten,
Wächter nicht auf Wasserflächen,
Uns den wahren Weg zu weisen,
Uns zu führen, wenn wir fehlten.

Brav durchbrach die Fluth der
　　　　　　Recke,
Schlug die Wellen, fort sie
　　　　　　schleudernd,
Und des Wassers Schaukelwiege
80 Rollete den raschen Helden,
Den geschwinden tapfern Schwim=
　　　　　　mer

Auf der Wogen Schaumesscheitel
Nah und näher hin nach Norden,
Nach dem fernen Felsenstrande.

Sohn des Kalew, Heldenjüngling,
Trost der Wittw' in ihrem Wehe,
O du kanntest kein Ermüden,
Kein Ermüden, kein Ermatten,
Kein Erlahmen deines Leibes,
90 Als du auf der frommen Pilg'rung
Spähtest nach der Mutter Spuren,
Nachgingst dem verlornen Birkhuhn.
Sterne kamen, Sterne gingen,
Ihren Weg am Himmel wandernd —
Nordens Nagel blieb am Orte,
Nimmer wich der alte Wagen.

Brav durchbrach die Fluth der
　　　　　　Recke
Schlug die Wellen, fort sie
　　　　　　schleudernd,
Und des Wassers Schaukelwiege
100 Rollete den raschen Helden,
Den geschwinden tapfern
　　　　　　Schwimmer
Auf der Wogen Schaumesscheitel
Nah und näher hin nach Norden,
Nach dem fernen Felsenstrande.

Kalew's köstlicher Erzeugter
Rudert rüstig rastlos weiter,
Zu erlösen die liebe Mutter,
Und den schlimmen Strolch zu
　　　　　　strafen.
Seine heißen Herzenswünsche
110 Und sein brennend Rachebrüten
Mehrten stets des Starken Stärke:
Meilen machen ihn nicht müde,
Ihn ermattet nicht die Meerfahrt.

Sanken schon die Siebensterne,
Oestlich hob sich der Orion,
Mochte Mitternacht genaht sein,

Wenn auch nirgend sonst ein Weiser,
Ein der Stunden Fortschritt Künder
Auf dem Meere Merkmal meldet,
120 Daß der Mensch die Zeit mag messen.
Hier ja kräht kein Hahn des
    Schöpfers,
Hier auch gackert keine Henne,
Fischen stirbt die Stimm' im
    Schlunde,
Ihre Zunge zeugt kein Wörtlein.

Aus dem Wellensprudel springet,
Hebet sich ein kleiner Hümpel,
Weist sich wahrlich aus als Insel,
Als ein trefflich trocknes Landstück.
Hin zur Insel hastet Kalew,
130 Rüstiger die Glieder regend.

Brav durchbrach die Fluth der
    Recke,
Schlug die Wellen, fort sie schleu=
    dernd,
Und des Wassers Schaukelwiege
Rollete den raschen Helden,
Den geschwinden tapfern Schwim=
    mer
Auf der Wogen Schaumesscheitel
Immer näher hin gen Norden,
Nah und näher hin zur Insel.

Kalew's köstlicher Erzeugter
140 Möchte ruhen auf dem Rande,
Möchte sich zum Athemholen
Eine wen'ge Weile gönnen.

Brav durchbrach die Fluth der
    Recke,
Schlug die Wellen, fort sie schleu=
    dernd,
Und des Wassers Schaukelwiege
Rollete den rüstgen Helden
Rasch zum Felsenrand der Insel.

Kalew's Sohn, der kühne Recke,
Lehnte labend seinen Rücken,
150 Seine Hüften seebenetzet
An die Böschung eines Felsens,
Stützete die starken Lenden
Auf den Stein mit Moos bestanden,
Auf der festen Felsbank Mitte.
Ließ die Beine lustig hängen,
Wasser wogte um die Zehen,
Fluthen flossen um die Sohlen,
Und der Schaum, der spritzend
    schießet,
Spület um die Knöchel spielend.
160 Dann der Held zur Ruh' sich rüstet,
Hat die Lider leicht geschlossen —
Nur ein halbes Stündchen Schlafes
Nur ein Viertelstündchen Schlum=
    mer.

Bälder als des Traumes Bande,
Als die Macht des milden Schlum=
    mers
Seines Geistes Auge deckte,
Seiner Seele Sinn versenkte,
Ganz des Mannes Meister wurde,
Tönten durch das tiefe Schweigen
170 Aus des dichten Dunkels Gründen,
Aus der stummen Stille Schooße
Lieblichen Gesanges Laute,
Lind sich an das Ohr ihm legend.
Schönen Mägdleins feine Pfeife,
Jugendlicher Jungfrau Stimme
Sang mit Liedervogels Lockung,
Ließ so goldne Laute hören
Wie der Kuckuck in den Kiefern,
Wie die Nachtigall in den Erlen.

180 Kalew's kühner Heldensprößling
Neigt das Ohr um zu vernehmen,
Ob der Kuckuck Gold verkünde,
Silber sende von dem Schnabel,
Ob die Zunge Kupfer ziere,
Schillinge im Gaumen schimmern.

Solches hat die Maid gesungen,
Hat der Kuckuck sein verkündet:
„Fern von hier ist mein Gefährte,
Hinterm Wasser weilt mein Theurer,
190 Weit, zu weit für meine Blicke,
Vieles trennt mich von dem Trauten,
Eines ist die mächt'ge Meerfluth,
Sind sodann der Seeen fünfe,
Sechs sind dürre Haidehügel,
Siebenhundert sand'ge Strecken,
Achte sind der Weidewiesen,
Neune sind der wilden Wasser,
Kalte Quellen quellen zehne,
Zwanzig Zwangesstücke sonst noch.
200 Mir ist nicht gegönnt zu gehen,
Noch auch kann zu mir er kommen,
Monde gehn, ich hör' ihn nimmer,
Wochen schwinden, ich seh' ihn nimmer,
Nicht im Lauf des Jahres labet
Mich sein feuriges Umfangen,
Darf ich ruhn im Schooß des Freundes.

„Fern von hier ist mein Gefährte,
Hinterm Wasser weilt mein Theurer,
Weit, zu weit für meine Blicke,
210 Vieles trennt mich von dem Trauten,
Land und Wasser wollen wehren.
Weht ihm Grüße zu, ihr Winde,
Liebesworte bringt ihm, Lüfte,
Leiht ihm langes Leben, Wolken,
Wogen, schafft ihm schöne Tage,
Regenschauer, reicht ihm Labung,
Himmel, gieb ihm gut Gebahren.
Ist er glücklich, bleib er glücklich,
Ist er wacker, wirk' er kräftig.
220 Soviel Grüße sollt ihr bringen,
Als ich heg' ihm hold Gedanken,
Soviel Grüße sollt ihr bringen,
Als mein Herze heget Wünsche,
Soviel Grüße sollt ihr bringen,

Als der Erlenhain hat Blätter,
Als der Birkenhain zählet Kätzchen,
Als der Fichtenhain trägt Zweige.
Soviel Grüße sollt ihr bringen,
Als im Meere Wogen wallen,
230 Als am Himmel Sterne stehen!"

Kalew's köstlicher Erzeugter
Streckte seines Halses Sehnen,
Als das holde Lied er hörte,
Ob er nicht die süße Sängrin,
Nicht das Vöglein voll von Wohllaut,
Nicht das sprechend braune Auge,
Dieser Jungfrau schauen möchte?
Nächtgen Dunkels Schauerschatten,
Dämmeriger Nebelschleier
240 Deckte dicht das kleine Eiland.
Flimmerschein von einem Flämmchen
Flackerte an einem Flecke,
Einer Eiche Laub beleuchtend,
An dem Stamme aufwärts steigend.
Bei des Feuers Schimmerscheine
Saß der schöne Sangesvogel,
Saß die Maid mit güldnem Schnabel,
Krauses Haar umkränzt den Nacken,
Weißer Bausch den hohen Busen.

250 Sie war's die mit süßem Sange,
So wie Nachtigallen schlagen,
Kündete den stillen Kummer,
Ihres Herzens heißes Sehnen.
Saß beim Feuerschein die Feine,
Nächtlich ihrer Wache waltend,
Hütend ihrer Mutter Leinen,
Dessen Streifen auf dem Rasen
Tags die Sonne sengend bleichte,
Nachts des Thaues Nässe netzte;
260 Das sie selbst in Winters Weile
Von der Spindel spann zu Garne,

Das sie weiter dann am Webstuhl,
Webte, daß es Leinwand wurde.
Hände webten das Gewebe,
Finger schlugen ein die Fäden,
Füße traten auf das Trittbrett:
Doch der Mund sang lieblich Lieder.

Kalew's köstlicher Erzeugter
Rüstet sich zum Gegenrufe,
270 Läßt ein ander Lied verlauten,
Ob des Mädchens Liebe lachend,
Läßt die Worte rege rudern,
Rollen so der Verse Reihen:
„Was um den, der weit ist, weinst du,
Willst nach Wittwenart betrauern
Den, von dem die See dich sondert?
Warum willst du, minnig Mägdlein,
Von dir weisen nähern Werber?
Nahe weilt er, sichtbar nahe,
280 Nah', ganz nah' der beßr'e Buhle,
Wärmer wird er dich umwinden.
Traun, nichts trennt uns von einander,
Nirgends hemmen Hindernisse,
Nicht die Meere unermeßlich,
Noch die weit umsäumten Seeen,
Halden nicht, noch dürre Haiden,
Sümpfe nicht, in die man sinkt,
Triften nicht, wo Heerden treiben,
Noch auch reißend rasche Ströme,
290 Oder kalte Quellenbäche.
Nahe weilet, sichtbar nahe,
Nah', ganz nah' der beßr'e Buhle.
Hier ist heißere Umarmung,
Winkt der Liebe reich're Wonne.
Nahe ist er, sichtbar nahe,
Nah', ganz nah' der beßr'e Buhle.
Starker Mann aus gutem Gaue,
Junggeselle, Sohn des Hauses.
Brave Beine, breite Flossen,
300 Trugen ihn im Wasserwirbel,
Wälzten ihn im Wellentanze

Heimlich an der Insel Ufer,
Mancher Inselmaid zum Glücke
Manchem Töchterlein zum Frommen."

Inseltochter, feines Täubchen,
Lauschtest wohl dem list'gen Werben,
Hörtest losen Vogels Lockung,
Wolltest wohl verstohl'ner Weise
Sehn des hellen Liedes Sänger,
310 Kurzen Blick's den kecken Knaben,
Der es laut ertönen lassen.
Unwillkürlich kamst du, Arme,
Scheuen Schrittes schüchtern näher,
Lauschtest, lugtest, vorwärtsstrebend,
Thatst 'nen Schritt, thatst einen zweiten,
Zögernd zehen Schritte weiter,
Unbewußt noch wieder zehen,
Ungezählt noch zehn mal zehen,
Unvermerkt noch eine Menge.
320 Wolltest wissen, wer der Sänger
Wär': aus Finland ein Verwandter?
Ob ein Freier wohl aus Wierland
Mit dem Malschatz hier sich melde?

Inseltochter, feines Täubchen,
Sei nicht säumig zu entfliehen,
Ehe dich das Sehn versehren,
Dich des Blickes Bann wird binden:
Daß du nicht vom Flecke flüchten,
Nicht vom Platz' kannst hüpfen, Hühnchen.

330 Inseltochter, feines Täubchen,
Sah auf Moos den jungen Mannsen,
Sah am stillen Strand den Starken,
Ging ein wenig wieder näher.

Während noch die Schatten weilten,

Wurden Worte bald gewechselt,
Flinke Reden rasch getauschet,
Bis der Liebe Feuerfesseln,
Heißer Sehnsucht holde Bande
Bald der Beiden Herzen schmolzen,
340 Die Besinnung ihnen raubten.
Inseltochter, feines Täubchen,
Setzte selbst sich ihm zur Seite,
Sank in kindlicher Bethörung
Unwillkürlich auf das Kiesbett,
Auf das moosbelegte Lager.

Inselbraut mit braunen Augen,
Welch' ein Weh ist dir begegnet?
Was erhebst ein schrill Geschrei du,
Warum, jäh in Thränen jammernd,
350 Rufst du Holde denn um Hülfe?
Sind im sehn'gen Arm des Helden,
In dem feurigen Umfangen
Deine Schenkel dir geschädigt,
Deine Schultern dir verschoben
Deine Weichen wund geworden?
Welcher herbe Harm betraf dich,
Welch' ein Schad' ist dir geschehen?

Vater hört der Tochter Harmruf,
Mutter ihres Kindes Kummer;
360 Wachten auf aus Schlummers
    Schlingen,
Warfen fort des Schlafes Fesseln,
Meinten anfangs mit einander,
Ob ein trügerischer Traum nicht
Falsches ihnen vorgespiegelt.
Doch der Tochter schlimmes Schluch=
    zen,
Ihrer Klage schrilles Schreien,
Hallt auch in den wachen Ohren.

Inselvater hob sich hastig,
Riß sich los von seinem Lager,
370 Faßte mit der Faust den Knüttel,
Sprang davon, um selbst zu sehen,
Welcher Schade hier geschehen,
Ob vielleicht ein böser Bube
Ihrer Mutter Schatz dem Mädchen
Bei der Nachthut weggenommen?

Als nun Inselvaters Augen
Sahn den seltnen Mann am Ufer,
Fiel ihm aus der Faust der Knüttel,
Zog das Wort ihm von der Zunge
380 Sinnverwirrendes Entsetzen,
Furcht entfärbte ihm das Antlitz.

Trüb' und traurig stand die
    Tochter,
Bange Ente an der Fähre,
Konnte nicht die blöden Blicke,
Nicht die thränenschweren Lider,
Nicht die glühend rothen Wangen
Sorglos in die Höhe heben,
Ließ kein Wörtchen auch verlauten.

Kalew's Sohn, der kühne Recke,
390 Hingelagert auf dem Hügel,
Auf dem moosbestandnen Steinbett,
Fragte frei von Furcht den Alten:
Ob nicht gestern spät am Abend
Finlands Zaubrer, Windesweiser,
Streifend von dem Strande Wier=
    lands,
Nach dem Heimathsitze segelnd
Wohl vorbei gefahren wäre?

Inselvater giebt zur Antwort:
„Habe nicht gesehen, Freundchen,
400 Finlands windesweisen Zaubrer,
Nicht mit Augen viele Tage
Wohl auch nicht seit sieben Wochen.
Wolle sagen, wackrer Fremdling,
Wo dein Heim, der Herkunft Stätte,
Nest der Kindheit zu erkunden?
Welchem Stamm bist du entstiegen,
Als dir Licht und Leben wurde?

Vierter Gesang.

Welche Mutter hat im Schooße
Dich gewiegt, dir Milch gewähret,
410 Dich zum starken Sohn erzogen?
Daß aus Götterkeim du kamest,
Taara=Söhnen seist entsprossen,
Das zeigt gleich dein glänzend Antlitz,
Funkelt in der Augen Feuer,
Lehrt des Leibes ganzes Wesen."

Kalew's Sohn verstand die Frage
Und erwidert kluge Worte:
„Wo sich Wierlands Küsten winden,
Wo sich Harriens Felsen heben,
420 Dort wo Sand die Wiek bedecket,
Wurde mancher Weg betreten,
Wurde mancher Pfad gewandelt,
Mancher Schritte Spur gelassen.
Dieser Wege einer wendet
Heimwärts sich, ein viel betretner,
Mir die liebste Spur, sie lenket
Mich auf meines Vaters Hofraum,
Zu der lieben Mutter Aue,
An des Bruders Angerpforte,
430 Bälder als die andern Bahnen.
Dort entsproß ich einem Eichbaum,
Wuchs auf aus dem Wurzelstocke,
Abgezweigt vom starken Stamme.
Dort stand meiner Kindheit Wiege,
Dort mein Nest, gedeckt vom Felsen,
Dort auch an der Rasendecke
Haften meiner Spiele Spuren.
Mich in guten Züchten zeugte,
Ließ mich Licht und Leben kosten
440 Starker Männer Stammesvater;
Meine Mutter, reich an Kindern,
Milch aus vollem Busen bietend,
Wuchs auf unter Wieklands Erlen,
Aus dem Birkhuhnsei geboren.
Wenn an mir du Göttergunst siehst,
Einen Sproß von Taaras=Söhnen,
Dann erwäge, ob nicht wirklich

Kalew kann, der kern'ge Vater,
Solchen Sohn gezeuget haben,
450 Solchen Sprößling sich erzielet.
Könnte nicht der letzte Spätling
Aus der Wittwe Linda Lager
Deinen Blicken hier sich zeigen?"

Inseltochter, feines Täubchen,
Hört erschreckt des Helden Rede,
Und erbleicht in Todesblässe,
Als er Kalew seinen Vater,
Linda seine Mutter nannte.
Schauer fasset an die Schöne:
460 Inseltochter, feines Täubchen,
Glitt dem Felsen jetzt noch näher,
Stellte an den steilen Rand sich,
Wo der Fuß am Strande strauchelt,
Daß die Schwerbetrübte schwankend
Jählings taumelt in die Tiefe,
In die weite Wogenmasse,
In den Grund der See versinket!
Eine Welle deckt das Dirnchen,
Wasser will die Maid begraben,
470 Deckt, begräbt das junge Dirnchen,
Welle deckt es, See versteckt es,
Birgt der Inselmutter Goldstern,
Birgt des Inselvaters Täubchen.

Nothgeschrei erhob der Vater,
Hellen Hülferuf der Alte.
Kalew's Sohn sprang in die Seefluth,
Glitt einher auf glatter Welle,
Das versunk'ne Huhn zu suchen,
Die entriff'ne Maid zu retten
480 Sie den Wellen zu entwinden.

Doch der weite Schooß der Wellen,
Kühles Bett der Wasserwogen,
Schlummerstätte schlamm'ger Tiefe,
Hielt das Mädchen fest gefangen,

4*

Lösete das Liebchen nimmer
Aus dem finstern Schooß der Feuchte.

Hob das Haupt der Sohn des
    Kalew,
Hob den Hals nur aus den Wogen,
Rief zum Harrenden am Hochrand,
490 Sprach zu Inselmädchens Vater:
„Gott befohlen, Inselvater,
Gott befohlen, armer Alter!
In die Fluth fiel deine Tochter,
In ein Diebsnetz meine Mutter.
Wir sind Beide Wehesbrüder,
Trübsal hat uns gleich getroffen,"

Solche Worte sagend setzte
Kalew's köstlicher Erzeugter
Rüst'gen Schwanges fort die
    Schwimmfahrt,
500 Abwärts von der Insel rudernd.
In der Wellenschäum'gem Schimmer,
Well'ngekräusel, Windgesäusel,
Schwand der hehre Heldensprößling
Aus des Inselvaters Blicken.

Kräftig kreuzte er die Wogen,
Schlug die Fluth der Meeresfläche;
Weiten Wassers Schaukelwiege
Förderte den hurt'gen Helden,
Schwenkte den geschwinden Schwim=
    mer
510 Auf dem Rücken rascher Strömung
Näher nach des Nordens Gegend,
An das steinige Gestade.

Auf des Inselvaters Schreien,
Auf den Hülferuf erhob sich
Bald vom Bett die Inselmutter,
Sputete sich nachzuspüren,
Welch ein Wehe sich begeben.

O mein Mütterchen, mein theures!
Wozu aus dem warmen Bette
520 Kamst du, weg die Decke werfend?
Wird nur kalte Kummerkunde,
Eisig frost'ge Offenbarung,
Hagelschwere Harmesnachricht
Deines Herzens Schläge hemmen,
Deines Blutes Stockung wirken.
In den Wellen liegt dein Liebling,
In dem Wasserbette weilt er,
Schlammgrund ist des Holdchens
    Wiege
Beerchens Stube steht im Meere.
530 Sind im Wasser keine Wärter;
Wiegende nicht in den Wellen,
Schützer nicht im Schooß des
    Schlammes,
Sind nicht in der See Gespielen.

O mein Mütterchen, mein theures!
Was verließest du dein Lager,
Rafftest früh dich aus dem Bette,
Todesnachricht zu vernehmen?
Mütterchen, die Maid, die sorglich
Du in Zärtlichkeit erzogen,
540 Lipp' an Lippe eingelullet,
Mit der süßen Milch gesäuget,
In der Liebe Arm gelabet,
Auf den Händen hast geschaukelt —
Schläft von kalter Fluth umschlungen
In der Tiefe feuchtem Bette.

O mein Mütterchen, mein theures!
Rühr' die langgestielte Harke,
Rühr' der Harke lange Zinken
Und den Stiel von starkem Kupfer,
550 Zinken von dem stärksten Stahle,
Gehe rasch, das Meer zu rechen,
Geh' die Wellen umzuwühlen,
Geh' im Grund des Schlamm's zu
    graben!
Vater, nimm die neuen Netze,
Nimm die Netze, nimm die stärksten,
Gehe gleich das Glück zu proben,

Vierter Gesang.

Ob erspähst der Tochter Spur du,
Fischst das Mädchen aus dem Meere,
Aus der Feuchte finstrer Tiefe:

560 Gingst sofort das Meer zu fegen,
Grund des Meeres umzuwühlen,
Grund des Schlammes umzugraben.
Trugst die langgestielte Harke,
Mit sehr langen Harkenzinken.
War der Harken Stiel von Kupfer,
Harkenzinken ragten stählern,
Und ihr Heft war hartes Eisen.
Was denn kam an's Licht im Kehricht,
Ward gegraben aus dem Schlamme?
570 Eine Eiche kam vom Kehricht,
Feine Fichte aus dem Schlamme,
Brachtest heim die harte Eiche,
Feine Fichte auf die Anger.

Gingst hinaus, das Meer zu fegen,
Grund des Meeres umzugraben,
Seinen Uferstrich zu säubern;
In der Hand die Kupferharke
Deren Zinken stählern starrten,
Deren Heft war hartes Eisen.
580 Was denn kam an's Licht im Kehricht,
Ward gegraben aus dem Schlamme?

Kam das Adlerei vom Kehricht,
Aus dem Schlamm' der Hut von Eisen.
In den Hut das Ei du legtest,
Brachtest Hut und Ei nach Hause.

Gingst hinaus das Meer zu fegen,
Grund des Meeres umzugraben,
Seinen Uferstrich zu säubern,
Meeresgruben zu ergründen.

590 Was denn kam da aus dem
Kehricht,
Was entschlüpfte da dem Schlamme?

Aus dem Kehricht kam ein Fischlein,
Silberbecken aus dem Boden.
Bargst den Fisch im Silberbecken,
Trugst es dann in deinen Keller.

Gingst hinaus, das Meer zu fegen,
Grund des Meeres umzugraben,
Meerestiefen zu durchmessen,
Seinen Uferstrich zu säubern,
600 Seine Höhlen zu durchsuchen:
Ob du nicht des Hauses Hühnchen,
Das ins Meer gefall'ne fändest?

Höret, hört, ihr Leidensleute!
Welch ein Singen aus der See
kommt?
Höret, hört ihr, Leidensleute,
Ihr von Weh durchwühlten Herzen!
Was erklingt da aus dem Meere,
Singet in dem Wellensausen,
Flötet in dem Wogenwirbel?

610 Mitten in der Brandung Brausen
Löst das Lied sich los vom Grunde,
Hebet sich aus hoher Tiefe,
Solches ist des Sanges Inhalt:

„Mägdlein ging im Meer zu
schaukeln,
In der See ein Lied zu singen,
Stellt die Schuhe auf die Steine,
Wirft die Perlschnur in die Weiden,
Auf den Sand die seidnen Bänder,
Auf den rauhen Kies die Ringe;
620 Wiegte dann sich in den Wellen,
Ließ erschallen Wogenlieder.

Was doch leuchtet auf im Meere,
Schimmert in dem Schooß der
Wellen?
Goldschwert flimmert aus den
Fluthen,

Silberspeer im Wellenspiegel,
Kupferbogen blinkt im Schlamme.
Schwimmend faßt' es nach dem Schwerte,
Langte nach der Silberlanze,
Bog sich nach dem Kupferbogen.

630 Kam ein Kerlchen ihm entgegen,
Altes Kerlchen, Kupferkerlchen,
Kupferhütchen auf dem Kopfe
Kupferhemdchen auf dem Rücken,
Kupfergürtel um die Hüften,
Kupferhandschuh an den Händen,
Kupferstiefel an den Füßen,
Kupfersporen an den Stiefeln,
Kupferschnallen an dem Gürtel,
Kupferschnörkel an den Schnallen.
640 Kupfern war der Körper — kupfern
Hals und Mund, die Augen kupfern.
Kupferkerlchen fragt die Jungfrau:
„Was nur macht die Maid im Meere,
Was die Werthe in den Wellen,
Was das Hühnchen hier im Schlamme?"

Mägdlein hat's gehört, entgegnet,
Sagt das Entchen solche Worte:

„Wollt' im Meeresschooße schaukeln,
In der See ein Liedchen singen;
650 Schaute da des Goldschwerts Schimmer,
Sah der Silberlanze Leuchten,
Sah des Kupferbogens Blinken:
Wollte mir das Schwert erwerben,
Mir die Silberlanze lösen,
Mir den Kupferbogen kaufen."

Kupferkerlchen sprach dagegen,
Kündend mit der Kupferzunge:

„Goldschwert wird dem Kalewiden.
Silberspeer dem Olewiden,
660 Kupferbogen dem Sulewiden,
In verborgner Hut gehalten.
Kupfermann ist Schatzes Schützer,
Ist des goldnen Schwertes Schirmer,
Hat die Hut des Silberspeeres,
Wahrt, bewacht den Kupferbogen.
Kür' den Kupfernen zum Gatten;
Haushuhn sei dem Schwertbehüter,
Nachtgespiele dem Hort des Speeres,
Liebchen sei dem Wart des Bogens:
670 Dann sei dein das gute Goldschwert,
Olew's lange Silberlanze,
Kupferbogen auch — zu reichem
Malschatz, schönen Brautgeschenken."

Mägdlein hat's gehört, entgegnet,
Sagt das Entchen solche Worte,
Singt der Schwan in solchem Schwunge:
„Feldbestellers Tochtertäubchen,
Bauerwirthes werthes Lämmchen,
Findet auf dem Festland Männer,
680 Braven Bräut'gam unter Pflügern,
Frischen Freier unter Dörflern,"

Kupferkerlchen kichert höhnisch.
Fuß des feinen Mädchen stolpert,
Stolpert, stößt sich unversehens;
Auf dem glatten Sande gleitend
Sank sie in verborgne Senkung,
Fiel ins Laichrevier der Fische,
In des Meeres dunkle Höhle,
In der Wellen weite Wandung.
690 Zu sich nahm das Meer das Mägdlein,
Wellen hüllten ein das Goldchen,
Fischlaich auch umfing das Haushuhn.

Vater eilet, sie zu suchen,
Mutter eilet, sie zu suchen,

Ihre Spuren zu erspähen:
Wo das holde Huhn geblieben,
Wo des Hofes hübsches Gänschen?
Ob der Habicht, falscher Vogel,
Ob die Krächz'rin, diebsche Krähe,
700 Ob vielleicht ein loser Bube
Stahl das Huhn aus stillem Neste,
Gänschen aus gewohntem Weiher,
Zartes Mägdlein aus dem Zimmer?
Fanden auf dem Fels die Schuhe,
Wohl die Perlschnur in den Weiden,
Auch im Sand die Seidenbänder,
Auf dem rauhen Kies die Ringe,
Weitern Schmuck auf Weiden=
    zweigen:
Nur das Mägdlein fand man nir=
    gends,
710 Holdes Hühnchen ward nicht sichtbar,
Blieb die junge theure Tochter
Heut und stets dem Blick verhüllet.
Schmachtet doch die Maid im Meere,
Hühnchen schläft im tiefen Schlamme,
Schlummert in des Wassers Wan=
    dung.

Huben an das Kind zu rufen,
Holdes Hühnchen laut zu rufen:
„Komm doch heim, du theure Tochter,
Eilig kehr' in deine Kammer,
720 Haste, Goldchen, dich nach Hause!"
Tochter die's vernimmt, erwiedert
Bangen Tones aus der Tiefe,
Traurig aus den trüben Wellen:

„Kann nicht kommen, liebster
    Vater,
Mich nicht lösen, liebste Mutter;
Meeresbürde drückt die Brauen,
Wellenlast liegt auf den Lidern,
Auf dem Herzen hart die Tiefe.
Ging, im Schooß des Meers zu
    schaukeln,

730 In der See ein Lied zu singen,
Klingend auf dem klaren Wasser;
Stellte auf Gestein die Schuhe,
Warf die Perlschnur in die Weiden,
Auf den Sand die Seidenbänder,
Auf den rauhen Kies die Ringe,
Weitern Schmuck auf Weidenzweige.
Wiegte dann mich in den Wellen,
Ließ ertönen Wogenlieder,
Hell erklingen Meeresklänge.
740 Goldschwert flimmert aus den
    Fluthen,
Silberspeer im Wellenspiele,
Kupferbogen beugt sich blinkend.
Schwimmend faßt' ich nach dem
    Schwerte,
Langte nach der Silberlanze,
Bog mich nach dem Kupferbogen.
Kam ein Kerlchen mir entgegen.
Altes Kerlchen, Kupferkerlchen,
Kupferhütchen auf dem Kopfe,
Kupferhemdchen auf dem Rücken,
750 Kupferhandschuh an den Händen,
Kupferstiefel an den Füßen,
Kupfersporen an den Stiefeln,
Kupfergürtel um die Hüften,
Kupferschnallen an dem Gürtel,
Kupferschnörkel an den Schnallen.
Kupfern war der Körper — kupfern
Hals und Mund, die Augen kupfern.
Kupferkerlchen fragt die Jungfrau:
Was die Maid im Meere mache,
760 Was des Hauses Huhn im Schlamme,
Was die Gans in finstrer Feuchte?
Wohl verstand ich's, gleich versetzt' ich,
Redete die junge Ente,
Gackerte das junge Hühnchen,
Vöglein mit dem Silberschnabel:

„Wollt' im Schooß des Meeres
    schaukeln,
In der See ein Liedchen singen,

In dem Wasserwirbel flöten:
Schaute da des Goldschwerts
    Schimmer,
770 Sah der Silberlanze Leuchten,
Sah des Kupferbogens Blinken:
Wollte nach dem Schwerte greifen,
Mir die Silberlanze lösen
Mir den Kupferbogen kaufen"
Kupferkerlchen sprach dagegen,
Kündend mit der Kupferzunge:

„Goldschwert wird dem Kale=
    widen,
Silberspeer dem Olewiden,
Kupferbogen dem Sulewiden,
780 In verborgner Hut gehalten.
Kupfermann ist Schatzes Schützer,
Ist des goldnen Schwertes Schirmer,
Hat die Hut des Silberspeeres,
Wahrt, bewacht den Kupferbogen."

Altes Kerlchen, Kupferkerlchen,
Wollte mich zum Weibchen wählen,
Gerne mich zum Haushuhn haben,
Mich als holdes Vöglein hegen;
Bot als Malschatz mir das Gold=
    schwert,
790 Mir den Silberspeer als Brautgeld,
Zum Geschenk den Kupferbogen,
Ginge ich zu ihm als Gattin,
Greisen Mannes Heim zu grüßen.
Doch mich sträubend widerstrebt' ich,
Gab desheim'schen Bodens Burschen,
Meines Dorfes frischen Freiern,
Lob und Vorzug laut sie rühmend.
Kupferkerlchen kichert höhnisch.
Stolpert dann mein Fuß und strau=
    chelt,
800 Auf dem glatten Sande gleitend
Sank ich in verborg'ne Senkung,
Fiel ins Laichrevier der Fische,
In des Meeres dunkle Höhle.

Zu sich nahm das Meer das Mägd=
    lein,
Wellen hüllten ein das Hühnchen.
Hier verdarb ich junges Dirnchen,
Hier versank ich Huhn des Hauses,
Vöglein fallend in die Schlinge,
Kreblein, hängend an dem Hamen.

810 Ging im Schooß des Meers zu
    schaukeln,
In der See ein Lied zu singen
In der klaren Fluth zu flöten,
Nach dem goldnen Schwert zu
    schwimmen,
Nach dem Silberspeer zu spähen,
Bog mich nach dem Kupferbogen.
Da nun stieß mein Fuß an, stolpernd
Sank ich in verborgne Senkung,
Fiel ins Laichrevier der Fische,
In des Meeres dunkle Höhle,
820 Hier ging Hühnchen ich verloren,
Hier verdarb das feine Vöglein,
Hier verschmachtete ich Junge,
Hier auch welkte hin das Blümchen!

Weine nicht, du liebe Mutter,
Klage nicht, du theurer Vater!
Habe nun ein Haus im Meere,
Stille Stube in den Wellen.

Ging, im Schooß des Meers
    zu schaukeln,
In der See ein Lied zu singen,
830 Klingend auf dem klaren Wasser:
Sank da in verborgne Senkung,
Fiel ins Laichrevier der Fische,
In des Meeres dunkle Höhle.
Hier ging Hühnchen ich verloren;
Hier starb hin ich feines Vöglein
Hier verschmachtete ich Junge,
Hier verwelkte bald das Blümchen.
Hier fiel zu das braune Auge.

Weine nicht, du liebe Mutter,
840 Klage nicht, du theurer Vater!
Habe nun ein Haus im Meere,
Stille Stube in den Wellen,
Wohngemach im weichen Grunde.

Ging im Schooß des Meers
   zu schaukeln,
In der See ein Lied zu singen,
Ging dem Schwerte nachzu-
   schwimmen,
Silberlanze zu erlangen,
Kupferbogen mir zu kaufen;
Wies ab kurz den Kupferfreier;
850 Kupferkerlchen kicherte höhnisch.
Fiel dann ins Revier des Fischlaichs,
In des Meeres dunkle Höhle.
Hier ging Hühnchen ich verloren,
Hier starb hin das feine Vöglein,
Hier verschmachtete ich Junge,
Hier verwelkte bald das Blümchen,
Hier fiel zu das braune Auge,
Hier entschlummerte die Jungfrau.

Weine nicht, du liebe Mutter,
860 Klage nicht, du theurer Vater!
Habe nun ein Haus im Meere,

Wohngemach im weichen Grunde,
Nestchen in der finstern Feuchte.

Ging, des goldnen Schwertes
   Kleinod
In den Wellen zu erwischen,
Silberlanze zu erlangen,
Kupferbogen auch zu kaufen:
Hier ging Hühnchen ich verloren,
Hier starb hin ich feines Vöglein,
870 Hier verschmachtete ich Junge,
Hier verwelkte bald das Blümchen,
Hier fiel zu das braune Auge,
Hier entschlummerte die Jungfrau,
Hier erstarrete das Täubchen.

„Weine nicht, du liebe Mutter,
Klage nicht, du theurer Vater!
Habe nun ein Haus im Meere,
Stille Stube in den Wellen,
Wohngemach im weichen Grunde,
880 Nestchen in der finstern Feuchte;
In der Kühle steht mein Bette,
Meerumspület liegt mein Lager,
Hübsche Wiege in den Wellen:
Wiegen mich die Alewiden,
Schaukeln mich die Kalewiden,
Schläfern ein mich Sulewiden."

Fünfter Gesang.

Schon hat mildes Roth des
   Morgens,
Als der Tageshelle Herold,
Hold umsäumt des Himmels Antlitz;
Schon die schimmernden Gestirne

Vor des Frühroths Blick erbleichen;
Schon erhebt der Hahn des Schöpfers
Sein Gekräh am Thor des Tages,
Gackert auch des Alten Henne
An des Himmelhofes Pforte.

10 Kalew's Sohn der kühne Recke,
In der Wasserwogen Rollen,
In dem wilden Wellenschlage,
Schwimmt und strebt nach Finlands
　　　　　　Strande.
Theilt mit tücht'gem Arm die Wellen,
Bändigt sie, die hoch sich bäumen,
Daß der Wogen Schaukelwiege
Weiter wälzt den wackren Helden,
Den durch Schwimmen nicht ge=
　　　　　　schwächten,
Auf der rollenden Wogen Rücken
20 Fördert nach des Nordens Ferne,
An die fels'ge Küste führet.

Glanz und Glut der Morgenröthe
Taucht das Meer in tiefen Purpur,
Daß die Fluth in Flammen wallet.
Schon erscheinet in der Ferne
Finlands felsgekröntes Ufer,
Hebt sich hoch und immer höher
Vor des Helden hellem Blicke.
Theilt sein tücht'ger Arm die Wellen,
30 Bändigt sie, die hoch sich bäumen,
Daß der Wogen Schaukelwiege
Weiter wälzt den wackren Helden,
Den durch Schwimmen nicht ge=
　　　　　　schwächten,
Auf der rollenden Wogen Rücken
Fördert nach des Nordens Ferne,
An die fels'ge Küste führet.

Als des Tages Lichtball leuchtend
Schon aus Frühroths Schooß sich
　　　　　　löste,
Grüßend aus des Himmels Höhe
40 Seine Strahlen niederstreute,
Die wie Flitter auf den Fluthen,
Auf der See wie seid'ne Bänder,
Zauberzier den Nixen wurden:
Kam der Heldensohn des Kalew,
Ries'ger Recken edler Sprößling,

An den Felsenstrand von Finland.
Warf der müde Mann sich nieder
Auf 'nen hohen Felsenvorsprung,
Gleich den meergepeitschten Gliedern,
50 Ruh' ein wenig zu gewähren;
Ließ sich auf die Felsen fallen,
Den erschöpften Leib zu laben
In des Morgenwindes Wehen,
In des Wasserathems Kühle,
Streckte sich am fels'gen Strande,
Die erschlaffte Kraft zu stärken
In der freien Thauesfrische,
An der See gesundem Hauche.

Finlands Zaubrer, Windesweiser,
60 Hatte fest am Strand sein Fahrzeug,
Seinen Kahn mit einer Kette
An ein Felsenstück gefesselt,
Damit ja das Spiel der Wellen,
Wilder Schaukelgang der Wogen,
Tolles Toben bösen Sturmes,
Ihm das Boot nicht bersten mache.

Vöglein hohen hellen Sanges
Sich empor die Sonne grüßend.
Schmetternd stieg und stolz die Lerche
70 Auf zum hohen Himmelspfade,
Nachtigall schlug im Erlenschlage,
Kuckuck rief im Fichtenforste,
Andere im Eichenwäldchen.
Sangen sämmtlich Dankgesänge
Zu Altvaters lautem Lobe,
Zu des Urahns Taara Preise.
Weiter rührte sich kein Wesen
An der fin'schen Felsenküste,
Nirgends nahm man wahr Be=
　　　　　　wegung,
80 Nicht ergingen noch sich Leute;
Menschenspuren zu erspähen
Blieb dem Blicke noch unmöglich.
Haine, Berge, Hochlandflächen
Schliefen noch den Morgenschlummer
An des jungen Tages Schwelle.

Hoch erhob der Held das Auge,
Sandte weithin seine Blicke,
Ob nicht irgendwo 'ne Wegspur,
Wegspur oder weit're Deutung
90 Er vom Zauberer merken möchte?
Doch soweit das Auge wahrnahm,
Zeigte sich von dem kein Zeichen,
Keine Spur war zu erspähen.

Stiller Morgenfrühe Friede
Deckte Land und deckte Meere,
Deckte auch des Volkes Sippen
Mit dem schirmenden Gefieder.

Kalew's Sohn, der kühne Recke,
Läßt den müden Leib nun ruhen,
100 Schließt zu lindem Schlaf die Lider,
Um ein Stündchen sich zu stärken.
Sonne säumte nicht inzwischen,
Wechselnd mit dem Hauch des
    Windes,
Die Gewänder auszutrocknen.
Zeit gewährt des Schlaf's Gewalt
    nicht
Dem vom Sonnenstrahl Gestreiften,
Traumgesichte sich zu bilden.

Kalew's köstlicher Erzeugter!
Während du auf Felsendielen
110 Einen kurzen Morgenschlummer
Jetzt erlaubst den müden Lidern,
Sieht mit Geistes Aug' der Sänger
Vor sich deine Wandelfahrten,
Gänge an dem Golfe Finlands.
Friedlich liegt die liebe Sonne
Auf dem Schlafenden am Strande;
Aber wildes Sturmeswüthen,
Wirbelwinde schaurig heulend,
Nahen schon mit scharfem Drange,
120 Auszulöschen Glückes Labung!
Äike schreitet schrecklich drohend,
Pikker wettert aus Gewölke

Feuerfunken auf die Bahn dir.
Lauter Waffenlärm erschallet,
Kampfgeschrei zum Himmel hebt sich,
Rothes Blut rinnt auf den Rasen —
Wehklagt in dem Erlenwalde:
Mörder ist der Mann geworden.

Labe deinen Leib in Ruhe!
130 Sängers Schwingen schweben
    weiter,
Wie die Sonn' am Himmelsbogen,
Höher zu der Freude Freisitz,
Weilen über andern Wiesen.

———

Als nun jetzt der Inselvater
Und die milde Inselmutter
Nicht die Maid im Meere fanden,
Nur den sanften Sang vernahmen,
Ihrer Tochter Geistertöne,
Des verlornen Hühnchens Harmruf:
140 Kehrten sie bekümmert heimwärts,
Gingen zu beschau'n die Eiche,
Und die Fichte auf der Anger.
Nahmen von dem Plan die Eiche,
Große Eiche, breitgeästet,
Hoben auf den Hof die Eiche,
Schafften nahe sie zur Schaukel,
Wo noch jüngst die junge Tochter
Abends gerne sich ergötzte;
Pflanzten ihr den Baum zur Ehre,
150 Denkmal des verlornen Lieblings.
„Wachse Eiche stolzen Stammes,
Treibe Laub in luft'ger Höhe,
Wirf die Wipfel in die Wolken."

Nahmen die Fichte von der
    Anger,
Große Fichte, breitgeästet,
Hoben auf den Hof die Fichte,
Schafften nahe sie zur Schaukel,
Wo noch jüngst die junge Tochter

Abends gerne sich ergetzte;
160 Pflanzten an der Schaukel Pfosten
Dicht hinan die feine Fichte,
Zu der theuren Tochter Ehre,
Denkmal des verlornen Lieblings.
„Wachse, Fichte, denn, gedeihe,
Wachs' empor zu stolzem Stamme,
Hebe dich zu luft'ger Höhe,
Wirf die Wipfel in die Wolken."

Als die Eiche so gesetzt war,
Wie die Fichte, daß sie wüchsen,
170 Bei der Schaukel aufwärts schössen,
Feine Ficht' an einem Pfosten,
Starke Eich' am andern Pfosten,
Ging der Vater in die Stube,
Mutter musternd in die Kammer,
Nach dem Adlerei zu sehen,
Das im Hut von Eisen dorten
Hingebracht war zur Bebrütung.

Kalt lag hier der Hut von Eisen,
Kalt das Ei im Eisenhute:
180 Ward gebäht nicht ohne Bäher,
Ohne Hocker nicht im Neste.

Legt das Ei ans Licht die Mutter,
Daß der Sonnenschein es bähe,
Bähet selber Nachts im Bette
Adlerei am warmen Busen.

Vater ging zu sehn die Eiche,
Mutter mochte schau'n die Fichte.
Wuchs die Eiche, schoß die Fichte,
Eiche hob sich hundert Faden
190 Fichte wuchs zehn Faden Höhe.

Gingen bald nach Hause Beide,
Vater aber kam zum Keller;
Kam zu sehen nach dem Fische,
Der dort wuchs im Silberbecken.
Weh'voll war des Alten Rede:

„Hatte einst ein holdes Aepflein,
Und besaß ein süßes Beerlein,
Gleich dem Abendroth an Glimmer,
Gleich dem Morgenroth an Glanze,
200 Gleich der Sonn' an glüh'nder Röthe.
Aepflein taucht' in Meerestiefe,
Beerlein in der Wellen Boden.
Ging, das Aepflein aufzusuchen,
Beerlein aus dem Meer zu bergen,
Watete bis zum Knie im Wasser,
Bis zum Halse hoch im Fischlaich.
Was berührte denn das Knie mir?
Rührte an das Knie ein Fisch mir!
Was kann mit dem Fische werden?"

210 Fisch verstand es und erwiedert,
Singend aus dem Silberbecken:
„„Laß den Fisch im lieben Wasser,
Wieder in den Wellen spielen;
Habe Vater, habe Mutter,
Fünf der Brüder noch zu Hause,
Einen Schwarm von lieben
                Schwestern,
Schön geschmückt mit goldnen Schup-
                pen.""

Vater trug den Fisch ans Ufer,
Ließ ihn los dann in die Wellen,
220 Ging darauf zu seh'n die Eiche,
Zu beschau'n die schöne Fichte.

Eiche hob sich, Fichte schoß auf,
Eiche hob sich bis zum Himmel,
Fichte wuchs bis in die Wolken,
Mit den Wipfeln himmelspaltend,
Mit den Zweigen wolkenbrechend.

War dem Ei ein Adlerjunges,
Starkes Vögelchen entstiegen.
Mutter that es in die Kammer:
230 Aar entkam doch aus der Kammer,
Flog sofort in weite Ferne.

Fünfter Gesang.

Gingen dann zu schau'n die Eiche.
Die will hoch zum Himmel ragen
Mit den Aesten in's Gewölke;
Will den hohen Himmel spalten,
Mit den Aesten Wolken scheuchen.

Vater ging den Zaubrer suchen,
Den gewaltigen zu dingen,
Der die Eiche fällen möge
240 Und ihr mächtiges Gezweige.

Mutter ging nun auf den Heu=
schlag,
Ging das Heu dort einzuheimsen,
Das Geharkte aufzuharken,
Goldne Harke in der Rechten,
Und der starke Stiel von Kupfer,
Ihre Zinken saubres Silber,
Goldne Ring' an beiden Seiten.
Nahm 'nen Schwaden, nahm 'nen
zweiten,
Nahm schon auf den dritten
Schwaden;
250 Was denn fand sie unter'm Schwa=
den?
Fand den Adler unter'm Schwaden,
Den im Haus erwachs'nen Adler,
Den am Tag die Sonne selber,
Nachts die Mutter mild bebrütet.

Mutter trug den Aar nach Hause,
Kettet an ihn in der Kammer.
Was ist unter Adler's Fittig?
Ist ein Männlein unter'm Fittig.
Dieses Männlein's Höh' erreichte
260 Zweier Spannen Maß mit Mühe.
Was denn hält der Zwerg in Hän=
den?
Hält ein kleines Beil in Händen.

Kalew's Sprößling, werther
Bruder!
Wolltest eines Stündchens Weile
Nur zum Schlaf die Lider schließen,
Wolltest nur ein wenig ruhend,
Dich im Morgenschlummer wenden;
Doch die Macht der Uebermüdung
Ueberwand des Willens Vorsatz,
270 Fesselte den festen Recken.
Ruhtest richtig einen Tag lang,
Schliefest fort die finstre Nacht durch,
Noch vom andern Tag ein Theilchen.

Dann nach dieses Tages Früh=
roth,
Als die Sonne ein Paar Faden
Sich vom Horizont erhoben,
Auf der Meeresfläche flimmernd:
Da erst fuhr aus Schlafes Fesseln,
Auf des Kalew kern'ger Sprößling.

280 Ruhe konnte nicht der Recke
Läng're Zeit sich noch erlauben.
Unverdrossen vorwärts dringend
Eilte Kalews kern'ger Sprößling
Weiter seinen Weg zu wandeln.
Kam auf unbekannten Pfaden,
Hastig ab vom Strande strebend,
In das Innere des Landes.
Bahnt den Weg sich über Berge,
Ueber starre Felsensteilen,
290 Ueber Wiesen, schlimme Schluchten,
Ueber weite wüste Flächen,
Wie durch dichte dunkle Wälder,
Ueber Haiden, über Halden,
Längs der wilden Wasserstürze,
Weit ins Land der Felsen wallend.

Kalew's Sohn, der kühne Recke,
Schreitet schleunigeren Schrittes:
Späht, ob nicht der Mutter Spuren,
Seiner trauten Mutter Tritte

300 Im bereiften Rasen haften?
  Hoch und höher stieg die Sonne,
  Schon Mittmorgen überholend,
  Nimmt sie ihren Flug gen Mittag.
  Seinen Rücken sengt der Gluthstrahl,
  Macht die Haut vor Hitze dampfen.
  Unverdrossen weiter wandelnd,
  Trachtet Kalew's kern'ger Sprößling,
  Heftig über hohe Berge,
  Rastlos über rauhe Felsen,
310 Dreist in Finland vorzudringen.
  Seinen Rücken sengt die Sonne
  Macht die Haut vor Hitze dampfen
  Doch der Zaubrer, Windesweiser,
  Blieb den Blicken noch verborgen,
  Auch der Mutter Spur war nirgends
  Auf dem feuchten Pfad zu finden.

  Kalew's Sohn, der kühne Recke,
  Dachte mancherlei Gedanken,
  Wie er wohl des Räubers Wege,
320 Wie der lieben Linda Spuren
  Weiter er nun suchen sollte?
  Wie er aus des Falschen Fängen
  Sie am leichtesten erlöse?

  Unverdrossen weiter wandelnd,
  Dringt nun Kalew's kern'ger Sprößling
  Ueber Wiesen, wald'ge Schluchten,
  Ueber weite wüste Flächen,
  Vorwärts in das Land der Felsen.
  Seinen Rücken sengt der Gluthstrahl,
330 Macht die Haut vor Hitze dampfen.

  Kalew's Sohn, der kühne Recke,
  Klimmt an einer steilen Stelle
  Ohne Rast hinauf zur Höhe,
  Ob er kann vom Kamm des Berges
  Weitern Fernblick wohl gewinnen?

  Schauend von des Berges Scheitel,
  Mit gespannten Blicken spähend,

  Sah des Kalew kern'ger Sprößling
  Bald in breiter Bodensenkung
340 Schönen Thalgrund grünend schimmern;
  Hier am Rande eines Haines
  Steht der Hof des Hexenmeisters,
  Winkt des Diebes stiller Winkel,
  Zufluchtsort des Räuber=Zaubrers.
  Unverdrossen weiter dringend
  Eilt des Kalew kern'ger Sprößling
  Abwärts von der starren Steile,
  Bis den Rasen er erreichet,
  Und das Hofthor hier sich darstellt.
350 Kalew's köstlicher Erzeuger
  Hemmt die Schritte, hier vom Anger
  Ueber's Hofthor hin die Blicke
  Auf des Zaubrers Wohnung werfend.
  Die Gebäude rings verriethen,
  Daß der Wirth in Wohlstand lebe.
  Auf dem Rasen hart am Hause
  Schlief die Mahlzeit zu verdauen,
  Finlands Zaubrer Windesweiser.
  An den Anger stieß die Aue,
360 Weiter ein schön Eichenwäldchen.

  Kalew's Sohn betritt die Aue,
  Reißt an einer stämm'gen Eiche,
  Reißt heraus sie mit den Wurzeln
  Aus dem Grund zu knorr'gem Knüttel,
  Haut die hohen Aeste nieder,
  Zwicket ab die Seitenzweige,
  Stutzet nicht am Stamm die Knorren,
  Bricht nicht weg die breiten Stümpfe,
  Läßt die wuchtigeren Wurzeln
370 Stehn am Fuße keulenförmig.
  Faßt mit starker Faust die Spitze
  Dieser Wehe droh'nden Waffe,
  Womit er den Dieb verderben,
  Rächen will den Raub der Mutter.

  Kalew's Sohn, der kühne Recke,
  Dringt nun rüstig durch den Rasen,

Hastig sich dem Hofe nähernd.
Seine schweren Eisentritte
Schüttern weit hinaus den Wasen,
380 Machen rings den Boden beben,
Berg und Thale zagend zittern.

Finlands Zaubrer, Windesweiser,
Fährt empor aus festem Schlafe,
Schüttelt schleunig ab den Schlum-
       mer,
Meint, daß Äike dröhnend drohe,
Kõu wild von weitem brülle,
Wähnt, daß Pikker im Gewölke
Auf den Eisenrädern rolle.
Spähend sperrt er auf die Augen,
390 Reißet rasch empor die Lider,
Sieht den Feind in seiner Pforte,
Der den Hof so hart erschüttert,
Der den Boden beben machte.
Der dem Schlaf entriß'ne Räuber,
Finlands alter Windesweiser,
Konnte nicht mehr von der Stelle,
Konnte nirgends sich verstecken,
Nicht geschwind auf Windes-
       schwingen,
Auf der Wind'sbraut nicht ent-
       weichen.

400 Kalew's Sohn, der kühne Recke,
Hat alsbald den Hof betreten,
Hat, die schwere Keule schwingend,
Fest den Dieb gefaßt ins Auge.

Finlands Zaubrer, Windesweiser,
Ist in herbem Harm gerathen:
Holt nun eine Handvoll Federn
Aus dem Busen, wirft sie aufwärts,
Bläst und haucht dann auf den
       Haufen,
Daß der Flaum weithin zerflattert,
410 Auf des Windes Fittig wirbelt,
Auf dem Strom der Lüfte strudelt!

Bläst hinaus gewalt'ge Worte,
Deren ungezähmter Zauber
Leben wirkt den Hexenwesen.
Bald im Bann der Zaubersprüche
Macht des Windesweisen Walten
Krieger aus den feinen Federn.

Augenblicklich schon geschieht es,
Daß der Lüfte stürmisch Stümen
420 Schlossengleich herniederschleudert
So Berittene wie Fußvolk,
Die zu Hunderten sich häufen,
Die zu Tausenden sich tummeln,
Hülfsheer dem gehetzten Zaubrer.

Kriegerschwärme, Zauberwesen,
Schaaren, die aus Luft geschaffen,
Helfer für den Windesweisen,
Wimmelten jetzt auf dem Wasen,
Drangen dräuend aus der Pforte,
430 Stürmten, wie ein Wald im Sturze,
Auf den Hals dem Kalewhelden.
Mücken gleich im Abendglanze,
Schnaken in der Dämm'rung
       Schimmer,
Bienen, die vom Stocke schwärmen —
Mühten sich des Zaubrers Mannen
Wie mit dichtem Wolkenschwalle,
Wie mit Rieselregenschauer,
Kalew's köstlichen Erzeugten,
Ihn, der Taara-Söhne Sprößling,
440 Schon im Drange zu erdrücken.

Kalew's köstlicher Erzeugter
Stand bereit zu widerstehen;
Schnelle Weisheit weist ihm Aus-
       kunft,
Scharf Gesicht ersieht das Ziel ihm,
Und die Hand führt kräft'ge Hiebe!
Mit der Faust die Keule faßt er,
Schiebt den Eichbaum auf die
       Schulter,

Eilt, die Dränger durchzudreschen,
Widersacher durchzuwalken,
450 Diese Streiter derb zu striegeln,
Diese Gäste gut zu gerben!
Er verfeuert seine Feinde,
Zerrt des Zauberers Gesellen,
Reißt herum die Hexenreiter,
Wortgezaubertes Gezüchte,
Schwingt den schweren Prügel, sa=
          gend,
Schmettert seine Keule, schmähend:
„Bangt mir nicht vor bösen Rotten,
Vor des Hexenmeisters Horden,
460 Luftgesponnenen Gespenstern,
Wortgewebten Heergesellen,
Nicht vor solchen Höllenhaufen,
Vor des alten Knaben Knappen;
Fürchte nicht Gefahr von Stärk'ren,
Zage nicht vor Zauberhoheit!
Mein ward ein'ge Macht vom Vater,
Von der Muttermilch noch Stärke,
Früh'rer Kraft erfreut ein Theil mich,
Erbschaft meiner jungen Jahre!" —

470 Wo der kern'ge Sohn des Kalew
Wuchtig ohne Wahl nur hinhaut,
Sausend einen Hieb versetzet,
Stöhnt und ächzet Mann und Mähre!
Wo er fünf der Schläge führet,
Zehn der Hiebe zornig ausstreut,
Säet er des Todes Saaten!
Wo die kecke Eichenkeule
Häufigere Hiebe führte,
Fallen vielfach zehen nieder.
480 Wo er je den knorr'gen Knüttel
In den Lüften lässet tanzen,
Da erwacht kein Leben wieder!

Tanzt die Eiche im Getümmel,
Tapfer tobt der knorr'ge Knüttel,
Fliegt im Sturmesspiel der Flegel,
In dem Wirbelwinde sausend,

Tollen Taumels tost die Keule,
Treibt den Höllentroß zu Paaren!

Männer fallen auf das Feld hin,
490 Wie auf Staub der Regen rieselt,
Wie der Hagel fällt auf Halme,
Wie der Schnee auf flache Fluren.
Wem es glückt die Haut zu hüten,
Seine Glieder glimpflich wahrend,
Der säumt nicht, sich flink zu flüchten,
Seine Sohlen heiß zu hetzen.

War geringe Zeit verronnen,
Als nach kurzem Kampfesspiele
Schon der schlimme Krieg ent=
          schlummert;
500 Männermord war jetzt zu Ende,
Sturm des Aufruhrs war gestillet.
Leichen decken dicht den Rasen,
Wunde wimmern auf dem Hofraum,
Sterbende stöhnen auf dem Anger.
Bis zum Gürtel ging der Blutstrom,
Hob sich höher bis zur Brust hin,
Rann vom Hofe in den Rasen,
Kam vom Rasen auf die Aue;
Blähte sich das Blut zum Flusse,
510 Schwoll der Fluß geschwind zum
          See an.
Wen des Todes Faust nicht faßte,
Der entfloh auf Windesflügeln.

Finlands Zaubrer, Windesweiser
Der die Zauberformel formte,
Der die Hexensprüche sprühte,
Sah sich nun in sauren Nöthen,
Und in bitterböser Klemme.
Da er seiner Söldner Tod sah,
Seiner Helfershelfer Unstern,
520 War die Hoffnung hingeschwunden.
Harmvoll und mit Honigrede
Fing der Zaubrer an zu bitten,
Gute Worte gebend solche:

Fünfter Gesang.

„Kalew's köstlicher Erzeugter,
Linda's treuer Sohn und Tröster!
Hab' o Held mit mir Erbarmen,
Meinem Flehn Verzeihung zolle!
Laß den Hader doch uns heben,
Das gethane Böse tilgen,
530 Jenen Frevel ganz vergessen.
Ja, ich war auf Willkürwegen,
Uebte ehegestern Uebles,
Rührte mich auf Räuberpfaden,
Lauernd auf der Diebesleiter.
In des Frevels bösem Banne
Drang ich wüst in eure Wohnung,
Schlüpfte in das Nest des Adlers,
Als die Jungen alle dreie
Lang schon flogen sich zu letzen.
540 Raubte diebisch deine Mutter,
Trug sie fort in Habichtfängen,
Aus dem Heim das holde Hühnchen.
Gegenwehr ward überwältigt
Durch der Zaubersprüche Obmacht,
Weibes Kräfte konnt' ich kränken,
Band durch Hexenbann die Schwäche.
Wollte nun den Hort zum Hafen
In das Boot die Wittib bergen,
Wollte auf den Wasserwogen,
550 Auf dem weiten Wellenspiegel
Sie nach Finlands Küste führen.
Nahend nun dem Jru-Berge
Hört' ich Köu heftig poltern,
Aike mit Zeter zürnen;
Himmelsvaters helle Blitze
Blendeten mein blödes Auge;
Pitkers Pfeil, der mich getroffen,
Schlug mit schwerem Schlag mich nieder,
Mich bewußtlos auf den Wasen,
560 Daß ich lag wie eine Leiche,
Von des Schlafes Bann gebändigt,
Wie ein Stückchen stumpfer Masse
Auf dem steilen Berg erstarrte.
Wer den Schreckensschritt des Todes
Mit der Ohnmacht Maß gemessen,
Wer dem Schlummernden im Grabe
Recht der Zeit Verlauf berechnet,
Der vermag nur meiner Ohnmacht
Dauer deutlich sich zu machen.
570 Als des Schlafes Bann sich löste,
Riß ich rege auf die Augen,
Sah mich um nach allen Seiten,
Wo das Mütterchen geblieben?
Spähte nach des Hühnchens Spuren,
Wohin Birkhuhn sich gewendet,
Wohin Vöglein wohl geflogen,
Entchen wohl entkommen wäre?
Weiß der Geier, ob Windesflügel,
Ob des Lufthauchs linde Arme,
580 Unter Hut geheimer Boten
Wittib Linda weggeführet?
Hatte gar der Erde Göttin
Unterm Rasen sie geborgen?
Spuren ließen sich nicht spähen,
Keine Zeichen gaben Kunde.
Furcht trieb fort mich hin zum Strande
Bangigkeit vom Jru-Berge;
Fürchtete die Adlerjungen —
Söhne suchend ihre Mutter.
590 Sehnte mich zur See zu kommen,
Machte Feuer meinen Fersen,
Heißen Zunder meinen Zehen,
Kam im Fluge bis zum Kahne,
Der am Meere meiner harrte.
Saß die Angst an Rud'rers Seite,
Stand die Furcht beim Steuerführer,
Trieben mich im Wasserwirbel
Um und um auf weiten Wellen!
Dann, erst bei des Frühroths Dämmer,
600 Legt' ich an im Heimathlande."

Kalew's köstlicher Erzeugter
Hört des Windesweisen Worte,
Hört des Gleißners glatte Rede

5

Hohnvoll an mit halben Ohren;
Dann, von Zornes Macht bemeistert,
Läßt er segeln solche Worte:
"Frauenräuber, list'ger Lügner,
Eines flauen Flunkr'ers Bastard,
Der der Wittwe wehvoll Lager,
610 Meiner Mutter keusches Bette,
Schamlos zu besudeln suchte:
Hoffst du mich mit hohlem Plappern,
Mit Gewäsche zu erweichen,
Gar mit Lügen zu begüt'gen?
Glaubst so leicht da zu entlaufen,
Feilen Kaufs davon zu kommen?
Deine Zeit ist abgelaufen;
Räuber nimm den Lohn des Räubers,
Koste, Dieb, den Sold des Diebes!"

620 Hob dann hoch die Eichenkeule,
Schwang sie sausend in der Rechten,
Ließ sie schmetternd niederfallen
Auf des Zaubrers stolze Stirne,
Zwischen seine breiten Brauen.

Finlands Zaubrer, Windesweiser,
Sank da wie ein Sack zu Boden,
Gab den Geist auf ohne Stöhnen,
Fiel hin ohn' ein Wort zu finden,
Er verschied in Todesschauern,
630 Daß die Lippen sich nicht lösten,
Noch die Wimpern sich bewegten.

Kalew's Sohn, der kühne Recke,
Hastet nun in der Behausung,
Nach der Mutter Spuren spähend,
Er durchsuchte das Gehöfte
In die Kreuz und in die Quere;
Nochmals jeden Raum von neuem.
Er durchwühlet alle Winkel,
Er durchstöbert die Verstecke,
640 Stürzt zur Kammer aus der Stube,
Aus der Kammer in den Keller,
Läuft zum Boden um zu lugen,
Schlägt ein die verschloss'nen Thüren,
Reißt heraus die stärksten Riegel,
Bricht die Thüren sammt den Pfosten,
Spleißt sie mit der Faust zu Splittern.
Seiner kräft'gen Schläge Krachen,
Seines Tobens lautes Lärmen
Hört das Volk mit bangem Beben,
650 Zehen Werste in die Weite.
Das Gepolter hallt in Halden,
Flieget über flache Fluren,
Ueber waldumrahmten Rasen,
Hebt sich zu den hohen Felsen,
Prallt von da mit Macht ins Meer ab,
Stürzt sich auf die weiten Wogen.
Die Gefiederten des Forstes
Flüchten, wie auch wilde Thiere.
In den Schlamm die Fische schlüpfen,
660 In des Meeresgrundes Gruben;
Nixen huschen in ihre Höhlen.
Als das Volk es hört, da fragt es:
Trat der Krieg mit Eisentritte,
Feindeswuth auf blut'gem Wagen,
Leidvoll ein in unsre Lande?
Doch die Spur der lieben Linda,
Des entführten Birkhuhns Fährte,
Blieb dem Blick des Sohns verborgen,
Blieb dem Suchenden versiegelt.

670 Kalew's Sohn, der kühne Recke,
Fängt an seinem Zorn zu zürnen,
Zu bereu'n sein rasches Wüthen,
Womit zornig er dem Zaubrer
Schloß den Mund durch Schlag des Todes,
Band des Feindes Zungenbänder,
Ehe dieser angedeutet,
Wo der Mutter still Versteck sei,
Wo der lieben Linda Klause.
Jammer bringt das jähe Zürnen,
680 Da zu tollem Thun es stachelt,

Fünfter Gesang.

Den gesunden Sinn versehret.
Giebst dem Zorne du die Zügel,
Geht das Roß durch mit dem Reiter.

Kalew's köstlicher Erzeugter
Schweifte schwankenden Gemüthes
Wie ein kopflos irr'ndes Küchlein,
Hin und her, vom Hof zur Stube,
Dann durch Kammer, Boden, Keller,
Kletterte in alle Speicher,
690 Stürmte hitzig durch die Ställe,
Suchte manche Dutzendmale,
Flog durch jeden Fleck von neuem,
Bis das dichte Abenddunkel
Seinem Suchen Einhalt that,
Seinem Rennen Ruhe brachte.

Kalew's köstlicher Erzeugter
Klagte um das theure Kleinod,
Die verlorne liebe Mutter,
Deren Spur er nicht erspähet,
700 Trost fand nimmer seine Trauer,
Lindrung ward nicht seinem Leide.

Endlich machte doch Ermüdung,
Daß der kühne Sohn des Kalew,
Sich vom Schlaf gefesselt fühlte.
Kam ein tröstend Traumgesichte,
Seinen Kummer sanft zu löschen,
Seines Leides Pein zu lindern.

Ihm erschien in Jugendschöne
Bräutlich blühend seine Mutter,
710 Junge Frau, in Freude glänzend,
An des Hochzeitstages Tafel.
Linda war's, das liebe Vöglein,
In des Lebenslenzes Schmucke,
Wie sie auf der Dorfesschaukel,
In des Wäldchens Schutz und
    Schatten,
Auf dem Hof der Mutter hauste,
Auf der Pflegemutter Anger.

Birkhuhns Töchterchen zu wiegen
Hob sich, ach wie hoch, die Schaukel!
720 Hoch herauf und immer höher!

Linda sang, das liebe Vöglein,
Gackerte das Huhn des Hauses:
„Laßt, ihr Schaukler, liebe Brüder,
Höher sich die Schaukel heben!
Daß ich leuchte übers Land hin,
Leuchte weithin, walte weithin,
Daß ich Licht den Tagen leihe,
Flimmernd auf des Meeres Fluthen,
Daß mein Kranz in Wolken glänze,
730 Durch den Regen noch sein Band=
    schmuck,
Mein Gewand im Kunglalande,
Sichtbar sei der Saum dem Pitker,
Seiner Borten Zier den Sternen!
Daß sich Sonnenknab' als Freier
Melde, auch des Mondes Knabe,
Beff'rer Bursch der Sternenknabe,
Liebster Bursch aus Kalewala".

Der im Traumgesicht geseh'ne
Schatten seiner milden Mutter,
740 Jung auf blüh'nder Haide hausend,
Minnig Mädchen auf der Schaukel—
Der war nicht von dieses Erdballs
Auen, die da blühn und welken;
Die Gestalt entstammte weit her;
Hoch auf Uku's Hof die Mutter
Saß im Glanz von Glückestagen.

Kalew's köstlicher Erzeugter
War erwacht am frühen Morgen,
Eh' noch licht die Lande waren,
750 Und begann dem nächt'gen Traum=
    bild
Nachzusinnen in der Seele;
Dacht' 'ne Stunde, dacht' 'ne zweite,
Schloß dann aber schließlich also:

„Hingegangen ist die Mutter,
Hingeschwunden ist die holde,
Hingeflattert ist das Vöglein,
Hingezogen ist das Hühnchen,
Ging von Haus, zu holen Beeren,
Ging ins Moor nach blauen Beeren,
760 Habicht kam, unholder Vogel,
Krähe krächzte, Diebesvogel.
Rafften räuberisch das Hühnchen,
Legten schlimm dem Böglein Schlingen,
Hingeschieden das schöne Vöglein,
Wo ihr Wort im Tod verwehte,
Wo sie sank, gesehn von Niemand."

Kalew's Sohn, der kühne Recke
Wußte, daß die Mutter wahrlich
770 Schlumm're auf dem Bett des Todes.

Sechster Gesang.

Kalew's kühner Sohn verlebte
Einen Tag im Joch des Jammers,
Zweie in des Kummes Ketten,
Trauernd um die traute Mutter.
Drauf am dritten vor dem Frühroth,
Eh' noch Licht am Himmel leuchtet,
Wendet er sich wieder heimwärts
Hin zum Meeresstrande strebend.
Aus dem Hauch des Windes wehten
10 Beff're günst'gere Gedanken,
Aus der luft'gen Kühle kam ihm
Ein erweckliches Wollen.

Lebt' ein Schmied im Finnenlande,
Weit berühmt als Waffenfertiger,
Als der Kriegsgeräthe Rüster,
Als der Klingen kluger Meister.

Kalew's Sohn erwägt in Worten:
„Eh' ich heimwärts wieder walle,
Sollt' ich mir ein Schwert besorgen,
20 Scharfen Kriegspflug mir verschaffen,
Waffe gegen Widersacher."

Schleunig schlug er einen andern
Weg nun ein, die Schritte wendend.
Strich hin über flache Strecken,
Wanderte durch weite Haiden,
Schritt durch moosbewachs'nen Morast,
Setzte über schwanke Sümpfe.
Dann an dichte Wildniß kam er,
Fand vor einem weiten Forst sich.
30 Kalew's kerniger Erzeuger
Irrte hin durch Kieferholzung,
Irrte einen Tag, noch einen,
Und verlor auch noch den dritten
Mit des sichern Weges Suchen.
Kam die Nacht, die lichtlos lange,
Stand kein Stern am trüben Himmel;

Sechster Gesang.

Auf gut Glück der Tapfre tastet,
Sucht den Weg mit seinen Händen.
  Kalew's köstlicher Erzeugter
40 Warf sich unter einer Fichte
Auf die braune Rasenbreite,
Ließ im Unmuth sich verlauten:
„Heim jetzt gehen alle Goldnen,
Silberne zu ihren Sitzen,
Andre auch in heim'sche Höfe;
Oeder Wald ist meine Wohnstatt,
Kiefernholzung meine Kammer,
Finstrer Forst ist meine Stube,
In dem Winde hängt mein Herd-
  raum,
50 Badeplatz im Regenrieseln,
Schlafgemach im Nebelmeere.
Schon sein Leben ließ der Vater,
Eh' die Sonn' ich noch gesehen,
Meine Mutter schied im Tode
Nach verborgner Lenker Leitung,
Ohne daß ich sie noch sahe,
Weh! als Waise mich verlassend;
Weit in Wierland sind mir Brüder,
Auch an grimmer Türken Grenze.
60 Wie die Wildgans auf den Wellen,
An der Fähr' die junge Ente,
Wie der Aar auf fels'gem Firste,
Leb' allein ich auf der Erde."
  Als der nächste Morgen nahte,
Machte wieder auf der Mann sich,
Gleich sein gutes Glück zu proben,
Einen neuen Weg zu wählen.
Rief die Drossel aus dem Rohrbusch,
Kuckuck von der Fichte Wipfel,
70 Aus dem Erlenforst ein Vöglein:
„Wende deinen Schritt gen Westen,
Hin zum Reich der Abendröthe!"
  „Weiß euch Dank, ihr weisen
  Vögel,
Euch gefiederten günst'gen Führern!"
Sagte drauf der Sohn des Kalew.

Unverdrossen weiter dringend
Kam er dann aus Waldesdickicht
Froh in freie Gegend endlich.
Auf dem hügelreichen Hochland,
80 Auf der felsbestreuten Straße
Schritt des Kalew Sohn nicht
  säumend.

  Kam ein Mütterchen gekeuchet,
Eine Hinkende gehumpelt,
Auf der Krücke Stab gestützet.
Ließ die Alte sich verlauten,
Also ihre Rede rudern:
„Wohin gehst du raschen Ganges,
Kalew's köstlicher Erzeugter?"

  Kalew's köstlicher Erzeugter,
90 Der 's verstand, versetzte hurtig:
„Kam ein dienlicher Gedanke
Mir in Sinn, ein saubrer Einfall
Wollte den berühmten Rußbart,
Finlands Schmied, geschmeidig
  machen,
Einen Degen bei ihm dingen,
Ihm den köstlichsten abkaufen.
Weise mir denn, werthes Mütterchen,
Gieb mir Kunde, goldne Alte,
Wo zum Schmied die Fahrt ich finde,
100 Wo den Weg zum Eisenmeister?"

  Gleich begriff's die greise Alte,
Gleich begriff sie und erwidert:
„Leichtlich kannst du, lieber Bruder,
Ohne Führer hin dich finden.
Gehe durch die dürre Haide,
Dann durch feine Fichtenwaldung,
Laß vom Lauf des Strom's dich
  leiten,
Geh 'nen Tag, geh auch den zweiten,
Geh auch wohl den dritten Tag noch:
110 Wendest du dich dann gen Westen,
Beut sich dar ein Berg, der raget,

Hohe Kuppe hart am Wege;
Geh am Fuß des Berges vorwärts,
Kehr' dann links ab von der Kuppe,
Seitwärts wird alsdann vom Wege
Rechter Hand ein Flüßchen rinnen.
Laß von seinem Lauf dich lenken.
Bis drei Wasserstürze stieben;
Bist vorbei du an den Fällen,
120 Siehst du eine schöne Senkung.
In der schönen Senkung Sohle,
Eingehegt vom schatt'gem Haine,
Steht an einem steilen Bühel,
Fest im Hohlweg eines Felsens,
Des berühmten Schmieds Behau-
 sung."

Kalew's kerniger Erzeugter
Ging beschleunigteren Ganges
Laut des Mütterchens Belehrung.
Ging erst durch die dürre Haide,
130 Dann durch feine Fichtenwaldung,
Ließ vom Lauf des Stroms sich
 leiten;
Schritt'nen Tag, schritt einen zweiten,
Schritt ein Stück vom dritten Tage,
Wendete sich gegen Westen,
Fand den Berg, der riesig ragte,
Hohe Kuppe hart am Wege,
Ging am Fuß des Berges vorwärts,
Kehrte links ab von der Kuppe,
Drang dann rasch zum Rand des
 Flusses;
140 Ging sodann an diesem weiter,
Bis drei Wasserstürze stoben.
Gar geschwind die Meilen schwanden
Unter seinen langen Schritten.

Endlich konnte Kalew's Spröß-
 ling
Jenes schöne Thal erschauen.
Als der Wandrer weiter vordrang,
Traf des Blasebalges Sausen,

Traf der schwere Schwung der
 Hämmer,
Die vom harten Ambos hallten,
150 Schon fernher das Ohr des Helden.

Vom vernomm'nen Laut geleitet,
Schritt des Kalew kühner Sprößling
Fördersamen Schrittes fürbaß,
Finlands großen Schmied zu grüßen.

In des schönen Thales Tiefe,
Eingehegt von schatt'gem Haine,
Stand an einem steilen Bühel
Des berühmten Schmieds Behau-
 sung.
Schon der rußige Rauch verrieth es,
160 Sprühn'de Feuerfunken zeigten's
Sicher noch des Blasbalgs Sausen,
Klarer noch der Klang des Eisens,
Daß hier Schmiedwerk ward ge-
 wirket,
Hammerarbeit ward gehandhabt.

Finlands Schmied, der ruhmbe-
 rufne,
Väterchen, gefärbt vom Ruße,
Mühte sich, mit dreien Söhnen
Schmiedekunst zu üben kunstreich,
Waffen weisheitsvoll zu fert'gen.
170 Seine Söhne und Gesellen,
Recht so rußig wie der alte,
Hieben herzhaft auf das Eisen
Los mit hoch geschwung'nen Häm-
 mern.

Eine Klinge gluthroth glänzend,
Vorverkündend künft'ge Blutthat —
Aechzte auf dem Ambos öfter
Unter'm Wehe wucht'ger Schläge,
Unter'm Stoße starker Hände,
Unter'm Drucke fester Fäuste.
180 In der Gluth ward sie geglühet,

Weit der Blasebalg sich blähte,
Ward erweicht und ward gehäm=
      mert,
Ward erweicht in lichter Lohe,
Stracks gehämmert und gestrecket,
Eingetunkt zum Tüchtigwerden,
Ward gehärtet um zu halten,
Bald genetzt in frischem Nasse,
Dann noch einmal hart gehämmert:
Ob ein gutes Schwert sie gebe,
190 Eine würd'ge Waffe werde?

Kalew's Sohn der kühne Recke,
Trat geschwind nun an die Schwelle,
Rief vom Hof aus hin zur Hausthür,
Hellen Tons zur Schwell' hinüber:

„Schönen Gruß, Schmied! Taara
      schenke
Deinem weisen Werke Fortgang,
Deinem tiefem Thun Gedeihen!"

„Sei gegrüßt in Gott, mein
      Bruder!"
Sprach der Waffenschmied erwi=
      dernd,
200 Leicht des Hutes Krämpe lüftend.
Suchte dann mit sicherm Auge
Den Gekommnen zu erkunden,
Sich durch Denken und durch Sinnen
Dessen Herkunft hell zu machen.
Schaute scharfen Blicks den Fremd=
      ling
An mit halb geschloff'nen Augen,
Schaut von Scheitel bis zur Zehe,
Schaut vom Halse bis zur Hacke,
Maß im Sinn des Mannes Maße,
210 Maß des Burschen lange Lenden,
Maß der mächt'gen Schultern Breite;
Sprach der Waffenschmied dann
      wieder:
„Dem der grüßt in Taara's Namen,

Hülfesworte läßt verlauten,
Wird Platz überall gewähret,
Und in jedem Hof Erholung.
Wohl von weit her, junger Adler,
Stobst heran auf starkem Fittig?
Wuchsest in berühmtem Weiler,
220 Und gediehst in nettem Neste,
Sprößling eines hehren Hofes,
Sohn wohl von der Sippe Kalew's?"

Kalew's kern'ger Sohn verstand es,
Gab verschlagen Antwort schleunig:
„Nun, es läßt die Art von Art nicht,
Wie der Stamm, so steht das Reis
      auch;
Seinen Sang hat jeder Vogel,
Führt nach seiner Art Gefieder.
Bunt der Specht und schwarz der
      Rabe,
230 Birkhuhn bietet rothen Kamm dar,
Sporen hat der stolze Haushahn,
Jeder Fisch hat schiedlich Schuppen,
Dann der Krebs sein dunkles Röck=
      lein.
Höre, merke, Waffenmeister,
Rußgeschwärzter rühr'ger Alter!
Habt ihr feil ein feines Schwert wohl,
Einen dauerhaften Degen,
Der in braver Faust nicht breche?
Gebt ein solches zum Versuchen,
240 Daß des Schwertes Macht ich messe,
Seiner Schneide Preis erprobe!"

Finlands Schmied erwidert
      wörtlich:
„Wer da kauft, darf kecklich prüfen,
Darf die Sache gut besehen.
Niemand nimmt die Sau im Sacke,
Noch die Braut, die hinter Thüren
Sich versteckt in dichtem Dunkel —
Wie wohl Gauner lahme Gäule
Oder blinde Thiere tauschen.

250 Sorglich muß das Auge sehen,
Thätig muß die Hand betasten,
Weisheit wohl die Sach' erwägen:
Dann geschieht beim Kauf kein
    Schade,
Nimmer Noth bringt dann der
    Handel."

Finlands Schmied, der Waffen=
    meister,
Sandte einen der Gesellen
Jetzt, den jüngsten seiner Söhne,
Hieß ihn aus der Kammer holen
Schöne Schwerter zum Beschauen.

260 Eilig, nach Befehl des Vaters,
Holte her der Bursch die Waare,
Brachte einen Arm voll Schwerter,
Einen Schooß voll scharfer Klingen,
Für des Kalew Sproß zur Probe.

Kalew's köstlicher Erzeugter
Maß die Länge eines Schwertes,
Prüfte Festigkeit der Klinge,
Gründlich auch den Griff betastend;
Bog die Kling' auch bald zusammen,
270 Ob sie, wenn gekrümmt zum Krumm=
    holz,
Stracks sich wieder grade streckte.
Faßte in die Hand das Heft nun,
Schwenkte blitzgeschwind die Klinge,
Ließ wie Wirbelwind sie sausen,
Zweimal sich im Kreise drehen,
Hieb sodann mit hellem Krache
In den Block die blanke Scheide.
Aus dem Steine stieg 'ne Lohe,
Knisterten die Feuerfunken:
280 Macht nur mangelte der Schneide.
Weithin flogen ihre Splitter,
Nur das Heft blieb in der Hand ihm.

"Holla, holla! Feste Faust das!"
Rief der Waffenschmied verwundert.

Kalew's terniger Erzeugter
Höhnte zornig, zähnefletschend:
"Tand giebt keine tücht'ge Waffe,
Die im Kriege Schutz verschaffet!"
Nahm geschwind ein ander Schwert
    noch,
290 Ferner in die Faust ein drittes,
Schwenkte blitzgeschwind je eines,
Zweimal es im Kreise drehend;
Hieb sodann mit hellem Krache
Die gepries'ne Probewaffe,
In den Block die blanke Klinge.
Aus dem Steine stieg 'ne Lohe,
Knisterten die Feuerfunken:
Macht nur mangelte der Klinge,
Weithin flogen ihre Splitter,
300 Nur das Heft blieb in der Hand ihm.

Finlands Schmied ergreift das
    Wort nun,
Redet so der ruß'ge Alte:
"Hiemit haben ihr Bewenden
Solche Späße und Versuche!
Mag nicht gern das gute Eisen,
Meiner Schmiede Waffenwerkzeug,
Solchen Proben Preis noch geben,
Bloß zum Kurzweil fester Fäuste.
Geh nun, Söhnchen, raschen Gan=
    ges,
310 Kehre schnell zur Waffenkammer,
Bring' uns brauchbarere Schwerter,
Festere für solche Fälle,
Die der mächt'gen Hand des Mannes
Bessern Widerstand wohl bieten."

Rann davon der andre Bursche,
Zu gehorchen dem Geheiße;
Holte aus geheimer Kammer
Einen Arm voll schmucker Schwerter,
Einen Schooß voll schöner Waffen
320 Mit viel schneidigeren Schneiden,
Zum Versuch dem Kalewsohne.

Kalew's köstlicher Erzeugter
Nahm die wuchtigste der Waffen,
Nahm die schneidigste der Klingen,
In die Heldenhand zum Kampfspiel,
Schwenkte blitzgeschwind die Klinge
Zweimal sie im Kreise drehend,
Hieb sodann mit hellem Krache
Auf den Ambos mit dem Schwerte.
330 Dröhnend drang die gute Klinge
Zolltief in den zähen Ambos,
Ungebrochen blieb die Klinge,
Nicht zersplittert ward die Waffe.
Doch schien abgestumpft die Schneide,
Schier und schartig schon geworden.

Meinte nun der Waffenmeister,
Ließ sich spöttelnd so verlauten:

„Warte, warte werther Knabe,
Gönne Zeit mir, guter Bruder!
340 Kann wohl noch ein Schwert im Kasten,
Degen in verdeckter Kammer
Finden, der Gewalt gewachsen,
Mächt'gem Kraftmaaß angemessen,
Wenn du reichlich Gold im Ränzel,
Silber zum Ersatz besitzest,
Wahren Werth des Schwerts zu zahlen;
Birg nur Gold in deinem Beutel,
Sammle Thaler in den Taschen,
Füll' mit Pfennigen die Säcke.
350 Hohen Werth hat diese Waffe,
Schwer ihr Preis ist zu erschwingen,
Kostet kecklich unter Brüdern
Eine Neunzahl guter Gäule,
Vier Paar starker Tragestuten,
Zehen Paare stämm'ger Stiere,
Zwanzig Kühe köstlich milchend,
Funfzig fette Kälber ferner,
Hundert Lasten lautren Weizens,
Anderthalb Boote guter Gerste,

360 Ein geräumig Schiff voll Roggen,
Dann noch tausend alte Thaler,
Hundert Paare Paternoster,
Zweimal hundert goldne Münzen,
Einen Schooß voll Silberspangen,
Eines Königreiches Drittel,
Malschatz noch von Jungfraun fünfe."

Ward nun aus besondrer Kammer,
Aus besondrem schönem Kasten,
Wohlverwahrt mit sieben Schlössern,
370 Noch mit Hängeschlössern neune —
Hergeholt an Tageshelle,
An der Sonne schönen Schimmer,
Aller Schwerter königlichstes,
Aller Waffen Oberwalter —
Das dem Finnenschmied geschmälert
Seiner Schultern Schaffensstärke,
Seine mächt'ge Kraft gemindert,
Seine Hände hart gepeinigt:
Dran er täglich schweißgebadet,
380 Sieben Jahr gehämmert hatte.
Die berühmte Wunderwaffe
Hatte ja vor vielen Jahren
Noch der alte Vater Kalew
Sich bestellt und drauf bestanden,
Daß sie hurtig hergerichtet,
Würdig ausgeführet würde.
Des Betagten Lebenstage,
Seine Gäng' im Stand des Staubes,
Wandten sich nach Taara's Willen
390 Zeitiger zum Ziel des Abends,
Daß er ruhte unterm Rasen;
Schlief im kühlen Schlummerbette,
Ehe noch der Schmied von Finland
Ausgeführt das schwere Schwertwerk,
Hergestellt die starke Waffe.

Sieben Jahr mit seinen Söhnen
Hatte er am Schwert geschmiedet,
Es geschlagen, es geschlichtet,

Es aufs glänzendste geglättet,
400 Es aufs schneidigste geschärfet;
Es aufs strengste noch gestrecket;
Hatt' aus sieben Sorten Bleches
Gut geschweißt des Schwertes
    Klinge;
Sänge sangen sie alltäglich,
Daß die Leistung wohl gelinge,
Sieben ganz besondre Worte,
Angemeßne mächtige Worte
Für den künft'gen Schwerterkönig.
Meister hatte diese Klinge
410 Mit dem höchsten Fleiß gehärtet
Durch besondre sieben Wasser,
Wohl gewählte Flüssigkeiten:
Eins war wirklich Wierlandswasser
Aus dem offnen Finnenmeere;
Zweites kam vom See des Peipus,
Wasser aus dem Weichbild Pleskaus;
Drittes Wasser aus dem Wirzsee,
Feuchte aus dem See der Vorzeit;
Viertes war das Jungfernwasser,
420 Aus des Mutterbaches Boden;
Fünftes aus dem Koiwaflusse,
Wasser aus Lettlands niedern
    Wiesen;
Sechstes aus dem Wöhandastrome,
Wasser aus geweihten Grenzen;
Siebentes klares Regenrinnsal,
Feuchte aus der Welt der Wolken,
Die den zarten Thau erzeuget,
Tropfen niederträufeln lässet.
War die Kling' aus sieben Sorten
430 Stahl vom Schwedenlande stammend;
War der Stiel vom sauberften Silber,
War das Heft vom herrlichsten Golde,
War der Knauf ein Stein aus
    Kungla.
Das Gehenk aus buntem Bleche,
Pfennigdick die eine Schnalle,
Thalerdicke hatte die andre,

Aus Achat die Schnallenzungen,
Wie am Siegelring man siehet.

Kalew's köstlicher Erzeuger
440 Faßt das fürnehmste der Schwerter,
Faßt die fürstlichste der Waffen
In die Hand zum Hauptversuche.
Schwenkte blitzgeschwind die Klinge,
Ließ sie wie mit Windes Eile
Zweimal sich im Kreise drehen!
Da erhob sich helles Brausen,
Es entstand betäubend Tosen,
Ein gar seltsamliches Sausen,
Wie wenn Windstoß sich erhebet,
450 Regenschauer niederrasseln,
Schlimme Schloßen mit sich führend,
Wilde Windsbraut heftig raset,
Zornig Wetter zu erzeugen,
Schweren Windbruch aufzuwühlen,
Daß die Meereswogen wallen,
Daß der Bäume Kronen krachen,
Daß die Dächer ab sich decken,
Daß der Sand in Säulen wirbelt,
Hoch im Weg die Kiesel hüpfen.

460 Kalew's kerniger Erzeuger
Kühner Kämpen kecker Sprößling,
Fuhr mit schwerer Faust hernieder,
Ließ das Schwert mit lautem Krache
Schwingen auf den schweren Ambos!
Seine Rechte, reich an Siegen,
Spaltete den Eisenambos,
Spaltete zugleich den Stützblock
Durch die Mitte bis zum Boden.
An dem Schwerte blieb kein Merkmal,
470 Nahm man nirgends wahr ein
    Schrämmchen.

Kalew's köstlicher Erzeuger
Sagt mit freudigem Gesichte:
Das ist doch ein Schwert für Männer,
Wohl gemacht zu mächt'gem Schutze,

Solch ein Schwert ist gutes Gold
    werth,
Silberpreis ist seiner würdig,
Das ist doch 'ne wahre Waffe
In der Faust von festen Männern.
Ich gelobe ohne Listen
480 Dir des Schwertes Preis zu zahlen,
Ohne Fehl und ohne Feilschen
Was du trautest, abzutragen.
Eine Neunzahl guter Gäule,
Vier Paar starke Tragestuten,
Zehen Paare stämm'ger Stiere,
Zwanzig Kühe köstlich milchend,
Funfzig fette Kälber ferner,
Hundert Lasten lautren Weizens,
Anderthalb Boote guter Gerste,
490 Ein geräumig Schiff voll Roggen,
Dann noch tausend alte Thaler,
Hundert Paare Paternoster,
Zweimal Hundert goldne Münzen,
Einen Schooß voll Silberspangen,
Eines Königreiches Drittel,
Malschatz noch von Jungfraun fünfe,
Mein das Schwert und dein die
    Ford'rung;
Hol' dir heim den Preis aus Wier-
    land,
Hol' aus Harrien das Bedung'ne,
500 Aus der Wiek die volle Werthung."

Finlands Schmied, der Waffen-
    meister,
Faßt' es gleich, versetzte Solches:
„Schuld ist immer fremdes Gut doch,
Borgen schafft dem Strumpf nicht
    Füßling,
Noch dem Handschuh' einen Däum-
    ling.
Besser zahlst du, statt zu borgen,
Tilgst die Schuld unaufgeschoben.
Harriens Schiffe mögen schaffen,
Wierlands Boote balde bringen

510 Wohl zu uns den Werth des
    Schwertes,
In's Gehöfte her die Zahlung,
Löschen wohl die ganze Ladung,
Schaffen Korn in unsre Kammern,
Spenden Frucht in unsre Speicher,
Holen auf den Hof die Gäule,
Wohl die Ochsen auf die Weide,
Auf den Anger auch die Kälber,
In's Gehege die Schellenträger,
Auf den Kamp die fetten Kühe.
520 Hübsch sind wahrlich unsre Höfe,
Gut gehalten unsre Gassen,
Glatt gewandet stehn die Ställe.
Hofzaun bilden Apfelbäume
Angerzaun sind Kirschenbäume,
Hecken haben wir von Eichen,
Zwischen hin auch Ahornhecken.
Auf dem Anger ruft der Kuckuck,
Auf den Fluren flöten Drosseln,
Auf dem Klee die kleinen Vöglein,
530 Auf den Hecken hüpfen and're!
Haben reich gezierte Rosse,
Weißgefleckte schmuck mit Flittern,
Braune dann mit Bärendecken,
Rappen noch in Silberrüstung,
Falben schon geschirrt zum Streite,
Füllen noch mit seid'nen Sätteln.
Haben Kühe in dem Erlhain,
Kälber in dem Kiefernwäldchen,
Stiere auf den grasigen Stätten;
540 Zuchtvieh, neue Herden zeugend,
Erbenbürt'ge Hörnerträger."

Ward ein Gastmahl jetzt gegeben,
Lange lustige Gelage,
Herrlich hohe Freudenschmäuse
Für des Prachtschwerts kühnen
    König.
Sieben Tage thät man tafeln,
Sieben Tage blies kein Blasbalg,
Ruhten Hämmer, ruhten Ambos,

Ruheten die Eisenzangen,
550 Ruhten auch des Schmieds Gesellen,
Ruhte Finlands Waffenmeister.

Hopfen, stolz vom Strauche
    strebend,
Hübsche Trauben trefflich häufend,
War der Herrlichkeit Hochgebieter,
War der Schöpfer frei'ster Freude.
War zur Tonne eingedrungen,
Hurtig dann zum Bier ins Halbfaß,
Von da kam er in die Kanne,
Schlüpft der böse in den Becher.
560 Maßlos zechte man beim Feste,
Stolzer Hopfen stieg zu Kopfe,
Stahl Verstand aus Männerköpfen,
Halbverstand aus Knabenköpfen,
Warf die Hauben von Weiberköpfen,
Auch der Mädchen Sinn versehrend.
Tobte Bier in tollem Taumel,
Ras'te Meth auf grünem Rasen:
Weiber hüpften ohne Haube,
Männer lärmten ohne Mütze,
570 Buben halb schon ohne Hosen.
Mädchen krümmten sich und krochen
Voller Lust auf allen Vieren.

Bier, mit bösem Taumel tobend,
Schuf den Klugen um zum Tropfe,
Machte blinke Augen blöde,
Lenkte ab die Ueberlegung,
Machte Männersinne schwindeln.

Kalew's köstlicher Erzeugter
Fing im Rausch an, sich zu rühmen,
580 Tollen Taumels voll zu prahlen,
Schwatzend nimmer zu verschweigen,
Welch ein Spaß sich auf der Insel
Bei der Fahrt nach Finland zutrug,
Wie er Inselvaters Hühnchen,
Zartes minnigliches Mägdlein,
Laut gelockt in seine Arme,
Ihr die Hüften halb verstauchte,

Daß die Schenkelknochen knackten,
Wie er den durch Mutterwallen
590 Streng gehegten Schatz gehoben.

Ehe er noch mehr vermelden,
Weiter Worte fügen konnte,
Seiner Mär' ein Ende machen,
Sprang des Schmiedes ält'ster
    Sprößling,
Er, des Vaters stärkste Stütze,
Auf vom Tisch mit blitzenden Blicken,
Stolz vor Kalew's Sohn sich stellend.

Sprach des Schmiedes ältster
    Sprößling
Folgendes mit Feueraugen:
600 „Schwatze du mit losen Lippen
Leicht Geschwätz, wie dich gelüstet;
Unverläumdet laß das Mädchen,
Ungelästert laß die Tochter!
Schelte nicht unschuld'ge Kinder,
Höhne nimmer holde Jungfraun,
Geifernd mit den losen Lippen.
Solch ein prunkendes Geprahle,
Solch ein rasend sich Berühmen,
Macht ein Mädchenglück zu nichte."

610   Drauf der Held in hellem Zorne
Rief laut, daß die Wände wankten,
Daß des Grundes Balken bebten,
Daß die Fügelbalken bebten:
„Wessen ich mich rasch berühmte,
Will als Wahrheit ich beweisen:
Hab' gepflückt des Mädchens
    Blüthen,
Hab' geknickt der Wonne Knospen
Hab' enthülst des Glückes Hülsen:
Kam doch auf ihr Schrein der Vater,
620 Auf ihr Rufen auch die Mutter."

Wüthend wurden jetzt die Männer,
Lärmten laut auf tollen Sinnes,

Sechster Gesang.

Immer schmäh'nder wurden Worte,
Immer wilder ward die Rede;
Aus Geschimpf entspann ein Streit
    sich,
Mörd'risch Handgemeng' erhob sich,
Blieb nicht ferne blut'ge Fehde.

Bälder als man meinen mochte,
Daß am Zorn sich Unheil zünde,
630 Aus dem Hader That sich hebe,
Riß mit hurt'ger Hand der Recke
Aus der Scheide schon den Degen:
Nur ein Schwung des grimmen
    Schwertes
Hieb des Knaben Kopf herunter.
Blut entsprang und spritzte strömend
Seinen Brüdern in die Augen.

Finlands Schmied, der Eisen-
    künstler,
Stieß heraus ein schrilles Schreien!
Mit Entsetzen sank die Mutter
640 Hin an ihres Sohnes Seite.
Hob der Schmied nun an zu fluchen,
Nach dem Fluchen sagt er Solches:
„Mörder, der das Meisterschwert du
Durch Vergießen guten Blutes,
Durch unschuld'gen Mannes Morden
Hast auf ewig schon geschändet!
Unverschämter schändlicher Blut-
    hund,
Nahmst dem Alter stärkste Stütze,
Dem Gewerbe weiseste Hülfe!

650 „Bursche, langt die langen Zangen,
Nehmt zur Hand auch eure Hämmer!
Zahlt was zukommt diesem Mörder,
Blut'gen Lohn dem falschen Feinde,
Dem Vergießer guten Blutes!"

Gingen laut Gebot die Bursche,
Vaters Willen zu vollführen,
Holten her die schwersten Hämmer,
Langten nach den längsten Zangen,
Nach den stärksten Eisenstangen,
660 Um dem Kalewsohn das Seine,
Blut'gen Lohn dem leid'gen Mörder,
Zuzuschanzen auf den Schädel.

Kalew's kerniger Erzeugter
In des Hopfengeistes Hoffart
Stellt sich mitten in die Stube,
Schwingt das Schwert mit wildem
    Grimme,
Ruft mit starker grauser Stimme:
„Ho! ihr ruß'gen Herdeshelden,
Ihr blödsichtigen Gesellen,
670 Liegt so wenig euch am Leben?
Kalew's Sohn hat sehn'ge Fäuste,
Wo er einen Hieb nur hinführt,
Da auch wirkt er Weh des Todes!
Noch ist nicht der Mann erschienen,
Noch ein solcher nicht geboren,
Der ihm würde widerstehen!
Wenn ihr sterben wollet, kommt nur!"

Sagt der Schmied nun solche
    Worte:
„Laßt den Räuber ungerüttelt,
680 Laßt den Feind unangefochten!
Mag die Hand der hohen Götter
Rächend einst dem Räuber nahen,
Seinen Lohn dem Mörder messen,
Blutsold diesem Blutvergießer.
Mörder, der das Meisterschwert da,
Die gewaltigste der Waffen,
Hast mit frommem Blut gefärbet,
Mit dem Mord befleckt der Unschuld:
Einst verhängt das weise Walten
690 Hoher Götter die Vergeltung,
Zwingt das Schwert, die Schuld
    zu tilgen
Wett zu machen wilde Unthat!

„Möge, möge, also fluch' ich,
Möge dich die Waffe morden,
Dich das scharfe Schlachtschwert
　　　schlagen,
Mög' an dir ganz unvermuthet
Dieses Schwert zum Mörder werden,
Um vergoß'nes Blut zum Gegner!
Mögest du im Sumpf versinken,
700 Auf der Matte du vermodern,
Auf dem Feldrain du verfaulen,
In dem Wildgestrüpp verwesen!

„Höre Schwert, du herrlich Eisen,
Königliches, hör' mein Heischen,
Merke was in meinem Mißwort
Ich Geheimnißreiches rede:
Mache dich zu einem Mörder,
Hebe dich zum Halsabschneider,
Zahl die Schuld dem schand'barn
　　　Thäter,
710 Deines Meisters Wünsche wirkend,
Wo's sein Denken nimmer dachte,
Nimmer sich's sein Sinn ließ
　　　träumen!"

Kalew's kerniger Erzeuger
Halb noch in des Hopfens Taumel,
Halb im Zorneswahne wüthend,
Stürzte schwankend aus der Stube
Halb bewußtlos auf den Hof hin,
Konnte kaum die Fluchverwünschung
Seinem Sinne deutlich machen,
720 Ward des Vaters Schmerz gewahr
　　　nicht,
Nicht der Mutter maßlos Jammern,
Der Geschwister schwere Seufzer,
Noch der treuen Diener Trauer
Ob dem Tod des theuren Jünglings,
Ob dem Blute des Verblich'nen.

Ungewissen Schrittes wankte
Kalew's Heldensohn durchs Hofthor,
Wankte über den weiten Anger,
Kam vom Anger auf die Aue,
730 Endlich auf die freie Fläche.

Kalew's kerniger Erzeuger
Strich nun schwankend seine Straße,
Schleppte sich erschlaffend weiter,
Bis das Rinnsal er erreichte,
Das vom Wege links gelegen,
Schritt am Ufer ferner fürbaß
Bis zur Felswand, wo drei Fälle
Schäumend in den Abgrund schießen.

Kalew's müder Heldensprößling,
740 Als die Fälle er gefunden,
Suchte sich in der Ermüdung,
In der Leibeskraft Erlahmung
Einen Haltpunkt auf 'nem Hügel,
Streckt sich schleunig hin, zu schlafen,
Qual der Glieder zu erquicken,
Weh des wüsten Kopfs zu lindern,
Den versehrten Sinn zu frischen.

Ruhte jetzt der Kalewrecke,
Schnarchend daß der Boden bebte,
750 Daß die Felsenwände wankten,
Zitternd wie in zagem Schauder,
Daß der Sand in Säulen aufstieg.
Hoch im Weg die Kiesel hüpften;
Vögel ließen bang ihr Singen,
Wild des Waldes seine Spiele!
Nicht war froh das Volk, es fragte:
Ob der Krieg heran sich wälze,
Rauh der Fehde Wagen rolle?

———

Lassen wir des Liedes Schifflein,
760 Kleinen Kahn des Sagenkünders,
Fahrzeug des Geschichtenkünders,
An den Strand der Insel streichen,
An dem Balkenbollwerk weilen.
Gehen wir ans Land zu lugen,
Anzuschaun die schöne Eiche,

Die vormals aus Meerestiefe,
Aus den Wellen ward gefördert.

    Jüngst ein Bäumchen, bald erhob sich's,
Schwellte an in sonn'ger Schwüle,
770 Reckte sich in Regenschauern;
In die Wolken woll'n die Aeste,
Strebt zur Sonn' die kräft'ge Krone.

    Eichbaum trübt des Himmels Höhe,
Hält im Dunkel schon die Helle,
Deckt den Mond und deckt die Sonne,
Hemmt die Sterne, hold zu leuchten,
Lagert schwarz sich auf die Lande,
Deckend sie mit dunklen Schatten.

    Eiche hob sich, Eiche wuchs noch,
780 Wuchs und hob sich hoch und höher,
Droht den Himmel wegzuheben,
Mit den Zweigen Wolken zwingend.

    Inselvater war gefahren,
Weit gewandert zu erkunden,
Hatte manches Land durchmessen,
Strecken auch zu Pferd durchstrichen,
Einen Helfer sich zu suchen,
Tagelöhner dort zu dingen,
Daß sie möchten fäll'n die Eiche,
790 Niederhau'n die riesig hohe,
Ihr Gezweig zu Spänen spalten;
Nutzholz aus dem Baume nehmen,
Aus den Aesten Schiffe schaffen,
Aus dem Wipfel Burgen bauen.

    Inselvater rege redend
Sucht sich Miethlinge zu sichern:
„Her! die Eiche umzuhauen,
Harte Aeste wegzuhauen,
Volle Krone auch zu fällen;
800 Eichbaum hüllt in Nacht den Himmel,
Scheidet uns vom Schein der Sonne,
Läßt der Sterne Glänzen stocken,
Löschet aus das Licht des Mondes."

    Hörten's wohl die Männer, meinten:
Können kommen nicht, o Bruder!
Hoch zum Himmel wuchs der Eichbaum,
Wolken spaltet schon sein Wipfel;
Wir sind nicht dem Baum gewachsen,
Bangt vor unsrem Beil dem Stamm nicht,
810 Nicht dem Stumpf vor unsern Aexten.

    Inselvater reist zurücke,
Kehrte kummervoll nach Hause
Mutter ging ihm gleich entgegen,
Wollte wissen, wie's gegangen
Ihr berichtete der Alte:
„Leere luft'ge Gänge macht' ich,
Fand ja keinen Eichenfäller,
Keinen, das Geäst zu kappen,
Keinen, der den Wipfel werfe,
820 Der die langen Zweige zwicke."

    Mutter führt ins Haus den Alten,
Heißt ihn in die Kammer kommen,
Wo der Aar sich fand gefesselt,
Kauerte der Zwerg in Ketten.

    Solches sagte nun die Alte:
„Auf den Heuschlag ging ich heuer,
Einzuheimsen das Geharkte,
Goldne Harke in der Rechten,
War der starke Stiel von Kupfer
830 Und die Zinken saubres Silber,
Goldne Ringe an den Seiten.
Schwang 'nen Schwaden, schwang 'nen zweiten,
Schwang schon auf den dritten Schwaden.

Was denn fand ich unterm Schwa=
    den?
Fand den Adler unterm Schwaden,
Den im Haus gehegten Adler,
Den am Tag die Sonne selber,
Nachts mein brünst'ger Arm bebrütet.
Trug daher den Aar nach Hause,
840 Kettete ihn in der Kammer.
Was stack unter Adlers Fittig?
Stack ein Mannsbild unterm Fittig.
Dieses Herrchens Höh' erreichte
Zweier Spannen Maß mit Mühe,
Leichtlich Kalew's Daumenlänge.
Traun, was trug es unterm Arme?
Barg ein Veilchen unterm Arme."

Fragt der Alte gleich das Männ=
    chen,
Forscht, vom Däumling zu erfahren:
850 Willst du nicht, mein werther Fremd=
    ling,
Hin, die Eiche umzuhauen
Ihr Gezweige abzuzwicken?

Wohl ward's klar dem klugen
    Männlein,
Denn der Däumling gab zur Antwort:
Erst enthebe nur der Haft mich,
Löse meinen Leib aus Banden,
Hierauf schließen wir den Handel."

Ward sofort der Zwerg entfesselt,
Ward gelöst sein Leib aus Banden,
860 Um die Sache zu besiegeln.
Was wird ihm als Lohn gelobet,
Welch ein Preis ward ihm bewilligt?
Eine goldne Schüssel galt es.

Ging nun auf den Hof das Herr=
    lein,
Rasch der Rieseneiche näher;

Fing sofort an selbst zu wachsen,
Neben ihr sich hoch zu heben:
Wuchs 'ne Elle, wuchs 'ne zweite,
Dehnte dann sich viele Faden.

870 Das zum Mann geword'ne Männ=
    lein,
Fing die Eiche an zu fällen;
Hieb 'nen Tag, hieb einen zweiten,
Hieb vom dritten Tag ein Theil noch:
Daß die schwere Eiche schwankte,
Daß ihr Stamm schon stark sich
    neigte,
Daß ihr Wipfel wirklich stürzte.
Da bedeckt der Stamm die Insel,
Taucht der Wipfel in die Wellen.

Was denn ward nun aus der
    Eiche?
880 Aus dem Stamm entstand 'ne Brücke,
Ward ein starker Steg gezimmert
Uebers Meer in zweien Zweigen.
Ein Arm bringt nach Wierlands
    Küste,
Bis nach Finland führt der andre —
Weltberühmte Finnenbrücke.

Aus dem Wipfel wurden Schiffe,
Schöne stolze Kaufmannsschiffe,
Aus dem Schafte schuf man Barken,
Aus dem Stumpfe kleine Städte,
890 Aus den Aesten Dienerboote,
Aus den Spänen Kinderschiffchen.

Liegen laßt den Rest, er liefert
Schwachen Greisen Badehäuschen,
Wittwen ihre Trauerstübchen,
Waisen ihre Obdachwinkel,
Um sie vor des Regens Rauschen,
Vor des Sturmes wildem Wehen,
Vor dem Wirbelschnee zu wahren.

Liegen laßt den Rest, er liefert
900 Eine saubre Sangesstube,
Heitre Kammer für den Herold,
Wo die Worte fein sich fügen,
Fest sich webt des Liedes Faden.

Wen dann seines Weges Wendung
Führte auf die Finnenbrücke,
Der stand still und sprach erstaunend:
Ob das hier wohl heiße Lihala,
Oder ob am Strande Rahala,
Oder ob es Kungla's Heim sei?
910 Weil's der Sänger hört, versetzt er:
„O ihr Tollen, o ihr Thoren,
Ihr mit dürrem Geist Begabten!
Wenn dies wäre die Stadt Lihala,
Müßte sie aus Fleisch gemacht sein,
Wär' es aber Strandes Rahala,
Wär' sie doch gemacht aus Münzen,
Wenn es wäre Kungla's Heimstatt,
Müßte sie aus Gold gemacht sein.

Vor des Sängers Stübchen steht ihr,
920 Kämmerlein des mind'ren Mannes,
Deckplatz des bedürft'gen Mannes.
Schön bescheint der Mond die Thüre,
Sonne ziert die Zimmerdecke,
Sterne funkeln in der Stube,
Wölbung wirkt der Regenbogen.

„Hier ward Leben jenen Liedern,
Wurden Wortgebild' erzeuget,
Sangesfäden drall gedrehet.
Spindel spann in niedrer Hütte —
930 Kunkel hing in Taara's Halle,
Aufschlag bot der Born des Schöpfers,
An dem Saume andrer Sonne,
In dem Lehrsaal dritten Frühroths.
Wonnig war der Spende Nehmer,
Der verspann die feinen Flocken:
Sonne schien auf Silbergarne,
Morgenroth auf rothe Garne,
Himmels Blau auf Seidenfäden."

Siebenter Gesang.

Licht auf Wipfeln lag die Sonne,
Von des Abends Schultern schimmernd.
Tiefe Schatten warfen weithin
Ruhedecke auf den Rasen,
Friedenshülle auf die Haine;
Von der Trauerbirke Büscheln,
Aus der scheuen Espe Schooße,
Aus der Fichte Feuergolde

Sang vereinzelt noch ein Sänger,
10 Nun des Tages Ende nahte;
Sang in köstlicher Abendkühle
Lautes Lob dem hohen Schöpfer,
Wonnedank dem weisen Vater.

Kalew's Sohn, der kühne Recke,
Als den Schlaf er abgeschleudert,
Der Ermüdung Macht gebrochen,

Rieb die Augen, recht zu sehen,
Löste los die Augenlider,
Sammelte dann seine Sinne,
20 Wollte die Erinn'rung wecken,
Jüngst Gescheh'nes scharf betrachten,
Das noch wie ein trübes Traumbild,
Noch wie schattenhafte Schemen
Schwankend ihm im Geiste schwebte.
Seiner letzten Lebensgänge
Blieb nur dunkeles Gedenken.
Wie in Herbstes Nebelhülle,
Wie in schwüler Wolken Schwärze
Lag das gestrige Begegniß:
30 War es Finland, war's die Insel,
Wo das Lustgelage statt fand;
Ob er focht mit Türkenfeinden,
Ob sich maß mit Turja's Mannen,
Wußte er nicht mit Gewißheit.
Ja des Schmiedsohns tolle Tödtung,
Guten frommen Bluts Vergießung
Schuf ihm keinen Druck des Kum=
mers,
Noch der bittern Reue Bürde.

Kalew's köstlicher Erzeugter
40 Raffte seine Kraft zusammen,
Wanderte in Eile weiter,
Bis er nahte jenem Berge,
Den er kommend schon erschaute.
Schritt 'nen Tag, schritt einen
zweiten,
Ueber weite wüste Flächen,
Längs der Flüsse, längs der Berge,
Ging sodann durch dichte Waldung,
Schritt am dritten Tag ein Theil noch
Mächt'gen Ganges hin zum Meere.

50 An dem fels'gen Strande fand er
Wohlverwahrt und angekettet
Jenes Windesweisen Schifflein,
Jenes falschen Zaub'rers Fahrzeug.
Kalew's Sohn ergriff Besitz jetzt

Von des todten Zaub'rers Fahrzeug,
Nahm es sich als Sold zur Sühne,
Weil nicht war entdeckt die Mutter.

Kalew's köstlicher Erzeugter
Machte los das leichte Fahrzeug
60 Vom Verschlusse seiner Ketten,
Setzte selbst sich in den Nachen,
Faßte die Ruder in die Fäuste,
Und begann dann rasch zu rudern,
Nach der Heimath hin zu halten.
Ließ geschwind die Segel schwellen,
Sie dem Wind entgegen wendend.
Vorwärts trieb der Wind das
Fahrzeug,
Lustig schob die Well' es weiter
Kehrend es gen Wierlands Küste.
70 Auf dem Spiegel spielt das Ruder,
Von des Schiffers Hand beherrschet;
Daß das Boot vom Weg' nicht weiche,
Hält die andre Hand das Steuer.

Kalew's Sprößling wird nicht
müde;
Ebereschenholz sein Nacken,
Seine Schultern schier wie Masern,
Seine Arme ahornstämmig,
Ellenbogen wie die Rüstern,
Finger wie Johannisbeerholz,
80 Nägel hart wie Heckenkirschholz,
Eisern ganz der Kern des Körpers.

Vorwärts trieb der Wind das
Fahrzeug,
Lustig schob die Well' es weiter,
Kehrend es gen Wierlands Küste.

Kalew's Sohn hub an zu singen:
„Ging ans Meer, mich zu ergetzen,
In die Wellen wohl zu singen,-
Ruder führend ganz von Golde,
Nur die Stiele standen silbern.

Siebenter Gesang.

90 Was begegnete mir dorten?
Schwang sich auf ein Schwarm
      von Enten,
Tauchte tief ein Schwarm von
      Gänsen.
Schwamm umher ein Schwarm von
      Schwänen,
Zog ein Schwarm hin zahmer
      Gänse.

„Ging ans Meer, mich zu ergetzen,
In die Wellen wohl zu singen,
Ruder führend ganz von Golde,
Nur die Stiele standen silbern.
Was begegnete mir dorten?
100 Schiffe schifften drei entgegen:
Eins ein Schiff mit frischen Frauen,
Dann ein Schiff mit weisen Weibern,
Drittes Schiff mit minn'gen Maiden,
Kleiner Kahn mit schönen Kindern.
Darin saßen viele Dirnen,
Schwarzbraunäugige Geschwister,
Dutzende von derben Jungfraun.
Hatten goldne Handschuh Alle,
Silberringe an den Fingern,
110 Seidne Röcke sammt und sonders,
Feine Spitzen an den Aermeln,
Harte Thaler um die Hälse,
Breite Spangen an dem Busen,
Bänder auf den lichten Locken.
Schauten nach mir all' die Schönen
Lebhaft aus mit Liebesblicken,
Suchten sich an mich zu drängen.
Ich nun sagte solche Worte:
„Sachte nur ihr holden Hühnchen!
120 Laßt das Weinen, wilde Vöglein!
Glänzt euch wohl noch Glückes
      Abend,
Scheint noch eine schön're Sonne,
Wann die Wonnen euch erblühen,
Ehemänner euch sich melden,
Sich Genossen liebend nahen:

Wie das Glück für jede waltet,
Wie das Loos für jede lieget.
Kalew's Sohn kann euch nicht küren,
Nimmer wird er um euch werben."

130 Vorwärts trieb der Wind das
      Fahrzeug,
Lustig schob die Well' es weiter,
Kehrend es gen Wierlands Küste.
Auf dem Spiegel spielt das Ruder,
Von des Schiffers Hand beherrschet;
Daß das Boot vom Weg' nicht weiche,
Hält die andere das Steuer.

Frisch vom Meere weh'nde Winde
Brachten bald das Boot gen Wier=
      land,
Führten südwärts hin das Fahr=
      zeug.
140 Frisch vom Meere weh'nde Winde
Reinigten das Haupt vom Rausche,
Von des Hopfens tollem Taumel;
Gleichwohl war ein klar Bewußtsein
Jenes jammerschweren Festes,
Jener Schmach im Haus des
      Schmiedes
Unserm Helden nicht genahet.
Was den Vorgang künden konnte,
Waren bleiche Spuren Blutes:
Blut noch klebte an der Klinge,
150 Blut war am Gewand geblieben.

Vorwärts trieb der Wind das
      Fahrzeug,
Lustig schob die Well' es weiter,
Kehrend es gen Wierlands Küste.

Mitternächtger Schleiermantel
Lag schon auf dem Wasser; west=
      wärts
Senkten sich die Siebensterne,
Oestlich flammte der Orion,

6*

Als ein Klümpchen immer klarer
Tauchte aus der Wassertiefe.

160 Kalew's kühner Sohn erkannte
Bald den Bord derselben Insel,
Wo er vorher war gelandet,
Wo er dann die Inseltochter
Wohl im Arm der Liebe wiegte.
Ihr Gesang, ihr Liebesehnen,
Dann des Mädchens schrilles Schreien,
Drauf ihr Taumeln in die Tiefe,
Und ihr trauriges Ertrinken —
Alles kam zurück dem Kühnen,
170 Trübte seinen Sinn mit Trauer,
Brach sein Herz mit herber Sorge.
Kalew's köstlicher Erzeugter
Wollte ruhig weiter rudernd
Still herum ums Eiland steuern,
Mochte nicht dem Alten Mißmuth,
Schreck dem Mütterchen nicht machen:
Mußten sie doch noch ihr Blümchen,
Ihr liebwerthes Kind beweinen.

Aber horch! was hallt von dorten?
180 Was ertönt aus Meerestiefe?
War das nicht des Mädchens Stimme,
Der Gesang der süßen Jungfrau,
Gackern des verschwundnen Hühnchens,
Was dort aus dem Meer sich meldet,
Aus den stillen Fluthen steiget?

Hemmt der Held alsbald das Fahrzeug,
Legt die Ruder auf den Rand hin,
Sollen ruhen auf der Seite,
Daß er mag dem Liede lauschen.

190 Aus dem Meer des Mädchens Schatten,
Aus dem Schooß der Wasserwüste,
Flötet wie ein Wasservöglein,
Singt wie ein weißes Entchen.

„Mägdlein ging ins Meer, zu schaukeln,
In der Seefluth süß zu singen,
Ging das Kind, ihr Leid zu lindern,
Ging die Unbill zu vergessen,
Ihrer Trübsal Trost zu finden.
Schifft der Bruder in der Brandung,
200 Schifft umher im weiten Wasser,
Schwester schläft im stillen Bette,
In der Tiefe kühler Kammer.
Was dort flimmert auf den Fluthen,
Schimmert aus dem Schooß der Tiefe?
Wohl ein Schwert glänzt auf den Wellen,
Schaurig schimmert Blut im Wasser,
Läßt die Woge röthlich leuchten,
Röthet auch des Mädchens Wangen.
O nach Blute brünst'ger Bruder,
210 Du von Liebesgluth verlockter!
Warum wohl in wildem Grimme
Hast du gutes Blut vergossen?
Warum hast du Hauses Hühnchen,
Ihres Vaters theures Täubchen,
Auf dem Rasen du verrathen?"

„Ging ans Meer um mich zu schaukeln,
In der Seefluth süß zu singen,
Ging das Kind, ihr Leid zu lindern,
Ging die Unbill zu vergessen,
220 Ihrer Trübsal Trost zu finden.
Was dort flimmert auf den Fluthen?
Blut wohl flimmert auf den Fluthen.
Durch die Brandung fuhr der Bruder,

Siebenter Gesang.

Mordschwert glänzt an seiner Seite,
An der Klinge klebet Blut noch;
Ließ die Woge röthlich leuchten
Färbte roth des Mädchens Wangen,
Ließ die bleiche Blume blühen.
Schwester schläft in stillem Bette,
220 Unter kühler Wogendecke,
In der Wellen Schaukelwiege.
O nach Blute brünst'ger Bruder,
Du von Liebesgluth verlockter!
Warum wohl in wildem Grimme
Hast du gutes Blut vergossen?
Warum hast des Hauses Hühnchen,
Ihres Vaters theures Täubchen,
Auf dem Rasen du verrathen,
Störtest frevelnd ihren Frieden,
240 Zwangst die schwer gekränkte Schwester,
Sich im Bett des Tods zu bergen?
Diese doppelt blüh'nde Blutschuld
Rüttelt an des Bruders Ruhe."

„Durch die Brandung schifft der Bruder,
Schwester ruht in stiller Rüste,
Unter kühler Wogendecke,
In der Wellen Schaukelwiege.
Bruder hat in hartem Ringen
Eine schwere Schuld zu schwächen,
250 Zur Begüt'gung guten Blutes,
Zur Austilgung toller Unbill,
Zur Versöhnung frechen Frevels,
Die er einmal unbedachtsam,
Andermal in wüster Wirrniß
Sich zur Schuldlast hat geschaffen.
O beweinenswerther Bruder,
Lange trägst an trüber Schuld du!"

„Ging ich jugendliches Mägdlein
Mich am Meerstrand zu ergetzen,
260 In den Wellen wohl zu singen,
Schlimme Laune mir zu löschen

Hier versank ich Huhn des Hauses,
Hier verschied ich scheues Vöglein,
Starb im Jammer ich, die junge,
Hier verblich ich, zarte Blume."

„Weine nicht, du liebe Mutter,
Klage nicht, du theurer Vater!
Hab' ein Häuschen hier im Meere,
Stille Stube in den Wellen,
270 Kämmerlein im Laich der Fische,
Nestchen in des Meeres Schlamme.
Hab' ein Bett im kühlen Grunde,
Schöne Wiege in den Wellen;
Kalewiden schön mich schaukeln,
Summen ein mich Sulewiden."

„O beweinenswerther Bruder,
Lange trägst an trüber Schuld du,
Treibst dich trostlos um auf Wellen!
Wann wird man dich wohl bestatten,
280 Dich ins Friedenslager legen,
Dich von langer Pein erlösen?"

Der Verlebten Schmerzenslieder,
Ihres theuren Schattens Klagen,
Ihre Mahnung aus dem Meere,
Tadelrede aus der Tiefe,
Schufen Kummer Kalew's Sohne,
Herbes Leid dem jungen Helden.
Seines trüben Sinnes Denken
Weckte wehmuthsvolles Sehnen,
290 Und erregte tiefe Reue.
Doch den Flug entflohner Zeiten,
Schmählichen Mord am Sohn des Schmiedes,
Der wie eines Traumes Trugbild
In dem Dämmer dorten auftaucht,
Plötzlich wieder dann entweichend —
Bannt nicht Kalew's Sohn, er kann nicht
Ungeschehn Geschehnes machen.

Rüstig griff er nach den Rudern,
Fing von neuem an zu fahren,
300 Nach der Heimath hin zu halten.
Vorwärts trieb der Wind das Fahrzeug
Lustig schob die Well' es weiter
Kehrend es gen Wierlands Küste.
Auf dem Spiegel spielt das Ruder,
Von des Schiffers Hand beherrschet;
Daß das Boot vom Weg nicht weiche,
Hält die andre Hand das Steuer.

Dabei sang der Sohn des Kalew:
„Wo doch treiben Trauererlen,
310 Wo des Zagens Zitterespen,
Wo des bangen Fürchtens Fichten,
Wo der bitt'ren Reue Birken?"

„Wo ich traure, treiben Erlen,
Wo ich zage, Zitterespen,
Wo ich fürchte, wachsen Fichten,
Wo ich reuig büße, Birken!

„O du holde Herzensmutter,
Die mich zärtlich aufgezogen,
Mich auf weichem Arm gewieget,
320 Eingelullt am lieben Munde:
Mußtest du verstoßen sterben,
Ungesehn in Tod versinken?
Wer hat dir die lieben Lider,
Wer die Augen zugedrücket?
Disteln decken deine Augen,
Windhalm wuchert auf den Brauen.
O du holde Herzensmutter!
Disteln haben dunkle Dornen,
Rauhe Rispen hat der Windhalm."

330 „O du holde Herzensmutter!
Wie hast warm du mich gewartet,
Mich gewartet, mich bewahret,
Mich gehoben, hüpfen lassen,

Hingelegt und spielen lassen,
Eingelullt am lieben Munde,
Mich gewiegt auf weichen Armen!
Wolltest ziehn dir starke Stütze,
Dachtest Hülfe dir zu hegen,
Hofftest daß, wenn hin dein Leben,
340 Dir der Sohn die Lider decken,
Dir die Augen schließen werde!"

Vorwärts trieb der Wind das Fahrzeug,
Lustig schob die Well' es weiter,
Kehrend es gen Wierlands Küste.

Schon erschien die Morgenröthe
Als der hehren Sonne Herold,
Als er kunstgerecht den Kahn jetzt
Hin zum heim'schen Strande lenkte.

Kalew's köstlicher Erzeugter
350 Ließ das Boot ans Ufer laufen,
Schloß es mit der Kette Schlingen
An den festen Damm der Düne,
Setzte selber dann ans Ufer,
Wollte unverweilt die Schritte
Hin zum heim'schen Hofe wenden,
Seine Brüder dort zu sehen,
Ob sie wohl in Wierlands Gauen
Ihrer Mutter Spur erspähten?

Kalew's Sohn, der kühne Recke,
360 Kam zum Kamm des Iru-Berges,
Wo die Himmlischen in harten
Fels verwandelten die Wittib.

Sachte, sachte, wackrer Jüngling!
Halte an, du Heldensprößling!
Hörst du wohl das Wundersame,
Was von weitem dort ertönet?
Was so schön in Abends Schooße,
Auf des Windes Flügeln flötet?
So wie ganz natürlich Singen,

Siebenter Gesang.

370 Wie die Menschenstimme tönet,
Hallt die Luft von hellen Lauten.
Kalew's Sohn der kühne Recke,
Hält das Ohr hin, um zu hören,
Wo die klaren Töne klingen.
Sangeselfe, die nicht sichtbar,
Töchterlein der Windesmutter,
Ließ das Lied jetzt fein und faßlich
In des Hörers Ohren hallen.

„Hob Krummschnabel aus dem Horst sich,
380 Aus dem Nest des Adlers Kraftsohn,
Schwang im Schmerz sich auf das Schwänlein,
Herbe trauernd flog das Hähnlein;
Flog des Adlers köstlich Kindlein,
Einen frommen Weg zu wallen,
Nachzuspähn der Spur der Mutter.
Machtvoll war des Vogels Fittig,
Grimmig scharf des Adlers Krallen.
Glänzend hob er sich vom Hause,
Herrlich von des Vaters Hofe,
390 Rein wie Regentropfen fallen,
Wie der Schnee, der füllt die Felder,
Wie der Erbse blanke Blüthe,
Wie der Bohne weiße Blume,
Wie des Steinbeerstrauches Blätter,
Wie der Eberesche Büschel,
Wie die Faulbaumzweig' im Felde.
Also fuhr von Haus der Vogel,
Birkhuhn weit nach andern Wassern,
Gans zu andern Quellen gehend.

400 „Durch das weise Walten Taara's
Ward der trüben Zeit der Wittwe,
Ihren langen Leidenstagen
Zeitig noch ein Ziel gesetzet.

„Krumm geschnäbelt Adlerjunges,
Welchen Weg nun wandelst heim du?
Glänzend hobst du dich von Hause,
Herrlich von des Vaters Hofe.
Adlersohnes Eisenfänge
Haben gutes Blut vergossen,
410 Mädchenfrieden frech zerstöret,
Blutschuld bleibt gedoppelt haften
Qualvoll auf dem Sproß des Adlers,
Lastet auf des Helden Herzen.
Milch der Mutter durft' er saugen,
Sog nicht ein den Sinn der Mutter.
Wahre dich, krummschnäbliger Adler,
Wahre dich vor deiner Waffe:
Blut verlangt nach blut'gem Lohne.
Mehr noch kann die Felsenmutter
420 Weiteres nicht wissen lassen."

Also sang auf Windesflügeln
Seiner Mutter Geistesschatten.

Kalew's köstlicher Erzeugter
Sah nun wohl den Sinn des Liedes:
Wie die holde Herzensmutter
Auf des Todes Bett gebahrt war;
Sah nun wohl den Sinn des Liedes,
Wie er auf der Fahrt nach Finland
Zweimal wüste That gewirket:
430 Unbedachtsam so die eine,
Wie auch unbewußt die andre.

Kalew's Sohn, der kühne Recke,
Hastete nach seinem Heime,
Hin zum Hof des Vaterhauses,
Trat nun an die Angerpforte.
Auf dem Hofe bell'n die Hunde.
Nun auch nahen sich die Brüder,
Nach dem Fremdling auszuschauen.
Wie den Bruder sie gewahren,
440 Den sie längst verloren glaubten,
Staunen sie und stürzen vorwärts,
Um den Kommenden zu grüßen.
Prachtschwert hat er an der Hüfte,
Goldne Sporen an den Stulpen.

Wer nun könnte wohl die Fragen,
Wer die Reihe Gegenreden,
Sammt und sonders wiedergeben,
Welche jetzt gewechselt werden
Unter diesen Brüdern dreien?

450 Saßen nun am nächsten Abend
Die drei Männer mit einander,
Gaben gern einander Auskunft,
Was beim Suchen nach der Mutter
Einem jeden sei begegnet.

Es begann der älteste Bruder,
Ließ also sein Lied verlauten:
„Ging die Mutter aufzusuchen,
Das verlorne Huhn zu holen
Wanderte ein Stück des Weges
460 Stück des Weges, weite Strecke,
Ging ein Stück durch wüste Gegend,
Sieben Werst durch solche Gegend,
Kam dann zehen Werst durch Kur-
land,
Eine halbe Werst durch Polen,
Fünf durch russische Gefilde,
Hundert Werst durch deutsche Gaue,
Tausend Schritt hinein nach Turja.
Was kam denn mir da entgegen?
Kam 'ne Maid von Zinn entgegen,
470 Ganz aus Zinn gegoßnes Mädchen.
Zinnern Mund, die Augen zinnern,
Zinnern Hals, der Körper zinnern,
Zinnern auch das Oberhemdchen.
Gleich die Zinnerne befragt' ich:
„Wardst der Mutter Spur gewahr
du,
Von des Birkhuhns Pfad ein
Zeichen?"
Doch die Zinnerne begriff nicht,
Konnte auch nicht Antwort künden.
Zinn, das starr ist wie die Steine,
480 Konnte nicht den Mund bewegen.

Eilig macht ich mich von dannen,
Ließ die Schritte rüstig rudern,
Ging ein Stück, ging weite Wege,
Ging ein Stück durch wüste Gegend,
Sieben Werst durch solche Gegend,
Acht durch lauter Felsgelände.
Was kam denn mir da entgegen?
Kam 'ne Kupfermaid entgegen.
Maid aus Kupfer ganz gegossen,
490 Kupfern Mund, die Augen kupfern,
Kupfern Hals, der Körper kupfern
Von dem Scheitel bis zur Zehe.
Kupfern war der Maid Gewand
auch,
Kupfern des Gewandes Aermel.
Gleich fragt' ich das Kupfermädchen:
„Wardst du nicht gewahr die Pfade,
Wo entschwand des Hauses Hühn-
chen,
Birkhuhnstochter stob im Sturme?"
Doch die Kupferne begriff nicht,
500 Konnte auch nicht Antwort künden.
Kupfer, das wie Steine starr ist,
Konnte nicht den Mund bewegen.

Eilig macht' ich mich von dannen,
Ließ die Schritte rüstig rudern,
Ging ein Stück, ging weite Wege,
Ging ein Stück durch wüste Gegend,
Sieben Werst durch solche Gegend,
Acht durch lauter Felsgelände,
Hundert Werst durch moos'ge Moore.
510 Was kam denn mir da entgegen?
Silbermaid kam mir entgegen,
Maid aus Silber ganz gegossen.
Mund war silbern, Auge silbern,
Silbern war der ganze Körper,
Von dem Scheitel bis zur Zehe;
Silbern Rock, die Aermel silbern,
An den Aermeln Silberspitzen.
Gleich fragt' ich das Silbermädchen:
„Wardst du nicht gewahr die Pfade,

Siebenter Gesang.

520 Wo entschwand des Hauses Hühnchen,
Birkhuhnstochter stob im Sturme?"

Doch die Silberne begriff nicht,
Konnte auch nicht Antwort künden.
Silber, das wie Steine starr ist,
Konnte nicht den Mund bewegen,
Konnte nicht die Zunge regen.

Eilig macht' ich mich von dannen,
Ließ die Schritte rüstig rudern,
Ging ein Stück, ging weite Wege,
530 Ging ein Stück durch wüste Gegend,
Sieben Werst durch solche Gegend,
Acht durch lauter Felsgelände,
Hundert Werst durch moos'ge Moore.
Was kam denn mir da entgegen?
Kam 'ne Goldmaid mir entgegen,
Eines goldnen Königs Tochter.
Mund von Gold, von Gold die
Brauen,
Hals von Gold, von Gold der Körper,
Gold vom Scheitel bis zur Zehe.
540 Golden waren ganz die Aermel,
Gold die Spitzen an den Aermeln,
Gold der Rock, der Hut von Golde,
Golden auf dem Hut die Krone.
Gleich befragte ich die Goldne:
„Wardst du nicht gewahr die Pfade,
Wo entschwand des Hauses Hühn-
chen,
Birkhuhnstochter stob im Sturme?"

Goldmaid, die's begriff, versetzte,
Goldner Schnabel gab zu hören:
550 „Wandl' auf dem Gelände weiter,
Haste dich sodann zur Haide,
Findest dort ein feines Mädchen,
Das mit mildem Munde redet."

Eilig macht' ich mich von dannen,
Flink die Schritte jetzt beflügelnd,
Daß die Sohlen bald sich bogen.
Ging durch wüste Gegend fürbaß,
Sieben Werst durch moos'ge Moore,
Acht durch Weiden und durch Wiesen,
560 Zehen durch bebauten Boden,
Dann auf dürrem Pfade kam ich
Hin zu der gewies'nen Haide.
Was kam denn mir da entgegen?
Kam 'ne minn'ge Maid entgegen,
Maid aus Mutterschooß geboren,
Wangen waren frisch geröthet,
Augen glühten hellen Glanzes.
Ich nun forschte von der Feinen,
Und befragte die Hochbusige:
570 „Wardst du nicht gewahr die Pfade,
Wo entschwand des Hauses Hühn-
chen,
Birkhuhnstochter stob im Sturme?"

Schöne Maid verstand zur Stunde,
Nimmer spröde sprach das Mädchen:
„Sahe nirgends, lieber Bruder,
In der Haide Hühnchens Spuren,
Noch sonstwo des Birkhuhns Wege.
Nahm der Habicht wohl das Hühn-
chen,
Ward wohl Birkhuhn Adlers Beute.
580 Doch in unser Dorf komm, Bruder,
Um zu freien Hauseshühnchen;
Blühn dort viele blonde Mädchen,
Braune noch in mehrer Menge,
Wohl ein Rudel Lockenköpfe.
Sieben sind mit schönen Spangen,
Zehn mit goldnem Kranz gekrönte,
Zwanzig, die mit Perlen prangen,
Hundert, die in Seide sitzen."

Ich verstands, versetzte Solches:
590 „Kann nicht kommen, junge Tochter!
Ich bin nicht ein froher Freier,
Der auf Mädchenwegen wandelt;
Suche die vermißte Mutter,
Die verlorne liebe Mutter."

Sprach darauf der zweite Bruder,
Ließ im Flug sein Lied verlauten:
„Ging, die Mutter aufzusuchen,
Das verlorne Huhn zu holen,
Wandelte ein Stück des Weges,
600 Stück des Weges, weite Strecke,
Strich durch Strecken flachen Landes,
Schritt durch manche große Moore,
Ging entlang dem Lauf des Flusses
Durch den Wald auch viele Werste.
Was kam denn mir da entgegen?
Kam ein Hüttchen mir zu Handen.
An desselb'gen Thüre sagt' ich:
„Gruß dir Mutter, Gruß dir Vater!
Kommet doch, den Weg zu weisen!"
610 Blieben Mutter stumm und Vater,
Schwarze Katze spann im Winkel.

Eilig macht' ich mich von dannen,
Ließ die Schritte rüstig rudern,
Ging ein Stück des Weges weiter,
Stück des Weges, weite Strecken,
Flog ein Stück durch wüste Flächen,
Watete durch Sumpf dann wieder,
Ging entlang dem Lauf des Flusses,
Viele Werst sodann durch Waldung.
620 Was kam denn mir dort entgegen?
Kam mir Isegrim entgegen.
Unverweilt fragt ich den Wolf da:
„Sahest du nicht, saubrer Bruder,
Unsrer Mutter Weg im Walde?"

Nicht konnt Isegrim sich äußern,
Nicht der Wolf ein Wort bewält'gen,
Schielte nur und schob sich weiter,
Zeigte tückisch seine Zähne.

Eilig macht' ich mich von dannen,
630 Ließ die Schritte rüstig rudern.
Ging ein Stück des Weges weiter,
Stück des Weges, weite Strecken,
Flog ein Stück durch wüste Flächen,
Watete durch Sumpf dann wieder,
Ging entlang dem Lauf des Flusses,
Viele Werst sodann durch Waldung.
Was kam denn mir da entgegen?
Kam mir Braun der Bär entgegen.
Bat um Auskunft gleich den Bären:
640 „Sahst du nicht, mein süßer Bruder,
Unsrer Mutter Weg im Walde?"

Bär begriff nicht meine Frage,
Konnte auch nicht Antwort künden;
Was das Männlein mürrisch brummte,
Kein Wort konnt' ich deß verstehen.

Eilig macht' ich mich von dannen,
Ließ die Schritte rüstig rudern,
Ging ein Stück des Weges weiter,
Stück des Weges, weite Strecken,
650 Flog ein Stück durch wüste Flächen,
Watete durch Sumpf dann wieder,
Ging entlang dem Lauf des Flusses,
Viele Werst sodann durch Waldung.
Was kam denn mir da entgegen?
Hob sich eine hohe Fichte,
Goldner Kuckuck auf dem Gipfel.
Fragte ich den Kuckuck freundlich:
„Sahest du nicht, goldner Schnabel,
Unsrer Mutter Weg im Walde?"
660 Kuckuck der's begriff, versetzte,
Goldner Schnabel gab die Antwort:
„Geh nur hin durch Waldesweite,
Winkt dann eine schöne Wiese,
Hinter ihr ein Hain von Birken,
In dem Hain ein Hofgesinde;
Findest dorten feine Mädchen,
Die dich recht berichten können."

Eilig macht' ich mich von dannen,
Meine Schritte flink beflügelnd,
670 Wallte durch die Waldesweite,
Tapfer durch den Wiesenteppich,

Siebenter Gesang.

Bald auch durch die Birkenholzung.
Was nun bot sich mir im Birkhain?
Sah ein stattliches Gesinde,
Im Gesinde selbst vier Mädchen,
Schön im Perlenschmuck zu schauen.
Eine säumte seidne Hemden,
Aermel stickte bunt die andre,
Goldnen Gürtel wob die dritte,
680 Leinwand fertigte die vierte.
Wie vom Winde rein gewehet
Schimmerte die schöne Stube,
Seide deckte dicht die Wände;
Blendend weiß die blanke Diele.

Freundlich bot alsbald den Gruß ich:
„Gruß euch, feueräugige Mädchen!
Wißt ihr nicht des Weges Spuren,
Wo das Haushuhn sich verloren,
Birkhuhnstochter ist verborgen?
690 Die am Seidenhemde säumte,
Ließ auch nicht ein Wort verlauten,
Die der Aermel Buntwerk stickte,
Machte ihren Mund nicht offen,
Die den goldnen Gürtel strickte,
Nahm den Gruß mit Gunst entgegen,
Die mit Lust die Leinwand webte,
Die nur war nicht karg mit Worten,
Die nur sagte freundlich Solches:

„Ging ich Goldne auf die Hütung,
700 Ging zur Beerenlese gestern,
Ehegestern weit im Walde,
Vorher noch um Heu zu harken;
Habe nicht des Hühnchens Spuren,
Nicht des Birkhuhns Weg gewahret;
Sicher flohen sie im Fluge,
Schwangen fort sich auf dem Fittig.
Laß den Sommer gern vergehen,
Kommt heran die holde Herbstzeit,
Bringe nur die Branntweinkrüge,
710 Thue Gaben in die Truhe,

Hasch' ein Hühnchen dir als Freier,
Andres Birkhuhn dir erbeute!"

Ich begriff es und versetzte:
„Will ich doch kein junges Weibchen,
Bange nicht nach andrem Birkhuhn,
Spähe nach der Mutter Spuren,
Nach der besten Mutter Bahnen."

Drauf erzählt der dritte Bruder,
Wie auch seine Späherwallfahrt
720 Ganz vergeblich sei gewesen.
Von der Inselfahrt erzählt er,
Von dem finnischen Begebniß,
Wie der Zauberer, Windesweiser,
Vollverdient den Tod gefunden,
Sprach vom Kauf des Königsschwertes,
Von dem langen Festgelage;
Doch vom harten blut'gen Hader,
Von des Schmiedsohns toller Tödtung,
Von des Liebchens Wellenliede
730 Ließ er nicht ein Wort verlauten.

Wieder ließ der älteste Bruder
Sich im Sange so vernehmen:
„Unser Vater ruht im Rasen,
Unter kaltem Kieselteppich,
Auf dem felsgefügten Bette;
Wohin sich die Mutter wandte,
Was die Wiederkehr ihr wehrte,
Das kann nur des himmelshohen
Taara Weisheit wahrlich wissen.
740 Ob der Wittwentrauer Trübsal,
Ob des Grames grimmes Nagen,
Schlimm der Mutter Tod beschleunigt,
Oder ob Gewaltthat wehvoll,
Eines Freiers Diebesklaue
Frech entführt die fromme Wittwe,
Fort in fernes Land sie schleppend;

Oder ob die Wasserwogen
Sie im Meeresgrund begruben,
Bleibt uns unenthüllt Geheimniß.
750 Auf der Eltern Schutzesfittig,
Auf der warmen Liebe Wartung
Dürfen heut wir nicht mehr hoffen;
Auf der eignen Flügel Flugkraft
Sind gestellt wir starken Vögel.
Zeit ist's zu vollziehen nunmehr
Den Befehl des todten Vaters:
Laßt uns Brüder darum losen,
Wer von uns als König komme!
So hat Vater vor dem Tode
760 Noch belehrt die liebe Mutter."

Darauf ließ der zweite Bruder
Sich im Sange so vernehmen:
„Bist im Rechte, bester Bruder!
Wie des sel'gen Vaters Sinnen
Seinen Willen hat versiegelt,
So geziemt den Söhnen sicher,
Ganz der Vorschrift sich zu fügen.
Jetzt ist Mann der jüngste Bruder,
Flügge schon der Flügelträger,
770 Kann schon kecklich aus dem Neste
Ueber Meeresfluthen fliegen:
Bringe dann das Loos die Lösung,
Schaffe gültige Entscheidung!"

Endlich ließ der jüngste Bruder
Sich im Sange so vernehmen:
„Eh' ich bin zur Welt geboren,
Ist der Vater mir gestorben,
Mutter mußte in die Irre,
Ward ins Elend wohl gestoßen!
780 Schwand die Mutter von der Schwelle,
Floh durchs Fenster fort die Liebe,
Ward die Mutter fortgeführt,
Zog die Liebe längs den Zäunen,
Warme Worte in die Moore;
Wo das Täubchen ward getödtet,
Birkhuhn ward ins Grab gebettet,
Da erstarrte stets die Liebe,
Ward gepackt vom Winterfroste:
Senkte man ins Grab die Mutter,
790 Fror zu Eis der Liebe Labsal.
Wir die drei bedrängten Brüder,
Wir verwaisten armen Kinder,
Müssen nun des Vaters Mahnwort
Ungeweigert wirklich machen.
Laßt uns also morgen losen,
Es durch Kraftversuch ersehen,
Gläubig es dem Glück befehlen,
Wer von uns nach Taara's Willen
Herrschermacht alsbald erhalte!"

800 Jeder hegte jetzt Gedanken,
Jeder wiegte stille Wünsche,
Die im Herzen sich erhoben:
Hoffnung, daß das Loos gelinge,
Furcht, daß ihm das Glück entgleite.

Abends in der Dämmerstunde,
Als schon dauernd Dunkel weilte,
Ging allein der jüngste Bruder,
Leidvoll seine Schritte lenkend
Zu des Vaters grünem Grabe;
810 In der Hand das Thränentüchlein,
In der Faust das Zährentüchlein,
Tritt er auf des Vaters Grabmal,
Setzet hin sich auf den Hügel.
Forscht der Vater aus dem Grabe:
„Wer denn wühlet hier den Sand auf,
Wer betritt das Grab des Greises,
Stampft den Kies mit starkem Fuße,
Schon den Leichenstein erschüt-
ternd?"

Wohl verstand's der Sohn, versetzte:
820 „Wühlet ja dein Sohn den Sand auf,
Er betritt das Grab des Greises.

Väterchen, dein jüngster Sprößling,
Den dein Auge nie gesehen,
Stampft den Kies mit starkem Fuße,
Schon den Leichenstein erschütternd.
Heb' empor dich, holder Vater!
Heb' empor dich, mich zu herzen,
Komm des Sohnes Kopf zu streicheln,
Komm die Stärke ihm zu stählen,
830 Worte drei mit ihm zu wechseln!"

Vater der's versteht, erwidert:
„Kann nicht kommen, junges Söhnchen,
Kann nicht kommen, nicht erwachen.
Von der Brust die Knochen bröckeln,
Wurden Staub der Kniee Knochen,
Gras schon wuchs auf meinem Grabe,
Lolch erhebt sich auf dem Hügel,
Moos schon decket meinen Grabstein,
Blaue Blümlein blühn zu Häupten,
840 Maßlieb wuchert mir zu Füßen.

Liebe fächelt lind dir Windhauch,
Strahl der Sonne wird dich streicheln."

Wehmuthsvoll der Sohn erwidert:
„Windes Liebe währt nur Stunden,
Sonnenliebe säumt nur Tage,
Lebenslang währt Taara's Liebe,
Ewig fest die Vaterliebe."

Sprach der Vater aus dem Grabe
Liebreich so mit leiser Stimme:
850 „Traure nicht, mein trautes Söhnchen,
Weine nicht, du junge Waise!
Des Erzeugers Schatten schirmet
Frommen Kindes Thun im Tod noch:
Nach der weisen Götter Walten
Laufen unsres Lebens Linien,
Gleiten unsres Glückes Wellen.
Wenn du sinnlos Sünde übtest,
Müh' dich bald sie gut zu machen!"

Achter Gesang.

Himmelsleuchte, Stern des Abends,
Du der Dämm'rung helles Auge,
Sieh herab vom Wolkensaume,
Von des Himmels hehrer Stirne,
Auf des Sängers Wallerwege,
Auf des Harfners heim'sche Pfade!
Ruhig sah dein sanftes Auge
Die Geschlechter wandeln, wechseln,
Sah schon Taara's Eichenhaine,
10 Die uralten stolzen Bäume
Prangen in der Pracht des Laubes,
Sah des Embachs Fluthen flimmern
In der Sonne glüh'ndem Glanze,
Sah des Embachs wilde Wogen
Rauschend rollen, und mit Macht sich
Aus dem Arm des Winters winden.
Wohl auch, theure Sternentochter,

Hold gewohnte Himmelsjungfrau,
Sahst du sich die Brüder regen,
20 Da das Loos sie werfen wollten,
Wardst gewahr den mächt'gen Pflüger,
Kalew's königlichen Sprößling,
Wie er Wierlands spröden Boden,
Jerwens träge Ackertriften
Mit den Heldenhänden pflügte;
Wie er sumpfig Waldland pflügte,
Sumpfig Waldland, hohe Hügel,
Dürre Flächen doppelt pflügte
Wie er Röhricht rastlos pflügte,
30 Steilen in die Furchen stürzte,
Hügel auf die Wiesen wälzte,
Schluchten schlichtete mit Hochland.
Wohl hast, theure Sternentochter,
Pflügen sehn den stolzen Starken.

Sollte es mir mälig mangeln
An des süßen Sanges Garne,
An der Rede goldnen Reihen,
An der Spindel Silberfäden,
Dann wohl weist der Stern die Wege,
40 Mir der Himmel helle Pfade.
Fehlt's mir ferner noch an Spruchstoff,
Hab' ich Säcke voll zu Hause,
Handschuh voll noch auf dem Ofen,
Fäuste voll noch auf der Darre,
Platte Schuhe voll im Kasten.
Wenn's auch dann mir mangeln möchte,
Sammle ich auf harter Haide,
Pflück' auf rauher Waldesrodung,
Streife ab aus dem Gesträuche,
50 Von dem abgeharkten Heuplatz.
Sammle Striemen von dem Thaugras,
Hole von den Stoppelhalmen,
Raffe aus dem Kaff noch Reste,
Aus der Kurzstrohscheune Kehricht.

Lasse ich mein Lied verlauten,
Schick' mich an mit hellem Schalle
Kalew's kühnen Sohn zu preisen:
Dann bleibt stehn die ganze Gauschaft,
Hört mir zu das herz'ge Dörflein,
60 Hemmt die Herrschaft ihre Schritte,
Säumt des Edelguts Gesinde,
Um zu lauschen meinem Liede,
Meines Sangs gewalt'gen Weisen.

Hebt nur erst die hell're Zeit an,
Beß're Lage unsrer Leute,
Singe ich noch andre Sänge,
Singe rechte Sängersagen,
Wende mich zu alten Weisen,
Die in Harrien ich gehöret,
70 Die in Wierland ich gewonnen,
Die ich in der Wiek erworben,
In dem Hain des Taara haschte.
Feuer sing' ich in den Sturm dann,
Lohe in die lichte Schneetrift,
Lasse das Gewölke lodern,
Lasse flammen Schnees Flocken.
So war sonst die Weise Wierlands,
So der Sänger Trieb in Jerwen.

Laß' ich laut mein Lied ertönen,
80 Künd' ich von dem Kalewhelden,
Heb' ich an vom Olewhelden:
Wie viel Rosse würden reichen,
Wie viel Braune, fortzubringen
Solchen Schatz? ihn nur zu rühren?
Nur der Gaul des Kalewsohnes,
Alew's Mähre nur vermöchte
Meines Sanges Meng' zu schleppen,
Meiner Lieder goldne Lasten.

Andern Tags in frischer Frühe,
90 Eh' die Sonne sichtbar wurde,
Eilten Kalew's kühne Söhne
Alle drei sich aufzumachen,

Um im Luftgang zu erlugen,
Ob nicht irgendwo zum Wettkampf
Sich ein guter Platz ergebe,
Ob nicht zu des Glücks Erprobung,
Nach geheimen Herzenswünschen,
Sei der rechte Ort zu sehen.

Kalew's kühne junge Söhne
100 Wanderten in wack'rem Gange
Munter vorwärts gegen Mittag,
Weilten dann und wann im Walde,
Auszuruhn die müden Glieder;
Nahmen Nahrung sich zu stärken,
Trank, den Durst sich zu vertreiben.

Als in schönem Abendschimmer
Sich die liebe Sonne senkte,
Fanden sie ein hoch Gehöfte,
Ein erles'nes unter Linden.
110 Stracks dem Hof die strammen Männer
Nahten alle drei sich neigend.
Kam der Vater bis zur Pforte,
Kam die Mutter bis zur Schwelle;
In der Pforte rief der Vater,
Hob die Mutter hold die Stimme;
„Kommt ins Haus, ihr jungen Helden,
In die Kammer, saubere Freier.
Seid ihr freilich hohe Freier,
Kalew's köstliche Erzeugte,
120 Haben wir auch hohe Bräute,
Eines weisen Vaters Kinder,
Eines Recken rüst'ge Töchter.
Ihr habt Gold in eurem Koller,
Silberperlen hoch am Halse,
Pfennige in euren Beuteln,
Alte Thaler in den Taschen;
Wir besitzen sehr viel Kisten,
Voll gefüllt mit guten Gaben."

Sagte drauf derält'ste Bruder:
130 „Freier sind wir freilich nimmer,
Werbefahrten liegen fern uns.
Wir sind wandernde Gesellen,
Wir sind wahre Glückesjäger;
Noch ist nicht gestellt die Stube,
Noch die Kammer nicht geviertet,
Bretter nicht zum Bett gebrochen;
Um ein holdes Huhn zu hegen."

Vater, der's verstand, versetzte:
„Werdet, Wertheste, nicht böse,
140 Nehmt es nicht in üblem Sinne:
Freier seid ihr, losen Leute!
Wozu sonst die seidnen Hemde,
Wozu goldgewirkte Wämmser?
Wie sonst wußtet ihr zu kommen,
Dies Gesinde aufzusuchen?
War kein Merkmal auf den Matten,
Auch kein Zeichen in den Zäunen,
Daß die Hühnchen hier gedeihen,
Birkhuhnschaar sich hebt vom Boden,
150 Entchen warm im Neste wachsen!
Gut gehegt im Heime wuchsen
Kinder in verborgner Kammer
Wirkten goldenes Gewebe,
Zettelten auch Seidenzeuge,
Haben alle goldne Handschuh,
Silberringe an den Fingern,
Mächt'ge Spangen an dem Mieder,
Theure Thaler an dem Halse.
Euch lockt doch die Gier nach Golde,
160 Und ihr schmachtet nach Geschmeide!"

Drauf versetzt der zweite Bruder:
„Hör' einmal, o weiser Vater,
Hör einmal, du holde Mutter!
Holt die Mädchen her ins Freie,
In des Abends laue Labe,
Zu dem Reigen auf dem Rasen,
Zu der Schaukel schönem Spiele.
Laßt die Gaben ungegeben,
Das Geschmeide ungeschmälert!

170 Darauf holte man die holden
   Kinder aus der stillen Kammer;
   Goldgewirkt sind ihre Gürtel,
   Ihre Flitterkränze flimmern,
   Hunderte von seidnen Bändern
   Fallen nieder bis zur Ferse,
   Silberperlen, goldne Ketten,
   Hängen schwankend an dem Halse
   Mächt'ge Spangen an dem Mieder.
   Wenn sie heiter vorwärts hüpften,
180 Baumelten die seidnen Bänder,
   Blinkten blitzend bis zur Zehe,
   Wenn die Mädchen rückwärts
      wallten,
   Fuhr der Bandschmuck bis zur
      Ferse.

   Von der Schwelle rief die Mutter:
   „Diese Töchter thaten Arbeit,
   Webten lange starkes Leinen,
   Zettelten auch feine Zeuge,
   Fertigten auch dralle Drelle,
   Zierten sie mit bunten Borten,
190 Strickten seidne Zwickelstrümpfe,
   Spannen feine klare Fäden,
   Webten köstliche Gewebe;
   Stöhnten nicht in früher Stunde,
   Wurden schläfrig nicht beim Werke;
   Das sind brave Kalewbräute;
   Hühnchen für die hehren Helden."

   Gleich begriff der jüngste Bruder,
   Sprach, gewandt die Worte setzend:
   „Höre doch nur, holde Mutter,
200 Höre wohl, o weiser Vater!
   Hühnchen für das Haus des Kalew
   Sind noch wahrlich nicht gewachsen.
   Von uns dreien kam ja Keiner
   Her in euren Hof als Freier.
   Seht, wir gehn das Glück zu suchen,
   Wollten erst ein Nest erwerben.
   Merkt ihr jugendlichen Maide!

   Nicht betrübet euch, ihr Trautchen!
   Weinen raubt den Wangen Röthe,
210 Jeder Mond würd' eure Röcke
   Jeder Tag den Kopfschmuck bleichen,
   Jeder Abend eure Perlen,
   Jede Nacht den Glanz der Thaler,
   Eh' wir euch zu eigen würden.
   Wir sind Waller nach dem Glücke,
   Uns lockt fort der Reiz der Nächte,
   Lockt des goldnen Mondes Leuchte,
   Lockt der Sterne lieblich Blinken,
   Lockt der Siebensterne Schimmer,
220 Winkt der Glanz des alten Wagens."

   Kalew's kühne junge Söhne
   Wanderten in wack'rem Gange
   Munter vorwärts gegen Mittag,
   Gingen einen Tag, noch einen,
   Auch ein Theil des dritten Tages,
   Bis zuletzt sie unerwartet
   Einen kleinen See ersahen,
   Schön umhegt von hohen Ufern.
   Schön auch war der See zu schauen,
230 Wilde Gänse auf den Wellen,
   Haufen Schwän' am Ufer hausend,
   Enten unterhalb der Fähre,
   Graue Vögel an der Fähre.
   Sah man weg vom Ufer weiter
   Gegen Abend, so erglänzte
   Hell und hoch der Hain des Taara,
   Grünend auf dem Kamm der Kuppe
   In des lichten Laubes Fülle.
   In des reichen Thales Rinnsal
240 Floß der Embach unermüdet,
   Seine sonnbeschienenen Wellen
   Nach dem Peipussee hin sendend.
   Milch vom Mutterbach gespendet
   Sog der Peipussee begierig.

   Von den Brüdern nun der ält'ste
   Ließ alsbald die Rede rudern,
   Und hub an zu sagen Solches:

"Hier ist wohl ein schöner Schauplatz,
Ganz gemacht zum Wett- und Wahlkampf;
250 Her vom Hain blickt Taara's Auge,
Sieht Allvaters sanftes Auge,
Aus der Tiefe Naß die Nixe.
Laßt das Loos uns werfen, Brüder,
Wer nun von uns Brüdern dreien
Walten werd' als heim'scher König,
Als des Vaterreichs Regierer,
Als des Volkes Hort und Helfer?
Wer hinfort durch Glückes Fügung
Auswärts sich Gewalt erwerbe,
260 Seinen Wohnort sich erwähle?

Drauf erlas man Steine dreie,
Sie zu Loosessteinen stempelnd,
Womit nach dem Ziele sollten
Ihren Wurf die Männer wagen:
Wessen Hand am weit'sten könne
Seinen Stein mit Stärke schleudern?

Nahmen nunmehr auf die Steine,
Trugen näher sie ans Ufer;
Richteten in einer Reihe
270 An dem Ufer sich die dreie.

Ward des Wettkampfs Maß gewählet,
Ziel gesetzt des Seees Breite:
Wessen Stein in flinkem Fluge
Schwirrend über'n See sich schwinge,
Ein Stück weiter als die andern
Jenseits sich zu Boden senke,
Solle nach besprochner Satzung
Hehr als Herrscher sich gehaben.
Sie gelobten wahr und wirklich,
280 Den Befehlen ihres Vaters
Statt zu geben in allen Stücken.
Zweie von den Brüdern sollten
Weiter in die Fremde wandern,
Nur der dritte in der Heimath
Als erhabner Herrscher bleiben.

Sprach der älteste der Brüder,
Ließ also die Rede rudern:
"Wohl denn, laßt das Loos uns werfen!
Mir gebührt es, beste Brüder,
290 Anzufangen mit dem Faustwurf;
Hat mich doch die holde Mutter,
Da die Frucht nun reif geworden,
Aus dem Schooß zuerst geschieden,
Hat im Badraum mich gebadet,
Mich im Sonnenschein gesonnet,
Süße Beeren mir geboten,
Eh' sie euch sie bringen konnte.
Würden nun auch eure Würfe
Mächt'ger als mein Maß sich zeigen,
300 Soll das keinen Zank erzeugen,
Noch auch Feindesgroll begründen.
Mir ist noch kein Merk gegeben,
Meinem Aug kein Ziel gezeiget;
Brechen muß die Bahn ich, Brüder,
Anderen die Wege weisen.
Wohin ich den Stein auch werfe,
Zeig' ich Andern ihn als Zielpunkt.
Spät're finden schon die Spuren,
Ebnen Weg, wer hinten wandelt.
310 Wer da will des Werkes Anfang,
Schon Geschehenes beschimpfen,
Mög' erst selbst ein Haus erstellen,
Fest des Hauses Wände fügen,
Richtig die vier Winkel richten,
Dann mit einem Dache decken,
Ueber das die Winde wehen:
So wird sicher er schon sehen,
Daß breitzüngiger Tadel tastend
Schneller fremde Fehler findet,
320 Als sie selber bald verbessert."

Als er diesen Spruch gesprochen,
Stand er hin den Stein zu schwingen,
Hob dann hoch in seiner Faust ihn,
Schleuderte ihn schleunig vorwärts,
Daß er flog auf Windesflügeln.

7

Flog der Stein mit Sturmeseile,
Himmelhoch mit Sturmeseile.
Wer ihn sah, der mochte meinen,
Daß ein Böglein aufwärts fahre
330 Hin, wo sich der Saum des Himmels,
Das gewölbte Dach des Weltalls
Auf des Erdraums Stützen stemmet.
Plötzlich sich im Schwunge schwenkend
Stürzt der Stein nun abwärts wieder,
Sinket senkrecht in die Tiefe,
Bis er fällt ins Bett des Seees,
Unweit von dem andern Ufer.
Brausend wallt empor das Wasser,
Schäumig auf gen Himmel schießend,
340 In dem See versinkt der Steinblock,
Tauchend in den Wogenteppich;
In des Wassers Grund begraben,
Ward er seitdem nicht gesehen.

Darauf sprach der zweite Bruder,
Ließ die Rede rüstig rudern:
„Mir der Bruder brach die Bahn schon,
Wies mir meinen Weg im voraus,
Regelte des Baues Richtung,
Fügte fest die Zimmerwände,
350 Richtig die vier Winkel richtend,
Deckte sie mit dichtem Dache.
Folgend dem gezeigten Ziele
Stell ich mich in seine Stapfen."

Als er diesen Spruch gesprochen,
Faßt den Stein in starker Faust er,
Schwingt ihn in geschwindem Wirbel,
Wirft gewaltig dann mit Sausen,
Läßt den steinernen Vogel fliegen,
Läßt den Steinblock fernhin segeln,
360 Himmelhoch erhob der Stein sich,
Drohte durchs Gewölk zu dringen,
Zu verfinstern fast die Sonne.
Flog der Stein mit Sturmeseile,
Immer höher, immer weiter;
Nun doch schwenkt' er sich im Schwunge,
Senkte abwärts sich zur Erde,
Stürzte drauf am steilen Ufer
Zwischen Naß und Trocken nieder;
Halb noch eingehüllt vom Wasser,
370 Halb schon aus der Fluth sich hebend.

Nunmehr war des Wettwurfs Reihe
An dem dritten dieser Brüder.
War auch jünger noch an Jahren
Und an Lebensdauer ärmer
Kalew's köstlicher Erzeugter:
War er doch durch Leibeslänge,
Durch der Brust gewölbte Breite,
Durch des Körpers kern'ge Knochen,
Kraftbegabter als die andern,
380 War gewalt'ger als die Brüder;
Sehn'ger waren seine Finger,
Härt'ren Hornes seine Nägel,
Schärfer seiner Augen Schaukraft,
Reicher seines Geistes Gaben.

Sprach sodann der jüngste Bruder,
Ließ also die Rede rudern:
„Unsre holde Herzensmutter
Brachte ihren späten Sprößling,
Mich zur Welt in Todeswehen,
390 Es gebar in bangen Nöthen
Wohl den Trauersohn die Wittib.
Unsre holde Herzensmutter
Fand den Schlaf nicht viele Nächte,
Nahm nicht Nahrung viele Morgen,
Mittagsmahl nicht viele Tage;
Nicht erlosch das Licht im Zimmer,
Nicht das Feuer vor dem Lager.
Mutter kam nicht aus den Kleidern,
Angeschirrt stand stets der Schimmel;

Achter Gesang.

400 Nach dem Arzte fuhr der Schimmel,
Nach dem Zauberer zogen Weiber.
Wohl zehn Wege macht der Schimmel,
Ging der Gaul gar viele Gänge,
Wie die Weiber zu den Weisen,
Suchtest Hülfe für den Säugling,
Für das schwache Kind Beschwichtger,
Für das stöhnende Stärkespender.
Gabst ein Lamm dem Lindrungszauberer,
Zicklein dann dem Zungenlöser,
410 Fleckig Rind dem Badequäster,
Buntes Rind dem Borstentilger,
Gabst dem Weisen willig Thaler,
Und gelobtest Lohn dem Arzte.
Sangest früh und sangest spät noch:
Sei nur ruhig, junges Söhnchen!
Wachse mir zum Heerdenhüter,
Hebe dich zum Rinderhirten,
Dehne dich zum Kleinviehhirten,
Wachse Sohn zum wackern Pflüger,
420 Richte dich zum rechten Kriegsmann!"

Wuchs der Knabe manche Weile,
Manche Weile, viele Tage,
Schon auch sah er manchen Sommer,
Fünfmal fiel die Zeit der Heumahd,
Als ich auf des Vaters Hofe
Auf der Schaukel schon mich wiegte,
Ueber Faulbaums vollen Blüthen,
Zwischen zweier Birken Wipfeln,
Ueber lust'gem Erlenlaube,
430 Auf der Haselstaude Stammholz.

„Fielen oft des Faulbaums Blüthen,
Ohne Blätter blieb die Birke,
Erlenlaub verlor sich flatternd,
Haselstrauches Kern verkam auch:
Mälig wuchs ich auf zum Manne,
Wuchs zum wahren Kalewsohne."

Nahm den Stein der jüngste Bruder,
Schwang ihn um im Windeswirbel,
Warf ihn rasch mit hellem Rauschen:
440 Fuhr der Stein im Vogelfluge,
Fernhin segelte der Felsblock;
Sicher zielte solche Sehkraft,
Gab den rechten Schwung die Rechte.
Ob nun wohl mit Windsgewalt sich
Hoch erhob der schwere Felsblock,
Höher flog und immer weiter —
So durchbrach er doch nicht Wolken,
Und verlor sich nicht ins Leere,
Wollte nicht die Höh'n beherrschen,
450 Noch das Firmament verfinstern.
Sausend segelte der Felsblock,
Ueberflog des Seees Breite,
Bis zum andern Ufer biegend,
Fiel dann in gemess'ner Ferne
Bald auf trocknen Boden nieder.

Sprach der älteste der Brüder:
„Woll'n wir nicht mehr weilen, Brüder,
Gehen wir jetzt graden Ganges,
Waten durch den winz'gen Weiher,
460 Nach dem Siegesstein zu sehen,
Und wohin die Steine stoben?"

Durch das Wasser ging die grade,
Durch den See die nächste Straße;
Drum besannen Kalew's Söhne
Sich auch nicht den Weg zu wählen,
Um den Siegesstein zu sehen.
Recht in Seees Mitte reichte
Wasser ihnen bis zur Weiche.

7*

Lag der Stein des ält'sten Bruders
470 Schlafend in dem Schlund der
   Wellen,
Schlummernd in des Seees Schlamm-
   grund;
Konnte kein Aug' ihn gewahren,
Konnt' ihn keine Hand betasten.

Ward des zweiten Bruders Wurf-
   stein
Dicht am Strande doch gefunden,
Zwischen Naß und zwischen Trocken,
Halb noch hell am Boden sichtbar,
Halb verhüllt schon von den Fluthen.

War der Stein des dritten Bru-
   ders,
480 Wahres Ziel des Wettsteinwurfes,
Ganz auf trocknem Land gelegen,
Ward auf grünem Feld gefunden,
Weiter weg als jene beiden.
Dahin war der Fels gefallen,
Zu enthüll'n des Himmels Willen,
Wer von diesen dreien Brüdern
Sei als König zu verkünden.

Sprach der älteste der Brüder,
Ließ also die Rede rudern:
490 „Durch ein göttliches Beginnen,
Sieht man auf dem Sand das
   Zeichen,
Auf dem Rasen rechtes Merkmal,
Wer von uns nach Vaters Willen
Sei zum Könige zu küren,
Sei zum Herrscher zu erheben.

„Holen her vom See wir Wasser,
Unsern Bruder bald zu baden,
Unsres Bruders Leib zu laben,
Königsweihe ihm zu widmen.
500 Schmücken wir den Körper köstlich,
Glätten wir des Herrschers Haare;

Auf den Leib gelegt den Goldrock
Unterm Rock das Silberhemde,
Und das Wamms von körn'gem
   Kupfer;
Setzt den Hut von Gold aufs Haupt
   ihm,
Paßt ihm an den Eisenpanzer,
Daß er werd' ein wackrer Krieger,
Ein siegreicher kühner Kämpe.
Wohin er die Schritte wende,
510 Soll ihn reiche Seid' umrauschen,
Soll sein Goldgeschmeide gellen,
Seine Silberzier erklingen,
Klar Erz an den Fersen klirren.
Wohin künftig kommt der Bruder,
Soll von lichtem Glanz er leuchten!"

Wie des alten Kalew Wille
Vor dem End' es festgesetzet,
Also ward der jüngste Bruder
Zu der Heimath Herrscher jetzo
520 Ward zum Könige gecüret.

Seine beiden Brüder sangen
Nun ein Lied mit lauter Stimme:
„Laßt uns denn von dannen wan-
   dern,
Es ist Zeit daß fort wir ziehen,
Gehen wir das Glück ergattern,
Wo der Kuckuck Glück uns kündet,
Uns der helle Vogel hold ist."

Wohl erwiderte ihr Bruder:
„Wo der Sonne Schein zu schauen,
530 Wo des Mondes Licht euch leuchtet,
Euch den Weg die Sterne weisen —
Wachsen goldne Fichtenwälder,
Fein belaubte Erlenforste,
Wachsen schöne Birkenwälder,
Taara's Eichenhaine herrlich.
Dort auch kündet Glück der Kuckuck,
Ist euch hold der helle Vogel.

Wo der Kuckuck Glück euch kündet,
Da erstellet eure Stube,
540 Wo der helle Vogel hold ist,
Da errichtet keck die Kammer,
Setzt hinein die seidnen Betten;
Wo der Trauervogel wehklagt,
Da erstellt ein Wittwenstübchen,
Schirmdach auch für scheue Waisen."

Drauf die ältern Brüder sprachen:
„Gott mit dir, du guter Bruder,
Du durchs Loos gekürter König!
Nun leb' wohl, du Nest der Heimath,
550 Wo uns Liebe hat gelabet,
Wo wir auf zu Männern wuchsen,
Wo wir hoch wie Eichen wuchsen!
Stöhnen werden Jugendstätten,
Härmen sich die Wiekschen Haine,
Wo wir Hähne stolz uns hoben.
Thränen hat nicht unsre Trauer,
Eher wird ein Vogel weinen;
Blut entquillet unsern Augen,
Bleichen werden unsre Wangen,
560 Starrer Gram die Stirne furchen,
Herbes Weh den Blick umwölken.

„Strenger Winter mag ver=
streichen,
Frühling kehrt zurück und Freude,
Sommer sendet neue Wärme.
Rege rinnen Bäche wieder,
Quellen werden wieder springen,
Blüthen blicken aus der Knospe,
Vögel zwitschern auf den Zweigen;
Dann wird wohl ein Fluß auch
fließen,
570 Wo ein Heim wird unser harren,
Eine reine Quelle rieseln,
Wo wir unsre Stube stellen,
Unsrer Wohnung Wände richten;
Schöne Blumen werden blühen,
Wo wir Hochzeitskammern bauen;

Süßer Vogelsang wird tönen,
Wo die Mädchen munter wachsen,
Mit Geschmeide froh sich schmücken.
Lebe wohl denn, Taara's Laubhain,
580 Scheiden gilt's vom schönen Embach!
Lebet wohl, ihr lieben Berge,
Wälder, Felder unsrer Heimath!
Muß das Kind von Mutterbrüsten,
Aus der Liebe Arm sich lösen:
Muß der Mann wohl Alles meiden,
Muß das Liebste von sich lassen.
Freundlich winkt die weite Erde,
Hoch wölbt sich der Himmelsbogen;
Keinem Tücht'gen droht Bedrückung,
590 Nimmer peinigt Noth den Starken."

Also wandten sich die Brüder,
Fuhren von dem Nest die Vögel,
Ließen an dem See den Bruder
Einsam ruhend auf dem Rasen,
Wo er selber Sehnsucht fühlte
Nach den frohen Jugendjahren,
Nach des Vaterhauses Hulden,
Nach der Mutterliebe Labung —
Was wie Thau dahingeschwunden,
600 Was im Windeshauch verweht war,
Von der Sonne Gluth verschret!

Stumm auf seinem Steine sitzend
Dachte dann der Mann im Geiste:
„Was gewachsen auf den Wiesen,
Was da Blüthen trieb auf Triften
In dem Lauf der Sommersonne,
Daraus muß sich Samen bilden,
Frucht zum Frommen künft'ger Tage.
Hat man mich gekürt zum König,
610 Mich zum Herrscher jetzt erhoben,
Muß auch ich mein Nest nun meiden,
Muß zu fernen Fluren fliegen;
Wie ein wahrer Sohn des Adlers
Hoch in Lüften sich muß halten,
Um auf eignem Fittig fahrend
Sich die Bahn des Glücks zu suchen."

Warf ein Silberstück ins Wasser,
Sich die Seefluth zu versöhnen,
Gunst des Wassergeists zu schaffen.
620 Was der frühern Väter Weisung
Sonst der Jugend hat geheißen:
Was die Männer jetzt nicht wissen
Noch die klugen Frau'n zu deuten.

Nach dem Siege in dem Wettwurf,
Nach der Trennung von den Brü=
dern,
Nahm der kühne Sohn des Kalew
In die Hand der Herrschaft Zügel.
Nahm zur Hand die harte Pflug=
schar,
Ehrend so des Pfluges Arbeit,
630 Das Geschäft des Ackerbauers;
Und auf daß des Landmanns Lage,
Stets in Frieden blühend bleibe,
Nicht verletzt vom Lärm des Krieges,
Nicht gefärbt vom Blut der Fehde:
Ist das köstlichste der Schwerter
Für des Königs Kerngewalten
Aller Orten arg vonnöthen;
Stütze gegen stolze Dränger,
Schirm und Schutzwehr gegen
Feinde;
640 Hat die Bösen streng zu strafen,
Hasses grimmen Muth zu mindern,
Ordnungsrecht des Reichs zu
wahren.

Kalew's köstlicher Erzeugter
Legt den Brotsack, legt das Schwert
um,
Stellt den Pflug ein in die Stangen,
Spannt den Gaul dann vor die
Pflugschar,
Schirrt den Wallach an zum Pflügen;
Moore fängt er an zu furchen,
Dürren Boden durchzuackern,
650 Rasenstrecken umzureißen;
Grub sein Pflug den Grund zur
Krume,
Machte Kies aus mächt'gen Steinen,
Lehm zu Samenboden lockernd,
Trocknen Staub zum Keimesträger.
Pflügte Strecken um zu Aeckern,
Zu ergieb'gen Erntefeldern,
Wieder andere zu Weiden,
Rasenplätzen, reichen Wiesen;
Sä'te Blaubeer' in die Sümpfe,
660 Kronsbeer' in die moos'gen Moore,
Schellbeer' in die Rasenscholle,
Schwarzbeer' an gar manchen Orten;
Pflügte Wüsten um zu Waldland,
Baare Flächen um zu Buschland,
Sä'te selber sorglich Bäume,
Hohe Eichen sich erhoben,
Büsche dicht den Boden deckten;
Pflügte Höhen um zu Flachland,
Wiesenbreiten, Rasenbreiten,
670 Und zu lustgen Wandelplätzen;
Pflügte, daß die Berge tanzten,
Daß die Hügel schwingend schwank=
ten;
Schuf so Thäler, helle Haine,
Schuf auch grüne Wiesengründe;
Sä'te Erdbeer'n an den Hügeln,
Preißelbeeren im Gesträuche.
Pflügte, daß die Blumen blühten,
Und in Pracht und Dufte prangten;
Pflügte, daß der Grund sich bauschte,
680 Grund sich bauschte und sich blähte;
Durch den Pflug mit Wasserfurchen
Gürteten sich rasch die Gaue,
War das Feld vor Wind gehütet
War geschützt vor Regenschauern,
Thät der Schnee sich nimmer
thürmen,
Hagel nicht zu Hügeln häufen.
Durch der Pflugschar scharfe Scheere

Kam dem Korn ein köstlich Wachs=
    thum,
Nahrungsfülle unversiegbar
690 Für die kommenden Geschlechter,
Zehrung für die ferne Zukunft.

Kalew's köstlicher Erzeugter
Pflügte einen Tag, noch einen,
Pflügte auch den dritten Tag noch;
Pflügte früh im Morgennebel,
Pflügte spät im Abendnebel,
Pflügte in der Mittagsschwüle
Sengegluth der heißen Sonne
Schuf dem guten Gaul Erschöpfung,
700 Machte matt des Pfluges Zugthier,
Lähmte selbst des Pfluges Lenker.
Bremsen brachten große Qualen,
Fliegenschwärme böse Bisse,
Mückenschwärme schweren Kitzel
Bei dem Tagewerk dem Wallach,
Und vor großem Durst verdorrt war
Schier dem Kalewsohn die Zunge.

Einst um Mittag schien die Sonne
Glüh'nder noch in ihrem Glanze,
710 Hart und drückend war die Hitze,
Drohte schon das Thier zu tödten.
Kalew's Sprößling löste eilig
Seinen Gaul nun aus dem Anspann,
Fesselte die Hinterfüße,
Daß das Pferd sich nicht verlaufe
Warf sich selber auf die Seite,
Seinen müden Leib zu laben,
Seine Glieder gleich zu dehnen,
Seinen Rücken auszurecken,
720 Lag alsbald im Bann des Schlum=
    mers,
Ausgestreckt im Strahl der Sonne.

Ruht sein Hals auf einem Hügel,
Seine Rechte hielt das Haupt
Weich gestützt auf seine Wange,
An den Berg gelehnt sein Leib lag,
Weithin bis ins Thal die Beine.
Also schlief der mark'ge Mannsen,
Starker Männer mächt'ger Sprosse,
730 Schlief gar lang auf lichtem Rasen,
Bis sich schon die Sonne senkte,
Dorthin schwebend, wo sie schwindet.
Heißer Sonnenbrand versehrte
Den in festen Schlaf Gefall'nen,
Den auf kies'gem Bett Geborg'nen,
Daß die Haut vor Hitze dampfte,
Daß der Körper schwamm im
    Schweiße,
Daß vom Antlitz rann das Wasser.

Die vom Antlitz triefenden
    Tropfen,
Den dem Haar entfloss'nen Schweiß=
    strom,
740 Sog der Berg wie Saft der Baum
    saugt,
Schöpfend in den Schooß der Tiefe.
Daraus wurden Wasseradern,
Quellen, bergend sich im Boden,
Frisch Getränk für trockne Kehlen,
Labung für erschlaffte Leiber,
So den Söhnen spät'rer Sippen,
Wie den Töchtern künft'ger Tage.
Wer deß kostet kann gedeihen,
Wird sich bess're Kraft gewinnen;
750 So gesunden sieche Kinder
Holen kränkliche sich Heilung;
Blöden Augen schenkt es Schärfe,
Blinde selber werden sehend,
Für Gebrechen bringt es Hülfe,
Schmälert auch die ärgsten Schmer=
    zen,
Lindert auch die längsten Leiden.
Hohe Kräfte hegt der Bronnen,
Da ursprünglich er entsprossen
Kern'ger Kraft des Kalewsohnes.
760 Wer den Trank einmal getrunken

In des Tages schwerer Schwüle,
Fühlet alsobald ein Feuer
Sich in seinen Gliedern regen,
Fühlt der Freude frisches Frommen
In dem Herzen sich erheben.
Mädchenwangen wirkt er Röthe
Dauernder als Trank Mariens:
Denn der röthet wohl die Wangen,
Nimmt man ihn von Jahr zu
     Jahre —
770 Roth, das Kalew's Quell erregt hat,
Leuchtet lange auf den Wangen,
Lange bis zum Lebensabend.

 Kalew's kerniger Erzeuger
Fand am Schlusse seines Schlafes,
Lugend durch des Geistes Pforte,
Eines Mißgeschickes Meldung:
Wie sein Gaul, im Gang gehindert,
Sein ihm werther Ackerwallach,
Durch Gewalt der wilden Thiere
780 Seinen Lebenslauf vollendet.

 Auf der grünen Grasesfläche,
Auf dem reichen Rasenteppich,
Ging der Gaul, geplagt von Mücken,
Hart bedräut vom Drang der
     Bremsen,
Schritt für Schritt nur weiter
     wandelnd,
Barg sich in der Büsche Schatten,
Ging am Rand des feuchten Forstes,
Einen Ruhplatz zu erreichen,
Einen sichern Fleck zu suchen,
790 Wo er sich ein Weilchen schlum=
     mernd,
Nach des Tages Qual erquicke,

Diese weite Laubholzwaldung
Hegte vormals Heerden Wölfe,
Nährte weiland wilde Thiere,
Die, wie blutbegier'ge Hunde,
Längst bereits des Wallachs Witt=
     rung
Hungrig ausgeschnüffelt hatten.
Wölfe kamen heerdenweise,
Bären bald auch rudelweise,
800 Füchse dann in dichten Haufen,
Sich des Gaules Fett zu gönnen,
Köstliche Atzung hier zu kosten;
Kamen näher, nachzuspähen,
An des Laubwalds Saum zu lauern,
Von woher der Wind die Witt'rung
Nah gebracht wohl ihren Nasen?

 Jetzt der gute Gaul des Helden,
An den Füßen festgekoppelt,
Kann nur kurze Sätze machen,
810 Durch den Strick beschränkte Schritte,
Hüpft davon gehemmten Sprunges
Durch den weiten Plan am Walde,
Wollte dieser Noth entweichen,
Und des Todes Schlund entschlüpfen.
Doch die anerschaff'ne Schnelle
Findet Hemmung durch die Fessel,
Die den Lauf des Thieres lähmet.
Nieder schlägt das Roß die Räuber,
Holt aus mit den Hinterfüßen
820 Gegen seine grimmen Gegner,
Reißt die Bestien zu Boden.
Fort stürmt's mit den Vorderfüßen,
Hauend mit den Hinterfüßen;
Wirft auch große Wölfe nieder,
Stößt zu Tod die starken Bären.
Stetig stürzen neue Schaaren
Aus dem Walde auf den Wasen,
Schwirrend wie die Vögelschwärme,
Gierig nach dem guten Gaule,
830 Dessen Kraft ermattet mälig.
Endlich schwand im schweren
     Kampfe
Rasch die letzte Kraft des Rosses;
Unter wilder Thiere Tatzen,

Ihren beutelust'gen Bissen,
Ward des Kalewsohnes Wallach
Auf den Rasen hingerissen
Für das Waldgethier zur Weide.
Spuren von dem guten Gaule
Blieben, seine Wege weisend,
840 Eine Meile weit bemerkbar
Für des Kalew kühnen Sprößling.

Fallend auf die Hinterfersen
Hatt' es eine Gruft gehöhlet;
Wo es Raubgethier getödtet,
Waren Hügel draus geworden,
Hoben sich der Hümpel viele.
Wo es endlich dann dem Wildvieh
Auf der Lichtung war erlegen,
Hatten Ströme hellen Blutes,
850 Im Gesenk sich angesammelt,
Eine rothe Bucht gebildet;
Wo die Leber lag, da hatte
Sich ein Berg herausgebildet;
Wo die Eingeweide welkten,
Hatte sich ein Sumpf erzeuget,
Sich ein Modermoor vertiefet:
Wo nur Beine sich gebettet,
Wuchs empor ein heller Hügel,
Wo nur Haare hingekommen,
860 Boten dar sich schwanke Binsen,
Wo die Mähne war gefallen,
Da erhob sich reiches Röhricht,
Wo der Schweif war hinge=
    schwunden,
Da erstreckten Haselsträucher
Sich in langen laub'gen Büschen.

Sterbend hatte so gestiftet
Recht im Tode aufgerichtet
Sich des Kalewsohnes Wallach
Mancherlei Gedächtnißmale,
870 Die gewisses Zeugniß wurden,
Kunde kommenden Geschlechtern.

Neunter Gesang.

Schon von Süden sank die Sonne,
Abwärts sich gen Westen wendend,
Weilte auf der Bäume Wipfeln.

Kalew's köstlicher Erzeuger
Fuhr erschreckt aus festem Schlafe;
Eines bösen Traums Gebilde,
Das mit Drangsal ihn bedrohte,
Nahm hinweg des Manns Ermü=
    dung:
Schrill auf einem Blatte pfeifend,
10 Rief er seinem guten Rosse,
Gab dem Ackergaul die Losung.

In der Still' erstarb das Pfeifen
Fernehin verrann das Rufen,
Und verlor sich in den Lüften;
Nicht vernahm das Roß den Ruf
    mehr,
Nicht der gute Gaul den Lockpfiff;
Lustig ließen nur die Vögel
Silbersang zur Antwort tönen.

Kalew's kerniger Erzeugter
20 Säumte nicht den Gaul zu suchen;
Spähend nach des Rosses Spuren,
Folgend seiner Füße Stapfen,
Schritt er über hohe Haide
Ein Stück Wegs, 'ne weite Strecke,
Eilte durch gedehnte Flächen,
Wandelte durch moos'ge Moore,
Bis die Stelle er erreichte,
Wo der Wallach wilden Thieren,
Wo der wackre Gaul den Wölfen
30 War zum Futter hingefallen,
In des Todes Schoß verschieden.

Zuverläss'ge Zeugnißzeichen,
Manches Merkmal fand er bald auch
Auf den weiten flachen Fluren.
Fand das Fell des todten Thieres,
Fetzen Fleisch und Fett des Rosses,
Fand 'ne lange Lache Blutes,
Fand die Leber auf dem Felde,
Fand nicht fern die Knochen liegen,
40 Die Gebeine baar des Fleisches,
Fand nicht fern vom Erlenholze
Seines Wallachs Eingeweide,
Milz zerstreuet im Gesträuche;
Daraus sah er denn auch deutlich,
Daß sein Wallach war gestorben,
Daß sein Roß im Tode ruhe.

Kalew's kerniger Erzeugter,
Als er den Verlust bedauert,
Und durch Seufzer seinem Leide
50 Hatte Luft gemacht ein Weilchen,
Nahm die Haut des todten Thieres
Dann vom Feld als Angedenken.
Doch es schwoll von schwerem Zorne
Ihm das Herz im heißen Busen
Und sofort aus voller Kehle
Ließ er Solches nun verlauten:
„Halte ein, du Windeswehen,
Ruhig sei, du Waldesrauschen!
Steht, ihr Wipfel, unbeweglich,
60 Haltet euch, ihr Halme, stille,
Rührt euch nicht, ihr regen Blätter —
Bis im Fluß ich Flucheswortet,
Böse Worte erst verwendet,
Zornesworte erst entzündet.
Möge, möge, also fluch ich,
Möge eure Brut verderben,
Auf dem Rasengrund verrecken,
Auf der Haide Hungers sterben,
Unterm Waldgebüsch verwesen,
70 Mög' auf moor'gem Grund ver=
modern,
Auf der weiten Flur verwittern;
Mögt im Sumpfe ihr versiechen,
Auf den Hümpeln häßlich welken!"

Grimmig griff er dann zum
Schwerte,
Schwang die schwere Klinge drohend,
Rannte rasend durch den Eichwald,
Rannte durch die feuchten Forste,
Durch des Dickichts tiefes Dunkel,
Nach der Wölfe Nest zu kommen,
80 Hier das wilde Vieh zu hetzen.

Kalew's kerniger Erzeugter,
Nach dem Raubgethier sich tum=
melnd
Schuf sich Weg' und wirkte Bahn sich,
Schuf sich Wege durch die Waldung,
Brach sich Bahn durch die Gebüsche,
Wo kein Hahn bislang gelaufen,
Keine Henne ging noch gackernd.
Nieder riß er Eichenäste
Nieder trat er Traubenkirschholz,
90 Nieder brach er Kiefernäste,
Nieder stampft' er Fichtenäste,
Nieder stieß er Birkenäste,
Nieder riß er lange Rüstern,
Nieder warf er alte Weiden,
Nieder legt' er junge Linden,
Aeste vorwärts, Wurzeln rückwärts,
Trat zu Staub die starken Stümpfe!

Neunter Gesang.

Wo er ging, ward eine Gasse,
Bahnte bald ein freier Pfad sich.
100 Was er in des Waldes Wirrniß
Nur von Raubgezücht erreichte,
Fand sofort ein sichres Sterben.
Grimmig wüthete die Waffe,
Mächtig schlug das schlimme
                Schlachtschwert,
Mordete der starke Mannsen.

    Schon in dichten Haufen deckten
Der erlegten Thiere Leichen
Rings den hügelreichen Boden.
Strömend Blut färbt das Gesträuche,
110 Todesschweiß tränkt die moos'gen
                Matten;
Blutig färbt sich das Gefilde,
Bräunlich färben sich die Pflänzchen,
Röthlich strahlen Preißelbeeren.

    Der entronnenen Wölfe Rotten,
Auch die Bären bang und brum=
                mend,
Flüchteten ins dunkle Dickicht,
In die Mitte großer Moore,
Angstvoll sich Verstecke suchend.

    Schon geschieden war die Sonne,
120 Und das letzte Licht erloschen,
Dunkel deckte alle Orte,
Hemmend jetzt des Helden Blicke,
Daß er nicht des Raubgethieres
Fährten mehr verfolgen konnte:
Sonst wohl wären Bärensippen,
Wie die Heulerbrut der Wölfe,
Ausgetilgt mit Stumpf und Stiele.

    Kalew's kerniger Erzeugter
Von dem Morden ganz ermüdet,
130 Von dem Zornesmuth ermattet
Wandte sich vom Wald ins Freie,
Einen Schlafplatz sich zu suchen.
Als er eine gute Stelle
Auf dem Felde ausgefunden,
Breitete er die Haut des Braunen
Auf das dichte Gras als Decke;
Streckte stracks sich rücklings nieder
Auf das Fell des guten Gaules,
Auszuruh'n in nächt'ger Kühle,
140 Die erschöpfte Kraft zu stärken,
Die ihm bei dem wüsten Werke,
Da die Wölfe er gewalket,
Heut' erheblich war geschwunden.
Pflügen und die Rach' am Raubvieh
Hatten sehr den Mann ermüdet.

    Dann, noch eh' im Abenddämmer
Sich des Kalewsohnes Augen
Fest zum Schlaf geschlossen hatten,
Seine Lider sich gesenket,
150 Trat mit hast'ger Eile hurtig,
Kam in raschem Laufe keuchend
Einer Kriegesbotschaft Träger,
Einer bösen Mär Vermelder,
Mit Gesuch zum Kalewsohne.

    War vom Aeltesten aus Wierland
Sendung an den Sohn des Kalew,
Kunde für des Landes König,
Daß ein Feind gefährlich nahe,
Krieg heranzudringen drohe.

160 Dieser Kriegesbotschaft Bringer
Ließ die Worte rüstig rudern,
Schlimme Kunde schleunig kündend;
„König Kalew's kühner Sprößling,
Der du hochgewaltig herrschest,
Uns mit starker Hand behütest!
Von dem Waltenden in Wierland
Muß ich Mißliches berichten,
Muß ich Nothfall dir vermelden.
Späher mit gespannten Blicken
170 Wandelten an Wierlands Grenzen;

Bald nach Tage sah man Boote,
Kähne auf den Well'n sich wiegen,
Nah heran von Norden segeln.
Unterm Schutze nächt'ger Schatten
Bargen diese Boote Männer,
Welche unser Land durchlugen,
Sichre Kenntniß suchen sollten.
Daran merkten unsre Männer,
Schlossen schleunig unsre Weisen,
180 Meinten auch die muntern Bursche:
Kriegsnoth droht heranzudringen,
Wälzt sich her der Fehde Wagen,
Drohet Wierland zu verwüsten,
Jerwen's Frieden frech zu trüben,
Glückesstätten zu zerstören,
Wehe weithin zu verbreiten.
Auf der Späher Spuren sputet
Sich ein Heer von hundert Streitern,
Tobt ein anderes von tausend,
190 Wierlands Völker zu bewält'gen.
Weiber wahren ihr Gesinde,
Und zerstreuen klug die Kleinen
Hier in Schluchten, dort in Höhlen,
Fernhin in die Felsenbrüche;
Männer wollen Wehren bilden,
Widerstand für's Land zu leisten.

„Dringender wird die Bedrängniß,
Immer leidiger die Lage.
Kund thun jetzt die Küstenwächter,
200 Daß bei Hochland schon die Schiffe,
Bei der Tochterinsel andre,
Und bei Flachland breite Kähne
Füllen sich mit Kriegervolke,
Bringen her beherzte Männer,
Fremde, die auf freiem Seeweg
Nach dem Wierschen Strande streben,
Harte, starke Halsabschneider,
Dreiste Räuber unsres Reichthums:
Wie die Sterne das gewiesen,
210 Schon des Nordlichts Schein ge=
        weissagt.

„Weiber weinen in den Winkeln,
Zage Töchter an den Zäunen,
Schwache Alte auf dem Anger,
Kinder bang in Erlenbüschen,
Hüter in dem Birkenhage,
Hirten in dem Eichenhage.
Weh brach ein jetzt über Wierland.

„Tief betrübt, das Aug' in Thrä=
        nen,
Weilt die sorgenschwere Wittwe,
220 Sorge drücket ihre Seele,
Herbe Todesangst ihr Herze.
Muthlos stehn die jungen Männer,
Und in blasser Furcht erbleichend.
Scherze scheut der Mann des Weibes,
Spaß nicht kennt des Kindes Vater,
Furcht zerstört der Männer Stärke,
Und vor Schrecken schrei'n die Kin=
        der!

„Wer von allen fährt zur Fehde,
Tummelt sich zum Waffentanze,
230 Geht dem Feinde kühn entgegen,
Sich zu schlagen mit dem Schlacht=
        beil?
Wer erhebt sich als Behüter,
Stellt zur Stütze sich für Andre,
Eisenwand für welke Greise?
Geht der Bruder wohl, mein Werther,
Geht die schwarzgeäugte Schwester,
Um die Waisen zu bewahren,
Schwachen ihre Ruh zu retten?
Wer wird über Frauen wachen,
240 Wird den Zorn der Feinde zügeln?

„Alle tücht'gen tilgt das Schwert,
Und das Beil die besten Streiter,
Schaaren fällt der scharfe Speer,
Kein Erbarmen kennen Pfeile.
Wer nicht stirbt im Schlachtgewühle,

Auf dem blut'gen Blachfeld umkommt,
Den verdirbt daheim das Feuer,
Den verzehrt der Zahn des Hungers,
Den ergreift die grimme Seuche,
250 Den bringt Trübsal um und Trauer.
Dieb'shand pflegt den Pflock zu lassen,
Wasser läßt die Felsen liegen —
Feuer lässet Niemand leben,
Jammer tödtet jäh' den Letzten!"

Kalew's köstlicher Erzeuger
Faßte es und sagte Solches:
„Zügel zähmen, Stränge halten,
Zügel zähmen wilde Rosse,
Stränge halten fest das Hornvieh,
260 Schlingen schließen fest das Wildvieh,
Stränge halten fest die Fuder,
Hoch der Himmel hält den Schnee fest,
Wolken fesseln Regenfälle,
Schließen ein des Hagels Schloßen!
Wer davon als beff'rer Bänd'ger,
Wer sich zeigt als stärkster Zügler
Möge dir das Maul verstopfen,
Dir den Schlund zusammenschlagen
Ob der Läst'rung, die du laut machst,
270 Ob der schamlosen Beschimpfung!
Wer erlebte je solch' Wunder,
Hörte solchen Wahnwitz sagen!
Warum schmähst du Wierlands Männer,
Sagst du Schlechtes von den Söhnen?
Sind sie wild nur gegen Weiber,
Machen bange nur den Mädchen?
Haben etwa Furcht und Feigheit
Sich bemächtigt Wierscher Mannen?

„Mag das Schwert sich tödtlich schwingen,
280 Mag die scharfe Axt auch morden,
Mag der Speer auch Massen tödten,
Feste Männer fürchten Blut nicht!
Männer stehn im Sturm der Feldschlacht
Muthig da wie Eisenmauern,
Stehn wie Eichen stark im Sturme,
Wie die Felsen im Gewitter;
Wanken nicht im Kampfgewühle,
Schaffen Schutz im Krieg für Andre!
Werden Stuben bau'n für Waisen,
290 Heimathütten für die Greise,
Hegewinkel für die Weiber,
Bergekammern für die Mädchen,
Weinestätten für die Wittwen."

„Dräuet bitt'rer erst Bedrängniß,
Wird des Krieges Wuth erst blut'ger,
Mörderischer das Gemetzel:
Will ich selber nicht mehr weilen,
Will als Helfer hurtig kommen.
Nimm jetzt Nahrung, müder Gastfreund,
300 Netze deine durst'ge Kehle!
Auf dem Brachfeld liegt der Brotsack,
An dem Hagdorn hängt das Fäßchen;
Sätt'ge dich, mein guter Gastfreund,
Leg' dich schleunig dann zum Schlafen.
Morgen grad' vor Tagesgrauen
Eh' noch Frühroth wieder winket,
Leg' dem Gaule auf den Sattel,
Zäume deinen werthen Wallach,
Sattle heimlich sonder Säumen,
310 Tritt die Reise an geräuschlos,
Haste dich nach Haus verstohlen,
Daß nicht hören Wierlands Hähne,
Wierlands Hähne, Jerwens Hunde,
Deines guten Gaules Schritte,
Seiner Huse heimlich Treten.
Reite ruhig über Brücken,
Zögernd zwischen Zaungehegen,
Ziehe sachte durch die Dörfer,

Heimlich durch die Bauerhöfe,
320 Stiehl dich stille übern Anger,
Und verborgen durchs Gebüsche,
Setze heimlich durch die Sümpfe,
Streiche still durch die Gesträuche
Hin zum Hof des Vorgesetzten.
Laßt die Reisigen sich rüsten,
Führt ins Feld die wackern Leute,
In den Kampf die kühnen Mannen.
Selber säume in der Mitte,
Bleibe bei dem Bannerträger.
330 Halte dich nicht vor dem Heere,
Vor dem Heer nicht, hinterm Heer
nicht,
Meide auch der Mannschaft Flanken;
Vord're werden umgeworfen,
Hintermänner macht man nieder,
Flankenmänner thut man tödten,
Heil nach Hause kommt die Mitte."

Kalew's Sohn, der kühne Recke,
Als er redlich so geredet,
Warf sich auf die andre Seite,
340 Die vom Thun erschlafften Glieder
In der kühlen Luft zu laben,
Seine Augenlider sänftlich
In dem Arm des Schlafs zu schließen.

Ehe noch der Schlaf die Augen
Deckte mit der dunklen Decke,
Nahte schon ein neuer Fremdling,
Der mit schwankem Schwebegange
Leise vor das Lager hintrat;
Wie vom Winde hergewehet,
350 Wie aus Wolken niederwallend,
Stand er plötzlich auf der Stelle.

Kalew's kerniger Erzeugter
Fragte drob verdrießlich Solches:
„Hat der Tanz denn heut kein Ende,
Wird dem Wandel nicht gewehret?
Hat denn Jeder hier zu gehen,

Dreist nur leeres Stroh zu dreschen?
Stürzen heute alle Stürme,
Strömen alle Wasserstreifen,
360 Wirbeln alle Meereswogen,
Schütten sich alle Regenschauer,
Stümet alles Schneegestöber,
Schlagen alle Hagelschloßen
Auf den Kopf dem Kalewsohne?
Hätt' gewußt ich, wissen können,
Es im Traumgesicht nur sehen,
Schlafend es im Voraus schließen,
Klar durch kluges Denken machen,
Welch ein Loos des Königs wartet:
370 Wär' ich hundertmale lieber,
Tausendmal auf Windesschwingen
Wie ein Vogel fortgeflogen,
Wie ein Aar zu fernen Felsen,
Neuen Dünen nachgegangen,
Andern Quellen zugeschwommen;
Wär' in fremdes Land gewandert,
Wär' in ferne Welt gefahren;
Hätt' in Schluchten mich geschleudert,
Mich gestürzt von steilen Küsten
380 In des Meeres wilde Wellen,
Wär' im trüben Grund ertrunken,
Wo ich keinen Kuckuck hörte,
Nie der Vögel Sang vernähme!
Vöglein haust im Erlenhaine,
Schwälbchen ruht im schwülen Neste,
Kuckuck feiert auf der Fichte,
Lerche lagert auf dem Brachfeld,
Nachtigall auf nahem Anger,
Wie im Laube laute Vögel,
390 Drossel streckt sich im Gestrüppe,
Wenn das Rufen ist vernommen,
Wenn die Stimmen sind verstummet.
Hab mich wahrlich g'nug gehudelt,
Meine Kraft genug ermüdet,
Hab' geackert zehen Tage
Früh vom Morgen bis zum Abend,
Habe Felsen fortgewälzet,
Habe Hügel umgerissen,

Weiche Moore umgewendet,
400 Große Gründe dann durchschnitten,
Weite Felder umgewühlet,
Bis der gute Gaul mir plötzlich
Von dem Wilde ward erwürget.
Komm du morgen mit der Frühe,
Eh das Tageslicht noch leuchtet,
Mir dein heimlich Wort zu widmen,
Auszurichten deine Rede!"

Freundlich der betagte Fremdling,
Grauen Bartes, grauer Haare,
410 Der's verstand, versetzte Solches:
"Gar nicht stürzen alle Stürme,
Strömen alle Wasserstreifen,
Wirbeln alle Meereswogen,
Schütten sich die Regenschauer,
Stürmen alle Schneegestöber,
Schlagen alle Hagelschloßen,
Noch des Donnergottes Gänge
Sämmtlich auf den Sohn des Kalew,
Auf den Hals dem Heldensprößling;
420 Konntest wohl vorher es wissen,
Es im Traumgesicht ersehen,
Schlechterdings im Schlaf es ahnen,
Klug bedenkend klar dir machen,
Weisen Sinns voraus erwägen,
Welch ein Loos des Königs warte,
Wie des Herrschers Stand bestellt sei.

"Als daheim du wohlig wuchsest,
Stärker wardst wie Eichenstämme,
Hattest g'nug du holde Muße
430 Dir zu ordnen die Gedanken,
Feste Schlüsse aufzufinden,
Künft'ge Dinge zu erkennen.
Damals sangen's selbst die Vögel,
Kuckuck rief es auf dem Anger,
Staare von der Fichte Wipfel,
Nachtigall, am Flusse flötend,
Lerche hoch im Erlenhaine,
Krähe auf dem Rasen krähend,
Rabe aus den Kiefern rufend,
440 Kluge Vögel von den Eichen:
""Lasten trägt der König zehne,
Hundert Mühen hat ein Herrscher,
Fünf mal hundert wohl der Wack're,
Tausend Thaten muß der Tücht'ge,
Kalew's Sohn zehntausend thuen!""

"Daß ich heute hergekommen,
Von der Liebe Drang geleitet,
Daß ich weither bin gewandelt,
Von der Freundschaft Trieb getragen:
450 Daraus nimmst du dir noch Nutzen,
Und ergiebt sich gute Frucht dir,
Kühner Sprößling du des Kalew!
Ob du mich auch ganz vergessen,
Als Bekannten nicht erkannt hast,
Siehst den Freund du deiner Sippe.
Kam ich denn nicht zu euch damals,
Als du spieltest noch im Grase,
Auf dem Wasen Kurni warfest,
Köpflings standest am Gestade,
460 Abends schwebtest auf der Schaukel?
Kam ich denn nicht zu euch damals,
Als du in der Wiege weintest,
An der Mutter Brüsten sogest?
Kam ich denn nicht zu euch damals,
Als dein Vater, froher Freier,
Herrlich Hochzeitsfest gefeiert?
Kam ich denn nicht als Bekannter,
Ging als Gast euch zu besuchen,
Da das Haus euch hoch gebaut ward,
470 Wände wurden fest gefüget,
Schon das Grundgebälk gebettet,
Und das Viereck ward gelothet?
Kam ich heimlich her nicht vormals,
Früher schon mich umzuschauen,
Eh' dein Vater noch zur Welt kam,
Eh' die Mutter, ausgebrütet,
Aus dem Birkenhuhnsei heraus stieg?

Kam ich heimlich her nicht vormals,
Als von Harrien nichts gehört ward,
480 Jerwens Landmark nicht gelichtet,
Wierlands Grenzen wüst noch lagen?
Kam ich heimlich her nicht vormals,
Eh' der Sterne Schaar geschaffen,
Eh' der Sonne Ort gesetzt war,
Eh' dem Mond sein Heim gehegt war,
Eh' den Wolken Raum gerichtet?
Unten fuhr ich durch die Dunstwelt,
Oben fuhr ich durch die Glutwelt,
Von dem Roth des Himmelsrandes
490 Durch die goldnen Strahlen streifend,
Zwischen fünfen Regenbogen,
Mitten durch sechs Morgenröthen,
Rastlos durch neun Abendröthen,
Fuhr durch's Sieb der sieben Sterne,
Weiter durch den alten Wagen,
Durch des Morgensternes Stätte,
Durch des Sonnenhofes Hochthor,
Hin zu tausend lieben Höfen.
Schartig ward des Schimmels Eisen,
500 Rissig ward des Rappens Hufpaar,
Halbgelähmt des Braunen Hacken,
Auf dem glatten Gleis der Vögel,
Auf dem glüh'nden Gleis der Sonne".

„Mit dem Windhauch winkt ich Gruß dir,
Sandte Segen mit der Luft dir,
Thät dich stärken mit dem Thaue,
Dich erquicken mit dem Mondlicht,
Schuf durch Sonnenschein Gedeihn dir,
Bis du wardst ein rechter Recke
510 Echter Sohn der Kalewsippe.

„Wo dein Pflug das Land ge=
lockert,
Aufgewühlt den wüsten Boden,
Da wird fröhlich Frucht gedeihen,
Reicher Segensblick erblühen,

Wierland wird dort Kornfeld sehen,
Jerwen Brotes Fülle finden,
Werden Leut' erlangen Reichthum,
Die Bezirke Zehrungsvorrath,
Vollen Nutzen viele Dörfer;
520 Gute Wiesen giebt es dorten,
Herrliche Weiden für die Herden,
Prächt'ge Wälder werden wachsen,
Beerenboden für die Kinder,
Baumgutboden für die Buben,
Rübenfelder für die Weiber,
Matten für der Mädchen Spiele,
Lachend Ackerland für Männer;
Auf der Eb'ne weite Wiesen,
Trockne Wiesen, gute Triften,
530 Unterm Walde Rasenboden,
Auf dem Moore moos'ger Boden.

„Ackerwerk des Kalewsohnes,
Furchen seines mächt'gen Pfluges,
Werden dereinst Dörfer preisen,
Werden andre reichlich rühmen,
Werden Kindeskinder loben!
Waldespracht und Rasens Prangen,
Blüthenblick aus Knospenfülle,
Werden deines Pflügens Werke
540 Kommenden Geschlechtern künden. —

„Kalew's köstlicher Erzeugter!
Noch blieb halb dein herrlich Ackern,
Ungepflügt ein Strich in Harrien,
In der Wiek ein andrer wieder,
Einmal erst gepflügt ein dritter,
Nicht gefurcht der Felder Ränder,
Nicht geackert manche Kanten,
Nicht geeggt noch weite Wiesen:
Da wird dann die Kurzstrohscheune,
550 Wird der leichte Sack mit Spreue
Für die kommenden Geschlechter
Zusatz zu dem Brote bringen,
Hülfe leihn in hohen Nöthen."

Neunter Gesang.

Kalew's Sohn vernahm die Rede,
Er begriff's und sagte Solches:
„Arbeit that ich, Müh' mir macht' ich,
Pflügte mehr denn zehen Tage
Von der Frühe bis zum Abend,
Pflügte schon, als es erst thaute,
560 Noch lang nach der Abendröthe,
In der schweren Mittagsschwüle
Trocknete von der Stirn den Schweiß ich,
Wischt' ihn von den heißen Wangen,
Rang das Wasser aus dem Rocke,
Reckte rastlos meine Glieder,
Daß das Werk ersprießlich werde,
Dauerndes Gedeihen schaffe
Künftig kommenden Geschlechtern."

Der betagte Fremdling freundlich
570 Hört' es an, versetzte Solches:
„Deshalb bin ich hier, o Bester,
Das Geschehene zu schauen,
Es gebührend zu verbessern,
Damit nicht der Müh' Ermattung,
Deines Schweißes schwüle Plage,
Ganz vergeblich sei gewesen,
Wie der Thränenstrom der Wittwe.
Ohne göttlich gutes Gönnen,
Ohne hohen Himmelsbeistand
580 Können ja die Menschenkinder
Frucht nicht aus dem Werk gewinnen.
Hoch vom Winde kommt die Hülfe,
Uku's Segen weht im Säuseln,
Regen dann giebt reiche Felder."

Kalew's köstlicher Erzeuger,
Der's begriff, versetzte Solches:
„Der du damals zu uns kamest,
Als ich spielte noch im Grase,
Kurni warf noch auf dem Wasen,
590 Köpflings am Gestad' mich stellte,
Abends auf der Schaukel schwebte,
Der du damals zu uns kamest,
Als ich in der Wiege weinte,
An der Mutter Brüsten sog noch;
Der du als Bekannter kamest,
Gingst als Gast uns aufzusuchen,
Als mein Vater, froher Freier,
Herrlich Hochzeitsfest gefeiert;
Der du damals zu uns kamest,
600 Als das Haus uns hoch gebaut ward,
Als man Wände fest gefüget,
Schon das Grundgebälk gebettet,
Und das Viereck war gelothet;
Der du heimlich herkamst vormals,
Eh' mein Vater noch zur Welt kam,
Eh' die Mutter ausgebrütet
Aus dem Birkhuhnsei herausstieg;
Der du heimlich zu uns herkamst,
Als von Harrien nichts gehört ward,
610 Jerwens Landmark nicht gelichtet
Wierlands Grenzen wüst noch lagen;
Der du heimlich zu uns herkamst,
Eh' der Sterne Schaar geschaffen,
Eh' der Sonne Ort gesetzt war,
Eh' dem Mond sein Heim gehegt war,
Eh' den Wolken Raum gerichtet;
Der du unten durch die Dunstwelt
Oben fuhrest durch die Glutwelt,
Von dem Roth des Himmelsrandes
620 Streiftest durch der Sonne Strahlen,
Zwischen fünfen Regenbogen
Mitten durch sechs Morgenröthen,
Rührig durch neun Abendröthen,
Ueber's Sieb der sieben Sterne,
Weiter durch den alten Wagen,
Durch des Morgensternes Stätte;
Durch des Sonnenhofes Hochthor
Hin zu tausend lieben Höfen:
Sage mir doch, werther Alter,
630 Laß mich wissen, weiser Vater,
Wo du hast die ferne Heimath,
Deines Bleibens stete Stätte?"

8

Neunter Gesang.

Freundlich der betagte Fremdling,
Der's verstand, versetzte Solches:
„Kalew's köstlicher Erzeugter,
Du durchs Loos gekürter König!
Was der Wind zusammenwehte,
Wie das gute Glück es gönnte,
Wolle grübelnd nicht ergründen;
640 Häuser hat ja Taara's Hochsitz,
Gold'ne Felsenkammern giebt's da.
Beut dein Ohr der goldnen Botschaft,
Kehr' dich an die Silberkunde,
Von der Zeiten Zukunft zeugend,
Von den Tagen ferner Sippen.
So lang du die Herrschaft handhabst,
Starker Hand das Reich regierest,
Wird in Wierland Zeit des Glückes
Froher Friedensstand in Jerwen,
650 Wird in Harrien holde Eintracht,
In der Wiek nur Jubel walten,
Blühend bleiben unterm Volke.
Doch die frohe Zeit der Freude,
Rechten Glückes Glanzeszustand,
Wird nicht lange währen, Lieber!
Schwache werden Schwäch're meistern,
Diese hart die Andern halten.

„Schlimm ist's kühner Sohn des Kalew!
Guten Blutes rasch Vergießen,
660 Heischt für dich Gericht und Rache;
Blut'gen Sold ersehnet Blut sich,
Mord erzeuget Mord hinwieder;
Frommen Blutes frische Spuren,
Schmähefluch des Finnenschmiedes,
Thränen der betrübten Mutter
Und der zarten Schwester Zähren
Kann vom Schwerte Keiner tilgen,
Keiner kann die Sünde sühnen!
Hüte dich, du Heldenjüngling,
670 Daß sich aus dem Schwert kein Mörder,
Aus dem Stahl kein Todesbringer,
Kein Vergelter dir ergebe!
Blut ersehnt den Sold des Blutes,
Schlummer wird nicht der Gewaltthat,
Friede wird nicht bösem Frevel."

Wehvoll klangen diese Worte,
Wehvoll, was geweissagt worden,
Das wie wüstes Windesheulen,
Wie der Wogen klagend Rauschen,
680 Wie des Regensturmes Stöhnen
Fiel ins Ohr dem hohen Helden.

Wie die dichten Nebelwolken
Sich zerstreu'n vor Sonnenstrahlen,
Oder wie die Abendwolken
Die gesunk'ne Sonne decken,
So zerrann im Rauch des Abends
So zerfloß im Dunst der Dämm'rung
Die Gestalt des greisen Fremdlings.
Kalew's müder Sohn versank nun
690 Sanft in süße Schlummerruhe,
Fester Schlaf befiel die Brauen,
Schloß die schlaffen Augenlider.
Träume wandelten verwirrend
Der gewissen Wahrheit Zeichen
Um in bunte Gaukelbilder.
Des betagten Fremdlings Reden,
Weise Deutungen gewährend
Wehten völlig in die Winde.

Mit der Sonn' das Haupt erhebend,
700 Aus des Schlafes Fesseln fahrend,
Suchte nun der Sohn des Kalew
Mancher Dinge zu gedenken,
Die der gute Fremdling gestern
Ohne Hehl verkündet hatte;

Neunter Gesang.

Aber nächt'ge Nebelgeister,
Trügerische Traumesbilder
Hüllten noch in dichtes Dunkel
Was ihm gestern ward eröffnet.

Kalew's kerniger Erzeugter
710 Trieb nun an den treuen Boten:
„Mach dich hurtig auf nach Hause,
Reite rüstig hin zum Strande,
Und entbeut dem Aelt'sten Botschaft!
Lasset Späher scharf nun lugen,
Wächter stellt auf Felsenwände,
Hellgeaugte auf die Höhen,
Stets zu achten auf's Gestade:
Ob von fern der Feinde Schiffe,
Die uns droh'nden Drängerboote,
720 Auf den Wellen schon sich wiegen?
Wenn die Schiffe strandwärts
  streichen,
Wenn die Kähne näher kommen,
Soll'n die muthigsten der Männer,
Soll'n als Stützpunkt gleich die
  Stärksten
Heldenhaft den Kampf eröffnen.
Speerträger an der Spitze,
Streitaxtträger hinterm Treffen,
Keulenträger an den Kanten,
Gabelträger ganz am Rande,
730 Pikenwerfer in's Gewühle,
Stangenrecken in's Getümmel,
Kämpen stellet auf dem Kamp auf,
Beistand ihnen im Gebüsche,
Wohl vertheilt in Waldverstecken,
Spieße spendet auch den Alten,
Sensen selbst den Flötenbläsern —
Bogenschützen auf die Berge,
Schleud'rer schleunig auf die Hänge,
Rechts und links am Strand auch
  streifend;
740 Reiter lasset recht wie Hagel
In der Feinde Stellung stürmen!
Männiglich wie Mauern deckt euch,

Muthig trotzt den Eisenmännern!
Wild dann laßt die Schwerter
  wüthen,
Laßt gewandt die Lanzen stechen,
Laßt die Aexte tapfer tanzen,
Sensen sonder Säumen mähen,
Laßt des Bogens bittre Pfeile
Sichre Todeswunden wirken:
750 Dann wohl legt des Krieges Lärm
  sich,
Wird der Feinde Wuth beschwich-
  tigt. —
Handelt wacker, Wierlands Männer,
Nehmet Helden euch zu Hülfe,
Jerwens Bursche, biedre Mannen,
Allentakener, tücht'ge Bündner,
Harriens Leute, Hülfsgenossen,
Viele ferner aus der Wiek noch.
Treibt die hadersücht'gen Hunde
Weit hinweg vom heim'schen
  Strande!

760 „Sendet ungesäumt mir Nachricht,
Schicket flug's mir flinke Botschaft,
Wenn die Schlacht sich weiter aus-
  dehnt,
Wenn der dreiste Feind euch dränget:
Selber komm' ich dann zu sehen,
Und als Helfer hinzutreten.

Jetzt will ich die Laune lüften,
Mir den trüben Sinn vertreiben."

———

Stracks zur Finnenbrücke fuhr ich
Auf des Westens Kupferwegen,
770 Auf des Regenbogens Bahnen,
Königsbotschaft in dem Beutel,
Aeltstenweisung in dem Wammse,
Kriegeskunde auf der Zunge.
Was denn wankte mir entgegen,
Was geschah da Schauerliches?

8*

Eine alte Krähe kroch da,
Alte Krähe, armes Kerlchen;
Schnabel schnuppert in die Höhe,
Nasenlöcher schwellen lüstern;
780 Schien bereits den Krieg zu riechen,
Nebel nahen Weh's zu wittern,
Ob sie dunkle Dünste spüre,
Schon errathe rasche Botschaft?
Hat bereits den Krieg gerochen,
Hat den Hauch des Bluts verspüret.

Stracks zur Finnenbrücke fuhr ich
Auf des Westens Kupferwegen,
Auf des Regenbogens Bahnen,
Tapfer mich als Bote tummelnd;
790 Königsbotschaft in dem Beutel,
Aeltstenweisung in dem Wammse,
Hauptmannsbotschaft unterm Hute,
Heimliche Kunde auf der Zunge:
Daß schon Fahnen sich entfalten,
Speeresspitzen schon gezielt sind,
Schwerter schon geschwungen werden.

Was denn wankte mir entgegen,
Was geschah da Schauerliches?
Bot sich böser Aar dem Blicke,
800 Schnöder Aar mit krummem Schnabel;
Schnabel schnuppert in die Höhe,
Nasenlöcher wittern lüstern,
Ob er recht die Sache rieche,
Sinn der raschen Botschaft rathe?
Hatte richtig Krieg gerochen,
Hatte Hauch von Blut verspüret,
Flog den andern's flink zu melden.

Stracks zur Finnenbrücke fuhr ich
Auf des Westens Kupferwegen,
810 Auf des Regenbogens Bahnen,
Tapfer mich als Bote tummelnd,
Königsbotschaft in dem Beutel,
Aeltstenweisung in dem Wammse,

Heimliche Kunde auf der Zunge,
Hauptmanns Hülfruf auf den Lippen:
Daß sich Fahnen schon entfalten,
Speeresspitzen schon gezielt sind,
Scharfe Aexte schon sich heben.
Was denn wankte mir entgegen,
820 Was geschah da Schauerliches?
Rauscht' ein Rabe mir entgegen,
Rabe, dessen Atzung Aas ist;
Schnabel schnuppert in die Höhe,
Nasenlöcher wittern lüstern,
Ob er recht den Duft auch rieche,
Sinn der raschen Botschaft rathe?
Hatte richtig Krieg gerochen,
Hatte Hauch von Blut verspüret:
Flog dann flink, es anzumelden.

830 Stracks zur Finnenbrücke fuhr ich
Auf des Westens Kupferwegen,
Auf des Regenbogens Bahnen,
Tapfer tummelnd mich als Bote;
Kriegesbotschaft in dem Beutel,
Aeltstenweisung in dem Wammse,
Heimliche Kunde auf der Zunge,
Hauptmanns Hülfruf auf den Lippen.
Was denn wankte mir entgegen,
War so schaurig anzuschauen?
840 Kam ein Wölflein angewackelt,
Folgte auf der Fers' ein Bär ihm.
Schnupperten mit schnöden Nasen,
Witterten mit weiten Nüstern,
Ob sie recht die Sache röchen,
Und der Botschaft Meinung merkten?
Hatten recht den Krieg gerochen,
Hatten Hauch des Bluts verspüret,
Liefen, kund zu thun die Losung.

Stracks zur Finnenbrücke fuhr ich,
850 Auf des Westens Kupferwegen,
Auf des Regenbogens Bahnen,

Tapfer mich als Bote tummelnd,
Königsbotschaft in dem Beutel,
Aeltstenweisung in dem Wammse,
Kriegeskunde auf der Zunge,
Hauptmanns Mahnung unterm Hute:
Daß schon Fahnen sich entfalten,
Speeresspitzen schon gezielt sind,
Scharfe Aexte schon sich heben,
860 Und die Schwerter wüthen wollen.
Was denn wankte mir entgegen,
War so schaurig anzuschauen?
Kam heran der hagre Hunger,
Hagrer Hunger, karger Kaffloch,
Schnüffelte umher und schnaubte,
Hob die Nüstern in die Höhe,
Ob er recht die Sache rieche,
Rascher Botschaft Sinn errathe?
Hatte Krieg gar wohl gewittert,
870 Hatte Hauch des Bluts verspüret,
Weiter melden wollt' er's schleunig.

Stracks zur Finnenbrücke fuhr ich,
Auf des Westens Kupferwegen,
Auf des Regenbogens Bahnen,
Tapfer mich als Bote tummelnd;
Königsbotschaft in dem Beutel,
Aeltstenweisung in dem Wammse,
Heimliche Kunde auf der Zunge:
Daß schon Fahnen sich entfalten,
880 Speeresspitzen schon gezielt sind,
Fischergabeln auch nicht feiern,
Aexte gleichfalls hoch sich heben.
Was da wankte mir entgegen,
Grausig, schaurig anzuschauen?
Schlich die schlimme Pest entgegen,
Schlimme Pest, die Völker schlachtet,
Grimmer noch als Kriegesgreuel,
Hob die Nase in die Höhe,
Witterte mit weiten Nüstern,
890 Ob sie richtig Alles rieche,
Rascher Botschaft Sinn errathe?
Hatte Krieg gar wohl gewittert,
Hatte Hauch des Bluts gespüret,
Wollt' es weiter melden schleunig.

Schaudernd band ich fest den Schimmel,
Warf ins Eisenjoch den Wallach,
Fesselte des Braunen Füße,
Daß er keinen Schritt mehr konnte
Machen, noch im Lauf sich mühen;
900 Dann begann ich zu bedenken,
In der Seele nachzusinnen:
Ob aus meiner Fahrt ein Vortheil,
Ob Ersprießliches entspringe?
Blutig blicken Kriegeswunden,
Bang Gestöhn gebiert die Wahlstatt.
Warum soll mit Kampfeswehe,
Mit dem wilden Schwerterwüthen
An des Friedens Heil ich freveln?
Möge, möge also fluch' ich,
910 Möge tauchen in die Tiefe,
Sei im Meeresgrund begraben,
Modr' im Schlamm die schlimme Botschaft!
Schlafe sie im trüben Schlunde,
Eh' sie laut wird unter Leuten,
Durch die Dörfer sich verbreitet!
Riß die Botschaft aus dem Beutel,
Aeltstenweisung aus dem Wammse,
Warf sie in die wilden Wogen,
In die bodenlose Tiefe.
920 Schier zu Schaume ward das Wasser,
Stob der nasse Staub gen Himmel,
Und vor Furcht entflohn die Fische!
So zerrann das Kriegsgeräusche,
So erlosch der Lärm der Fehde."

Zehnter Gesang.

Holde Fackel finstrer Nächte,
Hellgeaugter Himmelswächter!
Leih dem Sänger Lust und Liebe,
Nachzugehen allen Gängen,
Allen den verborg'nen Bahnen,
Wo des Kalew Sohn gewandelt,
Wo der Recke einst geruhet,
Froh gesellet zu den Freunden,
Manche tolle Streiche machte,
10 Manche Wunderdinge wirkte.
Ferner Sterne Funkelaugen
Waren Zeugen ihrer Wege,
Ihres Zugs durch weite Zonen;
Sah'n die Scherze, die geschahen
In dem Forste Wiekscher Fichten,
In den Espenhainen Harriens,
In den Wiekschen Erlenwäldchen;
Sah'n der Männer muntre Scherze,
Sah'n der Fährlichkeiten fünfe,
20 Sah'n der sauren Mühen sechse,
Sieben Hemmungen der Helden,
Unverhoffte Hindernisse,
Die den Männern dar sich boten,
Wenn sie lust'ges Leben führten.

Streifen wir durch weite Wälder,
Durch das Dickicht der Gebüsche,
Um Gesänge aufzusuchen,
Goldne Sagen einzusammeln,
Ferner silberne zu finden,
30 Kupferne nicht wegzuwerfen.
Selber hört' ich solche Sagen,
Alter Märe mächt'ge Ranken,
Wortgeflecht in Vorzeitweisen,
Goldgewirkter Reden Reihen.
Kalew's kerniger Erzeuger
Ging sich einen Gaul zu suchen,
Starkes Pflugpferd zu erstehen.

Als er ein Stück Wegs gewandelt
Ein Stück Weges, weite Strecke,
40 Sang im Erlenforst ein Vogel,
Weiser Vogel wohl im Eichwald,
Goldner Kuckuck von den Fichten;
„Dort auf Dagden wiehert's Roß schon,
Schreit im moos'gen Moor das Füllen,
Schreit aus weiter Fern' das Fohlen,
Nach dem Käufer wiehert's Rößlein,
Füllen sehnt sich nach dem Sattel,
Fohlen nach der Zier der Zügel."
„Habet Dank, ihr hellen Vögel,
50 Dank, daß ihr den Weg mir weiset!"
So spricht Kalew's Sohn versetzend,
Säumet nicht, besagte Richtung
Schleunigen Ganges einzuschlagen.
Fünfmal ließ ihn Wierland weilen,
Hielt ihn Zög'rung auf in Harrien,
Leeres Treiben traun in Jerwen,
Weßhalb weiter er nicht rückte.

———

Unter zweien Söhnen Satans
Hatte sich Gezänk erhoben,
60 Lärm und Zwist aus leerem Anlaß;
Daß der kleine See, wo sonst sie
Ohne Harm beisammen hausten,
Ihrer Scheelsucht schier zu enge,
Ihrem Zorn zu winzig wurde.
Ruhe hielten nicht die Rangen,
Konnt' es keiner mehr ertragen,
Mußten von dem Flecke flüchten,
Einen neuen Sitz zu suchen.
Als sie weit umhergewandert,
70 Lang' umsonst schon ausgeluget,
Ob kein Fleck sich fürder finde,

Keine beſſ're Bergeſtätte,
Wo ſie zwiſchen ſich 'ne Grenze,
Eine Scheide ſchaffen könnten —
Trafen endlich ſie zum Troſte
In dem Kikerpär'ſchen Sumpfe
Plötzlich auf ein ſolches Plätzchen,
Wo kein Hund ein Heim ſich wählen,
Nimmer Wohnung nehmen möchte.

80 Satans Söhnen ſchien der Platz
Ganz und gar nach ihrem Herzen,
Aber ſtracks erhob ſich Streiten:
Wer von Beiden als Gebieter
In dem Sumpfe ſitzen ſolle.
Jeder von den beiden Burſchen
Sprach die Obermacht im Moor an.

Kalew's köſtlicher Erzeugter
Sah ſich grad' auf ſeinen Fahrten
Froh mit guten Freunden wandelnd
90 An dem Kikerpär'ſchen Sumpfe,
Als das zänkiſche Gezeter
Grenzenloſen Grimm entfachte,
Daß die Flamme ſtieg zum Dache.
Satans Söhne lagen beide
Wüthig wild ſich in den Haaren,
Schier die Schöpfe ſich zerzauſend.
Wie ſie aber ſchon von weitem
Kommen ſahn den Sohn des Kalew,
Legte ſich des Zornes Lohe.
100 Beide baten eines Sinnes:
„Kalew's köſtlicher Erzeugter,
Lenk', o Lieber, deine Schritte
Her zu uns, um recht zu richten;
Unſern ſchlimmen Streit zu ſchlich=
ten!"

Kalew's kerniger Erzeugter
Faßt' es gleich, verſetzte Solches:
„Zeigt mir an des Zankes Urſprung,
Der Entzweiung Keim und Kern=
punkt!

Das Geſtüm entſteht vom Winde,
110 Aus der Wolke rinnt der Regen,
Aus dem Zorn entzündet Kampf ſich,
Böſe Händel aus dem Hader;
Derohalben laßt verlauten
Eures Grimmes Grund ausführ=
lich!"

Satans ält'rer Sohn ergriff nun
Gleich das Wort zu raſcher Rede:
„Aus dem Sumpf erwuchs das
Wirrſal,
Aus dem Moraſt hob ſich Hader,
Wer denn dieſen Platz entdeckte,
120 Drum des Sumpfes Herrſchaft habe?
Kamen her von Haus mitſammen,
Waren unterwegs beiſammen,
Trafen ungetrennt auch hier ein;
Näher nur war ich dem Rande,
Weiter außen war der Bruder:
Daher, denk' ich, iſt es deutlich,
Daß der Sumpf mein ſei dem Recht
nach."

Kalew's Sohn verſetzte Solches:
„Ihr ſeid recht verrückte Burſche,
130 Seid mir dämliche Geſellen!
Gingt von Hauſe her zu zweien,
Kamt mitſammen zu dem Sumpfe,
Rechtetet am Rand des Moores,
Wo ihr beide weder Wohnung
Noch zum Hauſe habt ein Fleckchen:
Heut' iſt herrenlos das Moor noch,
Noch iſt Niemand Eigenthümer.
Dieſen Brackſumpf, der unbrauchbar,
Der den Menſchen nimmer nützte,
140 Noch für Thiere jemals taugte,
Zögr' ich nicht für künft'ge Zeiten
Euch zum Schutzort herzuſchenken,
Euch zum Wohnſitz anzuweiſen,
Wohin ihr vor wilden Thieren
Flinken Laufs euch flüchten könnet;

Größ're Hälfte für den Größeren,
Klein're Hälfte für den Kleinern."

Thäten drauf des Satans Söhne
Kalew's kühnen Sprößling bitten:
150 „Selber wolle, werther Bruder,
Dieses Moor doch erst abmessen,
Es in zween Theile theilen,
Daß nicht wieder neue Wirren
Sich aus Hader hier erheben!
Habgier möchte sonst wohl sachte
Die gezog'ne Grenze zerren,
Und in fremde Furchen führen,
Wenn nicht Steine fest gestellet,
Nicht die Ränder recht gemerket,
160 Schnurgerecht die Winkel werden."

Kalew's köstlicher Erzeugter
Ließ darauf die Rede rudern:
„Wer im Dorfe heikle Händel
Sich verleiten ließ zu schlichten,
Muß den Fall zu Ende führen,
Muß die Sach' ins Klare setzen.
Lieber Sohn aus Alew's Sippe!
Schaffe Schnüre schnell zum Messen,
Zeugstrick für das Ziehn von Grenzen,
170 Theil' den Sumpf mit solchen Seilen,
Mache mitten durch zwei Hälften,
Führe Furchen dann dazwischen,
Einen Streifen Grund als Grenze,
Stemme Steine auf den Grenzrain,
Pfähl' auch Pfosten an den Rändern,
Dann erheben sich nicht Händel,
Keine zornentsprung'nen Kämpfe!"

Alew's werthgehaltner Sprößling
Machte unverweilt ans Werk sich,
180 Das Geheiß des Kalewhelden
Brav mit Freunden zu vollbringen.
Kalew's kerniger Erzeuger
Ging dann weiter andre Wege,
Nöthige Dinge vorzunehmen,
Großen Werken sich zu widmen.

Alew's werthgehaltner Sprößling
Setzte fest mit seinen Freunden,
Mit dem Messen zu beginnen
An dem Ufer eines Flusses,
190 Wo er Pfosten wollte rammen,
Seile dann um selb'ge spannen.

Jener alte garst'ge Geist, der
Christenmenschen ohne Kränkung
Nirgends loszulassen Willens,
Hätte gern die Schaar umgarnet,
Lugte lauernd aus dem Wasser,
Legte listig vor die Frage,
Spöttisch forschend nach dem Vorgang:
„Was für Arbeit lieben Leute,
200 Habt ihr heimlich hier im Sinne,
Wollt ihr hier mit Hast betreiben?
Habt wohl keine Zeit zu zaudern,
Wen'ger als der Vogelfänger,
Dem die Beute, die sich bot ihm,
Aus der Schlinge noch entschlüpfte?
Meinte doch der Mann, er habe
Seinen Vogel, der schon fortflog."

Alew's Sohne war ersichtlich,
Daß der garst'ge Geist sein spotte,
210 Und obgleich er ziemlich zagte,
Gab er dennoch gute Antwort:
„Wollte diesen Fluß eindämmen,
Seiner Flut den Lauf verlegen,
Ferner Wellen Fortgang fesseln,
Ganz die Gänge zu ihm sperren,
Daß kein Leben drin sich letze,
Nichts hinein mehr kommen könne,
Und auch nichts heraus gerathen."

War dem Wassergeist sein Wohnsitz,
220 Das Gehöft im nassen Heime,

Das verborg'ne stille Bettchen
Durch Gewohnheit lieb geworden,
Der vertraute Pfad einträglich;
Deshalb bat mit linden Lauten,
Zart mit honigsüßer Zunge
Er des Alew werthen Sprößling:
„Binde nicht die Bahn des Flusses,
Laß die Strömung unverstricket,
Ihren Fortgang ungefesselt,
230 Laß die Pfade ungepferchet,
Laß den Hinweg ungehindert,
Laß den Ausweg unbelastet:
Reiche Zahlung will ich zollen,
Was du forderst, vollen Maßes
Dir unweigerlich bewill'gen,
Ohne Widerspruch gewähren."

Alew's Sohn ersah geschwinde
Seinen Vortheil und versetzte:
„Was gelobst du mir denn, Männ=
lein,
240 Zur Vergeltung meiner Güte,
Wenn wir hier den Handel schließen,
Und getreulich uns vertragen?"

Sprach der tück'sche Wasserteufel:
„Was ich dir als Lohn gelobe,
Als Gewährungspreis bewill'gen
Soll, das mußt du selber sagen!"

Alew's Sohn versetzte Solches:
„Wenn du willst mit hohlen Händen
Richtig bis zum Rand den Filzhut
250 Voll mit harten Thalern füllen,
Dann erspar ich dir die Sperrung,
Lasse gern die Gänge offen."

Wasserteufel drauf erwidert:
„Morgen mein' ich in der Frühe
Herzuholen dir die Thaler,
Deinen Filzhut voll zu füllen."

Alew's werther Sohn erwidert:
„Hält den Ochsen man am Horne,
Wird der Mann durchs Wort ge=
bunden.
260 Schaff' die Schuld mir, wie du
sprachest,
Das Gelöbniß zu erled'gen,
Sonst erhebt sich uns ein Hader,
Und erwächst uns Noth von neuem!"

Wasserteufel tauchte unter,
Barg sich bang im Bett des Flusses.
Der Gesell aus Kalew's Sippe,
Alew's list'ger Leibessprößling,
Grub die Nacht noch in dem
Grunde,
Beistand bot dabei ein Freund ihm,
270 Eine große tiefe Grube,
Unten breit, nach oben enger,
Ringloch für des Hutes Röhre;
Steckte diesen bis zur Krempe
In die frisch grab'ne Grube,
Schnitt sodann in seinen Deckel
Einen Schlitz in schlauer Weise,
Aus dem Schweres mußte schwinden,
Sicher in die Grube sinken.

Andern Tages trug der Teufel
280 Schon beim ersten Schein des Tages
Eine Last heran von Rubeln,
Die jedoch des Hutes Höhlung
Keinesweges füllen konnten:
Brachte einen zweiten Schoß voll,
Brachte drauf noch einen dritten,
Brachte ferner einen vierten,
Auch ein fünftesmal ein Fuder,
Gar noch Gold zum sechstenmale,
Doch des Hutes Höhlung konnte
290 Trotzdem vollgefüllt nicht werden.
Schon dem Schatz Erschöpfung
drohte,

Rasches Schwinden schon dem Reichthum.
Kasten kehrte aus der Teufel,
Fegte rein sie bis zum Boden,
Leerte Beutel, wandte weiter
Taschen um, sein Wort zu halten.
Gab vergebens sich die Mühe,
All' sein Schaffen war zu Schanden,
Unbeweglich war der Filzhut,
300 Wollte Füllung nimmer fassen,
Haufen nicht erhöhn sich lassen.

Letzlich fing der led'ge Teufel
An, den Alewsproß zu bitten:
„Laß die Schuld geliehen bleiben,
Gieb Geduld, mein goldner Bruder!
Wenn der Sommer hin zum Herbst neigt,
Will die Schuld ich tilgen, Theurer,
Dir den Filzhut wahrlich füllen,
Bis ein Haufe sich erhöhet".

310 Alew's werthgehalt'ner Sprößling
Ließ sich listig so vernehmen:
„Hält den Ochsen man am Horne,
Wird der Mann durchs Wort gebunden!
Lange wird der Weg dem Wandrer,
Wird die Zeit dem, der da wartet,
Lang dem Leihenden die Schuldfrist;
Zög're nicht mit deiner Zahlung,
Sonst geschiehet, was du scheuest,
Ich verpferche deine Pfade,
320 Schließe alle Wasserschleusen,
Daß im Fluß sich nichts bewegen,
Nichts hinein mehr kommen könne,
Und auch nichts herausgerathen".

Blieb dem blöden Wassergeiste,
Satans vielgeliebtem Sohne,
Keine beff're Wahl geboten,
Als nach Hause hin sich wenden,
Hülfe heischen von der Mutter,
Borgen was zur Füllung fehlte.
330 Heimliche Gedanken hegend
Ließ er trüg'risch dann verlauten:
„Werthgehalt'ner Sohn des Alew
Mein Gelöbniß zu erled'gen,
Will ich ohne Weigern füllen
Dir den Hut bis hoch zum Rande,
Wenn du selber kommen könntest;
Dann ergiebt sich weder Wirrniß,
Noch kann Täuschung sich bethät'gen".

Denn der alte tück'sche Teufel
340 Suchte nur den Sohn des Alew
Von dem Schatze wegzuscheuchen.
Aber Alew's Sprößling ahnte
Wohl des Männleins wahre Meinung,
Lockungslist des bösen Geistes,
Der ihn trachtete zu trügen;
Ließ darum sich so verlauten:
„Geh' doch du, mein guter Junge,
Fersenknab des Kalewsohnes,
Dir den Schuldhof zu beschauen,
350 Jenen Sippen Gruß zu sagen.
Hilf ihm her die Säcke tragen,
Wenn zu schwer das Geld ihm wieget;
Mir ist platterdings nicht möglich,
Heut' mich hier vom Platz zu rühren,
Muß wie Fels im Meeresgrunde,
Wie im Sturm die starke Eiche,
Wachen über was vorhanden,
Muß den Haufen Silber hüten".

Fersenknab des Kalewsohnes
360 Eilte dem Befehl zu folgen.
Ging voran der Wassergeist nun,
Der Gesell des Kalewsohnes
Folgte nach ihm auf dem Fuße,
Wandelnd unbekannte Wege,

Streifend durch verborg'ne Strecken
An des graus'gen Dunkels Grenzen,
Wo zuvor der Fuß von Menschen
Nimmer noch gewandelt hatte,
Stätten, die ein sterblich Auge
370 Nimmer noch gesehen hatte.
Dem Gesell des Alewsohnes
Fiel das Herz wohl in die Hosen,
Als sie auf dem weiten Wege
Auf des Bösen Aue kamen,
An des Dunkelreiches Anger,
Wo ein Morgenlicht nicht leuchtet,
Wo kein Glanz des Abends glühet.
Scheint doch Tags nicht schöne
Sonne,
Nachts der Mond kein mildes Licht
giebt,
380 Weisen Sterne auch den Weg nicht
Auf des bangen Dunkels Bahnen.
Nur allmälich schoß ein Schimmer
Auf den Pfad, ihn halb erhellend,
Da von naher Pforte Pfosten
Fackeln Feuerschein ergossen.

Als die Beiden bald des Hauses
Schwelle übertreten hatten,
Kamen Wasserkobolds Brüder
Ihrem Gaste schon entgegen,
390 Baten ihn, auf einer Bank nun
Sich zu setzen an die Tafel,
Ganz bedeckt mit gold'nen Kannen
Und mit schönen Silberschüsseln,
Was dem Gaste gab ein Zeugniß
Von des Hofes reicher Habe,
Von der Pracht der weiten Wohnung.
Prunkgelüste rechnet längst man
Zu der Höllischen Gehaben,
Darum boten auch die Bursche
400 Für den Gast den ganzen Schmuck auf.

Kalewsohnes Fersenknabe
War von Grausen schon ergriffen,
Konnte keine Speise nehmen,
Scheute sich vor allen Schüsseln
Konnte auch nichts aus der Kanne
Von dem mächtig süßen Methe
In den Mund gelangen lassen,
Weil ja Feuerfunken öfter
Aus den schönen Schüsseln schossen,
410 Sprühend aus den Kannen sprangen,
Aus den Humpen hoch sich hoben.

Fingen nun die Satanssöhne
An, in loser luft'ger Laune
Sich verstohlen zu verständ'gen,
In der Höllensprache sprechend,
Hin und her die Worte haspelnd,
Klangen fast wie lett'sche Laute,
Ganz dem Gaste unverständlich. —

Fersenknab des Kalewsohnes
420 Dachte sorgenvollen Sinnes,
Ueberlegte seine Lage:
„Hier ist's wahrlich nicht geheu er
Soll ich denn in jungen Jahren
So das liebe Leben lassen,
Soll, des Freundes Schatz zu
schaffen,
Hier in stiller Oede sterben,
Wo um mich kein Mädchen weinet,
Keine Lockenträg'rin trauert!
Goldbegier'ger Sohn des Alew,
430 Der den Freund in's Joch du jagtest,
In der Hölle Ketten hetztest,
Halbes Ei ist mehr doch, mein' ich,
Als die ausgeblas'ne Schale!"

Als sie Worte lang' gewechselt,
Heimlich sich berathen hatten,
Fingen an die Feuerbuben,
Höllenheimes Hausgenossen,
Flug's ein spaßhaft Spiel zu treiben;
Nahmen gar den Gast zum Spiel-
zeug,

440 Daß er leicht wie Kurniklötzchen,
Wie ein rollend Rad im Anger,
Flink zur Kurzweil fliegen mußte,
Wirbelnd sich mit Windeseile!
Schleuderten die Höllenschlingel
Federgleich den Fersenknaben
Hin und her von Hand zu Handen,
Daß das Kerlchen wie ein Kober,
Wie ein Bündel Werg im Winde
Flog von einer Wand zur andern,
450 Und von einer Eck' zur andern.

Der Gesell des Kalewsohnes
Bat die Höllenbuben bebend:
„Gute Schaukler, goldne Brüder!
Laßt mich nieder mir zu Liebe
Hier auf diesen dunklen Boden,
Hier auf diese Höllendiele;
Möchte doch die Wände messen,
Nach der Schnur die Winkel nehmen,
Auch des Zimmers Länge ziehen,
460 Und wie breit es sei, ersehen;
Daß zu Haus ich könnte künden,
Es den Freunden fröhlich deuten:
Wie ich hoch gehoben worden,
Und wie schön ihr mich geschaukelt".

Als dem Männlein Muße wurde,
Sich vom Handwurf zu erholen,
Nahm's die Garne aus dem Gürtel,
Womit es das Moor gemessen,
Und des Sumpfes Theil gesondert;
470 Machte sich an's Wändemessen,
Nahm auch nach der Schnur die Winkel;
Maß zuerst des Raumes Länge,
Ferner dann desselben Breite,
Drittens hielt er auf die Höhe,
Viertens fand er Eckenweite,
Auch der Thürenpfosten Länge
Und der schweren Schwelle Breite.
Hier war gutes Glück gegönnt ihm,
Aus der Thür entkommen konnt' er,
480 Wie der Wind von dannen eilen.
Muße nahm sich nicht das Männlein,
Scheidend sich nur umzuschauen,
Rückwärts seinen Blick zu richten,
Eh' er in den weiten Weltraum,
In der Sonne Licht gelangt war,
Wo die schlimmen Teufelsschlingen,
Wo die höllische Verhetzung
Länger Leid nicht schaffen konnten.

Vor der Pforte hatte pfiffig
490 Ihm den Rath geraunt der Wächter:
„Willst du deine Wanderfahrten
Ohne Fehl zu Ende führen,
Allen Schlingen auch entschlüpfen,
Wende rechter Hand dich weiter!"
Gleichwohl sollt' es ihm nicht glücken,
Ungeplagt nach Haus zu hasten.
Frei ist nur der rüst'ge Recke,
Wie der Kuckuck auf der Kiefer,
Fünf Gefahren stets den Mindern,
500 Drangsal' sechse ihn bedräuen.

Fersenknab' des Kalewsohnes,
Flüchtend aus der Höllenhetze,
Hatte gleich ein Hemmniß vor sich,
Als ihm hüpfend eine Hündin
Mit zwei muntern jungen Hunden
Graden Gangs entgegenkamen.
Sie, der Satans Söhne Mutter,
Kam von Torgel hergetorkelt,
Wohin sie ins Bad gewandert.
510 Dem Gesell des Kalewsohnes
Kamen nun des Wächters Worte,
Dar am Thor stand, ins Gedächtniß.
Bog alsbald rechts ab der Knabe,
Einen andern Weg zu wählen.
Sausend fuhr ihm an den Füßen
Schon vorbei die böse Hündin,
Daß vom Fell kein feines Häärchen
Unsres Knaben Kniee streifte.

Zehnter Gesang.

Hurtig seine Beine hebend,
520 Raschen Schrittes weiter schreitend,
Kam des Alewsohns Geselle
Richtig an den Rand des Flusses,
Wo der Alewsohn so sinnreich
Tief gehöhlt die Grube hatte,
Um das Teufelskind zu täuschen.
Leicht das tiefe Loch im Rasen
Ließ den losen Streich errathen,
Wo der Hut als Deckung diente,
Denn die ganze Masse Geldes
530 War verschwunden mit dem Manne.
Fersenknab des Kalewsohnes
Suchte nun den Sohn des Alew,
Wohin wohl der Freund gerathen.

Doch Gevatter Wasserkobold
Folgte dicht ihm auf dem Fuße,
Höhnte hart den biedern Knaben,
Fragte ihn mit frechem Spotte:
„Hast du Feuer in den Hosen,
Brennt'ne Bremse dich wohl hinten?
540 Warum hast du, muthig Männlein,
Nur die güldne Last vergessen?
Ganz allein den schweren Geldsack
Konnt' ich nicht von Hause holen.
Laß den leid'gen Handel also
Lieber anders uns erled'gen.
Sollen Ringkampf wir versuchen,
Willst im Wettlauf du erproben,
Wer der Sieger bleibe, Söhnchen?"

Denn Gevatter Wasserkobold
550 Dachte so in seinem Sinne:
„Klüger dürfen sie sich dünken,
Aber Macht ist mir gegeben."

Fersenknab des Kalewsohnes,
Der's begriff, versetzte Solches:
„Wenn's dir so beliebt, mein Lieber,
Wollen einen Ort wir wählen!"

Als nach solchem Ort sie suchten,
Sahn den Närskaberg die Beiden,
Den sofort sie passend fanden,
560 Ihn zum Kampfplatz zu erkiesen.
Eh' noch auf den Weg die Beiden
Hingelenkt die Schritte hatten,
Kamen ihnen schon entgegen
Kalew's kerniger Erzeuger
Sammt dem werthen Alewsohne.
Dieser hatte wohl verwahret
Schon den Schatz des Wassergeistes,
Im Gebüsch ihn gut geborgen.

Sprach der kühne Sohn des
    Kalew:
570 „Sieh doch, sieh mein süßer Bruder!
Woher hast den Lettenlümmel
Du zum Führer denn erhalten?
Und von welchem Schlage, Wetter,
Mag der närr'sche Kauz nur kom-
    men?"
Alew's Sohn versetzte Solches:
„Schau', mein Schuldner ist der
    Fremde,
Ein Vertrag ward, traun, geschlossen,
Doch er machte voll den Filz nicht."
Ferner sprach der Fersenknabe:
580 „Dieser Gute ist mein Gegner,
Traun, auch ich schloß hier Ver-
    trag ab,
Keck ein Kampfspiel aufzuführen
Auf dem Närskaberg zur Kurzweil."

Kalew's kerniger Erzeuger
Scherzte jetzt mit leisem Spotte:
„Wachse noch, mein süßes Söhnchen,
Reck' erst recht dich in die Höhe,
Streck' erst stramm dich, liebstes
    Freundchen,
Bis erreicht sind reif're Jahre;
590 Noch ist deine Kraft nur schwächlich!"

Sprach's und steckte den erstaunten
Fersenknaben in die Tasche,
Daß er dort noch mehr gedeihe,
Stieg sodann mit starken Schritten
Auf den Närskaberg, das Kampf=
  spiel
Frisch zu halten mit dem Fremden.

Zum Beginn des ganzen Kampfes
Wurde nun gewählt der Steinwurf;
Wessen Stein am weitsten würde
600 Aus der Schleuderschlinge fliegen.

Wasserkobold sollte selber
Gleich zur Stelle einen Steinblock
Fernhin schleudern aus der Schlinge.
Mit den unbeholfnen Händen,
Mit den ungefügen Fingern,
Hatte er des Tages Hälfte
Nöthig, zuzuziehn die Oese.
Ließ dann schleunig seine Schleuder
Zehnmal in die Runde rauschen,
610 Warf erst dann den Stein ins Weite,
Daß er windgeschwind entschwirrte.

Wohin stob der starre Stein dann,
Bis er endlich fiel zu Boden?
Nah dem Seee sank der Steinblock
An des Wirzsee Strand geworfen,
Zehen Schritte weit vom Wasser.
Ohne Münze mögt den Stein ihr
Selbst mit eignen Augen sehen:
Ist an Größe schier zu schätzen
620 Gleich des armen Bauern Badhaus.

War die Reih' des Schleuder=
  wurfes
Jetzt an Kalew's kühnem Sohne,
Der zum Stellen keine Stange,
Keinen Hebel nöthig hatte;
Ohne Fehl mit zehen Fingern
Macht' er mühlos seine Sache,
Schlang die Schlinge um den Stein
  her.
Richtig an den rechten Stellen.
Dann mit derbem Schwunge ließ er
630 Aus der Schling' den Wurfblock
  schlüpfen,
Daß er windgeschwind entschwirrte.
Wirbelsturm ward aus dem Winde,
Brausen hört man's in der Höhe.
Weit und weiter flog der Wurfblock,
Tobend, wie die Windsbraut wüthet,
Wenn sie über Wogen stürmet,
Nahte sich dem Peipussee,
Senkte sich am Ufer nieder.
Wer am Strande jemals streifte,
640 Hat den Wettblock wohl gesehen.

Dennoch hat der dumme Teufel,
Noch das Kampfspiel nicht zu
  schließen,
Andres Stücklein anzustellen.

Kalew's Sohn versetzte Solches:
„Meinethalben, werthes Männchen!
Keinem Kampfe bin ich abhold,
Fürchte auch kein feurig Ringen;
Kämpfen kann die Kraft nur mehren,
Mannesstärke wächst im Wettkampf.
650 Laß' uns, Liebster, denn versuchen,
Wer mit mehr Gewalt den andern
Hoch von seinem Sitze hebet!"

Beide setzten sich zu Boden,
Stemmten Fuß dann gegen Fuß an
Wasserdämons derber Knüttel
Ward als Hebel fest gefasset.
Wasserdämon reckt gewaltig
Schier die Arme sich zu Schanden,
Daß die Sehnen sich verrenkten,
660 Konnte aber seinen Kämpen,
Kalew's lieben Sohn nicht lupfen,
Noch auch nur vom Flecke rühren,

Kalew's Sohn stemmt nun die
    Sohlen
Derber gegen die des Dämons,
Legte dann die Finger fester
Um den Stock mit starkem Drucke,
Zog an ernsthaft ohne Zögern,
Warf den Wassergeist vom Platze,
Wie 'ne hohle Hedekunkel,
670 Daß er flog auf Windesflügeln!
Köpflings kam er erst zu stehen,
Seine Sohlen sahn gen Himmel,
Fahren ließ die Faust den Kraftstock
Leicht wie Vögel schwang der Leib
    sich,
Sieben Werste glitt er weiter,
Sauste segelnd eine Meile,
Bis mit Krachen er zu Boden
Fiel in einem hohen Hage,
Wo er selbst am sechsten Tage,
680 Ja am siebten noch nicht sehen,
Nicht das Haupt am achten heben,
Nicht die Glieder rühren konnte,
Den gerafften Leib nicht recken.

Kalew's kerniger Erzeuger
Lachte laut auf bei dem Spaße,
Alew's Sohn ergriff ein Grinsen,
Ferienknabe in der Tasche
Kicherte bei Kobold's Unfall.

Beider mächt'gen Männer Lachen
690 Ging wie Kõu's Donnergänge
Ueber weite Flächen weiter,
Durch der dichten Wälder Wirrniß,
Machte, daß der Boden bebte,
Daß die Hügelhöhen wankten.

Alew's werthgehalt'ner Spröß-
    ling
Trug nun vor die Trugbethörung,
Wie er mit dem hohlen Hute
Jüngst zu Mustapall das Männlein

Herrlich hinters Licht geführet,
700 Ihm den schönen Schatz genommen.

Als da Alew's Sohn auch sagte:
„Wird der Stier am Horn gehalten,
Muß den Mann das Wort auch
    binden,"
Setzte das den Sohn des Kalew
Gleich in Staunen und Bestürzung:
Noch war nicht das Schwert bezahlet,
Nicht dem Schmied der Werth ge-
    worden.

Kalew's kerniger Erzeuger
Ließ alsbald die Rede rudern:
710 „Alew's Sohn, mein lieber Sipp-
    mann,
Mach dich hastig auf nach Hause,
Auf dem Schimmel hin zum Hof-
    raum,
Auf dem Braunen durch den Anger,
Des berühmten Kalew Kamp zu,
In das alte Thalerhofgut;
Miethe Kähne an der Küste,
Nimm geräumigere Nachen,
Beß're Boote, mehr zu bergen;
Schaffe Gold dann auf die Schiffe,
720 Auf die Boote Säcke Silber,
Köstliche Habe auf die Kähne.
Dinge dann zum Segeln Männer,
Sturmgestählte Steuerleute;
Mundvorrath und manches Andre
Rüste, was zur Reise nöthig.
Laß dann in die Schiffe laden:
Eine Neunzahl guter Gäule,
Vier Paar starke Tragestuten,
Zwanzig Kühe, köstlich milchend,
730 Funfzig fette Kälber ferner,
Hundert Lasten lautern Weizens,
Ein geräumig Schiff voll Roggen,
Dann noch tausend alte Thaler,

Hundert Paare Paternoster,
Zweimal hundert goldne Münzen,
Einen Schoß voll Silberspangen,
Ferner Malschatz von fünf Jung=
    fraun
Gieb dann bei noch ein paar Boote,
Voll mit schönen alten Schätzen.
740 Führe dann die volle Ladung
Selber über See nach Finland
Zu dem Schmied, dem rings be=
    rühmten,
Zahl' des wackern Schwertes Wer=
    thung,
Tilge unverkürzt den Kaufpreis,
Gieb auch Gold noch in den Kauf nur,
Silber für das lange Säumen,
Daß der Großoheim nicht grolle."

Alew's werthgehaltner Sprößling
Eilte dem Befehl zu folgen,
750 Machte rasch sich auf die Reise,
Jagte jach hinab nach Harrien.

Kalew's kerniger Erzeugter
Streckt' in eines Strauches Schatten
Sich zur Ruhe auf den Rasen,
Nachzusinnen in der Seele,
Durchzudenken jene Dinge,
Jüngst von Wierland her gemeldet,
Botschaft über böse Feinde.
„Wo nur find' ich feste Plätze?"
760 Ueberlegt der hohe Held nun,
„Zuflucht für die schwanken Schwa=
    chen?
Wälzen sich die wilden Feinde,
Schonungslose Kriegesschaaren,
Ueber Wierlands flache Fluren,
Ueber Jerwens lichte Lande:
Dann bedarf es dichter Wände,
Müssen mächt'ge Mauern ragen,
Schirm und Schutz für die Betagten,
Sichre Stätte für die Siechen,

770 Bergeplatz für minn'ge Maide,
Unterkunft für Lockenköpfe,
Thränenkammer für Betrübte,
Trauerwinkel für die Wittwen".

Kalew's kerniger Erzeugter
Dachte klugen Sinn's dann Solches:
„Bretter will ich an mich bringen,
Was zum Hausbau dient erhandeln,
Starke Städte will ich gründen,
Prachtvoll sollen sie mir prangen,
780 Eine zu der Mutter Minne,
Zu der Zier des Vatergrabes,
Soll vom Felsen niedersehen;
Dann auf Taara's Berg die zweite,
An des Embachs Ufern lagernd,
Taara's heil'gen Hain zu hüten,
In dem Jaan'schen Gau die dritte
Sei von Sümpfen rings umschlossen,
Endlich noch in Allentaken
Eine Zuflucht für Verzagte,
790 Schutzort für gescheuchte Waisen.
Heute will ich noch verweilen,
Meinen Leib in Ruhe laben,
Morgen muß ich in der Frühe
Rasch mich auf die Reise machen,
An den Saum des Peipussee'es;
Alew's Sohn wird auch nicht
    säumen,
Für mein Finlandsschwert zu
    zahlen".

Als der Tapfre aus der Tasche
Nun sein Messer nehmen wollte,
800 Traf die Hand den treuen Knaben,
Der wie eine Sau im Sacke
Da heraus nicht kommen konnte,
Selber sich nicht Hülfe schaffen.

Kalew's kerniger Erzeugter
Scherzte mit dem Eingesperrten:

Zehnter Gesang.

„Sieh doch, sieh, was für ein Floh
  denn
Kitzelt mich in meiner Tasche?
Komm hervor, mein feiner Knabe,
Dich im Hauch der Luft erholen,
810 Dich im Sonnenlichte dehnen,
Dich im Mondenschein ermuntern!
Höre zu, mein Zuckerpüppchen,
Merk' auf meine Worte, Männchen,
Die ich dir zum Segen sage,
Dir zur Richtschnur redlich künde!
Hör' mir zu, des Adlers Zögling:
Bis daß dir, dem Spätgebornen,
Stärk're Schwingen sind zur Stelle,
Festeres Gefieder anwuchs,
820 Wolle keinen Flug du wagen!
Wenn ein Böser dich erbittert,
Strebt ein Feind dich zu verstricken,
Helfe Klugheit aus der Klemme,
Sei Verstand die beste Stütze;
Suche deinen Widersacher
Nur durch feine List zu fesseln,
Bis gewachsen wird die Kraft sein,
Und gestählet erst die Stärke.
Was hat dich, du Knirps, bewogen,
830 Mit dem tück'schen Wasserteufel
Eine Wette nur zu wagen?"

Gleich der Sohn aus Kalew's
  Sippe,
Der's verstand, versetzte Solches:
„Was mich schwachen Knirps be=
  wogen,
Mit dem tück'schen Wasserteufel
Einen Wettkampf nicht zu weigern,
Lag ja offen mir erläutert
In dem Thun des Alewsohnes,
Dem ja doch sein Sommerfilzhut
840 Nur als Grubendeckel diente.
So hätt' ich auch, jung an Jahren,
Spott getrieben mit dem Spiele,
Und den Höllentropf betrogen."

Kalew's kerniger Erzeugter
Ließ die Rede also rudern:
„Wachse noch 'ne Spanne, Werther,
Reck dich halt zwei in die Höhe,
Nimm auch zu noch in der Breite,
Und gewinne stets an Stärke
850 Für das vor dir liegende Leben,
Für den Nutzen nahender Zeiten!
Folg' mir nicht und bleib als
  Führer,
Während ich jetzt weiter wandre
An den Saum des Peipussee'es,
Wicht'ge Sachen zu besorgen.
Sollten sich nun eil'ge Boten,
Die vom Kriege Meldung machen,
Her aus Wierland's Gau'n begeben:
Leite, Lieber, ohne Zögern
860 Selber an des Peipus Saum sie,
Mir zum Ziel gesteckte Stätte,
Wo ich lang wohl schaffen werde."

Während dieser Wechselreden
Labten sie den Leib mit Speise,
Freuten sich am frischen Trunke,
Bis sie sich zu Boden warfen,
Unterm Laubgerank zu ruhen.

Nacht mit dichtem Mantel deckte
Hain und Hag, die lautlos lagen,
870 Ließ verstummen Vogelstimmen
Und die Laute der Lebend'gen;
Kaum in lauer Luft ein Käfer
Summte, Grill' im Grase zirpte,
Eine Mücke schwebend schwirrte,
Eine Wachtel rief im Roggen
Und ein Sumpfhuhn flog am Flusse;
Nirgends sonst ein Laut des Lebens,
Nirgends Redende vernehmlich,
Noch die silberschnäbligen Sänger.
880 Hoch vom Himmel sah'n die Sterne,
Schien des Mondes sanfter Schim=
  mer

9

Auf die Ruhenden hernieder.
Träume webten ihr Gewebe,
Schleier vor dem Blick der Schläfer.

Wetterjungfrau, schön zu schauen,
Kõu's Kind mit lock'gem Kopfe,
Schmuckes Vöglein, blau gefiedert,
Flog in's Weite, glitt in's Weite,
Flog in eine wilde Waldung,
890 Wo gehaust noch keine Heerde,
Keine Heerde und kein Hüter;
Vögel weilten auf den Wipfeln,
Schlangen schlichen unterm Moose.
Hierher kam die holde Jungfrau,
Wollte grade hier lustwandeln.
Was bemerkte sie im Walde,
Wurde auf dem Weg gewahr sie?
Einen Brunnen, breit gehöhlet,
Unergründlich tief gegraben.
900 Rinderspuren führten reichlich,
Menschenstapfen auch zur Stelle.
Wetterjungfrau, schön zu schauen,
Kõu's Kind mit lock'gem Kopfe,
Will des Brunnens Wasser kosten,
Hat gefaßt den goldnen Haken,
Hebt herauf den Silbereimer.

Waldessohn, der wackre Knabe,
Neckischen Geistes günst'ger Zögling,
Sah das minnigliche Mädchen
910 Wasser aufziehn aus dem Brunnen,
Wollte hastig Hülfe leisten.
Wetterjungfrau, schön zu schauen,
Kõu's Kind mit lock'gem Kopfe —
Ward sie scheu bei der Erscheinung,
Daß sie hob die Hand vom
    Eimer? —
Ihr entfiel ihr Ring vom Finger.

Wetterjungfrau, schön zu schauen,
Kõu's Kind mit lock'gem Kopfe,
Schmuckes Vöglein, blau gefiedert,
920 Kam in großen Herzenskummer,
Wünschte einen wackern Freund sich,
Werthen Helfer zu gewinnen,
Der den Ring aus Brunnentiefe
Aus dem Wasser wiederbrächte.

Kalew's köstlicher Erzeugter,
Hörend dieser Jungfrau Harmruf,
Der Betrübten Trauerklage,
Eilte hastig ihr zu Hülfe,
Ließ also die Rede rudern:
930 „Was beweinst du, werthe Jung=
    frau,
Was macht, Lockenkopf, dir Kummer,
Was nur härmt dich, holdes
    Vöglein?"

Wetterjungfrau, schön zu schauen,
Fand das Forschen gleich begreiflich,
Ließ sich lieblich so vernehmen:
„Was mich Jungfrau treibt zu
    Thränen,
Mich, den Lockenkopf bekümmert —
Wollte Wasser aus dem Bronn
    ziehn,
Fiel der Ring mir ab vom Finger,
940 Goldreif tauchte in die Tiefe."

Kalew's körniger Erzeugter
Sprach nicht, sprang gleich in den
    Brunnen,
Den versunk'nen Ring zu suchen.

Zauberer in hellen Haufen
Dachten jetzt ihn zu verderben.
„Fuhr die Maus selbst in die Falle,
Bär sitzt fest im Brunnen unten!
Jetzt nehmt Steine, liebe Jungen,
Werfen wir sie auf den Hals ihm,
950 Auf des mächt'gen Mannes
    Nacken!"

Ward ein Mühlstein hergewälzet,
Rasch an Brunnens Rand ge-
　　förbert,
Steil hinab gestürzt zur Stelle,
Der den Mann zermalmen sollte,
Bald den ries'gen Bären tödten.

Kalew's köstlicher Erzeugter,
Der nun tüchtig lang getastet,
Schwang geschwind sich aus dem
　　Brunnen.
Was als Ring am Finger führt er?

960 An der Hand der Mühlstein haftet,
Durch das Loch gelegt der Finger.
Kalew's Sohn dann freundlich
　　fragte:
„Wetterjungfrau, schön zu schauen,
Köu's Kind mit lock'gem Kopfe,
Ist denn dieser Ring der deine,
Der dir in den Brunnen rutschte,
Der versank in seine Tiefe?
Fand im Schlamm nichts andres
　　schließlich,
Größ'res fühlte nicht mein Finger."

Elfter Gesang.

Morgenroth mit lichtem Scheine
Säumte rings den Rand der
　　Wolken,
Färbte sie mit farb'gen Streifen,
Fluten Goldes dann ergießend
Zu des neuen Tages Zierde,
Als schon Kalew's kühner Sprößling
Wachen Aug's sprang leicht vom
　　Lager,
Seine Reise fortzusetzen.
Für den Wackern giebts kein Weilen,
10 Kein Verzögern für den Kecken.

Durch die Thauesfrische fröhlich
Seine festen Schritte fördernd,
Richtete der Riesensprößling
Nach dem ersten Morgenmahle
Seinen Gang zum Saum des Peipus.

Brach durch waldbewachsne Wild-
　　niß,
Ueber weite wüste Flächen,
Dann durch dichtes Dorngestrüppe,
Eine Strecke moos'ger Moore,
20 Manche Strecken well'ger Wiesen,
Wo noch nie ein Weg gemacht war,
Nimmer noch ein Pfad geebnet.
Wo er durch das Dickicht stürmte,
Da ergab sich eine Gasse,
Wo an Sümpfen er gewatet,
Waren Gräben stets entstanden,
Wo er schroffe Höh'n durchschritten,
War der Boden gleich geglättet;
Hügel hatten sich gebogen,
30 Berge nieder sich gesenket,
Wo des Helden feste Ferse,
Seine Sohle länger weilte.

Angelangt am Saum des See'es
Sah sich um der Sohn des Kalew,
Ob er nicht ein leiblich Lastschiff,
Für die Fracht geeignet Fahrzeug,
Einen Kahn wohl könnte finden.
Ueber die bewegten Wogen
Weit hinaus die Blicke werfend,
40 Konnt' er keinen Kahn erspähen,
Nirgendwo ein Boot gewahren.
Schürzte gleich den Rock der Recke
Schob die Schöße in den Gürtel,
Schritt dann ungesäumt zum See hin,
Seine Wellen zu durchwaten.

Säh'st vom Lande aus, o Lieber,
Du des hehren Helden Schreiten,
Der die Flut im Flug durchschneidet,
Möchte schier das schärfste Auge
50 Nicht erspähn das andre Ufer,
Wo der Mann auf sicherm Lande
Festen Fuß hinwieder fassen,
Sich vom Triefen trocknen könnte.

Kalew's kernigen Erzeugten
Dünkte doch der Weg nicht lange
Schwierig nicht die Wasserstraße,
Hemmend nicht für seine Schritte;
Er durchschnitt vielmehr ganz
    mannhaft
Wohlgemuth die breiten Wogen
60 Stieß das Wasser, daß es stäubte,
Hoch empor schlug in die Höhe,
Und in weißem Schaume wallte.
Furcht befiel die Fisch' im Grunde,
Krebse krochen scheu in's Schlupfloch,
Untertauchend wich die Wildgans,
Enten schossen in das Schilfrohr
Bei des Mannes mächt'gen Schritten.

Wahrlich wer an jenem Tage
Sich zufällig dort befunden,
70 Hätte selber sehen können,

Wie sich wunderliche Dinge,
Gar befremdliche begaben,
Ganz erstaunliche erstanden.

In des Buschwerks Schirm und
    Schatten
Stand ein Zaubrer im Verstecke,
Angesehn am Peipussee'e.
Wildem Thiere war er ähnlich,
Rauh behaart die ganze Haut war;
Sah aus wie ein Berg voll Borsten,
80 Wie ein Bär auf beiden Tatzen.
Blöde Schweineaugen blinzten,
Standen voll von starrem Eiter,
Waren ganz verschlemmt von
    Schleime;
Aus des weiten Maules Winkeln
Schäumte scheußlich weißer Geifer,
Wie beim hart gehetzten Eber;
Auf dem katzenart'gen Kinne
Lag die leid'ge Mißgunst deutlich.

Das behaarte Ungeheuer,
90 Bestie auf zween Beinen,
War Salzweiser nach der Sippe,
Auch theilweise Windesweiser,
Dann in Manchem Manaweiser,
Starker Zaubersprüche Sprecher,
Hülfekräft'ger Worte Heger,
Walter über Windeswehen,
Wissender das Loos zu werfen,
Aus dem Siebe wahrzusagen,
Diebsgesicht im Branntweinglase
100 Mit dem Schlüssel hinzuzaubern,
Qual zu nehmen durch das Quästen,
Leid dem Andern aufzulegen,
Haß zu häufen auf den Armen,
Bösen Spuk zu bannen mächtig;
Kannte auch des Arztes Künste,
Wirkte Heilung aus dem Winde,
Steuerte Verstauchungsschäden,
Und beschwichtigte Geschwülste;

Aus dem Gleis gerückte Glieder
110 Renkt' er ein mit rothem Garne,
Schnalzte weg die Beulenseuche,
Drückte weg der Drüsen Schwellung,
Konnte Blut durch Sprüche stillen,
Konnte Feuersbrünste brechen,
Schlimmen Schlangenstich besprechen,
Wußte Auskunft gegen Ausschlag,
Konnte Schmerz vom Schlaf am Boden
Durch geschabtes Silber scheuchen,
Ein im Wuchs verkümmert Kind
120 Heilen durch vom Hund Gefreß'nes,
Siecher Kinder Schmerzen schmälern,
Weinens quästend sie entwöhnen.
Kannte Formeln gegen Fallsucht,
Gegen Reißen von der Rose,
Dutzende von andern Sprüchen,
Um das Zahnweh zu bezähmen,
Um das Fieber fortzubringen,
Konnte Zaubersalz in Säckchen,
Konnte Hexenbündel binden,
130 Ferner Hirtenstäbe feien,
Jägern sichre Pfeile schnitzen,
Fischern Glückesangeln fert'gen,
Junge Frau'n vom Gram befreien;
Wußte auch des Bösen Wege
Merkbar unterm Moos zu machen;
Wo sich nur die Wege kreuzten
Schäzeschlepper aufzutreiben,
Ferner Nachts mit Feuerzeichen
Spur von Schätzen zu erspähen.

140 Heute schuf kein Heil der Unhold,
Als er, hart am Ufer hockend,
Windessprüche blies gewaltig
Auf des Peipussee'es Fläche,
Daß die Wellen wirbelnd wallten,
Um den Helden arg zu hänseln.

Fernher schimmert, strandwärts strebend,
Gar ein sonderbar Gebilde,
Gleichwohl einem Manne gleichend
Kenntlich an des Körpers Formen,
150 Halb verhüllt noch von den Wellen,
In der Haftgewalt der Hochflut;
Bald erhebt sich das Gebilde,
Sinkt bald tiefer in den See ein,
Und wiewohl noch zehen Werste
War der Strebende vom Strande,
Schwankend in dem Schwall der Wogen,
Schien's doch einem scharfen Auge,
Daß ein Mann von unserm Maße
Auf dem Wasserspiegel walle.
160 Schwere Last drückt seine Schulter,
Zwingt das Kreuz, daß es sich krümme,
Gleichwohl dringt mit dreisten Schritten
Der Beladene zum Strande,
Hoch und immer höher wachsend,
Immer staunenswerther steigend.

Hexenmeisters hartes Blasen
Wälzt die Wellen durcheinander,
Daß sie wilde Wirbel bilden;
Wo am höchsten sie sich heben,
170 Trifft der Schaum des Mannes Schenkel.
Spöttelnd ob dem Spiel der Wellen,
Ob dem tollen Teufelstoben,
Ruft des Kalew kühner Sprößling:
„Sieh doch, sieh, die seichte Pfütze
Droht mir bald den Bauch zu feuchten!
Holla, holla, lauf'ge Lache!
Willst du mir den Nabel netzen?"

Keine Stunde war verwichen,
Und schon trat der Lastenträger

180 Auf dem festen Lande vorwärts.
   Kaum wohl könnt' ein Gaul dermalen
   Oder ein Paar starker Stiere
   Eine Last von dannen lupfen,
   Wie sie trug der ries'ge Recke.

   Kalew's köstlicher Erzeugter
   Hatte sich geholt aus Pleskau
   Die zur Stadt geplanten Planken:
   Freistatt für die Freudelosen,
   Schutz und Schirmort für Betagte,
190 Trauerheim für holde Maide,
   Klagewinkel für die Wittwen,
   Sichrer Platz für sonst'ge Leute.
   Grimmig groß war nicht die Holz-
       last,
   Doch fürwahr auch keine winz'ge —
   Schicklich für des Mannes Schul-
       tern:
   Denn es trug wohl zwanzig Dutzend
   Planken Kalew's kühner Sprößling,
   Mochten auch noch manche mehr
       sein;
   Zwar an Dicke diese Planken
200 Zeigten nur der Zolle dreie,
   Auch die Breite überstieg nicht
   Zween Schuhe scharf gemessen,
   Und die Läng' belief sich nirgends
   Ueber zehen volle Faden:
   Diese leichte Bretterladung,
   Die der Recke auf dem Rücken
   Hergetragen, wußt' er weislich
   An dem schönen Strand zu schichten.
   Griff geschwind dann nach dem
       Schwerte,
210 Riß heraus es aus der Scheide,
   Wollte jenem Wellenheber,
   Jenem wüsten Wasserkräus'ler
   Seinen Sold nicht vorenthalten.
   Aber hast'ge hurt'ge Zehen
   Und behende flinke Hacken
   Hatten schon den Hexenmeister

In den finstern Wald geführet,
Wo er barg sich unterm Boden.

   Kalew's kerniger Erzeugter
220 War vom Wassergang ermüdet,
   Fühlte schier die Schultern schmerzen,
   Ließ darum den leid'gen Zaubrer,
   Ließ den Schelm jetzt ungeschoren.
   Fing nun an sich auf dem Felde
   Lagerplatz zur Nacht zu nehmen,
   Sich ein Ruhbett herzurichten,
   Nahm dazu vom nahen Strande
   Einen Schoß voll grauen Grandes,
   Dann auch Dünensand vom trocknen,
230 Trug's 'ne Strecke Weges weiter,
   Strich die Streue auseinander:
   So gab's traun ein trocknes Lager,
   Feinen Schlafplatz für den Müden.

   Als des Kalew kühner Sprößling
   Nahrung aus dem Sack genommen,
   Trunk gethan auch aus dem Fäßchen
   Zu des müden Leibes Labung,
   Löste er vom Leib die Scheide,
   Nahm das gute Schwert vom Gurte,
240 Legte es zur linken Seite
   An den Rand des rauhen Bettes,
   Daß, wenn widerwärt'ge Nöthe
   Unversehens sich ihm nahten,
   Alsobald zur Hand er's habe;
   Streckte selber auf den Sand sich,
   Um zu mindern die Ermüdung,
   Druck im Nacken fortzunehmen.
   Kehrte seinen Kopf gen Abend,
   Morgenwärts die müden Füße,
250 Recht die Stirn zum Morgenrothe,
   Daß die erste Himmelshelle,
   Daß der Sonne hold Gesichte
   Aus des jungen Tages Schoße
   Voll auf seine Augen falle,
   Sich auf seine Lider senke;
   Damit, wenn es schon geschähe,

Daß der müde Mann zu lange
In des Schlafes Armen ruhe,
Ihn das Morgenroth ermuntern,
260 Ihn die Helle wecken würde.
Unterm Haupte ruht die Rechte,
Gegen den Orion weisend,
Doch geschlossen lag die Linke,
Nordens Wagen zugewendet.
Seine müden Augen sanken
Alsobald in Schlummerbande,
Rasch von festem Schlaf gefesselt,
Daß dem Traum den Schläfer spie-
lend
Zu umgaukeln nicht gegönnt war,
270 Sei es Truggebilde bietend,
Sei es Wahres wirklich weisend.

Dann nach ganz geringer Dauer
Füllte Schnarchen das Gefilde,
Daß der Boden rings erbebte,
Daß die Wälder wankend rauschten,
Sich des See'es Wellen hoben,
Als wenn Aike mit Dräuen,
Vater Pikker aus Gewölke
Feurig durch die Lüfte führe,
280 Rasselnd auf den Eisenrädern.

Der verzagte Peipuszaubrer,
Der sich wie ein Krebs verkrochen
Vor der Helle in die Höhle,
Hörte jetzt des Helden Schnarchen,
Schlagenden Beweis des Schlafes;
Schob sich scheuen Schrittes näher
Leise an des Recken Lager,
Auf den Zehen zu erlugen,
Wo der laute Lärm entspringe.
290 Im Gebüsche noch verborgen
Konnt' er Kalew's Sohn erkennen,
Schlafend neben seinem Schwerte;
Schlich dann nochmals wieder näher,
Zagen Schrittes immer zögernd,
Sachte wie die Katzen kommen,

Ob er wohl die werthe Waffe
Räuberisch dem Mann entreiße.
Hoffte doch das dieb'sche Männlein
List'ger Weise es vom Lager,
300 Von dem Hügel wegzuholen.

Doch des Helden herrlich Kampf-
schwert,
Selber fest wie sein Besitzer,
Hat nicht Acht des Hexenmeisters,
Da es auf dem Rasen ruhte
Unbeweglich wie der Recke,
Als ob's angewachsen wäre,
Wurzelhaft gebannt am Boden.
Zaubermacht des Diebs vermochte
Nicht das theure Schwert zu nehmen,
310 Noch vom Rasen loszureißen.

Salzeszaubrer, Wortgewalt'ger
Seine Listen jetzt versuchte,
Zog behend geheime Zeichen,
Ließ die Hexenspäße spielen.
Rasch versucht er Macht des Salzes
Dann geheime Hebesprüche,
Wirksam zum Emporbewegen
So daß Körperschwere schwindet
Und Gewicht wird überwältigt.
320 Bückt sich vor der Macht des Mondes,
Hoffnung setzend auf die Helle,
Wendet nun den Blick gen Norden,
Lässet laute Sprüche hören,
Murmelt leise Bittgebete.

Nicht gehorcht die werthe Waffe,
Nicht das Schwert dem Wortbe-
schwörer,
Vielmehr ruht es auf dem Rasen,
Weilt beim Helden unbeweglich.

Jetzt begann der Wortgewalt'ge
330 Einen mächt'gen Manazauber
Und viel keck're Hexenkünste

Für die Hebung herzurichten.
Streute Laub der Eberesche
Eine Faustvoll auf das Schwert aus,
That dann Thymian dazu noch,
Brachte auch herbei noch Bärlapp,
Suchte Einbeer auch zusammen,
Fügte Farrenkraut darunter,
Streute Alles auf das Streitschwert,
340 Büschel dann des Baldrianes,
Schwarzen Staub des Bovist-
schwammes
Warf er ferner auf die Waffe,
Sprach dazu dann sieben Sprüche,
Ferner fünf ganz fremde Formeln,
Murmelte sieben Meisterworte,
Hergereiht im Hexenmonde,
Dann in Hornungslicht erhärtet,
Fest gefügt im Todtenmonde.
Nahm johannisnächt'ge Kräuter,
350 Mit dem Hexenquast gequirlet,
Feucht gefärbt mit Bastardblute,
Tunkt' in's Blut den vierten Finger,
Schwertes Hüter hold zu stimmen,
Harten Alpdruck lind zu lösen,
Nahm zum Räuchern Nägelschnitzel,
Ferner Jungfernhemdes Fäden:

Jetzt begann das Schwert zu
spüren
Mahnungsmacht des Manawortes,
Regte, rührte sich am Griffe,
360 Hob sich höher in der Mitte,
Stieg 'ne Spanne, stieg auch zweie,
Mehr und mehr sich aufwärts rich-
tend,
Bis des Zaubrer's Faust es faßte.

Der in Salz= und Wortkraft Weise
Raffte seinen Raub von dannen.
Schwer nur war das Schwert dem
Männlein,
Drückte schauderhaft die Schultern.

Die gewicht'ge Waffe tragend
Schnob und schnaufte sehr das
Bürschlein.
370 Warmer Schweiß von seinen
Wangen
Lief schon über seinen Leib hin,
Doch er ließ nicht los die Waffe;
„Lieber noch die Hand verlieren,
Lieber selbst das Leben lassen,
Als vom schönsten Schwerte schei-
den!"

Der in Salz= und Wortkraft Weise
Trug das trefflichste der Schwerter,
Das dem Schmied und seinen Söhnen
Schweiß und Schwielen einst gekostet,
380 Weiter auf verborgnen Wegen,
Machte Rast in manchem Busche,
Eh' er weiter wandern konnte.
Als vom Bord des Kääpabaches
Ueber's Wasser hin er wollte
An das andre Ufer springen,
Sank das Schwert ganz unversehens
Aus des Wichtes Arm in's Wasser,
In das tiefe Bett der Wellen,
Im geheimen Schlupf zu schlum-
mern.

390 Der in Salz= und Wortkraft Weise
Rief behend die nöth'ge Hülfe.
Ließ die Zauberworte wallen,
Laute Worte lebhaft schwingen,
War nicht karg mit kirrenden Worten,
Ließ die Windesworte wirbeln,
Ließ die Wasserworte wogen,
Ließ die Manaworte locken,
Andre weise Worte brausen,
Ob des Recken Schwert sich rege,
400 Langsam tauche aus der Tiefe!

Doch das Schwert des Kalew=
sohnes
Hört nicht auf die Hexenkünste,

Elfter Gesang.

Läßt sich nicht vom Zauber ziehen,
Bleibt im Wasser unbeweglich,
Auf des Kääpabaches Boden.

Als nunmehr die Morgenröthe
Schon am Himmelsrand herauf=
stieg,
Lief der Zaubrer sonder Zögern
Fort, als jagt' ihn Feuer hinten!
410 Ließ das Schwert im Bache liegen,
Schlummern in dem schlamm'gen
Bette,
Floh sodann in Waldesdickicht,
Einen sichern Fleck zu suchen,
Wo er nicht des Recken Rache,
Feindeszorn nicht fürchten dürfte.

Bei dem Ruf der Morgenröthe,
Da der Tag schon dämmernd graute,
Wachte auf der Kalewkämpe.
Schlaf sich aus den Augen schleu=
dernd,
420 Griff er gleich mit starker Rechten
Seitwärts nach dem Bettgesellen,
Wo er vor dem Schlafen schließlich
Seine Waffe selbst gebettet,
Gut sein liebes Schwert gelagert.

Nicht im Rasen ruht das gute,
Nicht im Moos die mächt'ge Waffe.

Kalew's köstlicher Erzeugter
Sah, die Sache sei befremdlich.
Als sofort die Augen vollends
430 Er vom Schlaf entschleiert hatte
Merkte gleich der mächt'ge Jüng=
ling,
Wie das Ganze sich begeben.
Er erspäht des Räubers Spuren,
Starke Stapfen in dem Moose,
Ruft dann rasch dem guten Schwerte,
Dem verlornen lieben Freunde:

„Hör' o Schwert, was hier ich rufe,
Was ich trostlos trauernd singe!
Höre deines Bruders Hochruf,
440 Deines werthen Freundes Wünsche,
Die ich hauche in die Haine,
Flehend sende auf die Fluren,
Bange ächze in die Büsche!
Gönn' Erwiderung, guter Bruder,
Freie Antwort gieb dem Frager:
Wer hat Nachts dich mir entwendet,
Dich mit Diebesklau'n umklam=
mernd?
Uku schaut ja scharf von oben,
Hoch vom Himmel sahn die Götter
450 Jenes Diebes Schritte deutlich.
Führungen der Götter finden
Rath, die Sache recht zu wenden.

„Menschen war des Schwertes
Wunder,
Seiner Arbeit Kunst nicht kündbar:
Ihre Diebesgriffe konnten
Schlechterdings die Wucht nicht
schleppen.
Aus des Vaters Sipp' ein Sprößling
Fertigte das Schwert in Finland,
Schuf auch der gewalt'gen Waffe
460 Wunderstärke in die Schneide,
That die Arbeit sieben Jahre,
Sieben Jahre, mied nicht Mühe,
Daß das Riesenschwert gerathe;
Nahm des Eisens sieben Sorten,
Siebenfach des Bleches Blätter
Schweißt in des Blasbalgs Gluthen
Das Gerollte dann zusammen,
Draus das schöne Schwert dann
schaffend,
Diese wackre Waffe schmiedend.
470 Sang geheime Sänge sieben
Täglich vor der Morgenröthe,
Frühe, wo noch Dämm'rung währte,
Härtete an sieben Brunnen,

Feuchtete mit sieben Wassern
Siebenfach des Schwertes Klinge.
War der Griff von weißem Silber,
War der Knauf von gelbem Golde,
War von dickem Fließ die Schnalle.

„Kenne schon den Schuft von Zaubrer,
480 Der des Peipus Wellen schwellte;
Dieser Freund ist Dieb des Schwertes!
Ja der Salzeszaubrer Sippe
Hegt von Alters her nur Haß mir,
Sann stets, Böses mir zu bieten.
Sollt' ich ihn nur unversehens
Fest in Habichtsklauen haben,
Dann gedenk' ich hundertfältig
Dem Verhaßten heimzuzahlen.
Wohl wiegt schwer das werthe Eisen,
490 Für den Mann das Schwert gemacht ist,
Und gering des Räubers Stärke;
Weithin konnte wohl nicht tragen
Dieser schlechte Kerl das Schlachtschwert.

„Höre Schwert, was hier ich rufe,
Was ich Vöglein klag' in Wehmuth!
Höre deines Bruders Hochruf,
Deines lieben Freunds Verlangen,
Sehnliches Gesuch des Mannes,
Das ich hauche in die Haine,
500 Flehend sende auf die Fluren,
Bange ächz' in dicht Gebüsche!
Gönn' Erwiderung, guter Bruder,
Freie Antwort gieb dem Frager!"

Kalew's kerniger Erzeugter
Spitzte nun gespannt die Ohren,
Ob das Schwert erwidern werde,
Laut sich machen das verlor'ne.
Doch die Lande decket Stille,
Ringsum ruhet tiefer Friede.

510 Kalew's kerniger Erzeugter
Ließ ein zweites Lied noch flattern,
Sang auch einen dritten Sang noch
Mit gar holder Honigkehle:
Ob das Schwert den Schwung des Rufes,
Seines Herren heißes Flehen
Irgendwo vernehmen werde.
Doch das prächt'ge Schwert blieb schweigend,
Vom Gefährten kam kein Wörtchen.
Auf den Landen lagert Stille,
520 Ringsum ruhet tiefer Friede,
Wie im Wald so auf den Fluren.

Kalew's kerniger Erzeugter
Säumt nun nicht sein Schwert zu suchen,
Hin und her, in jeder Richtung,
Streifte rastlos in die Runde,
Weiter wurden stets die Kreise,
Länger ward der Lauf um's Bett her,
Jede Stelle ward durchstöbert.
Durch das Dickicht drang er weiter,
530 Kreuz und quer durch kraus Gesträuche,
Drang durch Wälder, wolligen Rasen,
Setzte auch durch weiches Sumpfland,
Sang dabei der Sehnsucht Lieder,
Mit gar holder Honigkehle.
Doch das prächt'ge Schwert blieb schweigend,
Auf den Landen lagert Stille,
Ringsum ruhet tiefer Friede,
Wie im Wald so auf den Fluren.

Als nun Kalew's kühner Sprößling
540 Auf der Suche seines Schwertes
An des Kääpabaches Borde
Seinen Lauf gelenket hatte,
Schau! da schimmert aus dem Wasser
Herrlich auf das hehre Schlachtschwert,
Froh dem Freund entgegen lächelnd.

Kalew's kühner Sohn rief freudig:
„Holla, Schwert, mein herrlich Eisen!
Hier denn also schläfst du heimlich
In der Wasserwogen Kühle?
550 Du, des Mannes mächt'ges Schlachtschwert,
Schmerzengebender Blutvergießer,
Meines Großohms Schweißverzehrer,
Meiner Vettern Qualzufüger,
Wer denn hielt aus, dich zu heben,
Dich getrost zum Bach zu tragen,
In die Wellen dich zu werfen?
Sag', wer konnte her dich holen?"

Ihn verstand das Schwert zur Stunde,
Tönte aus den Wellen wieder,
560 Wie des Entchens zart Gezirpe:
„Der durch Salz den Zauber zündet,
Der Wortweise wirkte heimlich,
Daß dein Schwert sich schwang vom Rasen,
Daß es hob sich von der Haide.
Zaubersprüche wirkten zärtlich
Manaworte lockten mächtig,
Windesworte hoben heftig,
Bärlapp machte mehr noch steigen,
Farrenkraut faßt mich von unten,
570 Eberesche zerrte oben,
Einbeer' setzt an von der Seite,

Thymian that es in der Mitte,
Bärlapp dann und Bovist wirkten
Heftig mich von hinten drängend,
So daß die Gesellen sieben
Doch das Schwert nun aufwärts schwangen.
Zog der Salz- und Wortezaubrer
Bald das Schwert zum Kääpabache.
Als der Flüchtling flink hinüber
580 Auf das andre Ufer setzte,
Sah ich, wie die Wassernixe
Lieblich aus den Wellen lugte,
Mich, das Schwert, mit Schmeicheln mahnend,
In des Wassers Schoß zu wohnen,
In die Fluth hineinzuflüchten.
Bald erbebt' ich vor Behagen,
Schlüpfte aus des Dieb's Umschlingung
Schnell hinunter in die Wellen,
In das tiefe Bett des Baches,
590 Wo ein gülden Heim ich habe,
Silberbett im Saal der Nixe,
Gut bedeckt mit ihrer Decke."

Kalew's kerniger Erzeugter,
Der den Sinn verstand, versetzte:
„Ziemt es mehr denn meinem Schwerte,
Hier sich im Versteck zu halten,
Lässig in der Fluth zu leben,
Tändelnd mit der Tiefe Meermaid,
Als in eines Helden Händen
600 Kühn sich königlich zu schwingen
Im Getös' des Schlachtentanzes?
Wo die Waffe, wenn entblößet,
Aller Bande los und ledig,
Tapfre Thaten wird verrichten,
In das Heer der Feinde hauend,
Bis in Blut es ist gebadet,
Und der Schweiß nicht von ihm schwindet?"

Wohl verstand's das Schwert, erwidert,
Tönt empor aus Wellentiefe:
610 „Wittwengleich trägt Weh dein Schwert ja,
In der feuchten Haft gefangen,
Sehnet sich nach früh'rer Freude,
Nach dem Jubelspiel der Jugend —
Tropfen triefen von den Lidern,
Thränenwellen von den Wangen!
Schlummernd in dem Bett des Baches,
Lässig lebend in den Fluthen,
Tändelnd mit der Tiefe Meermaid,
Weiß das Schwert nicht abzuweisen
620 Sehnsucht nach der früh'ren Freude:
Wo von fester Faust geschwungen
Im Getös' des Schlachtentanzes
Tapfre Thaten es vollbrachte!
Wo es, wenn einmal entblößet,
Aller Bande los und ledig
Tapfre Thaten stets vollführte,
In das Heer der Feinde hauend,
Bis den Schwachen Schutz geschafft war,
Friede ward den Wehbedrängten! —
630 Kalew's köstlicher Erzeuger,
Königlicher kern'ger Recke!
Wenn dein Zorn sich hat entzündet,
Und dein Sinn sich wild verwirret
Von des Hopfens Macht bemeistert:
Dann bezähmet dich kein Zügel,
Denn es stockt verständig Denken;
Ungehemmt erhebt die Hand sich
Treibt mit Macht das Schwert zum Morde,
Zum Vergießen guten Blutes!
640 Solches nun den Kriegsgesellen,
Dein getreues Schwert, betrübet.
Traun, es trauert um den Knaben
Finlandschmiedes feines Söhnlein!"

Kalew's Sohn verstand zur Stunde
Seines lieben Schwertes Leidlied,
Sang erwidernd in die Wellen:
„Schlumm're denn, du werthe Waffe,
In dem Ruhebett des Baches,
Meines Großohms Schweißverzehrer,
650 Seiner Söhne Qualzufüger,
Der im Stillen dich erstehn ließ,
Fertigte mit mächt'gen Formeln.
Magst du, männlich Schwert, denn schlummern,
Ruhn im kühlen Bett des Baches,
Scherzend mit der neck'schen Nixe,
Sei für künft'ge Zeiten Zeichen,
Dauernd Denkmal spätern Söhnen!
Meine Kraft ist übermächtig,
Auch die Hand kann Hochmuth strafen,
660 Ohne deine Hülf' auch hoff' ich
Widersacher zu bewält'gen,
Daß sich Friedens freu'n die Schwachen. —
Hör' nun, Schwert, du werthe Waffe,
Merke jetzt auf meine Mahnung:
Sollten je nach tapfern Thaten
Künftig nahen hohe Helden
Sich des Kääpabaches Borden —
Dann, o Schwert, mein treues, trautes,
Blinke ihnen gern entgegen!
670 Sind es Männer meiner Sippe,
Sprößlinge des kühnen Kalew,
Sonst auch vom Geschlecht des Sulew,
Stammen ab sie auch vom Alew:
Dann, o Schwert, mein treues, trautes,
Lasse auch ein Lied ertönen!
Kämen dann zum Kääpabache
Brave Sangesbrüder einstens,
So mit goldner Zunge singen,

Silberworte kunstvoll setzen,
680 Alte Kupfersagen künden:
Dann, o Schwert, mein treues trautes,
Rege rasch dich ungerufen,
Singe dann mit Vogelsange,
Mit der Nachtigallen Schlage,
Mit der Lerche lautem Triller!
Kommt sodann in künft'gen Tagen,
Zu des bessern Zustands Zeiten,
Her ein Mann, wie meines Gleichen,
Dann, o Schwert, mein treues trautes,
690 Steige stürmisch aus den Wellen,
Fahre aus dem feuchten Lager
In des Helden Hand als Schutzwehr!
Aber wenn im Weg des Zufalls
In den Bach die Sohle senket
Wer zuvor dich selbst getragen,
Dann, o Schwert, mein treues, trautes,
Dann durchschneid' ihm beide Beine!"

Kalew's kerniger Erzeugter
Eilte jetzt in jähem Laufe
700 An des Peipussee's Umsäumung,
Hob den Holzstoß auf den Rücken,
Die von fern geführte Ladung,
Schritt dann rüstig raschen Schrittes
Auf dem Weg zur Heimath weiter.
Dachte eine Burg zu bauen,
Zufluchtsfeste gegen Feinde,
Bald ein Bollwerk herzustellen,
Sichres Heim für Hochbetagte,
Jammerstätte für die Jungfrau'n,
710 Trauerwohnung für die Wittwen,
So daß, wenn des Krieges Wehe
Wirklich Wierland überschritte,
Für die Schwachen Schutz geschafft sei.

Als nun so der Sohn des Kalew
Eine Strecke Land durchstrichen,
Sich den Weg durch Flugschritt kürzend,
Leicht die schwere Last forttragend:
Was denn wogte ihm entgegen,
Was wohl hielt den Gang gehemmt ihm?
720 Wälder wogten drei entgegen,
Hohe Haine, schön zu schauen,
Erst ein goldner Forst von Fichten,
Dann ein leichtes Laubgehölze,
Dichter Haselhain zum dritten.
Goldnen Fichtenforst betreffend,
War es unsrer Männer Waldung;
Lichtes Laubgehölz betreffend,
Wer es unsrer Frauen Waldung;
Dichten Haselhain betreffend,
730 War es zarter Jungfrau'n Zuflucht,
Der verwaisten Kinder Wohnort,
Unterschlupf für schlimme Kranke.

Kalew's kerniger Erzeugter
Ging nun durch den Forst von Fichten,
Flog dann durch das dichte Laubholz,
Schritt behende durch die Haseln,
Als dem Fuß das Vorwärtsschreiten
Plötzlich wehrt ein weicher Klumpen,
Kitzelnd kommt bis an den Knöchel.
740 Als er sich besah die Sache,
Um sich klüglich klar zu machen,
Wer den Knöchel kitzeln konnte,
Und den Fuß gehemmt ihm hatte:
Da kam aus des Dickichts Dunkel,
Kroch hervor ein winzig Wesen,
Banges Bürschlein bebend, zitternd,
Das den Leuten, die jetzt leben
Glich an Gliedern und an Größe.
Dem bejammernswerthen Jungen
750 Schlug das Herzchen hoch im Busen,

Klapperten die kleinen Zähne,
Als er jetzt den Kalewsprößling
Streichelnd zu erbitten strebte,
Honigsüße Worte wählend:
„Laß dich rühren, lieber Bruder,
Steh mir Armen bei, du Starker!
Beut mir eine Bergestätte,
Schenke Schirm und Schutz dem
    Armen,
Den des Mißgeschickes Mächte
760 In des Waldes Wildniß trieben!"

Kalew's köstlicher Erzeuger
Bückte sich alsbald zu Boden,
Streckte aus die Hand und stracks
Packte er beim Schopf den Schelmen,
Hob alsdann ihn in die Höhe,
Senkte ihn in seinen Ranzen.
Nun schoß nieder hier das Männchen,
Gleich als wär's in grauser Grube,
In die Tiefe bis zum Boden.
770 An des Strömlingskastens Kante
Und am angebroch'nen Brote
Fand es hier 'ne starke Stütze,
Um die Füße fest zu stemmen.

Kalew's Sohn befragt den Fremd=
    ling:
„Was ist furchtbar dir geworden,
Daß dich solch ein Gram ergriffen?
— — — — — —"*)

Zwölfter Gesang.

Wie von hoher Felsenwandung
Schäumend niederschießt der Gieß=
    bach,
Dann mit dunklem nassen Staube
Schlucht und Thal in Nebel tauchend,
Wild in hohen Wellen brauset,
Die zu weißem Gischt geworden,
Weiter sich zum Meere wälzen —
Oder wie die Hagelwolken
Ungewitters Drangsal dräuend
10 Bald das Tageslicht verbergen:
Also fielen, durch das Dickicht
Sausend feindliche Gesellen
Plötzlich an den hehren Helden,

---

*) Die Antwort, die Kalew's Sohn auf seine Frage erhält, ist eine scurrile Geschichte, wie das Männchen in die Behausung zweier gerade abwesenden Waldriesen geräth, deren alte Mutter ihm zwar Ätzung reicht und ihm das Strohlager der Söhne anweist, ihn jedoch ermahnt, keinen Laut von sich zu geben, damit die Söhne seine Anwesenheit nicht merken. Der Arme kommt dann zwischen die beiden Riesen zu liegen, und wird durch die gewaltigen, in Folge ihrer Erbsenmahlzeit von ihnen ausgehenden Detonationen wie ein Ball hin und her geschleudert, bis er am Morgen durch die von der Alten ihm geöffnete Thür ent=
kommt. Der Uebersetzer hat geglaubt, die in den Schlußversen des Gesanges enthaltene Aus=
malung dieses Histörchens dem Leser ersparen zu sollen, da es weder auf den Gang der Handlung Einfluß hat, noch zur Charakteristik des Helden beiträgt. Das Männchen findet, wie Gesang XII, v. 288 fl. erzählt, einen jämmerlichen Tod in dem Reisesack des Helden. Vergl. auch XII, 403—9.

Zwölfter Gesang.

Der mit seiner Last beladen
Strich ganz friedlich seine Straße.
Wenn du je den wilden Bären,
Der getroffen trieft von Blute,
Sahst sich kühn, da kein Entrinnen,
Bei der bittern Pein des Todes,
20 Jählings auf den Jäger werfen:
Dann nur wirst du, werther Bruder,
Dir es etwa denken können,
Findest wohl zum vierten Theile
Oder halb ein Bild des Hergangs,
Wie des Kalew kern'ger Sprößling
Züchtigte die bösen Buben,
Einhieb auf die frechen Frevler,
Zornig seine Feinde zeichnend.

 Folgen wir der Spur ins Freie,
30 Zu erspähn das Spiel des Kampfes,
Lauschen wir der Mären Meldung,
Forschend in der Vorzeit Furchen
Nach den Lauten alter Lieder,
Wo die Adlerschnäbel Goldnes
Sä'ten auf der Haide Saume,
Streuten aus auf off'nen Strecken,
Gänse helles Silber gossen,
Das auf Flimmerfluthen blitzte.

 Kalew's köstlicher Erzeuger
40 War schon ein Stück Wegs gewandert,
Mit der Bretterlast beladen
Und im Sack das saubre Bürschlein,
Winzig Männchen wohlverwahret;
Wie den Krebs im Nest verkrochen
Hatte Schlummer es beschlichen,
Süß umfing es fester Schlaf nun.
Kalew's Sohn, den Wald durchwandelnd,
Kürte sich zum Stab 'ne Kiefer,
Einen knorr'gen Stamm zur Stütze;
50 Grade nicht vom größten Baumwuchs,
Doch auch klärlich nicht vom kleinsten;
Weil nach abgebroch'nem Wipfel,
Und nach Kürzung auch des Stammes,
Doch das Stöckchen stattlich ragte
Zehen Klafter in die Höhe,
Unten zwei Fuß Dicke hatte.
Der dem Mann gemäße Knüttel
Mochte, wenn sich unerwartet
Falsche Feinde blicken ließen,
60 Als ein guter Helfer gelten,
Schwertgleich mußte solch' ein Stock
Böse angriffslust'ge Bestien,
Scharfgezahnte Schadenstifter,
Rasch wohl aus dem Wege räumen.

 Mordgesellen drangen drei
Aus dem Dickicht frech ins Freie,
Stürzten los auf den Belad'nen,
Söhne jenes Peipuszaubrers,
Helfershelfer in der Hölle,
70 Angefeuert von dem Vater,
Sich am Helden zu versuchen.
Bäume hatten sich die Burschen,
Kiefern reichlich ausgerissen,
Womit sie auf seinen Knüttel
Schlugen, daß er schlottern mußte.
Zweie von den Feinden führten
Peitschen auch mit langen Schnüren,
Und mit Stielen starken Ahorns;
An der Schnüre Enden hing
80 Je ein Mühlstein eingeschlungen,
Womit weidlich sie die Hiebe
Auf den Helden hageln ließen.

 Kalew's kerniger Erzeugter
Trachtet solche trutz'ge Kränkung,
Den herbeigezerrten Zankfall
Glimpflich redend auszugleichen:
„Streit ist Frevel ja am Frieden,
Zank entzündet schlimmes Feuer;
Besser ein halb Ei in Eintracht,

90 Als ein ganzes Huhn im Hader!
Wenn ich sonst durch diese Wälder
Mit dem Schwert bewaffnet schweifte,
Da erkühnte sich wohl Keiner,
Schiefen Blicks mich anzuschauen!
In des dichten Buschwerks Dunkel,
In das struppigste Gesträuche
Krocht ihr wie ins Nest die Krebse,
Bargt euch maulwurfgleich im Boden,
Und es wagte wahrlich Keiner,
100 Sich im Freien sehn zu lassen.
Schämt euch schäbige Halunken!
Denn gedeckt durch Abenddämm'rung,
Sichernd sich durch nächtlich Dunkel,
Stürmt sonst nur der alte Nichtsnutz
Her mit seinen Höllensöhnen!
Sonst nur gehn der Todten Geister
Um im Schutz des Mondenscheines.
Feige Bursche überfallen
Sonst gemeinhin einen Solchen,
110 Der kein Schwert in Fäusten führet,
Keine Waffe sich zu wehren.
Alte gar nichts werthe Weiber,
Durch des Bösen Zwang gebunden,
Drängen einen Mann zu dreien!
Altgewohnte Kampfesweise
Faßt, wenn Männer sich befehden,
Mann den Mann mit ganzer Macht an,
Sei er siegreich oder nimmer!"

Doch des Peipuszaubrers Söhne,
120 Buben aus dem Bärenlager,
Ließen hageldicht die Hiebe
Auf des Kalewsohnes Nacken
Und auf seinen Rücken regnen,
Bis der Steinknopf einer Peitsche
Heftig traf des Helden Stirne,
Auch des Braven Brauen streifte.

„Langem Lachen folgt das Weinen
Auf das Höhnen auch das Hauen,"
Ließ sich Kalew's Sohn verlauten.
130 Schwang sodann den schweren Knüttel,
Ließ die Kieferstange lustig
Auf der Bursche Schultern schallen!

Die schon morsche Kieferkeule
Spleißte sich entzwei in Splitter,
Weithin wirbelten die Stücke,
Von des Winds Gewalt verwehet.

Kalew's kerniger Erzeugter
Lief jetzt von der Bretterladung,
Hob sich Bretter aus dem Haufen,
140 Walkte weidlich durch die Männer,
Zeichnete des Zaubrers Söhne!
Mit jedwedem härt'ren Hiebe,
Jedem schlimm'ren Schmerzensschlage
Brach auch das gebrauchte Brett
Auf den Rücken der Verruchten.

So nahm Kalew's Sohn vom Rücken
Unabläßig Plank' um Planke,
Grimmig die zu Grunde richtend,
Da er deren Menge brauchte,
150 Wilde Feinde durchzuwalken;
Zaubrers Söhne gut zu zeichnen.

Als nun schon die schöne Ladung
Mächtig sich zu mindern drohte,
Wenig Bretter übrig waren,
Gingen auch die Galgenbuben
Heftiger zu Leib dem Helden,
Suchten jetzt den Sohn des Kalew,
Diesen Starken lahm zu legen.
Glücklich rief zu rechter Zeit noch
160 Aus dem struppigsten Gesträuche
Eine weiche weinerliche

Zwölfter Gesang.

Feine Stimme, doch verständlich:
„Mit der Kante, mit der Kante,
Werther Sohn des weisen Kalew!"

Kalew's Sohn ersah alsbald
Was des Freundes Wunschwort
   wollte,
Eilte dem Befehl zu folgen,
Lupfte lothrecht eine Planke,
Ließ die scharfe Kante lustig
170 Auf der bösen Rangen Rücken
Nach der Reihe niederrasseln.

Jetzo brach die Brut des Zaub-
   rers
In ein wildes Wolfsgeheul aus,
Schnell voll Grau'n die Flucht er-
   greifend.
Wären nicht die schäb'gen Schufte
Durch der Sonnenhitze Sengen,
Durch des Regens rauhe Güsse,
Durch die richt'ge Bärlappräuch-
   rung
Gegen Hiebe abgehärtet —
180 Hätte wohl den Tod gewirket
Unsres Helden herbe Züchtigung.

Als dem kern'gen Sohne Kalew's
Nach dem Riesenkampf durch Ruhe
Die Ermüdung sich gemindert,
That er freundlich diese Frage
Nach des Waldes Saum gewendet:
„Sage, unbekanntes Söhnchen,
Bürschlein mit der bangen Stimme;
Sag', wer bist du, gutes Goldkind
190 Das mir guten Rathschlag gönnte,
Als ich stark in Noth schon steckte?"

Bürschlein mit der bangen Stimme,
Mit Verstand begabtes Männchen,
Gab sogleich dem Helden Antwort:

„Ich, ein knapper Knirps von
   Männchen,
Ich, der arme nackte Igel,
War des rechten Rathes Spender,
War des klugen Wortes Finder."

Kalew's köstlicher Erzeugter
200 Der die Rede recht verstanden,
Ließ sich waldwärts so verlauten:
„Tritt hervor, du trauter Bruder,
Aus dem Dickicht frisch in's Freie!
Laß des Freundes liebe Augen
Sehn mich und sein sanftes Antlitz!
Möchte doch, um dir zu danken,
Wohl dir deine Wangen streicheln,
Dir ein Wort des Dankes widmen."

Wieder sprach der winz'ge Igel,
210 Klug entgegnend seinem Gönner:
„Kann nicht kommen aus dem
   Dickicht,
Von des Mooses lindem Lager
Auf den thaubeträufelten Rasen
In der Abenddämm'rung Kühle.
Denn Altvater, voll der Weisheit,
Als er schuf der Welt Geschöpfe,
Da vergaß er, ganz zum Unglück,
Mir ein schützend Kleid zu schenken,
Einen Pelz den Leib zu decken.
220 Wenn ich Armer ohne Weiteres
Von des Mooses lindem Lager
Mich hinaus in's Freie mache,
Macht mich Frost bestimmt erstarren,
Schäd'gen mich der Kälte Schauer."

Kalew's Heldensohn versetzet:
„Höre, guter goldner Bruder,
Kleiner, kläglich nackter Igel,
Tritt getrost heraus in's Freie,
Mir gelingt wohl, einen Leibrock,
230 Einen Pelz dir anzupassen!"

10

Kroch aus bergendem Gebüsche,
Aus dem Bett von Moos der Igel,
Gar ein winz'ges nacktes Wesen,
Sich vor Kälte kauernd, krümmend,
Bang wie Espenlaub erbebend.

Kalew's Sohn sprach nunmehr
  Solches:
„Gabst mir guten Rath, mein Igel,
Als ich stark in Nöthen steckte,
Als Bedrängniß mich bedrohte.
240 Meiner Bretter Kante brauchend,
Focht ich meine Feinde nieder:
Heulend, winselnd wie die Hunde,
Nahmen Reißaus die drei Räuber.
Darum als Beweis des Dankes
Will ich dir, wenn auch nur wenig,
Schau, von meinem Pelze schenken,
Dir ein Röcklein zubereiten,
Ein Gewand mit starren Stacheln,
Womit du sowohl des Bären
250 Wie des Wolfes Brut vermögest
Schützend von dem Nest zu scheuchen."

Also redend riß der Recke
Von dem Saume seines Pelzes
Einen Fetzen festen Felles,
Warf ihn um dem werthen Igel.

Dankend wickelte der Igel
Seinen schwachen Leib geschwinde
In die dichte warme Decke.
Von dem Fell der knappe Fetzen
260 Deckte recht des Igels Rücken,
Und versorgte noch die Seiten;
Doch der Leib blieb unbedecket,
Bloß auch blieben Igels Füße.

Seitdem sieht der kleine Igel
Sich versorgt mit Stachelröckchen,
Borst'gem Pelz, der Schutz ihm
  bietet;
Wenn beim Wickeln bis zur Nase
Sich der Körper rollt zur Kugel,
Wird er wehrhaft gegen Feinde,
270 Giebt auch Deckung gegen Kälte.

So mit seinem warmen Pelze
Machte sich in's Moos der Igel,
Daß zu ruhen unterm Busche.

Kalew's kerniger Erzeugter
War gesonnen, sich ein Lager,
Eine Stätte herzustellen,
Wo den müden Leib er möchte
Rücklings recht zur Ruhe strecken.

Sumpf jedoch von allen Seiten
280 Zog sich durch die ganze Gegend,
Keine trockne Stelle traf sich,
Um ein reinlich Bett zu richten.

Kalew's köstlicher Erzeugter
Trug, um trocknen Raum zu schaffen,
Nun sofort aus weiter Ferne
Trocknen Sand's genug zusammen,
Eine hohe Schicht zu häufen,
Die zum Lager dienen sollte.
Dachte dann noch vor dem Schlafen,
290 Etwas Nahrung erst zu nehmen,
Um den müden Leib zu laben,
Und der Glieder Macht zu mehren.
Mit der hohlen Hand drum jetzo
Auf den Grund des Brotsacks grei-
  fend,
Rührt' er dort mit seinem Daumen
An des Männchens kalten Körper,
Das im Sacke steif und starr lag,
Wo es stöhnend war gestorben.
Mußte wohl das arme Männchen
300 Schlafen schon wie Krebs im
  Schlupfloch,
Als der Hader sich erhoben
Mit des Zaubrers bösen Buben.

Zwölfter Gesang.

Dieser Schlingel herbe Schläge,
Ihrer Waffe harte Hiebe
Hatten ganz betäubt den Guten,
Daß er wohl kein Glied bewegen,
Sonst auch sich nicht regen konnte.

Zog der Held aus seinem Sacke
Seinen völlig starren Vetter,
310 Holte ihn heraus in's Helle,
Schaute nach des Kleinen Schäd=
 gung.
Schaurig lag des Todes Schatten
Auf des Kleinen welken Wangen,
Auch das Auge war gebrochen,
Kümmerlich das Kinn gesunken,
Offen blieb das bleiche Mündchen
Mit den leichenfahlen Lippen.

Kalew's köstlicher Erzeugter
Ließ hierauf die Worte rudern,
320 Freien Lauf der Klage lassend:
„O du armer, braver Bruder,
Starr und steif gewordner Vetter,
Der du schon dir Schutz und Schirm,
Eine beßre Bergestätte
Hofftest von dem Halt des Starken,
Gute Gaben von dem Mächt'gen.
Hätt'st gewußt du, wissen können,
Eine Spur im Traum erspähen,
Schlafend den Gedanken denken,
330 Welch ein Tod hier deiner warte,
Wärst du wohl daheim geblieben.
Warst zu Haus des Vaters Wonne,
Warst der Mutter minnig Schooß=
 kind!
Ruhtest wie ein Ei im Rasen,
Wie im Hof gehegt das Aepflein,
Wie die Nuß auf dürrer Diele;
Warst wie Kuckuck auf dem Dache,
Wie im Erlenhain der Hänfling,
Sangest lust'ge Vogellieder,
340 Jauchztest ja wie Nachtigallen,
Trillertest so laut wie Lerchen
Schnattertest mit Entenschnabel.
Kamst auf andern Boden, Beerlein,
Reis, geriethst in fremden Garten,
Vöglein, flogst zu andern Fluren,
Gänschen, gingst zu andern Quellen,
Wo die Wasser wild sich wälzten,
Dich die Winde niederwarfen.
Unheils rauhe Regenschauer,
350 Unglücks harte Hagelstürme
Thäten dir den Tod bereiten.
Jener Frevler freches Drängen,
Ihre ungeberd'ge Bosheit,
Machten wirre mein Bewußtsein,
Legten lahm die Ueberlegung,
Daß ich ganz vergessen konnte,
Daß du in dem Sacke saßest,
Schliefst, am Strömlingskasten
 kauernd.
Jener Männer Mörderknüttel
360 Ungeschlacht den Brotsack schlagend,
Trafen traun den Freund im
 Ranzen."

Kalew's köstlicher Erzeugter
Grub nun selbst die Gruft dem
 Todten,
In dem Moor ein lockres Lager,
Legte da hinein den Lieben,
Seinen langen Schlaf zu schlafen:
Deckte dann das Grab mit Rasen,
Machte Alles glatt mit Moose;
Pflanzte einen Blaubeerstrauch an,
370 Einen Kronsbeerstrauch daneben,
Drittens einen Schellbeerstrauch
 noch,
Weiter auf dem Grab zu wachsen,
Schön zu blühn für den Verblichnen.
Als er sich dann satt gegessen,
Den erschöpften Leib gelabet,
Streckte er sich stracks auf's Bette,
Glimpflich auszuruhn die Glieder,

10*

Dachte dieses Tages Unlust
Und die bösen Kampfesbeulen
380 In des Thaues Bad zu bessern.
Wohl auch fiel des Schlummers Schleier
Von der Stirne auf die Lider,
Nahm des Mannes Macht gefangen,
Hielt die Glieder fest gefesselt;
Doch des wachen Geistes Wirken
Konnte nicht der Schlaf umketten,
Noch auch in sein Netz verstricken.
Denn der Traum, der witz'ge Weber,
Wob geschäftig bunte Bilder,
390 Flocht geflissentlichen Trugspuk
Vor des Geistesauges Pforte.
Was da gestern sich begeben,
Sah im Traumgesicht er wieder;
Wo es ward zu buntem Webwerk,
Trügerisch den Geist umgarnend.

Kam der Kampf mit Zaub'rers Söhnen
In der dichten Dämm'rung Kühle
Lebhaft wieder zum Bewußtsein,
Heftig sich aufs neu erhebend.
400 Jener schlechten Feinde Schläge
Zündeten den Zorn im Kämpen,
Machten schwarz die Galle schwellen.
Munter war die zweite Märe,
Die ihn sehen ließ das Söhnchen,
Wie es tanzte in dem Waldhof
Durch der beiden Bäuche Winde,
Durch den heft'gen Sturm aus Hosen,
Daß es wie ein Weberschiffchen
Ward von Wand zu Wand geworfen.
410 Bald das dritte Traumgebilde
Zeigte ihm des Zaubrers Diebstahl,
Der in rauhen Räuberklauen
Fort das traute Schwert getragen,
Wie's das Schwert im Kääpabache
Aus der Tief' in Trauertönen
Seinem Herrn berichtet hatte.

Lassen wir den Trug des Traumes,
Seine bunten Gaukelbilder
In dem Haidekraut verhauchen,
420 In den Wäldern wieder welken!
Suchen ungesäumt die Bahn wir,
Wo wir lautrer Kunde lauschen,
Folgend des Gescheh'nen Fährte,
Um das Wirkliche zu wissen,
Das sich mit dem Mann begeben,
Der auf rauhem Lager ruhte!

Kalew's köstlicher Erzeugter
Hatte noch nicht lang' gelegt sich,
Den zerschlag'nen Leib durch Schlafen
430 Zu erfreu'n in nächt'ger Frische,
Als auch schon erschien am Bette
Jener Zauberer vom Peipus,
Der nicht konnte Kalew's Sprossen
Wenn er wachend war, bewält'gen.

Peipuszaubrer, spruchgewaltig,
Mannigfach auch Manaweiser,
Suchte jetzt den hehren Helden,
Der vom Schlafe war umschlungen,
Von Erschöpfung schier gefesselt,
440 Dreist mit Zauber zu bedrängen.
Ließ geschwind die Spange schwirren,
Auch das Zauberschiffchen schießen,
Ließ des Raben Stein sich rühren,
Machte ferner noch das Farnkraut
Schwer von unheilschwangern Worten;
Nahm dann schlimme Schlummerkräuter
Nebst Gesträuch zum Müdemachen,
Festigte Alles mit Zauberformeln,
Steckte dann das starke Bündel
450 In des Helden Bett zu Häupten:

Zwölfter Gesang.

So den hehren Sohn des Kalew
Bannend in des Schlafes Bande.

Als der wortgewalt'ge Zaub'rer
Seine Streiche so verübet,
Seine List gelungen glaubte,
Gab er Fersengeld in Eile
Flüchtete mit flinken Beinen.

Nacht verstrich und Tag erhob sich,
Tag verging und Abend folgte,
460 Eine neue Nacht zu bilden
In der rechten Reihenfolge
Nach Altvaters weiser Fügung:
Kalew's köstlicher Erzeuger
Lag noch still auf seinem Lager.

War zuvor noch in Fellin
Eil'ge Botschaft eingetroffen;
Alewsohnes junges Freundchen,
Kalewsohnes saubrer Knappe,
War des Boten fester Führer
470 An den Saum des Peipussee'es
Wie es ihm befohlen worden:
Doch die Träger eil'ger Botschaft
Fanden nicht am Strand den König.

Nacht verstrich und Tag erhob sich,
Tag verging und Abend folgte,
Eine neue Nacht zu bilden,
In der rechten Reihefolge
Nach Altvaters weiser Fügung.
Tage wuchsen an zu Wochen,
480 Demnach dehnten sich die Nächte.
Kalew's köstlicher Erzeuger
Lag noch still auf seinem Lager.

Als in Pracht der Sommer prangte,
Rief ein jubelreicher Festtag
Alles Volk aus weiter Ferne
Auf den Taara-Kulm zur Kurzweil,
Ganz nach Lust sich zu ergetzen.
Auf des Embachs Fluthen flogen
Schiffe schaukelnd durch die Wogen
490 Her vom See nach Taara's Haine:
Wierland, Jerwen, Wiek und Harrien
Schickten Schaaren Volks zum Schauplatz:
Doch den König hatte Keiner
Selber zu Gesicht bekommen,
Konnte auch nicht näh're Kunde,
Wo er etwa weile, geben.

Nacht verstrich und Tag erhob sich,
Tag verging und Abend folgte,
Eine neue Nacht zu bilden
500 In der rechten Reihenfolge
Nach Altvaters weiser Fügung.
Tage mehrten sich zu Monden,
Stetig auch die stillen Nächte:
Kalew's köstlicher Erzeuger
Ruhte regungslos noch immer,
Schlief in unglückfel'gem Schlafe.

Sommers Herrlichkeit, die holde,
War schon fast verwelkt im Felde,
Kalew's köstlicher Erzeuger
510 Schlief noch kraft des Schlafkrauts weiter
Durch Gewalt der Zauberworte,
Als ein trügerisches Traumbild
Wirksam ihn zum Glücke weckte
Von der Last des Banns erlöste.

Spottend spann der Traum ein Zerrbild,
Wie ein neues Schwertblatt wurde
Besser noch gestreckt, gebogen,
Fester, schärfer noch gefertigt,
Haltungsfähiger gehärtet,
520 Tüchtiger zu tapfern Thaten.
Diese wundervolle Waffe

Thät der Finnenschmied nicht
 schmieden,
Nicht der Ohm des Vaters fert'gen:
Heimlich ward das Schwert ge-
 hämmert
An verborg'ner stiller Stätte,
Tief im schaurigen Felsenschooße.

Aus dem Mittelpunkt der Erde
Hob sich hehr ein schöner Hügel,
War der höchste in der Welt nicht,
530 Doch der niedrigste auch nimmer;
Ging ja doch des Berges Gipfel
Bis zur halben Wolkenhöhe,
Und die Ränder zogen reichlich
Wasser aus den Wolken nieder.
In des grünen Berges Grunde
Hatten Ilmarine's Knappen,
Mächt'ge unterird'sche Meister,
Aufgebaut die schmucke Schmiede,
Aufgestellt den starken Stützklotz,
540 Der dem derben Ambos diente,
Wo sie Nächte, lange Tage
Die geheimen Werke wirkten,
Rastlos rechte Arbeit fördernd.

Sieben saubere Gesellen
Hämmerten aus hartem Stahle,
Bestem blanken Eisenbleche,
Schier das schärfste aller Schwerter,
Wohl die schönste aller Waffen.
In der Faust die Schmiede führten
550 Kupferhämmer besten Kornes,
Mit des Stahles Kraft gestärket,
Auf die Dauer dicht gefestet,
Sonst versehn mit goldnen Stielen;
Silbern zeigte sich die Zange,
Womit in die Gluth die Waffe
Ward getaucht um weich zu werden,
Dann durch Hämmern ward gehärtet.

Der Gesellen Meister selber,
Ilmarine, Wunderkunstschmied,

560 Saß auf hohem goldnen Sitze,
Wachte, unter breiten Brauen
Blitzend mit dem Blick der Jugend,
Ueber seiner Schüler Schaffen;
Wie die Schläge wuchtig fielen
Von den hoch gehob'nen Hämmern.

Da nun schreitet scheuen Schrittes
Her ein blasses Mannsgebilde
Schwankend über diese Schwelle;
Lüftet leicht zum Gruß den Hut nur,
570 Neigte nicht das Haupt indessen,
Noch auch beugte er den Nacken.
Spuren Bluts zu spähn am Halse,
Spuren Bluts am Wammse waren,
Tropfen Bluts auf bleichen Wangen,
Lagen dicht auch auf den Lippen.

Hub der Fremdling an zu reden,
Ließ sich flehend so verlauten:
„Nicht den guten Stahl vergeudet,
Nicht verthut das theure Eisen
580 Zu 'nem Schwert für einen Mörder!
Kalew's kerniger Erzeugter,
Wenn ihm Zorn den Sinn entzündet,
Fragt er nichts mehr nach den
 Freunden,
Schlägt den Meister mörd'risch
 nieder,
Schont nicht mehr des Schwertes
 Schöpfer!
Fertigte einst ein Schwert mein
 Vater,
Brauchte uns der Brüder dreie,
Als Gehülfen der Hantierung,
Thaten so die saure Arbeit
590 Sieben Jahre sonder Säumen.
Was ist uns zum Lohn geworden,
Wie ward wett gemacht die Mühe?
Ich, der ält'ste Sohn des Meisters,
Ich, des Finnenschmieds Gefährte,
Seiner Kunst ein kund'ger Helfer,

Mußte so mein Leben laſſen,
Noch in Jugendblüth' erbleichen;
Das war's, was uns ward zum Lohne,
So ward wett gemacht die Mühe."

600 Kalew's kerniger Erzeuger
Wollte Lügner laut den Fremden,
Heftig ihn Verleumder heißen,
Wollte, wie in Wirklichkeit
Alles sich begeben, sagen;
Doch der bübische Sohn des Bösen
Quälte ihn mit Alpdruckqualen,
Hielt die Glieder hart gebunden,
Gleich als wär ein wucht'ger Felsblock
Auf des Schläfers Bruſt geſchleudert.
610 Der verſuchte ſich zu löſen,
Zu zerreißen ſeine Feſſeln.
Starker Schweiß rann von der Stirn ihm,
Thät den ganzen Leib bethauen:
Gleichwohl konnt' er nicht die Glieder
Rühren, noch die Zunge regen.
Jetzt verſucht er seine letzte
Kraft, sich riesig aufzuraffen,
Gleich als wollt' er Felsen sprengen
Und zu Splittern sie zerspleißen.
620 Wie der Windsbraut tolles Toben
Brauſend bricht die Meereswogen,
Während Pitker's wilder Donner
Macht die Felsen bang erbeben,
Alſo rief der ſtarke Recke
„Lügner!", ſprang auf beide Beine,
Stracks den Fremdling abzuſtrafen,
Durchzubläun den blaſſen Lügner.

Eben stieg herauf die Sonne,
Roth den Himmelsrand umſäumend,
630 Des Gewölkes Schatten scheuchend;
Gleich erblich der Glanz der Sterne,
Die in ihrem Lauf erloschen.
Thau lag flimmernd auf den Fluren
Ruhe deckte rings umher
Die der Nacht entriſſ'ne Erde.
Da erſah der ries'ge Recke,
Kalew's kerniger Erzeuger,
Daß die kaum geſchauten Scenen
Trügerischer Traum geweſen;
640 Aber keineswegs erkannt' er,
Daß er während ſieben Wochen
Lag in feſtem Schlaf gefangen.

Kalew's Sohn der kühne Recke,
Streckte ſeine ſtrammen Beine
Aus dem Bette auf den Boden,
Setzte ſich dann auf die Kante,
Nahm erſt noch ein kleines Frühſtück,
Eh' er weiter wandeln würde.

Unter den zerbrochnen Brettern
650 Gab es wenig ganz gebliebne,
Mitten unter Splittermaſſen,
Nur ſehr wenig wählenswerthe,
Die den langen Gang nicht lohnten,
Nicht auf ſchwerem Weg das Schweifen.

Kalew's Sohn nun ſagte Solches:
„Wozu soll ich solchen Haufen,
Splitter der zerbrochnen Bretter,
Nun erſt noch nach Hauſe schleppen,
Was den Mannesgang nicht wett macht?
660 Lieber ſtracks zurück zum Strande,
Auf dem wohlbekannten Wege,
Neue Bretter mir zu bringen,
Den Bedarf zur Stadt zu decken."

Dann, nachdem er dies beschlossen,
Schlug er schleunig auch den Weg ein,

Raschen Schrittes vorwärts schrei-
    tend.
Als nach langer Wandrung wieder
Er schon sah des See'es Ufer,
Drang ein schrilles Schreien plötzlich,
670 Eines Knäbleins Wehgewinsel,
Aus der Fern' ihm voll zu Ohren.
Scharf nach allen Seiten schauend
Sah er, wie geschreckt vom Wolfe
Eine Heerde Schafe scheuend
Sich zum Knäu'l zusammen drängte;
Sein Geschrei erhob der Hirte,
Rief in seiner Noth nach Rettung.
In des Wolfes Zähnen wand sich
Zitternd schon ein armes Schäfchen,
680 Das sich flugs der freche Frevler
Weggeholet aus der Heerde;
Und des armen Hüters Herzblatt,
Das er zärtlich aufgezogen,
Oft am Busen warm geborgen,
Zappelte im Maul des Mörders.

Kalew's Sohn ersah den Schaden,
Raffte rasch 'nen Stein vom Boden,
Warf ihn an den Kopf dem Wolfe,
Daß durch dieses Steines Quetschung
690 Todt sofort er fiel zu Boden.
Schleunig schlüpfte fort das Schäf-
    chen,
Hüpfte wieder in die Heerde.

Jener Wurfstein unsres Helden,
Gar der größte nicht der Gattung,
Nur auch nimmermehr der kleinste,
Steht noch jetzt als dauernd
    Denkmal.
Aus dem Steine ließen leichtlich
Sich vier Mühlensteine machen;
Vorn am Rand die Fingerspuren
700 Könnten je 'nem kleinen Kerlchen
Wohl noch reichlich Raum gewähren.

Kalew's Sohn, am Strande
    sinnend,
Faßte folgende Entschließung:
„Waldesbäume will ich fällen,
Steine traun zusammentragen,
Manches Häuflein weither holen:
Schleunig schlag' ich eine Brücke
Damit über diese Seefluth."
Wie gedacht, so ward gethan auch,
710 Ward das Brückenwerk begonnen.
Unten legt er lange Balken,
Drüber solche in die Quere,
Mitten drauf der Steine Menge,
An die Seiten stemmt er Stützen,
Schutzwehr gegen Wuth der Wellen.
Reichlich hundert Schritte reichte,
Tausend dann die tücht'ge Brücke,
Werste fünf schon über's Wasser,
Einer Meile Maß gen Pleskau,
720 Von der starken Faust gefertigt:
Als ein Wirbelwindstoß plötzlich,
Eines Sturmes tolles Toben
Hoch anschwellen ließ den Peipus,
Daß im Schaum die Wogen schossen.
Weder der Gewalt der Wellen
Noch dem Sturme widerstehen
Konnte jetzt das Brückenbruchstück,
Vielmehr ward es fortgerissen.
Tausend Trümmer trieb der Wind
730 Daß sie theils gen Süden tanzten,
Theils den Lauf gen Norden nahmen.

Kalew's kerniger Erzeuger
Dachte sonder Säumen Solches:
„Wozu soll mit solchem Tand auch
Ich die liebe Zeit verlieren,
Um ein Brücklein anzubringen!
Führt der rechte Weg doch wahrlich
Sichtlich durch des See'es Tiefe,
Just durch jene Wasserfluthen,
740 Die ich früher frisch durchschnitten,
Mit der Bretterlast beladen."

Zwölfter Gesang.

Eh' er auf den Gang begab sich,
Machte er sich an den Krebsfang,
Fing auch manche hohle Hand voll,
In den Schultersack sie schüttend.
Was er sorglos auf den Wasen,
Schlenkernd an den Strand geschleudert,
Ward zur Last wohl für drei Männer,
Weiber müßten vier dran tragen,
750 Fuder fünfe gäb's zu schleppen.

Hurtig blies der Held nun Feuer
An aus aufgespalt'nen Balken,
Nahm aus seinem Sacke Krebse,
Legte sie dann an die Lohe,
Um sich ein Gericht zu rösten,
Womit er des Magens Mahnung
Doch zum Theil betäuben konnte.
Rasch dann trat er an die Reise,
Wandelte die Wasserstraße
760 Durch den langen See nach Pleskau.

Während er den Weg beschreitet,
Wo ihm nimmer Feinde nahen,
Keine Spott- und Spukgestalten,
Wandern wir zu andern Wiesen,
Merken uns von dort die Mären.

———

Wenn ich Goldnes will verkünden,
Silbernes mitsammen sagen,
Pilgre ich zum Peipusstrande.
Dort auf jedem Gang begegnet
770 Dem der lauscht, der Mären Menge,
Dutzende zeugnißreicher Zeichen,
Dienend dauerndem Gedächtniß.

An dem Saum des Peipusseees
Ward bei einem reichen Wirthe
In der harten Zucht des Herren
Knapp versorgt ein Waisenknabe,
Der dann Herdenhüter wurde.
Mußte nach den Schäfchen schauen,
Weiter auch das Kleinvieh wahren,
780 Recht auch für die Rinder sorgen.

Der geknechtete Waisenknabe
Trieb gar weit umher die Herde,
Kühe kamen in die Erlen,
Kälber koren sich die Büsche,
Schafe blieben gern in Blachfeld;
Trefflich hütete er die Herde,
Ob auch Sommers seine Wirthin
Keinen neuen Rock ihm reichte,
Um sein langes Leid zu lindern.

790 Der geknechtete Waisenknabe
Gellte wie der goldne Kuckuck,
Sang sein Weh im Erlenwäldchen,
Seinen Harm im Birkenhaine,
All sein Leid in Espenlauben:
„O ich Waisenknab' in Knechtschaft,
Ich allein gelassenes Beerchen,
Ohne Vater, Schutz zu schaffen,
Ohne Mutter, mich zu lieben,
Ohne Bruder zum Gespielen,
800 Ohne Schwestergruß am Abend,
Ohne Sippen, so mich suchen,
Ohne Freunde, hold und hülfreich!
Meine Mutter ging zu Grabe,
Meinen Vater birgt der Boden,
In der Feldschlacht fiel der Bruder,
Pesthauch packte meine Schwester,
Schwere Krankheit meine Muhme,
Mißgeschick der Mutter Bruder,
Kummer auch des Vaters Bruder,
810 Ich allein, die arme Waise,
Sollte noch die langen Leiden
Harter Dienstbarkeit erdulden!"

Auf dem Steine, auf dem Stumpfe,
Auf dem Rasen, auf dem Riedgras,
Wo zu ruhn vom vielen Rennen

Sich der Waisenknabe setzte,
Ließ er laut die Klagelieder,
Seines Kummers Kund' ertönen,
Um dem Leide Luft zu machen,
820 Um des Grames Last zu lindern.

„Bitterböse ist der Herrscher,
Gar gewaltig streng die Wirthin,
Teufelmäßig tobt die Tochter,
Schlimmern Schlags noch ist der
   Haussohn!
Beßres Leben hat der Hofhund,
Leicht'res Loos der Hund der Herde,
Beſſ'res Loos, bequem'res Leben,
Als der Waisenknab' in Knechtschaft,
Als das hartgehaltne Hähnchen.
830 Ich bekomme keine Kleidung
Keine wärmenden Gewänder;
Knaus'rig knappt der Wirth mit
   Brote,
Mit der Milch die mürr'sche Wirthin,
So daß Sättigung mich nicht tröſten,
Noch die Trübsal kann vertreiben."

Auf dem Steine, auf dem Stumpfe,
Auf dem Rasen, in dem Riedgras,
Wo der müde Fuß nur weilte,
Ließ der Hüterknabe harmvoll
840 Auch sein Klagelied erklingen:
„O ich vaterloser Knabe,
O ich mutterloser Knabe,
Weh mir elternloser Waise!
Jeder sagt, wenn er mich siehet:
Schlagt ihn, er hat keinen Vater,
Schlagt ihn, er hat keine Mutter,
Lebt als elternlose Waise.
Kein Bekannter wird ihn stützen,
Helfen ihm kein Angehör'ger.
850 Hoch vom Himmel ruft der Schöpfer,
Widerspricht der Welten Vater:
Schlaget nicht den Waisenknaben,
Schädigt nicht den Unbeschützten!

Ungeschlagen weint die Waise,
Stöhnt, auch wenn kein Stoß sie
   schmerzet,
Ohne Waschung wird das Aug' naß,
Unberührt wird roth die Backe!
Alles Schneegestöber trifft ihn,
Alle harten Hagelschauer,
860 Regen rauscht auf ihn herunter:
Niemand, der ihn tröstend trocknet,
Der sich sänftlich seiner annimmt."

Auf dem Steine, auf dem Sumpfe,
Auf dem Rasen, auf dem Riedgras,
Wo der müde Fuß nur weilte,
Ließ der Hüterknabe harmvoll
Auch sein Klagelied erklingen:

„Ich als Knecht geschmähter
   Knabe,
Ich verworfner Waisenknabe!
870 Traurig tret' ich vor den Ofen,
Weinend liege ich im Winkel.
Trug man aus der Thür die Mutter,
Fuhr die Lieb' hinaus zum Fenster;
Trug man ihren Weg die Mutter,
Zog die Liebe längs dem Zaune,
Längs dem Sumpf die warmen
   Worte;
Ward der Mutter Grab gegraben,
Lag die Liebe noch am Abhang;
Senkt man in die Gruft die Mutter,
880 So ist Liebe mit versunken."

Auf dem Rasen, in dem Riedgras,
Wo der müde Fuß nur weilte,
Ließ der Hüterknabe harmvoll
Auch sein Klagelied erklingen:
„Nur ein Laib aus Spreu gebacken,
Aus dem Kafkorn in der Scheune,
Alte Rinden, recht vertrocknet,
Hat der Waisenknab' im Knappsack.
Daran muß ich dürft'ger Sklave

Zwölfter Gesang.

890 Widerwillig kau'n bei Hunger;
Halme knistern in den Zähnen,
Spreue schlingt der Schlund mit Mühe,
Hülsen haften auf der Zunge."

Auf dem Steine, auf dem Sumpfe,
Auf dem Rasen, in dem Riedgras,
Scholl des Waisenknaben Wehruf,
Hörte man des Sklaven Seufzer.

Waldesjungfrau zart und zierlich,
Waldesgeistes einz'ge Tochter,
900 Hörte einst der Waise Wehruf,
Des geknechteten Knaben Seufzer;
Sputete sich, Mitleidsspenden
Heil und Hülfe ihm zu bieten,
Seine Trauer zu vertreiben
Und sein Schmerzgestöhn zu stillen.

Abends spät, eh' Thau zu spüren,
Sang sie von der Eiche Wipfel
Laut heraus aus dichtem Laube:
„Weine nicht, betrübte Waise!
910 Wenn du jetzt vor Morgenroth noch,
Früh, eh' noch die Helle herrschet,
Deine Herde treibst von Hause,
Wirst du Glück auf deinem Wege,
Freude treffen auf den Triften.
Birg, was sich dir heut, am Busen,
Halt' es warm an deinem Herzen;
Wohlthat wird dir draus erwachsen,
Bleibend Glück daraus erblühen."

Als der Knab' am andern Morgen
920 Früh eh' noch die Helle herrschte,
Aus dem Haus geführt die Herde,
Was da fand er auf dem Wege?
Fand ein Lerchenei da liegen,
Wohlbedeckt mit Frauenmantel.
Das vom Eichbaum her Gehörte
Weislich sich zurücke rufend,

Hob die hartgehaltne Waise
Alsobald das Ei vom Boden,
Hüllte es in weiche Wolle,
930 Drüber dann ein Leinenläppchen:
Barg's am Busen, es zu bähen,
Warm am Herzen es zu hegen.

Was nun ward denn aus dem Eie?
Wohl, es wuchs heraus ein Säug-
thier,
Kam ein muntres junges Mäuschen.
Knabe hüllte gleich das Mäuschen
Sorglich ein in weiche Wolle,
Drüber dann ein Leinenläppchen,
Barg's am Busen es zu bähen,
940 Warm am Herzen es zu hegen.

Was denn wurde aus dem
Mäuschen,
Was erwuchs am warmen Busen?
Aus dem Mäuschen kam ein
Kätzchen.
Knabe wickelte das Kätzchen.
In ein loses Leinenläppchen,
Ueber weiche woll'ne Hülle,
Barg's am Busen es zu bähen,
Warm am Herzen es zu hegen.

Was denn kam nun aus dem
Kätzchen,
950 Was erhob daraus sich Höh'res?
Aus dem Kätzchen kam ein Hündchen,
Kam ein hübsches kleines Hündchen.
Knabe wickelte das Hündchen
In ein loses Leinenläppchen,
Barg's am Busen, es zu bähen,
Warm am Herzen es zu hegen.

Was erhob sich aus dem Hündchen,
Was entwickelte sich Beff'res?
Aus dem Hündchen ward ein
Lämmchen,

960 Aus dem Lämmchen dann ein Schäfchen,
Schöne, weiße Wolle tragend.

Fortan auf dem Feld kein Weinen,
Auch kein Harm im Erlenholze,
Noch auch Weh im Birkenwäldchen.
Frohsinn wohnt jetzt in der Waise,
Glück beim Knaben in der Knechtschaft;
Ob er fünferlei auch Böses,
Mühsal sechserlei erleide,

Hat er Acht nicht ihrer Härte;
970 Seinen Kummer sühnt sein Schäfchen,
Tröstet ihn in aller Trübsal.

Drum der Waisenknab' in Knechtschaft
Hütete sein herz'ges Schäfchen
Sorglich wie des Auges Apfel,
Deckte es dicht mit seinem Rocke,
Wenn der Regen nieder rauschte,
Wenn der Frost unfreundlich anbrach.

Dreizehnter Gesang.

Weiland war ich wohl der Erste
Laut zu lärmen auf der Dorfflur,
Vogelgleiche Sänge singend,
Worte sinnvoll dazu wählend,
War als Sangesmeister mächtig
Schöne Verse zu erfinden!
Sang allein aus Lust und Liebe,
Sang mit Söhnen andrer Weiler,
Mich im Wettgesange messend;
10 Sang, daß selbst die Felsen hüpften,
Daß die Wälder rings aufrauschten,
Meereswellen hoch sich hoben,
Daß die Wolken wild zerrissen,
Und der Sturm vor Schreck verstummte!

Schwächer ward nunmehr die Schwungkraft,
Sanftes Lied versagt die Stimme,
Starkes Lied verbeut die Stumpfheit,
Harfenspiel verwehrt der Finger.
War zum Greise schon geworden,
20 War in Schwäche hingeschwunden.

Wenn von Kalew's Sohn ich sage,
Dann erblüht auf's neu' die Jugend,
Zaubert sich die Zeit zurücke,
Wo ich gern als goldner Kuckuck,
Als des Hofes Silbervogel
Kunstvoll auf dem heim'schen Anger,
Wie im Wald mein Lied ließ schallen.

Sang ja schon im vor'gen Jahre,
Auch das Jahr vorher beharrlich,
30 Ein Jahr warf ich hin die Worte,
Nahm das nächste sie zu ordnen,
Wandte wieder sie im dritten,
Flocht sie fest sodann im vierten.

Dreizehnter Gesang.

Als der kernige Sohn des Kalew
Seine Gänge ganz beendet,
Suchte er vor Abend annoch
Wieder auf das frühʼre Lager,
Wo sein liebes Schwert verlor er.
Ehʼ er sich zur Ruhe legte,
40 Die Ermüdung abzumindern,
Nahm er noch ʼnen Abendimbiß.
Zaubʼrer wagtʼ sich nicht zu zeigen,
Auch die Söhne sah man nirgends;
Mochten wohl mit Hexenquästen
Ihre Beulen weg zu baden,
Wunden Leib zu heilen haben.

Morgens vor der Morgenröthe,
Frühe noch vor Tagesgrauen
Hob der Held empor sich hastig,
50 Heimwärts wieder fortzuwandern.
Andre Wege wähltʼ er heute,
Neue, nie betretʼne Pfade
Schlug er ein, den Schritt beschleunʼgend.
Ueber Sümpfe, über Moore,
Wo der Wolf nur Wege wagte,
Dann durch dicht bestandʼne Wälder
Richtete der starke Recke
Lebhaft seinen Lauf gen Wierland.

Bei des Mannes mächtʼgen Schritten
60 Schwanden trotz der schweren Ladung
Leicht dahin die langen Meilen;
Auch war vor des Tages Anbruch
Viel von Rasten nicht die Rede.
Erst als sich die Sonne neigte,
Ließ er seine Bretterladung
Nieder, unterʼm Busch sie bergend;
Schaffte Ruh den müden Schultern,
Nahm zur Labung seines Leibes
Aus dem Brotsack, was es brauchte,
70 Trank auch tüchtig aus dem Fäßchen;

Sorgte bald drauf für ein Bette,
Richtete ein Lager rüstig:
Sand von sandʼgem Boden holend
Legte er als Unterlage,
Einen hübschen Haufen bildend.
Schon trug er den letzten Schoß voll,
Als ihm aus dem Rocke rieseln
Ein Paar Faustvoll von dem Sande;
Schief erschien des Bettes Rand nun,
80 Eine Seite sonder Ebnung.
Wenig Schritte liegt vom Lager
Sand, so aus dem Schoß ververschüttet,
Hoch gehäufet auf der Ebʼne,
Als ein hübscher Hügel sichtbar.

In dem Schoße nächtʼger Schatten,
In dem Bad der Thaueskühle
Ruhte aus der starke Recke
Von des matten Leibʼs Ermüdung.
Von des Himmels Höhe blickten
90 Abendstern sowie Orion
Freundlich auf den friedlichen Schläfer.
Mondes blasses Antlitz wachte
Still am Bett des starken Helden,
Bis des Morgenrothes Glühen
Rasch des Mannʼs Erwachen wirkte.

Als er vor der fernern Reise
Noch den Morgenimbiß einnahm,
Gab vom Gipfel einer Fichte
Manches Mahnwort ihm ʼne Elster
100 Ihr Gefieder völlig glättend
Und ihm so die Sache klärend.

„Wenn du wüßtest, starker Recke,
Dir es lebhaft denken könntest,
Hell dir im Gehirne machen,
Was im Schlaf dir widerfahren,
Holtest her vom Meer du Klötze,

Aus dem Inselwalde Wipfel,
Würdeſt ein Gefährte fert'gen,
Würdeſt einen Wagen zimmern,
110 Klötze dir zu Rädern richten,
Andere zu Achſen ſchnitzen;
Würdeſt vorn den Falben ſpannen,
Mit dem mäuſefarb'gen Grauen,
Goldfuchs ginge in der Mitte
Zwiſchen zweien Iſabellen,
Wie's zukömmlich iſt dem König.
Lang wird ja der Weg dem Wand'rer,
Weit dünkt dem, der läuft, das Landziel,
Dem der ſchlendert, dehnt das Feld ſich.
120 Sehnlich warten deine Freunde,
Fragen freudlos ſich einander:
Wohin kam denn unſer König?
Was wohl hemmte ſeine Schritte,
Legte lahm wohl ſeine Gänge?
Rühr' denn rüſtig deine Schritte,
Förd're eilig deine Ferſen!
Flinken Schritten fließt das Gold zu,
Silber wird zu Theil dem Wackern.
Wer hat Gold je aufgeleſen
130 Oder Silber von der Erde?
Regeſein bringt dem Bruder Seide,
Schafft der Schweſter ſauberes Silber,
Und verſieht mit Gold die Sippe,
Rechter Lohn für rechtes Ringen.

„Wenn du wüßteſt, ſtarker Recke,
Dir es durchaus denken könnteſt,
Und es im Gehirne hegen,
Wie ein Gang dir Gold gewönne,
Wie ein Sprung dir Silber ſchüfe,
140 Ja, dann würdeſt jach du ſchreiten,
Dich im Flug zur Heimath haſten!
Durch des Zaub'rers Bann gebunden,

Von dem Schlaftrunk eingeſchläfert,
Von des Quendels Qual bezwungen,
Bliebſt du, Brüderchen, mein braves,
Allzulange ruhend liegen,
Schliefeſt wirklich ſieben Wochen,
Eh' des Schlafs du dich entſchlugeſt.
Morgens wird das Glück gewoben,
150 Mittags wird das Gold erworben,
Abends noch das ſaubre Silber,
Nachts dann zeigt das Glück ſich nimmer."

Die Eröffnungen der Elſter,
Die Entbietungen des Buntrocks,
Stachelten den ſtarken Helden;
Mit der Bretterlaſt belud er
Seinen Rücken — raſchen Schrittes
Bahnte er ſich Waldeswege,
Und durchflog die weiten Flächen.

160 Als er ein Stück Wegs gewandert,
Gut Stück Wegs, 'ne lange Strecke,
Wo kein Hemmniß ihn gehindert,
Noch den Schritt gehemmt ihm hatte,
Sah er vor dem Ilmajärw ſich.
Hier am Ufer rief der Recke:
„Soll ich wegen ſolcher Pfütze
Gar noch einen Umweg gehen,
Und die theure Zeit verthuen?
Konnte durch den Peipus kommen,
170 Fuhr durch's Finnenmeer auch glücklich,
Wozu vor der Lache weilen?
Setze auch wohl durch den Sumpf noch,
Schlag' mich durch den winz'gen Schlammſee."

Solchem Sinnen Folge gebend
Hob den Fuß er ſonder Säumen
Ueber's Ufer in das Waſſer,

That 'nen Schritt und that den zweiten,
Trat auch dreist den dritten Schritt
noch,
Doch da thät das tiefe Wasser
180 Schon dem Mann zur Schulter
steigen,
Drohte zu netzen auch die Nase.

Kalew's Sohn, der kühne Recke,
Stand jetzt still ein kleines Weilchen,
Starrte an das Staunenswerthe,
Ließ im Unmuth dann verlauten:
„Holla ho! die Hexenpfütze,
Schwarzer Schlamm, für Krebse
Schlupfloch!
Peipussee stieg an's Gesäße,
Hob sich wohl bis an die Hüfte,
190 Und du unverschämter Schelme
Drohst die Schultern schon zu feuch-
ten,
Mir den Nacken zu benetzen!

Also redend wandte rückwärts
Kalew's Sohn die sichern Schritte,
Bis das Trockne er betreten.
An dem Strande stand er stille,
Schüttelte die schlamm'gen Schla-
cken
Ab von seinen langen Lenden,
Dann die festen Schritte fördernd
200 Landein wieder gegen Wierland.

Heftig brannte Sonnenhitze
In der schweren Mittagsschwüle
Nieder auf des Mannes Nacken,
Lähmend seine Leibesstärke,
Doch er setzte seine Schritte
Weiter, gönnte Halt dem Gang nicht,
Denn der weisen Elster Worte
Trieben heftig ihn nach Hause.

Als er ein Stück Wegs gegangen,
210 Was da ließ ihn stutzend stocken,
Ließ Befremdliches sich blicken?
Ließ ein altes Weib sich blicken,
Aus des Salzeszaub'rers Sippe,
Manazaub'rers alte Muhme;
Saß das Weib im Weidenbusche,
Ließ besondre Zaubersänge
Wirksam bei gewalt'gen Schmerzen,
Günstig gegen Schlangenbisse,
Kräftig durch den Windsturm wir-
beln;
220 Zu beschwicht'gen schwere Qualen,
Abzustumpfen Weh von Stichen.

Kalew's köstlicher Erzeugter
Hemmte hier nun seine Schritte,
Um am Rand des Buschs zu ruhen,
Und des Weibes Lied zu lauschen.
Denn die formelkund'ge Vettel
Ließ vom Weidenbusch verlauten:
„Welche Farbe, werthes Lenchen?
Höre nur, mein liebes Lenchen,
230 Hehre Herrscherin des Sumpfes,
Freie Frau des Fliesenbruches,
Höre, goldne Herrin, höre,
Werde wohl heraus dich finden:
Haselstrauchfarben, Blaubeerfarben,
Eidechsfunkelaugenfarben,
Pfützenfarben, rasenfarben,
Hügelfarben, kieferfarben,
Sumpfmoorfarben, haidefarben,
Buntgestaltet hinterm Steine,
240 Jungfer unter'm Strauche strei-
chend?
Nimm's auf dich, den Schmerz zu
schmälern,
Mach durch Druck Geschwulst ver-
schwinden

„Schwarze Schlange, schlammes-
farben,
Leichenfarb'nes leid'ges Wurmthier!

Meintest du in Bork zu beißen,
Weidenrinde abzureißen,
Als nach Menschen dich gemuthet,
Wehrlose Wesen du gestochen?
Bannen unter'm Weidenbusche,
250 In's Gestrüpp dich strecken möcht'
ich!"

„Komm durch's Bad den Biß
zu heilen,
Komm der Wunden Weh zu wenden,
Scharf vom Zahn geschafft zu tilgen,
Das Gebissene zu bessern!
Kennst ja wohl vom Zahn die Kerbe,
Wo in's Fleisch sich goß dein Geifer,
Wo die Zunge frech gezüngelt".

„Sehr gut kenn' ich deine Sipp=
schaft,
Weiß von deiner Brut die Wahrheit,
260 Wo du herrührst, wie geworden,
Was zusammentraf, Verworf'ne,
Dir das Leben zu verleihen.
Deutlich ist mir deine Herkunft,
Deines Leib's Zusammensetzung:
Du entstammst dem dicken Dünger,
Kamst aus einem Haufen Kothes,
Von der Kröte hergekrochen,
Nach der Unke Form gefertigt,
Durch den Nebelqualm gequälet,
270 Durch den dumpfen Dunst des
Viehes.
Gott verlieh nur Luft zum Leben,
Athem nur der alte Vater —
Drob die matten Meisenaugen,
Trübe madenartig triefend.
Zunge nahmst von Speeres Spitze,
Zähne von der Streitaxt Schneide,
Dein Gewand ist kirschenfarbig,
Weidenfarben ist dein Köpflein.
Ob nun grau wie Grus, ob lehm=
farb,

280 Ob wie Haidkraut, dürrem Heu
gleich,
Wärest du auch völlig farblos,
Himmel=, wolken=, sternenfarben,
Gleichwohl säh' ich deine Sorte,
Würd'st nicht meiner Macht ent=
rinnen!
Läg'st du starr auch unter'm Stein=
block,
Ruhtest unter'm Stumpf geringelt!
Oder krümmtest dich in Kreisen,
Munter spielend auf den Matten,
Raschelnd auf den Ackerrainen,
290 Im Gebüsch, im Wald geborgen, —
Bist mein Sklave, bestes Herrchen!
Finde, Feind, dich in der Nähe,
Strafe, Strolch, dich aus der Ferne.
Tolla holla! pilla willa!
Jetzo hat gepackt die Pein dich!
Glatt Gesicht, der Kopf wird Wolle,
Kiefern wandeln sich in Wolle,
Die fünf Zähne werden Wolle,
Wollenfarben wird dein Hütchen,
300 Wolle wird dein ganzer Körper!"

Kalew's köstlicher Erzeugter,
Als geheimer Lehr' gelauscht er,
Fest gefaßt die Schlangenformel,
Eilte seinen Weg zu wandeln,
Schritt dahin mit kräft'gen Schritten,
Wierland rascher zu erreichen.

Dachte jetzt im Waldesdunkel
Zu erholen sich vom Hitzgang;
Rasch ein Lager zu bereiten
310 Wühlte er umher im Walde,
Brach zu Boden kern'ge Kiefern,
Riß zu Boden Riesenfichten,
Samt den stärksten Eichenstämmen,
Und den längsten Ebereschen,
Wie den breit'sten Ellernbäumen;
Schichtete geschickt die Bäume

Hoch hinauf zu einem Haufen,
Legte sich der Länge nach drauf,
Nöth'ge Nahrung einzunehmen,
320 Um den müden Leib zu laben.

Hatte wohl 'ne Weil' geschlummert,
Sich erholt von Mittagshitze.
Lud sich auf die Bretterladung,
Und schritt wieder weiter fürbaß.
Wandte links sich ab vom Wege
An dem Saum des Endelseees,
Schritt darauf in g'rader Richtung
Seine Straße sonder Säumen.

Sinkend ließ die rothe Sonne
330 Schon die Schatten schier sich strecken,
In der Dämm'rung lang sich
dehnen;
Schon die Abendkühle konnte
Den Belasteten erlaben,
Als er hinter einem Hügel
Noch von weitem Rauch gewahrte,
Der wie langsam schwelend Feuer,
Gleich dem dunkeln Dampf des
Meilers,
Dicht in Wolken aufwärts wallte,
Dacht' den Himmel zu umdunkeln.
340 Rege seine Schritte reckend
Eilte jetzt der Held zum Hügel;
Näher tretend traf sodann er
Dicht beim Hügel eine Höhle;
Von dort loderte die Lohe,
Die die Quelle war des Qualmes.
Hier an starken Eisenstangen
Hing ein köstlicher Kochkessel.
In der Höhlenmündung Mitte
Um den Kessel kauernd hockten
350 Von dem Feuer scharf beschienen,
Drei Gesellen, schwarz vom Schwel-
dampf,
Die das Feuer fachend schürten,
Schaum vom Suppenkessel schöpften.

Der vom Gange müde Mannsen
Hielt am Rand der Höhle stille,
In der Seele Solches wägend:
„Finde hier zum Glück Behausung,
Eine beff're Bergestätte,
Und zum Spätmahl warme Speisen,
360 Die schon lang' ich nicht gekostet."

Jene Burschen bei dem Feuer
Zeigten grinsend sich die Zähne,
Spähten nach dem späten Gaste,
Der nach Leibesart und Ladung
Gänzlich wie ein fremdes Wesen,
Wie ein Wunder schier erschienen.

Kalew's kerniger Erzeugter
Wirft die Bretterlast zu Boden,
Nähert noch um einen Schritt sich,
370 Läßt alsdann sich so verlauten:
„Welche Speise, wackre Männer,
Wird gekocht denn in dem Kessel?
Habt wohl lange Festgelage,
Große Hochzeit hier zu feiern?"

Sie begriffen, gaben Antwort,
Sprachen her vom Feuerscheine:
„Köstlich Essen kocht der Kessel,
Kocht die Abendkost dem Vater,
Speise für die queren Alten,
380 Atzung für die harte Alte,
Grütze für die tollen Töchter,
Leckre Suppe für die Sippschaft.
Wird ein Fest von uns gefeiert,
Ein groß Gastgebot gegeben,
Ja dann wird ein Rind geschlachtet,
Wird der größte Ochs gegriffen;
Hundert Männer haun ihn nieder,
Fünfmalhundert fangen's Blut auf
Tausend braucht es, ihn zu tödten.

11

390 „Heute kocht ein karger Kessel,
Kocht nur Kost für arme Leute,
Nur 'ne Hälfte, halt, vom Elen,
Samt 'nes alten Wildschweins Seiten,
Eines Bären Lung' und Leber,
Nierenfett vom jungen Wolfe,
Schwarte eines alten Bären,
Ei vom Nest des nord'schen Adlers.
Davon schlürft erst der Gehörnte,
Nachher nippt die alte Ahne.
400 Was im Grund fließt, kriegt der Hund dann,
Wie den Rest im Napf die Katze;
Für die Köche kommt das Letzte,
Knapper Theil auch für die Knechte.
Für die blonden Maid' ein Mahl noch.
Kuchen für die zarten Kinder
Mischt die Ahne selbst und macht ihn
Fertig an dem Zauberfeuer:
Schwache Speise für die Schwestern,
Karge Kost für diese Jungfrau'n."

410 Ließ sich Kalew's Sohn verlauten:
„Ha, ihr Hexenbrodel=Köche,
Die ihr Sudelsuppe siedet!
Wer hat Toll'res wohl vernommen,
Seltsam'res im Traum gesehen?
Ha, verrücktere Gerichte
Konnten keine Zauberkünste,
Nicht der Hexenmeister machen!"

Einer der Gesellen setzte
Flugs die Gegenred' entgegen:
420 „Unser Kessel, der hier kochet,
Siedet ganz besondre Speise;
Alle Donnerstag für Hexen,
Eine Kraftvermehrungs=Mahlzeit,
Siedet Leibesstärk' und Labung
Für des weisen Zauberers Eltern,
Für des Hexenmeisters Sprossen,
Siedet, was den Zorn bezähmet,
Was dem Neide Nahrung bietet,
Was dem bösen Blicke wehret;
430 Siedet zu der Jugend Frommen
Was die Liebe lässet keimen,
Was die Herzen hell entzündet."

Sagt darauf der Sohn des Kalew:
„Kocht der Kessel zehn Gerichte,
Soll der Grapen soviel sieden,
Mag ich auf die Abendmahlzeit
Nicht mit leerem Magen lauern.
Weiset mich, ihr werthen Brüder,
Zur Behausung hin des Hausherrn,
440 Wo der Vater Querkopf wohnet,
Wo die Mutter Hartherz hauset,
Wo die tollen Maide weilen!
Auch in härt'ster Hülse stecket
Wohl ein Kern, der köstlich schmecket,
Und in rauher Rinde ruhet
Gleichwohl oft 'ne glatte Frucht."

Drauf die kecken Kesselhüter
Ließen spöttisch sich verlauten:
„Wenn du willst zur Kammer kommen,
450 Deinen Weg zur Wohnung nehmen,
Sieh' dich vor, mein süßer Bruder!
Halte weit die Augen offen,
Nicht die Fährte zu verfehlen,
Nicht den Heimweg zu verlieren:
Leicht zur Falle läuft die Maus ein,
Schlimm nur ist's mit dem Ent= schlüpfen."

Kalew's Sohn verstand's und sagte:
„Mauern hemmen nicht den Mann,
Felsen können ihn nicht fesseln.
460 Tüchtigkeit bleibt nimmer pfadlos,
Weg' in Menge weiß't die Stärke."

Dreizehnter Gesang.

Drauf des Kessels Hüter künden
Weisung ihm, den Weg zu finden:
„Mach' dich in der Höhle Mündung,
Diese führt dich fort zur Pforte;
Recht nur krümme deinen Rücken,
Sachte treibe nur die Sache,
Wenn zur Höhle Grund du hin=
kriechst.

Langsam schreite, liebster Bruder,
470 Thu' auch tasten mit den Händen,
Find'st sofort die Thür der Stube."

Kalew's kühner Sprößling machte
Ohne Weilen auf den Weg sich,
Rastlos folgend seiner Richtung,
Theils sich bückend bis zum Boden,
Theils auf allen Vieren tappend.

Die des Kessels Hut hier hatten,
Sprachen grinsend zu einander:
„In die Falle fiel der Bär hier,
480 In die Schlinge lief der Löwe,
Wird das Fell dort lassen leichtlich."

Kalew's kühner Heldensprößling
Strich die Strecke unermüdlich,
Wenn auch das gebückte Wandeln
Wie das Kriechen schwer ihm wurde;
Dichtes Dunkel in der Höhle
Machte mißlicher den Gang noch.

Fernher drang jetzt Feuerschim=
mer
Leuchtend in das dichte Dunkel.
490 Sicher sah nunmehr das Auge,
Konnte drum den Fuß auch führen.
Weiter ward der Weg der Höhle,
Stetig stieg zugleich die Höhe,
Bis des Kalew kühner Sprößling
Wieder aufrecht wandeln konnte.

Mitten in der höchsten Höhe
Hing 'ne Lampe an der Lage,
Die dem Schauenden auf's schönste
Jeden Gegenstand erhellte.
500 In der Hinterwand gewahrte
Man die mächt'ge Wohnungspforte.
An der Pforte Pfeiler standen
Zween Bottiche bei einander;
Beide bargen Flüssigkeiten,
Aber jeder eine and're:
Milchig weißlich war die eine,
Schwarz wie Theer erschien die
and're.
Von der Pforte herwärts hörte
Schnurren man das Rad des Ro=
ckens,
510 Dröhnend sich die Spule drehen,
Auch der Spinnerin lieblich Lied,
Klaren Mädchensang erklingen.
Kalew's Sohn thät leise lauschen.

So nun sang des Mädchens
Stimme,
„Holde, herzgeliebte Schwestern,
Köstlich krausgelockte Kinder,
Vöglein ihr mit blonden Köpfchen,
Langer Sehnsucht läst'ge Bürde
Reibt euch auf schier hinter'm
Rocken,
520 Wo ihr goldne Fäden wirket,
Feine Silberfäden spinnet.
Waren wir nicht einst auch Viele,
Gab es Gäste nicht in Menge,
Wurden Feste nicht gefeiert,
Lachte nicht ein beff'res Loos uns
Vormals auf des Vaters Hofe,
Auf der Eltern blüh'nden Fluren?
War's nicht, daß geschmückt am
Abend,
Rothe Bänder reich im Haare,
530 Ganz bedeckt mit gold'nen Spitzen,
Wir zur Dorfesschaukel gingen,

11*

Jauchzend hoch im Schwung zu
    schweben?
Seiden waren unsre Hemden,
Jackenärmel fein gefältelt,
Perlenschnüre hoch am Halse,
Silberspangen schwer am Busen,
Goldne Ringe an den Fingern,
Bortenreich des Kopfes Reifen,
Schön verbrämt mit goldnen Tressen,
540 Seid'ne Tücher um die Schultern
Seid'ne Strümpfe an den Füßen.
Wußten wir denn nicht, was Glück ist,
Sah'n wir denn nicht sel'ge Tage,
Reichen Freudenrausch genießend?

„Trauer hat die Lust vertrieben,
Leid verzehrt die Lebensfarbe,
Wäscht das Roth von unsern
    Wangen,
Fremde Willkür hält in Haft uns
Hühnchen kauernd in der Kammer,
550 Täubchen einsam im Verschlage,
Wo ein Hörer nimmer nahet,
Auch kein Gönner guten Glückes,
Noch auch Freier fröhlich wallen.
So im Grame werden grau wir,
Welken hin in unsrer Wehmuth,
Ruhlos uns am Rocken mühend.
Können keinen Liebsten sehen,
Keinen, der uns kennt, begrüßen,
Keinem Buhlen Handschlag bieten!

560 „Käme doch fernher ein Braver,
Galoppirend auf dem Gaule,
Noch vor Helle in den Hofraum,
Um die Trauernden zu trösten,
Ihren Gram mit Macht zu mindern,
Ihre Thränen rasch zu trocknen!
Käm' als Bräutigam die Sonne,
Um die Mädchen frei zu machen;
Käme doch der Mond als Freier,
Schön zu scherzen mit den Jung-
    frau'n,
570 Ihren Kummer keck zu bannen;
Käme stolz der Sternenknabe,
Um die Täubchen zu begehren,
Aus Gefangenschaft zu führen;
Käme, wer nur irgend wollte,
Sei vom Wind er hergewehet,
Sei's ein Kranker oder Krüppel,
Wenn es nur ein Männlein wäre!"

Kalew's köstlicher Erzeugter,
Als er diesem Lied gelauschet,
580 Suchte jetzt die Thür zu öffnen,
Schleunig den Verschluß zu brechen,
Und die Pfosten krumm zu kriegen.
Mit der Festigkeit der Felswand
Stand die Pforte unerschüttert,
Bogen sich die Pfeiler nimmer.

Kalew's terniger Erzeugter
Suchte seiner Stimme trüglich
Mäßigeren Laut zu leihen,
Zarten Ton ihr mitzutheilen,
590 Ließ sich dann im Lied vernehmen,
Sinnreich so die Worte setzend:
„Ging mich wandelnd zu ergetzen,
Wollte wohl den Wald durchstreifen,
Meiner Laune Luft zu machen,
Meine Schwermuth abzuschwächen;
Schon geschieden war der Winter,
Felder hatten grün gefärbt sich.
Was im Erlenwäldchen fand ich,
Was im Birkenwäldchen plötzlich?
600 Fand von Jungfrau'n eine Vierzahl,
Die sich Labekräuter pflückten,
An der Bäume Wurzeln zerrten,
Rührig auch im Rasen wühlten,
Blond von Haaren, roth von
    Wangen,
Brauen schwarz wie dunkle Beeren.
Nah zu gehen wagt ich nimmer,

Fand nicht Muth sie zu umfassen,
Kehrte kummervoll nach Hause,
Thränen vor der Thür vergießend.
610 Fragte mich sofort der Vater,
Forschte auch mit Macht die Mutter:
Was denn weinst du, liebster Knabe,
Was schafft Leid dir schon im Lenze?
Was ich weine, guter Vater,
Was mir Leid schafft, liebe Mutter!
Ging mich wandelnd zu ergetzen,
Früh den schönen Wald zu schauen.
Was im Erlenwäldchen fand ich,
Was im Birkenwäldchen plötzlich?
620 Fand von Jungfraun eine Vierzahl,
Die sich bunte Pflanzen pflückten,
An der Bäume Wurzeln zerrten,
Rührig auch im Rasen wühlten,
Blond von Haaren, roth von
    Wangen,
Brauen schwarz, wie dunkle Beeren.
Nah zu gehen wagt ich nimmer,
Fand nicht Muth sie zu umfassen,
Kehrte kummervoll nach Hause."

Der's begriff, der Vater sagte:
630 „„Sei nur ohne Sorge Söhnlein,
Bald soll sie mein Bogen fangen,
Soll der treue Pfeil sie treffen.""
Doch der Sohn versetzt dagegen:
„„O mein vielgeliebter Vater,
Hier erspar' dir Bogenspanner,
Nimmer nutzen schlanke Pfeile;
Hier kann Gold nur günstig wirken,
Silber seine Kraft bewähren,
Muß man köstliche Waaren kaufen.
640 Will zur Stadt, Schmuck zu er=
    stehen,
Aus dem Laden leichte Spitzen,
Vom Verkaufstisch bunte Bänder,
Von der Wand auch seid'ne Bänder;
Damit lock' ich liebe Mädchen.""

„Ging und nahm den Gaul vom
    Felde,
Für mein Rößlein recht zu sorgen,
Brav zu füttern meinen Braunen.
Zäumte zierlich dann das Rößlein,
Legt' ihm auf den Sammetsattel,
650 Samt der Schnur von Silber=
    perlen,
Mit den blanken Messingzügeln;
Kam von weither, um zu werben,
Selb'ge Maide aufzusuchen;
Bin gelangt zu eurer Pforte,
Weile hier vor eurer Thüre".

Mägdlein hört' es im Gemache,
Sang ihm Solches zur Erwidrung:
„Lieber Landsmann, goldner Bru=
    der,
Weit anhergekomm'ner Werber!
660 Bist zu rechter Zeit gekommen,
Um ein Dirnlein dir zu fangen;
Fort ist jetzt der Herr des Hauses,
Seine Sachen zu besorgen,
In der Küche kocht die Alte,
Backt die Kuchen für die Kinder;
Eine Schwester hütet Gänse,
Daß die schwimmfüß'gen nicht
    schweifen,
Goldgeschirre klärt die and're,
Putzt die Silbersachen sauber;
670 Ich allein, verlass'nes Vöglein,
Lerche, ich, im Bann des Leides,
Dreh' am Spinnrad hier die Spule,
Goldne Garne emsig spinnend,
Dralle Silberfäden drehend.
Höre nun, mein lieber Landsmann,
Freier mit verstellter Stimme!
Tauche hurtig beide Hände
In den Bottich bei der Thüre,
Dessen Feuchte schwarz wie Theer ist,
680 Und die Stärke mächtig steigert:
Dann erwächst Gewalt den Händen,

Fühlen Eisenkraft die Fäuste,
Kannst dann Felsenwände brechen,
Eisenpforten niederlegen,
Thürme, die von Stahl, zerschmettern.
Soll die Macht gemindert werden,
Ueberschwang der Kraft verschwinden,
Aus der Hand Gewalt entweichen:
Tauch' sie in den andern Bottich,
690 Dessen Feuchtigkeit milchfarben,
Bald die große Stärke bändigt.
Die gewalt'ge Kraft verlöschet;
Sonst zerschlägt die schlimme Faust,
Was ihr vorkommt, gleich zu Trümmern".

Kalew's kühner Heldensprößling
Folgte hastig dem Geheiße,
Wie das Mägdlein angegeben,
Wie das liebe Kind gelehret.
Kaum die Hand benetzend merkt er
700 Schon die Stärke höher steigen,
Wachsen die Gewalt der Fäuste.
Als er thät die Thür jetzt fassen,
Stürzte sie samt ihren Stützen
Krachend auf den Boden nieder.

Als, die Schwelle überschreitend,
Er den Fuß hob in die Stube,
Auf die Diele fest die Ferse,
Sprang das Mädchen mit Entsetzen
Rasch empor von ihrem Rocken,
710 Und entwich mit Windeseile
Ueber ihrer Kammer Schwelle.

Dann das junge Dirnchen flehte,
Fürchtend seine Eisenfäuste,
Fleht' ihn an mit Flötentönen:
„Theurer Sohn des mächt'gen Mannes,
Du vom Wind getrag'ner Werber!
Fasse mit den Eisenfäusten
Nicht die Maid an mit den Fingern,
Eh' du ihre Macht gemindert,
720 Ihrer Stärke hast gesteuert,
Abgeschwächt den schweren Zauber.
Tauch' die Hand in jenen Bottich,
Dessen Feuchtigkeit, milchfarben,
Die Gewalt macht wieder schwinden!"

Kalew's köstlicher Erzeuger
Lachte nun ob des Vernomm'nen,
Ob der Furcht des feinen Mädchens,
Da in seinem Sinn er dachte:
Eine Hand, die zärtlich hätschelt,
730 Kann doch keinen Schaden stiften.

Doch das junge Dirnchen flehte
Weinend an den wackern Helden:
„Rühre dich nicht, lieber Bruder,
Tritt nicht näher, trauter Fremdling!
Schon so riesig schuf dich Taara,
Führt' ins Dasein dich Altvater,
Hoch hat Hexenkunst gesteigert
Jetzt die Kraft durch Zauberwasser.
Traun, du bist doch, trauter Fremdling,
740 Kalew's Sohn, der rings berühmte,
Stammst aus dem Geschlecht der Starken,
Sulew zählt zu deiner Sippe,
Alew freut sich deiner Freundschaft?
Als ich noch zu Hause aufwuchs,
Blümchen in dem Hain der Mutter,
Wilde Rose auf dem Hofe,
Weidenröschen an dem Zaune,
Trollblum' auf dem Kamp des Angers —
Ward mir wundersame Kunde,
750 Hundertfach von dir, dem Helden,
Tausendfach von deinen Thaten."

Doch der Jungfrau letzte Rede,
Ihre wohlgemeinte Mahnung,

Fanden nicht sofort Entgegnung.
Der Gedankengang des Helden
Wanderte mit ander'm Winde,
Flog einher auf andern Fluren.
Denn die Schwelle überschreitend,
Zu beschau'n das zweite Zimmer,
760 Hatte gleich mit Ueberraschung
Er ein Schwert, den Schmuck des
    Mannes,
An der Wand vor ihm gewahret,
Wo es hing an einem Pflocke.
Nah dem Schwert an einem andern
Hing 'ne kleine Weidenruthe,
Hing ein Sommerhut am dritten,
Ein verfilzter, alter Filzhut.

Kalew's kerniger Erzeugter
Hörte nicht den Ruf der Holden,
770 Sah auch nicht die Weidenruthe,
Hatte auch nicht acht des Hutes;
Nach dem Schwerte stand sein
    Sinnen,
Nur die Kriegeswaffe wünscht' er.
Diese hatten heimlich Schmiede,
Meister in der Erde Tiefen,
An verborg'nem Ort geschaffen,
Hergestellt an dunkler Stätte.
Schweigend erst das Schwert be=
    trachtend,
Ließ er dann sich so verlauten:
780 „Hier ist, was der Traum mir zeigte,
Was ich schlummernd mir erdachte,
Was mein Geist voraus ersonnen;
Denn für mich das Schwert ge=
    macht ist,
Hergestellt an dunkler Stätte,
Als Ersatz für jenes and're,
Das im Kääpabache ruhet."

Aus der Kammer bat das Mäd=
    chen:
„Hör mich an, mein Herzensbruder!

Laß das Schwert an seinem Platze,
790 Dem Gehörnten laß die Waffe;
Wähle dir die Weidenruthe,
Wähle den verfilzten Filzhut:
Jene rettet aus der Hölle,
Dieser aus den bösen Ränken.
Kannst dir ja ein köstlich Schwert
Nur beim Schmied bestellen lassen.
Schwerter kann der Meister machen,
Mit Gesellenhülfe fert'gen;
Aber so ein herrlich Hütlein,
800 So gewalt'ge Weidenruthe
Wird man in der Welt nicht finden.
Zehen Kräfte hat der Hut,
Sieben Wunder wirkt die Ruthe,
Neun auch, wenn du solches wün=
    schest.
Zur Verleihung des Verlangten,
Zur Begabung mit Begehrtem,
Ist die Ruthe rasch und mächtig,
Ist der Hut ein stärk'rer Helfer,
Zum Vollführen viel geschickter."

810 Kalew's kerniger Erzeugter,
Der den Sinn begriff, versetzte:
„Werde wohl auch, was ich wünsche,
Selber mir zu sichern wissen,
Ohn' des Zauberhutes Zuthun,
Und der Hexenruthe Hülfe!
Dieser Zaub'rer Windeszüge,
Was die Hexenmeister zetteln,
Was der Höllenwirth auch wirret,
Wird den rechten Mann nicht irren,
820 Nicht den Streitbaren bestricken;
Tüchtigkeit bahnt stracks die Straße,
Stärke ebnet Weg' und Stege."

Dachte nun das junge Dirnchen
Schleunig diesen Streit zu schlichten,
Nahm den Hut jetzt ab vom Pflocke,
Hielt ihn fest sodann in Händen,
Der nicht war von Filz gewalket,

Nicht aus Wolle war gewoben,
Noch aus Haaren hergerichtet;
830 Nein, er war aus Nägelschnitzeln,
Aus der Fingernägel Splittern
Künstlich angefertigt worden.
Abermals begann das Mädchen,
Lob dem Zauberhut zu zollen:
„Kostbar kann den Hut man achten,
Unermeßlich seine Werthung,
Kostbarer als Königreiche,
Sintemalen seines Gleichen
Nicht auf weiter Welt zu finden,
840 Nirgends auf der ganzen Erde.
Was du in dem Drang der Wünsche,
In der Tiefe deines Sehnens
Irgend nur begehren könntest:
Gleich erzielt's das Zauberhütchen,
Voll erfüllend dein Verlangen."

Dann, wie spaßend, stülpt die Jungfrau
Sich auf's Haupt das Zauberhütlein,
Laut dem Wunsche Worte leihend:
„Wachse, wachse, goldnes Mägdlein!
850 Reck dich, reck dich, blaugeaugte!
Wachs' empor wie Kalew's Sprößling,
Reck dich zu des Freundes Größe!"

Sichtlich reckte sich die Schwester,
Wuchs 'ne Elle, wuchs 'ne zweite,
Wuchs zur Höh' des Kalewhelden,
Reckt' sich zu des Freundes Größe.

Kalew's köstlicher Erzeuger,
Als der Schönen Spiel er schaute,
Wie sie wuchs mit Windesschnelle,
860 Wie sie rasch empor sich reckte,
Nahm er ihr den Hut vom Haupte,
Setzte selber ihn auf's Haupt sich,
Ließ alsdann den Wunsch verlauten:
„Senk' dich, senk' dich, süßer Bruder!

Schrumpfe, schrumpfe ein, du Starker!
Senke dich um einen Faden,
Tiefer noch um manchen Faden,
Schrumpf' zusammen in ein Knäuel,
Wie noch eben war die Schwester."

870 Kalew's Sohn begann zu sinken,
Schrumpft' 'ne Spanne ein und zweie,
Wurde manche Elle kleiner,
Schrumpfte ein zu Mädchengröße,
Schwindend zu der Schwester Maße.

Darauf, du, gescheidte Schöne,
Griffst du hastig nach dem Hute,
Hobst ihn von des Freundes Haupte,
Setztest selber ihn auf's Haupt dir,
Ließest dann den Wunsch verlauten,
880 Daß du würdest, wie's zuvor war,
Das natürliche Gebilde.
Augenblicklich sank die Süße,
Schrumpfte ein das gute Goldchen
Zur naturbegrenzten Größe.

Kalew's köstlicher Erzeugter
Lachte ob dem Scherz der Lieben,
Ließ sich darauf so verlauten:
„Deinethalben, holde Schwester,
Will ich heut ein winzig Püppchen,
890 Will ein kleiner Bursche bleiben,
Will mich schon wie eine Eichel,
Wie ein lieblich Kurniklötzchen,
Rollend auf dem Boden wälzen."

Doch den wackern Wunscherfüller,
Jenen Hut aus Nägelschnitzeln,
Wollt' er nun nicht wieder lassen,
So in seinem Sinne denkend:
Sollt' ein Hader sich erheben,
Unglücksregen niederrasseln,
900 Sollt' ein schlimmes Schloßenwetter

Plötzlich drohend niederplatzen,
Mag der mächtig schnelle Hut
Wohl die Stärke riesig steigern,
Da die Größe er verdoppelt.

Jetzt, als Knirps von einem Knaben,
Ladet er zu lust'gem Treiben,
Spaß'gen Spielen ein die Jungfrau.
Beide Kinder, köstlich kosend,
Stampften tanzend durch die Stube,
910 Wirbelten sich auf dem Estrich,
Gleich als wär' die Stub' ein Faulbaum,
Wär' aus Nußbaumholz die Diele,
Pfosten aus der Eberesche,
Zwischenwänd' aus Ahornholze.
Wie in goldener Begeist'rung,
Wie in silberner Besel'gung,
Sangen freudvoll sie Gesänge,
Deren viele ganz vergessen,
Viele schöne sind verschollen.

920 Jetzo rief das junge Mädchen
In's Gemach die andre Maid auch,
Die die goldnen Sachen klärte,
Silbersachen sauber putzte,
Kupferne Geschirre scheuernd;
Rief herbei die dritte Schwester,
Hüterin der Gänseherde,
Daß die Schwimmfüße nicht schweiften,
Rief die Schwestern alle beide,
Anzuschau'n den fremden Bruder.

930 Sprachen dann die muntern Maide:
„Schließen wir die Küchenthüre,
Legen dran den Drehholz=Riegel,
Durch ein Vorhangschloß befestigt,
Daß die Alte nicht heraus kann,
Uns die Lustbarkeit zu legen!"

Ward die Küchenthür verriegelt.
Kuchen in der Küche backend
Saß die Vettel in der Falle,
Wie 'ne Maus, vermochte nimmer
940 Zu entschlüpfen, um zu stören.

Kalew's köstlicher Erzeugter
Trieb nun Scherz mit diesen Schönen,
Zeitvertreib mit seinen Trauten,
Zu erlösen sie gelobend,
Aus dem Höllenreich zu retten.

„Werd' euch alle dreie wieder
An das Licht der Sonne liefern,
Werde Freier, euch zur Freude,
Brave Bräutigame schaffen,
950 Aus der Sippschaft solche kürend;
Eine freie ich dem Sulew,
Gebe Alew dann die andre,
Und dem Hackenbub die dritte.
Selber bin ein junger Bursch noch,
Darf als Freier doch nicht kommen,
Unreif, um ein Weib zu werben.
Muß mich noch 'nen Faden recken,
Brauch' noch ein Paar Spannen Breite,
Muß zum Theil noch weiser werden,
960 Anderntheils durch Zucht noch zahmer,
Um getrost hervorzutreten
Freiend nach des Hauses Hühnchen.
Jetzt als junger Aar mich tummelnd,
Flieg' im Wald ich, wie ein Kuckuck,
Fliege fröhlich über Fluren,
Seligkeit des Glücks zu suchen."

Mannigfache muntre Spiele
Kamen jetzo vor zur Kurzweil:
Habicht nach den Hühnchen haschend,
970 Er der Habicht, sie die Hühnchen.
Dann ward Blindekuh gelaufen,

Nach 'nem Ring der Raum durch=
    stöbert,
Ward auch Nachbarspiel gespielet,
Und Versteckspiel dann getrieben —
Alles singen kann der Sänger
Nicht, noch kann er alles künden.
Von der Zunge wichen Sänge,
Hochzeitslieder aus dem Kopfe,
Goldne Kunde kam abhanden,
980 Aus dem Sinn viel schöne Sagen.

Wenn die Freudentage enden,
Samt dem Jubel froher Nächte,
Wenn die Jugendblüthe welket,
Wenn erbleicht das Roth der Wan=
    gen —
Dann versiegen auch die Sänge,
Dann hört auf des Kuckucks
    Rufen,
Wie der Schlag der Nachtigallen,
Schweigt der Lerche lustig Trillern,
Wie der Minnesang der Maide.
990 Wenn nicht nach dem langen
    Jubel,
Nach dem tollen Tanz der Jugend,
Auch der Maid aus Flötenspiele
Noch erwüchse reu'ge Regung,
Wenn auf Lust das Leid nicht
    folgte —
Könnte, Freudenzeit verkündend,
Noch der Schwan im Lustsang
    schwärmen.

Vierzehnter Gesang.

Wenn der Sänger jünger wäre,
Wäre, was er sonst gewesen,
In des Lenzes Lust und Glanze,
Bis zum Saum der Sommermonde
Säng' er gern den ganzen Tag noch,
Sänge wohl die Winternacht auch,
Sänge wahrlich eine Woche,
Sänge hell 'nen halben Monat
Von des Helden holdem Spiele
10 Mit des Höllenhofes Mägdlein,
Sänge, daß die Wälder sausten,
Daß die festen Felsen hüpften.

Doch der Sänger, schon geschieden
Von des Lebens Sommertagen,
Wendet seine Augen, sehend
Zu der Glückszeit Morgenglanze,
Zu der Jugend wonn'gen
    Wiesen,
Wo noch blinkendere Blüthen,
Prächtigere Glückesblumen
20 Einen schönen Teppich schufen;
Wo noch dem bewegten Busen
Wärmer manches Freundes Herze
Hochbeglückend schlug entgegen;
Wo noch auf dem Frühlings=
    rasen
Von des Dorfes leichter Schaukel
Braune Augen freundlich blickend
Leuchteten von Huld und Liebe!

Wann nur wird der Lenz dem
    Sänger
Liebeathmend wiederkehren?

30 Steige, Morgenroth des Sanges,
Steige, wie der Strahl der Sonne,
Auf vor meines Geistes Augen!
Laß das Licht vergang'ner Tage
Aus der Dämm'rung Haft sich heben,
Durch das Wolkendickicht scheinen!

    Nicht entwich dem Kalewsohne
Freude, gleitend auf dem Strome,
Lust, auf gold'nem Berge laufend:
Freude schwand die lange Nacht
    nicht,
40 Endlos war das Lustgelage,
Und dem Jüngling ließ das Spielen
Nimmer Langeweile nahen,
Auch den Schönen blieb beim
    Scherzen
Fern vom Aug' des Schlummers
    Schleier.
„Wenn doch nicht, die Nacht zu
    scheuchen,
Scheinen möchte Sonnenschimmer!"
Seufzte schon so manches Mädchen
Leidvoll ob entschwund'ner Liebe,
Wenn der fein gesponnene Faden
50 Auf dem Webstuhl ward gewoben.

    Wie das Mäuschen in der Falle
Saß die Alte in der Küche,
Konnte drum den Pflegetöchtern
Nicht das Weiterjubeln wehren.

    Andern Tages gingen dann
Mit dem Kalewsohn die Mädchen,
Gingen ihm das Haus zu zeigen,
Ihn die Schätze schau'n zu lassen;
Hochgeröthet waren noch
60 Ihre Wangen von den Scherzen,
Womit ihnen war so glücklich
Und so froh die Nacht verstrichen.

    Durch ein steinern Thor gelangten
In ein steinernes Gewölb sie,
Gingen dann auf starrem Steinpfad
Weiter ein Stück Weg's bis
    endlich
Zeigte sich ein reiches Zimmer.
Dieses war gemacht von Eisen,
Wie von Stahl der Wände Winkel,
70 Eisern Thüren, eisern Fenster
Eisern Decke, eisern Diele,
Eisern in der Eck' der Ofen,
Eisern ferner auch der Hitzherd,
Eisern war die Wölbung drüber,
Eisern an der Wand das Bette,
In der Mitt' ein Tisch von Eisen,
Eisern um den Tisch die Stühle,
Eisern auch die Ofenbänke;
Eisern waren auch die Sparren,
80 Wie die Balken, drauf sie ruhten,
Eisenkasten in den Ecken,
Eisern die Geräthe drinnen.

    Drauf hub an die älteste Schwester,
Ließ also die Rede rudern:
„Dieses Zimmer des Gehörnten
Dient als Arbeitsraum der Knechte,
Ist der Sklavenkinder Obdach,
Ist der Aufenthalt der Fröhner.
Qualen leiden hier die Armen,
90 Werden mannigfach gepeinigt."

    Durch ein Eisenthor dann gingen
Sie in's eiserne Gewölbe,
Schritten auf dem Eisenpfade
Weiter eine Strecke Weges;
Trafen dann ein andres Zimmer.
Dieses war gemacht aus Kupfer,
Kupfern waren seine Wände,
Und der Wände Winkel Messing,

Kupfern waren dann die Balken,
100 Kupfern Thüren, kupfern Fenster,
Kupfern Decke und die Diele;
In der Eck' ein Kupferofen,
Kupfern ferner auch der Hitzherd,
Kupfern auch die Wölbung drüber,
Kupfern an der Wand das Bette,
In der Mitt' ein Tisch von Kupfer,
Kupfern um den Tisch die Stühle,
Kupfern auch die Ofenbänke;
Kupfern waren auch die Sparren,
110 Wie die Balken, drauf sie ruhten,
Kupferkasten in den Ecken,
Kupfern die Geräthe drinnen.

Weiter sprach die ält'ste Schwester,
Ließ also die Rede rudern:
„Dieses Zimmer des Gehörnten
Dient als Arbeitsraum der Mägde,
Obdach für die Sklaventöchter,
Aufenthalt der Fröhnerinnen.
Qualen leiden hier die Armen,
120 Werden mannigfach gepeinigt."

Durch das Kupferthor dann gingen
Sie ins kupferne Gewölbe,
Schritten auf dem Kupferpfade
Weiter eine Strecke Weges,
Fanden dort ein drittes Zimmer.
Dieses war gemacht aus Silber,
Silbern waren seine Wände,
Silbern auch der Wände Winkel,
Silbern Thüren, silbern Fenster,
130 Silbern waren Deck' und Diele;
Silberofen in der Ecke,
Silbern ferner auch der Hitzherd,
Silbern auch die Wölbung drüber,
Silbern an der Wand das Bette,
In der Mitt' ein Tisch von Silber,
Silbern um den Tisch die Stühle,
Silbern auch die Ofenbänke;

Silbern waren auch die Sparren,
Wie die Balken, drauf sie ruhten,
140 Silberkasten in den Ecken,
Silbermünzen in den Kasten.

Drauf hub an die zweite Schwester,
Ließ die Rede also rudern:
„Dies ist des gehörnten Alten
Zimmer, wo er täglich weilet,
Aufenthalt für Werkeltage,
Kammer, um den Leib zu laben.
Täglich pflegt er hier der Ruhe,
Macht das Dasein sich gemächlich."

150 Durch das Silberthor dann gingen
Sie ins silberne Gewölbe,
Schritten auf dem Silberpfade
Eine Strecke Weges weiter;
Trafen dort ein viertes Zimmer.
Dieses war gemacht von Golde,
Golden waren seine Wände,
Golden auch der Wände Winkel,
Golden Thüren, golden Fenster,
Golden Decke und die Diele;
160 Goldner Ofen stand im Winkel,
Golden ferner war der Hitzherd,
Golden auch die Wölbung drüber,
Golden an der Wand das Bette,
In der Mitt' ein Tisch von Golde,
Golden um den Tisch die Stühle,
Golden auch die Ofenbänke;
Golden waren auch die Sparren,
Wie die Balken, drauf sie ruhten,
Golden alles Hausgeräthe,
170 Goldne Kasten in den Ecken,
Goldne Münzen in den Kasten.

Weiter sprach die zweite Schwester,
Ließ also die Rede rudern:
„Dieses Stübchen des Gehörnten
Ist bestimmt für Festlichkeiten,
Ist der Raum für Lustgelage,

Vierzehnter Gesang.

Ist das Kämmerlein der Freude.
Hier ruht er am Festtag immer,
Schmeckt die Süßigkeit des Daseins,
180 Und die Zeit des vollen Glückes.
Gestern hab' den ganzen Tag ich
Hier geputzt das Gold und habe
Ausgekehrt sodann das Zimmer."

Aus der goldnen Thüre gingen
Sie durchs goldne Thor dann weiter
In das hohe Goldgewölbe,
Schritten auf dem goldnen Pfade
Eine Strecke Weges weiter;
Trafen dann ein fünftes Zimmer,
190 War ein zierlich Seidenstübchen.
Dies bestand aus Seidenstoffe,
Der von Schnüren aufgezogen
Auf versteckten Stützen ruhte.
Seiden waren Zimmers Wände,
In den Ecken Seidenschlingen,
Seidne Thüren, seidne Fenster,
Seiden Decke auch und Diele,
An der Wand auch seidne Betten,
Seidne Kissen auf den Betten,
200 Seidner Teppich auf dem Tische,
Seidne Polster auf den Stühlen;
Seidene Gewänder hingen
Rings herum an allen Wänden,
Seidne Schnüre längs des Zimmers,
Schwankten an den Seidenwänden,
In den Ecken große Kasten,
In den Kasten seidne Zeuge.

Drauf hub an die dritte Schwester,
Ließ die Rede also rudern:
210 „Dies ist Putzgemach der Maide,
Ist der Jungfrau'n eigne Kammer;
Denn hier schmücken sich die zarten,
Flechten ihre Festgewänder,
Legen an das blaue Leibchen
Und den rothgestreiften Rock
Mit den schöngebog'nen Borten:

Wenn das Seidenfest man feiert,
Und begeht den Tag der Jungfrau'n."

Aus der Seidenthüre dann
220 Schritten sie durch's Seidenthor
In die hohe Seidenwölbung,
Gingen auf dem Seidenpfade
Eine Strecke Weges weiter;
Trafen dann ein sechstes Zimmer,
Ein gar schönes Sammetstübchen.
Dieses war gemacht aus Sammet,
Der von Schnüren aufgezogen
Auf versteckten Stützen ruhte.
Sammten waren Zimmerwände,
230 Sammtne Schlingen in den Ecken,
Sammet=Thüren, Sammetfenster,
Sammetlage, Sammetdiele,
Sammetbetten an den Wänden,
Sammetkissen auf den Betten,
Sammetdecke auf dem Tische,
Sammetpolster auf den Stühlen;
Breite Teppiche von Sammet
Liefen längs der ganzen Diele
Sammtne Schnüre rings im Zimmer
240 Schwankten von den Wänden nieder,
In den Ecken große Kasten
Waren voll von Sammetstoffen,
Andre Sammetstoffe lagen
Aufgestapelt bei den Kasten.

Weiter sprach die dritte Schwester,
Ließ also die Rede rudern:
„Dies ist Putzgemach der Maide,
Ist der Jungfrau'n eig'ne Kammer,
Denn hier schmücken sich die zarten,
250 Flechten ihre Festgewänder,
Legen blaue Sammetleibchen
An und rothgestreifte Röcke,
Wenn das Sammetfest man feiert,
Und den Sammettag der Jung-
frau'n."

Aus der Sammetthüre gingen
Sie durchs Sammetthor dann fürder
In das hohe Sammtgewölbe,
Schritten auf dem Sammetpfade
Eine Strecke Weges weiter;
260 Trafen dann ein siebtes Zimmer,
Dieses war gemacht aus Spitzen.
Kämmerlein aus schönen Spitzen,
Schier ein ganzes Spitzenflechtwerk,
Aufgemacht mit Spitzenbändern,
Auf versteckten Stützen ruhend.
Alle Wände waren Spitzen,
Wie die Winkel Spitzenflechtwerk,
Spitzen Thüren, Spitzen Fenster,
Spitzen Decke, Spitzen Diele,
270 Spitzenbetten an den Wänden,
Spitzenkissen auf den Betten,
Spitzenteppich auf dem Tische,
Spitzenpolster auf den Stühlen;
Spitzenkleider hingen allda
Ringsherum an allen Wänden,
Spitzenschnüre längs des Zimmers
Hingen von den Spitzenwänden;
Große Kasten in den Ecken
Bargen lauter Spitzenstoffe,
280 Bei den Kasten lagen Schichten
Von den schönsten Aermelspitzen,
Andere von Haubenspitzen,
Dritte dann von Rockbesätzen.

Weiter sprach die dritte Schwester,
Ließ also die Rede rudern:
„Dies ist Putzgemach der Mädchen,
Ist der Jungfrau'n eigne Kammer.
Denn hier schmücken sich dieselben,
Spitzen auf das Haupt sich häufend,
290 Wenn das Spitzenfest man feiert,
Und den Spitzentag der Jungfrau'n."

Aus der Spitzenthüre gingen
Sie darauf durch's Thor von Spitzen
In das Hochgewölb von Spitzen,
Schritten auf dem Spitzenpfade
Eine Strecke Weges weiter;
Dann gelangten auf den Hof sie,
Der nicht Rasen trug, noch Erde.
Blanke Münze war der Boden,
300 Thaler bildeten die Gasse.

Auf dem Hofe standen sieben
Wunderbar gebaute Speicher.
Einer war ein Steingebäude,
War aus Rohgranit errichtet.
Dann der zweite war aus Bruchstein
Aufgeführt, aus breiten Fliesen.
War der dritte aufgeführt
Wundervoll aus Hühnereiern,
Und der vierte war gar künstlich
310 Hergestellt aus Gänseeiern,
Aus behau'nem Stein der fünfte,
Fein gefügt aus blanken Quadern,
Kunstreich war aus Adlereiern
Aufgeführt der sechste Speicher,
Und es war aus Siuru'seiern
Seltsam aufgeführt der siebte.

War ein Speicher voll mit Roggen,
Ganz von Gerste voll der zweite,
Voll von Hafer war der dritte,
320 Weizen barg der vierte Speicher,
Malz enthielt der fünfte Speicher,
Das Gemüs' enthielt der sechste,
Schweinefett war in dem siebten,
Talg in Blöcken ward verwahrt drin.

Hinterm Hofe standen Ställe,
Herbergsräume für das Herdvieh;
Jeder Stall bestand aus Knochen
War aus Beinen fest gefüget.

Kalew's köstlicher Erzeugter
330 Ließ die Ställe unbeachtet,
Fing vielmehr an nachzuforschen,
Von den Mädchen zu erfragen,

Woher wohl der vielgenannte,
Der Gehörnte stammen möge.

Von den Schwestern sprach die ält'ste,
Gleich dem Wunsche willig folgend:
„Welcher Vater ihn erzeugte,
Welche Mutter ihn gesäugt hat,
Traulich ihn im Arm getragen,
340 Sorglich ihn im Schoß gefüttert,
Eingelullt ihn mit den Lippen —
Davon war uns keine Kunde.
Ob ein Bär sein Vater wurde,
Eine Wölfin ihn geworfen,
Eine Mähr' ihm Mutter worden,
Eine Ziege ihn gewieget,
Das bedeckt ein dichter Schleier,
Blieb bis heut uns tief verhüllet.

„Große Güter hat der Alte
350 Ausgedehnte Herrschgebiete,
Macht drum heimlich Fahrten hundert,
Windesschnelle Gänge tausend,
Und kein sterblich Auge konnte
Jemals sehen seine Gänge,
Auch kein menschlich Ohr vermochte
Nachzuspüren seinen Wegen.
Wir zwar sehen, wenn er abzieht,
Wir gewahren auch sein Kommen —
Seine Wege sind uns dunkel.
360 In der Tiefe soll ein Kern,
Soll ein Hohlraum sich befinden;
In demselben sieben Welten,
Sieben sehr versteckte Inseln.
Hier sei Schauerraum der Schatten,
Seien Dörfer der Verblich'nen,
Die in großer Zahl hier hausen.
Ueber der Verstorb'nen Schaaren
Herrscht der Alte, der Gehörnte,
Wie in seiner Weisheit Taara
370 Schon im Anbeginn der Schöpfung
Selber das Gesetz gegeben.

„Mit gewalt'ger Hand regiert
Der Gehörnte die Gebiete.
Wohl wird es erlaubt den Schatten
Jedes Jahr zur Seelenzeit
Einmal wieder heim zu wandern,
Um die Ihrigen zu suchen,
Um Bekannte zu begrüßen.
An den Abenden des Jöufests
380 Ziehn die Geister dann im Fluge,
Von der Hölle Pein enthoben,
Durch das Thor des Schattenreiches,
Hastend hin mit Windeseile
Nach den fremdgewordnen Fluren,
Wo sie einst auf Freudepfaden,
Oder auch auf Thränenwegen
Wandelten, derweil sie lebten.
Doch wenn ablief ihre Freizeit,
Wenn die schönen Wochen um sind,
390 Müssen die zu Gast Gegang'nen
Schleunigst sich zurück begeben
In's Gebiet des Schattenreiches,
Jegliches in seine Wohnung."

Drauf hub an die zweite Schwester,
Ließ also die Rede rudern:
„Dorther lässet der Gehörnte
Die ihm nöth'gen Fröhner kommen,
Holt heraus sich die Gehülfen,
Fordert einmal her die Knechte,
400 Und ein andermal die Mägde,
Ihre Frohnzeit abzuleisten:
Müssen in der Eisenkammer
Schwere Arbeit thun, die Armen,
Müssen in der Kupferkammer
Sich für den Gehörnten plagen;
Eisenstecken straft den Läss'gen,
Kupferruthe den, der säumet.

„Hier ist des Gehörnten Wohnung
Hier die Stätte der Erholung,
410 Kammer zu des Körpers Stärkung,

Ruhebett, sich auszurecken:
Wo er auch mit seinem Weibe
Dann und wann die Zeit verbringet,
Manchen Tag sich thut erlaben,
Wenn sich müd' er fühlt vom Reisen,
Und erschlafft von Streifereien.
Dann auch auf des Silberzimmers
Badebank thut den Gehörnten
Abends seine Alte quästen,
420 Bäh'n die Seiten, die ihm schmerzen.

„Neben längeren Gelagen
Giebt es große Gastereien.
Dann kommt er mit seinen Freunden,
In Gesellschaft hoher Sippen,
Um das Festgelag zu feiern,
Und im Bierrausch baß zu jubeln.
Ihm verschwägert ist der Leere,
Höllenhündin nennt er Base,
Großmama die weiße Mähre.

430 „Heute Abend wird erwartet
Schon die Heimkehr des Gehörnten,
Der nicht viele Ruhe hat,
Wenn er auf der Oberwelt ist,
Wo am Tage scheint die Sonne,
Licht des Mondes leuchtet nächtlich,
Sternenaug' die Wege weiset.
Doch wenn in die Unterwelt er,
In der Schatten Wohnbezirke
Geht, um Nöth'ges zu besorgen,
440 Dann verweilt er viele Tage,
Weilet auch wohl ganze Wochen."

Hub nun an die dritte Schwester,
Ließ also die Rede rudern:
„Sollte nun, o Sohn des Kalew,
Der Gehörnte bei der Heimkehr
Unerwartet dich gewahren,
Wärst du wahrlich gleich des Todes.
Denn wer je sich hierher wagte,
Wer hier überschritt die Schwelle

450 Wer den Boden hier berührte,
Der entrann dem Tode nimmer,
Sah nicht mehr das Licht des
Mondes,
Noch den schönen Schein der Sonne.

„Wir unglückliche Geschwister,
Wir drei niedlich blüh'nde Mädchen,
Fielen noch im Kindesalter,
Durch des Unglücks wilde Windsbraut,
Durch des Unheils Regenschauer
In die Hörigkeit des Gehörnten.
460 Weither wurden wir getragen,
Tausend Werste fortgeführet
Aus der Erde offnen Fluren,
Mitten aus der Welt der Schönheit,
In dies düstre, trübe Dorf hier,
In die Stätte langen Leides.
Früher waren's Freudentage,
Wo auf königlicher Aue
Wir erblühten wie die Trollblum',
Weiter wuchsen alle dreie;
470 Müssen aber nun wir Mädchen
Unterm Sklavenjoche jammern,
Denn der Eisenstecken zwingt uns,
Auf Geheiße des Gehörnten,
Auf Befehle seiner Vettel,
Zu verrichten alle Arbeit,
Die zur Last uns auferlegt wird.
Würde Feuerschnee auch fallen,
Schlügen Eisenschloßen nieder,
Möcht' es richt'ge Spieße regnen:
480 Immer muß der Fröhner da sein,
Immer gehen, wer geschickt wird,
Wen die Reihe trifft, sich trollen,
Muß der Arme flugs sich rühren,
Noch vor Tage wie die Schnepfe,
Vor den andern wie der Rabe,
Oder Abends wie die Schwalbe.

„Taara's Güte hat gegönnt uns
Eine Jugend, die nicht welket,

Vierzehnter Gesang.

Einen ew'gen Glückesfrühling,
490 Wangenröthe, die nicht bleichet,
So lang als der Köcher rein bleibt,
Als die Schote ungebrochen
Und des Keimes Kern noch leblos."

Drauf die älteste der Schwestern
Ließ also die Rede rudern:
„Doch was hilft uns Armen Jugend,
Was des Glückesfrühlings Freude,
Was der Wangen Dauerröthe,
Was der glatte Glanz des Beerleins,
500 Was die unversehrte Schote;
Wenn kein Lieberfüllter nahet,
Kein Befreier von der Sehnsucht,
Der die Hühnchen möchte freien,
Der die Vöglein mag erlösen,
Ruhe bringen den Gekränkten,
Aus der herben Haft sie führen,
Ihnen Frieden wieder schaffen?
Keine Grüße weht der Wind her,
Labet nicht mit lindem Hauche
510 Die gefang'nen armen Kinder."

Kalew's kerniger Erzeugter
Ließ darauf die Rede rudern:
„O ihr minniglichen Maide,
Allerliebste Lockenköpfchen,
Härmt euch nicht mit trübem Sinne,
Härmt euch nicht, ihr holden Liebchen!
Die Betrübniß bleicht das Antlitz,
Gram entfärbt die rothen Wangen.
Werd' euch, Goldchen, schon erlösen,
520 Aus der Schlinge fort die Vöglein,
Aus der Haft die Hühnchen reißen,
Aus den Netzen, die in Noth sind!
Rette wohl euch, goldne Maide,
Aus der Vettel festem Kerker,
Aus den Banden des Gehörnten,
Aus des Sklavenjoches Ketten.
Führe euch auf lichte Felder,
An der Sonne schönen Schimmer,
An den milden Glanz des Mondes,
530 An der Sterne Strahlenaugen.
Weinet nicht, ihr minn'gen Maide,
Härmt euch nicht, ihr holden Goldchen!
Kalew's kernigem Erzeugten
Wachsen Kräfte zur Genüge!
Werde wohl im Kampf besiegen
Den Gehörnten samt den Knechten,
Auch die zorn'ge Vettel zähmen,
Und die Kinderchen befreien!"

Wieder nun die ält'ste Schwester
540 Ließ also die Rede rudern:
„Theurer Sohn des edlen Kalew,
Sprößling kühner Kampfeshelden,
Zögling starker, muth'ger Männer,
Willst befrei'n du Birkhuhnssprossen,
Hühnchen aus der Haft erlösen,
Vöglein aus der Schlinge ziehen,
Mußt du doch die Zauberruthe
Und den Schnitzelhut gebrauchen,
Wirst sonst weder du dich selber,
550 Noch viel wen'ger uns erretten!
Hier besteht nicht deine Stärke,
Nichts vermag hier Kraft des Mannes,
Nichts die Tapferkeit des Menschen.
Der Gesellen hat er hundert,
Tausend unbekannte Diener,
Seine Helfer sind noch zahllos,
Beistand leisten Unsichtbare.
Denn ihm dienen Windesweise,
Salzeszaub'rer sind ihm dienstbar,
560 Alle Hexenkünste hat er,
Wodurch lahm gelegt die Kraft wird,
Alle Stärke ganz umgarnet
Und des Leibes Macht gemindert."

Kalew's kerniger Erzeugter
Lachte ob der Mädchen Reden,

12

Spottete der Furcht der Feinen,
Ließ also die Rede rudern,
Ließ im Liede sich vernehmen:
„O ihr minniglichen Maide,
570 Liebenswerthe Lockenköpfchen,
Wär'es euch zu Theil geworden,
Anzusehn den Kampf der Männer,
Hartes Ringen der Beherzten,
Krafterprobung rechter Recken,
O dann würdet ihr auch wissen,
Was ein tücht'ger Mann vermöge
Zu vollzieh'n in strengem Streite.
Nimmer fürcht' ich den Gehörnten,
Fürchte nicht die hundert Helfer,
580 Noch die tausend Spukgestalten.
Heldenhand siegt über Stärke,
Tapfer sieg' ich ob dem Teufel,
Ganzen Heeren gar in Finland,
Werde Herr auch des Gehörnten."

Drauf die zweite feine Schwester
Ließ also die Rede rudern:
„Theurer Sohn des tapfern Kalew,
Königlicher, mächt'ger Mann du!
Wenn du wider alles Bitten
590 Dich nicht willst belehren lassen,
In der Fährlichkeiten Fesseln
Uebermüthig willst dich wagen:
Nun dann treffe nimmer Schuld uns,
Werd' es uns nicht vorgeworfen,
Daß das gute Blut vergossen
Ward, der Freund erlag dem
    Frevler!
Eins noch aber muß ich sagen,
Eine Bitte hier noch äußern,
Handle dann, wie's gut dich dünket!
600 Wenn du glücklich willst entrinnen,
Aus der Hölle Bann zur Heimath,
Haste dich, du theurer Held, dann
Trage ungesäumt die Sohlen
Fort auf andrer Pfade Fährte!
Denn, wenn der Gehörnte herkommt,
Schließt sich schleunig diese Höhle,
Fällt ins Schloß die Schluchten-
    pforte.
Kein Entrinnen kannst du dann noch,
Niemals mehr Befreiung hoffen!
610 Nimm den Hut aus Nägelschnitzeln,
Wünsch' dich dann in deine Heimath,
Eh' die günst'ge Zeit vergeht,
Und Gelegenheit verloren!"

Kalew's kerniger Erzeuger
Lachte ob der Furcht der Feinen,
Ob des herz'gen Hühnchens Sorge,
Dachte: „Werth ist Mann des
    Mannes,
Sicher bleibt der Sieg dem Starken.
Wenn die Schlucht auch fest sich
    schließet,
620 Dann bohr' ich 'nen neuen Durchlaß,
Grab' 'nen Ausweg durch den
    Grund mir,
Um nach Hause hinzukommen."

Die Geschwister, schwer betrübet,
Daß den Freund sie nicht befreien,
Keine Hülf' ihm schaffen konnten,
Hielten jetzt geheim Berathung:
Wie sie wohl zu dreien möchten
Mittelst eines schlauen Anschlags
Rettung ihrem Freund bereiten.

630 An des Bettes Pfosten standen
Zwei Gefäße des Gehörnten,
Hülferprobt in harten Nöthen,
Zween Gläser gleicher Farbe,
Mit bierart'gen Flüssigkeiten,
Mit demselben Maß gemessen,
Bis zur Hälfte gleich gefüllet.
Nach der Art nur war das Naß,
Nach der Wirkung weit verschieden,
Wie vom Tage nur die Nacht ist.
640 Eins, Zehnochsenkraft genannt,
Ließ die Kraft gewaltig wachsen,

Doch das andre, Tausendhunger,
Machte, daß die Kraft verdorrte.
An dem Bettpfosten zur Rechten
Stand nunmehr der Stärkezeuger,
An dem Bettpfosten zur Linken
Stand der Stärketödter jetzo.

Urgeschwind die ält'ste Schwester
Thät vertauschen still die Gläser,
650 So am Bette sich befanden.
Stellte links heran die Stärke,
Und zur Rechten dann die Schwäche:
Daß, wenn Stärke der Gehörnte
Gehrte, er die Schwäche schlucke,
Und die andre Schwester nahm sich
Rasch die Ruthe — Brückenbauer.

Als nun dergestalt die Dirnlein
Ihren Sinn in's Werk gesetzet,
Drang von ferne her ein Dröhnen,
660 Wie ein Donner durch die Höhle.
Zitternd zagt das ält'ste Mädchen,
Bleich vor Schrecken blickt das zweite,
Und die dritte von den Feinen
Läßt also die Rede rudern:
„Kalew's köstlicher Erzeuger!
Fest gefangen ist der Löwe,
Sitzt der Bär in sich'rer Klemme,
Bist umgarnet, goldnes Freundchen!
Der Gehörnte haftet her schon,
670 Stürmt voll Ungeduld zur Stelle!
Schon betrat sein Fuß den Thorweg,
Von dem Lärm der lauten Schritte
Hallt die hohe Wölbung wieder.
Kein Entkommen ist zu hoffen,
Kein Versteck kommt dir zu Statten!
Thu' auf Tapferkeit denn bauen,
Stütze dich auf Eisenstärke!"

Wie wenn eine Rotte Reiter
Braust auf steingefügter Brücke,
680 Wie ein schwerer Eisenwagen
Rasselt über Kupferboden,
Wie wenn Wetterschläge krachend
Schier der Erde Grund erschüttern,
Also des Gehörnten Schritte
Machten wanken das Gewölbe.
Kalew's kerniger Erzeugter
Stand auf seiner Stelle ruhig,
Wie ein Eichbaum steht im Sturme,
Wie der Uferfels in Wogen,
690 Wie der Steinwall steht im Hagel,
Wie ein starker Thurm im Wetter.

Vor der Thüre tobten Schritte,
Näher stets kam stürmisch Gehen.
Schon erscholl ein mächt'ger Faust-
    schlag,
Daß die Pfostenbalken bebten,
Eine kräft'ge Hand mit Krachen
Hätte bald die Thür zertrümmert.
Schon die Schwelle überschreitend
Tritt ins Zimmer fest der Fuß
    ein —
700 Doch da hemmt den Schritt der
    Hausherr,
Forscht mit feindlich bösem Blicke,
Wie der Habicht zu den Hühnern,
Wie der Wolf kam in die Herde?

Furcht erfüllt die bleichen Mäd-
    chen,
Die der Schreck gelähmt hatte.
Kalew's kerniger Erzeugter,
In Gestalt noch der Verklein'rung,
In der Hand den Hut der Wünsche,
An der Wand blieb unbeweglich;
710 Schien nicht größer als die Schönen,
Hahn nicht größer als die Hennen.

Jetzo hub an der Gehörnte
Sich gar spöttisch so zu äußern:
„Wer hat, Brüderchen, ins Netz dich,

12*

In die Schling' gelockt, mein
       Vöglein?
Honigreiche Schmeichelreden
Haben Manchen traun betrogen!
Schon hat Kühnheit auch dem
       Kühnsten,
Schon hat Stärke auch dem Stärksten
720 Unverhofft den Hals gebrochen,
Tod sein tolles Thun bereitet.
Hier entrinnt man nicht zur Hellwelt,
Kein Entkommen ist zu hoffen."

Kalew's kerniger Erzeuger
Sagte solches schlau bedächtig:
„Wind ist nur ein nicht'ger Ordner,
Sturm ein unverständ'ger Mann!
Das Gefecht mit heißem Hadern,
Streit mit strengen, bösen Worten,
730 Klappern mit des Kinnes Kiefern,
Das ist wohl der Krieg der Weiber,
Ist der Kampf, der Frauen freuet!
Aus Geschwätz kommt nicht Be-
       schwicht'gung,
Worte werden Krieg nicht wenden,
Grimmer Fluch den Groll nicht
       brechen!
Schlimmer macht den Zorn die
       Zunge,
Worte fachen an die Fehde!
Gehn wir frisch hinaus ins Freie,
Daß der Kampf es kenntlich mache,
740 Wer von Beiden wohl dem Andern
Sei an Stärke überlegen.
Den, der siegt, erfreue Freiheit,
Recht erwerbe, wer der Stärk're."

Hierauf sagte der Gehörnte:
„Es geschehe, wie du wünschest,
Manneskampf ist mir zu Sinne!"

Trat alsbald darauf ans Bette,
Aus dem Stärkeglas zu trinken
Zu der Leibeskraft Belebung.
750 Wähnte, daß am wahren Orte
Sich befinde das gesuchte,
Schlang das Naß herunter schleu-
       nigst,
Ließ kein Tröpfchen auf dem Grunde.

Kalew's kerniger Erzeuger
Steckte jetzt die Kopfbedeckung
Jenes Schnitzelhütlein zu sich.
Dachte so in seinem Sinne:
„Käme ich zu kurz im Kampfe,
Sollte meine Kraft sich mindern,
760 Dann läßt diese Kopfbedeckung
Dieser Wunschhut doch den Knaben
Sich zu seiner Höhe strecken."

Als sich so in seiner Weise
Jeglicher gerüstet hatte,
Ging man rasch hinaus zum Rasen,
Auf den Hof, das Glück zu proben.

Der Gehörnte läßt sich hören:
„Du, die älteste der Dirnen
Heb' dich hurtig in die Kammer!
770 Nimm die Eisen aus dem Kasten,
Daß der Sieger dem Besiegten
Gleich die Füße fesseln könne!"

Den Befehl erfüllt das Mädchen,
Wie's der Alte hat geheißen.
Messen drauf den Platz die Männer,
Stellen fest die Stätte schrittweis,
Stecken ab die Grenzen gründlich,
Pfähle pferchend in die Streifen,
Daß Verwirrung nicht entstehe,
780 Noch Betrug getrieben werde.

Hart nun faßten um die Hüften
Beide sich in Leibes Mitte,
So die Kräfte zu versuchen,
Wer den andern niederwerfe.

Vierzehnter Gesang.

Niemals hatte noch sich früher
Seit der Vorzeit Angedenken
Ein gewaltigerer Wettkampf
Aufgethan vor Menschenaugen.

Wie das Meer gepeitscht vom Sturme,
790 Bei dem wilden Tanz der Windsbraut
Seine Wellen aufwärts wirbelt,
Daß sie himmelhoch sich heben,
Und der brausende Orkan
Droht die Dächer abzudecken:
Also bebte auch der Boden,
Zitterte der Hölle Estrich
Unter der Gewalt der Kämpfer;
Schon der Hölle Wände krachten,
Senkten sich der Ecken Pfeiler,
Drohte Einsturz schon die Decke,
800 Drohte schon das Dach zu fallen.

Lange währte unentschieden
Beider Männer rauhes Ringen,
Daß nicht wissen konnten Weise,
Nicht die Kundigsten es künden,
Wer im Kampfe König würde,
Und des Andern Füße fesseln!

Als sie dann ein wenig ruhten,
Um nur Athem erst zu schöpfen,
810 Zog der kühne Sohn des Kalew
Schnell den Schnitzelhut hervor,
Seinen Wunsch ihm anzusinnen;
Daß sein Leib nun wieder wachse,
Sich wie sonst zur Größe strecke,
Und zu vor'ger Dicke dehne.

Kalew's Sohn wuchs ohne Säumen,
Streckte hoch sich in die Höhe,
Dehnte sich zu vor'ger Dicke,
Stieg wie eine starke Eiche,
820 Wuchs zu voller Fichtenhöhe.
Hierauf packt er den Gehörnten
Fest am Leib mit starken Fäusten,
Schüttelt ihn zuerst und rüttelt,
Lupft sodann ihn in die Lüfte,
Hebt ihn wie ein Bündel Hede,
Zehen Faden in die Höhe.
Darauf stampfte er den Alten
Wie 'nen zugespitzten Zaunpfahl
Ohn' Erbarmen in den Boden.
830 Wich der Alte bis zur Wade,
Schwand dann weiter bis zum Kniee,
Schoß herunter bis zum Schenkel,
Recht im Steingerölle steckend,
In dem sand'gem Grant vergraben,
Daß er nicht vom Flecke konnte.

Kalew's terniger Erzeugter
Fing die Fesseln an zu ordnen,
Herzurichten jene Ketten,
Des gebannten Mannes Beine
840 Fest zusammen jetzt zu schließen.

Ehe noch der liebe Bruder,
Kalew's köstlicher Erzeugter,
Binden mit den Eisenbanden
Und die Ketten schlingen konnte,
Schrumpfte sichtlich der Gehörnte
Auf ein klein'res Maß zusammen;
Eine Spanne erst, dann zweie,
Und sofort noch viele Spannen,
Ward noch ellenweise wen'ger,
850 Schmolz dann ein, wie sich im Sumpfe
Wohl ein winz'ger Stein verstecket,
Und es blieb auch keine Spur mehr
Und kein Merkmal mehr am Boden,
Als nur eine kleine Pfütze,
Auf der blauer Dampf sich blähet.

Kalew's terniger Erzeugter
Ließ sich spottend so verlauten:

„Wer gewahrte auf der Welt wohl
Tolleres und Wundersam'res?
860 Höllenherr hat sich verkrochen,
Ist aus Feigheit fortgelaufen,
Wie ein Vöglein in den Erlhain,
Wie die Drossel in's Gebüsche,
Wie die Eidechs in den Moosgrund,
Wenn von irgendwo Gelärme
Plötzlich ihnenk ommt zu Ohren.
Werd' ein andermal das Schlupfloch
Des Gehörnten schon entdecken
Ihm die Bein' in Fesseln schlagen,
870 Ihn mit Eisenbanden binden,
Daß er nicht entkommen könne,
Seine Glieder nicht mehr rühren.
Heute halt' ich mein Gelöbniß,
Mache frei die armen Maide,
Löse aus der Hölle Haft sie,
Führ' sie fort zu fremden Fluren;
In den Schein der schönen Sonne,
Fort zu wonnigen Gefilden,
Daß im Mondglanz sie gedeihen,
880 Sich im Sternenlicht beleben.

Kalew's kerniger Erzeuger
Nahm alsbald das Schwert vom Nagel,
Schnallte sich's um seine Hüften;
Nahm vom alten Schatz ein Fuder,
Sackweis aus der goldnen Kammer,
Füllte aus gar manchen Fässern
Thaler dann in leere Säcke,
Schüttete auch Scheidemünze
Noch in zehn besondre Säcke;
890 Lud die Last dann auf die Schulter,
Hob herauf die herz'gen Püppchen,
Die drei holden Hauseshühnchen,
Warf auf's Haupt sich dann den Wunschhut,
Ließ darauf sich so verlauten:
„Führ' uns Hütchen, fördr' uns Hütchen,
Hurtig an der Höhle Mündung,
Wo ich ließ die Bretter liegen!"

Wie das Wort war kaum gesprochen,
Standen sie am Höhleneingang,
900 Wo vordem der Kessel kochte.
Doch der Kessel samt den Köchen
War verschwunden aus der Pforte;
Nur gar viele Feuerbrände
Glommen hier noch auf dem Herde.

Kalew's köstlicher Erzeugter
Fachte wieder an das Feuer,
Ließ die Lohe wieder lodern,
Warf sodann das Wünschelhütchen
In die Glut, daß es verglimme,
910 Und zu Aschenstaub zerstiebe.

Jammerten die jungen Maide,
Sagten solches unter Thränen:
„Warum, kern'ger Sohn des Kalew,
Hast den guten Hut zerstört du?
Wird auf Erden ja kein zweiter,
In der Hölle nicht geflochten;
Nun verwelkt sind alle Wünsche,
Und umsonst ist alles Sehnen!"

Kalew's kerniger Erzeugter
920 Thät versetzen Solches sinnreich:
„Laßt das Weinen, werthe Mädchen,
Klaget nicht, ihr goldnen Kleinen!
Dies ist keine Zeit des Kummers,
Traun kein Zustand der Betrübniß!
In des Sommers Seidenteppich
Schimmert weit und breit die Erde,
Ruft der Kuckuck nach dem Buhlen,
Lockt des Vogels Sang den Liebsten,
Wiehert's Füllen nach dem Gatten.
930 Holder Glanz der hehren Sonne
Strahlt zurück aus euren Augen,

Schimmert auf den schönen Brauen;
Von dem Laub erglänzt die Waldung
Von dem Grün die Rasenfläche.

„O ihr jugendlichen Maide,
Vöglein ihr mit hellen Haaren!
Leget an die Festgewänder,
Bindet um die rothen Bänder
Samt den blauen Seidentüchern,
940 Geht in goldbrokatnen Röcken!
Will euch auf den Weg der Freite
Auf die Bahn der Hochzeit bringen!
Brennen erst der Burschen Augen
Bei dem Blick auf eure Zierden,
Auf die Rosen eurer Wangen,
Dann kommt fröhlich auch ein Freier,
Ein verschmitzter Bursch, der schmunzelnd
Sieht auf eure seidnen Zierden,
Auf die golddurchwirkten Röcke,
950 Auf des hohen Busens Spangen;
Kommt von fern ein feur'ger Freier,
Kommt wohl an ein Sohn des Sulew,
Tritt herzu ein Sohn des Alew,
Sonst noch mancher aus der Sippe;
Sicher kommt der Recken Freundschaft,
Kommen Kalew's Blutsverwandte,
Kommen her, um euch zu haschen,
Freiend nach den goldnen Hühnchen.

„Jetzt erlosch die Zeit des Leidens,
960 Ist die bittere Qual gebändigt,
Jetzt bricht an die Zeit des Jubels
Und der langen Festgelage."

Lud sodann die Bretterladung
Leicht sich wieder auf die Schultern,
Hob die schweren Geldbehälter,
Säcke Gold und Thalerbeutel,
Hoch im Haufen auf die Ladung,
Schwang hinauf die drei Geschwister,
Daß sie sauber oben saßen,
970 Wo wie Hühnchen sie im Korbe
Lust'ges Gackern gleich begannen.

Diese herz'gen Maide hatten,
Ehe sie von hinnen gingen,
Aus der Sammt= und Seiden=
Kammer
Hübsche Kleider sich geholet;
Sorglich hatte sich die jüngste
Von der Wand die Wünschelruthe,
Die da Brücken legt, gelanget.

Kalew's kerniger Erzeugter,
980 Solche Lasten sämtlich tragend,
Schritt, als brenn's ihm in den
Sohlen,
Hastig auf dem Weg nach Hause.

Heiter huben an die Vöglein,
Die drei Hühnchen, hell zu singen:
„Laßt uns Vöglein fliegen, flattern,
Laßt im Glück uns jubelnd jauchzen!
Seht, gekommen ist der Sommer,
Zeit der Schönheit ist erschienen,
Zeit der Liebe hat begonnen.
990 Neigt zum Herbste sich der Sommer,
Wenn die Pracht der Fluren welket,
Dann wohl kommt aus fernem
Dorfe,
Nahn aus fremdem Land die Freier,
Oder auch aus heim'schen Höfen,
Um die Maide frei zu machen,
Ihrer Jugend Trost zu spenden;
Da wo dauernd Glück zu finden,
Werden gern die Schwestern weilen."

Fünfzehnter Gesang.

Wenn die Dörfer doch mich
    hörten,
Große Höfe mich begriffen,
Gern die Gaue es empfingen,
Was ich laut im Sange sage —
Dann wohl manche Menschenkinder
Gingen anzuflehn die Pfaffen,
Tief sich bückend vor dem Schwarz=
    rock:
Daß sie mildiglich doch möchten
Unversehrt das Sangesvöglein
10 Vor des Zornes Banne bergen!
Weihe kamen es zu würgen,
Raben rupften sein Gefieder,
Kirchendohlen plagten's kecklich,
Eh' das Kind noch kam ins Freie,
An der Sonne Licht das Süßchen,
Auf des Angers Grün das arme.

Dies sind heim'scher Hirten Lieder,
Sind des Arbeitsbuben Sänge,
Sind der Hütermädchen Weisen —
20 Alter Mütter Spinnradlieder —
Von den Klugen nicht genehmigt,
Von den Großen nicht gebilligt,
Von den Hohen nicht geheißen!
Kinderlust und Kinderleiden,
Schlüsselblümchen von dem Felde,
Frühlings Abendrothgebilde,
Zeitvertreib der Dämmerstunde.

Kalew's köstlicher Erzeugter!
Hätt'st gewußt du, wissen können,
30 Was dir deine Schritte hemmen,
Dir den Gang verlegen sollte:
Würdest dann wohl ungeboren,
Noch im Mutterleibe lebend,
Traun vor Furcht ertränkt dich
    haben!

Hat im heitern Hain der Sänger
Erst den Wandelgang begonnen,
Weicht er nicht zurück vom Wege,
Biegt nicht ab auf andre Bahnen.
Hunde hetzen in die Flucht nicht,
40 Rüden ihn nicht in die Wildniß.
Bellt der Hofhund her vom Dorfe,
Aus der Herde her der Viehhund,
Hinterm Dorfzaun her der Dachs=
    hund:
Wird den Hunden er nicht
    schmeicheln,
Nimmer er die Neider fürchten.

Gehn wir denn auf Sangeswiesen,
Auf der Kalewhelden Hügel,
Auf der Alewmannen Matten,
Durch der Sulewiden Sumpfland,
50 Zu den Triften dann der Jungfrau'n,
Aufzulesen lichte Blumen!

Kalew's kerniger Erzeugter
War nicht hundert Schritte heute,
Noch nicht tausend auf dem Pfade
Hin zur Heimath fortgeschritten,
Als auch eine Schaar Verfolger
Dicht ihm auf der Ferse folgte,
Seine Schritte lahm zu legen,
Seinen hast'gen Gang zu hemmen.

60 Kam der alte höll'sche Nichtsnutz,
Kam mit siebzig Hülfsgesellen,
Sühne heischend von dem Helden;
Drohte seines Schwagers Drangsal,
Des Gehörnten harte Zücht'gung
Heim dem Kalewsohn zu zahlen,
Tausendfach die Schmach vergeltend.

Als die jüngste Maid, die zarte,
Ihrer Blicke Richtung folgend,
Sah die Feinde sich beeilen,
70 Schwang geschwind sie ihre Ruthe
Solche Worte sachte sagend:
„Rühre dich, du Zauberruthe,
Laß die Wünsche wirklich werden!
Wandle um das Land in Wasser,
Wiesen weit umher in Meerfluth
Und das Strauchrevier in Ströme!
Voraus bring' hervor die Brücke,
Hinter uns laß Wasser wallen!
Brücke für den Vorwärtsschreiter,
80 Für den Träger goldner Ladung;
Wasser hinten für die Feinde,
Hülfsgesellen des Gehörnten!"

Als die Maid gesprochen hatte,
Kamen rasch durch Macht der Ruthe
Zur Gewährung auch die Wünsche.
Das Gefilde ward zum Meere,
Wo sich Wog' auf Woge wälzte,
Stark vom scharfen Wind geschau-
kelt.
Doch auf festem Brückenboden
90 Trat der Recke trocknen Fußes
Ueber das Gewog' der Wellen;
Vor ihm breitet sich die Brücke,
Hinter ihm die Fluthen flossen,
Die den Schaum hoch aufwärts
spritzten,
Hemmend den Verfolgerhaufen,
Der wie Hühner auf der Stange,
Sah vom Ufer her das Unheil,
Wie der Habicht in den Fängen
Fort das junge Vöglein führte.
100 Halt dem Habicht zu gebieten,
Lahm die Flügel ihm zu legen,
Wußten keinen Rath die Wichte.

Des Gehörnten Hülfsgesellen
Sahn das seltsame Ereigniß,
Fragten sich einander staunend,
Woher Meerflut auf den Matten,
Wellen auf den Fluren flossen?

Fragte nun der alte Nichtsnutz:
„Sohn des Kalew, goldner Bruder,
110 Nahmst wohl unsres Hauses Hühner,
Birkhennen aus unsrer Stube,
Pflegetöchter aus der Kammer?"

Kalew's Sohn begriff und sagte,
Spöttisch seine Worte setzend:
„Muß wohl sein, mein werther
Bruder,
Daß ich nahm des Hauses Hühnchen,
Birkhennen aus eurer Stube,
Pflegetöchter aus der Kammer;
Nahm die Mädchen mit in's Freie,
120 Krallenhälse auf den Brautpfad,
Auf den Weg der schmucken Werber!"

Wieder frug der alte Nichtsnutz,
Näher forschend nach dem Falle:
„Sohn des Kalew, goldner Bruder,
Wardst wohl Meister meines
Schwagers,
Mit ihm ringend auf dem Rasen,
Stießest ihn wie einen Stecken
Tief hinunter in den Kiesgrund?"

Kalew's Sohn begriff und sagte
130 Spöttisch seine Worte setzend:
„Ward ja wohl des Schwagers
Meister,
Mit ihm ringend auf dem Rasen,
Stieß ihn dann wie einen Stecken,
Daß er haften blieb im Kiesgrund,
Und wenn er nicht brach die Knochen,
Ist es wirklich meine Schuld nicht!"

Nochmals frug der alte Nichtsnutz,
Näher forschend nach dem Falle:

„Sohn des Kalew, goldner Bruder,
140 Mußteſt wohl die alte Mutter —
Kuchen buk ſie in der Küche —
Drin einſperren, nicht zum Spaße,
Wie ein Mäuslein in der Falle,
Daß ſie kau're auf dem Kaſten?"

Kalew's Sohn begriff und ſagte,
Spöttiſch ſeine Worte ſetzend:

„Hab' ja wohl, mein werther Bruder,
Eingeſperrt die alte Mutter,
— Kuchen buk ſie in der Küche —
150 Wie ein Mäuslein in der Falle,
Wo ſie auf dem Kaſten kauernd
Schlaf ſucht heulend im Verſchluſſe,
Wo, wenn nicht ein Floh ſie weckte,
Sie wohl auch noch jetzo ſchlummert."

Frug nun noch der alte Nichts=
nutz,
Wollte weitere Auskunft haben:
„Sohn des Kalew, goldner Bruder,
Nahmſt du denn das Schwert vom
Wandpflock,
Heimlich weg die werthe Waffe,
160 Raubteſt des Gehörnten Eiſen?"

Kalew's Sohn begriff und ſagte,
Spöttiſch ſeine Worte ſetzend:
„Hab' ja wohl, mein holder Bruder,
Von dem Nagel 's Schwert ge=
nommen,
Von der Wand die werthe Waffe,
Raubte des Gehörnten Eiſen.
Nicht am Nagel darf das Schlacht=
ſchwert,
An der Wand die Waff' nicht
hängen!
Für den Mann das Schwert ge=
macht iſt,

170 Nichts der Mann gilt ohne Waffe,
Nichts auch ohne Mann die Waffe!"

Nochmals frug der alte Nichts=
nutz,
Näher forſchend nach dem Falle:
„Sohn des Kalew, goldner Bruder,
Nahmſt du meines Schwagers
Hütchen,
Stahleſt du ſein Wünſchelkäpplein
Von der Wand an ſeinem Bette?"

Kalew's Sohn begriff und ſagte,
Spöttiſch ſeine Worte ſetzend:

180 „Muß wohl ſein, mein werther
Bruder,
Daß ich deines Schwagers Hut
nahm,
Jene Wünſchelkapp' entwandte
Von der Wand an ſeinem Bette.
Dieſer Hut wird nie bedecken
Eines Höllenſohnes Haupt mehr,
Denn den Filz verzehrte Feuer,
Wünſchelhütlein ward zur Kohle,
Und zerſtob zu Staub und Aſche."

Weiter frug der alte Nichtsnutz,
190 Näher forſchend nach dem Falle:
„Sohn des Kalew, goldner Bruder,
Gingſt wohl in die goldne Kammer,
Weg den reichen Schatz zu raffen,
Dich der Thaler zu bemächt'gen,
Kleine Münze auch zu klemmen,
Altes Kupfer keck zu ſtehlen?"

Kalew's Sohn begriff und ſagte
Seine Worte ſpöttiſch ſetzend:
„Mag wohl ſein, mein ſüßer Bruder,
200 Daß ich ging zur goldnen Kammer,
Um den reichen Schatz zu ſchauen,
Tüchtig Thaler eingeſäckelt,
Auch wohl rothes Gold gerafft hab';

Münze mocht' ich nicht berühren,
Unversehrt blieb kleines Silber,
Hab' auch Kupfer nicht genommen.
Nahm nur ganze Säcke Silber,
Ein Paar Tonnen voller Thaler.
Lud so eine kleine Ladung,
210 Für zehn Pferde wohl ein Fuder,
Eine Last für zwanzig Ochsen;
Nahm vom alten Schatz, was Noth that,
Scheffel sechs des schönen Goldes."

Nochmals frug der alte Nichts=
nutz,
Näher forschend nach dem Falle:
„Sohn des Kalew, süßer Bruder,
Nahmst wohl auch die Zauberruthe,
Stahlst ihm weg den Brückenbauer?"

Kalew's Sohn erwidernd sagte,
220 Spöttisch seine Worte setzend:
„Sicher hat, mein braver Bruder,
Diese wohl der Mädchen eines,
Wohl ein Buchsbeeraug' gestohlen;
Stärke stiehlet keine Ruthe,
Kraft verschmäht ein Reis zu mausen".

Nun noch frug der alte Nichtsnutz,
Näher forschend nach dem Falle:
„Sohn des Kalew, goldner Bruder,
That'st den Täubchen wohl auch Böses,
230 Schlimmes meinen schlanken Kleinen,
Hast wohl Schaden hier gestiftet,
Sünd'ges sie erleben lassen?"

Kalew's Sohn begriff und sagte,
Spöttisch seine Worte setzend:
„Werde wohl, mein bester Bruder,
Dir ein andermal vermelden,
Was den Täubchen in der Kammer,
Was im Spiel den lieben Kleinen

Nachts ich Glückliches bescheret,
240 Heimlich ihnen hab' erwiesen."

Schließlich frug der alte Nichts=
nutz,
Sich die Sache klar zu stellen:
„Sohn des Kalew, goldner Bruder,
Willst du einmal wiederkommen,
Um die Fehde auszufechten?"

Kalew's Sohn begriff und sagte,
Spöttisch seine Worte setzend:
„Wer kann wissen, werther Bruder,
Welchen Gang die Dinge gehen,
250 Von woher die Winde wehen?
Komm' zu kurz ich an Kopeken,
Könnt' ein andermal ich kommen,
Um den goldnen Raum zu räumen,
Thalertonnen auszuleeren,
Zweifellos die alten Zwiste
Durch die neue Schuld zu schlichten."

Stürmte fort der alte Nichtsnutz
Samt den siebzig Hülfsgesellen,
Voller Hast nach Hause rennend,
260 Als ob Feuer in der Ficke,
Bremsen ihn von hinten brennten.

—

Wenn ich jetzo eigenwillig
Von dem Pfad der jungen Schönen
Ab des Helden Schritte lenke
Hin zum Boden andrer Höfe,
Auf die Raine andrer Felder,
Auf die Lichtung andrer Triften,
Muß ich um Vergebung bitten;
Ein Stück des Berichts verwehte,
270 Und ein andres fiel in's Wasser.

Scheidend ließ die liebe Sonne
Roth der Bäume Wipfel schimmern,
Lieh auch goldne Farben ihnen,

Eh' sie in dem Schoß der Dämm-
       rung
Ihres Lichtes Fackel löschte.

  Kalew's kerniger Erzeugter
Hatte heute viele Sorgen,
Viele böse Aergernisse
Schon verschied'ne mal erfahren,
280 So daß seine Last den Rücken
Schwerer drückte, als gewöhnlich,
Seiner Schultern Sehnen preßte.
Warf drum, als es dunkel wurde,
Nieder seine Bretterbürde,
Hügelan die Säcke lehnend,
Setzte selbst sich auf den Rasen,
Um ein wenig auszuruhen,
Nahm dann zu sich Trank und Speise,
Um den müden Leib zu laben.
290 Mit Bereitung seines Lagers
Mag der müde Mann nicht fackeln,
Streckte stracks sich auf den Rasen,
Unter'm Kopf ein Stein als Kissen;
Wollte mal ein wenig ruhen,
Seines Rückens Sehnen recken,
Sucht' sein Haupt das sorgenschwere,
Zu befrei'n im frischen Thaue.

  Botschaft die ihm heut geworden,
Meldete gar schlimme Mären.
300 Alew's Sohn bezeugte selber
Das, was wirklich war geschehen,
Daß der Held im Hexenbanne,
Fest durch Zaubermacht gefesselt,
Sieben Wochen lang gelegen,
Einem festen Schlaf verfallen.

Schwerer Krieg derweilen hatte,
Feindeswagens wilde Blutgier
Ueber Wierland großes Wehe,
Ueber Allentaken Trübsal,
310 Mordgemetzel weit verbreitet.
Sechsfach war die böse Botschaft,
Siebenfach die Kummerkunde,
Die des Kalewsohnes Seele
Schwer belasten auf dem Lager.
Schließen konnte nicht der Schlaf
Lange unsres Helden Lider,
Sie mit seinem Schleier decken.
Endlich nahm die nächt'ge Kühle
Stärkend Naß des frischen Thaues
320 Fort im Schlaf des Mannes
       Grübeln*).

———

  Als er seinen Leib erlabend
Bis zur Helle hat gerastet,
Krähete der Hahn des Schöpfers,
Gackerte des Hauses Henne,
Weckten auf den müden Wandrer.

  Aus des Schlafes Banden schlüp-
       fend
Nahm der hehre Held erst Speise,
Kraft dem Leibe zu verleihen;
Legte dann zurecht die Ladung,
430 Schichtete den Bretterhaufen,
Warf darüber seine Schätze,
Weitgeschleppte Säcke Goldes,
Ferner dann die Thalertaschen,
Hob das Fuder auf den Nacken,
Schob den Glücksfang auf die
       Schultern,

———

*) Anm. des Uebersetzers. In den folgenden Versen 321—420 wird ein Abenteuer er-
zählt, das seinen Ursprung einer eigenthümlichen Gesteinesconfiguration beim Raudoja=Kruge
an der Piepschen Straße verdankt, die von der Volksphantasie in grotesker, cynischer Weise
gedeutet wird. Der frühere Uebersetzer glaubte deshalb manche besonders anstößige Stellen
lateinisch wiedergeben zu sollen; da aber hierdurch dem Uebelstande doch nicht eigentlich ab-
geholfen ist, so ziehen wir vor, das Ganze wegzulassen, das weder zur Charakteristik des
Helden beiträgt, noch überhaupt für das Ganze der Dichtung irgend ein wichtiges Moment liefert.

Fünfzehnter Gesang.

Und begann jetzt heimzugehen,
Langen Schrittes auszuschreiten.

War doch nicht mehr weit sein Haus schon,
Hinter'm Wald nicht mehr sein Hofraum,
440 Nicht versteckt sein Nest dem Vogel.
Gruß schon wehte ihm der Wind zu,
Glückwunsch ihm die linden Lüfte.
Aus dem Hain des öden Hofes,
Wo der Wirth nicht war zu Hause.
Mochte wohl bereits ein Fremder
Spähend an der Pforte warten.
Siebenmeilenschritte schwanden
Fort ihm unter schneller Ferse,
Zuckten unter seiner Zehe.
450 Fürderhin erfuhr der Wandrer
Säumniß mehr von keiner Seite
Noch auch Hemmung seiner Schritte

Als er an des Hofes Hecke
Durch des Angers Eingangspforte
Wohlbehalten an sein Haus kam:
Wer dort wehrte seinem Schreiten,
Setzte seinem Gange Schranken,
Brachte Zögerung dem Braven?
Ein von weit gekommner Wandrer
460 Trat dem Helden hier entgegen.
Seinen Hut zum Gruße hebend
Ließ er seine Rede rudern,
Flugs die Worte also fließen:
„Wo wohl, Kalew's kühner Sprößling,
Kauftest du die Bretterladung,
Sprich, an welchem Platz die Planken?
Wo doch wuchsen ihre Stämme,
Ragten ihre reichen Kronen?
Thürme könnt' man draus errichten,
470 Burgen auch daraus erbauen,

Zufluchtsplätze daraus zimmern,
Sichre Stätten in der Kriegsnoth."

Kalew's Sohn begriff und sagte,
Klug erwidernd auf die Fragen:
„Wo die Bäume einstmals wuchsen,
Ihre Sprößlinge sich dehnten,
Ihre Keime sich erschlossen,
Ihre Samen niedersanken,
Da entstand ein hoch Gehölze,
480 Sproß alsdann ein dichter Forst bald,
Wuchs ein schöner Wald von Fichten,
Hob sich hoch ein starker Eichwald,
Mancher Orten keimten Kiefern.
Nieder hieb das Beil die Bäume,
Fällt' die Axt die festen Eichen,
Legte Kiefern lärmend nieder,
Tilgte schier den Forst der Fichten;
Säge dann, bewegt vom Wasser,
Spaltete das Holz in Bretter,
490 Kleinerte die dicken Klötze;
Nun, da nahm ich meine Bretter,
Trug nach Haus' ein hübsches Fuder.
Thürme thut man nicht draus zimmern,
Thürme baut aus starkem Stahl man;
Nie auch nimmt man sie zu Schanzen,
Schanzen stellt man her aus Steinen."

Wieder nahm das Wort der Fremde:
„Sei so gut mein goldner Bruder,
Laß mir leihweis' ab die Bretter,
500 Wenn du sie nicht willst verkaufen,
Nicht den Preis dafür willst nennen.
Ich im Städtebau ein Meister,
Fester Orte Fertigsteller,
Starker Thürme auch Ersteller,
Bin gar weit umher gewandert,
Habe lang die Welt durchstreifet,

Drang durch Königreiche dreie,
Wie durch vierer Jungfrau'n Felder
Und durch fünfer Fremder Fluren.
510 Komm' erst jetzt vom Taaraberge,
Her von langen Festgelagen,
Wo des Kalew kühner Spößling
Sehnsüchtig erwartet wurde."

Als sie weiter Worte tauschten,
Sittig ihre Reden setzend,
Wurden die gewiegten Männer
Bald bekannt und gut befreundet.
Kalew's kühner Sohn vernahm jetzt,
Daß durch Gunst des guten Glückes,
520 Unter gnäd'ger Götter Lenkung,
Der berühmte Städtebauer,
Fertigsteller fester Orte,
Starker Thürme auch Ersteller,
Olew's Sohn, der Bauverständ'ge,
Ihn zu grüßen sei gekommen,
Als des Bruders Gast zu weilen.

Als die Männer sich befreundet,
Schlossen ab sie einen Handel,
Ihn auf's sicherste besiegelnd,
530 Daß nicht später bräch' ein Streit aus,
Noch ein Zwist die Freund' entzweie.
Olew's Sohn, der Bauverständ'ge,
Hatte feierlich gelobet,
Eine schöne Stadt zu schaffen,
Sie zum festen Platz zu fördern,
Daß als Zufluchtsort sie diene.
Kalew's Sohn soll Steine stellen,
Soll die nöth'gen Bretter bringen,
Sowie auch die besten Balken,
540 Auch die stärksten Eichenstämme,
Nebst den kernigsten der Kiefern,
Und den höchsten festen Fichten,
Für die Stadt vom Wald her führen;
Außerdem den Lohn entrichten,
Thalersummen, Sold der Arbeit,
Gold dem Meister selber geben,
Pfenn'ge für die mindre Mache,
Sonst noch silberne Kopeken.

Olew sich das Glück zu sichern,
550 Fastet nun drei volle Tage,
Ohn' ein Sprechen nur von Speise,
Opferte am Ukusteine,
Thät vor Tagesanbruch beten,
Abends spät der günst'gen Geister
Hülfe für sein Werk erwirken;
Darauf aus gespalt'nen Spänen
Macht' er Häufchen mancher Orten,
Gab Beginnens Weihegaben
Für die Götter, die da führen,
560 Für die weisen Himmelswohner,
Daß sie durch Ameisensippe
Zeigen möchten klares Zeichen,
Wo die Häuser wohl zum Wohnen,
Wo dann für das Vieh die Ställe
Man am richtigsten errichte,
Man am besten auferbaue.

Olew's Sohn der Bauverständ'ge,
Nach der Späne Weisung spähend,
Nahm die Stadt nun stark in Angriff,
570 Zog des festen Platzes Grenzen,
Rammte Balken in den Boden,
Stellte rings empor die Steine,
Maß die Winkel mit der Schnur ab,
Stellte fest sodann die Stützen,
Ließ die Säulen lothrecht steigen.

Merkt euch, merkt euch junge Männer,
Wisset es, ihr klugen Weiber,
Und erwäget's, wackre Buben,
Was für Mauern dort erstanden,
580 Was für Wände fertig wurden
In des Wierlands Fichtenschatten,
Zwischen Wiekschen Erlenhainen,

Unter Harriens Espenwäldern!
Eine schöne Stadt erstand da,
Ward ein starker Platz erstellet.
Grub man große Steingewölbe,
Zufluchtsort für zage Greise;
Schmucke Häuser sich erhoben,
Nebst erles'nen Lagerräumen,
590 Alles wurde wohl geordnet,
Mit Geschick und Kunst verschönert;
Aexte hieben herzhaft fünfe,
Sägen sägten immer hundert,
Tausend Beile thäten glätten.

Trug vertragsgemäß der Recke
Die zur Stadt bestimmten Bretter
Weiten Wegs vom Peipusstrande;
Trug zusammen seltnes Nutzholz,
Tausende von tücht'gen Klötzen
600 Her aus Taara's Erlenhainen,
Führte Steine her von ferne,
Felsentrümmer von dem Strande,
Kieselsteine von dem Felde,
Brach auch Fliesen aus den Brüchen.

Lassen wir nun die Genossen
An der Stadt, der stolzen, schaffen,
Daß sie sei ein sicherer Schutzort,
Wo der König einen Wohnsitz,
Die Betagten Herberg' haben,
610 Wo der Kalewsohn gewaltig
Ueber groß Gebiet geböte,
Weise darin walten möge,
Lauten Lärm des Krieges dämpfen,
Alle Zwietracht niederzwingen;
Volksglück bleibend blühen lassen,
Wohlstand stetig wachsen lassen.

Dreh'n wir des Gesanges Spindel,
Daß Gespinnst des goldnen Garnes
Und der drallen Silberdrähte
620 Sich in andrer Richtung regen!

Auf nun zu der Mädchen Auen,
Zu der Lockenköpfe Lauben,
Zu erspäh'n das Spiel der Dinge,
Was geheim geschieht, zu schauen!

Die dem Höllenheim entführten
Minniglichen Maide dreie
Hatte Kalew's Sohn der Sorgfalt
Anvertraut des Alewsohnes,
Seines Herzensfreundes Hütung,
630 Da er jetzt die Kummerkunde
Von dem langen Schlaf vernommen,
Dessen Zauber Zeit ihm raubte.
So nun sprach der Sohn des Kalew:
„Halte, lieber Herzensbruder,
Treu in deiner Hut die Hühnchen!
Setz' aufs Nest die saubern Enten,
Laß sie Menschensöhne locken:
Wird doch wohl ein Freier kommen,
Vor Tag euer Haus noch finden.
640 Wierlands Bursche werden werben,
Harriens Söhne bald sie suchen,
Wiek'sche Bursche Liebe bieten!"

Alew's werthgehaltner Sprößling
Konnt' als Hahn im Korbe küren,
Freite fröhlich gleich die dritte,
Wählt' zum Weibe sich die jüngste,
Schimmernd wie die Erbsenschote,
Duftend wie die Bohnenblüthe.
Sulew's Sohn, zur Sippe zählend,
650 Nahm das älteste der Mädchen
Sich zu seinem Abendglücke.
Blos die mittlere der Schwestern,
Holder Flüchtling aus der Hölle,
Ward noch liebend nicht umworben,
Mußte ledig Leid empfinden.

Wenn die Schwestern dann mit=
sammen,
Jegliche ein Wunderwesen,
Alle drei lustwandeln gingen,

In den Eichenhain gelangten,
660 In das Haselwäldchen kamen,
Fragte eine frei die andre,
Forschte Weibchen von dem Weib=
chen:
"Wie ist, Liebchen, denn dein Leben,
In des Liebesarms Umfangen?"
Auf die Frage ward erwidert:
"Herrlich, Schwester, ist mein Leben,
Schön im Arme des Geliebten!
Legst du krank dich Abends nieder,
Stehst gesund du auf am Morgen,
670 Unter's Bette kroch die Krankheit,
Sprang das Uebel in die Spreue,
Herrlich, Schwester, ist mein Leben,
Golden ist im Bett der Schlummer,
Golden Ruhen auf den Kissen
Golden Atzung in den Schüsseln,
Golden ist der Trunk im Becher,
Golden auch mein Gehn im Zimmer!"

Gab sodann die andre Schwester
Zeugniß ab mit diesen Worten:
680 "Herrlich, Schwester, ist mein Leben,
Schön in meines Liebsten Armen!
Seiden bringt man mich zu Bette,
Seiden steig' ich aus dem Bette,
Seiden ist des Bett's Bereitung,
Seiden ist der Kissen Lage!
Herrlich, Schwester, ist mein Leben,
Schön ist was mir nur geschiehet:
Golden werde ich gerufen,
Silberchen werd' ich benamset!
690 Sicher könnt' ich mehr noch singen,
Vieles ist mir schon entfallen,
Viel verlor ich von der Zunge.
Manche Weis' entwich dem Kopfe,
Manche Fertigkeit den Fingern."

Thränen drangen nur der dritten
In die Augen, daß sie stumm blieb.
Weinend schritt die wehbedrängte

Aus dem Forst, den Schwestern
folgend.
Wer nur kommt, um ihren Kummer,
700 Ihre Schwermuth zu beschwichtgen?

Lebte grad' in Allentaken
Weitbekannt ein Windeszaub'rer,
Dem das Volk in hellen Haufen
Zulief, seinen Rath zu suchen.
Dieser meinte nun des Mädchens
Kummerthränen bald zu trocknen.

Dieser Hexenmeister hatte
Sich ein stattlich Haus erstellet
Mitten in dem breiten Flachland.
710 Eichen war der Saal des Weisen,
Seine Ecken Nordlands=Felsen,
Recht nach Hexenloth gerichtet,
Und mit finn'schem Salz gefeiet.
Rußgeschwärzte Hexenschnüre
Machten winkelrecht die Ecken,
Machten grad' die Giebelenden,
Bogen auch der Wände Balken,
So daß Alles fest sich fügte.
Kiefernholz gab Bodenklötze,
720 Fichtenholz gab feste Stützen,
Eberesch' der Thüre Pfosten,
Wieksche Erle Schwellenbretter,
Wegdorn gab die Schwellenklötze,
Linde gab die graden Latten,
Ahorn Darr= und Badebretter,
Faulbaum gab die Zimmerdecke,
Haselstrauch gab alle Sparren,
Daches Stangen der Wachholder,
Maserbirke Daches Latten,
730 Apfelbaum die Rauchfangsstangen,
Feines Holz die Strebestangen
Heckenkirsch' die Hühnerstiege,
Rüster dann die Richtebalken.
Dann die Diele war von Urlehm,
Der mit Reisig gegen Neidblick

Gut gemengt war und geknetet
Und vom Winde fein geformet.

    Murm'ler kamen aus dem Norden,
Hexen aus dem Wiekschen Walde,
740 Zaubrer aus der Windesinsel,
Ferner Salzbläser aus Finland.

    Unser windekund'ger Zaub'rer,
Da er weite Wege machte,
Spähend rings umher und spürend,
Sah er auch die Wundermaide,
Die wie Hühner auf der Stange
Auf des Helden Bretterfuder,
Auf der goldnen Ladung saßen,
Lustig helle Lieder singend.
750 Dann im Dunkeln immer lauernd,
Listig und verborgen lugend,
Sah er, wie die selt'nen Mädchen
Anvertraut dem Alew wurden,
Daß er hüte sie und hege;
Sah die minniglichen Maide,
Wunderkinder wahrlich alle,
Scherzend auf den schönen Fluren
Sich im Sonnenscheine laben,
Jauchzend in der Jugend Jubel;
760 Sah die minniglichen Maide,
Wunderkinder wahrlich alle,
Abendlich noch auf dem Anger
Ihre leichten Füße lupfen,
Oder schäkernd auf der Schaukel
Glücklich hell Gekreisch erheben;
Sah die minniglichen Maide
Auch im Mondenschein mitsammen
In des Schlafes Arme schlüpfen,
Süß auf seidnen Betten schlummern;
770 Sah die minniglichen Maide,
Wunderkinder wahrlich alle,
In dem frischen Thau des Frühroths
Ihre rothen Wangen waschen,
Ihre Seidenhaare sänftlich
Mit dem goldnen Kamme kämmen;

Hatte nicht den Muth zu nahen,
Nicht das Herz sie zu umhalsen.
Doch er suchte schlimmen Sinnes
Sich der Mädchen zu bemächt'gen,
780 Spähte heimlich ihrer Spur nach,
Tag' und Nächte nimmer rastend.

    Als nun bei zwei Mädchen Freier,
Brave Männer sich gemeldet,
Da saß einst im Abenddämmer
Wittwengleich die werthe Schöne,
Saß da schweigend auf der Schwelle,
Schaute, wie im Mondenscheine
Leid das Erlgehölz umhüllte,
Weh das Birkenwäldchen deckte!
790 Blickte auf die welken Blätter,
Welche gold'ne Flitter woben,
Womit sich die Sommersonne
Von dem Hauch des Herbstes trennte.

    Als die beiden goldnen Schwestern
Heim mit ihren Gatten gingen,
Jedes Goldchen Gold am Arme,
Jedes Liebchen mit dem Liebsten:
Hatte nicht die dritte güldne
Goldnen Gatten, sie zu schirmen,
800 Liebsten nicht, sie zu erlaben.
Wohin sollte denn das Hühnchen,
Einsam Entchen an der Fähre,
Seinen Kopf am Abend kehren?
Zu dem Steine, zu dem Stamme,
Zu des Felsens kalt Umfahen,
Zu den Fliesen; zu der Kiefer,
In den Schoß der schlanken Erle,
An den Hals der holden Birke,
In den Arm der grauen Espe,
810 Unter des Wachholders Decke,
Unter eines Wolfes Wedel?
Wem ihr lastend Leiden klagen,
Wem den schweren Kummer künden,
Wem ihr Zürnen denn erzählen,
Wem die Trübsal anvertrauen?

Dachte da der Windeszaub'rer:
Mir erschien des Glückes Stunde,
Liebe wird zu Theil mir werden!
Stürzte aus dem Waldverstecke
820 Wie ein Habicht auf das Hühnchen,
Riß und raffte fort das Mädchen,
Packte sie mit Habichtskrallen,
Stopfte fest den Mund der Feinen,
Daß die Arme auch nicht schreien,
Hülfe nimmer heischen konnte.

Hastig floh der Zaub'rer heim-
  wärts,
Wollte dort die Beute bergen,
Hinter's Schloß das Mädchen
  sperren,
Suchte aber dort die Saubre
830 Durch sein Honigwort zu kirren,
Sie durch Schmeicheln zu versöhnen,
Liebe flehend zu verlocken.

Als geschwind die starken Schwä-
  her
Aus der jungen Frauen Jammern,
Durch der dunkeln Augen Thränen
Inne wurden des Geschehn'nen,
Wie das Huhn durch Habichtskrallen
Fortgeführt auf fremde Feldmark,
Gänschen an ganz and're Quellen,
840 Entlein an ganz and're Fähre,
Schwänlein an ganz and're Wasser:
Schickten sie alsbald das Freundchen,
Den behenden Hackenbuben,
Fort, des Mädchens Spur zu finden.

Durch der Vogelstimmen Führung
Hatte schon am dritten Abend
Er des Mädchens Spur erspähet;
Hastete sofort nach Hause,
Es den Freunden froh zu künden.

850 Sulew's Sohn zog aus zum
  Streite,
Alew's Sohn auf Kampfespfade,

Beide auf des Todes Bahnen,
Um die Freundin zu befreien,
Huhn dem Habicht zu entreißen,
Diebesklau'n es abzuringen.

Bei dem Dräuen der Bedrängniß
Ließ der windekund'ge Zaubrer
Durch der Zauberformeln Vollkraft
Einen breiten See erbauen,
860 Fern zu halten seine Feinde.

Das Gewahren dieses Wunders
Schuf Verdruß den dringlich Nah'n-
  den:
Nirgends war ein Boot zu finden,
Noch ein Kahn auch zu bekommen,
Ueber's Wasser weg zu gleiten.

Alew's Sohn, der werthe Sippe,
Der zum Glück von Hause hatte
Hergebracht die Hexengerte,
Als Begleit'rin auf dem Kriegspfad,
870 Ließ sie unverweilt sich wiegen,
Selber solchen Wunsch verlauten:
„Eine Brücke, die uns brauchbar,
Vor die Füße eine Brücke!"
Gleich zum Glück erstand die Brücke,
Maß an Länge eine Meile.

Stürmten jetzt die starken Männer
Ueber selbe Brück' selbander
In des Hexenmeisters Hof hin;
Brachen tobend ein die Thüren,
880 Pfeiler schier zu Splittern spleißend,
Tödteten den Windesweisen,
Lösten aus der Haft das Holdchen,
Setzten im Gesind des Zaub'rers
Dann auf's Dach den rothen Hahn.

Dieses Haus, ein Aschenhaufen,
Wies nun weiter keine Spuren
Als die feuerfesten Mauern.
Wen zufällig seine Wege

Sommerabends hierher führen,
890 Der vernimmt gewiß das Wimmern,
Hört die herben Klagetöne,
Womit noch der Windezaubrer
Solche heillose Verheerung,
Den Verlust des lieben Hauses
Leiderfüllt den Lüften klaget.

Olew's Sohn, der Bauver-
ständ'ge,
Hatte hinterher die dritte
Sich ersehn zum Hauseshühnchen,
Welche ja die starken Schwäher
900 Aus des Räuber's Klau'n gerissen.

Waren so die werthen Maide,
Die der Hölle Haft entronnen,
Durch die Gunst des guten Glückes,
Wie nach Wunsche der Verwandten
Starken Männern angetrauet;
Hatten Söhn' aus ihrem Schooße,
Ein berühmt Geschlecht geboren,
Ueber die der Vorzeit Sagen
Hundert Heimlichkeiten melden,
910 Tausend Dinge dann berichten.

Sechzehnter Gesang.

Kalew's kühner Heldensprößling,
Denkend bei sich Hochgedanken,
Faßte nun die feste Absicht,
Sich der Weisheit Pfad zu bahnen,
Bis zum End' der Welt zu wandern,
Bis zum Scheidpunkt Nords zu
schiffen,
Wohin nimmer noch man vordrang,
Nie zuvor ein Weg geführet,
Wo jedoch des Himmels Wölbung
10 Fest gefügt ward an die Erde.

Und er ließ ein Lied erschallen,
Ließ die Worte rüstig rudern:
„Wenn ich auf mein Roß mich werfe,
Meinen Grauen vom heim'schen Hofe
Auf verborg'ne Bahnen bringe,
Weg der Weisheit zu betreten,
Laß' ihn streifen durch flache Strecken,
Durch das dichteste Gestrüppe,
Breche bald auch durchs Gebirge,
20 Setze über schlimme Schluchten,
Schreitete sicher über Sumpfmoos,
Dann auch über dürre Wiesen,
Drittens über Haideboden,
Viertens über sand'ge Hügel —
Würd' ich wohl das Ziel erreichen,
Seeen sollten mich nicht hemmen,
Wenn den Mann das Meer nicht
abhält."

„Höre Adler, theurer Vogel!
Förd're mich auf flotten Flügeln,
30 Daß ich über's Wasser walle,
Ueber Meeresflächen fliege,
Bis ich recht den Rand der Erde

Mit den Händen mag betasten,
Mit dem Finger mag befühlen,
Wo das hohe Dach des Himmels
Mit der Trauf' am Erdrand münbet,
Wo die blauen Seidenwände
Fest stehn auf dem Fundamente,
Wo der Mond- und Sonnenträger,
40 Wo sodann der Wolkenhalter
Seine Ferse festgestemmt hat,
Seine Zehen eingesenkt hat."

Als er dann die dunkeln Pfade
Zu betreten sich getraute,
Tollen Kopfs sich dort zu tummeln,
Wo noch nie gegangen worden,
Weg und Steg noch nicht gesteckt war,
Hob ein kluger kleiner Vogel,
Rabe an mit rauh Gekrächze:
50 „Wo du blaue Flut erblickest,
Weitgedehnte Wellenfläche,
Schau' ob Binsen an den Buchten,
Ob auch Kalmus keimt am Wasser;
Stampfe dort den rechten Fuß nur,
An den Fels die starke Ferse:
Dann wird dir der Erde Mund schon,
Werden wohlbewachte Thore
Kenntlich, deutlich es verkünden,
Wo du dringst zum Erdenende."

60 Kalem's kühner Sohn erwidert:
„Bin ich denn nicht besten Glückes
Früherhin an hundert Male
Durch den Peipus ohne Zagen,
Durch den Wirtsjärw ohne Wanken,
Durch den Kaju sonder Bangen,
Durch die Westsee ohne Weichen
Mit der Bretterlast gezogen?
Kenn' ich denn nicht ihre Bahnen,
Weiß wie lang die Grenzen laufen,
70 Wie breit sich die Wogen wälzen,
Kenn' auch die verborg'nen Tiefen,
Ahtisohnes Wassergruben?

„Peipus stieg mir bis zur Hüfte,
Wirtsjärw ging mir bis zum Gürtel,
Mustjärw schwoll mir bis zum Magen,
Kajujärw hoch bis zum Halse,
Westsee kam mir bis zum Kinne,
Und das große Meer zum Munde.
Bloß der Ilmjärw blieb alleine
80 Unberührt in seiner Mitte,
Unberechnet seine Gruben,
Ungemessen seine Tiefe,
Unerschlossen seine Schlünde."

Wälzend wuchtige Gedanken,
Hegend ein geheimes Sehnen,
Ließ des Kalew kühner Sprößling
Solche Sangesworte fliegen:
„Wenn ich keck mir Wege wähle,
Mächtig meine Schritte fördre,
90 Rastlos rege meine Zehen,
Dann würd' ich gen Finland fahren,
Bootes Spitze nach dem Norden,
Folgen stets des Wagens Führung,
Fände wohl das Land der Felsen,
Fänd' in Finland mir Verwandte,
Nebst Bekannten auch in Turja,
Auf den Inseln alte Freunde,
Die den rechten Weg mir riethen,
Auf die sichre Spur mich sendend."

100 Darauf sagt' er so zum Olew:
„O, mein lieber Bruder Olew,
Städtebauer, starker Denker,
Nimm das Beil in beide Hände,
Fäll' sofort der Grenze Eiche,
Leg' die mächt'ge Eiche nieder,
Brich die Wipfel aus den Wolken,
Stürz' den Stamm von seinem Stumpfe,
Nimm zu Nutzholz dann die Eiche,
Die dort hart an unserm Hofe
110 Auf des hohen Ufers Grunde

Einst der Vater hat gepflanzet,
Einst die Mutter hat gepfleget:
Die nun dort am Meeresufer,
Ueber weiten Sandesflächen
Ihre hohen Wipfel wieget,
Ihre breiten Aeste strecket,
Daß der Sonnenschein nicht durch=
  bringt,
Daß des Mondes Glanz nicht
  durchbringt,
Sterngefunkel nicht mehr durch=
  bringt,
120 Aus Gewölk kein Tropfen durch=
  bringt.

„Bring' sie nieder, goldner
  Bruder,
Stürze sie, die stolze Eiche,
Laß die Sonne wieder leuchten,
Laß den Mond sein Licht uns spenden,
Aus Gewölk die Tropfen triefen,
So wie Schnee sich reichlich senken.

„Baue aus dem Stamm der Eiche
Mir die stärksten, schönsten Schiffe,
Zum Gang auf verborg'nen Bahnen,
130 Zur Erforschung weiser Wege;
Aus dem Wipfel Kriegesschiffe,
Aus der Mitte Handelsschiffe,
Aus den Scheiten Sklavenschiffe,
Aus den Spänen Kinderschiffe,
Aus den Kanten Jungfraunschiffe.

„Was dann nachbleibt, laß nur
  liegen,
Nicht vergeude diese Reste:
Reichen zu 'ner Stadt in Jerwen,
Abfall reicht noch hin für Riga,
140 Späne zu 'ner Stadt im Wiek'schen,
Zu 'nem Schutzort dann in Wierland,
Zu 'nem Zufluchtsort in Harrien,
Zu 'nem Schirmdach Oberpahlens.

„Was dann nachbleibt, laß nur
  liegen,
Laß die Reste unvergeudet,
Laß die Späne unverloren,
Laß den Abfall ungesammelt:
Friedenshaus wird draus entstehen,
Wohnsitz für die Waisenkinder,
150 Wehklagstätte für die Wittwen,
Trauerkammer für Betrübte;
Schutz für Regen schafft sich Wier=
  land,
Windes=Schirmdach dem Gesinde.

„Was noch nachbleibt, laß nur
  liegen,
Laß die Reste unvergeudet,
Laß die Späne unverloren,
Laß den Abfall ungesammelt:
Daß draus Armen Schutz geschafft
  wird,
Wittwen eine Trauerstätte;
160 Denen Wind bereitet Räume,
Wasser wälzte her die Balken,
Hagel hat das Dach gedecket,
Nebel baute neue Thüren,
Schnee bewarf mit Weiß die Wände.

„Was dann noch bleibt, laß nur
  liegen,
Laß die Reiser unverloren,
Nepp'ge Zweige ungezwacket:
Zweige geben Sklavenkammern,
Reiser Armen Freudenkammern,
170 Auch wohl Lustplätze für Jungfrau'n,
Und für Kinder Jubelkammern."

Olew, der's verstand, versetzte,
Ließ im Lied sich schicklich hören:
„Wüßte wirklich, was ich thäte,
Wüßt' es, thät es, theurer Bruder,
Lebt' ein Mann in unserm Lande,
Ein durch Kraft und Kunst bekannter,
Fähig diesen Baum zu fällen."

Auf der Fichte hört's der Rabe,
180 Klärung giebt der kluge Vogel:
„Macht euch auf, den Mann zu
  suchen,
Diesen Tücht'gen zu ertappen,
Fern den Mächt'gen aufzufinden,
Der den Baum zu fällen fähig,
Umzuwerfen den gewalt'gen,
Wipfel aus den Wolken brechend.

**Brachte man aus Turja Männer,
Formel-Weise her aus Suomi.**

Weisung gaben dann die Weisen,
190 Die der Formeln Mächt'gen lehrten:
„Werther Sohn des wackern Kalew,
Starker Recken rüst'ger Zögling!
Wenn zu wandern du gewillt bist,
Aufzusuchen der Welt Ende,
Wo Altvaters Hände haben
Himmels Ränder recht geknüpfet,
Fest gefüget an die Erde,
Sattsam breit herabgesenket:
Nimm den Weg nach Nordens
  Grenzen,
200 Kehre dich gen Nordens Nagel,
Hin zu alten Wagens Helle.

Falls du diesem Pfade folgest,
Dich zu nahn des Nordens Grenzen,
Wird kein hölzern Boot dir halten,
Noch ein Schiff geschafft aus Eich-
  holz.
Denn die Gier der Nordlichtgeister,
Die hier funkeln im Gefechte,
Würde bald das Boot verbrennen,
Und das Schiff auflodern lassen;
210 Hier thut noth ein Schiff von Eisen,
Braucht's ein Boot aus Blech ge-
  bogen,
Aus dem besten Stahl gebauet,
Ganz aus Kupfererz gegossen."

Kalew's kern'ger Heldensprößling
Ließ ein schönes Schiff erbauen,
Ließ ein stolzes Fahrzeug fert'gen,
Das aus Holz nicht war gehauen,
Nicht aus Beinwerk war gebauet,
Gar aus Kupfer nicht gegossen,
220 Noch aus starkem Stahl gefertigt.

Kalew's Sohn, der kühne Recke,
Ließ ein Fahrzeug fertig stellen,
Eine Bark' aus Silber bauen,
Aus dem besten Silberbleche.
Schiffverdeck ist schimmernd Silber,
So die Dielen sämmtlich Silber,
Silbern sind des Schiffes Masten,
Silbern sind des Schiffes Taue,
Nun ward es benamset Lennok,
230 Daß im Flug die Fluth es theile.

Drauf befahl er, für sich selber
Einen goldnen Rock zu rüsten,
Sorgte, daß der Schiffsbesatzung
Kleidung würd' aus starken Stoffen,
Silberblech für Vorgesetzte,
Eisenblech für bloßes Dienstvolk,
Feines Kupfer für die Aelt'sten,
Werthvoll Stahlblech für die Weisen,
Auf daß, nah dem Weltenende,
240 An des nord'schen Nagels Grenzen,
Nicht Gefecht der Nordlichtgeister,
Nicht der Feuersöhne Sausen
Sich dem Eisen sengend nahen,
Noch das Schutzkleid könne schäd-
  gen.

Als drauf der Befehl erfolgt war,
Dieses schöne Schiff zu laden,
Mundvorrath für alle Männer,
Vollen Sold für's Volk zu bringen,
Ließ dann auch des Kalew Kern-
  sproß

250 Botschaft senden seinen Freunden,
Seinen biedern Bundesbrüdern,
Ließ es wissen alle Weisen,
Mitberuf'ne zu der Meerfahrt,
Hochgehalten als Gehülfen.

Sangen drauf die Wetterweisen,
Wetterweise, Länderkund'ge,
Jauchzend ihr Geschick bejubelnd,
Als zur Meerfahrt Mitberuf'ne
Und als hochgehalt'ne Helfer.
260 Aber die nicht mit Beruf'nen
Ließen Klagelieder hören:

„Wir, die Gold'nen lauschten
    lange,
Wir, die Armen lugten lange,
Ob wir wohl berufen würden?
Uns're Schaar ward nicht beschieden,
Nicht gemahnet mitzugehen.
Sulew ward Befehl gesendet,
Liebesruf erreicht den Alew,
Fersenbube ward befehligt
270 Mitzumachen diese Reise."

Kalew's kühner Heldenspößling
Ließ die Schiffahrtkund'gen kommen,
Ferner kriegeskund'ge Fähnlein,
Dann noch Männer, die nicht dienten,
Der Gesinde schlanke Söhne.

Weise wurden noch begehret,
Formelkund'ge aufgefordert,
Windesweise auch geworben,
Mana-Weise mitgebeten:
280 Um am Ufustein zu opfern,
Glück der Reise zu bereiten.

Als das Schiff vor Morgen-
    schimmer,
Vor Tag noch das feine Fahrzeug,
Lennok vor der lichten Helle

Auf die Wasserbahn gewälzt ward,
Flott zu fliegen auf den Wogen —
Wurden hoch geschwenkt die Hüte,
Ließ man fröhlich Lieder schallen:
„Von dem Haupt den Hut ich
    schwenke,
290 Schauk'le unterwärts den Schiffskiel,
Fahr' auf einem Pfad voll Furchen,
Treib' auf fremden Wasserwogen:
Nicht erstellt aus Beerenstenglein,
Nicht aus Silbergarn gewoben,
Noch gedreht aus goldnem Garne."

Auf den Wogen ward gerichtet
Schiffes Vordertheil nach Suomi,
Ward gelenkt in Nordens Linie
Weiter stets zum alten Wagen.

300 Kalew's kühner Heldenspößling
Setzte selber sich als Höchster
Zu dem Stand des Steuermannes,
Hieß die Freunde rüstig rudern,
Hieß die Bursche sorglich segeln,
Die Gesellen Seile ordnen,
Stramm die Kabelstricke halten.

Als das Schiff nun leicht und
    lustig
Flog, sich auf den Wogen wiegend,
Da erging des Kalew Spößling
310 Sich in solchen Jubelsängen:
„Von dem Haupt den Hut ich hebe
Vor dem hohen Sonnenherrscher,
Der die Flitter auf die Fluthen
Ganz wie goldne Saaten streute,
Daß, wenn's Schiff die Wogen
    spaltet,
Gleich ein goldner Rain sich rege,
Eine Silberfurche schäume.
Von dem Haupt den Hut ich hebe,
Neigend mich dem milden Monde,
320 Grüßend auch die stillen Sterne,

Die da Kraft uns wachsen lassen,
Und den rechten Weg uns weisen.

„Lasset denn ein Lied uns singen,
Alte Worte wieder wählen,
Laßt der Flüsse Lauf uns folgen,
Spielend durch die Meere gleiten,
Lasset Felsgestein uns pflügen,
Großer Inseln Grund durchfurchen,
Auch des Meeres Rand aufräumen,
330 Untergrund des Ufers sammeln,
Wo das Gold gesäet wurde,
Wo das Silber ward gepflanzet,
Taara's Weisheit ward versenket.

„Einmal, einmal trat das Weltall
Trat das Weltall licht ins Leben!
Klug ward einst gemacht der Himmel,
Ausgetüpfelt mit Gestirnen,
Und durchwirket mit Gewölke."

Drauf noch sang er lange Lieder
340 Von dem Urbeginn des Ganzen:
Wie dem Mond sein Heim gewoben,
Wie der Sonn' ihr Nest gemacht ward.

Schon war auf der Wellen Schaukel
Lennok Tage lang gesegelt,
Tags der Sonne Führung folgend,
Nachts gelenkt durch's Licht der Sterne.
Nordwärts fährt dahin das Fahrzeug,
Rückt dem Rand der Welt stets näher;
Der sprachweise Schiffsgenosse
350 Lenkt vom Steuer her die Laufbahn;
War ja kundig aller Worte,
Aller Silben, so sich fügten,
Er verstand die Vogelstimmen,
Er verstand der Thiere Stimmen
Gar zweckdienlich auszudeuten.

Auf Befehl der Finnenzaub'rer
Tobten jetzo starke Stürme,
Schäumten wild im Zorn die Wogen,
Wolkendunkel deckt den Himmel,
360 Deckt die Sonne selbst mit Nebel,
Hüllet ein des Himmels Sterne,
Deckt mit dichtem Nebel Alles,
Mit thaufarbiger Gewandung,
Daß der Steuermann nicht wußte,
Noch der Schiffsherr, wie das Schiff ging.

Fragt alsdann der Sprachendeuter
Bei den Vögeln, die er findet
Fliegend auf der Fluth beim Schiffe.

Als Bescheid ihm war geworden,
370 Ließ er solches Lied erklingen:
„Junge Freunde, liebe Brüder,
Werthe Söhne der Gewalt'gen,
Laßt uns gehn die Fremde schauen,
Heimliches in Suomi ackern,
Laßt uns lesen auf den Feldern,
Rasch vom Haidekraut uns rupfen,
Aus dem Meeresgrunde kehren,
Aus der Wogen Tiefe wühlen,
Aus dem Steingerölle raffen,
380 Aus den festen Felsen brechen:
Was sie Heimliches wohl hegen,
Köstlicheres kund uns machen.

„Weinend wankt der Schmuck der Felder,
Klagen haucht das Haidekraut aus,
Felsenriffe rufen Wehe,
Meereshöhlen seufzen herbe,
Das Gewog' der Wellen jammert:

Sechzehnter Gesang.

Wie sie früher Freud'ges hörten,
Vorzeitworte wohl verstanden."

390 Hob das Schiff sich, scharf geschaukelt,
Hob sich bald empor zur Höhe,
Drohte bald im Bord zu sinken,
Unters Wasser sich zu wälzen!
So daß Steuermann nicht wußte,
Noch der Schiffsherr, wie das Schiff lief.

Sonne sank im Dämmergange
Um zu ruhn im Schoß des Abends,
Nächtlich Dunkel deckte ringsum
Schon das Schiff des Kalewsohnes.

400 Sieben Nächt' und sieben Tage
Schwankte ungeschwächt das Fahrzeug,
Wild umsaust vom starken Sturme,
Wie 'ne Wildgans auf den Wellen;
Dann erst fanden Suomi's Zaub'rer
Sich zu müde, mehr zu blasen.

Gleich die Sonne konnte glänzen,
Und die weite Welt beleuchten;
Endlich stieg ein steiles Ufer
Mählig auf aus flieh'nden Fluthen,
410 Hob sich höher stets und höher;
Spricht alsdann der Sprachenkund'ge:
„Fremd ist mir das Land, ihr Lieben."

Kalew's kühner Heldenspößling
Sprang, als man dem Ufer nahte,
Aus dem Schiffe in die Schaumfluth,
Schnell durchschnitt er Wog' auf Woge,
Eilig nach dem Strande strebend;
Zog sodann die Schiffsgenossen
Samt dem Schiff am Seil ans Ufer.

420 Das war doch nicht Suomi's Küste,
Nicht bekannter Strand von Turja,
Noch ein Ort zuvor befahren?
Spricht der Sprachenkund'ge fragend:
Wie denn hier das Ufer heiße?

Lärmten drauf die lieben Vöglein,
Schwätzten munter auch die Schwälblein,
Krächzt' 'ne alte Krähe Antwort:
„Das ist Lapplands magres Ufer,
Ist der dürre Strand der Dürftgen."

430 Lennok wird gelenkt zur Einfahrt,
In die Bucht das Boot von Silber,
Ward befestigt an den Felsen,
Ward an Pfählen eingepflöcket,
Daß es nicht, vom Fleck sich rührend,
Wieder in das Wasser gleite.

Kalew's köstlicher Erzeugter
Kürt des Sprachenkund'gen Führung,
Freunde soll'n sich zugesellen,
Frisch das Fremdland zu erforschen.

440 Somit gingen sie selbviert
Ein Stück Weges, weite Strecken,
Bald durch Haideboden schleifend,
Bald durch Wiesenhügel holpernd;
Ueber weite Flächen wandernd,
Schritten sie durch moos'ge Moore,
Hoben dann ins Haidekraut sich,
Durch verwüstet Waldgelände:
Ob nicht irgendwo dem Blicke
Ein Gehöft sich doch erhebe.

450 Was bewegt sich dorten näher,
Hebt sich höher vor dem Blicke?

Hob ein Einzelhof sich sichtbar,
Stieg empor aus dem Verstecke.

Vor der Thüre saß ein Mägdlein,
Auf der Rasenbank ein Holdchen,
Spinnend auf dem Spindelrade
Feine Leinenfäden emsig;
Ihre Finger drehn die Spindel,
Doch der Mund, der wählet Worte,
460 Läßt mit Lust ein Lied ertönen:

„War einmal ein junges Weibchen,
Melkte Morgens früh die Kühe,
Melkte sie im Erlenhaine,
Seiht die Milch dann in der Kammer.
Drauf geht sie die Heerde hüten,
Führt sie fort ins Birkenwäldchen,
Führt zum Erlenforst die Kühe,
Birgt die Kälber im Gebüsche.
Was nun fand sie auf dem Wege?
470 Fand ein Hühnchen auf dem Wege,
Auch ein Hähnchen auf dem Anger.
Schöne Seide scharrt die Henne,
Gold'ne Franzen häufelt's Hähnchen.
Weibchen hat das Huhn gefangen,
Will des Hähnchens habhaft werden;
Das flog über Waldes Wipfel,
Ueber weite flache Fluren,
Hühnchen blieb in Weibchens Händen,
Ward im Schoße weggetragen.

480 Das im Hemdschoß heimgetragne,
An der Brust gebrachte Küchlein
Kam in die Getreidekammer,
An des Speicherkastens Kante,
Daß zum Pfleghuhn es gedeihe,
Unterm Scheffel Wachsthum schöpfe.

So verhüllt nun wuchs das Hühnchen,
Kam das Küchlein still zur Reife.

Wuchs 'nen Monat, wuchs zwei Monde,
Drauf ein Viertel noch des dritten,
490 Eine Woch' im vierten weiter,
Zwei mal zwei der Tage drüber.
Weibchen geht zum Speicher spähen,
Was wohl aus dem Pfleghuhn werde,
Aus dem Küchlein still entkeime?

Hob sich aus dem Huhn 'ne Jungfrau,
Kam 'ne königliche Tochter.

Freier schauten nach der Schönen,
Viele Werber nach der Feinen,
Brachten Branntwein fünf- und sechsmal,
500 Botschaft siebenhundertfältig;
Erst der Mond, sodann die Sonne,
Drittens kam —"
— — „des Kalew Sprößling
Freier mit den langen Lenden!"
Also sprach des Kalew Sprößling,
Urgeschwind die Schwell' betretend.
Schreckbemeistert floh das Mädchen,
Rief in heller Angst um Hülfe.

Auf das Schrei'n eilt her der Vater,
Um zu schauen das Gescheh'ne,
510 Was den Nothruf wohl erzeugte?

Kalews köstlicher Erzeuger,
Als den Vater er begrüßet,
Ihn erkannt als Lapplands Weisen,
Bat alsbald um rechte Auskunft:
„Künde doch, du fremder Kuckuck,
Singe, singe, liebes Vöglein,
Gieb mir Auskunft, goldner Bruder!
Wo treff' ich den Weg, der sicher
Zu der Erde Ende führet?

520 Auf daß nimmer Nebelbahnen,
Sei's mit Silbergarn gewoben,
Sei's mit goldnem Garn geflochten,
Uns zuvor noch irre führen,
Und die Hast der Schritte hemmen.
Weise mich zu jenen Strecken,
Wo des Himmels hohe Wölbung
Ruhet auf dem Rand der Feste,
Wo die blauen Seidenwände
Sich zur Fläche niedersenken,
530 Wo des Mondes Licht erlöschet,
Und die Sonne sinkt zur Rüste,
Wenn sie die gebot'nen Bahnen
Nachts und Tags vollendet haben.
Rief zu Haus mir zu ein Rabe,
Schnarrte mit dem klugen Schnabel:
„„Wo du blaue Fluth erblickest,
Weitgedehnte Wellenfläche,
Schau, ob Binsen an den Buchten,
Ob auch Kalmus keimt am Strande;
540 Stampfe dort den rechten Fuß nur,
An den Fels die starke Ferse,
Dann wird dir der Erde Mund schon,
Werden wohlbewahrte Thore
Kenntlich, deutlich es verkünden,
Wo du dringst zum Erdenrande.““
Dahin wolle denn mich förbern,
Bald an jenes Binsenufer."

Doch der Weise drauf erwidert:
„Hier beginnen keine Gänge,
550 Bieten sich nicht Wanderbahnen,
Um zum Weltenrand zu wallen;
Denn das Meer ist unermeßlich,
Weit unendlich sind die Wogen,
Wo Altvater hat in Weisheit
Hingesenkt das Dach des Himmels,
Bis die Trauf' am Boden haftet,
Hat die blauen Seidenwände
Hingefället auf den Feldraum.
Die, so sonst so weit gesegelt,
560 Thöricht Thun nicht unterlassend,

Fanden auf der Funkeninsel
Tod für ihr verweg'nes Wagen.
Deines Heimathsraben Reden
Weisen auf den Weg zur Hölle,
Auf die Burg des alten Burschen.
Wenn jedoch den Weg zur Heimath
Werther Freund, du machen möchtest,
Will ich, weil es mir ergetzlich,
Gern als Führer mit dir fahren."

570 Kalew's kühner Sohn erwidert:
„Heim gelang ich ohne Leitung,
Auf mir wohlbekanntem Wege.
Gönne, Bruder, nur die Gunst mir,
Führe mich auf fremde Felder,
Weit zur Thür des Weltenrandes,
Zu Altvaters ferner Pforte."

Frug sodann der Lapplands=
Weise:
„Was wird mir als Lohn gelobet,
Für der Führung Müh' verheißen?"

580 Kalew's kühner Sohn erwidert:
„Was du wünschest, werther Bruder,
Und zum Preis begehrest, Goldner,
Soll als Lohn verliehn dir werden,
Für der Führung Müh' gezollet.
Sage dreist zehn Säcke Goldes,
Auch 'ne gute Menge Silber:
Bringe mich nur, lieber Bruder,
Weit zur Thür des Weltenrandes,
Zu Altvaters ferner Pforte.
590 Denn der Meerestiefen Maße
Und der Höllengrenzen Umfang
Kann ich wie am Schnürchen künden,
Doch des Weltall's letzte Wände
Hab' ich nicht erforscht bis heute,
Nicht befühlt mit meinen Fingern."

Lappland's Weiser sprach noch
weiter:
„Füge noch, sei so gefällig,

Zu dem angelobten Lohne
Was daheim in Kettenhaft dir
600 An der Mauer festgemacht ist."

 Kalew's köstlicher Erzeugter
Säumte garnicht zuzusagen
Dem Gevatter, was befestigt
Sollte sein durch ehr'ne Ketten,
Gerne in den Kauf zu gönnen.

 Lapplands Weiser hub ein Lied an,
Warrak gab also Erwiderung:
„Was du wünschest, mag geschehen,
Deinem Willen werd' Erfüllung;
610 Keinem Andern komme Schuld draus,
Vorwurf bleibe fern dem Fremden,
Wenn du unerwartet Böses,
Mißgeschick und manche Nöthe
Solltest auf der Fahrt erfahren;
Schuld bleibt dessen der's gewollt hat,
Der den Rath erhielt, ist haftbar."

 Bald an Bord nahm man den Lappen,
Stellte Warrak man an's Steuer,
Daß den Lauf des Schiffs er lenke.

620 Auf der Wellen Wiege schaukelnd,
Fliegend mit des Windes Flügeln,
Riß das Schiff des Kalewrecken
Schäum'ge Furchen in das Wasser,
Viele Nächt' und viele Tage,
Stets den Lauf gen Norden nehmend.
Jetzt — vom Wellenstoß bewältigt,
Schoß das Schiff in einen Strudel:
Ruder konnten's nicht mehr retten,
Segel auch das schöne Schiff nicht
630 Aus dem Wasserrachen reißen;
Zu verschlingen droht der Schlund schon
Das Getrag'ne samt dem Träger.

 Lapplands Weiser nahm ein Tönnchen,
Griff sofort nach einem Fäßchen,
Hüllte rings mit rothem Tuche
Ein des Fäßchens Außenseite,
Wand sodann noch rothe Bänder
Reifenartig um das Fäßchen,
Das er dann an dichten Strängen
640 Listig ließ vom Schiffsbord hängen:
Daß ein Fisch, den Köder sehend,
Hastig käme ihn zu haschen.

 Wirklich schwamm heran ein Walfisch,
Rothen Köder wegzukapern,
Schluckte rasch das rothe Fäßchen,
Machte sich mit Macht von dannen,
Zog das Fahrzeug aus dem Strudel,
Rettet's aus dem Höllenrachen,
Aus der unterird'schen Pforte,
650 Aus der alten Feindschaft Thoren,
Wo schon vormals viele sanken,
Manche langer Noth erlagen.

 Auf der Wellen Wiege schaukelnd,
Fliegend mit des Windes Flügeln
Riß das Schiff des Kalewrecken
Schäum'ge Furchen in das Wasser,
Viele Nächt' und viele Tage,
Stets den Lauf gen Norden nehmend.

 Kalew's kerniger Erzeugter
660 Ließ nun rasche Worte rudern,
Seinen Sang also vernehmen:
„Rath in Winkel wirft der Mann nicht,
Noch Gedanken auf die Darre;
Wenn uns Unheil will bedräuen,
Sollen's Sangesworte sühnen
Weise Worte es bezähmen".

———

Sechzehnter Gesang.

War das Schiff im Wellentanze
In gewalt'ger Flutbewegung
Lange schon dahin geschossen,
670 Nach des Nordens Grenze strebend,
Als sich von der Feuerinsel
Feuersäulen hoch erhoben,
Wolken Rauches weithin wogten.

Kalew's Sohn begehrt nun sehn-
lich,
Zu beschau'n die Funkeninsel;
Warrak aber ist dawider,
Wehret ihm den Weg des Schreckens.

Sulew's Sohn läßt sich ver-
nehmen;
„Lasset ganz allein mich gehen,
680 Mich den Feuerpfad beschreiten,
Mich den Weg des Rauches wandeln,
Ob von denen, die dort waren,
Viele auch der Schwächern schwan-
den,
Rathlos ins Verderben rannten."

Ward das Schiff nun aus den
Wogen
Nach der Küste hin gekehret,
Wo ein Berg spie Feuerfackeln,
Rauch und Qualm entquoll dem
andern,
Siedend Wasser sott der dritte,
690 Und geschmolzenes Gesteine
Thäten sie zu Thale fördern.

Sulew nach dem Rauch sich
richtend
Trat, den Feuerzeichen folgend,
Näher hin zum Höllenherde,
Um allda die Wunderdinge
Sich im Stillen zu besehen.

Stücke von den glüh'nden Steinen
Regneten im Rauche nieder,
Ringsum wehte Aschenregen
700 Auf die weite Schneetrift nieder,
Reichlich auf die wüsten Wege.

Rasselnd an den Rock von Eisen
Drohten jetzt die glüh'nden Steine
Sulew's Sohn den Tod zu bringen.
Doch die Fährlichkeit nicht fürchtend,
Schritt der Sohn gewalt'ger Ahnen
Näher hin zum Höllenherde,
Bis der Rock zur Gluth geröthet,
Selbst den Leib zu sengen drohte,
710 Denn es schrumpften schon die
Wimpern,
Und es brannten Haar und Brauen.

Sulew's Sohn stieß aus die
Worte:
„Hol' der Teufel diesen Hitzberg,
Der zu Nutzen Niemand kommet!
Könnt' daheim als Riegenheizer,
Leibeswärmer dürft'ger Leute,
Möchte mancher Orten nützen,
Wo ein Faden für's Gehöft wohl
Aus Erbarmen wird gewähret.
720 Bess'res weiß ich wahrlich jetzt nicht,
Als die Pfeif' in Brand zu bringen."

Somit hemmt er seine Schritte,
Wendet um vom Feuerwege
Mühsam nur erreicht das Schiff er,
Herben Seitenschmerz zu heilen,
Die von Brand bewirkten Wunden.

Drauf sich Kalew's Sohn erkun-
digt:
„Sahst du nicht den Fersenbuben,
Der dir auf dem Fuße folgte?"

730 Sulew's Sohn verneint die Frage;
Alle Mann aus einem Munde
Riefen jetzt den biedern Buben.

Sieh' ein saubrer weißer Vogel
Ließ sich nieder auf dem Lennok.
Kunde heischt der Sprachenkenner,
Ob wohl den vermißten Knappen
Der Gefiederte erblicket?
Weißer Vogel drauf erwidert:
„Jenseits jener Eisgebirge,
740 Hinter schneebedeckten Flächen,
Ist ein Frühlingsland gelegen,
Eine stete Sonnenstätte;
In der Erde kocht man Eier,
Selber Fleisch wird gar im Sande:
Dorthin kam verirrt der Knabe,
Hergelockt vom Laut der Nixen,
Eine Zauberzeit der Freude
Unabläfsig zu verleben.
Macht euch auf den Weg, ihr
        Weisen,
750 Fern bleibt euch der Fersenbube."

   Jetzt gelangten in ein Land sie,
Wo die Hähne Gold verzehrten,
Gold die Hähne, Blech die Hühner,
Gänse saubres Silber fraßen,
Altes Kupfer dann die Krähen,
Brütevögel Pfennigstücke,
Kluge Vögel Thalerstücke,
Wo die Pflanzen üppig schossen,
Kohl zu Fichtenhöhe aufwuchs.

760 Kalew's kerniger Erzeugter
Trieb nun an den Troß der Knechte,
Gab Befehl den Untergebnen,
Zu besehn die fremde Gegend;
Hieß den Sprachenkund'gen mitgehn,
Dunkle Worte auszudeuten,
Vogelweisheit klar zu machen.
Selber streckt er sich aufs Schiff hin,
Um mit Sulew's Sohn zu schlum=
        mern,
Schön im Sonnenschein zu ruhen,

770 Gab dem Alewsohn die Weisung,
Wechselweis der Wacht zu walten.

   Also ging der Sprachenkund'ge
Mit den Knechten immer fürbaß,
Ein Stück Wegs, noch eine Strecke;
Vogelsang ward nicht vernommen,
War auch sonst kein Thier zu sehen.

   Schon gen Westen sank die Sonne,
Barg sich bald im Wellenbette.
Die vom Gange müden Männer
780 Streckten rasch sich auf den Rücken
Unterm Schatten eines Busches.

   Bei des nächsten Tages Anbruch
Weckte vor der Morgenröthe
Eines Riesen junge Tochter
Schleunig die in Schlaf Versunk'nen.
War gekommen, für die Kühe
Aus dem Garten, wo der Kohl stand,
Kohlkopfblätter wegzubrechen.
Nahm die Riesenmaid die Männer,
790 Schob die Knaben in die Schürze,
Trug im Schoß sie hin nach Hause.

   Fragt daheim sofort der Vater:
„Was hast du gebracht nur, Tochter,
Was vom Kohle aufgelesen?"

   Drauf die Maid, die Schürze
        schüttelnd,
Streut die Männer auf den Estrich:
„Gieb mir Auskunft, guter Vater!
Was ich hier, des Spaßes halber,
Aufgegabelt aus dem Garten,
800 Wo die sechs gesellten Flöhe,
Von dem kühlen Thau erstarret,
Unter einem Kohlkopf schliefen."

   Drauf der Vater klug erforschte
Die Gesell'n durch sinn'ge Räthsel:

„Wer ist's, der am Halme hingeht,
Ziehet hin am Rand des Zaunes,
Kreiset an des Schilfrohrs Grenze?"

Antwort gab der Sprachen-
kund'ge:
„Bienchen ist's, das feine Vöglein;
810 Dieses gehet hin am Halme,
Ziehet hin am Rand des Zaunes,
Kreiset an des Schilfrohr's Grenze."

Weiter forscht der kluge Vater
Jene aus durch Räthselfragen:
„Was schlürft dorten aus dem Flusse,
Was versucht des Dorfes Brunnen,
In der Felsensplitter Mitte?"

Antwort gab der Sprachen-
kund'ge:
„Regenbogen schlürft vom Flusse,
820 Und versucht des Dorfes Brunnen
In der Felsensplitter Mitte."

Weiter forschte Hiigla's Weiser:
„Rathet, rathet, kleine Männer,
Was kommt rauschend aus der
Wiese,
Brausend her aus blauem Haine?"

Antwort gab der Sprachen-
kund'ge:
„Regen rauschet aus der Wiese,
Brauset her vom blauen Haine?"

Dran erkannte Hiigla's Weiser
830 Mit Verstand begabte Menschen.
„Thu' sie, Tochter, in die Schürze,
Bring sie wieder ohne Weilen
Dahin, wo sie sich befanden;
Weibessöhne sind's vom Obland,
Welche gehn auf Weisheitswegen,
Um Belehrung zu erlangen."

Den Befehl erfüllt die Tochter,
Trug die Fremden alle sechse
Dahin, wo sie sie gefunden.

840 Wohlbedacht der Sprachendeuter
Bat die Jungfrau jetzt um Solches:
„Bring o Maid uns, mag dir's
Spiel sein,
Trag' uns an die Meeresküste."

Wie gebeten, that die Tochter,
Trug die Männer an das Meer hin.
Wie 'ne dunkle Wolkensäule
An der Himmelswölbung hangend,
Fuhr sie her mit Donnertosen
Feuer von dem Himmel schleudernd,
850 Kam die mächt'ge Maid geschritten,
Wie im Flug dem Schiffe nahend,
Mit Gerassel rasch ans Ufer;
Schüttelt aus dem Schurz die
Männer
Auf den Bord des Silberschiffes.
Des gewalt'gen Athems Wehen
Blies das Schiff weit in die Wellen,
Eine Meile in die Meerfluth.
Dieser wundervolle Vorgang
Machte Alle starr vor Staunen;
860 Kalew's kerniger Erzeugter
Spottete der Wolkenjungfrau:
„Vielen Dank dir, feines Mägdlein,
Für die nicht erbet'ne Waschung:
Traun ich werde selbst mich trocknen,
Tropfen von den Wangen wischen."

Kalew's Sprößling gab Befehl
nun,
Aufzusetzen alle Segel,
Wollte unverzüglich weiter
Immer nur nach Norden steuern,
870 Trotz der strengen Winterkälte,
Da schon Eis die Richtbahn deckte.
Durch des Eises hohe Hügel

Schnitt der Lennok leicht und lustig,
Immer nur nach Norden segelnd.
Sieh' da nahn die Nordlichtgeister,
Die im Himmelsraume hadernd
Silberlanzen blitzen lassen,
Goldne Schilde schimmern machen,
Daß das Schiff vom Schein sich
    röthet.

880 Schon entsank der Muth den Män=
    nern,
Angstvoll bebten schon die Buben!
Aber Kalew's kühner Sprößling
Lachte laut beim Flammenspiele:
„Lasset nur die Nordlichtsfechter,
Laßt der Silberlanzen Blitzen
Und der goldnen Schilde Schimmern
Einen Feuerkreis uns schaffen,
Daß wir bei dem Glitzerglanze
Weiter unsern Weg gewahren!
890 Mit uns hat der Mond nicht wollen,
Längst versteckte sich die Sonne —
Uku's Gunst hat uns gegönnet,
Daß die Nordlichtgeister fechten."

    Endlich taucht ein fremder Strand
    auf,
Kommt ein unbekanntes Volk auch
Zu Gesichte unsern Freunden;
Bursche halb mit Hundeleibern,
Hinten lange Hundeschwänze,
Koboldartig im Gebahren,
900 Menschen ähnlich im Gesichte.

    Dieses Volk mit Hundeschwänzen
Ging mit wilder Wuth entgegen,
Führte Schläge auf die Männer,
Daß nicht einer an das Ufer
Aus dem Schiffe kommen konnte.

    Kalew's kerniger Erzeugter
Sprang vom Schiffe an das Ufer,
Zu zersprengen die Geschwänzten,
Zu zerschmettern diese Feinde;
910 Machte hin sie hundertweise,
Tödtete sie tausendweise.

    Fand zum Glücke gleich ein Pferd
    auch,
Einen Hengst von hoher Stärke,
Schwang sich auf des Braunen
    Rücken,
Um den Kriegspfad zu beschreiten,
Die Geschwänzten zu vernichten.

    Kam ein fremdes, kleines Männ=
    lein,
Band den Heerwurmstrick zusammen,
Kreuzweis vor des Gaules Gange.
920 Aufbäumt sich das wackre Streitroß,
Scheuend vor dem Heerwurmstricke,
Strauchelt alsobald und streckt sich,
Stürzt hin auf die weite Fläche,
Um im moos'gen Moor zu sterben.

    Kalew's Sprößling tief beküm=
    mert
Stöhnte ob dem guten Gaule,
Fluchte dem, der's Netz geflochten,
Und verwünschte den Umgarner.
Dann in tollem Grimme tobend
930 Riß am Stamm er aus dem Boden
Eine urgewalt'ge Eiche,
Womit er das Sumpfland aufwarf,
Und das trockne Land umlegte:
Daß des Nordlands Felder nimmer
Fröhlich Früchte bringen sollten,
Kein Getreide tragen sollten.

    Schalt ein Weiser jenes Landes,
Mahnte ab den mächt'gen Pflüger:
„Warum, Brüderchen, im Wuth=
    zorn
940 Pflügst du schädigend den Boden,
Wandelst unser Land in Wildniß,

Und verfluchest es zu Moosmoor,
Wo kein Weideland gedeihet,
Noch auch Kornland für die Kinder."

Kalew's kühner Sohn erwidert:
Heerwurmstrick das Roß mir raubte,
Tödtete den tücht'gen Renner,
Ehe ich den wahren Weg noch
Wunschgemäß durchschritten hatte."

950 Drauf erklärt der alte Weise:
„Wie doch willst du, goldner Bruder,
Wohl den wahren Weg vollenden,
Wenn mit schwerer Hand die Völker,
Die Berather von den Fluren
Tobend vor dir her vertilgest?"

Kalew's kühner Sohn bereute
Jetzt die wüthige Verwünschung,
Durch die er Gedeihen lähmte
Auf des fernen Nordlands Feldern,
960 Rief in reu'ger Angst zu Uku:
„Gieb den Fischen gut Gedeihen,
Fruchtbarkeit dem finn'schen Strömling,
Mächt'ge Mehrung auch dem Seehund,
Gieb Gefieder allen Vögeln;
Laß zum Strande von der Strömung
Haufen Holz getrieben werden,
Daß dem kommenden Geschlechte
Heil und Nutzen draus erwachse!"

Drauf der Weise gleich erwidert:
970 „Freund, da Glimpf und Glück du wünschest,
Will ich dir nun ohne Weilen
Guten Rath und Auskunft geben,
Wo den Weg du weiter findest."

Kalew's kühner Sohn versetzte:
„Kund that mir daheim ein Rabe,
Kluger Vogel mir erklärte:
„„Wo du blaue Fluth erblickest,
Weitgedehnte Wellenfläche,
Binsen findest in den Buchten,
980 Kalmus keimend an dem Strande,
Dort wird die verborg'ne Pforte
Dir das Weltenende weisen.""

Drauf versetzt der alte Weise:
„Jener Rabe, der dir Rath gab,
Hat nur Trüg'risches verkündet.
Wo du blaue Fluth erblickest,
Weitgedehnte Wellenfläche,
Binsen findest in den Buchten,
Kalmus keimend an dem Strande,
990 Triffst du die geheime Mündung
Und die wohlverwahrte Pforte,
Die dich in die Hölle hinlockt,
In des Todes Rachen reißet."

Kalew's köstlicher Erzeugter
Sehnte sich nun nach der Heimath;
Seinen Freunden Solches kündend
Ließ er drob ein Lied ertönen:
„Gehn wir, gehn wir, Luftgenossen,
Wandern wir, ihr goldnen Brüder!
1000 Gehn wir wieder südwärts weiter,
Eilen wir zur Heimath wieder,
Wo des Hauses Hund uns kennet,
Wo Bekannte uns begrüßen."

Warrak warf alsbald die Frag' auf,
„Brüderchen, wer für die Führung
Wird den Lohn mir wohl entrichten,
Wenn nach Hause du dich wendest?"

Kalew's kühner Sohn versetzte:
„Alles wird dir ungeweigert
1010 Ausgezahlt, was du bedungen,
Als den Handel wir geschlossen.
Du bist keinen Schritt gewichen,
Ich bin selbst zurückgetreten.

14

Stieg nunmehr die Schaar zu Schiffe,
Nach der Heimath hinzusegeln.

Auf der Wellen Wiege schaukelnd,
Fliegend auf des Windes Flügeln,
Riß das Schiff des Kalewrecken
Schäum'ge Furchen in das Wasser.
1020 Wierland wendet sich das Schiff zu,
Segelt lustig fort nach Süden.

Kalew's köstlicher Erzeugter
Ließ beredte Worte rudern:
„Größ're Weisheit kann nicht kommen,
Mehr Verstand nicht sein bei Männern,
Als Geschöpfen angeschaffen.
Wir verfolgten eitlen Windweg,
Unerforschet blieb der Weltrand,
Unerfaßbar unsern Fingern."

1030 „Lenkt den Lennok nun nach Lalli,
In die Bucht von Lindanisa,
Hin, wo Olew Häuser baute,
Hohe Thürme hat errichtet."

Drauf versetzt der Sprachenkund'ge:
„Wer in Zukunft zu beschreiten
Solche Bahnen nicht erbebet,
Aufzufinden der Welt Ende,
Der bereite klugen Rathes
Vor dem Aufbruch sein das Nöth'ge,
1040 Stelle Gaben auf den Stein hin
Für den Glückesspender Uku,
Weihe Speise auch den Wächtern,
Hole Opfer für die Hüter,
Sühnegaben für die Vögel."

Kalew's Sohn erwidert weislich,
Läßt ein Gegenlied ertönen:
„Klüger wird man wiederkehrend,
Als beim Weggang man gewesen.
Wild durchstürmt' ich wüste Wege,
1050 Nur die leere Luft durchlaufend,
Jagte jubelnd durch die Wogen,
Auf dem Wasserpfade wallend,
Wollte ja die Wand des Himmels
Recht berühren mit den Händen,
Nach dem Weltenende spähend,
Mit den Fingern es befühlen.

„Thuet nicht, ihr andern Männer,
Nicht, ihr andern Weibersöhne,
Was ich Nicht'ges unternommen,
1060 Nur die theure Zeit verzettelnd.
Hoffte Nutzen mir zu schaffen,
Mußte Schaden schier beklagen.
Fehlte mir des Vaters Segen,
Mangelte der Mutter Liebe
Und der Schwestern warmes Wünschen.

Konnte doch aus Grabeskühle,
Aus der Kieselschütte Schoße
Nicht erheben sich der Vater,
Noch die Mutter Liebe spenden.

1070 Reue kann uns, goldne Brüder,
Aus der Wanderung nicht erwachsen!
Höher schier als Silberschätze,
Köstlicher als Goldeslasten
Ist's, der Weisheit inne werden;
Fanden wir nicht auf der Fehlfahrt,
Auf der Täuschung Thorheitspfaden
Erst das zuverläß'ge Zeugniß,
Daß die Welt kein Ende habe,
Daß durch Taara's Weisheit nirgends

1080 Grenzen ihr gezogen seien,
Noch auch Stützen aufgestellet.

Was ich sonst im fremden Lande
Nützliches mir aufgepflüget,
Heimliches mir aufgeackert,
Daran auf die Lebensdauer
Wird der Mann zu denken haben.

„Wen der Schöpfer schuf zum
    Glücke,
Selber ihm im Busen bergend,
Daß an Geisteskraft er mächt'ger,
1090 Klüger, stärker an Verstande,
Kühner sei durch Körperkräfte,
Hoch vor andern sich zu heben —
Gehe der in fremde Gegend,
Um die weite Welt zu schauen,
Taara's Weisheit zu gewahren,
Und des Gottes Wunderwerke
Wachen Auges werth zu schätzen.
Nur die andern Nachgebornen,
Schwäch'rer Weiber Söhne sollen

1100 In des Hauses Umkreis wachsen,
Auf der eig'nen Aue blühen."

Lennok ward gelenkt nach Lalli,
In die Bucht von Lindanisa,
Hin wo Olew Häuser baute,
Hohe Thürme hat errichtet;
Ward das Boot geführt zur Fähre,
Ward das Schiff genaht dem Ufer.

Stiegen nun ans Land die
    Leute,
Gingen fort in ihre Gaue,
1110 Traten ein in ihr Gehöfte;
Sang ein Vogel aus dem Erlhain,
Goldner Kuckuck aus den Fichten:
„Glück erblüht im eianen Lande
Wahrer Vortheil wächst zu Hause,
Jeder Hofhund kennt daheim uns,
Der Bekannte kommt zu grüßen,
Der Verwandte, Glück zu wün-
    schen;
Freundlicher scheint uns die Sonne,
Leuchten uns des Himmels Sterne."

Siebzehnter Gesang.

Glänzend lag des Glückes Schim-
    mer
Golden auf den Gau'n der Esten,
Und des Friedens Wiege wiegte
Lieblich alle Landeskinder,
Haltend sie in Mutterhulden
Sieben Sommer sonder Trübung,
Sieben Winter ohne Wandlung.

Olew, städtegründungskundig,
Hatte Wälle aufgeworfen,
10 Hatte Gräben tief gegraben,
Thürm' errichtet in den Ecken,
Eine stolze Stadt erbauet
An dem Grabeshügel Kalem's,
Für des Vaters Gruft zur Zierde,
Denkmal für die milde Mutter.

Zahlreich sah man Züge ziehen,
Haufenweise Hausgesinde,
Schutz und Schirm im Orte suchen,
Wie die Hühner vor dem Habicht
20 Sich verkriechen im Verstecke
Vor dem Blick des blut'gen Todes,
Vor der Drohung bitt'rer Drangsal.
Kalew's hochgehaltner Sprößling,
Als die Schaaren er erschaute,
Rief: „die Stadt soll Lindanisa
Heißen zu der Mutter Minne:
Nährt doch keine Stätte Kinder
Besser als der Mutter Busen."

Alew's wackerer Erzeugter
30 Ließ erstehn ein andres Städtlein,
Gründen es in Harriens Grenzen,
In des Morasts Mitte bauen,
In des Waldes weiter Lichtung.
Sulew's Sohn, der Sippe eigen,
Legte an in Allentaken
Eine dritte starke Stätte,
Wehrplatz gegen Widersacher.

Friedens lange Freudentage,
Blüthenreiche Zeit des Glückes,
40 Dräueten des Kriegeswagens
Räder rasselnd zu zermalmen.

Zu dem Strand von Wierland strömten
Hunderte von harten Kriegern,
Tausende von Todesbringern,
Wolkenschwärme wilder Peiniger,
Weit her von dem Wind geleitet,
Von der wilden See gewälzet.

Eil'ger Botschaft Träger trafen
Ein im Lauf in Lindanisa,
50 Um dem König zu verkünden,
Drohend bringe schon der Krieg an,
Rasselnd mit den Eisenrädern:

„Komm, o Kämpe, kühn zu kämpfen,
Wirf, o Held, die wilden Feinde!"

Sprang der starke Sohn des Kalew
Ohne Säumen in den Sattel,
Stürmte fort mit Sturmesbrausen,
Hastig hin an Wierlands Grenze,
Krieges Lohe auszulöschen,
60 Wuth des Streites zu bewält'gen.
Mit sich nahm er Kampfgenossen,
Lauter tapfre Leibtrabanten,
Wählte fünfzig wohl aus Wierland,
Sechzig von der Kureninsel,
Siebenzig sodann aus Finland,
Hundert andre Inselmänner.

Stand des Kalewsohnes Kampfroß
Klirrend von dem Klang der Münzen,
Gellend von dem goldnen Schmucke;
70 Silbern glänzt am Haupt die Halfter,
Golden des Gebisses Stange,
Thalergürtel schwer am Schweife,
Perlenketten um den Körper.
Auf den Krieger deutet der Degen,
Auf den Starken der Stahl der Ferse,
Goldner Schild macht kund den König.

Wer den Sohn des hehren Helden
Auf dem Weg zum Krieg gewahrte,
Auf des Streites Straße ziehend,
80 Durfte kecklich dies bekennen:
„Dieser Jüngling pranget prächtig;
Dieser Mann ist hoch zu halten!
Sitzet auf dem Silberrosse
Kühnlich wie ein goldner König.
Haucht in's Meer den heißen Odem,
Setzt die Fluth in helle Flamme,
Und in lichte Loh die Schneetrift.
Windesflüttig ist ihm Wohnung,
Ruhgemach der Regenbogen,

Siebzehnter Gesang.

90 Wolkenberge sind ihm Balken,
Hagelberge seine Betten.
Selber sitzt er auf der Sonne,
Lehnt den Hals im Haff des Mondes,
Dehnt die Glieder über Sterne;
Haucht 'nen Hengst sich aus dem
    Winde,
Haut aus Thaugras ihm die Hufe,
Aus der Schattenblum' die Augen,
Und aus rundem Rohr die Ohren.
Wo er mit dem Roß sich rühret,
100 Rühren plötzlich sich auch Städte,
Wo er's in die Runde reitet,
Sieht man Hügel sich erheben,
Wo er's jäh sich bäumen lässet,
Thürmen jäh sich auf Gebirge,
Wachsen wald'ge Höhen aufwärts.
Auf der Finenbrücke fährt er,
Seinen Pfad mit Thalern pflasternd:
Harriens Fliesenboden bebet,
Wierlands Straß' erdröhnt vom
    Drange.
110 Sein Roß flammt wie flackernd
    Feuer,
Sein Hengst funkelt wie die Sterne.
Selber sitzt er wie die Sonne,
Reich geschmückt mit rothem Rocke,
Goldig glänzt sein hoher Helmhut,
Sonnig flattern drauf die Bänder;
Ihn umgürtet ein Silbergürtel,
Güldsporn funkelt an der Ferse.
Wo er wandelt, glänzt der Himmel,
Wo er schwer tritt, schwankt der
    Himmel.
120 Alle Sümpfe sieht man blauen,
Alle Triften treiben Blüthen,
Nachtigall flötet aus dem Flieder,
Kuckuck ruft aus fernen Kiefern,
Drossel singt am Saum des Waldes,
Lerche in dem Laub der Erlen.
Wierlands Mädchen standen stau-
    nend,

Blinzelnd blieben Jerwens Mädchen,
Aus der Wiek die Mädchen weinten,
Harriens holde Jungfraun seufzten:
130 „Wenn der Mann uns möchte
    minnen,
Wär' der Gute unser Gatte,
Wär' der Brave unser Bräut'gam,
Fasteten wir gern den Sommer,
Würden darben durch zwölf Monde,
Ohne Grütze sein den Winter.
Laben sollt' ihn Schweinelende,
Nähren sollt' ihn Eiernahrung,
Butterkuchen ihn erquicken,
Schlafen sollte er auf Kissen,
140 Sollt' auf seidnem Bette schlummern
Und auf sammt'nem Lager liegen."

Kalew's köstlicher Erzeugter
Fuhr daher auf Kriegesfährten,
Stapfen stampfend auf dem Rasen,
Hufesspuren auf Felsenhöhen.
Hätte Vernunft der heim'sche Boden,
Fehlte Felsen nicht die Zunge,
Könnten Steine uns verständ'gen,
Felsengrate grüßend reden:
150 Würden Zehente von Oertern,
Würden Tausende von Zeugen,
Sprüche sprühen, Kunde künden,
Kunde künden, Samen säen
Von des Kalewsohnes Fahrten,
Seinen krieggeweihten Wegen.

Schon auf Wierlands weiten
    Fluren
Sah gesammelt man die Krieger,
Bursche, die nach Blute dürsten.
Schwirren wie ein Schwarm von
    Bienen,
160 Wimmeln wie ein Ameishaufen,
Den der Sonne Licht beleuchtet.
Doch der Feind auf andern Wegen
Streifte weithin zu verwüsten,

In den Dörfern hart zu hausen,
Den Gesinden Qual zu schaffen,
Reiche Habe fortzuraffen
Und die Männer hinzumorden.

Sulew's Sohn stürmt an zum Streite,
Alew's Sohn fiel auf die Feinde,
170 Fiel dem Feinde in die Flanke,
Olew's Sohn packt ihn von vorne,
Kalew's Sohn, der starke Kämpe,
Saß im Sattel hoch zu Rosse,
Sprengte in das Schlachtgetümmel,
Wild in's dichteste Gewühle,
Ließ den guten Gaul hoch steigen,
Ließ den Braunen breite Sätze
Auf des Feindes Ferse machen,
Schwang sein Schwert, das im Gewühle
180 Mörd'risch aufzuspielen wußte:
Flammen sprühend flog das Eisen,
Tobend wie des Todes Sichel.
Auf und ab im Treffen treibend
Hieb die Häupter Kalew's Sprößling
Ab wie Blätter von den Erlen,
Wie das dürre Laub von Birken.
Er zerschmetterte die Glieder,
Schenkel flogen hundertweise,
Arme flogen Fuderweise,
190 Wirbelbeine tausendweise,
Rippenbeine zehentausend,
Leichen lagen reihenweise,
Deckten haufenweis die Hügel:
Mancher Orten auf dem Moore
Thürmten Berge sich von Todten,
Assamalla's Anger starrte
Von zehn Tausenden Erschlagnen.

Schwamm das Roß des Kalewsohnes
In dem Blutbach der Gebliebʼnen,
200 Bis zum Bauch in Mannsgebeinen.

Die vom Rumpf gerissʼnen Arme
Lagen wie Gesträuch zerstreuet,
Und die Finger der Gefallenen
Wie das Schilfrohr in dem Sumpfe,
Wie im Feld die fahlen Stoppeln.

Von den flücht'gen Feinden wäre
Keiner sicherlich entkommen,
Wär' dem rauhen Loos entronnen,
Hätten nicht des Unglücks Stricke
210 Jetzt umgarnt den Sohn des Kalew,
Ihm der Mordbahn Lauf verlegend.

Als er spornstreichs weiter sprengte,
Fort im Feuerlaufe stürmte,
Fliehnden Schaaren nachzufliegen,
Die sich Schirmenden zu scheuchen,
Und mit strenger Faust zu fassen,
Sprang das Roß in raschem Jagen
Ueber Hügel, über Höhen,
Immer größ're Sätze greifend.
220 Stürzte dann im Steingerölle,
Sank nun in dem sumpf'gen Moore.
Kalew's köstliches, braunes Streitroß
Riß am Riffe sich den Leib auf,
Und es barg der Sumpf die Beine
Und der Schlamm die schlanken Hufe.

Kalew's starker Sohn beseufzte
Seines guten Gaules Unfall.
Widrige Worte ließ er hören:
„Sollst du, sollst du, so dir fluch' ich,
230 Sollst zu bösem Moor vermodern,
Sollst verwesen zu koth'gem Wasen,
Sollst zu feuchter Pfütze faulen,
Sollst zergehn in Gallenjauche,
Tränke werden für die Kröte,
Nahrung für die gift'ge Natter."

Als des Kalew kühner Sprößling
Jetzt nicht länger jagen konnte

Die der Flucht beflißnen Schaaren,
Rief die Recken er vom Schlachtfeld,
240 Von der Walstatt die Waffenbrüder:
„Laßt des Todes Thun, Gefährten,
Laßt das Blutfeld, liebe Brüder,
Kommt den Gliedern Ruh' zu
gönnen
Und den müden Leib zu laben".

Raben hatten rottenweise,
Wölf' in Schaaren aus dem Walde
Schon das rauchende Blut gerochen,
Nahten ihren Theil zu nehmen,
Todesbeute zu erbeuten.

250 Darauf huben an die Helden
Kriegesbeute, Friedenshabe
Treulich nach dem Brauch zu theilen,
Höh'rer Sold fiel zu den Häuptern,
Beß'res Gut den Vorgesetzten;
Goldnes gönnte man dem König,
Silbergeld den Oberisten,
Kupfergeld den niedern Kämpfern,
Pfennige dem Troß der Knechte.

Kalew's kerniger Erzeuger
260 Fügte feierlich die Worte,
Wie's der Rabe ihm gerathen,
Kund gemacht der kluge Vogel:
„Findet, Freunde und Gefährten,
In des heut'gen Tages Thaten,
In des Schwertes blut'gem Schwelgen
Eine Wahrschau künft'ger Tage.
Männer müssen sein wie Mauern,
Unbewegt wie Eisenwände,
Stark wie stahlgedeckte Thürme;
270 Müssen in dem kühnen Kampfe
Stät wie Eichenstämme stehen,
Klamm wie Felsenklippen bleiben,
Schirmdach gegen Feindesschaaren.
Naht das Beil dann Beute suchend,

Kommt der Feind heran, zu fangen:
Schrumpft zusamm' der Schreck des
Krieges,
Schwindet die Furcht vor fremdem
Frevel,
Vor dem Drohen arger Dränger.
Unsre Heimath heiße Jungfrau,
280 Frohe Freiheit bleib' ihr Erbtheil!
König werde, wer der Kühnste,
Der Beherzteste sei Herrscher,
Einer gelte als Gebieter,
Einem sei das Reich zu eigen.
Maßen sich die Massen Macht an,
Keimt aus luft'gem Hauche Hader."

Drauf befahl er Kriegsgesellen
Aus dem Lager auszulesen,
Daß sie ungehemmt zur Heimath
290 Eileten vom Sieg zu sagen,
Ihn zu künden allen Dörfern.
Selber schritt er mit den Seinen,
Mit den Freunden und Genossen
Ueber weite Flächen weiter,
Ueber moosbedeckte Moore.

Als die Sonne sich schon senkte,
Drangen die gewalt'gen Wandrer
In ein weites Waldgebiet ein,
Das zuvor kein Fuß betreten,
300 Wo nicht Weg noch Steg gesteckt war.
Kalew's kerniger Erzeuger
Stürmt voran, den Pfad zu ebnen,
Bahn zu brechen für die Andern.

Wo selbviere sie gewandelt
Durch des Urwalds dunkles Dickicht,
Lief ein Laubgang durch den Forst
hin,
War ein Hohlweg ausgehöhlet.

Als sie rüstig weiter rannten,
Sahn sie Rauch empor sich richten,

310 Dicht wie Schwendungsrauch vom Dorfe,
Wie des Meilers Rauch im Walde,
Hoch hinauf zum Himmel steigend.

Als sie weiter sich bewegten,
Sahn sie Feuerfunken sprühen,
Wie entglommen glühn die Wipfel,
Wie in Gold getaucht die Tannen,
Hell geröthet alle Rüstern.

Hastig schritten vor die Helden,
Nach des Rauches Zug sich richtend,
320 Und den Feuerzeichen folgend,
Bis in eines Grundes Grotte
Sie 'nes Langschwanz Lager fanden.
Junge lagen nicht im Lager,
Keine Welpen von der Wölfin.

Wer saß an der Grotte Eingang,
Um des Grauen Haus zu hüten?

Eine runzelwangige Alte
Saß als Hüterin der Höhle,
Feuer fachend unterm Kessel,
330 Bald den Schaum von oben schäumend,
Bald mit langem Löffel kostend,
Ob die Suppe sauber schmecke.

Alew's werther Sprößling wollte
Augenblicklich Auskunft haben,
Geht die Köchin an um Kunde:
„Was denn, gutes Goldchen, kochst du,
Was ist's, das im Grapen brodelt,
Sich im Kessel köstlich hebet?"

Wohl erwidert ihm die Alte,
340 Meldete mit Milde Solches:
„Koche nur für matte Magen
Eine spärliche Suppenspeise,
Lasse Köpfe Kohl aufquellen,
Siede weich sie für die Söhne,
Bähe sie für mich zum Bissen."

Sprach darauf der Sohn des Sulew:
„Gieb daran auch noch die Gastgift,
Thue unser Theil dazu noch,
Zu dem Suppenkessel Zusatz
350 Weit sind wir durchs Land gewandert,
Haben schweres Werk gewirket,
Und die leeren Magen leiden
Hungerzahnes bissig Zerren.
Trautes Mütterchen, o troll' dich,
Raste ruhig im Gebüsche:
Wir zu dreien wollen wechselnd
Deinen Kessel dir besorgen,
Wollen schon das Feuer fachen,
Daß es praßle unterm Grapen,
360 Selber trockne Reiser sammeln,
Dürre Tannenzweige häufen."

Flugs begriff die greise Alte,
Ließ sich listig so vernehmen:
Wenn ich eurem Wunsch willfahre,
Gern erfülle eu'r Begehren,
Schaffe mir nur keine Schuld das,
Keinen Lästerleumund später,
Schuld trifft gänzlich den Begehrer,
Lästrung den Erlaubnißfordrer.
370 Höret denn, ihr goldnen Gäste,
Seid mir wachsam, wackre Männer,
Könnte wohl ein Unbekannter,
Könnt' ein Bürschlein ungebeten
Plötzlich auf dem Platz erscheinen,
Um zu kosten das Gekochte,
Und des Kessels Naß zu naschen.
Wachen Auges, werthe Brüder,
Schauet, daß der Schelm nicht diebisch
Leer den ganzen Kessel lecke,
380 Bis zum Grund den Grapen trockne.

Sonst, ihr lieben Leutchen, müßt ihr
Leeren Magens Leid erdulden!"

Willig waren von den Wackern
Dreie schon des Scherzes wegen,
Schicht um Schicht zu hüten den
    Hafen,
Wachen Augs ihn zu bewahren.
Kalew's köstlicher Erzeuger,
Listiger als seine Sippen,
Wollte nicht sein Wort verpfänden,
390 Sich durch kein Versprechen ketten.

Kroch die runzelwangige Alte
Alsobald in das Gebüsche,
Schlich in's Wolfsbett sich zum
    Schlummer.

Kalew's kräftiger Erzeuger
Lagerte den Leib am Feuer,
Da zu dehnen müde Glieder,
Auszurecken Rückensehnen.
Sulew's Sohn, der Sippe eigen,
Warf dem Kalew sich zur Seite,
400 Um zu ruhn im Busch verborgen.
Olew's Sohn, im Hausbau Meister,
Und Erbauer hoher Burgen,
Streckte platt sich auf den Boden,
Um das Hüftgebein zu biegen.

Alew's werthgehaltner Sprößling,
Der zuerst die Wacht gewählet,
Setzte sorglich sich ans Feuer,
Ließ die Lider nicht erlahmen,
Fachte an des Feuers Flamme,
410 Bracht' einander nah die Brände,
Reichlich sammelnd trockne Reiser,
Neue Nahrung für die Lohe.

Eine kleine Weile währt' es,
Und es ward gedreht dreidrähtig
Schlummergarn im Erlenhaine
Und die runzelwangige Alte
Spann dazu auf ihrer Spindel
Für das Garn den vierten Faden.

Alew's Sprößling saß alleine
420 Rege an dem Rand des Feuers
Wachen Auges da als Wächter,
Fachte an des Feuers Flamme,
Blies, daß bleibend sei die Lohe.

Aus verstecktem Rasengrunde
Tritt hervor in scheuem Triebe,
Leisen Schrittes näher schreitend,
Aus dem Zwerggeschlecht ein
    Sprößling.
Hatte dreier Spannen Höhe,
Hatt' am Hals ein gülden Glöcklein,
430 Hinterm Ohre kleine Hörner,
Einen Geisbart unterm Kinne.
Aus dem Zwerggeschlecht der Sprößs-
    ling
Trippelte gar flink zur Flamme,
Hub an mit gewählten Worten
Dies Begehren kund zu geben;
„Gönne mir doch, guter Bruder,
Von der Suppe sacht zu schmecken,
Von dem Kohle nur zu kosten."

Alew's Sohn begriff die Rede
440 Und versetzte, Spott nicht sparend:
„Wenn du winz'ger Wicht nicht
    einsinkst,
Wie 'ne Flieg' ersäufst im Löffel,
Will ich deinen Wunsch gewähren,
Sollst das saubre Süpplein kosten."

Von dem Zwerggeschlecht der
    Sprößling,
Der's verstand, versetzt zur Stunde:
„Möchte schlicht vom Rand nur
    schlürfen
Ohne Löffel, Kükens Antheil,
Wenn mir diese Gunst gegönnt ist".

450 Und er sprang mit flinkem
    Sprunge
Husch! auf den Rand des heißen
    Hafens,
Von dem Süpplein so zu lecken.
Doch da dehnte der Gesell sich,
Schwoll das schwache Bürschlein
    mächtig,
Hob sich bis zu Tannenhöhe,
Weitete sich bis an die Wolken,
Streckt sich bis zu siebzig Klaftern,
Schwillt noch ein'gespannen drüber.
Dann verdampfte er, wie Nebel
460 Bei der Sonne Schimmerscheine,
Vor dem Blick, wie blauer Rauch=
    dunst.

Alew's werthgehaltner Sprößling
Guckt sogleich in seinen Kessel:
Kessel war wie ausgekehret,
Wie mit Flederwisch gewischet.

Alew's werthgehaltner Sprößling
Trug zum trocknen Grapen Wasser,
Füllt mit neuem Kohl den Kessel,
Spart den Spaß den Andern spöttlich,
470 Wecket auf den Sohn des Olew,
Daß den Hafen er behüte.
Barg sich selber im Gebüsche,
Dort den müden Leib zu dehnen.

Eine kleine Weile währt' es
Und es ward gedreht dreidrähtig
Schlummergarn im Erlenhaine,
Und die runzelwangige Alte
Spann dazu auf ihrer Spindel
Für das Garn den vierten Faden.

480 Olew's Sohn saß nun alleine
Rege an dem Rand des Feuers
Wachen Auges da als Wächter,

Fachte an des Feuers Flamme,
Blies, daß bleibend sei die Lohe.

Aus verstecktem Rasengrunde
Tritt hervor in scheuem Triebe,
Leisen Schrittes näher schreitend,
Aus dem Zwerggeschlecht ein
    Sprößling.
Hatte dreier Spannen Höhe,
490 Hatt' am Hals ein gülden Glöcklein,
Hinterm Ohre kleine Hörner,
Einen Geisbart unterm Kinne.

Aus dem Zwerggeschlecht der
    Sprößling
Trippelte gar flink zur Flamme,
Hub an mit gewählten Worten
Dies Begehren kund zu geben:
„Gönne mir doch, guter Bruder,
Von der Suppe sacht zu schmecken,
Von dem Kohle nur zu kosten."

500 Olew's Sohn begriff die Rede
Und versetzte, Spott nicht sparend:
„Bangst du nicht, den Hals zu brechen,
Mücke über'n Rand des Löffels
In den Bodensatz zu sinken —
Will ich deinen Wunsch gewähren,
Sollst das saubre Süpplein kosten."

Von dem Zwerggeschlecht der
    Sprößling,
Der's verstand, versetzt zur Stunde:
„Möchte schlicht vom Rand nur
    schlürfen
510 Ohne Löffel, Hähnleins Antheil,
Wenn mir diese Gunst gegönnt ist."

Und er sprang mit flinkem Sprunge
Husch! auf den Rand des heißen
    Hafens,
Von dem Süpplein so zu lecken.

Doch da dehnte der Gesell sich,
Schwoll das schwache Bürschlein mächtig,
Hob sich bis zu Tannenhöhe,
Weitete sich bis an die Wolken,
Streckt sich bis zu siebzig Klaftern,
520 Schwillt noch ein'ge Spannen drüber.
Dann verdampfte er, wie Nebel
Bei der Sonne Schimmerscheine,
Vor dem Blick wie blauer Rauchdunst.

Olew's Sohn, der Bauverständ'ge,
Guckt sogleich in seinen Kessel,
Kessel war wie ausgelehret,
Wie mit Flederwisch gewischet.

Olew's Sohn, der Bauverständ'ge,
Trug zum trocknen Grapen Wasser,
530 Füllt mit neuem Kohl den Kessel,
Spart den Spaß den Andern spöttlich,
Wecket auf den Sohn des Sulew,
Daß den Hafen er behüte,
Barg sich selber im Gebüsche,
Dort den müden Leib zu dehnen.

Eine kleine Weile währt' es
Und es ward gedreht dreidrähtig
Schlummergarn im Erlenhaine.
Und die runzelwangige Alte
540 Spann dazu auf ihrer Spindel
Für das Garn den vierten Faden.

Sulew's Sohn saß nun alleine
Rege an dem Rand des Feuers
Wachen Auges da als Wächter,
Fachte an des Feuers Flamme,
Blies, daß bleibend sei die Lohe.

Aus verstecktem Rasengrunde
Tritt hervor in scheuem Triebe,
Leisen Schrittes näher schreitend,
550 Aus dem Zwerggeschlecht ein Sprößling,
Hatte dreier Spannen Höhe,
Hatt' am Hals ein gülden Glöcklein,
Hinterm Ohre kleine Hörner,
Einen Geisbart unterm Kinne.

Aus dem Zwerggeschlecht der Sprößling
Trippelte gar flink zur Flamme,
Hub an mit gewählten Worten
Dies Begehren kund zu geben:
„Gönne mir doch, guter Bruder,
560 Von der Suppe sacht zu schmecken,
Von dem Kohle nur zu kosten."

Sulew's Sohn verstand die Bitte,
Und versetzte, Spott nicht sparend:
„Wenn du Bursch im Bauch des Löffels,
Nicht im Suppenmeer ersäufest,
Will ich deinen Wunsch gewähren,
Sollst das saubre Süpplein kosten."

Von dem Zwerggeschlecht der Sprößling,
Der's verstand, versetzt zur Stunde:
570 „Möchte schlicht vom Rand nur schlürfen
Ohne Löffel, Kätzchens Antheil,
Wenn mir diese Gunst gegönnt ist."
Und er sprang mit flinkem Sprunge
Husch! auf den Rand des heißen Hafens,
Von dem Süpplein so zu lecken;
Doch da dehnte der Gesell sich,
Schwoll das schwache Bürschlein mächtig,
Hob sich bis zu Tannenhöhe,
Weitete sich bis an die Wolken,
580 Streckt sich bis zu siebzig Klaftern,

Schwillt noch ein'ge Spannen drüber.
Dann verdampfte er, wie Nebel
Bei der Sonne Schimmerscheine,
Vor dem Blick wie blauer Rauch=
dunst.

Sulew's Sohn, der brave Knabe,
Guckt sogleich in seinen Kessel,
Kessel war wie ausgekehret,
Wie mit Flederwisch gewischet.

Sulew's Sohn, der Sippe eigen,
590 Trug zum trocknen Grapen Wasser,
Füllt mit neuem Kohl den Kessel,
Spart den Spaß den Andern spött=
lich.
Wecket auf den Sohn des Kalew,
Daß den Hafen er behüte,
Barg sich selber im Gebüsche,
Dort den müden Leib zu dehnen.

Eine kleine Weile währt' es
Und es ward gedreht dreidrähtig
Schlummergarn im Erlenhaine,
600 Und die runzelwangige Alte
Spann dazu auf ihrer Spindel
Für das Garn den vierten Faden.

Kalews Sohn saß nun alleine,
Rege an dem Rand des Feuers,
Wachen Auges da als Wächter.
Schlug die schlanken Tannen nieder,
Stampfte die starken Eichen nieder,
Riß die ragenden Föhren nieder,
Steckt die Stämme unter'n Grapen,
610 Blies, daß bleibend sei die Lohe.

Aus versteckten Rasengrunde
Tritt hervor in scheuem Triebe,
Leisen Schrittes näher schreitend,
Aus dem Zwerggeschlecht ein Sprөß=
ling,
Hatte dreier Spannen Höhe,
Hatt' am Hals ein güldnen Glöcklein,
Hinterm Ohre kleine Hörner,
Einen Geisbart unterm Kinne.

Aus dem Zwerggeschlecht der
Sprößling
620 Trippelte gar flink zur Flamme,
Hub an mit gewählten Worten
Dies Begehren kund zu geben:
„Gönne mir doch, guter Bruder,
Von der Suppe sacht zu schmecken,
Von dem Kohle nur zu kosten."

Kalew's pfiffiger Erzeuger,
Der's verstand, versetzt zur Stelle:
„Was denn magst du mir, mein
Männlein,
Wohl zum Pfand dafür verpfänden,
630 Mir zur Lösung angeloben,
Eh' ich deinem Wunsch willfahrend
Dich das Süppchen laß' versuchen?
Pfände doch den Kindertand mir,
Von dem Hals das güldne Glöck=
lein,
Sonst erwachen unsre Wackern,
Fährt aus festem Schlaf die Alte,
Eh' die Suppe aufgetischt wird,
Eh' der Kohl kommt in die Schüssel."

Aus dem Zwerggeschlecht der
Sprößling
640 Sprach so hold mit Honigzunge:
„Werther Sohn des wackern Man=
nes,
Nimm doch ja dem mindern Manne
Nicht vom Hals das güldne Glöck=
lein!
Als ich früh von Hause fortging,
Band der Mutter Hand mir heimlich,
Sonder Wissen meines Vaters,
Sonder Sehen meiner Brüder,

Siebzehnter Gesang.

Um den Hals das güldne Glöcklein,
Daß es, wenn auf fernem Felde,
650 Sich im Forst das Kind verfehle,
Dann willkommne Kunde gebe,
Forschenden die Fährte weise,
Suchenden ein sichres Zeichen."

Kalew's köstlicher Erzeuger
Ließ sich listig drauf vernehmen:
„Nur so lang' als du dich labest,
Männchen, an dem saubren Süpp=
lein,
Pfände mir zum Pfand das Glöck=
chen,
Daß du, wenn du dich gesättigt,
660 Ohne Dank nicht gehst von dannen.
Darnach will ich selber willig
Um den Hals dir's Glöckchen heften,
Womit, als du von hier schiedest,
Zärtlich dich die Mutter zierte."

Aus dem Zwerggeschlecht der
Sprößling
Band alsbald vom Hals das Glöck=
lein,
Gab dahin die selt'ne Sache
Kostbar Pfand dem Kalewsohne.

Als der sehnige Sohn des Kalew
670 Habhaft war des Glöckleins worden,
Reckt er rasch den Zeigefinger,
Schnipfte an des Schelmen Schädel,
Stüberte ihm an die Stirne.

Da mit lautem Krach und Lärmen,
Als wenn Kõu käm' gefahren,
Âike drohend nahe dränge,
Sank der winzige Geselle,
Stürzte tosend in die Tiefe,
So daß weder Weg noch Merkmal
680 Seine Spur dem Späher zeigte;

Blauer Rauch stand ob der Stätte,
Wo versunken der Geselle.

Und die dreisten Männer dreie
Wachten auf am Rand des Feuers,
Aus dem Schlafe fuhr die Vettel,
Um zu sehn das Sonderbare,
Kamen eilig zu erkunden,
Welch ein Wunder hier gewaltet?
Als die Alte schärfer schaute,
690 Da errieth sie gleich das Räthsel,
Welches Wunder hier gewaltet.
Kannte wohl das werthe Glöcklein,
Der Gehörnten Wunderwerkzeug,
Das die Stärke mächtig steigert,
Manneskräfte arg vermehret.

Jetzt die runzelwangige Alte
Ließ ein lautes Lied ertönen,
Sang in heller Sangesweise:
„War ich einst nicht jung an Jahren?
700 Hob ich hüpfend nicht die Ferse,
Hob die Ferse hoch vom Boden?
Hundertmal fuhr ich zur Hochzeit,
Tausendmal trat ich den Tanz an,
Fest auf fixem Fuße springend,
Flink auf flücht'gem Fuß mich
drehend.
Aller Burschen Blicke blitzten
Auf meiner Wangen reine Röthe,
Auf meiner Augen dunkles Feuer,
Auf die bunten Seidenschleifen,
710 Auf die rothen, bunten Bänder.
Kalew's Sprößling hielt die Hand
hin,
Sulew wollte keck mich küssen.
Frei schlug ich des Kalew Spröß=
ling,
Frank schlug ich des Sulew Spröß=
ling,
Brach ich Huldin da den Hals nicht,
Reckte mir nicht die runden Arm' aus,

Ward mir lahm nicht meine Lende,
Ward verstaucht mir nicht die Ferse,
Dann bricht nimmer auch das Nestei,
720 Noch verdreht den Hals das Hühnchen,
Wenn es heute hüpft und springet."

Also laute Lieder singend,
Sprang die runzelwangige Alte,
Von der Höhe in die Höhlung
Dahin, wo im blauen Dunste
Der Dreispannenmann herabsank,
Wo der Schwächling war verschwunden.
Staunend standen unsre Helden —
Ob dem tollen Tanz der Alten
730 Lachten laut auf alle Viere.

Bei dem Mahl dann ward gemeldet,
Wie es ihnen war ergangen
Bei dem wechselweisen Wachen,
Wie das winzig kleine Wichtlein
Ausgekehrt den vollen Kessel,
Wie der Strolch gestreckt sich hatte,
Wie der Schwächling war geschwollen
Höhnend bis zu Wolkenhöhe.

Also sprach nun Kalew's Sprößling:
740 „Legen wir uns lieben Brüder,
Vor dem Frühroth noch zur Ruhe,
Gleich zu stärken unsre Glieder.
Wenn ich ausgereckt den Rücken,
Ausgedehnt die Schulterknochen,
Wähle ich wohl andre Wege,
Schlage einen schlau'ren Pfad ein,
Glück zu mehren für den Morgen.

„Ihr beschreitet eure Wege,
Hebet euch zum Heimathpfade,
750 Eure Frauchen froh zu necken,
Mit den Kindern Kurzweil treibend."

Streckten sich darauf die Streiter
An dem Feuer Ruh zu finden,
Mälig zu verdaun die Mahlzeit.

———

Nunmehr nahten andre Gäste,
Andre Fremde um zu schauen:
Töchterchen der Rasenmutter,
Auf des Thaues Wellen tanzend,
Ring zu spielen auf dem Rasen.

760 „Schwesterchen, ihr holden Trautchen,
Kommet, laßt uns lustig schaukeln
Auf des Grases grünen Halmen,
Auf der Stauden schwankem Stengel,
In der Winden weißen Kelchen.
Abendkrähn stieß aus der Hahn schon,
Hühner sangen schon im Halblicht,
Von Altvaters Anger herwärts,
Von der Taara-Eiche Aesten.

„Was doch ruht dort auf dem Rasen?
770 Auf dem Rasen ruhn vier Männer.
„Schmückt, ihr Schmucken, diese Brüder,
Färbt mit Sonnenroth die Recken,
Nebelmützen macht den Männern,
Wämser aus des Thaus Geweben."

„Schwesterchen, ihr holden Trautchen,
Laßt uns Schlummerfäden schlichten,
Traumgesichte vor sie treiben,
Frühgestalten vor sie stellen:
Laßt uns farb'ge Schleier schlagen
780 Um das Haupt des Kalew-Helden.
Weben wir ein Stückchen Wahrheit
In das bunte Scheingewebe,
In des Trugbilds dichte Maschen.

Siebzehnter Gesang.

Laßt uns ihm, so lang er schlummert,
Blüh'nde Zeit des Glückes zaubern,
Goldnen Kuckucks Ruf vernehm' er
Und den Sang des Silbervogels."

„Ruft der Kuckuck Trauerkunde,
Singt das Vöglein bösen Segen?
790 Fichthain fessele den Kummer,
Erlhain banne bösen Segen.
Theurer Sohn des tapfern Mannes,
Wenn du wandelst deine Wege,
Fährst einher auf Todesfährten,
Zier' mit Perlen deinen Zelter,
Deinen Gaul mit goldnen Münzen.
Zäum' ihn auf mit goldnem Zaume,
Schirre ihn mit Silberschnallen,
Putz' ihn auf mit seidnen Bändern,
800 Schlinge Seid' um seine Schläfen,
Silberblech heft' an die Hufen,
Rothe Schleifen an die Mähne,
Thaler ziehe durch die Zöpfe,
Bind in Sammet ihm den Schweif
  ein."

„Kalew's Sprößling, kühner
  Knabe,
Willst du wandeln Himmelswege,
Stoße nur nicht an die Sterne,
Meide nur den Mond, und walle
An der Sonne sacht vorüber.
810 Laß die Sonne schimmernd scheinen,
Laß das Licht des Mondes leuchten,
Laß die Sterne den Weg uns weisen."

„Kalew's Sprößling, kühner
  Knabe,
Willst du wandeln Höllenpfade,
Sprenge nicht der Hölle Pforten,
Brich nicht ab der Hölle Thore,
Lasse heil der Hölle Wände,
Laß die Pforten ungesprenget,

Laß die Thore ungebrochen,
820 Laß die Wände unverwüstet.

„Ziehst du aus zu Kriegeszügen,
Willst auf Kampfesbahnen wallen,
Laß die Schwachen ungeschlagen,
Laß die Söhne unversehret,
Ungefällt der Kindlein Väter.
Keine Wittwe wird dann weinen,
Von den Jungfrau'n wird der
  Jammer
Und von Waisen Weh gewendet."

Vogelsang tönt aus den Tannen,
830 Kuckucks Ruf aus fernen Föhren,
Elfen singen aus dem Esphain,
Henne gackert in dem Frühroth.

Rasenmutter's junge Töchter
Hoben auf die heitre Feier,
Hüpften nieder von den Halmen,
Von der Sumpfspierstaude Sten-
  geln,
Aus der Winden weißen Kelchen,
Hasteten sich ängstlich heimwärts.
Schon erscholl der Mutter Stimme,
840 Schon erreicht der strenge Ruf sie:
„Zaudert nicht, ihr zarten Mädchen,
Kommt und wendet euch zum Werke,
Faßt zusammen seidne Fäden,
Flechtet flink die rothen Bänder;
Horch! schon krähn des Höchsten
  Hähne,
Krähten her von Uku's Thore,
Von Altvaters Pfortenpfeilern."

„Schwesterchen, ihr holden Trautchen,
Gehen hastig wir nach Hause,
850 Unser Glücksjahr ist zu Ende,
Unsre Lustzeit abgelaufen."

Achtzehnter Gesang.

Nordens Aar, du zorn'ger Vogel,
Meinem Liede leihe Schwingen,
Fittige dem Wortefüger,
Daß die Harfe heller töne!
Daß ich mit Gewalt des Windes,
Mit des Sturmes starkem Sausen,
Mag die Höllenfahrt des Helden,
Sein Durchwandern wüster Wege
Richtig sonder Fehl berichten;
10 Ehe meines Sinns Gesichte,
Des vererbten Sanges Sagen
In des Nebels Schwaden schwinden,
In des Schattens Schoß verdämmern.

Wanemuine, Sangesweiser,
Gönne, gieb die goldnen Garne,
Samt den silberhellen Fäden
Auf die Spule des Verkünders
Für die Knäuel des Erzählers,
Daß im wackren Spiel ich Worte
20 Fest zu Seidenknoten knüpfe,
Wohl zu Goldgeweben wirke!

Maid vom Endel, fein geformte,
Leihe heut dem harr'nden Sänger
Doch dein Netz, das Nacht verscheuchet,
Deinen zarten Zauberschleier,
Daß des Schattenreiches Schauer
Holder sich und schöner hellen,
Sich beleiben, sich beleben.

Nächt'ge Nebelschleier fließen
30 Und umsäumen lichte Lande,
Wenn den Fuß du unterweltwärts
An der Hölle Grenzen hebest:
Wo am Tag nicht scheint die Sonne,
Nachts der Mond kein Licht verleihet,
Auch kein Stern zum Gruß aufsteiget,
Keine Nordlichtgluthen gleißen.

An dem Rand der Morgenröthe
Säumte Wolken schon die Sonne,
Färbend sie mit Feuerflammen;
40 Aus dem Erlenhain erhob sich
Das Getriller trauten Sanges,
Frühgezwitscher freud'ger Vögel; —
Kuckuck, bergend sich in Birken,
Aus Gebüsch der Brütevogel
Wecken: „Brüderchen erwache!"

Hob das Haupt beim Sonnenaufgang
Kalew's köstlicher Erzeugter,
Richtete sich rasch zum Sitzen,
Sprang empor, die Ferse spreizend,
50 Fuhr durch's Haar sich mit den Fingern,
Warf den Schlaf von sich zum Walde,
Schöpfte darauf manchen Schluck sich
Aus dem saubren Suppentroge,
Um den starken Leib zu laben.

Die Genossen lagen länger,
Schliefen noch den Morgenschlummer,
Reckten sich, um noch zu rasten
Von der Müh' der Wechselwache.

Kalew's Sohn besah die Sache,
60 Faßte fest den Platz ins Auge,
Wohin in der Nacht der winz'ge
Glockenträger wohl geschwunden.

Da wo gestern blasse blaue
Wolken Rauchs vom Zwerge
  schwebten,
Die sich dann zum Himmel hoben,
Da gewahrt er heut blau Wasser,
Wellen die sich weithin breiten,
Ausgedehnte Fläche deckend;
Wird gewahr am Ufer Binsen,
70 Kalmus streckt sich hin am Strande.

 Kalew's Sprößling sprach die
  Worte:
„Plötzlich bietet sich der Platz mir,
Merke schon der Hölle Marken,
Wo der Wissende den Weg wies,
Der zur Unterwelt sich wendet."

 Mit dem rechten Fuße stampft er,
Daß es dröhnt vom Fall der Ferse,
Daß der jähen Tiefe Thüren
Berstend auseinander klafften.

80 Kalew's kerniger Erzeugter
Spähte von dem Rand der Spalte
In den schlimmen Schlund der
  Höhle,
Ob ein Fußsteg wohl zu finden,
Eine Spur zum Gehen günstig?

 Dichte Wolken dunklen Rauches
Hüllten ein des Helden Blicke,
Grausig qualmend aus dem Grunde.
Siededampf steigt aus der Sohle,
Rauch und Ruß dem Mann ins
  Auge, —
90 Der gebückt des alten Burschen
Kriegspfad wandelt, sich erwehrend.

 Kalew's kerniger Erzeugter
Bläst den Brand sich vom Gesichte,
Spricht im Zorn mit starker Stimme:
„Schande, Schande, ruff'ge Range,

Strebst du denn, du alter Strauch=
  dieb,
Mir durch Rauch das Sehn zu
  rauben?"

 Rabe ruft vom Tannenwipfel,
Weisen Wink giebt ihm der Vogel:
100 „Laß die Schelle nur erschallen,
Laß die goldne Zunge gellen!"

 Kalew's kern'ger Sohn verstehet,
Er vollzieht des Raben Rathschlag,
Folgt des weisen Vogels Weisung,
Nimmt zur Hand die kleine Klingel,
Schüttelt sie, daß laut sie schallet.

 Welch ein unerhörtes Wunder
Stand erstaunlich da vor Augen!
Das Geläut des goldnen Glöckleins
110 Wendete die dichten Wolken
Flugs zu schleun'ger Flucht von
  dannen.
Schneller als der nächt'ge Nebel
Vor der Sonne scharfem Scheinen
Auf die Felder niederfället,
Schwand der Rauch des Hörner=
  trägers.

 Kalew's kerniger Erzeugter
Schreitet nun mit rüst'gem Schritte,
Um den schweren Weg zu wandeln;
Vor des machtgewalt'gen Mannes
120 Schritten schrumpft der Raum zu=
  sammen.

 Eine Weile scheint der Schimmer,
Von der Sonne Strahlen strömend,
Her noch in der Höhle Tiefe,
Dann umhüllt sackdunkles Finster,
Schwarze Nacht mit ihrem Netze,
Bald die Bahn des Kalewsohnes.

15

Mit den Händen tastend tappt er,
Fühlt sich mit den Fingern weiter.

 Läßt der Morgenröthe Leuchten
130 Hier um Mittag erst sich merken,
Oder dauert ew'ges Dunkel
Hier und will vom Fleck nicht
     weichen?
Solches blieb des Spähers Blicken
Unbezeugt und unentziffert.

 Machte sich ein Mäuschen hörbar,
Ließ im Dunkel sich verlauten:
„Laß die Schelle nur erschallen,
Laß das goldne Zünglein gellen!"

 Kalew's kerniger Erzeuger
140 That sofort nach Mäuschens Mah=
     nung,
Nahm zur Hand die kleine Klingel,
Ließ sie unverzüglich läuten.

 Welch ein unerhörtes Wunder
Stand erstaunlich da vor Augen!
Denn des goldnen Glöckleins Gellen
Scheuchte fort die Finsternisse.
Wie des Schattens weite Decke
Vor des lichten Morgens Leuchten
Flugs in leeres Nichts zerfließet,
150 Also schied auch hier der Schatten.

 Kalew's kerniger Erzeuger
Schreitet nun mit rüst'gem Schritte,
Um den schweren Weg zu wandeln;
Vor des machtgewalt'gen Mannes
Schritten schrumpft der Raum zu=
     sammen.

 Freilich war's ein fremdes Leuchten,
Glich dem Glanze nicht der Sonne,
Noch des Mond's geschaff'nem
     Scheine,

Was im Erlenhaine harmvoll,
160 Blaß und bleich im Birkenhaine
Sich ergoß in nächt'ger Kühle.

 Nimm doch wahr die Wundernetze,
Sieh die feinen Spinnenfäden,
Die den Pfad hier spöttlich sperren,
Aus dem dünnsten Goldbortdrathe,
Aus den feinsten Silberfäden
Hundertfältig fest geflochten,
Tausendfältig dicht gewoben.

 Kalew's kerniger Erzeuger
170 Reißet rasch entzwei die Stricke,
Wirft das Netzgewinde nieder:
Je gewaltiger der Wackre
Niederzerrt die zähen Netze,
Um so üpp'ger wuchsen wieder,
Um so stärker starrten wieder
Tausend weitre Fadenwerke,
Zehnmal tausend feste Fesseln,
Daß der Held nun ohne Hemmung
Konnte keinen Schritt mehr machen,
180 Seine Kraft wird mälig müde,
Seine Stärke schwankt und schwindet.

 Kalew's köstlicher Erzeuger
Sagte sinnend zu sich selber:
„Vormals brach ich mannhaft
     Mauern,
Felsenhügel konnt' ich heben,
Eisenketten rucks zerreißen —
Nun kann ich mit Narrenstricken,
Faselwerk nicht fertig werden."

 Eine Kröte krächzte quakend,
190 Gab ihm klärlich kluge Deutung:
„Laß die Schelle nur erschallen,
Laß die goldne Zunge gellen!"

 Kalew's kern'ger Sprößling fügte
Sich der Kröte Weisung willig,

Achtzehnter Gesang.

Nahm zur Hand die kleine Klingel,
Ließ sie unverzüglich läuten.

Welch ein unerhörtes Wunder
Stand erstaunlich da vor Augen!
Goldnen Glöckleins gellend Klingen
200 Scheuchte schleunig fort die Schlin-
gen,
Schnitt entzwei die Zauberschnüre,
Alles war im Nu vernichtet.

Kalew's kerniger Erzeuger
Schreitet nun mit rüst'gem Schritte,
Um den schweren Weg zu wandeln;
Vor des machtgewalt'gen Mannes
Schritten schrumpft der Raum zu-
sammen.

Kalew's kerniger Erzeuger
Nahte eines Baches Bord sich,
210 Wenig weit wies sich die Breite,
Nicht zu scheuen schien die Tiefe;
Wohl zwei Spannen nur die Weite
Und noch einen Schritt darüber.

Kalew's Sohn will sonder Bangen
Seinen Fuß hinübersetzen,
Denkt mit einem derben Schritte
Leicht ans Ufer zu gelangen.
Viel nicht, einen Schritt nur fehlt er,
Seine Zehen netzet Nässe,
220 Seine Ferse schleppt im Schlamme.

Kalew's kern'ger Sohn versuchte
Hundertmal, den Schritt zu schreiten,
Tausendmal erhob den Fuß er,
Immer tritt zu kurz der Trutz'ge,
Fern der Ferse bleibt das Ufer.
Mit der Faust ließ es sich fassen,
Doch der Mann kann nicht die
Matten,
Nicht die Rasentrift betreten.

Rastete sodann der Recke,
230 Dacht' in seinem Sinne Solches:
„Durch des Peipus Wasser waten
Konnt' ich sonst, mit Last beladen,
Leichter als durch diese Lache."

Krebs begann alsbald zu krächzen,
Aus dem Schlamme schlau zu reden:
„Laß die Schelle nur erschallen,
Laß das goldne Züngleín gellen."

Kalew's kern'ger Sohn begriff es,
Willig that er nach der Weisung,
240 Nahm zur Hand die kleine Klingel,
Ließ sie unverzüglich läuten.

Welch ein unerhörtes Wunder
Stand erstaunlich da vor Augen?
Güldnen Glöckchens gellend Klingeln
Förderte den Fuß ans Ufer,
Daß der Tritt fühlt trocknen Rasen
Augenblicks zerfließt das Flüßchen,
Weicht das Wasser weg vom Ufer.

Kalew's kerniger Erzeuger
250 Schreitet nun mit rüst'gem Schritte
Um den schweren Weg zu wandeln;
Vor des machtgewalt'gen Mannes
Schritten schrumpft der Raum zu-
sammen;
Bald die Höllenbahn durchmessend
Tritt er in die Welt der Schatten.

Maß der Zeit ließ sich nicht messen,
Tagesgrenze nicht ergründen:
In den Schoß der Tiefe scheinet
Nie das Licht der lieben Sonne,
260 Kann sich Mondes Glanz nicht
melden,
Noch der Stern die Stunde deuten —
Ob das Morgenroth sich mehre,
Ob sich Abenddämm'rung dichte;

15*

Nur ein gleißnerisches Glimmen,
Nur ein lügnerischer Lichtschein
Waltet wechsellos am Orte.

Wob der Nebel sein Gewand hier?
Schwellte schwebend Naß die
  Wolken?
Schütteten Regenschauer Schatten
270 Auf den Gang des guten Helden?
Wob nicht sein Gewand der Nebel,
Schwellt' nicht schwebend Naß die
  Wolken,
Schüttete Schatten nicht der Regen
Auf den Weg des wackern Mannes?
Große Schaaren schnöder Schnaken,
Wimmelschwärme winz'ger Mücken
Drängen drohend auf dem Pfade,
Blenden fast des Mannes Blicke.

Kalew's köstlicher Erzeugter
280 Scheuchet fort die schnöden Schnaken,
Tödtet Tausende von Mücken,
Drängt sich durch die schwarzen
  Schwärme,
Denkt „es kommt einmal ein Ende."
Weiter wandelt dann der Wackre,
Schreitet vor mit hast'gem Schritte.
Doch je rascher er sich reget,
Desto dichter schwirr'n die Schwärme,
Und je rüst'ger er sich rühret,
Desto mehr wächst das Geschmeiß an.
290 Schon bedecken große Schaaren
Keck das Ohr des Kalewsohnes,
Hunderte die Augen hüllen,
Tausende lagern auf den Lippen,
Nisten ein sich in den Nüstern.

Kalew's köstlicher Erzeugter
Fühlte schon der Kraft Erschöpfung,
Eitles Mühen ihn ermüdet;
Will nun ruhen eine Weile,
Denkt also in seinem Sinne:

300 „Feinde wußt' ich zu bewält'gen,
Höllenbrut zum Fall zu bringen,
Und dies Nest von schnöden Schnaken
Droht das Leben mir zu lähmen,
Von dem Mann die Macht zu
  nehmen."

Aus dem Grase ruft die Grille,
Weisen Wink dem Helden gebend:
„Laß die Schelle nur erschallen,
Laß das goldne Züngelein gellen."

Kalew's kern'ger Sprößling fügte
310 Willig sich der Grille Weisung,
Nahm zur Hand die kleine Klingel,
Ließ sie unverzüglich läuten.

Welch ein unerhörtes Wunder
Stand erstaunlich da vor Augen!
Goldnen Glöckleins gellend Klingeln
Scheucht die schnöden Schnaken-
  schaaren,
Macht die Mückenschwärme schwin-
  den
Wie vom Winde weggewehet.

Kalew's köstlicher Erzeugter
320 Säumt nicht, setzt sich auf den Rasen,
Rüstet sich um auszuruhen,
Die gestörte Kraft zu stärken.
Sinnend über diese Sache,
Manches im Gemüthe meinend,
Fand er dann, nach Kampf im Kopfe,
Letztlich auch die rechte Lösung.

„Werde ferner, was da wolle,
Komme künftig ärgste Fehde,
Dieses holde Hülfeglöckchen
330 Will mit fester Faust ich fassen.
Wollen dann des Wehes Netze,
Des Verderbens garst'ge Garne

Jähen Streiches mich umstricken,
So ist Hülfe gleich zu Handen,
Stütze da zu jeder Stunde."

Knüpft sogleich das liebe Glöck-
chen
Fest um seinen kleinen Finger,
Spendet Speise sich zur Labung,
Kost zur Kräftigung des Körpers:
340 Brot ja brauchen die Gebeine;
Schlummert ein und schläft ein
Stündchen.

Kalew's kerniger Erzeugter
Schreitet dann mit rüst'gem Schritte,
Um den schweren Weg zu wandeln;
Vor des machtgewalt'gen Mannes
Schritten schrumpft der Raum zu-
sammen.
Nicht vom Höllenwege weicht er,
Tritt in's Reich der Schatten trutzig.

Höllenkönigs Hofgesinde,
350 Hör'ge des gehörnten Alten,
Hörten jetzt den Kalewhelden,
Mächt'gen Mannesschritt vernehm-
mend;
Lugten heimlich auf der Lauer,
Was da nicht Gekanntes komme,
An dem Frieden frech zu freveln,
Ruchlos Schaden anzurichten?

Als sie Kalew's Sohn erkannten,
Ihn von weitem erst gewahrten,
Schnellten sie mit Windesschnelle,
360 Als ob Feuer in den Taschen,
Bremsenstich im Nacken brennte,
Böse Botschaft kund zu machen:
„Kalew's Sohn von seltner Stärke
Naht, am Frieden frech zu freveln,
Wilden Kriegeslärm zu wecken!"

Herrscht drauf der gehörnte Alte:
„Schickt von unsern Kriegerschaaren
Schleunig in die Schlucht die
Stärksten,
Um den Feind vom Weg zu werfen,
370 Kalew's kecken Sohn zu zücht'gen."

Kalew's kerniger Erzeugter
Schreitet fort mit rüst'gem Schritte,
Um den schweren Weg zu wandeln;
Vor des machtgewalt'gen Mannes
Schritten schrumpft der Raum zu-
sammen.

Hahnenschrei erhob von fern sich,
Hartes Bellen auch der Hunde
Traf das Ohr des hohen Helden,
Da er in des Dämmerreiches
380 Unerforschte Fährte eindrang.

Ehe noch der Hölle Hofschaar
Kam dem Kommenden zu Gesichte,
Braust ein breiter Fluß entgegen,
Welchen keine Quellen speisten,
Welchen Wolkenschwall nicht
schwellte.
Theer geschmolzen floß im Flusse,
Flüss'ges Harz im Bett des Baches;
Aus der Wellen lichter Lohe
Wehte Feuergluth ihm Wolken
390 Blauen Rauches in die Augen.

Ob dem Fluß lief eine Brücke,
War ein Steg aus Stahl geschmiedet,
Ruhend auf dem Eisengrunde;
Stählern standen da die Stützen.

Auf die schwere Eisenbrücke,
Auf den Steg aus Stahl geschmiedet,
Stellte man die stärksten Männer,
Zu begegnen gleich dem Gegner

Dessen wildverweg'nes Wagen
400 Droht die Hölle zu verheeren.

Das Gesind' des Höllenherrschers
Häufte sich wie eine Herde,
Nach Gebote des Gebieters
Auf dem Schlachtfeld sich zu schlagen.
Manche mitten auf der Brücke,
Andre halten hinter ihnen,
Dritter Trupp an's Ufer tretend,
Wenig weiterhin ein vierter.

Als des Kalew kern'ger Sprößling
410 Diese Kriegerschaar erschaute,
Hemmt er seines Ganges Hasten,
Spricht und spart nicht das Gespötte:
„Seht den Schwarm von frechen
    Fröschen,
Der sich breit macht auf der Brücke!"

Sammelt sich sodann zum Angriff,
Reißt das Schwert rucks aus der
    Scheide,
Thut 'nen Schritt, thut noch zwei
    Schritte,
Ruhig an die Brücke rückend,
Läßt die Worte laut ertönen:
420 „Kehrt ihr Kobolde nach Hause,
Hebt euch fort, ihr Höllenhunde,
Eh' ich noch zu nah' euch komme,
Stracks euch auf den Rasen strecke,
Als 'nen Freudenfraß für Raben,
Weidlich Futter für die Wölfe!"

Hurtig ruft die Schaar der Hölle:
„Preise nicht mit leerem Prahlen
Tages Glück vor Tages Ende.
Hahn, der früh sein Selbstlob singet,
430 Steht wohl Abends und muß
    stöhnen."

Kalew's kerniger Erzeuger
Nicht berührt von Stichelreden,
Schreitet vorwärts ein'ge Schritte,
Ruhig vor zum Brückenrande,
Anzuschaun die Feindesschaaren.

Armbrustschützen, so am Ufer,
Spannten alsobald die Bogen,
Ließen flink die Bolzen fliegen,
Wirbelnd wie ein Hagelwetter.
440 Schleuderer entsenden sausend
Steine mit gewalt'gem Wurfe,
Daß zu hunderten sie herbe
Diesen fremden Frevler träfen:
Hoffend so den Kalewhelden
Dreist vom Wege abzudrängen,
Vorderleute mit den Lanzen,
An den Kanten Keulenträger,
Hintermänner Aexte hebend,
Wüthend wollen alle schlagen,
450 Ihren Widersacher werfen.

Kalew's kerniger Erzeugter
Scheute nicht die Kriegerschaaren,
Nicht den Stoß der Höllenhaufen,
Stand wie eine Wand von Eisen,
Wie ein Eichenstamm im Sturme,
Wie ein Fels, der bricht die Bran-
    dung.
Ließ nun auch mit scharfer Schneide
Tapfer tanzen seine Klinge,
Schwang sein Schwert in lust'gem
    Spiele,
460 Fing die Feinde an zu fuchteln,
Seine Dränger durchzudreschen,
Warf die wüth'gen Männer nieder,
Hieb die Höllenbrut in Stücke.

Wo der Recke in die Runde
Je sein grimmes Schwert nur
    schwinget,
Hat er Todesnoth geschaffen;
Wo die schlimmen Schläge fallen,
Taumeln Dutzende von Thoren

Auf den Rasen, Ruh zu finden;
470 Wo die Hiebe häuf'ger beißen,
Sinken Hunderte Gesellen
In den Schoß des schaur'gen Todes.

Neue Kriegerhaufen hasten
An die Stätte, wo jene standen,
Dem Verlust Ersatz zu leisten,
Lücken Fehlender zu füllen.
Auf Geheiß des Hörnerträgers
Mußten vorwärts diese Mannen.

Nicht geschah dem Sieger Schaden,
480 Nicht gerieth in Noth der Recke,
Der wie eine Wand von Eisen,
Wie ein Eichenstamm im Sturme,
Wie ein Fels, der bricht die Brandung,
Widerstand der Wuth der Feinde.

Als mit fester Faust er wieder
Ließ das Schwert zum Spiel sich schwingen,
Ließ die Eisenklinge klirren,
Fand fürwahr der Tod nicht Schlummer,
Ruh das Blut nicht, zu gerinnen.
490 Wo die Schädel nicht von Eisen,
Nicht von Stahl die Stirnen waren,
Noch von Erz des Halses Sehnen,
Fanden Mitleid nicht die Männer,
Bursche nimmer auch Erbarmen —
Daß der Hölle Schwärme schwinden
Mußten auf der Eisenbrücke.

Wieder Andre der Gehörnte
Treibt, den Todesweg zu wandeln,
Heißt die Tüchtigsten sich tummeln,
500 Kalew's zorn'gen Sohn zu züchtg'en,
Diesen Wüthrich durchzuwalken;
Bietet Lohn den Höllenbuben,
Blutgebühr dem Ueberwinder,

Der des Kalew kecken Sprößling,
Sei es bei lebend'gem Leibe,
Oder sei's im Bann des Todes
Heut' ihm in die Hände liefre.

Ausgewählte Bogenschützen,
Auserles'ne Lanzenmänner
510 Wurden in die Schlacht geworfen,
Um im Streit sich anzustrengen,
Kalew's droh'nden Sohn zu drängen.
Unter der Wehrmacht wankt die Brücke,
Schwanket unter schwerem Drucke,
Weil ja Hunderte von Schritten,
Tausende von starken Stapfen
Auf die Eisenbrücke drückten,
Daß sich ihre Balken bogen.

Kalew's kerniger Erzeugter,
520 Der durch Gunst des goldnen Glöckchens
In der Kraft noch ungekränkt ist,
Scheuet nicht der Hölle Schergen,
Wartet keck am Brückenkopfe,
Einen Fuß schon auf der Brücke;
Steht wie eine Wand von Eisen,
Wie ein Eichenstamm im Sturme,
Fels, den nimmer bricht die Brandung,
Wie auch wild die Wogen stürzen.

Drauf die starke Hand des Helden
530 Schwingt das Schwert mit lautem Sausen,
Mäht die leid'gen Lumpe nieder,
Haut sie ab wie schwanke Halme,
Wie das Rohr in wüster Wildniß,
Binsen an des Baches Ufer,
Daß sie schwadenweise schwinden.
Rasend streckt das Schwert in Reihen
Hunderte zu herbem Tode,
Goldnen Glöckleins gellend Läuten

Wirft sie nieder tausendweise,
540 Schaaret sie im Schoß des Todes.
Wie die gelb gebleichten Blätter
In des Herbstes harten Stürmen
Von den Wipfeln wehn, und nieder
Von den Zweigen fernhin fallen,
Also auch die Höllenheere,
Des Gehörnten Kriegerhaufen,
Welken auf dem Bett des Todes.
Die noch fest auf Füßen standen,
Probten ihrer Fersen Förd'rung,
550 Flüchtend zu der Hölle Höhlen.

Glühend heiß wird's dem Gehörnten,
Bittres Bangen macht ihn beben,
Bringt die Kniee zu schlimmem Schlottern.
Krampfhaft sucht er dann die Krieger,
Seine ausgeriss'nen Rangen,
Sämtlich wieder noch zu sammeln;
Stellt als Stützmacht auf die Aelt'sten,
Bringt die Bravsten auf zum Schutze,
Ihm sein Höllenheim zu hüten,
560 Er verlegt den Weg mit Wehren,
Häufet Stauung vor die Stege;
Wälzet vor die Wiesenpforte
Schwerstes Steingeröll rüstig,
Macht aus großen Felsblockmassen
Gegenböschung zu der Pforte,
Gegenbollwerk zu der Gasse,
Daß nicht Kalew's kecker Sprößling
Sich des Höllenhofs bemächt'ge.

Als den Pfad er eingepferchet,
570 Und den Eingang rings verrammelt,
Wählt er von den strammsten Streitern
Hundert heldenhafte Leute,
Krieger kräftiger als Bären,
Weil im Hexenbad gehärtet,
Weil gewalkt in Zauberwannen.

Kalew's kerniger Erzeugter,
Uebermannt nicht von Ermattung,
Steht wie eine Wand von Eisen,
Wie ein Eichenstamm im Sturme,
580 Fels, den nimmer bricht die Brandung,
Wie auch wild die Wogen stürzen.
Er zerklopft die Bursche kläglich,
Hauet auf die Höllensöhne,
Fegt sie fort wie schnöde Schnaken;
Läßt auch keinen Einz'gen leben,
Der als Bote heimwärts hastend
Böse Märe melden könnte.

In des Todes Schauerschatten
Schlummerten die Schlachtgesellen,
590 Hingestreckt die Höllensöhne.
Kalew's kerniger Erzeuger
Setzt sich auf den Saum der Brücke,
Rast zu halten eine Weile,
Schweiß des Kampfes wegzuwischen.

Kalew's kerniger Erzeugter
Räumte nun, da er gerastet,
Von der Brücke fort die Todten,
Deren Menge im Gemetzel
Er zu Staub zerstampfet hatte.
600 Warf sie von der Höllenbrücke
Weithin in die Feuerwellen,
Schichtenweise auf die Wiesen,
Hügelhoch am Rand des Flusses,
Höh're Haufen an der Mündung,
Daß sie dort zum Denkmal modern.

Unbeschränkten Schrittes dringt er
Weiter nun auf seinem Wege;
Unter seiner schweren Sohlen
Kräft'gem Tritte kracht die Brücke,
610 Knacken bös des Grundes Balken,
Biegen sich die Seitenbalken.
Schrecklich schreitet er hinüber,
Spannentief im Blute watend,

Achtzehnter Gesang.

Dringt hindurch an's Ufer drüben,
Wandelt weiter dann vom Ufer,
Hastiglich dem Heerweg folgend,
Der zur Thür des Feindes führet,
Wo der Widersacher Wehre,
Einen Wall hat aufgeworfen,
620 Eine feste Felsenmauer.

Kalew's kerniger Erzeugter
Fähret mit der Faust erschütternd
Wider diese Wiesenpforte;
Schlägt den ersten, schlägt den
    zweiten,
Schlägt den dritten schlimmen Faust-
    schlag
Mächtig gegen's Höllenhofthor!
Splitternd spleißen sich die Pfosten,
In die Winde stiebt das Stützwerk,
Fernhin fliegen traun die Trümmer.

630 Mit der starken Ferse stößt er
Aus dem Wege alle Wehre,
Alle Pferche von dem Pfade.
Auf dem Stege stürmt er weiter
Ohne Halt durch weiten Hofraum
Grade vor die Pfeilerpforte.
Fuhr drauf los mit einem Faust-
    schlag,
Trat mit derbem Tritt dagegen,
Daß die Pforte samt den Pfeilern,
Mit den Hängen und den Haspen
640 Krachend ihm zu Füßen kollert.

Kalew's kerniger Erzeugter
Ueberschreitet jetzt die Schwelle;
Donnernd deckt sein Fuß die Diele,
Kantensteine halten Stand nicht,
Zimmerwände zittern, schüttern,
Stubenwände sieht man wanken,
Daches Latten werden lose,
Bald zu bersten droht die Decke.

In der Hallehaust'ein Mütterchen,
650 Eines todten Weibes Schemen,
Linda gleich in tiefem Harme.
Ja, der Mutter mattes Abbild
Schien des Sohnes Aug' zu schauen.
Saß am Spinnrad seine Mutter,
Trat das Rad mit Windeseile,
Daß im Schwung die Scheibe
    schwirrte;
Von der Kunkel kehrt der Finger
Flocken in den Spund der Spule,
Glättete zu gutem Garne
660 Güldnen Flachs und Silberwolle,
Netzt die Finger in dem Napfe
An der rechten Spinnradstütze,
Welcher laut're Lebensfeuchte
In sich barg, den Stärkebalsam.
An der linken Spinnradstütze
Sah man noch ein andres Näpfchen:
Es enthielt Verwesungswasser,
Das entkräftet stolze Stärke.
Netzt wer mit dem Naß die Zunge
670 Schwindet er in Schwächeschwindel.

Schattenmutter milden Blickes
Winkt dem Sohne sichre Deutung
Nach dem Napfe, der zur Rechten.
Kalew's köstlicher Erzeugter
Merkt alsbald der Mutter Meinung,
Braucht auch weiter keine Worte,
Nimmt zur Hand den Napf von
    Golde.
Schleunig schlürft er Naß der Stärke,
Seinen Heldenleib zu härten.
680 Darauf faßt er Felsenblöcke,
Schleudert sie mit wucht'gem Wurfe
An die Wand der Zauberzelle.
Drob erdröhnt's im Grund der Erde,
Weißen Schaumes wallt die Meer-
    fluth,
Funken fahren aus der Tiefe
In's Gesicht dem Kalewsohne;

Berstend wankten gleich die Wände,
Stürzten bald als Schutt zu Boden.

Mütterchen des Hörnerträgers
690 Saß in ihres Sohnes Zelle,
Trieb des Webstuhls Trittbrett
    füßlings,
Schaffte fingernd an den Schäften,
Daß die Leinewand sich webte,
Daß der Hölle Drell sich drillte.

Dem geübten Aug' der Alten
Nicht entging das goldne Glöckchen
An der Hand des Kalewhelden.
Rasche Rede ließ sie hören:
„Schau, welch schönes Schellen=
    spielzeug
700 Hell an Freundeshand erglänzet!
Gieb mir doch das seltne Sächlein,
Gönne mir das goldne Glöckchen,
Um die Katze könnt ich's hängen,
Mäuse möchte es erschrecken,
Wieseln ein Ergetzen geben."

Kalew's Sohn begriff den Grund
    gleich,
Und versetzte, schlau sich sichernd:
„Ehe wir den Glockenhandel
Noch mit weiter'm Wort berühren,
710 Melde mir doch, goldne Mutter,
Gackle mir, des Hauses Henne,
Ob daheim der Herr des Hauses,
Hähnchen weilt im Wohngemache?
Haben manche Männerdinge,
Auch Geringes zu bereden,
Mütterchen mag kaum es kümmern,
Mag die Mädchen nicht berühren."

Sonder Zögern sagt die Alte:
„Fort vom Hofe flog der Haus=
    hahn;
720 Ehegestern ging der Vater,

Wird nicht eher wiederkommen,
Heimwärts seine Wege wählen,
Als vermuthlich morgen Abend,
Oder übermorgen Morgens.
Wenn du, braver Bruder, bliebest
So lang hier als Hausgenosse,
Richtete ich gern ein Gastmahl,
Kochte Köstlichstes von Speisen.
Derweil feuchte deine Zunge,
730 Laß dir unsern Meth nur munden.
An dem Webstuhl winkt der Napf
    dir,
Linker Hand der Biere bestes."

Kalew's kerniger Erzeugter
Kannte wohl des Napfes Wirkung,
Daß sein Wasser welken mache,
Und die stolze Stärke bänd'ge —
Darum ließ er dies verlauten:
„Bin dir dankbar, beste Mutter!
Doch mich dünkt, ich sei nicht durstig."
740 Legte sich sodann aufs Lugen,
Rasch den fremden Raum durch=
    musternd,
Ob etwa ein heimlich Pförtchen,
Ob ein still verstecktes Thürchen
Hier sich irgendwo enthülle.

Da erblickt in einer Blende
Er ein Thürchen wohl verwahret,
Tritt heran mit weitem Tritte,
Hat die Hand schon fest am Pfosten,
Hebt die Finger an die Hänge,
750 Will den Griff er niederklappen.

Ehe noch des Kalew Sprößlins
Flinke Hand den Griff erfaßte,
Sprang die Thür auf mit Getöse,
Klaffte weit mit starkem Klange.

Aus des Schlupflochs Tiefe
    schlüpften
Wild hervor mit Windessausen

Des Gehörnten Heergesellen,
Die Vermessensten im Morden,
Die der Höllenfürst schon hatte
760 Vorher sich zum Schutz geschaaret.

Wer des Waidwerks je gewaltet,
Wird auch wohl gewahret haben,
Wie der Rüden Rudel hitzig
Eine Honigtatze drängen,
Alten Bruder müde machen,
Zornig zausen an dem Bären —
Wie der Hunde scharfe Zähne
Einen Haidesohn zerfleischen.
Braun sitzt fletschend auf dem Flecke,
770 Sitzt gehockt auf einem Hügel,
Seine Hinterschinken hütend.
Dann und wann nur schlägt die schlimme
Breittatz' täppisch mit der Tatze
Mitten in die Meute nieder:
Wo die Tatze hingeschlagen,
Wo der kleinste Hieb gefallen,
Da verschwindet rasch ein Rüde,
Sinket lautlos hin der Schwache,
In des Todes Arm zu schlafen,
780 Wer ein solches Spiel gesehen,
Solche Scherze jemals schaute,
Der kann sich die Sache denken,
Selber vor die Seele stellen,
Wie der Held die Höllenhunde
Jach vom Leibe sich verjagte.

Kalew's kerniger Erzeugter,
Wo er einen Hieb gehauen,
Einen Schlag nur hat geschlagen,
War ein zweiter nimmer nöthig.
790 Sein Hieb mäht die Mannen nieder,
Sein Schlag schafft des Todes Schatten,
Bringt zur Ruhe rauhe Krieger.

Waren drum nach kurzem Kampfspiel
Hingewürget all' die Helden,
Dreimal zehen Leichen lagen
Todt gebettet auf dem Boden.

Der Gehörnte hinter Mauern
Rief nunmehr von Noth benaget:
"Halte ein, mein holder Junge!
800 Wenn du Schalk nicht Scherz verstehest,
Wenden wir den Streit zur Wahrheit!
Habe keine Schuld am Hader,
An dem blinden Blutvergießen.
Bist ein Dieb, mein braver Bruder,
Bist ein Räuber, ruchlos plündernd.
Legst die Hand an fremde Habe,
Andrer Leute Taschen leerend!
Bist ein Dieb und bleibst ein Dieb auch,
Ein verruchter Schatzberauber!
810 Zeihst du zornig mich der Lüge,
Willst die Diebesleistung leugnen?
Hast du nicht mit krummen Krallen
Meinen Reichthum weggeraffet?
Schlepptest schließlich du nicht fort auch
Mir mein köstlich Wünschelkäppchen,
Raubtest nicht die Zauberruthe,
Holtest Hennen aus der Kammer,
Stahlst Birkhühnchen aus der Stube?
Hast du nicht mit grimmen Griffen
820 Meine Truhe mir zertrümmert,
Gold und Silber fortgeführet?
Glänzt das Kleinod meiner Klingen
Nicht in deiner Faust, du Falscher?
Wem gehört das güldne Glöcklein,
Das an deinem Finger funkelt?

Bist du räub'ger Hund kein Räuber,
Kannst den Diebstahl keck du leugnen?"

Kalew's Sohn verstand's· zur Stunde,
Gab die schlaue Gegenrede:
830 „Was erwähnst du Vorigjähr'ges,
Vorigjähr'ges noch erneuernd?
Eines Weitmauls Wortgefechte,
Breiter Kiefern Klippgeklapper
Hielt man sonst für Weiberweise,
Für das Ziel von Kinderzänken.
Fanden Männer Grund zu fechten,
Eine Willkür wett zu machen,
Kannte man kein Wortgekeife,
Kein Geknarr der Kieferknochen.
840 Stärke mußte, mannhaft trotzend,
Jeden schlimmen Zwiespalt schlichten.
Warum nahmst du Reißaus, Range,
Bargst dich in des Bodens Höhlen,
Eh' der Kampf noch ausgekämpfet?
Nachts im Schutz des Schattens kamst du
Wicht, im Walde uns zu foppen,
Schufst dich uns zum Zwerggeschöpfe,
Unsern Kessel leer zu kosten.
Tritt doch hinterm Ofen her jetzt,
850 Komm doch gleich aus deiner Kammer,
Gehen flugs wir auf die Fläche,
Kürzlich nicht entschiednes Kampfspiel
Rechten Brauchs zu End' zu bringen.
Darum lenkt' ich meinen Lauf ja
Hieher auf der Hölle Pfade,
Und verließ die liebe Heimath.
Daß nun gleiches Recht uns richte,
Stärke steh in gleicher Schale,
Schieb' ich's Schwert in seine Scheide,
860 Mache los das muntre Glöcklein."

Solche Worte sinnig sprechend
Schlang er los des Glöckleins Schlinge,
Schob das Schwert auch in die Scheide.

Der Gehörnte zagte zaudernd,
Kam dann blaß aus seiner Kammer,
Weiß wie Schnee war seine Wange:
Bange Furcht hat ihn erfasset,
Seinen Geist in Wirrniß werfend,
Daß er keinen Pfad mehr kannte,
870 Nicht mehr wußte, was er wollte.
Meinte zwar das Männchen jetzo,
Kraft zu schöpfen aus der Schale,
Stählung seiner Leibesstärke.
Doch die Hand, die zaghaft zittert,
Und auf irr'ger Fährte fingert,
Hat den falschen Napf gefasset,
Drin der Kräfte Kränkung wohnte,
Floß das Wasser der Verwelkung,
Die den sichern Sinn versehret,
880 Hemmt im Haupt dem Mann das Denken.

Kalew's kerniger Erzeuger
Sieht die Sache sehr besonnen,
Greift im Nu zum andern Napfe,
Seine trockne Kehle tränkend.
Dessen mächt'ges Wunderwasser,
Das den Leib mit Stärke labet,
Ließ wie durch ein loderud Feuer
Hoch des Lebens Wogen wallen.

Bleibe nun des Kampfes Kunde
890 Eines neuen Sanges Sache,

Einer neuen Spindel Spende.
Hat die Brückenschlacht doch heute

Auf dem Höllengang des Helden
Haufenweis Gespinnst geheischet,
Schon die Spindel schier ermüdet.

Neunzehnter Gesang.

Auf der grauen Vorzeit Grenzen
Sind von fährlichen Gefechten
Späte Spuren nachgeblieben,
Häufiger als heut zu Tage;
Doch auf unsres Helden Heerfahrt
Leuchtet hehr wie hellste Sonne,
Kundbar mehr als alle Kämpfe,
Weit berühmt das harte Ringen
In des Höllenherrn Behausung.
10 Wälder wußten es und Berge,
Felsenriffen ward's geraunet,
Moor und Sumpf vernahmen Nachricht,
Wasserwogen ward's gemeldet:
Denn des Bodens dröhnend Beben,
Weißer Schaum des wilden Meeres,
Machten kund die mächt'gen Thaten.

Auf dem Wasen ward bereitet,
Auf der Hofstatt eine Stelle,
Ziemend zu der Kraft Erprobung.
20 Altgewohnter Weise packten
Sie sich heftig bei den Hüften,
Hart das Hosenband erfassend,
Um, mit zehen Nägel zerrend,
Kraft des Körpers kund zu geben.
Reichlich röthet Blut die Nägel,
Blaues Schwellen färbt die Finger.

Wenn auch das Entkräftungswasser,
Das Verwelkungsnaß des Napfes,
Schon des Bösen Kraft gebändigt,
30 Seine Macht ermüdet hatte,
Und des Kalew kern'gem Sohne
Wasser, Doppelstärke wirkend,
Beff're Leibesmacht geliehen:
Währte dennoch dieser Wettkampf,
Rastlos Ringen beider Männer,
Sieben Tage sonder Halten,
Sieben Nächte sonder Nachlaß,
Bis allendliche Entscheidung
Und der sich're Sieg sich zeigte.

40 Wohl versucht der Wirth der Hölle
Hinterrücks mit Teufelstücke
Seinem Feind ein Bein zu biegen:
Kalew's köstlicher Erzeugter
Steht wie stärkster Eichbaum aufrecht,
Klebt wie schwerster Eisenklumpen,
Stolpert nicht von seiner Stelle.

Zug um Zug die zorn'gen Männer
Hoben hoch sich in die Höhe,

Schwenkten dann mit schwerem Krache
50 Sich erboſt zu Boden wieder;
Wie von Kõu's Wetterſchlägen
Schütterten die flachen Fluren,
Bebten auch die Felſenberge,
Schäumten ſchaurig auf die Wogen.

Kalew's kerniger Erzeugter
Wußte weislich ſich zu wehren;
Glatt wie Schlangen gleitend oben,
Schleim'gem Aal gleich ſchlüpfend unten,
Fuhr er aus der Fauſt des Böſen.
60 Fuß und Ferſe feſter preſſend
Stemmt er ſich zu ſtarker Stütze:
Dennoch droht der Helden Hochkraft
Endlich langſam zu erlahmen.

Wachſam ſchaut der Mutter Schatten,
Wie der Sohn ermattet mälig;
Kurz gefaßt nimmt ſie die Kunkel,
Schwenkt ſie zehenmal geſchwinde
Ueber's Haupt in heft'ger Drehung,
Wirft ſie heftig dann zu Boden,
70 Wink und Weiſung ihrem Sohne.

Kalew's kerniger Erzeugter
Wußte ſich der Mutter Meinung
Leicht und löblich auszulegen,
Packte feſt den Feind am Knieband,
Quetſcht am Hoſenquerl den Unhold,
Hebt wie Windſtoß ihn gewaltig,
Wie die Kunkel hoch zu Häupten,
Schwenket zehenmal geſchwinde
Wie 'nen Quaſt von Werg den Wüthrich,
80 Wirft ihn ſchwirrend dann im Schwunge
Rücklings auf den Raſenboden,
Kniet ihm auf die Bruſt, die knacket,
Faßt die Gurgel mit den Fäuſten,
Will den Alten ſchier erwürgen!
Langt nach ſeinem Lendengürtel
Um den Böſen feſtzubinden.
Darauf ſchleppt er den Geſchlag'nen
Stracks am Strang zur Eiſenkammer,
Bindet ihn mit Eiſenbanden,
90 Kettet ihn mit Eiſenketten,
Händ' und Füße feſt umſchnürend.
Schlingt dann eine dritte Schlinge
Reifringartig um den Hals ihm,
Vierte Heftel um die Hüften:
Feſtigt drauf der Feſſeln Enden
In der felsgefügten Mauer,
Rollt vom Raſen einen Stein her,
Häuschenhoch, als Thür zu dienen,
Bindet dran des Halſes Heftel,
100 Knüpfend ſie mit ſtarken Knoten,
Kreuzend ſie mit Eiſenklammern,
Daß der Flegel nicht vom Flecke
Aus dem Wohnraum weichen konnte.

Kalew's kerniger Erzeugter
Wiſcht den Schweiß ſich von den Wangen,
Spricht ſodann, den Spott nicht ſparend:
„Laß dir nur, du Leidesvogel,
Du am Fuß gefeſſelt Hühnchen,
Nicht die Zeit zu langſam ziehen;
110 Klage Klippen deinen Kummer
Wäldern deines Wehes Bürde,
Starren Steinen deine Sorge,
Dürrem Strauchwerk deine Nöthe!
Wünſche ſchick dem Wieſenmoore,
Deine Seufzer ſende Diſteln,
Deinen Jammer dem Wachholder.
Unſre Schuld iſt, ſchau, getilget,
Schlimme Krümmen ſind geſchlichtet.
Recht hat wohl das Glück gerichtet,
120 Beſſ're Kraft mit Sieg geſegnet."

Neunzehnter Gesang.

Hub drauf an der Fürst der Hölle:
„Wahrlich, hätt' ichs wissen können,
Vorher volle Einsicht haben,
Später sich're Deutung denken,
Es im Traumgesicht nur sehen,
Welch ein Schicksal mir beschieden,
Welches Wehe meiner warte:
Wär' ich aus dem Wohngemache,
Weg vom Ofen nicht gewichen,
130 Hätte, deinen Fersen folgend,
Weite Triften nicht betreten,
Auf den Feldern nicht geforschet.
Kalew's köstlicher Erzeugter,
Du im Sieg gewalt'ger Bruder!
Jauchze doch nicht vor dem Abend,
Rühm des Tages Gang nicht früher,
Bis zur Ruhe sinkt die Sonne,
Sich ins Dämmerlicht verlierend.
Glückes Ei hat zarte Schale,
140 Zäher ist das Herz des Unglücks;
Noch vor Abend kann das Unheil,
Können sechs der Plagen kommen.
Laß dich werther Freund erweichen,
Laß mit Gold die Schuld mich löschen,
Sie mit Silber deckend sühnen." —

Als der Held nichts hören wollte,
Fing der Alte an zu fluchen,
Böse Worte wild zu wettern.

Kalew's köstlicher Erzeugter
150 Lenkte lustig seine Schritte
Nach des Teufels Thalerstube,
Nach der guten Goldschatzkammer,
Wo das traute Gold in Truhen,
Silber sonder Maß in Kisten,
Heimlich in Versteck gestellt war.
Gleich begann er Gold zu scheffeln,
Silber reichlich aufzuraffen,
Einzusammeln es in Säcke.
Füllt 'nen Sack, füllt einen zweiten,
160 Füllet ferner einen dritten,
Füllt den vierten noch zum Spaße.
Als er nun noch füllt den fünften,
Ruft ein Mäuschen aus der Ritze:
„Nimm doch nimmer, lieber Buder,
Allzuviel in tollem Taumel!
Lange währt der Weg dem Wandrer,
Bald erliegt der Last der Träger."

Kalew's Sohn verstand's zur Stunde,
Warf den fünften Sack zur Seite,
170 Ließ ihn auf dem Tonnrand liegen.
Band die andern viere paarweis,
Oeffnung knüpfend an die Oeffnung,
Auf die Achseln leicht zu lupfen,
Auf dem Nacken fortzuführen.

Gar nicht groß die Säcke Goldes
Waren, doch auch gar nicht winzig:
Mochten dreier Tonnen Maße,
Rig'scher Loofes leichtlich sechse,
Sich in jedem Sack befinden.

180 Kalew's kerniger Erzeugter
Warf nun ungesäumt ein Sackpaar
Sich auf seine rechte Schulter,
Lud das andre auf die linke,
Druck und Reibung für den Rücken.
Wendet hurtig dann sich heimwärts,
Strebt die Beine streckend fürbaß.

Drob erdröhnt die Eisenbrücke,
Strebebalken knarr'n und knacken,
Ecksteine wanken, weichen
190 Von des hehren Helden Goldlast.

Höllenheims betagte Mutter
Keifte heftig hinterm Ofen,
Schalt und schimpfte hinterm Herde,
Fluchte laut, die Zähne fletschend:

„Mögst du, mögst du — also
　　　fluch' ich,
Mögst du auf dem Marsche sterben,
Auf dem flachen Felde fallen,
In dem Erlenhain verhauchen,
In dem Birkenhaine bersten,
200 Hinterm Zaune steif erstarren,
An des Weges Rand gerinnen,
Hinterm Busche mufflig modern,
In des Waldes Bruch verwittern,
In dem Wiesensumpf versäuern,
In dem Dickichte verderben,
In dem Moos des Moors verwesen.
Werde dann dein Leib zur Weide,
Fettes Futter für die Wölfe,
Reiche Atzung für die Raben,
210 Imbiß für das Wild des Waldes!"

Kalew's kerniger Erzeugter,
Unbewegt von der Verwünschung,
Wandelt weiter schwere Pfade,
Rüstig rudernd seine Schritte,
Liegt auch schwer die Last im Nacken,
Drückt auch schon der Schatz die
　　　Schultern.

Ein Stück Wegs schon ohne Weilen
War die Unterwelt durchwandert,
Rege nach dem Rand der Lichtwelt,
220 Als er rastet, um zu ruhen,
Seinen müden Leib zu laben.
Ob er Stunden lang gelegen,
Oder einen Tag geschlafen —
Davon ward dem Mann kein
　　　Merkmal,
Konnte ihm kein Zeichen künden:

Säumniß, durch die Noth gesendet,
Hinderniß, die Füße fesselnd,
Hatten jetzt nicht mehr den Helden
Auf dem Höllenpfad gehemmet.

230 Nun begann ein Schimmer nieder
Von der Lichtwelt her zu leuchten,
Nächtig Dunkel zu vernichten,
Finsternisse fortzuscheuchen.

Kalew's kerniger Erzeugter
Keuchte unter Goldlast gehend,
Hitze hob das Roth der Wangen,
Trieb das Haar von Schweiß zu
　　　triefen,
Ließ den Leib von Dampfe rauchen;
Trocknen Gaums nach Labung
　　　lechzend
240 Haucht der Hehre heißen Athem.

Alew's werthgehalt'ner Spröß=
　　　ling,
Der allda noch wartend weilte,
Saß allein am Saum der Tiefe,
An der Höllenhöhle Mündung,
Dort, wo kühn der Sohn des Kalew
Unterweltwärts war gestiegen.
Alew's Sohn harrt bange sorgend,
Harret Morgens, harret Abends,
Wachend noch bei nächt'ger Kühle.
250 Schon ein Jahr lang schien die
　　　Zeit ihm,
Da der Mann sie überdachte:
Konnte doch den Tod der Theure
In Gefahr gefunden haben.

Einst als schon der Tag im
　　　Scheiden,
Drang, wie fernher fürder kommend,
Dreister Mannessang erdröhnend
In das Ohr des Alewsohnes.
Aus dem Abgrund rauscht es
　　　rasselnd,
Schritte tönen aus der Tiefe.

260 Alew's Sohn bedenkt es sinnend;
Lauschend dem vernomm'nen
　　　Lärmen,

Späht er in des Bodens Spalte,
Ob des Kalewsohnes Kommen,
Seine Auffahrt sichtbar werde.

Dämm'rutig hatte nun die Nacht schon
Leis' in Thaues Schoß geleitet,
Da erst setzt der Sohn des Kalew
Auf der Lichtwelt Saum die Sohlen,
Wirft von sich die Säcke Goldes,
270 Schleudert hin die Säcke Silber,
Läßt aufs Feld sich selber fallen,
Recket seine Rückensehnen,
Dehnt des müden Leibes Glieder.

Alew's werthgehaltner Sprößling
Trägt gleich her zum Trunke Wasser,
Für den Lechzenden zur Labung,
Für den braven Schätzebringer.

Kalew's Sprößling spricht und fraget:
„Laß mich wissen, werther Bruder,
280 Ob ich lange fort war, ferne
In der Schattenwelt verweilend?"

Alew's werthgehaltner Sprößling
Giebt ihm Aufschluß, wie's gegangen,
Daß der Wochen wohl schon dreie
Auf der Streife schon verstrichen.

Kalew's Sohn hub an zu sagen:
„Davon konnte Kunde haben
Keine lebende Menschenseele,
Kein Sinn konnte es erdenken,
290 Auch der Weiseste nicht wissen.
Dort stehn weder Zahlenweiser,
Noch enthüllt der Himmel Zeichen,
Um der Tage Maß zu messen,
Länge der Nächte zu erlernen.
Höllentag enthüllt nicht Sonne,
Mondlicht mangelt hier den Nächten,
Noch auch stehn am Himmel Sterne.
Haust kein Vogel hier in Hainen,
Nicht vernimmt man Kuckucks Rufen;
300 Nie deckt Nebelkleid den Rasen,
Nie auch schöne Thauesnässe,
Woran Nacht- und Tagesgrenzen
Der Beschauer unterschiede."

Gab dann reichlichen Bericht ihm,
Wie's gewesen in der Hölle,
Wie Verwehrungen zu fünfen,
Ferner Fesselungen sechsfach
Ihm den Wandel hart gehemmt,
Bis zuletzt in rauhem Ringen
310 Er in Bande schlug den Bösen,
Fesselnd ihn mit festen Ketten.

Alew's Sohn hat einen Ochsen
Hat des Waldes Farr'n gefället,
Der noch gar nicht ging im Joche,
Sieben Sommer keinen Pflug sah,
Zehn Jahr keine Furche zog noch.
Vormals wurde wohl der Bulle
Jedes Jahr zum Fest gefangen,
Von der Trift zum Hof getrieben,
320 Um ihn schleunig abzuschlachten,
Um das Riesenthier zu tödten,
Ihm sein Lebenslicht zu löschen.
Ihn am Halse hielten tausend,
An den Hörnern hundert Männer,
Zehen zerrten an den Schenkeln,
Siebzig schwer an seinem Schweife.
Kein Mann lebte hier zu Lande,
Stärk'rer nicht an andern Stätten,
Vor die Stirn den Stier zu schlagen,
330 Schweren Schwindel ihm zu bringen,
Und das ries'ge Thier zu tödten.

Alew's werthgehaltner Sprößling
Der erschlug den schlimmen Ochsen:
Schwingt geschwind sich auf den Nacken,

Packt mit fester Faust die Hörner —
Sausend fährt die Axt hernieder,
Haut aufs Haupt das Beil dem
    Ochsen,
Kitzelt ihm die Kehl' das Messer.
Hundert Fässer füllt der Blutstrom,
340 Tausend Tonnen nehmen's Fleisch
    auf.

Machten sich die starken Mannen
Beide bald an's Abendessen,
Ihre Leiber zu erlaben.
Kalew's verniger Erzeuger
Füllte seinen Bauch zum Bersten,
Daß er anschwoll wie 'ne Schober,
Warf sich auf den Rasen nieder,
Derbe Speise zu verdauen.

Alew's junger Sohn indessen
350 Setzt sich auf die Säcke Goldes,
Auf der Silbersäcke Zipfel,
Um die Schätze zu beschirmen,
Daß kein Räuber sie zu rauben,
Kein Dieb zu entwenden wage,
Lüstern lange Finger machend.

Kalew's verniger Erzeuger
Ruht vom Rausen in der Hölle,
Von der Kampfesmüh' Ermüdung,
Von der Last des lieben Schatzes.
360 Ruht 'ne Nacht, ruht auch den
    Tag noch,
Auch am zweiten zwingt ihn
    Schlummer,
Bis zur dritten Tageshöhe.
Meilenweit des Schnarchens
    Schnaufen
Dringt, des Athmens rastlos Rau-
    schen,
Wie wenn Rosses Hufe hallen,
Heere hinziehn über Brücken;
Es erbebt die Bodenfläche,
Bäume schwanken und Gebüsche.

Um des dritten Tages Mitte
370 Hasteten sich heim die Männer,
Alew's werthgehaltner Sprößling
Nahm 'nen Sack auf seinen Nacken,
Kalew's Sohn die andern Säcke.

Kalew's köstlicher Erzeuger,
Der nach seiner Höllenheerfahrt,
Viel des Guten unsern Gauen
Schuf zu Aller Heil und Hulden,
Lebte selbst in Lindanisa
Froh mit seinen werthen Freunden.

380 Olew, städtegründungskundig,
Hatte noch drei Städt' erbauet:
Sah die eine gegen Süden,
Gegen Osten ging die zweite,
War zum West gewandt die dritte,
Wo den Alten Schutz beschieden,
Greise ihre Ruh begrüßten.
Kalew's köstlicher Erzeuger
Hatte einen Sack voll Goldes
Zu den Städten schon gesteuert;
390 Drei noch lagen wohl verwahret
Zu Bewirkung andrer Werke.

Sämtlich nun die Freunde
    sagten,
Kalew's Sohn mit Bitten drängend:
„Nimm den Werbkrug, werther
    Bruder,
Angebinde in die Beutel,
Liebesköder in die Kober,
Frisch nach Kungla auf die Freite,
Dir ein Weibchen zu erwählen.
Hauseshühnchen heget Kungla,
400 Viere sind dort minn'ge Maide;
Gehn wir denn die Vögel fangen,
Sammeln wir sie von dem Saatfeld,
In dem Dickicht aus den Dohnen.
Kungla's Jungfrau'n zetteln Zeuge,

Wirken goldenes Gewebe,
Starken Stoff aus Silberfäden,
Flechten rothe Bortenbänder."

Kalew's Sohn verstand die Rede,
Sprach darauf, den Spott nicht
    sparend:
410 „Laßt uns eine Stadt erstellen,
Ganz von Zinn die Wälle gießen,
Hochzeitszimmer zierlich schmücken,
Seidenbetten sauber ordnen,
Bau'n wir sie aus blanken Blümchen,
Fert'gen wir aus Faulbaum Thürme,
Wohl aus Ahorn die Umwallung,
Stattliche Stuben dann aus Eicheln
Hochgemächer aus Hühnereiern;
Daß die Waller, die von weitem
420 Kommen, voll Erstaunen stehen,
Die Gescheidten sinnend schauen,
Kluge klar sich machen wollen,
Wozu Kalew's Sohn wohl solche
Stadt gezimmert, Wälle zinnern?
Kalew's Sohn schuf eine Luftstadt,
Schuf auch schöne Freierkammern,
Goß ein Bettchen ganz aus Golde,
Flocht aus Seidenflocken eines.
Könntet ihr hinein nur kommen,
430 Drin den schönen Spaß zu schauen —
Fändet feine Seidenfäden,
Troddeln, die man treibt aus Silber,
Rings die Ränder sind von Sammet,
Mit dreifachem Goldgewebe,
Nüsse oberhalb genagelt,
Aepfel unterhalb gehänget,
Kirschenzweige hell dazwischen,
Mitten inne Edelsteine."

„Nehmt 'nen guten Gaul zu
    Handen,
440 Pflegt ein Pferdchen, wie gebührlich,
Füttert fein den Sattelträger,
Wartet wohl des braunen Wallachs!
Laßt ihn vor den andern grasen,

Vor dem Frühroth auf der Wiese.
Treibt vor andern ihn zur Tränke,
Noch vor Tage auf den Feldrain;
Mästet heimlich recht das Reitpferd,
Schafft ihm Scheffel vor der Helle,
Meßt ihm früh des Hafers Maße,
450 Doppelmaße dann am Morgen,
Menge Scheffel drauf am Mittag
Füttert's einen Mond und zweie,
Einen Theil auch noch vom dritten,
Eine Woch' etwa vom vierten;
Dann ist's Zeit, das Pferd zu zäumen,
Zeit, den Schimmel anzuschirren.
Dann beginn' ich Freiergänge,
Spute mich auf Jungfernspuren,
Komm' in Perlbehalster Kammern,
460 Steh vor der Behaubten Stuben
Macht der Morgenthau den Pelz
    naß,
Fällt auf neuen Rock der Nebel,
Auf das Wamms der weiche Regen,
Schlagen Schloßen auf das Tuch mir:
Dann geht Kalew's Sohn zu freien,
Sich ein holdes Weib zu holen."

Kalew's köstlicher Erzeugter
Saß gesellt mit seinen Freunden,
Freudenruf ertönt vom Tische,
470 Lautes Lachen aus der Kammer.
Kannen machten rings die Runde,
Krüge Meth in Männerhänden,
Jubelnd jauchzten auf die Männer!
Schütteten auf den schönen Estrich
Weißen Schaum aus Weihebechern,
Opfer für des Hauses Hüter,
Für der Wohnung mächt'ge Wächter.
Ward gebracht auch frische Brühe,
Gab', auf Uku's Stein zu stellen.

480 Saß ein Sänger hinter'm Tische,
Harfner in der Helden Mitte,

Ließ ein Lied im Fluge rauschen:
„Waren fünf im Feld vor Alters,
Fand im Fichthain goldne Sechse,
Moos bot sieben Heimlichkeiten,
Achte hegt das Kraut der Haide:
Knüpfte draus der Worte Knoten,
Sammelte die seltnen Sagen.
So vernahm ich manche Märe,
490 Solche Silberoffenbarung.

„Vogel Siur, des Taara Tochter,
Vogel Siur mit blauen Flügeln,
Seidenschillerndem Gefieder,
Ohne Vaters Willen ward er,
Ohne Mutterbrüten wuchs er,
Wider seiner Schwestern Wünsche,
Wider seiner Brüder Willen.
Nimmer fand ein Nest der Vogel,
Schwälbchen keine Brütestätte,
500 Wo es durfte Daunen wechseln,
Flüggefedern blutreich formen.
Uku's Rathschlag richtet anders:
Es bereitete Altvater
Seinem Töchterlein Windesflügel,
Windesflügel, Wolkentheiler,
Schwanke Schwingen für das
                           Kindchen,
Weit es in die Welt zu tragen.

„Vogel Siur, die Tochter Taara's,
Vogel Siur mit blauen Flügeln,
510 Flieget lange, flattert lange,
Fliegt und flattert gegen Mittag,
Dreht sich dann und bringt nach
                           Norden,
Ueber Welten drei hinfliegend.
Eine war die Welt der Jungfrau,
Kam dann krauser Köpfchen Wohn=
                           ort,
Drauf das Heim der lall'nden Kinder,
Lall'nder Kinder Lagerstätte.

„Vogel Siur reckt' aus die Flügel,
Dehnete die Seidenfitt'ge,
520 Fliegt und flattert unterm Himmel,
Nahet sich dem Sitz der Sonne,
Naht des Mondes hellem Hause,
Kommt zur kleinen Kupferpforte.

„Vogel Siur reckt' aus die Flügel,
Dehnete die Seidenfitt'ge,
Flieget lange, flattert lange,
Kehrt zur hohen Heimath Abends.
Fragt der Vater seine Tochter:
„Wo bist flatternd du geflogen,
530 Wohin bist du weit gewandert,
Was ersah dein Marderauge?"

Siur verstand es, gab die Antwort,
Und versetzte sonder Bangen:
„Wo ich flatternd glitt im Fluge,
Ließ ich Flitter niederfliegen,
Wo ich mich im Schwung gewendet,
Ließ ich Seidenfedern sinken,
Wo ich fächelte den Fittig,
Spillt' ich Spulen aus dem Schweife.
540 Was mein Marderaug' erschaute,
Davon könnt' ich sieben Sagen,
Achte könnt' ich wohl verkünden.
Wallte lang auf Köu's Wegen,
Auf des Regenbogens Bahnen,
Längs des Hagels harten Pfaden;
Lange schwebte ich alleine,
Schwebte einsam auf den Schwin=
                           gen —
Bis ich fand der Welten dreie.
Eine war die Welt der Jungfrau,
550 Zweite die der krausen Köpfchen,
Dritte die der lall'nden Kinder,
Lall'nder Kinder Lagerstätte,
Wo die Schönen gut gediehen,
Wo die Seidenen erwuchsen."

„Was du hörtest, nicht verhehl' es,
Was du sahest, mach' uns sichtbar!"

„Was ich hörte, gold'ner Urahn,
Was ich sah, geliebter Vater?
Hörte schöner Jungfraun Scherze,
560 Scherze und auch scharfen Kummer,
Lustig Necken der Gelockten,
Wimmern dann der Wickelkinder.
Weshalb schöne Jungfraun scher-
  zend,
Weßhalb liebliche Gelockte
Einsam und verlassen lebten,
Nicht als Bräute und nicht brütend,
Wollte allerorts man wissen.
Hat Urahn nicht Sternenknaben,
Sternenknaben oder andre,
570 Liebliche Maide zu erlösen,
Holdgelockte auszuhorchen?"

Taara, der's begreift, erwidert:
„Fliege Tochter, flattre Tochter,
Fliege Tochter hin gen Mittag,
Schwebe dann, dich westwärts wen-
  dend,
Drehe dich und bringe nordwärts,
Schlüpfe hin vor Uku's Pforte,
Vor der Abendmutter Schwelle,
An den Rain der Nordensmutter:
580 Frage dort nach frischen Freiern,
Nach Erlösern für die Liebchen."

Kalew's Sproß, der vielbe-
  sproch'ne,
Saß gesellt mit seinen Freunden,
Freudenruf ertönt vom Tische,
Lautes Lachen aus der Kammer.
Kannen machten rings die Runde,
Krüge Meth in Männerhänden,
Jubelnd jauchzten auf die Männer!

Alew's Sohn der wackre Knabe,
590 Ließ ein Lied im Fluge rauschen:
„Netzt die Kehlen, goldne Bursche!
Schüttet Schaum den Hausbe-
  schützern,
Trinkt den Meth ihr jungen Männer,
Leert die Kannen bis zum Grunde,
Daß kein Tropfen trief' am Boden,
Keine Feuchte in den Kannen!
Reifen werf' ich auf die Felder!
Dann die Dauben in den Erlwald,
Henkel hin zu Ebereschen.
600 Wo die Reifen hingeworfen,
Da entstanden starke Eschen,
Wo die Dauben hingeschleudert,
Da erwuchsen weise Eichen,
Wo die Henkel hingeschmissen,
Da entwickelten sich Wolken,
Wo das Naß den Boden netzte,
Spület spielend hin die Meerfluth,
Blinken weithin auf die Wogen.
Was entsprießt dem Meeressprudel?
610 Meerentbunden sind zwei Bäume,
Glückes Apfelbaum der eine,
Weiser Eichbaum war der andre.
Eichhornschaaren auf den Aesten;
Vögel zwitschern auf den Zweigen,
Hoch inmitten horsten Adler.
An der Wurzel quollen Quellen,
Fische fuhren hin am Ufer,
Schnäpel groß, mit grauem Rücken,
Lachse breit, mit streif'gen Stirnen.
620 Weiber weilen sich ergetzend
Bis zur Wade in den Wellen,
Halb im Meere blonde Maide,
Lockige im Laich der Fische.
Was denn suchen solche Mädchen,
Und was fischen hier die Holden?
Fisch fing selbst die Fischerinnen,
Lachs die allerliebsten Kinder,
Doch das Wasser griff den Bruder,
Wellen würgeten den Knaben.

630 „Suchte ungesäumt den Bruder,
Mutter weinte sehr um's Söhnchen.

In die Wellen ging ich willig,
Bis zum Halse in den Fischlaich,
Herzhaft in die tiefen Höhlen.
Was nun fand ich in den Wellen?
Fand ein Schwert im Schwall des
    Meeres,
Flimmernd Eisen in den Fluthen.
Greife nach dem Schwert geschwinde,
Doch vom Ufer ruft die Schwester:
640 „Komm nach Hause, braver Bruder,
Komm in größter Hast nach Hause!
Auf dem Todbett liegt der Vater,
Und die Mutter giebt den Geist auf,
Schon verscheidet auch der Bruder.
Schwester ist aufs Stroh gestrecket,
Auf der Diele liegt ihr Leichnam."
Weinend wandt' ich mich nach Hause,
Hastete betrübt zur Heimath.

  „O du list'ges, lügenhaftes
650 Doppelzüngiges Frauenzimmer!
Mitten im Gemach sitzt Vater,
Hat den Bierkrug in den Händen;
Mutter scheret Seidenschäfchen,
Scheret sie mit goldner Schere;
Schwester knetet Hefenbröte,
Trägt den Silberreif am Finger;
Auf der Brache pflügt der Bruder:
Kiuda keucht gekrümmt im Anspann,
Kiuda pflügt gebeugten Buges.
660 Walli zieht, der Kopf ihm wackelt.
Schillingstücke scharrt auf Kiuda,
Alte Münzen wälzt auf Walli,
Holt hervor die harten Thaler.
Schillinge gab's schier zwei Metzen,
Scheffelmaß von alten Münzen,
Eine Tonne voll mit Thalern."

  Kalew's Sproß, der vielbe-
    sprochne,
Saß gesellt mit seinen Freunden,
Freudenruf ertönt vom Tische,
670 Lautes Lachen aus der Kammer.
Kannen machten rings die Runde,
Krüge Meth in Männerhänden,
Jubelnd jauchzten auf die Männer!

  Sulew's Sohn der saubre Knabe,
Ließ ein Lied im Fluge rauschen:
„Hopfen, stolz vom Strauche stre-
    bend,
Hübsche Trauben herrlich häufend,
Wenn er ringelnd hoch sich richtet,
Dehnt er reichlich seine Ranken,
680 Schlingt sie um die schlanken Stützen.
Munter denn ihr jungen Männer,
Streift ihn ab von seinen Streben,
Löset lustig ab die Trauben,
Laßt ihn dörren auf der Darre,
An die Riege rings gestapelt.
Dorther kommt er in den Kessel,
Dringet tapfer in die Tonne,
Kriecht auch bald zum Bier ins
    Halbfaß,
Wirrt den Muth in Männerköpfen,
690 Wirrt ihn auch in Weiberköpfen,
Ja, berückt selbst junge Mädchen.

  „Als mein Liebling weg sich
    wandte,
Auf die Freite fuhr mein Bruder,
Da durchflog er weite Fluren,
Strich durch große Haidestrecken.
Ihm begegnen Mädchen viere,
Vier gelockte liebe Kinder.
Fraget sie alsbald der Freier:
„Warum fernher auf die Felder
700 Kamt von Hause nur, ihr Holden?"
Wohl verstanden es die Mädchen,
Gaben gleich die Gegenrede:
„In die Stadt hin ziehn wir Vöglein,
In die Vorstadt gehn wir Guten,
Auf den Markt wir Täubchen
    taumeln,

Auf die Straße wir Zerstreuten.
Bursche lachten beim Gelage
Unsrer einst, uns Mägdlein mäkelnd;
Lästerzungen ziehn im Dorfe,
710 Im Bezirke lungern Lügner;
Diese sind es, die uns kränken,
Uns, die Täubchen, schändlich schimpfen."
Fangen wollte ich die Feinen,
Schlingen stell'n den schlanken Kindern:
„Maid, laß sehen dein Gesicht mich,
Sehn den rothen Rand der Wangen!"
Flüchteten da flink die Mädchen,
Eilend über ferne Felder,
Hin zum Dorfe hast'gen Schrittes.
720 Hurtig eilt ich nach den Holden,
Angestrengt gestreckten Laufes,
Lugte lauernd an der Pforte,
Spähte durch der Wände Spalten:
Schlaf bezwang die zwerghaft Kleinen —
Als den schalen Scherz ich schaute,
Stand alsbald mein Herze stille,
Und erfror im Winterfroste.

„Hopfen, stolz vom Strauche strebend,
Hübsche Trauben herrlich häufend,
730 Hüpfe nicht in Mädchenhäupter,
Spiele, spaße nicht mit Jungfraun,
Leid erwächst aus langem Jubel."

Kalew's Sproß, der vielbesprochne,
Saß gesellt mit seinen Freunden,
Freudenruf ertönt vom Tische,
Lautes Lachen aus der Kammer,
Kannen machten rings die Runde,
Krüge Meth in Männerhänden,
Jubelnd jauchzten auf die Männer!
740 Konnten wahrlich es nicht wissen,
Sinnend nicht voraus es sehen,
Nicht durch kluge Rechnung rathen,
Was dem Festlärm auf der Ferse
Für ein Unheil mochte morgen
Noch vor Morgenröthe nahen.

Sputeten sich schon die Boten,
Keuchend nahte Kriegsverkündung,
Schon geschirrt sind braune Rosse,
Fein bedeckt mit Bärenfellen,
750 Fliegen flink nach Lindanisa,
Um dem Könige zu künden
Bange Botschaft von dem Kriege.

Pleskaus Grenzen sandten Boten,
Lettland lieferte den andern —
Jenseits von des Taara Eichwald
Böse Botschaft zu berichten,
Lärm des Krieges zu erläutern.

Landeten in Lettland Schiffe
Hageldicht voll Eisenmännern,
760 Her vom Peipus andre Haufen,
Von der Wenden weitem Reiche,
Von der grimmen Polen Grenze,
Die den Reichthum zu entreißen,
Stand des Friedens zu zerstören,
Freude dreist zu tilgen drohten.
Eilt, macht fort ihr Botenfüße,
Mit dem Nothbericht im Ranzen,
In dem Wams das Wort der Obern.

Kalew's Sproß, der vielbesprochne,
770 Saß gesellt mit seinen Freunden,
Lärmend in der hohen Halle,
Ließ im hellen Jubeljauchzen
Laut ein Lied der Lust aufrauschen:
„Laßt uns trinken, Brüder, trinken,
Methes Süße mag uns munden,
Rasen wir im Rausch des Hopfens,
Jauchzen wir bei Bechern Bieres,

Bei des Hochgelages Humpen!
Lasset uns die Kannen leeren,
780 Schütten wir den Schaum zu Boden,
Auf dem Estrich ihn verstreuend:
Dann wird Glück uns gleicher blühen,
Eine hold're Zeit anheben!

„Reifen werf' ich in den Kirsch=
hain,
Becherdeckel in den Birkwald,
Dann die Dauben in den Erlwald,
Schleudre auf das Feld den Boden:
Morgen geh' ich selber suchen,
Noch vor Tages Thau zu spähen,
790 Was aus Reifen in dem Kirschhain,
Aus dem Deckel dann im Birkwald,
Aus den Dauben in dem Erlwald,
Aus dem Boden auf dem Felde,
Vor der Dämm'rung wohl ge=
wachsen,
Nächt'ger Kühle sei entsprossen?
Reifen wuchs zur Kinderwiege,
Deckel ward des Dorfes Schaukel,
Dauben wurden Sangestische,
Boden ward zu Sangesbänken.
800 Dorfes Dirnen, goldne Mädchen,
Glaskrellenhälse gingen schaukeln,
Lustige Lieder anzustimmen:
Lieder wühlten auf die Wellen,
Wellen schaukelten die Schiffe.
Ließen los ein Schiff die Dirnen,
Munter auf dem Meer zu singen;
Warfen Halsschmuck auf die Weiden,
Schwangen Perlen auf die Schwa=
den,
Ketten auf die stein'gen Stellen,
810 Bänder auf den sand'gen Boden,
Ringe auf den rauhen Kiesgrund.
Hoben Hechte aus der Fluth sich,
Schwalben flogen auf den Fluthen,
Schwarzfisch schwamm herauf aus
Morast;

Holten Halsschmuck von den Weiden,
Perlen von den schweren Schwaden,
Ketten von den stein'gen Stellen,
Bänder von dem sand'gen Boden,
Ringe von dem rauhen Kiesgrund.
820 Hell um Hülfe schrie'n die
Mädchen,
Baten laut mit banger Zunge:
Komm zu Hülfe, Harrien's Knabe,
Rett' uns rüstig, Pernau's Knabe!
Doch nicht hört' es Harrien's
Knabe,
Noch vernahm es Pernau's Knabe.
Beistand bot der Felsenknabe,
Der die Schwedenharfe handhabt.
„Warum weint ihr doch, ihr
Mädchen,
Führet herbe Klag', ihr Holden?
830 „Ließen los ein Schiff in's Wasser,
Auf den Wellen uns zu wiegen,
Munter auf dem Meer zu singen.
Warfen Halsschmuck auf die Weiden,
Schwangen Perlen auf die Schwa=
den,
Ketten auf die stein'gen Stellen,
Bänder auf den sand'gen Boden,
Ringe auf den rauhen Kiesgrund.
Hoben Hechte aus der Fluth sich,
Schwalben flogen auf den Fluthen;
840 Schwarzfisch schwamm heraus aus
Morast;
Holten Halsschmuck von den Weiden,
Bänder von dem sand'gen Boden,
Ringe von dem rauhen Kiesgrund."

Sprach der feine Felsenknabe,
Der die Schwedenharfe handhabt:
„Weinet nicht, ihr werthen Mädchen,
Trauert nicht, ihr trauten Gold'nen,
Denn man wird die Diebe packen,
Räuberbrut in Eisen schlagen."

850 Ließ die Harfe hell ertönen,
Ihrer Zunge Zauber schallen,
Ließ ein Sagenlied erklingen.
Furcht erfaßt das Meer, das lauschet,
Wolken sehen seltsam nieder.
Hechte hoben aus der Fluth sich,
Schwalben flogen auf den Fluthen,
Schwarzfisch schwamm heraus aus
    Morast;
Brachten wieder werthe Zierden,
Händigten sie ein den Holden:
860 Felsenknabe bot nun bittend
Seine Hände einer Huldin:
„Thu' dich, Täubchen, mir zu eigen!
Jeder Tag bei uns ist Festtag,
Ein Gelag das lange Jahr durch."
„Kann nicht kommen, Felsenknabe,
Kann nicht kommen, werther Bruder!
Unser harr'n zu Hause Freier,
Schwand erst Sommer, hebt erst
    Herbst an,
Bellen bald des Dorfes Hunde,
870 Fahren her die Eisenfäuste,
Kommen an mit Wein und Kobern.
Gottes Lohn für güt'ge Hülfe,
Dank für deine will'ge Wohlthat,
Haben Beß'res nicht zu bieten."

Da nun so der Sohn des Kalew
Jauchzte bei dem Jubelfeste,
Laute Freudenlieder singend,
Ließ sich blicken Lapplands Weiser;
Schlau des Helden Kniee um-
    schlingend
880 Wispert er die Schmeichelworte:
„Gebe gutes Glück dir Uku,
Widme Weisheit dir der Himmel,
Dir und der Gesellen Sippe!
Wenn im Hause hier die Hochlust,
Freudentaumel wogt und wallet,
Dann beschere mir beim Scheiden,
Daß ich freudig weiter wandre

Meinen Gang zur Heimath gehend.—
In der Rumpelkammer räumend,
890 Emsig in den Winkeln wühlend,
Raubte es geraume Zeit mir,
Bis ich unverhofften Heiles
Ehegestern, tief im Thurme,
Wahrnahm unterm Steingewölbe
Angeheftet das Verheiß'ne,
Angelöthet das Gelobte,
Nun vergönne mir's zu nehmen,
Auf den Weg mich machend morgen."

Kalew's Sohn entgegnet Solches
900 „Meines Wissens weilt kein Bulle
Angeschlossen hinter Schlössern,
Harrt kein Hündchen angebunden,
Sind auch Schätze nicht beschirmet,
Keine Sklaven angekettet.
Thue kund, was du im Thurme
Unterm starren Steingewölbe
Sonderliches hast gesehen?"

Warrak der's begriff, erwidert:
„Traf mein Blick beschrieb'ne
    Blätter,
910 Fand ein Buch, der Band von Eisen,
War an Ketten fest gekettet.
Gönne mir die Gunst, das Kleinod
Alter Schrift nach Haus zu holen."

Kalew's terniger Erzeugter
Kannte nicht die Schrift an Ketten,
Konnte sich auf nichts besinnen,
Konnte keine Deutung finden,
Wie der weise alte Kalew
Seines langen Lebens Ernte,
920 Weisheitssprüche hoch ersprießlich
Hatte hier verzeichnen lassen.
Wie Gesetze hier besiegelt,
Rechte klar bestätigt standen,
Hohem Könige verkündet,
Niedern Leuten auch erläutert.

Köstlicher als Gold und Silber
Stand gebuchet in dem Buche
Alter Zeiten Herrenzustand,
Ruhm und Rechte unsrer Ahnen,
930 Schönster Schatz auch für die Schwachen.
Warrak wollte dieses Kleinod
Seinem Land zum Heile haben.

In dem Rausch des Lustgelages
Ließ sich Kalew's Sohn verlauten:
„Nimm das Werk nur, alter Warrak,
Zeitvertreib für Winternächte,
Bei der Lampe Licht zu lesen.
Wohl Verwunderliches magst du,
Manches Säcklein eitler Märe,
940 In die Blätter blickend finden."

Sulew's Sohn spricht scharf dagegen,
Olew's Sohn versucht zu bitten:
„Laß es, Lieber, doch erst prüfen,
Eh', was dir gehört, du hingiebst.
Wer wird denn die Sau im Sacke
Unbesehn mit Hast erhandeln?
Hätte wohl dein weiser Vater
Fest gefesselt diese Schriften,
Sie mit Schlössern wohl verwahret,
950 Wenn nicht Wohlthat draus erwüchse,
Nicht Ersprießliches entspränge?"

Kalew's köstlicher Erzeugter
Will nichts hören von der Warnung,
Sondern sagt mit heit'rem Sange:
„Wenn das Buch auch Bestes böte,
Und ein Heil, das noch geheim ist,
Muß der Mann Gelöbniß halten:
Stier am Horn, den Mann am Worte!
Lehrt ein alter Spruch uns löblich."

960 So gebot er, das gebund'ne
Buch dem Warrak nicht zu weigern.
Mit drei Ketten angekettet,
Mit drei Schlössern war geschlossen
Das geheim gehaltne Büchlein.
Schlimm! kein Schlüssel war zu finden,
Die mit Rost bedeckten Ringe
Von den Schlössern loszulösen.
Warrak wußte, wo die Schlüssel,
Ließ nur listig nichts verlauten.

970 Kalew's Sohn alsbald gebietet:
„Brechet nur die Mauer nieder,
Stoßt heraus die Felsensteine,
Sammt und sonders mit den Ketten,
Welche in der Wand sie halten."

War der schwere Stein gewichen
Aus der Mauer mit dem Buche,
Ward gewälzt auf einen Wagen
Vorgespannt ein Joch von Ochsen,
Schleunig fort den Schatz zu schleppen.
980 Hin zum Hafen ging die Fuhre,
Ward aufs Schiff geschafft die Ladung;
Säcke Goldes hatte selbst schon
Warrak listig bringen lassen.

———

Heftig hasteten sich Boten,
Sprengten spornstreichs über Brücken,
Zu den Thoren flugs sich tummelnd;
Drob erbebten Brückenbogen,
Und erzitterte das Stadtthor.

Kalew's Sohn fragt, will es wissen:
990 „Wer ritt spornstreichs über Brücken,

Daß die Brückenbogen bebten,
Daß die Thore zittern thaten?"

Man berief alsbald die Boten
In des Kalewsohnes Kammer,
Wo sie rasch Bericht ihm gaben:
„Schon ist Krieg herangerudert,
Wälzt sich nach der Feindschaft
        Wagen,
Fahnenlieder tönen lauter,
Funkeln schon der Speere Spitzen,
1000 Schimmern droh'nd der Aexte
        Schärfen.
Stracks vom Strand nah'n Eisen=
        männer,
Hell in Haufen Höllensöhne,
Frieden frevelnd zu vernichten,
Joch auf unser Land zu laden.
Alte Männer zagen, zittern,
Weinend stehn im Winkel Weiber,
Zarte Mädchen sind in Zähren,
Trübe trauern junge Mütter."

Kalew's Sohn fragt, will es
        wissen,
1010 „Was denn machen junge Männer?
Wachsen stetig denn nicht Starke,
Und erheben sich nicht Helden,
Schützend, schirmend Hochbetagte,
Frieden gebend frommen Greisen?

Melden drauf alsbald die Boten:
„Bangend stehen unsre Bursche,
Sorge sengt die jungen Männer;
Schwertes Schwung bricht nimmer
        Eisen,
Noch den Stahl die starke Streit=
        axt."

1020 Kalew's Sohn sprach darauf
        Solches:
„Labt mit Speis' euch, liebe Brüder,
Netzt die trocknen Kehlen, Kinder,
Leibes Müdigkeit zu lindern."

Gern dann gönnt man Schlaf den
        Männern,
Leget sie auf linde Kissen,
Auf ein Seidenbett zur Ruhe,
Auf ein Flaumenbett zum Schlum=
        mer.

Kalew's köstlicher Erzeugter
Wollte nimmer Schlaf anwandeln,
1030 Schlummer nicht sein Aug' be=
        schleichen.

Auf den Anger ging der Gute,
Seinen Kummer dort zu kühlen,
Schlimmer Laune Gram zu löschen.
Ging zu seines Vaters Grabe,
Setzte hin sich auf den Hügel.

Doch das Grab giebt keine Kunde,
Nichts der Hügel läßt verlauten.
Klagend rauschten rings die Wellen,
Stöhnend stieg empor der Wind=
        stoß,
1040 Trübe war des Thau's Gewandung,
Thränen hingen am Gewölke.

Geisterschatten schwankten schau=
        rig,
Schwebten auf im Schwung des
        Windes;
Kalew's kerniger Erzeuger
Wandelte zur Wohnung gramvoll.

Zwanzigster Gesang.

Nächtlich Düster deckt die Haine,
Harmvoll hüllen ringsum Nebel
In des Schreckens bleiche Farbe
Goldner Hügel helle Bilder.
Wellen wälzen sich gebrochen
In des Grames Runzelfalten;
Dichter Nebelwolken Decke
Birgt das Angesicht der Sonne.
Rauscht etwa ein Regenschauer,
10 Schwere Hagelschloßen schleudernd,
Auf die dürren Fluren nieder?
Schlug der Schild des Kalewsohnes
Lauten Lärmens an die Felswand,
Oder hat der blut'ge Krieg schon
Schweren Mord heraufbeschworen?

Singe, singe, Vogelzunge,
Sinnreich töne, Silberschnabel,
Goldner Kuckuck, gieb uns Kunde,
Was für schlimme Saat gesä't ward,
20 Reichen Mord zur Reife bringend?

Tiefes, stilles Thal des Todes,
Blachfeld, heiß nach Blute lechzend,
Sammelst Tausende von Leibern,
Starr im Schoß des Staubs zu
    liegen,
Schlafend in der Erd'Umschlingung.

Kalew's köstlicher Erzeuger!
Fuhrst du von des Abends Fitt'gen
Heute her, um zu bekunden
Deines letzten Wehes Wunden?
30 Flogst du her, Freund, zu erzählen,
Aus der Zeiten Born zu bieten
Deiner Laufbahn letzte Sänge?
Keines Feindes Obmacht konnte,
Kein Krieg konnte Tod dir bringen;

Nur des Kummers Ketten konnten
Vor der Zeit die Kraft dir kränken;
Schmähefluch des Schmieds von
    Finland,
Selbstgewählte Unheilsworte,
Rasch dem Schwerte zugeraunet,
40 Stürzten dich in böses Sterben.

Nach des Kriegsberichts Verneh=
    mung
Konnte Kalew's kern'ger Sprößling
Wahrlich nicht mehr zögernd weilen,
Nicht das Festgelag verlängern.
Sandte Sendlinge zu Rosse,
Krieger baldigst zu entbieten,
Treue Kämpen anzutreiben,
Daß sie auch zum Krieg sich rüsten.

Eh er dann von dannen eilte,
50 That er kund dem Alewsohne,
Redete zum Sulewsohne:
„Weder Gold in kalten Kellern,
Noch in Truh'n verschloss'nes Silber
Wird im Krieg vor Raub gewahret,
Vor der Diebes Hand behütet.
Schaffen wir den Schatz in Höhlen,
Bergen ihn in der Erde Busen,
Wo kein Diebesgriff ihn greifen
Und kein Räuber ihn mag raffen.
60 Scheint die Sonn' erst wieder schöner,
Blüht des Glückes Blick von neuem,
Hol'n wir aus der Haft die Habe,
Unterm Hügel her die Goldlast."

Ward im Kies' nun eine Grube
Im verborgnen Raum gerichtet,
Von den Drei'n selbdritt gegraben;
Säcke Goldes senkt man nieder,
Birgt allda das saubre Silber.

Jetzt von finstrer Nacht umfangen
70 Sagte so der Sohn des Kalew:
„Unterm Schutt im Schoß der Erde,
In des glatten Kies'es Grunde,
Scharr' ich unter tiefster Lehmschicht
Süßes, das im Sturm erworben.
Laß hinab den Hut von Golde,
Ferner noch den Fang der Schlachten,
Die im Krieg errung'nen Spangen,
Siegesgold, im Kampf gewonnen,
Silberperlen von der Mutter,
80 Schweres Halsgeschmeid' aus Münzen,
Alte Kreuze, Rubelstücke,
Henkelmünzen, Ränderthaler,
Nebst verschied'nen Scheidemünzen,
Von den Vätern her ererbet,
Fern gesammelte Kopeken.

„Drei mit dunkelrothem Blute
Seien's, sonder weiße Haare,
Drei lebend'ge Wesen würge:
Schwarzen Hahn mit Doppelkamme,
90 Schwarzen Kater oder Köter,
Drittes sei der unterird'sche
Schwarze augenlose Maulwurf.
Wenn Johannislohe lodert,
Hebe leuchtend auch der Hort sich!
Bringt ein Mann die schwarzen Dreie
Günst'ge Blutkraft auszugießen:
Fahr' empor drei Fuß der Kessel,
Und noch eine Faust hoch ferner!
Merke auf das Wortgemurmel,
100 Taara's wohlverschloßne Weisheit.
Wenn des Mannes Mutter fehl ging,
Sei's mit Fremden oder Sippen,
Falle nicht der hier gefeite
Schöne Schatz in seine Hände!
Keuscher Mutter Kindern komme,
Unbescholtenen der Schatz zu."

Legte an den Kies die Lippen,
Hauchte hin geheime Sprüche,
Flüsterte gewalt'ge Worte
110 Keinem Andern jemals kundbar,
Keinem Sinnenden ersinnlich,
Als dem Liebling lautren Glückes,
Dem die hohe Gunst gegönnet,
Schier als seltnes Loos bescheret,
Kessel Goldes los zu lockern,
Aus dem Grund den Schatz zu graben.

Noch ist nicht der Mann geboren,
Nicht an's Licht gebracht das Glückskind,
Das des Kalewsohnes Goldschatz,
120 Glückesfang des feinen Silbers,
Aus dem Hügel heben mochte,
In verborgner Gruft ergreifen.

Als des Morgens mächt'ger Lichtschein
Röthete des Himmels Antlitz,
Faßte Kalew's Sohn das Schlachtschwert,
Nahm den Speer mit schneid'ger Spitze,
Aus der Kammer her den Heerschild,
Zog die Stute aus dem Stalle,
Von der Krippe weg das Streitroß;
130 Alew's Sohn soll mit dem Schilde
Auf dem Fuß dem Helden folgen.
Hob das Horn dann an die Lippen,
Stieß alsbald ins Horn mit Stärke,
Ringsher Völker zu berufen,
Seinen Mannen anzumuthen,
Rasch zum Kriegszug sich zu rüsten.
„Tutu-lutu, Tutu-lutu!"
Rief das Horn des Kalewhelden.
Berge merken's, Wälder merken's,
140 Windeswehen will entschlummern,
Stürm'sches Meer sich still besinnen
Bei des Kalewhelden Hornruf;
Bebend boten sie die Antwort,

Weiter wälzend den Befehlsruf.
Hörten ihn der Strand von Wier-
  land,
Jerwens und auch Harriens Marken,
Auf der Wiek die weiten Wiesen,
Pernau unter laub'gen Linden,
Allentaken horcht dem Horne,
150 Hin bis Dorpat dringt es dröhnend.

„Tutu=lutu, Tutu=lutu!"
Rief das Horn des Kalewhelden;
Berge merken's, Wälder merken's,
Windeswehen will entschlummern,
Stürm'sches Meer sich still besinnen
Bei des Kalewhelden Hornruf;
Bebend boten sie die Antwort,
Weiter wälzend den Befehlsruf,
In die Ferne fort ihn tragend.
160 Rasch beruft das Volk die Krieger,
Sendet sie auf Todespfade,
Rüstet sie zu rauhem Kriege.
Bruder badet auf dem Ofen,
Mutter rollt ein reines Hemde,
Vater zäumt und ziert das Pferdchen,
Oheim säubert Gurt und Sattel,
Dorfgenoß macht blank die Sporen,
Schärft ein anderer die Klinge,
Macht sie schneidig auf dem Wetz-
  stein.
170 Härmt sich auf dem Hof die
  Schwester.
Flennet auf der Flur die zweite.
Liebchen weint im Wohngemache.

„Tutu=lutu, Tutu=lutu!"
Rief das Horn des Kalewhelden;
Berge merken's, Wälder merken's,
Windeswehen will entschlummern,
Stürm'sches Meer sich still besinnen
Felsen horchen auf in Fürchten
Bei des Kalewhelden Hornruf.
180 Bebend boten sie die Antwort,

Weiter wälzend den Befehlsruf,
In die Ferne fort ihn tragend.
Schwoll des Bläsers starke Stimme
Weithin bis nach Wierlands Gren-
  zen,
Jerwen, Harrien erreicht sie,
Auch der Wiek gedehnte Wiesen,
Pernau unter laub'gen Linden.
Alentaken hört die Stimme,
Die bis Dorpats Weichbild durch-
  dringt,
190 Auch noch Pleskau's Grenzen tref-
  fend.
Hurtig kommen Kriegerhaufen,
Treten an die Fahnenträger,
Todesbahnen bald zu wandeln,
Blut'ges Blachfeld zu beschreiten.
Boten hasten hin und wieder,
Rings umher im ganzen Reiche,
Um die Trägen anzutreiben.
Schwester lehrt den lieben Bruder:
„Meinen braven Bruder schmück' ich,
200 Schmücke ihn und leih' ihm Lehre.
Mein geliebter braver Bruder!
Reitest du auf Todesbahnen,
Kommst du auf des Kampfs Gefilde,
Jage ja nicht vor den Andern,
Halte ja nicht hinter Allen;
Jene ersten jäh erschlägt man,
Während man die letzten würget;
Halt' inmitten dich der Männer,
Nahe bei dem Bannerträger.
210 Heil kehrt heim das Volk der Mitte."

Weibchen weinet in dem Winkel,
Gattin stöhnet in der Stube:
„Wer mit Liebeswärme hegen,
Wird umhalsen mich, die Holde?
Erle lindert nicht mein Leiden,
Ahorn schwichtigt nicht die Schwer-
  muth,
Birke bietet nicht Umarmung."

„Tutu=lutu, Tutu=lutu!"
Rief das Horn des Kalewhelden.
220 Berge merken's, Wälder merken's.
Windeswehen will entschlummern,
Stürm'sches Meer sich still besinnen,
Felsen horchen auf in Fürchten
Bei des Kalewhelden Hornruf.
Bebend boten sie die Antwort,
Weiter wälzend den Befehlsruf,
In die Ferne fort ihn tragend.
Krieger zogen raschen Zuges,
Flogen über weite Flächen,
230 Auf den Ruf des hohen Recken,
Todeswege zu durchwallen.

Kalew's kerniger Erzeugter
Ritt auf seinem Schlachtenrosse,
Hitzig hin zu Taara's Haine,
Wo das Heer sich sammeln sollte;
Ließ dort laut das Tutu=lutu
Aus dem Horn des Krieges hallen,
Daß das Heer vom Weg nicht weiche,
Sondern sich im Walde finde.

240 Aus dem Wald ein weißer Vogel
That jetzt kund dem Kalewsohne:
„Schärfe nur dein Schwert aufs
  schönste,
Wetze vorher deine Waffe,
Hämm're deines Speeres Spitze,
Wenn die Männer du zu morden,
Die Gewaltigen zu würgen,
Auf das blanke Blachfeld eilest."

Kalew's Sohn ersah geschwinde
Dieses weisen Vogels Willen,
250 Sucht sich selber rasch 'nen Schleif=
  stein,
Heischet Hämmer von dem Schmiede;
Schliff sodann sein Schwert ge=
  schwinde,

Wetzte wacker seine Waffe,
Hämmerte des Speeres Spitze.

An des Mutterbaches Ufer
Trafen sich die saubren Krieger.
Auf Geheiß des Kalewhelden
Kam heran der Sohn des Sulew,
Mit ihm Freunde auch in Masse,
260 Olew's Sohn, mit ihm die Seinen.
Fanden ein sich feste Männer,
Schaarten sich die strammen Streiter,
Wohl von Wierland ein halb
  Tausend,
Oesel sandte sechsmal hundert,
Sieben hundert sandte Finland.

Hub nun an der Held zu zählen,
Sondernd auf der freien Fläche
Seine Schaaren abzuschätzen,
Recken all' in dunkeln Röcken.

270 Schon des fünften Abends
  Schatten
Säumte rings den Rand des Tages,
Als die letzten läss'gen Männer,
Die verspäteten erschienen.

Kalew's kerniger Erzeugter
Ließ ein Lager auf der Eb'ne
Schleunig von dem Kriegsvolk
  schlagen,
Räumte einen Tag zur Rast ein,
Hieß das Heer am nächsten rüsten.
Dann am dritten, noch vor Dämmer,
280 Lange noch vor Tages Leuchten,
Hastet sich das Heer zum Aufbruch,
Schlachtenpfade einzuschlagen.
Bald von Taara's Berg ausrückend
Nahm das Heer den Marsch gen
  Morgen.

Schon bei andern Tages Scheiden
War entfacht des Krieges Feuer,

Tobte schon das Schlachtgetümmel
Mit den stahlbedeckten Rittern,
Die von fern die Schiffe führten,
290 Die die Welle uns zum Wehe
Spielend an das Ufer spülte.

Kalew's kerniger Erzeuger
Hieb umher den halben Tag lang
Machtvoll, ohne zu ermatten,
In den Reih'n der Eisenritter.
Morgens fiel sein Pferd von Füßen,
Stürzte hin das herz'ge Rößlein,
Unterm Schlag der Eisenmänner.

Schwächern schwand die Kraft, sie welkten
300 Hundertweis auf letztem Lager;
Hiebe harter Eisenmänner
Schufen ihnen schaurig Sterben,
Mochten nun sie auf den Nacken
Oder auf die Stirne stürzen.

Wucht'ge Streitart, blut'ge Waffe,
Schlimmen Schlages niederschmetternd,
Traf des Sulewsohnes Hüfte,
Flog ins Fleisch bis auf den Knochen.
Fiel der Bruder aufs Gefilde,
310 Sank der Mann hin auf die Matte,
Reichlich rieselt Blut in Strömen,
Droht das Leben auszulöschen.

Kam gerannt der Runenweise,
Um des Bluts Gewalt zu wenden,
Um den starken Schmerz zu stillen.
„Blutstrom, Blutstrom, bist nicht Wasser,
Blutstrom, Blutstrom, Lebenshonig!
Wohin quillst du von der Quelle,
Rinnest weg vom Rand des Brunnens?
320 Staue, Ader, dich zu Steine,
Härte dich, Blut, zu Eichenholze;
In des Adersteines Enge
Taara, laß das Blut erstarren."

Als das Blut dem Wort nicht willfahrt,
Aber nicht sich beugt der Bitte,
Läßt der Runenweise wieder
Hochgeheime Reden rudern,
Eisenworte, daß sie wirken
Als ein mächt'ges Hemmungsmittel;
330 Drückt die Ader mit dem Finger,
Festigt sie mit rothen Fäden,
Haucht sie an mit Heilungsathem,
Stillend so die stete Blutung.

Siedet nunmehr eine Salbe,
Wunderbalsam für die Wunde,
Mischung aus neun mächt'gen Kräutern,
Die der hohe Weise heimlich
Nachts im Kühlen nur bei Mondlicht
Ausgerauft auf rother Haide,
340 Aufgesammelt auf dem Sande,
In dem Fichtenhain gefunden;
Strich die Salbe auf die Strieme,
Wehvertilg'rin auf die Wunde,
Wand dann um die Wunde Schlingen,
Legte Leinwandbinden drüber.

Kalew's kerniger Erzeuger
Kühn durchbrach der Ritter Reihen,
Warf sie auf dem weiten Plane,
Daß des Feindes Macht ermattet,
350 Daß er floh in hellen Haufen.

Leichen lagen auf dem Blachfeld,
Wie des Heues schwere Schwaden,
Wie der Hagel an den Halden;
Lachen Bluts auf ödem Lande

Stehen wie des Regens Rinnsal
In des Feldes trocknen Furchen.
Todte Häupter hundertweise,
Körperglieder tausendweise.

Wilden Kampfes Mordgewühle,
360 Sengeglut der heißen Sonne,
Machten matt den Sohn des Kalew,
Schier erschöpfend schon den Sieger.
Starr geworden war die Zunge,
Klebte trocken an dem Gaumen.
Da ihn quält des Durstes Dauer,
Geht er schleunig von dem Schlacht=
feld,
Nach dem See, die Zung' zu netzen.

Als er zu des Leibes Labung
Zu des starken Durstes Stillung
370 Aus den Wellen Wollustzüge
Gurgelnd in den Schlund geschlürfet,
Blieb im Grund von Trank kein
Tröpfchen,
Nichts als schwarzer Mull und
Moder.

Unterm Rasen reihenweise
Um den See zusammt geschichtet,
Grub man ein die jüngst Gefall'nen,
Die erschlag'nen theuren Todten;
Daß, wenn Regen niederrieselnd,
Wenn verborg'ner Bäche Zufluß
380 Weit ausbreiteten die Wogen
Ob der trüben trocknen Stätte:
Lispelnd die geliebten Geister
In der Wasserwogen Wallung
Mitternachts die Weile würzten.

Ein paar Tage mußten ruhen
Von dem Sieg die müden Männer;
Heileten die herben Wunden,
Hauchend über harte Schäden.
Wer nicht klagte, der schliff Klingen,
390 Schärfte Scharten von den Aexten,
Hämmerte der Speere Spitzen,
Schnitzte Pfeile für den Köcher.

Dann bei dritten Tages Däm=
mern
Schob man Ranzen auf die Schulter,
Kriegsgeräthe auf den Rücken.
Darauf wieder weiter zog man,
Wandelte den Weg des Blutes
Hinter Kalew's hohem Sohne,
Der mit seinem Waffenträger
400 Wies die Wege allen Andern.

Zog das Heer zum heil'gen
Strome,
Weilte an des Wöhand's Ufern.
Steine bringt der Sohn des Kalew,
Bricht im weiten Walde Bäume,
Fällt' die festesten der Eichen,
Schlägt die köstlichsten der Kiefern
Olew baut 'ne breite Brücke,
Fertigt eine feste Fähre.

Als beschritt das Heer die Brücke
410 Sträubten sich die Strebebalken,
Wollten weichen Kantensteine.

Dichtgedrängte Polenschaaren,
Mordbegierige Tataren
Auch ein litthauisches Fähnlein
Hatten ausgespürt Spione,
Daß sie Fuß gefaßt bei Pleskau.

Heißer Kampf erhebt sich wieder,
Rasselnd rollt des Krieges Wagen.
Kalew's kerniger Erzeugter
420 Walket weidlich durch die Feinde,
Treibt zur Flucht den Troß der
Polen,
Metzelt männlich die Tataren!
Gierig frißt das Schwert die
Fremden,

Mähet hin sie auf die Haide,
Haut herunter Polenhäupter,
Gleichwie Beeren auf den Boden,
Gleichwie Nüsse vom Gesträuche,
Gleichwie Hagel auf die Halden!
Leichen lagen auf der Erde
430 Aufgehäuft zu Klafterhöhe;
Schoß aus dieser Schicht ein Blut=
   strom,
Der fünf Spannen hoch sich hebet.

Andern Tages hielt man tapfer
Todtentanz mit den Tataren.
Kalew's kerniger Erzeugter
Schleudert in den Todesschlummer
Hunderte vom Heer der Feinde;
Tobend warf das Mordschwert
   Männer
Nieder auf die Rasenfläche.

440 Sieben Tage saust der Kampf schon
Hin und her, die Stätte wechselnd,
Wen'ger werden schon die Mannen,
Viele Häuptlinge des Heeres
Lagen leblos unterm Hügel;
Sulew's Sohn fand hier sein Ende,
Welkte jung noch auf dem Walplatz.

Kalew's kerniger Erzeugter
Rafft zusammen jetzt die Reste,
Führte wild sie gegen Russen
450 Tanz des Todes aufzuführen;
Gab dem Alewsohn die Weisung,
Vordermänner zu zermalmen,
Mittelmänner mürb zu machen.

Alew's werthgehaltner Sprößling
Dem Geheiß des Freund's gehorchend,
Stürmte mit des Wind's Gewalt an,
Um zu fällen Feindesschaaren.

Tapfrer Schwerter tödtlich Toben,
Langer Speere Stoß und Stechen,

460 Zorn'ger Sensen herbe Hiebe,
Schwerer Aexte mörd'risch Schwin=
   gen
Streckte Viele bald zu Boden,
Daß sie welkten auf der Walstatt.
Blutig färbt sich das Gefilde,
Röthlich schimmern die Gesträuche.

Kalew's kerniger Erzeugter
Ließ nun Halt dem Heer gebieten,
Ließ das Blutbad stille stehen,
Bis er die gefall'nen Freunde
470 In des Rasens Bett geborgen.

Zu des Sulewsohnes Grabmal
Ward ein Hügel hoch gehäufet,
Ward ein Krug, umkränzt mit
   Steinen,
Hingestellt am Fuß des Hügels,
Worin des Verbrannten Asche
Zum Gedächtniß ward bewahret.

Ob nun wohl der Sohn des Kalew
Andern Tages die Tataren,
Wenden auch darnieder würgte,
480 Fielen von der lieben Folgschaft
Estenstammes doch in Menge;
Solche, die noch übrig, suchten
Furchtbekümmert zu entkommen.

Olew's Sohn mit Alew's Sprös=
   ling,
Kalew's Sohn, gesellt als dritter,
Standen stet wie Eisenwände,
Fest wie Felsen unerschüttert,
Mit der Wucht gewalt'ger Eichen
Gegen ganze Feindesheere.
490 An des Unheiltages Abend
Als versank der Sonne Antlitz
In dem kühlen Dämm'rungsdüster,
Mußte auch die Schlacht entschlum=
   mern,
Stille steh'n die blut'ge Arbeit.

Wandten sich die drei Gewalt'gen
Jetzt zur Eb'ne, strebten streifend
Um ein Wasser zu gewahren,
Wo sie ihre Kehle könnten
Aus der Fluth sofort befeuchten.

500 War ein kleiner See im Thale,
Eingefaßt von hohen Hügeln,
Roth gefärbt von Abendröthe,
Himmlisch Leuchten unsern Helden.
Dicht ans Ufer gehn die Guten,
Um den Durst im See zu dämpfen.
Alew's werthgehaltner Sprößling
Neigt den Hals zum Ufer nieder,
Doch trat fehl mit müdem Fuße —
Stürzte mit Gewalt ins Wasser,
510 Sank sofort in seine Tiefe.
Hastig woll'n die Beiden helfen,
Konnten leider ihren Liebling
Nicht aus Todes Rachen retten.
Trugen trauernd den Erstarrten
An den Strand auf trockne Strecke,
Wo sie einen Hügel häuften,
Schlummerbett für den Entschlaf-
nen.

In der Sonne schönem Schim-
mer, —
Bloß dem Glückesblicke sichtbar,
520 Leuchtet durch die laut're Welle
Hell des Starken Eisenhaube,
Auch sein Kampfschwert mit drei
Kanten,
Was dem See zum Sinngedächtniß
Blieb, vom Alewsohn zu zeugen.

———

Jene neu'sten Kriegesnöthe,
Nebst dem schweren Tod der Nächsten,
Trübten Kalew's Sohn die Seele.
Ruh' errang er nicht bei Tage,
Hatte Nachts auch kein Behagen,
530 Frühlicht löschte nicht sein Leiden,
Dämm'rung dämpfte nicht sein
Grämen.
Druck des sorgenschweren Sinnes
Lag auf Kalew's kern'gem Sohne.

Darauf ließ er Worte wallen,
Sich eröffnend Olew's Sohne:
„Glanzesblüthen aus der Glücks-
zeit,
Blümchen frisch aus Freudentagen,
Sind verwehet von dem Wasen,
Sind verwelket auf den Wiesen,
540 Sind vertrocknet auf den Triften,
Sind verrieselt von dem Rasen,
Fortgestiebet von dem Faulbaum,
Fortgeweht vom Erlenwäldchen,
In des linden Lenzes Mitte,
Mitten in der Brache Pflügung,
Eh' der Sommer bald geboren,
Eh' die langen Tage leuchten.
Darum tönt der Kuckuck Kummer,
Vogelwitwe singet Sorge,
550 Nachtigall verglomm'ne Glückszeit.

„Eiche, dürr auf junger Dorf-
mark,
Birke, trocken bald im Frühling,
Unbelaubt im Wald von Laube,
Weile ich verwaist von Freunden,
Baar geworden braver Brüder,
In des Kummers Kerkerbanden.
Hin sind Tage holder Freude,
Abenddunkel deckt die Glückszeit.

„Nimm nun Olew's Sohn, mein
Bruder,
560 Fasse fest der Herrschaft Zügel,
Hochgewalt der Königshöhe;
Wahre wacker Wierlands Boden,
Hüte Harrien's heim'sche Fluren,
Halte schützend sie in Händen,

17*

Eile flugs nach Lindanisa,
Nach der Kalewhelden Heimath,
Laß sofort mit festen Wällen
Rings die ganze Stadt umgürten,
Gräben zeitig um sie ziehen,
570 Wackre Feinde abzuwehren,
Schutz und Schirmstatt für die Alten,
Eisenmauer greisen Männern,
Trauerwohnung für die Witwen,
Jammerwinkel für die Jungfrau'n,
Zährenkammer für die Zarten:
Die zusamt in Sehnsuchtsbanden
Weinen, weil verwaist an Freunden,
Trauern um die treuen Gatten,
Jammern um die jüngst Erschlag=
nen,
580 Daß das Naß der Augen nimmer,
Thränen nicht von Wangen weichen.
Muß mich nun von hinnen machen,
Mich als Trauervogel trennen,
Schwan, zu andern Wellen wallend,
Aar, in andern Horsten horstend,
Ente, bergend sich in Binsen,
Decken mich im tiefen Dickicht,
In der stillsten Schattenstätte,
In dem Laub der Trauerbirke,
590 Um verklung'ne Zeit zu klagen,
Schwere Schmerzen zu beschwich=
gen,
Unglück gänzlich zu vergessen.

„Walte künftig über Wierland,
Daß das Volk sich freu' des Frie=
dens,
Hold sei deine Hand den Niedern;
Sei ein hochbeglückter Herrscher,
Mehr als Schicksal mir beschie=
den."

Kalew's köstlicher Erzeuger
Trennte sich alsdann in Trauern
600 Von den Wiesen, die da weinten,
Von den Halden, die sich härmten.
Eine Höhle sucht der Held sich,
Einsam will er künftig weilen
In des dichten Waldes Dämmer,
Wo das Wandeln nicht der Wand'rer,
Noch der Kommenden Verkehren
Ihm die Ruhe rauben mochte,
Seinen Sinn vom Kummer wende.

Kalew's köstlicher Erzeugter,
610 Als er in des Kummers Ketten
Manchen Tag im Wald gewandelt,
Hochland hatte dann betreten,
Moos'ge Moore auch durchschritten,
Auch durch sand'ge Strecken strei=
fend,
Fand er sich durch Glückes Führung
Durch geheimer Wünsche Wirken,
An des Koiwastromes Ufer,
Das ihm bot die Bergestätte:
Wo er in des Tannes Tiefe,
620 Im Versteck der Kiefernstämme,
Sich ein Hüttchen hat errichtet;
Wo er bei des Regens Rieseln,
Wie bei schwerer Sommerschwüle,
Und bei tollem Sturmestoben
Seinen müden Körper konnte
Recken und dann ruhig rasten.

Dort, befreit von Fremder Blicken,
Lebte Kalew's kern'ger Sprößling
Ganz wie arme Leute leben,
630 Lebte leidvoll seine Tage,
Und in schwerer Noth die Nächte,
Schlummer schloß nicht seine Augen,
Seine Lider senkten nie sich;
Nun auch nahm er viele Tage
Nimmer einen Bissen Nahrung,
Lebte durch der Luft Erlabung,

Zwanzigster Gesang.

Ward gestählt durch Thaues Stärkung,
Schuf ihm Sonnenschein Gedeihen,
Ward gebäht im Regenbade.

640 Wenn des Hungers Pein ihn packte,
Griff er nach der Angelruthe,
Nach dem Köderspieß für Krebse,
Fing sich Fische aus dem Flusse,
Brachte heim die Brut der Krebse.

Von dem Strand her strichen einstmals
Mächt'ge Eisenmänner Dreie,
Langten an, vom Glück geleitet,
Bei des Koiwaflusses Ufer,
Wo des Kalew kern'ger Sprößling
650 Eine Zuflucht sich gezimmert.
Schmeichelnd redeten die Ritter
Hinterlistig so zum Helden:
„Werther Sohn des weisen Kalew,
Du verwich'ner Herrscher Wierlands,
Sei uns Freund doch und Geselle!
Stärke ruht in deiner Rechten,
Deine Macht ist wohl gewaltig;
Weisheit wohnt in unf'rer Tasche,
Klugheitsborn in unserm Beutel.
660 Wenn denselben Gang wir gingen,
Brav im Joch verbrüdert pflügten,
Könnte kein Feind uns besiegen,
Nimmer uns ein Krieg vernichten.
Gönne die Gewalt der Herrschaft
Dem gescheidter'n Schutzgewährer."

Kalew's kerniger Erzeugter
Hat gehört die schöne Rede,
Kehrt die Augen stracks zum Strome,
Seine Lider weg zur Welle,
670 Wandte den Rücken den Ränkevollen,
Ließ auch nicht ein Wort verlauten.

Flimmernd auf der Wasserfläche
Spiegelt sich dem spähn'den Helden
An dem Strand der Sprecher Bildniß,
Wie, zu tück'schem Thun geeiniget,
Sie die mordbegier'gen Schwerter
Aus den Scheiden ziehend zückten,
Um den Mann mit feigem Morde
Hinterrücks alsbald zu tödten.

680 Kalew's kerniger Erzeugter
Sprach, als er den Schandplan schaute:
„Noch ist nicht das Schwert veräußert,
Nicht das Eisen schon geschärfet,
Heut noch nicht die Hand gewachsen,
Nicht geformt die Fingerglieder,
Die vermöchten meinesgleichen
Bis aufschäumend Blut zu schäd'gen
Ha! verfluchte Höllensöhne,
Hintersinn'ges Mordgesindel!"

690 Solches sagend packt er plötzlich
Einen von den Lügenbolden
Mit den Händen an dem Helme,
Wirbelte mit Windessausen
Um und um den Panzerträger,
Heftig wie 'ne Hedekunkel!
Brausend bricht es durch die Lüfte,
Als ob Nordens zorn'ger Adler
Hinter wüstem Nachtgevögel
Auf des Windes Fittig führe.
700 Schüttelt drauf der Held die Hände,
Wirft den Höllensohn zu Boden,
Daß er halb im Erdreich haftet.

Faßt den anderen Gevatter
Kalew's Sohn am Halsgehänge,
Wirbelte mit Windessausen
Um und um den Panzerträger
Heftig wie 'ne Hedekunkel!

Brausend bricht es durch die Lüfte,
Sausend weht es durch die Wal=
    dung,
710 Als ob starker Sturm sich hübe,
Wirbelwinde tosend tobten,
Wild der TannenWipfel schaukelnd,
Kiefern bis zum Boden beugend,
Eichen toll im Tanze schüttelnd.
Drauf der Held die Hände schlen=
    kernd,
Wirft den Höllensohn zu Boden:
Der steckt bis zur Wang' im Wasen.

Hob sodann den drittenHund auf,
Fest ihn an den Nacken fassend,
720 Wirbelte mit Windessausen
Um und um den Panzerträger,
Heftig wie 'ne Hedefunkel.
Brausend bricht es durch die Lüfte,
Sausend weht es durch die Wal=
    dung,
Rauschend wälzen sich die Wellen,
Wetternd knattert's in den Wolken,
Als ob auf der Eisenbrücke
Im Gefährt mit Kupferrädern
Rasch der alte Pitker rollte,
730 Äike selber dröhnend drohte.
Schlenkert dann derHeld die Hände,
Wirft den Höllensohn zu Boden,
Und begräbt ihn ganz im Grunde,
Daß ein Riß im Rasen nur noch
Künftig von dem Dritten kündet.

———

Nochmals nahte sich ein andrer
Schlauer Bursche, listig lauernd,
Kalew's Heldensohn versuchend —
Den vom Strand die Eisenreiter
740 Handels halber abgesendet.

Als der, schlau die Schlinge
    legend,
Schon geraume Zeit geredet.

Schmiegsam honigsüß geschmeichelt,
Sprach des Kalew Sohn besonnen:
„Wozu, Werthester, vergeuden
Unsre Zeit mit Wortgezänke?
Kneifend, knurrend meldet an schon
Mir der Magen seine Leere.
Geh, mein Guter, an den Fluß doch,
750 Zieh herauf die Köderstange,
Schau, ob reichlich schöne Krebse
Mit der Scheer' am Fraße hängen.
Wenn den Magen ich befestigt,
Will ich dir auf beff're Weise
Klar und klug Bescheid ertheilen."

Schweren Schritts der Eisenritter
Macht sich auf an's Stromesufer,
Selbst zu sehen nach dem Krebsfang,
Und heraufzuziehn die Stange.

760 Wer vernahm so Wunderliches,
Sah zuvor so Sonderbares,
Als sich da den Blicken darbot?
Kalew's Sohn mit festen Fäusten
Hatte keck die längste Kiefer
Ausgerauft mit Stumpf und Stiele,
Und gesteckt als Köderstange
Diesen winz'gen Spieß ins Wasser.

Kraft gebrach dem braven Ritter,
Dieser langen Kieferkörper
770 Aus der Fluth auch nurzurühren —
Gar nicht ging es, sie zu heben.

Kalew's Heldensohn erhebt sich,
Nach der Säumniß selbst zu sehen,
Was des Freundchens freie Schritte
Unvermuthet hält gehemmet.
Kaum am Ufer angekommen,
Hob herauf mit einer Hand er
Aus dem Fluß die Köderkiefer,
Uebers Wasser hoch den Wipfel,
780 Fördert sie drei Fuder Höhe.

Schau, was schaukelt da am Spieße?
An dem Spieße klebt ein Klepper,
Baumelt eines Rosses Leichnam
Heil, das Fell nur abgehäutet.

Kalew's kerniger Erzeuger
Hub nun an, den Spott nicht spa=
    rend:
„Hebe heim dich, bester Bruder,
Mache schnell dich auf zu melden,
Was du an dem Mann gemerkt hast,
790 Was von seiner Kraft gesehen.
Mehr Beweise beut der Boden,
And're zeugnißvolle Zeichen,
Von des Kalewsohnes Stärke,
Seinen jüngsten tapfern Thaten.
Sieh, zur Hälfte sank hier Einer,
Bis zur Wange wich der Andre,
Stirnbeschattet liegt der Dritte,
Hat die Grube sich gegraben
Als ein Denkmal zum Gedächtniß.
800 Ich bin, mein ich, machtbegabter,
Mehr mit Stärke ausgestattet,
Andre reichlich überragend;
Taugt nicht solches Thun zum
    Dienen,
Nicht zur Knechtschaft solche Größe,
Nicht zur Hörigkeit solche Höhe.
Fremder Wille kränkt die Kraft mir,
Lieber führe ich alleine
Hier das Leben armer Leute,
Als ich mich Geboten beuge,
810 Fremder Männer Herrschaft huld'ge.
Denn des Kalewsohnes Nacken
Wird kein Halfterstrang je halten,
Wird nie wund ein Frohnjoch
    drücken."

———

Bübischer Boten Späherfahrten,
Fremder Gäste nicht'ge Gänge,
Wechselwandel eitler Wege

Weckten Zorn in Kalew's Sohne.
Schwer von Sorgenlast beladen
Wandt' er sich zum dichten Walde,
820 Seiner Laune Groll zu lüften,
Wo noch keiner Ferse Fährte,
Keiner Zehe Spur sich zeigte.

Als er, kühlend seinen Kummer,
Einen Tag geschlendert, zweie,
Auch den dritten Tag geschlendert,
Durch den dichten Wald gewandelt,
Führten ihn die Schritte fürder
An den Saum des Peipussees,
Wo sein Fuß auf Glückesfahrten
830 Vormals häufig hat gehaftet;
Wenn auch heute seinem Harme
Ganz entfremdet schien die Gegend.
Als er weit und weiter vordrang,
Kam der kern'ge Sohn des Kalew
An den Bord des Kääpabaches,
Wo er auf der Fahrt nach Pleskau,
In dem Blüthenglanz des Glückes,
In den Schlaf gelullt sein Schlacht=
    schwert,
Den geraubten Blutgefährten —
840 Traun, den Träger zu bestrafen,
Zu verderben den, der's brachte.

Kalew's köstlicher Erzeugter,
Warst im Stande nicht, zu wissen,
Nicht durch Denken dir zu deuten,
Nicht im Traumgesicht zu sehen,
Noch im Schlafe zu entschleiern,
Wie dem Schwerte ward die Wei=
    sung
Durch des Finnenschmiedes Schmäh=
    wunsch,
Durch den markigen Fluch des
    Meisters,
850 Dir den Tod zu bringen, Tapfrer,
Lohnend dir mit blut'gem Lohne.
Rieffst du nicht beim raschen Luftgang

Sichern Sang hin in die Wellen,
Bannspruch in das Wogenbette,
Thatst die Tiefe so beschwören:
„Wenn einmal im Weg des Zufalls
In den Fluß die Sohle senket,
Der zuvor dich selbst getragen,
Dann o Schwert, mein theures, trautes,
860 Beide Beine dann durchschneid' ihm."

Diese wilde Willensweisung
War dem Zauberer gewidmet,
Daß das Schwert mit schwerer Buße
Träfe den, der's hergetragen,
Diebisch in den Fluß es flüchtend.
Doch es war mit Wahn das Schwert schon
Durch den Fluch des Schmieds umflochten.

Als nun Kalew's kern'ger Sprößling
In den Fluß die Sohle senkte,
870 Denkt alsbald das Schwert Gedanken
Und ersinnet solche Meinung:
„Hat zuvor nicht selbst getragen
Mich der Mann als seinen Degen?
Ist's denn nun nicht Recht zu rächen?"

Durch des Fluches Willkür wirkend
Griff nunmehr das mächt'ge Mordschwert
In des Kalewsohnes Körper,
Schnitt ihm schnell ab beide Beine,
Riß sie weg bis ob der Wade.

880 Kalew's kerniger Erzeugter,
Hart von Todespein gepeinigt,
Schrie in schrillen Schmerzenslauten,
Rief um Hülf' in hohen Nöthen,
Kroch auf Händen hin ans Ufer,
Wälzte sich dann auf den Wasen,
Rothes Blut das Feld berieselt.

Blieben gleich die Bein' im Bache
Ob der Wade weggerissen,
Deckt des Kalewsohnes Körper
890 Dennoch eines Morgens Boden.

Das Geschrei des Kalewsohnes,
Weheruf, der Hülfe heischet,
Stöhnen in des Sterbens Qualen
Schwollen schwingend in die Wolken,
Hoben drüber sich noch höher,
Stiegen bis zur Himmelsstätte
In des hohen Vaters Halle.

Das Geschrei des Kalewsohnes,
Das Gewimmer seines Wehes
900 Leben stets noch unauslöslich,
Hallen fort noch unaufhörlich
Für der Estensitze Söhne,
Für der Estenhöfe Töchter.
Ja nach Hunderten von Jahren
Wird man diesen Kummer künden,
Bis des Rasens Ruhedecke
Einst dem letzten Liedersprößling,
Goldbegabten Sangesschnabel,
Mag im Tod den Mund verschließen.

910 Himmlische Genossen nahten
Ihren Bruder zu besuchen,
Kamen seinen Schmerz zu stillen,
Seiner Qualen Gluth zu löschen,
Legten Kräuter auf die Wunden,
Schmerzensnehmer auf die Schäden.

Doch erwuchs Tod aus den Wunden,
Uebermannt das Blut den Blüh'nden,
Daß der wunde Jüngling welket.

Kalew's Sohn kämpft mit dem Tode,
920 Röchelte im letzten Ringen,
Auf die Fläche floß der Blutstrom
Und gerann, die Stätte röthend.
Kalt und starr schon ist der Körper,
Stille steht das Blut im Fließen
Und des Herzens Schläge stocken;
Doch des Kalewsohnes Auge
Leuchtet noch in hellem Glanze
Bis in Taara's Himmelshalle,
In des Alten Vaters Kammer.

930 Die dem Staub entstieg'ne Seele
Schwebte froh auf Vogelschwingen
Weiten Fluges in die Wolken,
Hob empor sich in den Himmel.

Dort ward mit vollkomm'nem Körper
Neu umhüllt des Helden Seele,
Der beim Spiel der sel'gen Sieger,
Bei der Donnersöhne Festen
Jauchzte in des Glückes Jubel,
Schmeckte wonnigeres Wesen,
940 Rastend von des Staubes Stürmen.

Saß am Schein der Feuerstätte
Unter Taara's starken Tapfern.
Mit der Hand die Wange stützend,
Lauschte er der Sänger Liedern,
Worin seine tapfern Thaten,
Seine seltnen Abenteuer,
In der Welt gewirkten Wunder,
Bei der Lohe laut ertönten,
Kundgethan aus goldner Kehle.

950 Wohl Altvater, Weisheitswalter,
Trug der leid'gen Sorge Lasten,
Als sein Haupt er viele Nächte
Nicht zum Kissen kehren konnte —
Da Gedanken ihn bewegten,
Welches Werk dem starken Manne,
Welch Getriebe aufzutragen?
Als der Held im Staubesstande
Wohnend auf der Erde weilte,
Hatte Großes er gegründet,
960 Mächtiges rüstiglich verrichtet,
In der Schlacht den Feind geschlagen,
Angekettet den Höllenkönig.
Solche Stärke durft' nicht stocken,
Thatlos nicht der Tücht'ge bleiben,
Müssig hausen hier im Himmel.

Rief Altvater, Weisheitswalter,
Seines Hauses Söhne zu sich,
Um geheimen Rath zu halten,
Weise Pläne zu erwägen.
970 Taara's weise Himmelssöhne
Saßen sämtlich bei einander
In der tiefgeheimen Halle,
In der Ecke der Berathung.
Setzten fort mit Ernst die Sitzung
Ein Paar Tage, ein Paar Nächte,
Ohne Rast sich zu berathen,
Welches Amtes walten könnte
Kalew's Heldensohn im Himmel.

Tara's weise Himmelssöhne
980 Wurden sämtlich eines Sinnes,
Kamen schließlich zum Beschlusse,
Kalew's kern'gen Sohn zu setzen
Vor die Unterwelt als Wächter,
Vor das Höllenthor als Hüter,
Den Gehörnten zu bedräuen,
Daß der Falsche seiner Fesseln
Nimmer los und ledig würde.

Der vom Leib gelösten Seele,
Die zum Himmel sich gehoben
990 Wie die Taube, ward geboten
In den kalten Leib zu kehren,
Dort den Wohnsitz neu zu nehmen.

Hob sich drauf des Kalewhelden
Kalter Leib zu neuem Leben,
Hin vom Haupt bis zu den Knien;
Doch die Füße aus dem Flusse,
Die vom Schwert durchschnitt'nen
  Beine
Konnte nicht der Götter ganze
  Macht, nicht Taara's Hochkunst
  heilen,
1000 Wieder an den Körper fügen.

Ward nun Kalew's Sohn ge-
  setzet
Rittlings auf 'nes Schimmels
  Rücken,
Ward dann auf geheimen Wegen
Hart an's Höllenreich gesendet,
Wachsam an dem Thor zu weilen,
Den Gehörnten zu bedräuen,
Daß der Falsche seiner Fesseln
Nimmer los und ledig würde.

Als dann Kalew's kern'ger Spröß-
  ling
1010 Kaum ans Felsenthor gekommen,
Vor die Thür des Schattenreiches,
Ward ihm aus der Höh' geheißen:
„Schlage mit der Faust den Felsen!"
Mit der schweren Hand ausholend
Spellt er einen Spalt im Felsen —
Doch es blieb die Faust gefangen,
In dem Felsblock festgehalten.

Dort nun auf des Rosses Rücken
Sitzt der hohe Held noch heute:
1020 Seine Hand am Fels gefesselt,
Weilt er wachsam an der Pforte,
Hütet gefesselt Anderer Fesseln.

Höllensöhne trachten heftig
Mit des Kienes lichter Lohe
Jene Ketten zu zerbröckeln,
Jene Fesseln fortzureißen.
Jede Julzeit ziehn die Ringe
Sich wie feines Haar zusammen;
Ruft jedoch der Hahn im Frühroth
1030 Tönend von Altvaters Thoren,
Köstlich Julfest anzukünd'gen —
Schwell'n die schweren Ketten-
  glieder
Wieder an zur frühern Dicke.

Kalew's Sohn versucht die
  Rechte
Mächtiglich zu manchen Malen
Aus dem Felsenriß zu reißen,
Schüttelt heftig, rüttelt rasend,
Daß der Boden drob erbebet,
Daß die Hügel schwingend schwan-
  ken,
1040 Daß die Meerfluth mächtig schäu-
  met;
Mana's Hand nur hemmt den
  Helden,
Daß die Wacht vom Thor nicht
  weiche,
Von der Hölle nicht der Hüter.

Aber einmal naht die Zeit sich,
Wo die Späne von zwei Enden
Angezündet loh'n und lodern,
Gleicher Zeit die Flammengluthen
Machen frei die Hand des Helden:
Dann kehrt heim der Kalewide
1050 Seinen Kindern Glück zu bringen,
Estenlande neu zu schaffen.

Anmerkungen.

Abkürzungen der häufiger angeführten Werke.

Ahlquist, Kulturwörter = Die Kulturwörter der westfinnischen Sprachen. Deutsche, umgearbeitete Ausgabe. Helsingfors. 1875.
Ahrens, Grammatik = Grammatik der Ehstnischen Sprache Revalschen Dialektes. 2 Theile. Reval. 1853.
Blumberg, Quellen = Quellen und Realien des Kalewipoeg. Verhandlungen der Gelehrten Estnischen Gesellschaft. Band V, Heft 4. Dorpat. 1869.
Bull.-hist.-phil. = Bulletin de la classe historico-philologuique de l'académie impériale des sciences de St.-Pétersbourg.
Castrén, Fin. Mythologie = Vorlesungen über die finnische Mythologie. St. Petersburg. 1853.
Comparetti, Kalewala = Der Kalewala oder die traditionelle Poesie der Finnen. Deutsche Ausgabe. Halle. 1892.
Der Ehsten abergl. Gebräuche = Der Ehsten abergläubische Gebräuche, Weisen und Gewohnheiten von Johann Wolfgang Boecler. Mit auf die Gegenwart bezüglichen Anmerkungen beleuchtet von Dr. Fr. R. Kreutzwald. St. Petersburg. 1854.
Donner, Wörterbuch = Vergleichendes Wörterbuch der finnisch-ugrischen Sprachen. I—III. Helsingfors 1874—1888.
E. K. S. aastaraamat = Eesti Kirjameeste Seltsi aastaraamat. Tartus. 1873—1891.
E. Ü. S. Album = Eesti Üliõplaste Seltsi Album. I—IV. Tartus. 1889—1899.
Ehstnische Märchen = Ehstnische Märchen. Aufgezeichnet von Friedrich Kreutzwald. Aus dem Ehstnischen übersetzt von F. Löwe. Nebst einem Vorwort von Anton Schiefner und Anmerkungen von Reinhold Köhler und Anton Schiefner. I. Halle. 1869. II. Dorpat. 1879.
Ganander, Fin. Mythologie = Christfrid Ganander Thomasson's Finnische Mythologie. Aus dem Schwedischen übersetzt, völlig umgearbeitet und mit Anmerkungen versehen von Christian Jaak Peterson.
Rosenplänter, Beiträge zur genaueren Kenntniß der ehstnischen Sprache. 14. Heft. Pernau. 1822.
Holzmayer, Osiliana I. = Osiliana. Erinnerungen aus dem heidnischen Göttercultus und alte Gebräuche unter den Insel-Ehsten. Verhandlungen der Gelehrten Estnischen Gesellschaft. B. VII, H. 2. Dorpat. 1872.
Hupel, Topogr. Nachrichten = Topographische Nachrichten von Lief- und Ehstland. I—III. Riga. 1774—1782.
Hurt, Vana kannel = Alte Harfe. Vollständige Sammlung alter estnischer Volkslieder. I.—II. Dorpat. 1886.
Hurt, Beiträge = Beiträge zur Kenntniß estnischer Sagen und Ueberlieferungen. Dorpat. 1863.
Inland = Das Inland. Eine Wochenschrift für Liv-, Ehst- und Kurland's Geschichte, Geographie, Statistik und Litteratur. Dorpat. 1836—1863.
Jannsen, H., Märchen = Märchen und Sagen des estnischen Volkes. Uebersetzt und mit Anmerkungen versehen. I. Dorpat. 1881. II. Riga. 1888.
Kwp. = Vorliegende Ausgabe des Kalewipoeg.
Kreutzwald = Kreutzwald's Anmerkungen zu Kalewipoeg, eine Estnische Sage, verdeutscht von Carl Reinthal. Verhandlungen der Gelehrten Estnischen Gesellschaft. B. IV—V, H. 1—3.
Krohn, J., Pakanallinen jumalanpalvelus = Suomen suvun pakanallinen jumalanpalvelus. Neljä lukua Suomen suvun pakanallista jumaluus-oppia. Helsingissä. 1894.
Mél. russ. = Mélanges russes tirés du Bulletin de l'académie impériale des sciences de St.-Pétersbourg.
Myth. und mag. Lieder = Mythische und magische Lieder der Ehsten, gesammelt und herausgegeben von Fr. Kreutzwald und H. Neus. St. Petersburg. 1854.
Neus, Ehstn. Volkslieder = Ehstnische Volkslieder. Urschrift und Uebersetzung. I—III. Reval. 1850—1852.
Rosenplänter, Beiträge = Beiträge zur genaueren Kenntniß der estnischen Sprache. I—XX. Pernau. 1813—1832.
Sitzungsber. = Sitzungsberichte der Gelehrten Estnischen Gesellschaft. 1861—1898.
Schott, Kalewipoeg = Die estnische Sage vom Kalewi-Poeg. Aus den Abhandlungen der Königl. Akademie der Wissenschaften zu Berlin 1862. S. 414—487.
Thomsen, Ueber den Einfluß = Ueber den Einfluß der germanischen Sprachen auf die finnisch-lappischen. Uebersetzt von E. Sievers. Halle. 1870.
Thomsen, Berøringer = Berøringer mellem de finske og baltiske (litauisk-lettiske) Sprog. Kobenhavn. 1890.
Verh. = Verhandlungen der Gelehrten Estnischen Gesellschaft. B. I—XX, H. 1. Dorpat. 1846—1899.
Weske, Bericht = Bericht über die Ergebnisse einer Reise durch das Estenland im Sommer 1875. Verhandlungen der Gelehrten Estnischen Gesellschaft. B. VIII, H. 3 und 4.
Веске, Славяно-финскія отношенія = Славяно-финскія културрныя отношенія по даннымъ языка. Извѣстія общества археологіи, исторіи и этнографіи при Императорскомъ Казанскомъ университетѣ. т. VIII, вып. 1. Казань. 1890.
Wiedemann = Aus dem inneren und äußeren Leben der Ehsten. St. Petersburg. 1876.

Anmerkungen.

Anruf.

1. Zeile. Die Harfe — estnisch kannel, finnisch kantele — ist das mit Saiten bespannte Nationalinstrument der finnischen Völker, „das Geräth für Sang und Freude." Im eigentlichen Estenlande trifft man sie nicht mehr an, wohl aber bei den Pleskauischen Esten (Setuk) und den katholischen Esten im Witebsk'schen Gouvernement. Vgl. O. Kallas, Üht ja teist setudest, E. Ü. S. Album II. S. 184 und Lutsi Maarahwas S. 62. H. E. Hartmann, Das vaterländische Museum zu Dorpat S. 231 beschreibt eine alte Harfe aus der Gegend von Fellin, wo dieses Instrument am Ende des vorigen Jahrhunderts im Gebrauch gewesen sei, folgendermaßen: „Ein Kasten aus einem ausgehöhlten Stück Holz, welcher durch den aufgeleimten dünnen, mit einem Schalloch versehenem Resonanzboden geschlossen ist, mit dünnen Stahlsaiten bezogen. Der Saitenhalter ist aus Eisendraht, die Wirbel sind roh geschnitzt, die Länge der Saiten beträgt 265—530, die Höhe des Kastens 65, die größte Saite 176 Mm." Etwas anders gebaut ist die Harfe der Pleskau'er Esten, die Weske, Bericht, Verh. VIII, H. 3 S. 45 beschreibt: „Sie ist aus einem festen, alten Tannenaste auf sehr primitive Weise verfertigt. Ihre Länge beträgt 25 Zoll, die Breite an dem schmäleren Ende, wo die Saiten an einen eisernen Querstab befestigt sind, 4 $^1/_2$ Zoll, von der Mitte an bis zum andern Ende 8 Zoll. Die eine lange Seite ist geradlinig, die andere von der Mitte an bis zum schmäleren Ende hin zugespitzt. Die sieben Wirbel stehen schräg über der Harfe und zwar so, daß die Länge der längsten Saite an der geradlinigen Seite 18 Zoll, der kürzeren an der gegenüberliegenden Seite 9 Zoll beträgt. Die Länge der aufeinander folgenden Saiten, welche aus Messingdrähten bestehen, wächst also um je 1 Zoll. Die Dicke der Harfe beträgt da, wo sie mit Saiten überspannt ist, etwa 2 Zoll, an dem breiten Ende (außerhalb der Wirbel) gegen $^1/_2$ Zoll. Die obere Fläche bildet eine gerade Ebene, die untere Fläche (an dem breiten Ende) ist von den Wirbeln an ausgehauen. Der unter den Saiten liegende 2 Zoll dicke Theil ist ausgehöhlt und mit einem dünnen Brett, dem Resonanzboden, überdeckt; dieser Resonanzboden ist an zahlreichen Stellen in regelmäßigen Abständen mit feinen Löchern durchbohrt. Zuweilen wird die Harfe auch aus dem Ast einer alten Linde bereitet." Abgebildet ist eine estnische Harfe Verhandlungen I, H. 1, eine ihr ähnliche finnische Verhandlungen VI, H. 3 und 4, Tafel XVIII, 7, mehrere finnische in G. Retzius, Finnland S. 135—138 und Suomi, toinen jakso, 19. osa, S. 10.

Die Saiten wurden vom Spieler (pillipeksja) mit den Fingern moduliert: „Setze selber ein den Daumen, Fall ein mit den Fingerspitzen." Neus, Ehstn. Volkslieder S. 57. Im Gegensatze dazu wurde die „schwedische Harfe (Rootsi kannel, Kwp. XIX, 827), die an den westlichen Küsten Estlands bekannte talharpa, mit einem Bogen gestrichen. Die Harfe selbst besteht aus einem viereckigen Kasten mit geradauslaufendem Halse, an dessen Ende die Wirbel vier Darmsaiten spannen. Mythische und magische Lieder S. 43 und 45.

Den estnischen kannel läßt die Sage aus einer Birke gebildet werden, welche aus dem Grabe einer gemordeten Jungfrau herauswuchs: „Birke ward zur Harf umbildet, Umgeschnitzt zu einer Geige. Woraus ward die Wand der Harfe? Aus des Lachses langen Kinnladen, Aus des Hechtes harten Zähnen. Woraus sind der Harfe Saiten? Aus dem Haar des holden Bräutchens, Aus des Hauseshühnchens Locken." Neus, Ehstn. Volkslieder S. 57. Ein anderes Volkslied (Neus S. 180) schreibt die Entstehung der Harfe dem Sangesgott **Wanemuine** zu: „Der von Gold die Harfe hatte, Silberblech zum Harfenboden, Juta's Haar zu Harfensaiten." Ähnlich erzählt die Kalewala, wie, Väinämöinen die erste Harfe aus den Kiefern eines Hechtes verfertigte, aus den Hechtzähnen Schrauben machte und die Saiten von der flatternden Mähne des Hüsipferdes nahm. Als diese kantele während eines Sturmes in's Meer fiel, baute er eine neue aus dem Holz der Maserbirke, bekam Schrauben von Gold und Silber, welches aus dem Schnabel eines rufenden Kukuks fiel, und die 5 Saiten aus den Haaren eines Mädchens. Nach einer Sage der Pleskau'er Esten ist die Harfe von Gott selbst gemacht. Gott (Jumal) und der alte Böse (Wana halb) gingen einst eine Wette ein, wer von beiden zuerst ein musikalisches Instrument erfinde. Gleich griff Gott vom Baum ein Blatt, setzte es an den Mund und pfiff darauf, aber der alte Böse begann den Dudelsack zu machen und arbeitete daran mehrere Tage. Als er endlich fertig war, spielten sie um die Wette, aber Gottes Flöte klang schöner und war früher fertig geworden. Wieder wurde gewettet. Da begann Gott an einer Harfe, der alte Böse an einem Horn zu arbeiten. Abermals wurde Gott früher fertig und Gott spielte viel schöner und gewann den Sieg. Alle Musikinstrumente, auch die Harmonika, seien von dem Bösen verfertigt, nur dem Blatte am Baum und der Harfe habe Gott den Klang verliehen. Kannel sei das heilige Instrument und habe die Macht, den Bösen in die Flucht zu schlagen. M. Weske, Bericht, Verh. VIII, H. 3, S. 46. Wie die finnische kantele war auch der estnische kannel nicht nur ein Geräth der Freude und der poetischen Begeisterung und Inspiration, sondern auch der düsteren Wehmuth (Neus, Ehstn. Volksl. S. 57).

Die Etymologie ist strittig. Donner, Wörterbuch Nr. 38 und 39 findet den Stamm in der Wurzel kat, kant, davon kansi, kante, estnisch kaas Deckel. Kantele, kannel wäre Deminutiv von kante Deckel, Resonanzboden. Diese Herleitung bezweifelt Ahlquist Fen. Vet. Soc. Förh. XXI und stellt das Litthauische kànklés = ein guitarrenartiges Instrument, Cither, Harfe als Original der kantele dar. In Vet. Soc. Förh. XXII hält Donner die finnische Abstammung in Betracht der großen Verbreitung des Wortes unter den finnischen Völkern aufrecht, wozu noch kommt, daß in N. O. Finland ein anderes Derivat von kante, nämlich kannus als Benennung der lappischen Zaubertrommel gebraucht wird. Das litthauische kankles betrachtet Donner als ein Lehnwort aus dem Finnischen. Ihm ist W. Thomsen, Beröringer S. 178 bis 181 entgegengetreten und hat die Entlehnung aus dem Litthauischen des Weiteren nachzuweisen versucht. Letzterem stimmt Mikkola, Berührungen zwischen den westfinnischen und slavischen Sprachen S. 19 bei. Mikkola weist auch die Ansicht W. Weske's zurück, die Славяно-финскія отношенія S. 272—275 dahinlautet, daß kantele und kannel aus der Wurzel gond —, alt-slavisch gąsli, russ. русли abzuleiten wäre. Nach Comparetti, Kalewala S. 294—295 ist aber kantele ebenfalls zweifellos slavischer Herkunft.

1. 3. Wanemuine ist nach F. R. Fählmann's Aufzeichnungen Verh. I, H. 1, S. 42—44; II, H. 2 S. 64; II, H. 4 S. 72—76; Scriptores rerum Livonicarum II, S. 681—682 der Erstgeschaffene des Altvaters, alt, mit grauem Haar und weißem

Bart. Weisheit zeichnete ihn vorzugsweise aus und von dieser Weisheit geleitet, erwählte er Saitenspiel und Gesang zu seiner Lieblingsbeschäftigung. Wunderbar war seine Harfe und ergreifend sein Gesang. Mit Bedacht hatte er die verschiedensten Töne in seine Saiten eingewirbelt: des Donners weithallende Stimme wie der Lerche fröhliches Trillern, des Meeres Brausen und des Windes Pfeifen, wie das Girren der frommen Taube, das grausige Heulen des Wolfes und das Stöhnen des verwundeten Feindes, wie der Nachtigall schmelzende Töne. Selbst Altvater bediente sich seines klugen Rathes und wenn Sorgen seine Stirn trübten, spielte Wanemuine vor ihm auf seiner wunderbaren Harfe und sang ihm seine lieblichen Lieder. Und als Altvater die Welt erschaffen hatte, ergriff **Wanemuine** seine Harfe, stimmte ein Jubellied an und sprang auf die Erde und die Singvögel folgten ihm und wo sein tanzender Fuß die Erde berührte, sproßten Blumen, und wo er auf einem Steine sitzend sang, wuchsen Bäume hervor. Bei Dorpat auf dem Domberge, wo ein heiliger Eichenhain Taara's stand, versammelten sich Menschen und Thiere. Sie hatten ihre Sprache, auch die Thiere, aber nur zum Alltagsgebrauch, zu den Bedürfnissen des Lebens. Hier sollten sie eine Festsprache erlernen, nämlich den Gesang, um sich zu freuen und die Götter zu loben. Denn das Lied (laul, leelo) ist „nicht der Erd entstammt, nicht der Erde, nicht dem Holze, Volkslied ist vom Himmel kommen, zwischen durch die heil'gen Wolken, oberhalb des krummen Randes." (Hurt, Vana kannel I, S. 203). Als nun alles, was Leben und Odem hatte, versammelt war, da entstand in den Lüften ein herzergreifendes Rauschen und **Wanemuine** ließ sich herab. Er legte zurück sein lockiges Haar, ordnete seine Gewänder, strich sich den Bart, räusperte seine Stimme rein und versuchte sein Saitenspiel. Nun spielte er ein Vorspiel und sang endlich den Hymnus. Stille herrschte in der Versammlung und jedes horchte aufmerksam dem Sange. Der Embach hemmte seinen Lauf, der Wind vergaß seine Hast, der Wald, die Thiere und Vögel lauschten, selbst das neckende Echo guckte zwischen den Bäumen des Waldes hervor. (Vgl. L. v. Maydel's Wanemuine's Sang, Verh. I, H. 1). Ein jedes erhielt seine Sprache, darnach, wir es den Gesang verstehen und behalten konnte. Der Embach erwählte sich das Rauschen seiner Gewänder zur Rede, die Bäume im Hain das Rauschen bei seinem Niedersteigen. Darum nehmen wir im Walde und am Ufer des murmelnden Baches **Wanemuine's** Nähe am innigsten wahr und fühlen uns vom Geiste seiner Lieder erfüllt. Die grellsten Töne merkte sich der Wind; einigen Geschöpfen behagte das Knarren der Wirbel an der Harfe, anderen der Klang des schwirrenden Saiten. Die Singvögel merkten sich das Vorspiel, besonders die Nachtigall und die Lerche. Schlimm erging es den Fischen. Sie steckten die Köpfe bis zu den Augen aus dem Wasser, die Ohren aber behielten sie darin. So sahen sie denn wohl, wie Wanemuine seine Lippen bewegte, und thaten es ihm nach, aber sie blieben stumm. Nur der Mensch allein lernte alle Töne kennen und begriff alles. Darum dringt auch sein Lied am tiefsten in die Seele und schwingt sich empor zu dem Sitze Altvaters. Und **Wanemuine** sang von der Größe des Himmels und von der Erde Schönheit, vom Schmuck der Embachufer, vom Glück und Unglück der Menschenkinder. Und da ward sein Lied so wehmüthig, daß er selbst bitterlich zu weinen begann und die rollenden Thränen ihm durch sein sechsfaches Gewand und das siebenfache Hemd drangen. Dann erhob er sich wieder und ging in Altvaters Wohnung.

Lange klang dieser göttliche Gesang im Munde des Estenvolkes. Wandelten sie unter dem Laubdach des heiligen Haines, so verstanden sie das Rauschen der Bäume und des Baches Plätschern erfüllte sie mit frohem Muth. Das Lied der Nachtigall schmolz ihre Herzen und die Weisen der Lerche lenkten ihren Sinn hinauf zu den Hallen Altvaters. Dann schien es ihnen, als wandelte Wanemuine selbst mit seiner Harfe noch auf Erden. Und das that er auch und wenn die Sänger im ganzen

Lande zusammenkamen zum Wettgesang, war **Wanemuine** unter ihnen, wenngleich sie ihn nicht erkannten, und entfachte immer von Neuem in ihrem Busen das echte Feuer des Gesanges. Auf einem solchen Feste erschien einst auch ein fremdes, altes Mädchen und begann mit schnarrender Stimme ein Lied. Sie sang vom Liebreiz ihrer Jugend, von den Mängeln der Gegenwart, von der großen Schaar ihrer Freier und wie sie alle heimgeschickt hätte:

>„Sulew's Sohn kam her von Süden,
>Weither Kalew's Sohn gegangen;
>Sulew's Sohn bot mir die Lippen,
>Kalew's Sohn die Hand zum Bunde.
>Doch ich schlug den Sohn des Sulew,
>Trotzig auch den Sohn des Kalew,
>Ich, die schöne Dohlenjungfer."

Ein schallendes Gelächter erhob sich. Spottend sang das Volk der Hexe die letzten Worte nach. Das Lachen will sich auch dann nicht legen, als vom hohen Sitz herab ein ehrwürdiger Greis auf der Harfe den herrlichsten Wettgesang anstimmte. Alle Beschwichtigungsversuche bleiben fruchtlos. Bald hier, bald da wird in der Menge eine Stimme laut, die den häßlichen Spruch der Alten beginnt, und wieder erklingt schallendes Gelächter in der Versammlung. Da ergrimmt der Greis auf seinem Sitze, schaut zornig auf die thörichte Menge hernieder und die dem Zorn gehorchenden Finger zerreißen die Saiten der Harfe in einem Ruck. Was erhebt sich da für ein Gebrause und Heulen, ein Flöten und Klingen, daß alle erbeben und das Blut in Schrecken erstarrt! Dann wird es lautlos still. Der Greis ist vor ihren Augen verschwunden. Wer war er? War es nicht **Wanemuine** selbst? Wohin ist er gegangen? Aber der Sänger blieb verschwunden und Niemand hat ihn je wieder gesehen. Nur wenigen Sängern wird heute noch das Glück zu Theil, weit aus hoher Ferne sein Lied und Spiel zu vernehmen, und nur solche Dichter vermögen ihre Brüder mit der göttlichen Stimme des Liedes zu erwecken. Das sind seine Boten, die er von Zeit zu Zeit zur Erde sendet, damit die Menschen den Gesang nicht ganz vergäßen. Einst wird er aber selbst wiederkommen, wenn das Auge des Glückes wieder auf den Fluren des Estenlandes weilt. Vgl. H. Jannsen, Märchen II S. 4—6 und S. 168—169.

Ähnlich berichtet die Schlußrune der **Kalevala** über **Väinämöinen's** letzten Abschied, nur daß hier das Eindringen des Cristenthums ihn veranlaßt das Suomivolk zu verlassen. Er ersingt sich am Strande einen Nachen von Kupfer und fährt dann „rauschend durch die wogende Fluth weithin in die ewige Ferne, an den Rand des Himmels hinaus." Dort verblieb der gepriesene Sänger mit seinem Fahrzeuge, aber seine Harfe läßt er zurück:

>„Ließ die freudebringende Harfe,
>Seine Kantele, Suomi's Volk,
>Ließ sein Lied zur ewigen Freude
>Seinem Heldenstamme zurück."

Die Etymologie ist schwierig. **Wanemuine**, der estnische „laulutark" (Gesangeskundiger) und **Väinämöinen**, der finnische „laulaja iän-ikuinen" (der ewige Sänger) sind dem Wesen nach identisch und der Klang der Namen verwandt. Wanemuine erklärt und übersetzt Fählmann: Der älteste der Anderen, was sprachlich kaum möglich ist. Nach Weske, Sitzungsber. 1874 S. 100—101 bedeutet Wanemuine „den älteren" und da die im Finnischen noch vorhandene Endung des Superlativs ungebräuchlich geworden, auch „den ältesten". Mit Väinämöinen der finnischen Mythologie hat Wanemuine etymologisch aber nichts zu schaffen. Der Stamm des ersteren Namens ist in **Väina** = Sund, breite Flußmündung, breiter, tiefer, stillfließender Fluß wiederzuerkennen und Väinämöinen bezeichnet ursprünglich den am Wasser Wohnenden, was durch die in der Kalevala häufig vorkommende Parallelbenennung Suvantolainen, der = suvanto, an stillem Wasser Wohnende erhärtet wird. Auch Osmu, Osmuspoisikene, entsprechend dem finnischen Osmo und Osmoinen, einer Bezeichnung des Väinämöinen, komut in einem estnischen Volksliede vor. A. Schiefner, Bull. hist.-phil. de l'Acad. XII, S. 45—52. W. Reiman, Kullakaewajad. E. Ü. S. Album I, S. 28—29.

9. 3. Die kundige Tochter des Sängers ist Juta. Der Name ist gleichbedeutend mit **jutt**, finnisch **juttu** (Sage, Erzählung, Märchen), vgl. das Zeitwort **üt-lema**, ältere Form **jüt-lema** sagen. Die Redekunst hat in dem mythischen Wesen, das ihren Namen trägt, sich verkörpert. Juta war die Pflegetochter des Gesangesgottes **Wanemuine**, sie war die personificirte Poesie. Der Liedergott hatte sie einst am Endlasee im Grase gefunden. Das Kindlein streckte ihm die beiden Händchen entgegen. Er hob es auf und weil die Eltern nicht zu ermitteln waren, so bat er Altvater, ihm das Kindlein eigen zu geben. Altvater willfahrte ihm und wie er gnädig auf die Tochter blickte, da erstrahlten ihre Augen gleich den Sternen und ihr Haar erglänzte wie lichtes Gold. Unter der Himmlischen Hut wuchs sie auf und ward aus dem zarten Kinde die Maid Juta. Der Gott der Lieder lehrte sie die süße Kunst der Rede und Ilmarine verlieh dem Pflegling einen Schleier, gar wunderbar gewebt aus silbernen Fäden. Wer nur durch den Schleier blickte, der sah lebendig vor seinem Auge, als ob es wirklich geschehe alles, was Juta erzählte. (Kwp. XVIII, 22 ff.). Am Endlasee soll sie gewohnt haben und unter ihrem Schutze standen die Bewohner des Thales und des Sees. Häufig sah man sie, wie sie die Züge der Wandervögel ordnete und ihnen den Weg wies. Auf dem Bergrücken lauschten die Menschen auf die wunderbare Stimme im Thal, auf den Gesang Juta's, wie sie am Ufer des Sees einherwandelte und klagte. Ihr Geliebter, Ilmarine's Sohn **Endel**, war gestorben und sie konnte sich nicht trösten. Nahm sie aber den wunderbaren Schleier um und schaute in die selige Vergangenheit, dann ward sie glücklich, denn sie meinte zu besitzen, was ihre Augen sehen. Auch sterblichen Menschen lieh sie zu Zeiten ihren Schleier und daher komme es, daß bei Sang und Sage Vergangenes in uns lebendig wird und wieder vor die Augen der Seele tritt. In der Johannisnacht wird sie geweihten Augen noch jetzt in den aufsteigenden Nebeln des Sees sichtbar. Fählmann, Verh. II, H. 4, S. 74—75. H. Jannsen, Märchen I, S. 70.

10. 3. Der See des Endel oder Endlasee liegt unweit Kardis im Waimastfer'schen Gebiet, 66 Werst nordwestlich von Dorpat an der Reval'schen Poststraße. Sein krystallklares Wasser lacht nach Fählmann's Worten in jeder Beleuchtung dem Wanderer als blankes Silber entgegen. In der schönen Juniusnacht braucht's nicht der Phantasie — man sieht mit leiblichen Augen Feengestalten auf dem magischen Wasserspiegel tanzen. Ein undurchdringlicher Morast hemmt aber die Schritte der Neugierigen und hohes Schilf verdeckt an den unzugänglichen Ufern den Anblick des Silbersees. Schaaren von Kranichen und andern Zug- und Wasservögeln beleben die Ufer. Namentlich finden hier die regelmäßigen Frühlings- und Herbstconferenzen der Zugvögel statt. Auch harren hier diese Wandergäste im Herbst am längsten aus. Blumberg, Quellen S. 29 und 45.

31. 3. Meines Frühlings theure Gespielen — gemeint ist namentlich der 1850 frühzeitig verstorbene **Dr. Friedrich Robert Fählmann**, der sich's zur Lebensaufgabe gemacht hatte, die zerstreuten Theile des Kalewipoeg in ein Ganzes zu vereinen. Auf eine dringliche Bitte der Gel. Estn. Gesellschaft übernahm Kreutzwald die Ausführung des Planes, beklagte aber oft und tief den unersetzlichen Verlust des Freundes. Vgl.

18

die Biographie Fählmann's von Kreutzwald, Verh. II, H. 4, S. 40—50. W. Reiman, E. Ü. S. Album IV, 1—33.

38. 3. Des Kuckucks Klagen — der Kuckuck spielt nach Kreutzwald die Rolle eines Leichen- und Trauervogels. Sein ominöses Rufen im Frühling, zum ersten Mal gehört, bestimmt die Zahl der noch übrigen Lebensjahre, während seine Annäherung an die Wohnstätten als sichere Todesbotschaft gilt. Selbst sein Erscheinen im Traum soll bevorstehenden Schmerz und Kummer andeuten. Wenn er zuweilen kuldne kägu (goldner Kuckuck angeredet wird), so will man damit nicht sowohl seine Verehrung für ihn ausdrücken, als vielmehr ihm schmeicheln und seine Gunst zu gewinnen suchen. Kommt der Kuckuck in die Nachbarschaft der Wohnungen, so bedeutet es Unglück; sieht man ihn auf dem Dache, dann wird das Gebäude abbrennen. Der Ehsten abergläubische Gebräuche, S. 140. W. Mannhardt, Der Kukuk. Zeitschrift für deutsche Mythologie und Sittenkunde III, 2. Vgl. auch Inland. 1857. S. 837—838.

Zur Einführung.

2. 3. Kalewmänner. Was Kalewa oder Kalew heißt, darüber ist viel gemuthmaßt worden. Nach abenteuerlichen Erklärungsversuchen, welche in den Kalewiden das kanaanitische Riesengeschlecht wiedererkennen wollten, welches vor dem Schwerte Kaleb's und Josua's nach Norden geflohen wäre, oder aber Kalewa von dem mythischen Könige Gylfi herleiteten, inaugurirte Fählmann Verh. II, H. 2, S. 64 die physische Erklärungsweise. Er nennt als Wohnsitz der Kalewmänner Kalewe, Kaljuwe oder Kaljuwald (Felsgebiet). Ihm ist Neus, Ehstn. Volkslieder S. 5 gefolgt. Unter dem Riesen Kalewi stelle sich der altfinnische Glaube ursprünglich die vergöttlichte Felsennatur dar und Kalewipoeg, den man auch kürzer Kalewi nenne, sei von den Esten als Bergriese aufgefaßt worden. In dieser Ansicht bestärken Neus die zahlreichen Sagen von Kalewipoeg, die sich fast ausschließlich an die durch das ganze Land zerstreuten mächtigen Granitblöcke und weithin gelagerten Kalkfelsen heften. Diese Felsen selbst aber seien es, die man sich in der Gestalt des Riesen Kalewi vergöttlicht gedacht habe, und sein Name sei sprachlich nichts weiter, als die estnische Umbildung des lettischen kalws, des russischen голыван. Von голыван Klippe sei der Städtename Колыван abzuleiten. Offenbar sei голыван zunächst verwandt mit dem litth. kalwas Hügel, lett. kalws Vorgebirg, lat. clivus, entfernter wohl auch mit dem goth. hallus, lett. kalns, estn. kalju Fels, kallas kaldas, kalt Ufer. Doch läßt Neus, (Revals sämmtliche Namen S. 66—74) andererseits die Möglichkeit offen, daß Колыван durch Uebersetzung aus dem estn. linda = rewle Fels hervorgegangen sei. In einer Anmerkung zu Myth. und mag. Lieder S. 40 verweist Neus vergleichsweise noch auf locus Galevalle in Kurland. Script. rer. Liv. II, 397. Nach Comparetti, Kalewala S. 189 ff. ist genau genommen Kalewa ein Wort, das den felsigen Boden, das rauhe, von Felsen und steinigen Bergen durchzogene Land bedeutet. Es hat nicht dieselbe Abstammung, wie das finnische Wort kallio, welches Thomsen, Ueber den Einfluß der germanischen Sprachen S. 139 vom altnordischen hella oder hallr, goth. hallus ableitet, sondern kommt vermuthlich von dem slavischen скала Fels, Klippe her. Die Endung va ist die vieler finnischer Adjectiva, wie väkevä stark, verevä blutig u. s. w. Daher hat das Wort Kalewa den Sinn: felsig, von felsiger Beschaffenheit. Als Adjectiv wird es nicht gebraucht, es wird bloß als mythischer Namen, als Personification angewandt. Wie in anderen Mythologien Fels, Klippe und Berg sich in einem oder mehreren Wesen von mächti-

gem Umfange und übermenschlichen Kräften personificiren, so ist auch Kalewa ein
Riese, der Святогоръ und Горынья der russischen Märchen. Die Spuren seiner
Riesennatur und Riesenkraft sieht das Volk in Granitblöcken, von denen es glaubt, er
habe sie herumgeschleudert, in großen Felsen, die es als seine Sitze bezeichnet. Der
Boden dieser nordischen Gegenden, die Haide und das nordische Feld sind in Kalewa
personificirt und als das Land gedacht, welches der Wohnsitz Kalewa's, also Kalewala ist. Den in den russischen Bylinen vorkommenden Namen Колывань, Иванъ
Колывановичъ, auch Самсонъ Колывановичъ hält Comparetti ein Echo des
estnisch-finnischen Kalewa sein, wie schon früher A. Schiefner, Ueber das Wort „Sampo"
im finnischen Epos, Mélanges russ. IV, 207—208 und J. Krohn,
Suomen kirjallisuuden historia I, 320—322 angedeutet hatten. Zur Erklärung des Kalewa
aus dem Russischen hat auch E. Lönnrot, Kalevala, lyhennetty laitos S 396
und Suomalais-Ruotsalainen Sanakirja I, 460 hingewiesen, und zwar hat er
an голова Haupt gedacht. Im Gegensatz hiezu geht A. Schiefner, Ueber
Kalewa und Kalewingen, Mélanges russ. IV, 255—267 vom Altnordischen aus,
um einen neuen Versuch zur Erklärung des Namens Kalewa anzubahnen. Er verweist auf das Wort Skilfingr oder Skilfingr, welches zur Bezeichnung königlicher
Würde, aber auch des Schwertes gebraucht worden ist, um den Begriff des Grund-
wortes skelfa erschüttern, beben machen eine Rolle spiele, wovon skjalfr der Erschüt-
terer. Dieselbe Bedeutung sei dem Worte kylfingr zuzutheilen, wobei an Kylfingar
und Kylfingaland d. h. Nowgorod zu denken sei. Mit Kylfingaland hatte bereits
Neus, Revals sämmtliche Namen S. 74 die in der Русская правда vorkommenden
Колбяги zusammengestellt. Vgl. E. Kunik, die Berufung der schwedischen Rodsen I, 11.
Andererseits erschien es Schiefner von der größten Wichtigkeit, daß der Name Skilfingr auch zu den Namen Odhin's „des gewaltigsten der Culturgötter" gehört. Es
hatte somit die Heldensage freie Hand mit demselben eine Reihe von Göttermythen
zu verknüpfen. Eine Anzahl derselben hatte Schiefner früher Ueber die estnische Heldensage vom Kalewipoeg, Mél. russ. IV, 126—161 besprochen. Hier erinnert er
an „einige Cultur-Bezüge, welche mit dem Namen Skilfingr = Kalewa in Verbindung
stehen: Acker-, Brücken- und Städtebau, Anlegen von Brunnen, Bändigung und Aus-
rottung wilder Thiere, Züge, welche in der nordischen Mythologie dem Odhin und
Thôrr zugeschrieben werden. Hieraus läßt Schiefner auch die große Rolle, welche in
der Kalewidensage das Schwert spielt, ihre Erklärung finden. Vgl. auch J Krohn,
Suomalaisen kirjallisuuden historia I, 287—289. — Eine Entlehnung des Kalewa nimmt auch A. Ahlquist, Kulturwörter S. 58—59 an, aber aus dem Litho-
slavischen, doch nicht von kalws, wie oben Neus, sondern von kalvis, lett. kallejs
der Schmied. Ihren Stamm hätten diese Wörter in den Verben kalti, kalt schmieden. In der Gestalt kalew oder kalewi sei dieses Lehnwort ins Estnische gedrungen,
in der Gestalt kalái in das Livische. Vielleicht verdanke das nomen proprium
Kalewi, Kalewa seinen Ursprung diesem Worte. Kalewi sei ursprünglich nomen
appellativum gewesen, was aus einem Volksliede, Neus, Ehstn. Volkslieder S. 402,
hervorgehe.

Eine rein finnische Ableitung hat O. Donner, Kalewipoeg jumalaistarulliselta ja historialliselta kannalta katsottuna, Suomi, Toinen jakso. 5 osa.
S. 168 ff. und Wörterbuch Nr. 194 versucht. Das Wort läßt sich regelrecht aus
der Wurzel kal, davon kolisevä, kiiltävä, rasseln, glänzen, als Adjectiv oder par-
ticipium praesentis herleiten, und stimme sehr passend als Epitheton für Uku, den höchsten Gott, den Donnerer. Weil nämlich der Orion Kalevan miekka = Kalewa's
Schwert, der Blitz Kalevan tulet oder valkeat = Kalewa's Feuer heißt, so hält
Donner Kalewa für einen Himmels- oder siderealen Gott, was er aus estn. Volksliedern

nnd dem Kalewipoeg zu belegen sucht. Um die Reihe der Hypothesen um eine neue zu vermehren, möchte ich Kalewa aus der Wurzel kol, kul, Steigerung käl, kül hervorstehen, sich erheben (Donner, Wörterbuch Nr. 211) ableiten. Kalewa bezeichnet einen, der durch seine Kraft und Macht alle übrigen überragt, den Held, ist also das Epitheton der Heldennamen des finnischen Stammes. Als nomen apellativum wird er nicht nur dem Sohn der Linda beigelegt, sondern auch seinen Gefährten, den Kalewmännern, estn. kalewid. Eigenname eines Helden wurde Kalewa erst in Estland, als die Eigennamen der Helden, z. Bsp. Sohni oder Soini im Gedächtniß des Volkes verblichen. Nur im Sprachgebrauch hat sich die dunkle Erinnerung erhalten, daß Kalew, kalewlane als nomen appellativum Held, Riese bedeutete und keineswegs Eigenname eines bestimmten Helden war. Hurt führt aus seinem Heimathsdorfe Himmaste die oft gebräuchliche Phrase an: kargab kui Kalewipoeg = er springt wie ein Riese. Ja die Bedeutung des Kalewa = Held, Riese hat sich noch verallgemeinert. Nicht nur Personen, die sich vor andern auszeichneten, wurden kalewid genannt, sondern auch Dinge, die an Güte andere übertrafen. So heißt kalew in der Gegenwart Tuch (Zeug), uut moodu kalew Buckskin, weil es von Güte die übrigen Kleiderstoffe übertrifft, Vgl. Kalewala, Eestistanud M. J. Eisen II, 319. Hieran knüpft sich eine Art von Volksetymologie. Als M. Weske 1877 die berühmte Paistelsche Volkssängerin Epp Wasar fragte, ob sie auch von Kalew's Sohn etwas wisse, antwortete sie: „Kalewipoeg oli kalewikaupmees" d. h. Kalew's Sohn war Tuchhändler. Kalew als Eigenname erscheint hier völlig unbekannt, die Sängerin hielt es für gleichbedeutend mit kalew = Tuch. Sitzungsber. 1877, S. 33. Bei der Ableitung des Wortes Kalewa von der Wurzel kol, kul, Steigerung käl, kül = hervorstehen, sich erheben läßt sich auch die Nebenform Káalew oder Kaalew erklären. Schüblöffel, Inland. 1836, Sp., 529 ff. schreibt nämlich Káallew oder Kẃallew, ebenso findet sich die Form Kaalew wiederholentlich Myth. und mag. Lieder S. 23. Mit dieser Muthmaßung verträgt sich gut die von Castrén, Fin. Mythologie S. 242—243 vertretene Ansicht, daß Kalewa nicht für einen Personennamen gehalten werden kann, sondern in den alten Liedern stets als Epithet mächtiger Helden gebraucht wird. Castrén glaubt dazu ein um so größeres Recht zu haben, als es im Türkischen ein verwandtes Wort Âlep giebt, welches Held bedeutet und wenigstens immer in den tatarischen Sagen ein stehendes Epithet für solche Individuen ausmacht, wie es in den finnischen Vipunen, der Kalewa genannt wird, und Väinämöinen, Lemminkäinen und Kullervo sind, welche oft Kalevan pojat = Kaleva's Söhne heißen. Vipunen sowohl als Väinämöinen können beide mit dem größten Recht Helden genannt werden, und darin, daß sowohl Väinämöinen als auch Lemminkäinen und Kullervo mit dem Epithet Heldensöhne beehrt werden, liegt nichts Anstößiges. Ebenso urtheilt M. Weske, Oma Maa. 1884. S. 136—137. Auch W. Schott Kalewipoeg S. 447 scheint ähnlicher Meinung zu sein, wenn er in Betreff der Etymologie sich auch Fählmann, Neus und Comparetti nähert: „Möglich, daß Kalew mit einem bekannten Worte für Fels (fin. kallio, estn. kalju) verwandt, ursprünglich „Riese" (gleichsam Felsenmensch) bedeutet und „Söhne des Kalew" zuweilen nichts anderes als „Riesensöhne" im Allgemeinen sind."

3. 3. Kalma's Hügel, estn. **Kalmukünkad, Kalmumäed,** kalmetid heißen die uneingeweihten, wohl aus der heidnischen Periode stammenden Grab- und Opferstätten in Wäldern, in welche die noch tief im Heidenthum steckenden Esten trotz strenger Strafandrohungen seitens der weltlichen und geistlichen Gewalt noch im vorigen Jahrhundert ihre Todten beerdigten, wie die Kirchenvisitationsprotokolle ausweisen. Ursprünglich war Kalma resp. Kalmu sowohl bei Esten als Finnen diejenige Gottheit **(haldias),** welche über die Gräber und deren Bewohner herrschte. Donner,

Wörterbuch Nr. 208, 212, 222 stellt Kalma mit der Wurzel kal, kol kul = glatt, glänzend, blaß, kalt, kalma, kalmea = leichenblaß, kalvea, kalvas = kühl, külmä = kalt zusammen und meint kalma habe ursprünglich wohl einen kühlen Ort bezeichnet, den man für die Verstorbenen auswählte. Daß kalma im Finnischen zugleich den Leichnam bedeute, hänge wohl mit dem Aussehen einer Leiche zusammen, weil kalma = blaß sei. Derselbe Eindruck wechsele davon für verschiedene Sinne, wie die Bedeutungen kühl = kalvea und Leichengeruch = kalma, kalt = külmä bewiesen. Demselben Stamm scheint das Estnische koolma, kuolma = sterben anzugehören. Aber Donner läßt andererseits die Möglichkeit offen, daß kalma in der Bedeutung Grab auf die Wurzel kol, kul = sich erheben, zurückführen ließe und vergleicht damit die indoeurop. Wurzel kal in κάλαμος, ahd halam, halm, lat. columen, as. holm, russ. холмъ = Erhebung, Hügel, Gipfel. Vgl. A. Fick, Vergleichendes Wörterbuch der indogerm. Sprachen. 2. A. S. 349.

12. 3. Uku's Fittig. „Den finnischen Sprachen ist ein allgemeiner Ausdruck für das höchste Wesen, seinem lauterften Begriffe nach eigen, der darum auch feit der Bekehrung zum Christenthum nicht brauchte aufgegeben zu werden. Dem Worte Gott, dem slav. богъ, entspricht das wohlklingende finnische jumala, eftn. jumal und wenig verändert reicht es vom äußerften Lappland bis über den Ural. Für diesen jumala giebt es keinen einzelnen Namen, er kann allen Göttern zugehören. Zu jumala tritt aber in der finn. Mythologie ein verstärkendes yli superus, wenn Ukko, der höchste Gott genannt werden soll. Ukko drückt zärtlich aus Großvater; die höchste Gottheit wird altväterlich gedacht." J. Grimm, Ueber das finnische Epos, Hoefer's Zeitschrift für die Wissenschaft der Sprache I. 42—43. Im Estnischen findet sich in den alten Liedern ülijumal nicht, aber aus allen in Betracht kommenden Stellen geht klar hervor, daß unter Uku die höchste Gottheit, der Gott des Himmels und der Luftregion, gemeint ist. Ursprünglich war Uku eigentlich kein Eigenname, sondern bezeichnete, wie Castrén, Fin. Mythologie. S. 26 ff. nachgewiesen hat, einen Großvater, einen alten Mann, einen alten Herrn, einen Greis, einen Altvater. Daher wird mit Uku promiscue gebraucht Wanaisa, Wanataat, Wanaatt = Altvater, Urahn; oder auch Taewataat = Himmelsaltvater; Äike = alter Mann; Kõu, Kõuke Greis. Zunächst war Uku auch kein persönlicher Göttername, sondern nur ein ehrfurchtsvolles Epithet, denn nicht nur der oberste Himmelsgott wird mit dem Namen Uku beehrt, sondern z. Bsp. auch der Gott des Waldes, Tabowane, wird mit „Metsa uku" angeredet. Weske, Gebete an den Waldgott bei den alten Esten, Sitzungsber. 1885 S. 237. Die finnisch-eftnische Vorstellung betrachtet jeden Gott als Familienvater, der eine mehr oder minder zahlreiche Familie um sich hat. Unter den Gliedern einer solchen Familie wird im Fin. fast immer ein ukko oder Hausvater, im Eftn. uku, isa, isand, jumal, walitseja und eine akka oder eine Hausmutter, im Eftn. ema, emand, ämm, eit, aku genannt. Neben Uku Wanaisa, führt Kreutzwald, Beitrag zur Mythologie der Esthen, Inland. 1838. Sp. 133 seine Gemahlin Rannj an. Ahti wird wete woode walitseja (Der Wasserwogen Herrscher) genannt, seine Gemahlin ist Weteema (Wassermutter). Tabowane heißt metsa uku, seine Gemahlin Mirmi metsa aku. Wie nun im Laufe der Zeiten der Gott des Himmels (Taewataat) und der Luftregion als der wichtigste unter allen Göttern vorzugsweise und ausschließlich den Beinamen Uku, Altvater, Greis vor allen Greisen erhielt, die minder mächtigen Gottheiten aus dem Volksbewußtsein verdrängte und schließlich als Wanaisa fast in die Stellung des christlichen Schöpfergottes einrückte, auf diese interessante Frage kann hier nicht näher eingegangen werden.

Als Beherrscher des Himmels und der Luft offenbart sich Uku in der Atmosphäre und trägt nach der Natur derselben verschiedene Epitheta. Als Pilwetaat (Wolkenvater, fin. pilvien pitäjä Wolkenlenker) sammelt er die Wolken und führt sie herauf. Als Kõu donnert er: Kõu hüüab (ruft), müristab (macht Geräusch), kärgib (schilt laut). Aber man sagt auch: Wanaisa on wäljas (Altvater ist draußen), Wanaisa tapleb, töreleb (Altvater schilt). Der Donner rührt also von seinem mächtigen Rufe her. Nach einer anderen Vorstellung (Kwp. III, 1 ff.) entsteht aber der Donner daher, daß der Gewittergott mit einem kupferrädrigen Wagen auf einer eisernen Brücke daherfährt. Als Pitker, Pitkne entsendet Uku von seinem feurigen Bogen (ammukaar, wikerkaar) seine glühenden Pfeile (Pitkse noolid) oder Kugeln (Kõue kuulid, Pitkse kiwid), schlägt zuweilen auch mit eiserner Keule (raudnui) drein. In Äikese wihm, Äikese hoog ergießt sich der Gewitterregen segnend herab.

Als Beherrscher der Luftregion, der Donner und Blitz, Wolken und Winde, Regen, Schnee, trübes und klares Wetter in seinen Händen hatte, übte Uku einen mächtigen Einfluß auf die Erde, besonders auf ihr Wachsthum und ihre Fruchtbarkeit aus. Daher ihm um die Zeit des Frühlingsäquinoctiums ein besonderes Fest geweiht wurde. Nachdem am Vorabend die Zubereitung von Speisen und Getränken vollendet, ward im Speicher (ait) ein Tisch gedeckt, der Uku wakk (Uku's Opferpaudel) auf den Tisch gehoben und rund herum mit Speisen und Getränken besetzt. Dann that der Hausvater von jeglicher Saat des Getreides einige Körner in eine kleine Borkschale, hob den Deckel von Uku's Paudel und that die Borkschale hinein:

"Uku wakale waoma,
Kaane alla kerkimaie,
Woodu kaissu paisumaie."

d. h. zum Sichsenken in Uku's Paudel, zum Sichheben unter den Deckel, zum Quellen in den Schoß des Wood oder Woodu. Wood, Gen. wooo oder woodu bedeutet nach heutigem Sprachgebrauch die Ausbeute, den Ertrag der Jahresernte, gleichbedeutend mit woos, Gen. woosi, welches ursprünglich Jahr heißt, dann aber oft für die Jahresernte steht. Hier scheint das Wort aber ein Beiname Uku's zu sein. In gleichem Sinne finden wir Wood, Woodu nur noch im Gebet "des Donnerpfaffen" Wichtla Jürgen aus Erraftfer, der es bei den Zusammenkünften der Bauern betete, um ihr Bier zu segnen, "worauf sie einen Ochsen schlachten, auffressen und dabey sauffen und fröhlich sein." Pastor J. Gutslaff zu Urbs hat es 1644 in seinem Buche, "Kurzer Bericht und Unterricht von der Falsch heilig genandten Bäche in Liefland Wöhanda" veröffentlicht und lautet in A. Knüppfer's Uebersetzung, Rosenplänter, Beiträge V, 156 ff.: "Lieber Donner(er), wir opfern Dir einen Ochsen, der zwei Hörner und vier Klauen hat, daß wir Dich wollen bitten vonwegen unseres Pflügens und Säens, daß unser Stroh kupferroth und unser Korn goldgelb möge werden. Stoß doch anderswohin alle schwarzen, dicken Wolken, über große Moräste, hohe Wälder und breite Wüsten. Uns Pflügern und Säern aber gieb fruchtbare Zeit und süßen Regen. Heiliger Donnerer, bewahre doch unseren Acker, daß er möge gut Stroh unterwärts, gute Ähren überwärts und gut Getreide innenwärts tragen." Mit "Lieber Donner" hat Knüppfer "Woda Picker" des estn. Textes übersetzt, was unzutreffend ist. Woda Picker in der heutigen Schreibart Wooda Pitker heißt nach Analogie von "Woodu kais" der Ernte-Pitker, ist also ein Beiname Pitker's. Diese Vermuthung gewinnt an Wahrscheinlichkeit, wenn wir erinnern, daß der Gewittergott Pitker "seine Wohnung und seinen Ausgang" in dem heilig gehaltenen Fluß Wöhanda hatte. Noch 1884 wußte ein Moisekatz'scher Wirth Juhan Wahtra Dr. M. Weske zu erzählen: "Des Donnergottes Uku Wohnstätte ist am Flusse Wõo gewesen. Man bat, daß Uku regnen lasse, wenn Dürre herrsche, und daß Uku dem Regen wehre, wenn es zuviel regnete." (Oma Maa. 1884. S. 43).

Wōo oder Woo ist der regelmäßig gebildete Genitiv von Wood, dem Beinamen des Erntegottes Uku. Zuweilen stieg er aus dem Bach empor und ward als „Kerl mit blauem und gelbem Strumpfe" sichtbar, ganz wie der finnische Obergott Ukko. Der Fluß ist also nach ihm Woo oder Wōo genannt worden. Seine Quelle entsprang aus Jlmjärw (Wettersee), war von einem Hain (lucus, estn. warjusalu) umgeben, aus welchem Niemand auch nur eine Ruthe abbrechen durfte, lauter Anzeichen einer uralten Verehrung des Uku. Im weiteren Laufe fließt der Fluß durch das frühere Dorf Kouwkylla (Dorf des Kōu), an dessen Stelle sich jetzt zwei Kōo Gesinde befinden. An dem Flusse wurden Augurien angestellt, um das Wetter zu erfahren, und Opfer, selbst Menschenopfer gebracht, um ein fruchtbares Jahr zu erlangen.

Aber nicht nur um ein gedeihliches Wachsthum der Feldfrüchte wurde Uku am erwähnten Feste angefleht. Das Fest wurde von Seiten der Weiber mit eigenthümlichen Ceremonien und einem Ehrentrunke begangen, worin der Sinn lag, daß des Weibes Schoß, gleich dem der Erde zur Entwickelung und Fortpflanzung der Keime bestimmt, unter gemeinschaftlichem Einflusse stehen müsse. Die noch vor Kurzem übliche Sitte der Mädchen und Weiber, zu Mariä Verkündigung (Puna Maarjapäew) einander Marienröthe (Maarja puna) zuzutrinken ist noch ein Rest des alten Uku-Cultus. Kwp. II, 501 erscheint daher Uku ganz folgerichtig als der den Gebärenden, Wöchnerinnen und Neugeborenen Schutz verleihende Gottheit. Auch mußte jedes junge Weib am Hochzeitstage, desgleichen nach der Geburt des ersten Kindes dem Uku eine Gabe zum Dankopfer bringen.

In die Zeit des Wintersolstitiums fiel das große Sterbefest (hingede aeg), welches gleichfalls dem Uku in seiner Eigenschaft als Kōu, dem Donnerer, geweiht war, welcher nach Kreutzwald den Beinamen Jōu oder Jōul geführt haben muß und auch die Regierung im Todtenreiche ausübte. Vgl. die Anm. zu Kwp. XIV, 360 ff. In diesem Sinn beschützt an unserer Stelle Uku die in den Grüften Schlummernden unter seinem Fittig oder in seinem Schoß (hōlmas).

Zur Verehrung des Uku war in jedem Hause ein Uku wakk aufgestellt, ein aus Bork oder dünnem Holzspliet gefertigter, mit einem Deckel versehener Paudel, ferner hatte jedes Dorf und Streugesinde einen dem Uku geheiligten Stein (Uku kiwi), auf welchem namentlich im Frühling nach der Aussaat, im Herbst nach eingebrachter Ernte geopfert wurde. Ueber weiteren Uku-Cult ist besonders zu vergleichen Castrén, Fin. Myth. S. 26—50. R. Hollmann, Ueber die Bedeutung des Wortes Pikne. Verh. I, H. 2, S. 36—40. Fählmann, Wie war der heidnische Glaube der alten Esten beschaffen? Verh. II, H. 3, S. 63—68. Kreutzwald, Ueber den Character der estnischen Mythologie. Verh. II, H. 3, S. 36—50. Myth. und mag. Lieder S. 6—21. M. Weske, Wanad ohwrikohad. Oma Maa. 1884. S. 13—16, 40—43. M. J. Eisen, Jumal ja jumalad. 1889. J. Krohn, Pakanallinen jumalanpalvelus. S. 28 ff., 181 ff. O. Kallas, Soome sugu paganaaegne jumalateenistus. E. Ü. S. Album III, S. 176—205.

13. 3. Schlafend in Maria's Schoße ist Parallelvers des vorigen: Schlummernd unter Uku's Fittig. Hier haben wir ein Beispiel der im Volksliede häufig vorkommenden Vermischung altheidnischer und christlicher Vorstellungen. Indem der Katholicismus die dem Heidenthum eingelebte Anhänglichkeit an seine Götter, Feste und Gebräuche schonte, aus den Göttern zwar auch Gespenster und Teufel, aber doch solche von katholisch-christlicher Realität und übernatürlichem, heroischem Wesen, weiter aber göttliche Menschen und christliche Heilige schuf, die großen christlichen Gedenktage auf heidnische Festtermine fallen ließ, auf heidnische Cultusstätten Kirchen und Kapellen baute und den christlichen Cultus heidnischen Formen anschmiegte, gewann er allmälig den Vortheil, in der Volksvorstellung gewissermaßen als der legitime, nicht fremde Erbe der alten Gottesverehrung angesehen zu werden. Es fanden Uebertragungen der Thaten und des Charakters alter Götter auf christliche Heroen statt, so auf den heiligen Antonius, der unter dem estonisirten Namen **Tönn** bis auf die Gegenwart verehrt wird, den hl. Georg, der zum **püha Jüri Jörguwits** wurde, die Jungfrau Maria, endlich auf Christus selbst. Ja, die Naivität ging soweit, daß man die altheidnischen Götter selbst als Götter fortleben ließ, nur daß man sie zu Geschöpfen Gottes machte. Ein finnisches Zaubergebet der Jäger zu Tapio und Mielikki läßt geradezu die Waldgötter christlich getauft werden: „Christus hat dich getauft, Der Allmächtige dich mit Wasser benetzt, Auf der grasigen Wiese, Als Hüter der wilden Thiere." Der heidnische jumal wird zum christlichen Schöpfergott, **Manala** oder **Toonela** zur christlichen Hölle, der „alte Junge" oder „Leere" rückte in die Stellung des christlichen Teufels ein. So verwandelten sich im Geiste des Volkes die mitgetheilten christlichen Erzählungen und Legenden, vermischten sich mit andern angeborenen Vorstellungen und es entstand die estnisch-volksthümliche, halbheidnische Legende. Auf diese wird nun auch die Rune angewandt. Die neue Religion mußte das Volkslied bekämpfen, weil es voll heidnischer religiöser Begriffe war. Aber ersticken konnte sie es nicht. Die Volksseele hing an dieser ihrer schönen und geliebten Tochter. Die Rune lebte fort, streifte aber unter dem Einfluß der neuen Gotteserkenntniß allmälig einiges von dem alten Götterglauben ab und nahm Elemente der biblischen Vorstellungen und legendarischer Erzählungen auf. Comparetti, Kalewala S. 285—286. H. Jannsen, Märchen S. II, 194—196.— Der christliche Name Maria ist im Estnischen in Maarja oder Mari verändert. In letzterer Form fällt er zusammen mit einem estn. Worte, das „Beere" bedeutet. Kwp. II, 421. V, 197, 202. Schott, Kalewipoeg S. 449 fragt: „Sollte dieses Wort nicht schon lange vor dem Eindringen des christlichen Namens Maria auch als weiblicher Name gebraucht worden sein?"

69. 3. **Läßt der Espe Laub erzittern.** Die Espe, estn. haaw, heißt auch **wargapuu** Diebsbaum. Es soll einst ein arger Dieb, als er in der Klemme war und zu Kreuz kroch, von schützenden Göttern in die Espe verwandelt worden sein. Das hörbare Zittern der Blätter auch beim geringsten Lufthauch giebt ein Bild davon, wie der Dieb bei der Entdeckung seiner Nebelthat gezittert und gebebt hat. Kreutzwald. Ein aus dem Kirchspiel Kl.-St.-Johannis stammendes Volkslied erklärt das Erbeben der Espe als Folge des Fluches einer Gattenmörderin, die bei ihr vergeblich Schutz suchte. Hurt, Vana kannel II, 342—345.

99. 3. **Pitkne, Pitkene, Pitken, Piken** ist Epithet Uku's, des Herrn des Blitzes. Es entspricht dem Fin. **pitkäinen**, einem Beinamen Ukko's, und ist wohl von **pitk** = lang abzuleiten. Nach Castrén, Fin. Myth. S. 39 scheint pitkäinen auf Uku's langen, großen Wuchs zu gehen, vielleicht aber bezieht sich dieses Epithet auch auf den langen Strahl des herabeilenden Blitzes.

102. 3. **Äike** ist Deminutiv von **äi**, welches Wort heutzutage allgemein Schwiegervater bedeutet, in einzelnen Gegenden Allentakens aber überhaupt einen alten Mann, entsprechend dem fin. **äijä** oder **äijö** = Großvater, auch der Donner. Diese Benennung des Donners soll an einigen Orten Finlands mit **atzhie** oder **attje** abwechseln, dessen Grundbedeutung „Vater" an Uku's Epithet Wanaisa erinnert, lautlich aber = **Wanaatt** (Altvater) ist. Nach der Vorstellung der Lappen war (Aija) der Donner ein lebendiges Wesen, welches sich in der Luft aufhielt und genau auf die Reden der Menschen Acht gab und es nie unterließ, ihre Verbrechen zu bestrafen. Ganz dasselbe meinen die Esten von ihrem Äikene, der zu einem Beinamen Uku's geworden ist. Ihre unartigen Kinder beruft die estnische Mutter noch heute: Taewataat näeb (des Himmels Vater sieht), und schreckt sie während des Gewitters: Taewataat on wallatute laste pääle kuri (des Himmels Vater zürnt unartigen Kindern), Wanataat tapleb (Altvater zankt), Wanaatt oder Wanamees töreleb (Urahn schilt). Castrén, Fin. Myth. S. 47—49. M. J. Eisen, Jumal ja jumalad. S. 21—22.

128. 3. Mardus ist eine Geisterstimme, die in stillen Nächten in Wäldern hörbar wird und der Vorzeit Marter (wana aja kurnamisi) den Winden verkünden soll. Wird des Mardus Stimme häufig gehört, dann könne man auf Krieg und Blutvergießen gefaßt sein. Kreutzwald hält Mardus für eine Verstümmelung von Märtyrer, welches Wort ohne Zweifel zur katholischen Zeit unter den Esten aufgekommen sei. „Wie leicht konnte da die Anwendung des Wortes auf die Vorfahren bezüglich gemacht werden, die ja auch für ihren alten Glauben gefallen waren." Der Ehsten abergl. Gebr. S. 146—147. Wiedemann, S. 429.

157. 3. ff. Gemeint sind die Freiheitskämpfe der Esten von 1208 ab, welche 1227 mit schließlicher Unterjochung endigten, aber immer wieder von Neuem bei günstigen Gelegenheiten aufflackerten. So namentlich 1343 in Estland, auf der Insel Oesel und in der Landschaft Sakala (Fellin).

167. 3. Taara-Söhne = Taaralased sind gleichbedeutend mit den hehren Helden = Wikerlased (I, 15), Siegern = wõidulased (I, 68), Altvaters Ruhmessöhnen = Wanaisa kuulsad pojad (I, 70). Es ist eine figürliche Ausdrucksweise, die angewandt wird, um mächtige Helden zu bezeichnen. Vgl. Zur Einführung Z. 2 Kalewmänner = Kalewid. — Taara, Toara, Tooru, Toru ist mit Uku, Wanaisa gleichbedeutend und eine persönliche Benennung des himmlischen Gottes. Diese Bezeichnung des höchsten Gottes findet sich bei allen finnischen Völkern, selbst bei den östlichsten, den Wogulen und Ostjaken in der Form Tarom = Gott, Himmel, Luft, Wetter. In der wogulischen Schöpfungssage ist Tarom der oberste Gott, der durch den Elm-pi (Jlma-poeg = Luftgott) die Erde aus dem Mere hervorgehoben und die Thiere und Menschen auf derselben schaffen läßt. Diesem Tarom entspricht das magyarische terem = er läßt entstehen, schafft, teremtö = Schöpfer, természzet = Natur (P. Hunfalvy, Die Ungarn oder Magyaren S. 46). Es liegt daher nahe, daß Taara ein einheimischer Gottesname ist. Donner, Wörterb. Nr. 446—464 hat in der That auf die fin. Wurzel tar, tor, tur, ter, tir hingewiesen, mit der Grundbedeutung aufschwellen, brausen, schnauben; aufkeimen, sprießen, hervorwachsen; hervorragen, spitz, scharf sein; streiten, kämpfen, verderben. Von dieser Wurzel leitet Donner ab das estn. Taara, das lapp. Tiermes Gott des Himmels und des Donners, das wogulische Tarom Gott, Himmel, das ostjakische Tuurum, Tuurm, Toorem, Toorum Gott des Himmels und des Donners. Sodann pflichtet er J. Krohn, Kalevala, Kolmas helppohintainnen painos S. 396 bei, daß das fin. Tuuri, welches mit palwoinen = pilvinen (der in den Wolken wohnende) identisch gesetzt wird, dem estn. Taara oder Turis und sonach wesentlich dem Uku entspreche. Das magyar. dörränni donnern, ertönen, fin. toraan streiten, zanken, turisen brausen, schnauben u. a. machten es sehr wahrscheinlich, daß die obigen Wörter aus derselben Wurzel stammen. Hiezu bemerken wir, daß auch im Estnischen der Ausdruck torisema für donnern gebraucht wird z. B. Wanataat toriseb = Altvater brummt, schilt.

Trotz der allgemeinen Verbreitung und der gut-finnischen Etymologie des Wortes hat man Taara und seinen Cultus mit dem skandinavischen Donnergott Thörr identificirt. Abgesehen von der Lautähnlichkeit sprach für diese Annahme vor Allem der Umstand, daß der Donnerstag als der Tag des Donnergottes in Skandinavien wie in Deutschland für besonders heilig galt, manche Arbeiten an diesem Tage durchaus ruhen mußten und dem Thörr, Thunar besonders die Eiche heilig war. Damit stimmt die schon von Boecler bemerkte und von Kreutzwald, Der Ehsten abergl. Gebr. S. 97—102 ausführlich beschriebene Donnerstagsfeier der Esten, sowie die durchgängige Bezeichnung der Eiche als Taara tamm, Taara puu.

Wie erklärt sich diese Uebereinstimmung? Castrén, Fin. Myth. S. 50 läßt die Frage, ob Taara einheimisch oder den indo=germanischen Sprachen entlehnt sei, unentschieden. Für den skandinavischen Ursprung treten ein K. J. Peterson, Ganander, Fin. Myth. S. 16—18, J. W. Luce, Wahrheit und Muthmaßung S. 50, G. M. Knüpffer, Der Berg des Tharapilla, Inland, 1836, S. 361—366, 377—383, J. B. Holzmayer, Osiliana I, 3—10, E. Pabst, Heinrich's von Lettland Livl. Chronik S. 283, Anm. 16, J. Sjoegren, Der Ehsten abergl. Gebr. S. 98 Anmerkung, M. J. Eisen, Taara. E. Ü. S. Album I, 208—222 und wie es scheint auch Wiedemann a. a. O. S. 430. Dagegen ist geltend zu machen: 1. der Obergott und Altvater Taara, dessen Name durchaus finnischen Ursprungs ist und sich der weitesten Verbreitung erfreut, erscheint nirgends als specifischer Donnergott, sondern ist in erster Linie der große Himmelsgott und Allvater. 2. Nirgends in der estnischen Sage und im estnischen Liede wird die Donnerstagsheiligung damit begründet, daß es ein dem Taara oder Thôrr geweihter Tag ist. Als 1564 in Kusal ein livländischer Bauer die andern Bauern überredete, sie sollten nicht mehr den Sonntag, sondern den Donnerstag feiern, berief er sich nicht etwa auf den Taara-Cult, sondern führte als Ursache die Legende an, „daß Gott einmal in großen Nöthen gewesen sei und hätte alle die Tage in der Woche um Hilfe angerufen; da wäre aber kein Tag ihm mehr zu Hilfe gekommen als der Donnerstag allein, welcher deshalb billig sollte heiliger gehalten werden als die andern Tage alle". (Balthasar Rüssow's Livl. Chronik, übertragen von E. Pabst S. 135). 3. Der Name Donnerstag steht im Estnischen außer aller Verbindung mit Taara oder Thôrr, Thunar, und schließt jede Erinnerung an Taar oder Thôrr aus, denn er heißt neljapäev = der vierte Tag in der Woche. Nur Holzmayer, Osiliana I, 4 behauptet, daß der Donnerstagabend dem Wanaisa, Taar, Toru, Tarapüt geheiligt gewesen sei, aber die Behauptung ist in sich widerspruchsvoll, denn einige Zeilen weiter lesen wir, daß diese Heiligung nicht Thôrr, sondern Hiie gegolten habe. 4. Die Eiche als Sinnbild der Stärke konnte ganz unabhängig von skandinavischen Einflüssen dem Taara geweiht sein, zumal wenn wir bedenken, daß die Ostseefinnen früher südlicher in dem eichenreichen Mittel=Rußland lebten. Neben der Eiche war dem Taara auch die Linde heilig (Myth. und mag. Lieder S. 14) und in seinem Hain wurden auch Eschen und Espen gepflanzt. (Oma Maa 1884 S. 15). Daher sah sich L. v. Schroeder, Bemerkungen über den Gott Târa, Târ, Tôr und die Donnerstag-Heiligung bei den Esten, Sitzungsber. 1893, S. 57—66 zu einer Vermittelungshypothese veranlaßt: „Die Esten hatten seit Alters einen obersten Gott und Altvater Târ, Tôr, dessen Name durchaus finnisch=ugrischen Ursprungs eigentlich „Himmel" bedeutete und mit dem skandinavischen Donnergotte Thôrr (aus Thonraf = Donner) nichts gemein hatte. Als aber Esten und Skandinavier in nähere Beziehung zu einander traten, da glaubten die letzteren ihren Gott Thôrr in dem estnischen Târ, Tôr wiederzufinden und umgekehrt, und so trat, veranlaßt und begünstigt durch den zufälligen Gleichklang der Namen, eine Contamination, Vermischung und Verschmelzung beider Göttergestalten ein. So konnte des Donnergottes Thôrr Eiche auch dem estnischen Himmelsgotte Târ, Tôr heilig werden; so konnte auch die Donnerstags-Heiligung sich von Skandinavien aus in das Estenland übertragen." Mit Entschiedenheit traten für den einheimischen Ursprung des Namens und des Cultus des Taara ein: A. Knüpffer, Ueber die estnische Gottheit Thorapita oder Tharapita, Inland. 1836. Sp. 833—843, Fählmann, Wie war der heidnische Glaube der alten Esten beschaffen? Verh. II, H. 2, S. 63—68, Kreutzwald, Der Ehsten abergl. Gebr. S. 98—99, Г. Трусманъ, Введеніе христіанства въ Лифляндіи, S. 82 ff. C. Hiekisch, Heinrich's von Lettland Mitteilungen über das Heidenthum der Esten und Liven S. 12 ff.

und R. Anderson in einer seiner Magisterthesen 1891 und in einem Schreiben an Leo Meyer, der es „Zu den Versuchen einer etymologischen Erklärung des Namens Dorpat", Sitzungsber. 1898, S. 1—27 abdruckt und seinerseits jeden Zusammenhang des estn. Taara mit dem altnordischen Gott Thôrr abweist. Während Anderson auf den Umstand Gewicht legt, daß Taar, früher Taara, der höchste Himmelsgott aller ugrofinnischen Völker sei, zieht Leo Meyer auf Grund dieser Thatsache und unter der Voraussetzung, daß nur gothisch-altnordische Sprachformen in die Sprache der Ostseefinnen, und zwar nur in diese, hinüberdrangen, a. a. O. S. 22—23, seine sprachwissenschaftlichen Schlüsse: „Wenn also ein Gott Taara sich nicht nur bei den Ostseefinnen, sondern auch Ceremissen und Mordwinen u. s. w. vorfindet, wie es thatsächlich der Fall ist, so kann er nicht von den gothisch-nordgermanischen Völkern entlehnt sein, aber auch nicht von den Nord-Germanen (ohne Gothen) insbesondere, die Namensform Thôrr ist aber speciell altnordisch, nicht auch gothisch; vielmehr ist als entsprechende gothische Form ein Thunar zu vermuthen. Wäre der in Frage stehende deutsche Göttername im Gebiet der ostseefinnischen Völkerschaften aufgenommen, so müßten wir vermuthen, daß er in gothisch-altnordischer Form aufgenommen worden wäre, also mit einem inneren Nasal, der aber der estnischen und überhaupt ugrofinnischen Form abgeht. Sodann hat Hiekisch mit vollem Recht den Umstand betont, daß sosehr auch Völker bei einem Verkehr einander beeinflussen, sodaß in die Sprache und in die Sitten fremde Elemente aufgenommen werden, besonders von Völkern mit höherer Cultur, so dieses doch für religiöse Verhältnisse weit weniger Bedeutung hat. Jedem Volke sind seine Götter heilig und es ist kaum denkbar, daß ein Volk seinen Hauptgott einem fremden Volk entlehnen oder auch nur mit dem Namen der Gottheit eines fremden, ihm nicht einmal racenverwandten, geschweige denn stammverwandten Volkes belegen wird. Dazu kommt noch die Frage, wie weit sich der Verkehr zwischen den Skandinaviern und Esten erstreckte und welcher Art derselbe war, denn wenn auch benachbart, so waren sie doch durch die Ostsee getrennt. Oefterer mögen die Beziehungen kriegerischer Natur gewesen sein, öfterer waren es Handelsverbindungen, welche doch nur oberflächliche sind und sich wenig eignen, durch ihren Einfluß die Hauptzüge der religiösen Anschauungen eines andern Volkes umzugestalten. Selbst in dem Fall, daß die Skandinavier unter den Finnen einzelne Niederlassungen hatten, hätte sich deren Einfluß auf religiösem Gebiet wohl kaum von der Ostsee bis nach Sibirien hinein erstrecken können, denn soweit reicht Taara's Name und Taara's Cultus. Man denke nur an den zähen Charakter der Finnen, die geradezu starr an dem Althergebrachten hängen. Trotz des 600-jährigen intensiveren Einflusses des Christenthums ist der einfache Este, namentlich in abgelegenen Waldgegenden, in seinem religiösen Empfinden noch ein gut Stück Heide.

Wegen der Vollständigkeit erwähne ich, daß Comparetti, Kalewala S. 248 den Taara der Esten eher auf das slavische старый alt, als auf Thôrr zurückführen möchte und daß J. Jung, Muinasaja teadus eestlaste maalt I, 82, unabhängig von Comparetti den Namen Taara aus dem Russischen старикъ = Greis ableitet, obgleich der Taara-Dienst von Thôrr beeinflußt sei. Danach wäre Taara als Epithet des namenlosen höchsten Wesens, des Herrn des Donners, gleichbedeutend mit den übrigen: Uku, Äike, Kõu, Wanaisa.

200. 3. ff. Ueber die Zahl 7, wie überhaupt über Zahlensymbolik, die im Kwp. eine große Rolle spielt, vgl. R. Kallas, System der Gedächtnißlehre. S. 278 bis 286 und S. 350—361.

208. 3. Knechtschaft Fesseln (orjakütked) hielten die Esten in jahrhundertelangem, unsäglichem „Daseins Elend" (3. 211). Die Aufhebung der Leibeigenschaft, in Estland 1816, in Livland 1819, machte dem unwürdigen, Herrschern wie Beherrschten gleich unerträglichem Zustande ein Ende.

209. 3. Krieges Qualen hat das Land vielfach zu erdulden gehabt, namentlich in der Periode von 1558—1629 d. h. vom Untergang des Ordens bis zur Unterwerfung des ganzen Landes durch die Schweden, und während des nordischen Krieges 1700—1710.

210. 3. Hungers Marter hat das Estenvolk in Folge langwieriger Kriege, landwirthschaftlicher Nothstände und Mißernten vielfach zu erdulden gehabt. Besonders gräßlich war die Hungersnoth 1602 (Vergl. 39 estn. Predigten von Georg Müller, LI ff.) und 1695—1698. Eine volksthümliche Anschauung von den Ursachen der Hungersnöthe vertritt das von Neus, Ehstn. Volksl. S. 130 ff. mitgetheilte Volkslied „Die Tage der Vorzeit", welches anhebt:

„War des Würgens Zeit die Vorzeit,
Eine lange Zeit des Leidens,
Die der Drangsal dornenvolle,
Stachelspitze Zeit der Narben,
Die verzehrend zährenreiche!
Würgegeister waren grimm uns,
Pfaffenrosenkränze pfetzten,
Raffende Ritter plünderten,
Raubende Schaaren raubten,
Mörderschwerter, sie metzelten!
Mehlthau war der Schlag des Schweden,
Gallenblase das Sech des Sachsen.
Brot der Pest, das brachten Raben,
Hungerhafen Henkernixen.
Aecker waren des Sachsen Atzung:
Oeden mußten uns ernähren,
Haidekraut uns halten aufrecht,
Uns des Spreues Speicher helfen."

212. 3. Pest Versengung (Katkusurm) hat die Ostseeprovinzen oft in verheerendster Weise heimgesucht, namentlich im Gefolge der häufigen, vielfach nicht aufhörenden Kriege. Der Katk tritt in der Sage als ein schwarzer oder grauer Mann auf. Daher der Name Mustsurm. — Vielfach wird geglaubt, daß er keine Füße habe. Daher müsse er fahren oder lasse sich als Contagium weitertragen. H. Jannsen, Märchen II, S. 150—153 und S. 201—203. Wiedemann, S. 423. Rußwurm, Sagen aus Hapsal und der Umgegend S. 27—28. Hurt, Beiträge S. 8—9.

213. 3. Tautsi oder Tauts, Nebenform von taud = Seuche, erscheint hier personificirt als Beherrscher der Seuchen und Hinwürger der auf der Schlachtbank (tapesäng) Liegenden.

215. 3. Die Geschichte des Estenvolkes läßt sich folgendermaßen periodisiren: I. Die Zeit der Freiheit, die im Lied und in Sage als die goldene characterisirt wird. II. Die Zeit der Freiheitskämpfe von 1208 ab, die 1227 mit dem Verlust der Selbständigkeit endete. III. Die Tage der Unterjochung, die ohngeachtet einzelner Lichtblicke z. B. unter schwedischer Herrschaft 1629—1700 („wana hää Rootsi aeg") „eine Zeit des Würgens und des Leidens" heißen. IV. Die Friedenszeit unter „des Russenreiches Herrschaft", die 1710 mit der Unterwerfung Liv- und Estlands anbrach. Völkerrechtlich wurde die Zugehörigkeit zu Rußland im Friedensschluß zu Nystädt 1721 besiegelt.

218. 3. Der Elfen Lockruf, estn. haldiate häälitsused. Das Wort haldias wird verschieden gesprochen und geschrieben: halijas, halljas, haljas, haldjas, haldija, halgijas, halgjas. Wir geben der Form haldias den Vorzug, weil ihr am meisten das fin. haltia entspricht. Thomsen, Ueber den Einfluß der germ. Sprachen S. 134 leitet haltia und haldias vom Verbum hallitsen beschützen, regieren, ab und behauptet die germ. Herkunft des Wortes. Das goth. haldan, das altnord. halda, das angels. haldan, das deutsche halten bedeuten genau dasselbe, was das fin. hallitsen. Haltia, haldias heißt demnach tutor, genius tutelaris. Mag nun immerhin das Wort fremden Ursprungs sein, der Gedanke, den es ausdrückt, ist nicht nur nach Castrén, Fin. Myth. S. 105 ff., 170 ff., sondern auch nach Comparetti, Kalewala S. 166 ff. und 3. Topelius, Finland im 19. Jahrhundert S. 53 ff. echt finnisch und alterthümlich. Die alten Finnen und Esten beteten nicht die Naturgegenstände an, sie suchten den in ihnen lebendigen Geist (haldias). Alles war individualisirt, alles und jedes Ding hatte seinen haldias zum Beschützer, einen Genius, ein Wesen, welches sein Schöpfer war und sich fernerhin desselben annahm. Diese Schutzgottheiten waren jedoch nicht an jeden einzelnen, endlichen Gegenstand gebunden, sondern freie persönliche Wesen, welche sich selbst bewegten, Form und Gestalt, Leib und Seele hatten. Ihre Existenz hing nicht von der Existenz der einzelnen Gegenstände ab, denn obgleich es in der Natur keinem Gegenstande an einer Schutzgottheit fehlte, so war deren Wirksamkeit durchaus nicht an ein einzelnes Individuum gebunden. Jeder Gegenstand wird aber auch von einer höheren Göttermacht (jumal) beherrscht, welche natürlich die vornehmere und mächtigere ist. Das Verhältniß zwischen jumal und haldias ist das des Allgemeinen zum Einzelnen, die Idee des Waldes gegenüber derjenigen der ihn bildenden einzelnen Bäume. Der metshaldias, der an unserer Stelle gemeint ist und der meist als rufende Stimme (Echo) den Wanderer im Walde irre zu führen sucht, bedeutet nicht den Waldgott, Tabowane fin. Tapio, sondern den Schutzgeist eines einzelnen Walddistricts oder Haines. Ahti hat die Herrschaft über das Wasser überhaupt, außerdem aber hat noch jeder See, jeder Fluß, jede Quelle, jeder Brunnen einen weehaldias oder näkk. So verschieden aber auch die Ausdehnung der Macht einerseits der jumalad, andererseits der haldiad ist, so ist doch ihre Natur identisch. Diese Idee eines jedem Dinge innewohnenden und dasselbe regierenden Wesens von dämonischer Natur, bildet den Grundzug der finnisch-estnischen Mythologie. Sie läßt sich kurz als Animismus characterisiren d. h. als eine verworrene, wechselnde, unbestimmte Lehre, als eine Art Polydämonismus, nicht ohne die Idee eines höchsten Wesens, dabei aber auch die Vorstellung von der Macht der Zauberhandlung durch das Wort von Seiten des Menschen. Vgl. noch M. J. Eisen, Haldijad, E. Ü. S. Album III, 77—90. Wiedemann S. 419 ff.

218. 3. Kurn, kurni ist „ein kleines, cylinderförmiges Holzstück, etwa $\frac{1}{2}$ Fuß lang, $1\frac{1}{2}$ Zoll dick. Beim Kurnispiel werden auf einen wagerecht auf die Erde gelegten Kurniklotz zwei andere unter einen rechten Winkel also gestellt, daß das eine Ende derselben auf der Erde, das andere auf dem unteren Klotze ruht. Auf diese wird noch ein Klötzchen in derselben Richtung gelegt. An das zurücktretende Ende des Letzteren kommt in der Richtung der Unterlage noch ein Kurniholz. Um die aufgestellten Klötzchen beschreibt man ein Rechteck und die Aufgabe ist nun, durch geschicktes Werfen mit einem Knüttel von einem bestimmten Standorte aus, die Kurniklötze aus dem Rechteck hinauszuschleudern." Blumberg, Quellen S. 76. Vgl. Kwp. II, 693 ff.

264. 3. Burg des Jaan, estn. Jaanilinn ist eine alte, tief im Walde liegende, von Sümpfen umgebene Estenburg im Rissi'schen Kirchspiel im Poll'schen Gebiet. Kreutzwald hat sie 1819 besucht. Vgl. X, 786.

289. 3. ff. Wierland, Jerwen, Harrien und Wiek sind die vier Landschaften oder Kreise der Provinz Estland. Den Namen Wierland = Wirumaa leitet Ahrens, Grammatik I, 173 von weer, äär Rand, fin. vieru steiles, abschüssiges Ufer, Erdfall ab. Harrien = Harju heißt der Erdkamm, nach Donner, Wörterbuch Nr. 644 von der Wurzel sar hervorsprießen, hervorragend sein. Jerwen, richtiger wäre die Schreibart Järwen = Järwemaa, bedeutet das Seenland. Wahrscheinlich sind die zahlreichen, unwirthbaren Moore verwachsene Seen (järwed), welche der Landschaft einstmals den Namen gegeben haben. Durchstößt man z. Bsp. mit einer langen Stange die ein paar Fuß dicke, unter den Füßen schwankende Oberfläche, so versinkt die Stange in das Bodenlose. Blumberg, Quellen S. 43. Die westlichste Landschaft Wiek hat ihren estnischen Namen von der Lage, denn sie heißt Läänemaa = Westland. Ahrens, Grammatik, I, 155. Zu der Etymologie der Kreisstadt Pernau in Livland, vgl. die volksthümliche Wendung Kwp. XX, 148: Pernau unter laub'gen Linden = Pärnu pärnade wahelta.

304—306. 3. Zu „Alewiden" vgl. die Anm. zu Kwp. X, 178, zu „Olewiden" die Anm. zu Kwp. XV, 524, zu „Sulewiden" (Sulewinden ist ein Druckfehler) die Anm. zu XIX, 674.

Erster Gesang.

1. 3. Runenkund'ger. Das Wort Rune, fin. runo, kommt im estnischen Volksliede nicht vor. Wir haben daher keinen Grund, auf den Terminus weiter einzugehen, sondern verweisen nur auf Thomsen, Beröringer S. 213—214. Donner, Techmer's Internat. Zeitsch. für Sprachwissenschaft I S. 267. Comparetti, Kalewala S. 240—297. Im Original heißt es hier: laulik lausa suuga = Sänger mit dem geöffneten Munde.

30—31. 3. Die Windesmutter (Tuuleema) oder Sturmesalte (Marumemme) ist die Gattin des Tuulejumal (II, 503) oder Tuuletaat. Beide galten als Gottheiten der bewegten Luft, die über den Erdboden streicht, und sind als solche von den übrigen Luftgottheiten scharf unterschieden. Nach estnischer Vorstellung giebt es gute — günstige — und böse — feindliche — Winde. Die guten Winde sind eine freundliche Göttergabe, heilsam, belebend und stärkend. Wer sie nöthig hat, sucht sie durch kunstgerechtes Pfeifen herbeizulocken und sie lassen kein unverschuldetes Leiden ohne Linderung, sondern wehen dem Leidenden Kühlung — jahutust — zu. Selbst eines verwundeten Vogels Schmerzen und eines geritzten Baumes Thränen finden heilsamen Balsam aus ihrer Hand. Tuulejumal insbesondere nimmt sich der Kreissenden an, seine Gemahlin, die gelinde Tuuleema, dagegen schenkt den Menschen einen Handwind (käsituul), damit sie diesen käsituul bei vorkommenden Verletzungen jeder Zeit in Bereitschaft hätten. Bei starkem Winde weint oder heult die Windesmutter (Tuuleema nutab), beim Entstehen des Wirbelwindes tanzt sie (Tuuleema tantsib). Sonst erhebt der Wind noch die Stimme (tuul töstab häält) und man spricht von seinem Odem (tuule õhk oder hing). Die bösen Winde werden von Zauberern, welche **Tuuleema pojad** (Söhne der Windesmutter) oder **tuuletargad** (Windeskundige) heißen, künstlich erzeugt und zu unheiligen Zwecken ausgesandt, bringen Krankheiten, Unglück und Verderben zu Wege. In den bösen Winden (tuulispask, tuulispää, tuulewood, wihelik), fahren die Urheber und Urheberinnen nicht selten selbst mit, wobei ihr Körper wie todt irgendwo liegen bleibt, bis die Seele zurückkehrt. Solche Luftfahrten pflegen sie am häufigsten im Frühling zu unternehmen, zur Zeit der verhängnißvollen Kreuztage ((ristipäewad), deren es vier giebt. Der Ehsten abergl. Gebr. S. 104—109. Holzmayer, Osiliana I, 52—54, 113. H. Jannsen, Märchen II, 175. Wiedemann S. 443—444.

62. 3. Kalewala. Die Enduug -la bezeichnet den Wohnort (Kalewala = Heimath des Kalew oder der Kalewiden) und kommt in zahlreichen Ortsnamen vor: Karula, Hanila, Lihula, Tõhela, Karjala, Pohjola u. s. w.

87. 3. Einer reiste nach Rußland. Im Original: Üks neist weeres Wenemaale. Wene, fin. Venäjä = Rußland ist identisch mit Wenden, an. Vindr, ags. Vinedas, ahd. Winida, einer bei den germanischen Völkern von uralter Zeit her gebräuchlichen Bezeichnung für die Slaven, namentlich in ihren westlichsten und nordwestlichsten Sitzen, wie unabhängig von einander Thomsen, Ueber den Einfluß der germ. Sprachen S. 183 und Weske, Ueber die Identität des estnischen Wene und des Völkernamens Wenden, Sitzungsber. 1874 S. 34—40, nachgewiesen haben. Diese Bezeichnung scheinen die Finnen und Esten von den Germanen entlehnt zu haben, in deren Mund dieselbe sich bei den Schriftstellern bis in das erste Jahrhundert n. Chr. zurückverfolgen läßt.

88. 3. Turja ist vermuthlich Norwegen. Renvall, Lexicon linguae Finnicae deutet es Norvegia remota, transalpina. Castrén, Fin. Mythologie S. 245 ist Turja dasselbe Wort wie Rutja, was noch heutigen Tages (1852) bei den finnischen Bauern den Namen für Norwegen ausmacht. In der Kalewala wird hin und wider das mythische Pohjola mit Turja benannt, welches nach Castrén in Lappland zu suchen ist.

90. 3. Nordlandsadler (põhjakotkas) ist ein mythischer Vogel, der auch in den finnischen Runen vorkommt, aber über sein Wesen läßt sich nichts sicheres aussagen.

93 3. Bortenflechter = poortidepunuja. Poordid heißen die aus Draht gewebten Metall-Spitzen, welche von Außen dünn versilbert oder vergoldet in früheren Jahren als Zierrath an den Weiberhauben, Mützen und an den Kränzen (pärjad) der Mädchen getragen wurden. Blumberg, Quellen S. 41.

102. 3. Finland, fin. Suomi, estn. Soome von der Wurzel som trüb, dunkel, sumpfig, naß heißt das Land nach seiner Bodenbeschaffenheit. Donner, Wörterbuch Nr. 833. Thomsen, Beröringer S. 277—278. Finnische Schmiede sind im ganzen Norden berühmt, finnische Zauberer gefürchtet. Lehmann, Aberglaube und Zauberei S. 65.

120. 3. Kalew ist von den drei Brüdern der jüngste, wie nach ihm Kalewipoeg. Seine Brüder werden gleich denen des Kalewipoeg nicht mit Namen genannt. Kalew ist hier Eigenname eines bestimmten Einzelwesens. Vgl. die Anm. zur Einführung, 3. 2.

123. 3. Pleskau's Weichbild = Pihkwa piir wird die Heimath der Setud genannt, welche zahlreiche Lieder und Sagen in unvergleichlicher Frische und Ursprünglichkeit bewahrt haben, darunter solche mit Localbeziehungen auf den finnischen Meerbusen, desgleichen Anspielungen auf Kalew und Kalewipoeg. Der Asketismus des Halle'schen Pietismus und Herrnhuts, der im übrigen Estealande den Volksgesang auf's heftigste bekämpfte und ihn in einigen Gegenden ganz zum Verstummen brachte, konnte hier seinen Einfluß nicht äußern, weil die Setud von jeher griechisch-orthodoxer Confession gewesen sind. Dr. Hurt hat das gesammte folkloristische Material dieses im Pleskau'schen Gouvernement an der Livländischen Grenze gelegenen Gebiets gesammelt und will es demnächst im „Seturaamat" d. h. Buch der Setud veröffentlichen. Die

Gesammtzahl der Setud beträgt nach J. Hurt, Ueber die Setukesed, Sitzungsber. 1886, S. 127 f., 12,549, die in 248 Ansiedlungen oder Dörfern wohnen. Vgl. Kreutzwald, Mittheilung über Volkslieder bei den im Pleskau'schen Gouvernement angesiedelten Esten, nebst einer Beilage von Liederproben. Verh. II, 2 H., S. 43—61. Jung, Einiges über die Setukesed, Sitzungsber. 1885, S. 145—154. O. Kallas, Üht ja teist Setudest, E. Ü. S. Album II, 174—188. Derselbe, Einiges über die Setud, Sitzungsber. 1894, S. 81—105. E. Aun, Mälestused Setumaalt, Tosin jutukesi. S. 93—107.

126. 3. Die Wiek'schen Esten rühmen sich noch heutigen Tages: Meie oleme ema poolt Kalewipoja sugulased d. h. Wir sind von mütterlicher Seite her mit Kalewipoeg verwandt. Kreutzwaldt.

169. 3. Die sanfte Salme = sula Salme, wörtlich der flüssigen, nicht zufrierenden Salme, denn Salme ist Genitiv-Form von salm, salmi = kleine Meerenge zwischen zwei Inseln, wozu die Wurzel Donner, Wörterbuch Nr. 694 sal = schlank, lang und schmal. Namentlich in den Oesel'schen Liedern wird mit dem Substantivum Salme stets das Adjectivum sula verbunden. Salm heißt eine Meeresbucht an der Insel Oesel, desgl. ein Fluß, der die Halbinsel Sworbe von Oesel abtrennt. Daher meint K. Krohn, Die geographische Verbreitung estnischer Lieder S. 8, daß die vielumworbene Jungfrau „die Tochter des Herrn gerade dieses Sundes" gewesen sein könnte. Andere Erklärungsversuche bieten, Neus, Ehstn. Volkslieder S. 9 und Schott, Kalewipoeg S. 448. Donner, Suomi II jakso. 5. osa S. 169 hält Salme wie auch Linda für siderale Gottheiten. Das Lied von der Jungfrau Salme und von der Freierei der Himmelslichter ist so allgemein beliebt gewesen, daß es sich in nicht weniger als 100 Aufzeichnungen erhalten hat. K. Krohn a. a. O. S. 7—10.

170. 3. Linde Linda = Linda, libe neitsi. Der Name Linda kommt in den Ueberlieferungen nur selten vor, aber gewichtige Gründe bestimmten Kreutzwald, diesen Namen für die Mutter Kalewipoeg's in Anspruch zu nehmen. Auf den ersten Blick scheint dieser Name das germanische lint oder lind (Schlange) zu sein, wie z. Bsp. in Godelind (Gottesschlange), Wiglind (Kampfschlange), Siglind (Siegesschlange), auch fällt er lautlich zusammen mit dem Femininum des spanischen lindo anmuthig, welches aus einem andern germanischen lind (woher z. Bsp. lindern) entstanden Die weibliche Endung -a könnte hier entscheidend sein, da es im Estnischen, ebenso wie in den übrigen näher oder entfernter verwandten Sprachen keine Geschlechtsendungen giebt. Nun aber hat lind im Estnischen (lintu im Finnischen) die Bedeutung Vogel. Geliebte Personen, zumal weibliche, werden oft aus Zärtlichkeit „Vöglein" genannt und angeredet. Weshalb hat das Wort also nicht wirklicher Name werden können? Aber wie erklären wir dann jetzt das zugegebene -a? Schott, Kalewipoeg S. 448—449, dem wir diese Ausführungen entnehmen, nimmt an, daß die Form des Namens germanischen Einfluß erlitten habe, aber in den finnischen Idiomen findet Schott's „zugegebenes -a" sich oft in dem Worte: im Livischen haben wir die Form linda neben lind, im Tscheremissischen loda, Vog. lonta, Ostj. lunkta, linda. Donner, Wörterbuch Nr. 570. Vgl. Kreutzwald's Vorwort zu Kalewipoeg, eine Estnische Sage S. XIII—XIV. E. Pabst, Lindanissa, der älteste Name des revalschen Dombergs, Inland. 1855 Sp. 746 trägt kein Bedenken Linda für eine Personification des linda = Glint = Felswand, für eine Fels- oder Glintgöttin auszugeben und ebendaher ihr eheliches und mütterliches Verhältniß zu den Riesen und Helden Kalew und Kalewipoeg zu erklären, wobei er der von H. Neus vertretenen Auffassung folgt, daß Kalew aus kalju = Fels abzuleiten sei und der altestnische Name der Stadt Reval Lindanisa mit linda, lindä = dän. klint in Zusammenhang stehe. Vgl. H. Neus, Revals sämmtliche Namen S. 37 ff.

177. 3. Ueber die Gebräuche bei estnischer Brautwerbung und auf estnischen Hochzeiten ist zu vergleichen die reichhaltige Monographie L. v. Schroeder's, Die Hochzeitsbräuche der Esten und einiger anderer finnisch-ugrischer Völkerschaften, Verh. XIII, S. 149—408. Wir machen nur noch darauf aufmerksam, wie das Lied in naiver Weise die jetzt übliche Art der Freiwerbung mit kosjad ja kosjawiinad (Branntweinkrügen) in die mythische Vorzeit zurückverlegt.

182. 3. Dem Mythus liegt der personificirende Gedanke des Naturganzen, sowohl in seinen großen Hauptzügen, als in seinen Einzelheiten zu Grunde. Sämmtliche Naturwesen, zu denen der Mensch irgend eine Beziehung hat, werden als handelnd oder wollend angesehen und demnach personificirt. Der Proceß ist einfach. Man bedient sich hauptsächlich der primitiven Art, die Personificationen mit der schlichten Benennung des personificirten Gegenstandes zu bezeichnen, sodaß nicht sowohl aus den Namen, sondern aus der Art, wie man von ihnen spricht, Persönlichkeiten hervorgehen. Kuu, päew, täht werden als göttliche Personen betrachtet, aber ihre Namen bedeuten nichts weiter als Mond, Sonne, Stern. Ein weiterer Schritt zu größerer Verdichtung der Personification als solcher ist, sie Sohn oder Tochter des Gegenstandes zu nennen, den sie personificirt. So wird der Stern 3. 237 põhjanaela wanem poega = Nordpolsternes Erstgeborner genannt. Die einfache Benennung täht (Stern) ist auf diese Weise in einen Personennamen umgewandelt. Der Begriff ist in diesen Ausdrücken nicht immer buchstäblich zu nehmen, denn tähepoega will dasselbe sagen, was täht. Vgl. Comparetti, Kalewala, S. 159 ff. Castrén, Fin. Myth. S. 50 ff.

191. 3. Speicher, Klete, ait spielt bei den Esten und Finnen eine große Rolle. Man findet keine Bauerstelle, kaum eine Hütte, die nicht eine Vorrathskammer hätte. Oft giebt es derselben mehrere auf einem Hofe. Man bewahrt in ihnen Getreide, Fleisch, Strömlinge, Salz und andere Speisevorräthe, aber ebenso werthvollere und bessere Kleider, sowie allerhand andere Sachen, die man im gewöhnlichen Leben tagtäglich nicht nöthig hat. In ältester Zeit scheinen sie auch als Wohnung gedient zu haben und werden auch jetzt noch als Sommerschlafraum für die jüngeren Mitglieder der Familie, namentlich der Töchter, gebraucht. Vgl. Heikel, Die finnischen und estnischen Speicher, Die Gebäude der Ceremissen, Mordwinen, Esten und Finnen, Suomalais-Ugrilaisen seuran aikakauskirja IV, 305—320.

255. 3. Laken eft. lina, Flachs, Lein, das aus Lein bereitete Gewebe = Linnen.

342. 3. Waldesjungfrauen (metsapiigad) sind die Töchter des Waldgottes (metsauku oder metsataati) Tabowane und der milden Waldesmutter (metsa armas eidekene) Mirmi. In einem Volksliede, M. Weske, Wana eestlaste palwed metsajumalatele, E. K. S. aastaraamat 1886 u. 1887, S. 9—10 wird eine ganze Schaar von diesen lieblichen Waldbewohnerinnen aufgezählt, als da sind kuuse kena kullakene (der Fichte schönes Goldchen), pedaja pisike piiga (der Tanne niedliche Jungfrau, entsprechend der fin. Hongatar), pihlaka tütar tillukene (der Eberesche kleine Tochter), kadaja kahar pääkene (der Wachholder Lockenköpfchen, die fin. Katajatar), lepa lahke lapsukene, metsa Mirmi meelehää (der Erle freundliches Kindchen, der Waldesmirmi Herzergötzen) u. s. w. So wird jeder Baum durch ein weibliches Wesen vorgestellt, einer Art von Dryade, die denselben regiert.

349. 3. Dorpat, estn. Tartu, ältere Formen bei Heinrich von Lettland **Tharbata, Tharbete, Tharpite, Tarbata, Darbeta, Darbete, Dorbete**, ist nach Leo Meyer's lichtvollen Ausführungen: Zu den Versuchen einer etymologischen Erklärung des Namens Dorpat, Sitzungsber. 1898 S. 1—27 ein zusammengesetztes Wort, in dessen erstem Theil der Name der Gottheit Taara oder Taar wiederzuerkennen ist und in dessen zweitem Theil etwas gefunden werden muß, das eine natürliche Beziehung auf eine Gottheit enthält. Nach Analogie der volksthümlichen Bezeichnungen der Stadt Taara paik (Taara's Ort), Taara tammik (Taara's Eichenheim) ist an die Bezeichnung von irgendwelcher Oertlichkeit zu denken. Im Schlußtheil des Namens glaubt nun N. Anderson aus dem lat. Tarbatum und dem estn. Tartu-Tarptu eine ältere Form Tarbado (für Tara-padu) erschließen zu können, ebenso wie aus Tarbata ein Tarbada, Tarapada. Pada, fin. pata heißt aber Kessel, irdener Topf, auch Spaten; das vom gleichen Stamm abgeleitete fin. patama tiefe, etwas runde Grube, Pfütze, der aufgedämmte Bach, Damm; das fin. pato Damm, die ausgegrabene und aufgeschüttete Erde, das estn. padu aber Niederung, feuchtes Land, auf der Insel Dagden niedrige kleine Insel, Holm. Es liegen also zwei Möglichkeiten vor. Fassen wir padu im Sinne von Damm, Holm, der etwa durch die ausgegrabene und aufgeschüttete Erde entstanden ist, so heißt Dorpat, Tartu = Taara's Holm oder Damm d. h. die Erhöhung, auf welcher Taara's heiliger Eichenhain sich erhob, nämlich der Domberg, den nach estnischer Sage die Thiere aus der Erde des ausgegrabenen Embachbettes aufhäuften. Fassen wir padu im Sinne von Niederung, Grube, feuchtes Land, so heißt Tartu „Taara's Niederung", wobei wir an eine Ansiedelung unten im Thalkessel des Embach's, am Flusse des heiligen Haines des Taara zu denken hätten. Zur Literatur vgl. Leo Meyer a. a. O.

433. Z. Wasserbräutigam (wesi) oder 440. Z. Fürst der Fluthen (woode kuningas) ist wohl der Wassergott Ahti (Kwp. XVII, 72). Auch er erscheint in der Sage beweibt, denn die Weeema, Weteemand (Wassermutter) muß wohl seine Gemahlin sein, welcher die Neuvermählten Geld in den Brunnen warfen, was kaewuanne (Brunnengabe) genannt wurde.

461. Z. Rasenmutter (Murueit oder Muruema) ist die Beschützerin der Gärten und Höfe. Ihre Töchter heißen Murueide tütred. Vgl. Kwp. XVII, S. 757 ff.

465. Z. Der Wind, der abschlägig beschieden wird, muß sich bald getröstet und anderweitig Ersatz gefunden haben, denn I, 30 ff. wurde seine Gemahlin Tuuleema oder Marumemme namhaft gemacht.

499. Z. Kunglakönig = Kungla kuningas ist ein durch seinen Reichthum berühmter Herrscher eines fabelhaften Inselreiches, des Eldorados der Esten, welches bisher von keinem Forscher und Reisenden entdeckt ist. Vgl. III, 478; V, 731; VI, 914, 922—923; XIX, 398—409. Kreutzwald, Eesti rahwa ennemuistesed jutud S. 78—80 und 263—268. M. J. Eisen, Kungla. Oma Maa 1886, S. 33—37. F. Kuhlbars, Weel ükskord „Kungla". Oma Maa 1886 S. 117—120.

669.—672. Z. bieten der Uebersetzung und dem Verständniß unüberwindliche Schwierigkeiten. Vgl. Трусманъ, Калевичъ S. 53.

837. ff. Z. Daß die noch kurz vorher als Freier aufgeführten Sonne und Mond jetzt als Vater und Oheim der Linda auftreten, findet Kreutzwald wunderlich und meint, daß dadurch vielleicht die höhere Abstammung der dem Birkhuhnsei Entsprossenen angedeutet werden soll. Letzterer Meinung ist auch Donner, Suomi, Toinen jakso, 5. osa, S. 171.

849. Z. Die Bitterkeit des Scheidens spiegelt sich in der Natur, während Linda im Schlitten an des jungen Gatten Seite ihre Heiterkeit wiedergewinnt. Schott, Kalewipoeg S. 450.

Zweiter Gesang.

24.—27. Z. Das hier angedeutete Schnalzverfahren bei Kindern — lapse muisutamine — besteht im Folgenden: Die Hebamme, gewöhnlich eine ältere, erfahrene Bauernfrau, faßt das Kind mit ihren Fingern kunstgerecht an der Nase, den Ohren, dem Kinn, den Fußzehen, Fingern und Augenbrauen, bringt dabei durch das Zusammenpressen ihrer Lippen einen eigenthümlichen, zischenden Schnalzlaut hervor, ähnlich dem von Pflügern zum Antreiben der Ochsen gebräuchlichen. In Wierland wurde dabei zugleich die Hilfe des Rõugutaja angerufen: „Tule appi, Rõugutaja!" Bei gesunden Kindern wurde das muisutamine als Beförderungsmittel des Gedeihens, bei kranken als Heilmittel benutzt. So wurde, wo ein böses Auge dem Kinde die Ruhe raubte, dasselbe durch Beschnalzen beruhigt. In diesem Falle hießen die sachkundigen Weiber lapseraugutajad = Kindesbeschwichtiger. Wollte man aus einem neugeborenen Knaben einen kräftigen Mann erziehen, so legte man ihn an eines starken Mannes Brust und führte dabei das Beschnalzen aus. Besonders ersprießlich sollte der Erfolg sein, wenn ein rüstiger Großvater den Enkel an seine Brust legte. Ein solcher muisutamise ajal suure isa rinnal imenud, — ein während des Schnalzens an des Großvaters Brust gesogener — Knabe sollte in seinen erwachsenen Jahren riesige Kraft bekommen. Der Ehsten abergl. Gebr. S. 53—54.

33. Z. Vögelpfade und Gleis der Vögel IX, 504, estnisch linnutee, linnurada, linnuteerada, ist die Milchstraße. Ihren Namen hat sie nach der altestnischen Ansicht daher, weil sie den Vögeln auf ihren Wanderungen den Weg von Norden nach Süden und umgekehrt angiebt. Den Namen leitet die Sage (Jannsen, Märchen II, 15—18) ab von Lindu, der lieblichen Tochter Uku's, die allen Wandervögeln den Weg (rada) wies, wenn sie im Frühling kamen und im Herbst davonzogen, und jedem seinen Wohnsitz bestimmte. Als Braut des Nordlichtes wurde sie oben an das blaue Himmelsgewölbe versetzt. Ihr weißer Brautschleier breitet sich aus von Himmel zu Himmel und wer das Auge hinauf wendet, der erblickt die Jungfrau in ihrem hochzeitlichen Schmuck. Hier weiset sie noch jetzt den Vögeln den Weg ihrer langen Wanderschaft. Von hier schaut sie weit gen Mitternacht zum andern Ende des Himmels nach dem Nordlicht aus und bietet ihm die Hand zum Gruß. Und naht der Winter heran, so sieht sie mit Freuden das Nordlicht zu sich als Gast kommen und nach der Braut fragen. — Den Oeselanern gilt die Milchstraße als Wetterprophetin. Aus ihrer intensiveren oder blasseren Färbung schließen sie auf den Schneefall im bevorstehenden Winter. Holzmayer, Osiliana I. S. 48. Myth. und mag. Lieder S. 45—55. J. Grimm, Deutsche Mythologie S. 331.

66. Z. Kalewipoeg ist eigentlich namenlos. Nur in einer handschriftlichen Aufzeichnung von Dr. Fählmann heißt er Sohni, in einer anderen von Dr. Bertram-Schultz Soini. Im Volksmunde kommt der Name nicht mehr vor. Ganander, Fin. Mythologie S. 100—102 kennt aber Soini. Was Ganander von ihm erzählt, paßt genau auf Kullervo. In einer Anmerkung fügt Peterson hinzu: „Bei den Esten erzählt man von einem Sohne Kalewa's (Kallewe-poeg), daß er grasreiche Landstriche mit einem hölzernen Pfluge durchfurcht habe und daß seit der Zeit auf ihnen auch kein Grashalm mehr wachse. Dieser bösartige Riese stellte auch dem weiblichen Geschlechte nach." Wir stellen hier fest, daß also schon Peterson die Identität des Soini = Kullervo und des Kalewipoeg herausfand.

99. Z. Zieh' zum grauen Allentaken. Im Original heißt es: Aja hallil Alutaha = Reite schnell auf einem Schimmel nach Allentaken. Alutaga = Aluntaga heißt wegen seiner Lage das Land hinter **alu** Sumpf oder Morast oder hinter der Burg **Alu** (XVII, 30 ff). Zu Allentaken gehören die Kirchspiele Waiwara, Jewe, Isaak und Luggenhusen.

111. 3. Das Dörpt'sche Land ist nach Kreutzwald's wie auch Fählmanns's Meinung (Verh. I, H. 1 S. 40, 47) arm an Volksüberlieferungen, namentlich was Mythologisches und den **Kalewipoeg** anlangt. Gemeint ist von ihnen wohl nur der südlich vom Embach gelegene Theil des Dörpt'schen Kreises und der Werro'sche Kreis. Doch vgl. dagegen Bericht des Pastors Dr. J. Hurt über seine Sammlung estnischer Volksüberlieferungen S. 10—11. Der nördlich vom Embach gelegene Theil des Landschaft Dorpat ist geradezu der klassische Boden für die Sagen und Spuren des Kalewiden. Vgl. Dr. Bertram=Schultz, Die Region der Kalewidenlager, Wagien 5—13.

135. 3. Deiner Schuhe Paar zu wechseln.' Boecler schreibt, „Ihre schwangere Weiber halten die Weise, daß sie alle Woche die Schue einmahl umwechseln". Kreutzwald fand den Brauch noch in Jerwen und Wierland vor, der darum geschehe, damit der Teufel, der den schwangeren Weibern auf allen ihren Schritten und Tritten wie ein Spürhund nachschleiche, von der Spur irre geleitet werde. Der estnische National=Teufel, bekanntlich ein sehr einfältiger und beschränkter Kopf, wird durch die angewandte Weiberlist von der Fährte abgelenkt und er kann sich nicht mehr zurechtfinden". Der Ehsten abergl. Gebr. S. 45.

147.—148. 3. Igaweste jumalate enne peetud aru mööda = gemäß dem vorher getroffenen Rathschluß der ewigen Götter. Hiermit ist eine göttliche Vorherbestimmung deutlich ausgedrückt. Aber die Götter sind keineswegs allmächtig gedacht, sondern sind — wie das im Leben des Kalewipoeg des Öfteren zum Ausdruck gelangt — an ein von ihnen selber unabhängiges Verhängniß gebunden. Was **jumal**, fin. **jumala** heißt, darüber ist viel gerathen worden. Aus der langen Reihe der Ableitungsversuche hebe ich nur zwei heraus, die meines Erachtens allein ernstlich erwägenswerth sind. Nach der älteren, von Castrén, Fin. Myth. S. 12 ff. aufgebrachten, von Donner, Wörterbuch Nr. 385 vertretenen und auch Comparetti, Kalewala S. 164 festgehaltenen Ansicht ist **jumal, jumala** eine Zusammensetzung von **jum, juma, jumu, jumi**, einer Lautnachahmung des dumpf rollenden Donners, des fernreichenden Getöses, und der Ableitungsendung — **la**, welche einen Ort, eine Localität im Allgemeinen, auch einen Wohnort bezeichnet, und bedeutet 1) den Himmel als den Sitz des Donners, 2) den Gott des Himmels, 3) eine Gottheit im Allgemeinen. Diese Ansicht hat einer neueren Auffassung weichen müssen, die von J. Budenz in Pest aufgebracht wurde. Hienach ist **jumo, jumala** mit dem ugrischen Stamme **jomo** indentisch, dem das magyarische **jovo, jova** gut, das wog. **jomas** gut, das ostjak. **jem** gut, schön, das wotjakische **umoj** gut, gehörig, tüchtig, passend entspricht. Das — **la** in der Endsilbe ist nicht Localendung, sondern muß im Sinne „mit **jumo** versehen" gefaßt werden, wie in anderen Adjectiven auf **la** oder **l**: fin. **matala**, estn. **madal** niedrig, an der Erde (**maa**) gelegen, **vetelä**, **wedel**, wässerig, flüssig, reich an Wasser (**wesi**) u. s. w. Aber nicht etwa in ethischer Bedeutung als „guter Gott" darf **jumala** gefaßt werden, sondern ganz sinnlich als der wohlhabende, reiche, in seinem Besitze sich glücklich fühlende Gott = Glücklicher. Jüngere finnische Gelehrte haben dann zur Begründung dieser Hypothese auf das mokscha=mordwinische **pavas** Glück und ersa-mordwinische **paz** Gott hingewiesen, wo also Gott und Glück identisch gesetzt werden, und das Stammwort im Ringveda'schen **bhagas** Antheil, Glück und im alt=persischen **baga** = Gott wiedererkennen wollen. Schließlich zogen sie auch das slavische **bogu** Gott, und das russ. богатый reich, antheilhabend, glücklich heran. Spruchreif ist die Frage aber noch lange nicht. Vgl. Leo Meyer, Über die Bezeichnung der Gottesbegriffe, Sitzungsber. 1878 S. 1—26. K. Krohn, Kalevala, Nimien Luettelo.

1895. S. 160—161. — Der Göttertitel jumal kommt nicht nur Uku, dem Alten des Himmels und dem obersten und höchsten Gott zu, sondern auch vielen andern Gottheiten der Luft, der Erde, des Wassers und der Unterwelt. Nach und nach wurde jumal zum generellen Ausdruck für ein göttliches Wesen überhaupt und als das Christenthum Fuß faßte, war diese Bedeutung so völlig reif, daß das Wort zur Übersetzung des deus im christlichen Sinne diente. Comparetti, Kalewala S. 164. J. Grimm Anm. Zur Einführnng 2. G. J. Kerg, Jumala. E. K. S. aastaraamat. 1875. S. 79—82. M. J. Eisen, Jumal ja jumalad. S. 3—13.

209. 3. Ein Kranker darf nicht im Bett, sondern auf einem, über dem Fußboden ausgebreiteten Strohlager sterben. Die Strohhalme müssen der Länge nach liegen (pikil õlgil põrandala). Ein im Todeskampf Liegender wird aus seinem Bett gehoben und auf dem Fußboden auf ein solches Strohlager gelegt, was „pika õlele panema", „suretama" oder „kooletama" = zum Tode pflegen heißt. Vgl. Kreutzwald, Ehstnische Gebräuche bei Sterbenden und Todten. Inland. 1837. Sp. 293., 294. J. Jung, Kodumaalt. VI, 108—115. Dadurch soll das Sterben erleichtert werden.

218. 3. Eine silberne Brustspange (sõlg), die die Weiber tragen, wird mit dem Dorn an einen Faden befestigt und in kreisende Bewegung gesetzt, indem man dabei spricht: Arwa, arwa arbukene! Käi, käi, preesikene! Käi kümne tuule poole, käi jõgede poole, järwe poole u. s. w. D. h. Sinne, sinne, kleines Loos! Bewege Dich, bewege Dich, kleine Spange! Bewege Dich nach zehn Winden hin, bewege Dich nach den Bächen, nach dem See u. s. w. Hierbei stellt man die Frage, deren Beantwortung man sucht und die entweder bejahend oder verneinend verlangt wird. Hört nach der gestellten Frage die Bewegung auf, so ist die Antwort eine verneinende, dauert sie noch fort, eine bejahende. Kreutzwald. Vgl. Wiedemann, S. 392.

219. 3. Ließ den Erlenkäfer fliegen. Lepatriinu, Erlentrine, Marienkäferchen, coccinella wird zum Orakel benutzt. Sein Flug verkündet einen günstigen Erfolg, wenn er nach dem Süden gerichtet ist, nach Norden gerichtet einen ungünstigen. Heirathslustige Mädchen halten eine lepatriinu auf dem Finger und sprechen: Kust poolt peigmees tuleb? Tallinna wõi Tartu poolt? Von welcher Seite kommt der Bräutigam? Von Reval oder von Dorpat her? Die Richtung des Fluges bringt die Antwort. Bertram-Schultz, Wagien S. 79.

223. 3. Windeszauberer (tuuletark) ist einer aus der zahlreichen Classe der nõiad (Zauberer), lausujad (Besprecher), puhujad (Bläser), sortsilased (Wahrsager). Im Fin. heißen sie tietäjät Wissende, loitsijat (Zauberer). Wie wir oben in der Anm. zur Einführung Z. 218 sahen, setzten die finnischen Völker das Vorhandensein einer Menge dämonischer Wesen (haldiad) voraus, die der Natur vorstanden und an Macht und Kraft den Göttern (jumalad) nur wenig nachgaben. Von ihnen her kam jedes Heil und Unheil über die Menschen. Jedes der Nebel dieser Welt, mochte es Leib oder Seele antasten, war, außer im Falle eines Werk irgend eines haldias, der seinen Wohnsitz in irgend einem Baum, Hügel, Wasser u. s. w. hatte. Die guten haldiad dagegen gewährten Schutz und Hilfe und spendeten Segen. Wie konnte nun der Mensch diese nichtirdischen Wesen zu seinen Gunsten bestimmen und sie beeinflussen? Die Idee eines jedem Dinge innewohnenden Wesens von dämonischer Natur wurde auch auf den Menschen angewandt, dem ebenfalls sein haldias zugeschrieben wurde, dessen Eingebungen und Mithilfe seine Unternehmungen gelingen ließen. „Ein jeder Mensch hat seinen haldias", versicherte noch 1875 eine alte estnische Sängerin in Wierland Dr. M. Weske, Verh. VIII. H. 4, S. 27. Dem Geiste (hing) des Menschen werden, weil das Körperlose stets über dem Körperlichen steht, übernatürliche Attribute beigegeben. Er hat seinen haldias, der seine seelische Kraft personificirt und, wie es in den Personificationen der Fall ist, sich alsdann mit dem Geiste selbst verschmilzt, so daß Menschen höherer Art, wofür die Zauberer gelten, sich zeitweilig von der körperlichen Hülle trennen und als freie Geister wirken können. Man nennt diesen Zustand im Finnischen „zum haltia werden, haltiaksi olla" und man ist des Glaubens, daß der Betreffende, zum freien Geist geworden, in's Reich der Todten fahre, daß er dort alles erlangen und erfahren könne, was er wünsche, und dieses Wissen beliebig zu gebrauchen vermöge, wenn er wieder in die körperliche Existenz zurückgekehrt sei, falls ihm diese Rückkehr in den Körper nicht durch einen Zauber verlegt werde, worüber die estn. Sage mannigfaches zu berichten weiß. Kraft seines höheren Wissens übt der Zauberer (tark, tietäjä) auf die Natur oder auf die sie darstellenden göttlichen und dämonischen Wesen eine zwingende Kraft aus, sei es vermittelst Handlungen, deren Geheimniß er besitzt, sei es Kraft des Wortes, dessen Gebrauch nur er kennt. Er ist daher nicht nur weise, sondern auch mächtig, wie kein anderer, und vermag Wunder zu wirken. Mit seinem Worte und seinem Thun beherrscht er Menschen und Dinge, Thiere und Geister. Den bösen haldiad wirkt er entgegen und fordert sie auf, ein angemaßtes Feld zu räumen. Daher vermag er Krankheiten zu heilen oder sie abzuwenden, ja er kann dieselben auch herbeirufen; er vermag höhere Wesen günstig zu stimmen und wendet sich im Nothfall selbst an den höchsten Gott Uku, seit der Einführung des Christenthums auch an Jesus, Maria und Petrus als höchste und hohe gütige Wesen; er ist im Stande Habe und Gut zu verschaffen; er kann machen, daß die Jagd, der Fischfang, die Reise glücklich ausfallen, kann Wind, Wolken, Nebel und Stürme sich erheben lassen und sie auch beschwichtigen, sie verjagen und sie verschwinden machen; kann sich selbst und andere verwandeln, kann sich als Geist in die Luftregionen erheben oder in die Welt der Todten herniedersteigen und derselben ihre Geheimnisse entreißen. Je nach den Mitteln, welcher die Zauberer sich bedienen, und nach ihrer Macht unterscheidet man verschiedene Klassen: sõnatargad (Wortekundige), lausujad (Sprecher), pobisejad (Murmler) sprechen Zauberformel; soolatargad (Salzweise) und soolapuhujad (Salzbläser) bedienen sich des Salzes. Ihnen folgen in der Rangordnung tuuletargad (Windweise), die über den Wind Macht haben und mit der Schnellpost des Windes Länder und Meere durchfliegen. Die Häupter der ganzen Zunft bilden die **Manatargad** (Mana's Weise). Ihnen ist gegeben alle Macht, sie können jeglichen Zauber binden und lösen. Ihren Namen tragen sie von Mana, dem Todtengott und Beherrscher der Unterwelt. — Bei den finnischen Völkern stand der Zauberer in hohem Ansehen. Er war gleichzeitig Priester, Prophet und Arzt. Erst das Christenthum wandelte ihn in einen Sohn der Hölle, der mit satanischen Mächten verbunden und ihnen verkauft und verfallen ist. Myth. und mag. Lieder S. 1 ff. Castrén, Fin. Myth. S. 170 ff. Jung, Kodumaalt VI, 5—24. Wiedemann S. 388 ff. Schott, Ueber die sogenannten Zaubersprüche der Finnen. Monatsbericht der königl. Preußischen Academie der Wissenschaften zu Berlin. 1881. S. 486—494. W. Radloff, Das Schamanenthum und sein Kultus. 1885. Comparetti, Kalewala S. 155 ff. J. Krohn, Pakanallinen jumalanpalvelus. S. 82—140. O. Kallas, Soome sugu paganaaegne jumalateenistus. E. Ü. S. Album III, 188—196. A. Lehmann, Aberglaube und Zauberei. Deutsche autorisirte Ausgabe von Dr. Peterson. 1898. S. 65. 81—85. E. Beauvois, La Magie chez les Finnois, Revue de l'histoire des religions. 1881—1882.

204. 3. Spruchzauberer = sõnatark. Castrén, Fin. Myth. S. 275 bemerkt: „Es lag nach der Vorstellung der alten Finnen eine wunderbare, alles besiegende Macht in dem Worte, welches in den Runen sowohl den Gesang als die Weisheit, besonders aber den höheren oder magischen Gesang und die Zauberweisheit bezeichnet." Das weitere über das Wort und über das Geheimwissen vom Ursprung der Dinge und über die Macht, die es verleiht, vgl. Anmk. XIII, 230—303.

342. 3. Meeresmaid = näkitneitsi. Der näkk ist ein im Wasser lebender Kobold (haldias). Man vermuthet ihn besonders da, wo das Wasser strudelt. Badende, welche in die Nähe kommen, werden von ihm hinabgezogen. Es giebt männliche und weibliche näkid. Sie erscheinen in menschlicher Gestalt, aber auch als Pferd, Kuh u. s. w.; s. zuweilen verwandeln sie sich in leblose Dinge. Weniger bösartig ist nach Wiedemann S. 432—433 die an unserer Stelle erwähnte näkineitsi. Man sieht sie öfters am Meeresstrande als schöne Jungfrau, wie sie auf einem Stein sitzt, mit goldenem Kamm ihr langes, blondes Haar glättet und so schöne Lieder singt, daß den Hörern das Herz schmilzt. Sie entführt wohl auch junge Männer, aber nicht, um ihnen zu schaden, sondern aus Zuneigung zu ihnen. Ehstn. Märchen I, 212—229. Kwp. IV, 14 wird von der Meerfei (laente tütar) die Nixe (näkineitsi) unterschieden, aber der Unterschied ist kaum feststellbar. Beide gehören zu dem Geschlecht der wesihaldiad, wie auch der genuin-estnische Name für näkk lautet, welcher sich aus den germanischen Sprachen eingebürgert hat (der Nix oder die Nixe, altschwed. nikr). Vgl. Luce, Wahrheit und Muthmaßung S. 63. H o l z m a y e r, Osiliana I, 26—27. E i s e n, Näkiraamat. 1896.

350. ff. Linda bestattet den Gatten in einer Gruft (haud) und schüttet sie zu. Sonst pflegten die alten Esten ihre Todten zu verbrennen und ihre Asche beizusetzen. Vgl. D o n n e r, Wörterbuch II, 96—100. C. H i e k i s c h, Heinrichs von Lettland Mitteilungen über das Heidentum der Esten und Liven S. 43—52. J. R. Aspelin, Antiquités du Nord Finno-Ougrien S. 250, 326 ff. Suomen assukkaat pakanuuden aikana S. 47.

390. 3. Nach der Sage liegt der alte Kalew auf dem Domberge in Reval begraben, der in geringer Entfernung vom Meeresufer als ein isolirter steiler Fels (138 Fuß hoch) emporsteigt, auf seiner Südwestseite allmälig in den Tönisberg übergeht und sich durch kleine Höhen mit den Sandbergen im Süden der Stadt verbindet.

454. 3. Der Obersee, estn. Ülemistejärw liegt auf dem Laaksberge bei Reval 116 Fuß über dem Meeresspiegel und ragt hoch über die Stadt, welche sich dicht am Meere hinzieht und ganz niedrig gelegen ist. Bei ungenügender Ableitung oder heftigem Sturm soll der See zuweilen die Niederungen Revals überschwemmen, was zur Entstehung der Sage „Warum Reval niemals fertig werden darf" den Anlaß gegeben haben mag: Jeden Herbst ein Mal steigt in finsterer Mitternacht ein kleines graues Männlein aus dem Obersee, geht den Berg hinunter an das Stadtthor und fragt den Thorwächter: „Ist die Stadt schon fertig oder giebt es dort noch etwas zu bauen?" Sollte nun auch wirklich einmal alle Bauarbeit feiern, so darf man doch das nicht dem Seemännlein verrathen. Von Obrigkeit wegen ist allen Thorwächtern strenger Befehl gegeben, auf die Frage des grauen Männleins jedes Mal zu antworten: „Die Stadt ist noch lange nicht fertig, viele Gebäude sind erst zur Hälfte aufgeführt und es kann manches liebe Jahr noch währen, bis alle Arbeiten zu Stande gekommen sind". Das fremde Männlein schüttelt dann zornig den Kopf, murmelt etwas in den Bart, was der Wächter nicht versteht, dreht sich rasch um und geht zum Obersee zurück, wo sein bleibender Aufenthalt ist. Sollte ihm auf seine Frage jemals die Antwort gegeben werden, daß es in der fertig gewordenen Stadt nichts mehr zu bauen gebe, so würde Reval zur selbigen Stunde ein Ende nehmen, weil der Obersee mit seiner ganzen Wassermasse von Laaksberge herab in's Thal stürzen und die Stadt mit Allem, was darin ist, ersäufen würde. Ehstn. Märchen II. S. 152.

480. 3. Die estnischen Lieder von der Wöchnerin gehören zu den zartesten Blüthen der Volkspoesie. Vgl. M. Weske, Eesti rahwalaulud nurganaisest seletawate tähendustega. E. K. S. aastaraamat. 1881. S. 23—48.

484. 3. Linda ließ die Badstub' heizen. Nach estnischer Anschauung wird eine Gebärende in der Badestube am leichtesten entbunden, weil die Glühsteine des Ofens oder Hitzherds (kerisekiwid) Erleichterung bringen sollen. Der Ehften abergl. Gebr. S. 43. Die Badestube (saun) ist des Esten „sine qua non". Hier sucht er Reinigung des Körpers und empfindet das Einathmen der heißen Dampfluft als einen der höchsten Genüsse des Lebens, hier sucht er Heilung für alle Krankheiten. Hier wurde früher jedes estnische Kind geboren, hierher wird noch heute zuweilen die Wöchnerin geführt, weil hier die Geburt leichter vor sich gehe. Vgl. R. Kallas, Wana kannel ja saun. E. Ü. S. Album II. S. 169—173. Jeder Bauer, auch der ärmste, hat sein zu diesem Zweck eingerichtes Badehaus, wenn es noch so klein und ärmlich wäre. Es besteht aus einer einzigen kleinen, viereckigen Kammer mit einem großen Ofen aus Feldsteinen in der einen Ecke, sowie einem hoch belegenen, großen und breiten Bretterregal, der Schwitzbank (Kp. II. 195, XIV, 418), estn. lawa oder wihtlauad. Vgl. A. O. Heikel, Die Gebäude der Teremissen, Mordwinen, Esten und Finnen. XII. Die estnischen und finnischen Küchen und Badestuben. Suomalais-Ugrilaisen Seuran aikakauskirja. IV, 131—153. Über das Baden in einer solchen Badestube berichtet Hupel, Topogr. Nachrichten I, 560—561: „In einem kleinen niedrigen, aber sehr heiß geheizten Zimmer legt man sich ganz nackend auf ein erhöhtes Gerüste. Den glühenden Ofen besprengt man zur Vermehrung der Hitze mit Wasser; der Schweiß bricht mit Gewalt heraus. Dann läßt man seinen Leib mit einer Badequaste (estn. wiht) d. h. mit einem starken Bund zarter Birkenzweige, an welchen noch die Blätter hängen, sanft schlagen und reiben (wihtlema), sich abwaschen, auch wohl zur Abkühlung mit kaltem Wasser begießen. Der Bauer badet sich selbst und geht aus der größten Hitze zur Abkühlung in die Kälte, reibt sich mit Schnee oder springt in einen Bach". Ähnlich verhält es sich bei den stammverwandten Finnen. Vgl. Retzius, Finnland S. 89—95. Übrigens wird die Badestube mit ihren Bädern als ursprüngliches Eigenthum der Finnen und Esten von einigen Forschern angezweifelt und als eine Entlehnung von einem der einwohnenden Völker angesehen. Ahlquist, Kulturwörter S. 105—106 läßt den Namen sauna, saun ein Derivat von savu, sauvu Rauch sein, das in der vollständigen Gestalt savuna hieße. Donner, Wörterbuch Nr. 805 stellt sauna ebenfalls mit dem fin. savu, estn. sau, Gen. sawu Rauch zusammen und hält sauna für eine Locativbildung, was mit der Art des Badens bei den Finnen und Esten gut übereinstimmt. Dagegen nimmt A. Genetz an, daß sauna aus dem russischen станъ Lager, zufällige Wohnung im Walde, entstanden sei, zwischen welchen Wörtern das russisch-karelische stoanu den Übergang bilden würde.

501. 3. Der oberste Gott Uku wird hier in Kindesnöthen um seinen Beistand angerufen. Dies geschieht nach Castrén, Fin. Mythologie S. 45 jedoch nie bei gewöhnlichen Fällen, sondern wenn die Niederkunft von einer besonders schweren Beschaffenheit ist und einen mächtigen Beistand erfordert z. Bsp. als Ilmatar den siebenhundertjährigen Väinämöinen zur Welt bringen sollte oder wie hier.

502. 3. Rõugutaja ist die estnische geburtshelfende Gottheit. Da Kreutzwald, Ehstnische Märchen I, 173, 201 ff. und M. J. Eisen, Neljas rahwaraamat S. 96 ff. von einer Frau des Rõugutaja die Rede ist, so scheint Rõugutaja selbst eine männliche Gottheit zu sein. Auf Hochzeiten wurde früher dem Rõugutaja von den Weibern ein Opfer gebracht, damit der mütterliche Schoß nicht unfruchtbar bleibe. Die Kreißenden flehten zu ihm bei der Geburt. Nach der Geburt setzte sich die Hebamme mit dem Neugeborenen zu oberst an den Tisch, hob das Kind dreimal empor und rief: „Tule Rõugutaja, tõsta lasta!" (Komm, Rõugutaja, erheb (erhöhe) das Kind! In Folge dessen sollte das Kind hernach mehr als andere geachtet und geehrt werden. Ebenso wurde bei dem sog. Schnalzverfahren gerufen: „Tule appi, Rõugutaja!" (Komm zu Hilfe, Rõugutaja!) Das Wort ist eine andere Form für raugutaja (von raugutama stillen, besänftigen). Lapseraugutajad Kindesbeschwichtiger hießen sachkundige Weiber, die durch Zaubersprüche einem unruhigen Kinde die Ruhe wiederbrachten. Neben Rõugutaja finden sich noch Formen wie Rõugataja und Rõogutaja, ja **Neus** Myth. und mag. Lieder S. 108 behauptet, daß beim Baden kranker Kinder Rongotus oder Rongutus um höheren Beistand angerufen werde und ibidem S. 106 wird Rongo angeführt. Dieses weist uns hinüber nach Finland. In M. Agricola's Vorrede zu der finnischen Übersetzung des Psalters (Davidin Psaltari) 1551 lesen wir: „Rongoteus Ruista annoi" d. h. Rongoteus gab Roggen. Sjoegren, Der Ehsten abergl. Gebr. S. 53 wirft die Frage auf, ob Rõugutaja nicht bloß eine, vielleicht erst in späterer Zeit aufgekommene Variante von Rongotus sei? Löwe, Kreutzwald, Ehstnische Märchen I, 203—204 findet ebenso einen Zusammenhang heraus und fügt hinzu: „Daß ein Gott der Saaten mit dem Gebären des Weibes in Verbindung gesetzt wird, kann nicht auffallen, auch Thörr ist Saatgott und zugleich Gott der Ehe, und der Mythus von der Persephone weist auf dieselbe Combination." Neus, Myth. und mag. Lieder S. 108 möchte den Namen vom fin. ronkua, ronguttaa krächzen, murrend klagen ableiten, ähnlich wie der See Kidijärw seinen Namen vom fin. kitistä klagend tönen, jammern habe und ein Wassergeist Ehstn. Volksl. S. 103 als lätelesk Quellenwittwe bezeichnet werde. Dagegen will Donner, Ueber den Einfluß des Litthauischen auf die finnischen Sprachen, Techmer's Internat. Zeitschr. für allg. Sprachwissenschaft I, 259 Rongoteus in dem lith. rungitis Hüter der Ackerfelder und Beschützer der Roggenernte wiedererkennen. Vgl. Thomsen, Beröringer S. 13, 147—148 Anm. 3. Castrén, Fin. Mythologie S. 315, 318—319. Der Ehsten abergl. Gebr. S. 18, 42, 43, 49, 53—54.

503. 3. Wer ist der Gott des Windes = Tuulejumal? Schott, Kalewipoeg S. 453—454 meint, daß es kein anderer sein könne, als der 502. 3. genannte Rõugutaja. Dem widerspricht aber Kreutzwald und glaubt, daß der Tuulejumal ein Gemahl der Windesmutter (Tuuleema, Tuuleeit oder Marumemm) sei. Blumberg, Quellen S. 26. Nach estnischer Vorstellung bringen Winde in allen Krankheiten und Schmerzen Heilung und Linderung. Vgl. Der Ehsten abergl. Gebr. S. 105—109. Neus, Die alt-Ehstnischen Wind und Frostgottheiten. Inland. 1852. Sp. 317—321. 341—345. 386—387. 595—599. 616—618. 639—641.

539. 3. Der Gang durch die verschiedenen Haine steht in Zusammenhange mit der Vorstellung der Esten, daß man gewöhnliche Schmerzen, Zahnweh und dergl. durch Anwendung von Zaubersprüchen in die Bäume ableiten und bannen könne. Die Schmerzen der kreißenden Linda waren aber ganz anderer Art, sie waren natürliche Wehen, und darum half die hier angewandte Procedur nicht. Kreutzwald.

658.—659. 3. Des Schreiens Monde (kisakuud) und des Weinens Wochen (nutunädalad) nennen die Esten des Kindes erstes Säuglingsalter, wo das Kind am Tage viel schläft und in der Nacht schreit.

674. 3. Drei Jahre stillt Linda ihren Jüngstgeborenen. Die estnischen Weiber ernähren jetzt noch 2—3 Jahre ihre Brustkinder selbst, angeblich, um einer neuen Schwangerschaft vorzubeugen.

694. 3. Warf das Rad = wiskas ratast. Beim Radwerfen stellen sich zwei Parteien einander in ziemlicher Entfernung auf. Während von der einen Seite das Rad geworfen wird, sucht die Gegenpartei das Rad aufzufangen oder

zurückzuschleudern. Die Aufgabe ist, durch geschicktes Werfen, Auffangen und Zurück=
schleudern die Gegenpartei zurückzudrängen. Blumberg, Quellen S. 76.

710. 3. An der Jewe'schen Poststraße bei Palms finden sich aufrechtstehende
Steinblöcke, welche vom Volke Kalewi neitsid = Jungfrauen des Kalew genannt
werden. Verh. III., H. 1 S. 88. Ein anderer neitsikiwi (Jungfernstein) wird
auf einem zum Gute Alt=Sommerhusen in Wierland gehörigen Dorfsfelde gezeigt als
eine vormals in Stein verwandelte Braut. Der Ehsten abergl. Geb. S. 36. Nach
Holzmayer, Osiliana I, 34 sind auf der Halbinsel Sworbe neitsikiwid (Jung=
frauensteine) bekannt, aber daran knüpft sich eine anderslautende Sage. Eine Jung=
frau habe Steine zu einem Bau getragen. Unterwegs entfielen ihr die Steine und
liegen nun in der Nähe der Wolde'schen Kirche.

716. 3. Das Quappenwerfen = lutsu wiskama besteht darin, daß man
flache Steinchen längs dem Wasserspiegel fortschleudert, doch so, daß sie die Oberfläche
des Wassers viele Male berühren und wieder weiterprallen. Blumberg, Quellen S. 76.

727. 3. Ließ die Eiche wachsen = kaswatas tamme ist ein Knabenspiel,
bei dem man sich mit Kopf und Händen auf den Boden stützt und die Beine nach
oben kehrt. Kreutzwald.

734. 3. Deutsche Schlitten (Saksa saanid) und **735. 3.** Katzenkörbchen
(kassimärsikesed) sind kleine, zierliche aus Grashalmen und Weidenrinde geflochtene
Kinderspielsachen. Kalewipoeg bedient sich dazu junger Fichten und schlanker Birken
sammt den Wurzeln. Kreutzwald.

842. 3. Spangenbusen = sölgerinnad. Die Spangenbrüste d. h. der mit
Silberspangen (söled) behängte Busen heißt ebendeswegen schwer und über ihnen ist
der Münzenhals (rahakael), d. i. mit Silbermünzen behängte Hals. Schott,
Kalewipoeg S. 455. Nach Hupel, Topogr. Nachr. II, 164 war der Schmuck ein
sehr reichlicher. „Manche Mädchen tragen mehr als 40 Rubel Silber an ihrem Halse
und vor ihrer Brust, welches sonderlich im Oberpahl'schen und Fellin'schen sehr weit ge=
trieben wird." „Die Spange ist eine Schnalle, die vorn über der Brust bei Manns=
und Weibspersonen das weit herunter aufgeschlitzte Hemd zusammenzuhält. Man hat
sie von verschiedenen Gestalten. Die Platte (das große Prees ehstnisch sölg) gehört
nur für Weibspersonen zu eben dem Endzweck: Reiche haben zum Staat mehrere Plat=
ten und Spangen vor der Brust". Die Schnalle ohne die Platte heißt gewöhnlich
prees, vom russ. пряжка. L. Meyer, Sitzungsber. 1870 S. 44—45. Etymo=
logisch will Ahlquist, Kulturwörter S. 160 sölg, söle, finn. solki, soljen aus
dem schwed. söljä, sölga ableiten. Auch Thomsen, Ueber den Einfluß S. 171 denkt
an eine Entlehnung aus dem altnord. sylgja oder norw. sölgje, fährt aber fort: „Da
indessen das Wort im Nordischen ganz isolirt steht, da ferner die Form, besonders die
Endung der fin. Wörter nicht genau damit stimmt, und da endlich mordw. sulgam,
tscherem. solkamá fibula in antica parte indusii, davon nicht getrennt werden kön=
nen, dürfte das Wort vielleicht eher aus dem Fin. ins Nordische gekommen sein."
Aus dem Finnischen ließe sich das Wort aus der Wurzel sal schmal machen, zusam=
menpressen, schließen (Donner, Wörterbuch Nr. 704) leicht erklären. Es würde sich
sehr passend dem Verbum sulkea estn. sulguma = versperren, schließen an die Seite
stellen. Daß solki, sölg in den fin. Sprachen zu Hause ist, beweist noch die zweite
Bedeutung des Wortes im Estn.: Stange, Riegel, sowie die Nebenbedeutung des fin
Wortes: lang und schlank, dünn = soleva. Hieraus ergiebt sich, daß sölg ursprüng=
lich eine Art Nadel war, um damit die Kleider zusammenzuhalten. Donner, Wör=
terb. II, 22.

864. 3. Paternostermädchen = paatritepidajad. Der Pater ist ein Hals=
schmeide, welches aus einer dünnen, runden Platte besteht, in deren durchbrochener Mitte

eine Kreuzigung vorgestellt wird. Er hängt an einer langen Schnur von silbernen Korallen (Kwg. II, 866). Sein Name stammt aus der Zeit vor der Reformation, da man ihn als Paternoster trug. Noch jetzt sagt man paatrit lugema = beten, pääpaatrid = auswendigzulernende Stücke im Katechismus, püha paater = Vater Unser, söögipaater = Tischgebet. Hupel, Topogr. Nachrichten II, 164.

866. 3. Korallenhälse = kudruskaelad. Kudrus bedeutet Glaskoralle, welche im baltischen Sprachgebrauch häufig in Krellen verwandelt wird. Diese Krellen, wohl auch silberne Kugeln von allerlei Gestalt hingen vom Halse über die Brust in langen Schnüren, dazwischen angenähtes Geld, sonderlich alte Thaler und Rubel. Daher 3. 843 der Ausdruck Münzenhals (rahaskaelad) und 3. 862 Thalerbrüste (taalderrinnad). Arme haben am Halse messingene Zahlpfennige oder bleierne Thaler, welche sie selbst gießen. Hupel, Topogr. Nachr. II, 164.

872.—873. 3. Die Waisenkinder befinden sich im Gewühl, in der Mitte. Das Mädchenheer besteht aus einer Vorhut, zwei Flügeln oder Seitencolonnen und einem Centrum. Zu den vier einschließenden, also nach Außen gekehrten Gliedern gehören lauter reiche Mädchen, die mit ihrem Schmucke recht bemerklich werden wollen, während die armen Waisen schüchtern sich in die Mitte ziehen, wie dem zaghaften oder geliebten Kriegsmann Kwp. XX, 199—209 das Mitteltreffen als das geschütztere empfohlen wird. Schott, Kalewipoeg S. 455.

880. 3. Die Spange auf der von Säuglingen zerrissenen d. h. mit Gier ausgesogenen Brust einer Wittwe deckt einen leeren Brunnen, die Silberschnalle eine vertrocknete Quellader. Schott, Kalewipoeg S. 455. Mit Silberschnalle ist höbesild = Silberbrücke übersetzt worden. So heißt nämlich nach Kreutzwald's Mittheilung an Schott, Monatsberichte der Preußischen Akademie der Wissenschaften 1866 S. 257 die große silberne Brustspange.

Dritter Gesang.

16. 3. Vater Pitker, Pitkertaati ist ein Beiname Uku's, des Herrn des Donners, und dem Wortstamme und Sinne nach identisch mit Pitkne, Piken. Die Endung -r, fin. -ri ist nach Ahlquist, Suomen keelen rakennus S. 9 ff. mit den zahlreichen Worten auf -re, -ri aus den germanischen Sprachen in die finnischen eingedrungen, die in diese Sprachen aufgenommen wurden (z. B. tuomari Richter, ryöväri Räuber, porvari Bürger) und dann auf Worte finnischer und anderer Herkunft angewandt worden, wie puhuri von puhua blasen, leipari Bäcker von leipä Brot (goth. hlaifs, russ. хлѣбъ). Wir sind gegen diese Hypothese sehr ungläubig und möchten das -r in Pitker als personenbildende Endung für genuin estnisch erklären, nach Analogie zahlreicher Adjective auf -r: kidur schwächlich von kiduma, pahur ärgerlich von paha, põdur kränklich von põdema, denen auch Ilmarine, Ilmari beizugesellen ist als regelrechte Bildung aus ilma Wetter, Luft, ebenso nahkur Gerber von nahk, lambur Schäfer von lammas u. s. w.

Eine weitere Alternation erfuhr Pitkne, Pitker durch Übergang des p in das verwandte w im Worte wiker, welches sich in der Verbindung wikerkaar Regenbogen, wikerwihm Gewitterregen (= pitksewihm) und der Adjectivbildung Wikerlane I, 15 findet, gleichbedeutend mit Kalewsöhnen I, 13, starken Männern I, 16, Taara-Söhnen Zur Einführung 166, Altvaters Ruhmessöhnen I, 70. Löwe hat Wikerlased I, 15 mit „hehren Helden" übersetzt. A. J. Sjoegren, über die Bedeutung des ehstnischen Namens für den Regenbogen: wikkerkaar. Mél, russ. II, 105—136, bs. 126—128.

22. 3. Ein aufgeweckter Nationale aus dem Lais'schen Kirchspiele des Dörpt'schen Kreises gab Kreutzwald hierüber Folgendes an: „Wenn die bösen Geister (kurjad Juuda waimud) des Altvaters Zorn erregen, sende er ihnen den Donner, müristaja, über den Hals, damit dieser die Bösewichter, kurjategijad, strafe. Die Geister hätten daher eine solche Angst vor dem Gewitter, daß sie vor ihm flüchteten und sich versteckten, letzteres gewöhnlich unter Steinen, in den Bäumen oder im Wasser, und wenn eines von diesen Gegenständen vom Blitze getroffen werde, könne man versichert sein, daß ein böser Geist vernichtet worden". A. J. Sjoegren, a. a. O. 118—119. Für Pfeile des Donnerers (Pitkse noolid) gelten die aus der Erde gegrabenen vormaligen Steinwaffen; von großen, „mitten von einander gespaltenen Steinen" sagt man, der Teufel habe sich unter ihnen verborgen, darum habe der Donnerer dieselben zerspalten und den Teufel darunter todtgeschlagen; von einem eiligen Läufer: Tema pakkep nii kui Juudas Pitkset, er flüchtet wie der Böse vor dem Gewitter. Der Ehsten abergl. Gebr. S. 110—115.

39. 3. Pitkne's Eisenruthe (Pitkse raudwits) muß der Blitzstrahl sein, mit welchem der Donnergott die bösen Geister verfolgt. Zu dem Ausdruck ist zu vergleichen R. Hollmann, Über die Bedeutung des Wortes Pikne, Verh. I. H 2. S. 36—40: Ein unter Adsel-Koiküll wohnhafter Wirth, welcher dem heimlichen Götzendienst ergeben war, erzählte 1841 Pastor Hollmann, daß die Götzen öfter mit den ihnen geopferten Gaben unzufrieden gewesen seien, sich an seiner Habe vergriffen und ihm vielen Schaden zugefügt hätten. Er habe sie mehrmals bei „Wana Esa" (Altvater) verklagt und diesen gebeten, sie mit seiner eisernen Ruthe (raudwitsaga) dafür zu züchtigen. Raudwits wäre die von Feuer glühende Eisenruthe, mit der Pitkne seine Untergebenen d. h. die Götzen züchtige, wenn sie — mit den dargebrachten Opfern unzufrieden — Feldern, Gärten und Hausthieren Schaden zufügten. In ihrer Angst flüchteten sich dann die Götzen in die Waschküchen, zum Feuerherd, in die Speicher oder Wohnhäuser, wobei diese freilich ein Raub der Flammen würden, daher es mißlich sei, sie oft bei Pitkne anzuklagen — vielmehr gerathener, den von ihnen zugefügten Schaden zu ertragen und sie durch reichlichere Opfergaben zu besänftigen.

42. 3. Obgleich der Wolf des Teufels Geschöpf ist, so hat doch der Teufel und seine ganze Sippe vor ihm große Furcht. Als Altvater die Thiere schuf, wollte der Teufel sich auch darin versuchen. Er bildete aus blauem Thon (hundisawi) sich einen Hund, verstand aber nicht, ihm auch Leben einzuflößen. Er wandte sich an die Gottheit mit der Bitte, sein Geschöpf zu beleben, und auf ihr Geheiß: „Sawitöll, tõuse üles, murra kurat ära!" (Lehmwolf, erhebe dich, zerreiße den Teufel) sprang der Wolf auf und verfolgt seit der Zeit den Teufel. Nach einer anderen Sage schuf der Teufel den Rücken des Wolfes aus einem Zaunpfahl, den Kopf aus einem Baumstumpf, flocht die Brust aus Ruthen und Schuhleder zusammen und baute die Lenden aus Backsteinen auf. Aus einem Farrnwedel machte er dem Thier einen Schweif und aus Erlenklötzen die Füße: in die Brust aber setzte er ihm einen Stein als Herz. Nun bezog er noch den Körper mit Moos und setzte die aus einer Dorfschmiede gestohlenen glühenden Funken als Augen, die Nägel aber als Krallen und Zähne ein. Aber eine Seele hatte der Wolf nicht. Auf Altvaters Geheiß sollte der Teufel sagen: „Tõuse üles, söö kurat ära!" Kaum war er bis zu dem Wort „söö!" (friß) gekommen, als der Wolf seinen Kopf erhob und mit der Zunge schmatzte. Erschreckt rief der Teufel: „Stehe auf und verschling den alten Gott!" aber der Wolf rührte nicht einmal seinen Schweif mehr. Als alle Belebungsversuche nichts fruchteten, lief der Teufel eine weite Strecke von dem Wolf weg und rief „Wolf, steh auf!" — und fügte dann ganz leise hinzu: „verschling den Teufel!" Sofort sprang der Wolf auf, wie der Wind war er hinter dem Teufel her und hätte ihn gewißlich daselbst erwürgt, wenn der Teufel nicht unter einen Stein geschlüpft wäre. Seitdem ist der Wolf des Teufels ärgster Feind und sucht absichtlich alle Gelegenheit, den Bösen und sein Geschlecht zu ängstigen und zu kränken. Wiedemann S. 440. J. Jõgewer, E. K. S. aastaraamat 1889. II. wihk. Anhang S. 29—31. H. Jannsen, Märchen S. II, 57—60.

71.—72. 3. Der Hundename Arm, Armi bedeutet grau, hellgrau, Mustukene bezeichnet einen schwarzen Hund. Jrm, Jrmi, ein Parallelwort zu Arm, Armi ist gleichfalls eine Bezeichnung des Hundes nach der Farbe, deren Bedeutung dunkel ist.

148. Mit „Espenhaines Kinder" übersetzt Löwe die estn. haawikuemandad, was eigentlich Herrinnen des Espenhaines bedeutet, denn es giebt auch einen haawikuisand = Espenhaines Herrn. Andere Beinamen des Hasen sind kargaja (Springer), luujalg (Beinfuß), pitkkõrw (Langohr), argpüks (Feigling). Nennt man den Hasen bei seinem eigentlichen Namen, so richtet er auf dem Roggengras viel Schaden an. Der Ehsten abergl. Gebr. 121.

333. 3. Eberesche, estn. pihlak, pihlapuu, ist der heilige Baum der Ehsten, daher besonders zauberkräftig. Der Ehsten abergl. Gebr. S. 116—117, 141. Wiedemann S. 393. C. Reinthal, Heilige Bäume. Inland. 1857. Sp. 275—277. Hurt, Beiträge S. 12—16. H. Jannsen, Märchen II, 183. Holzmayer, Osiliana I, 30, 33, 70.

352. 3. Der Jruberg, estn. Jrumägi, muß bei Reval hart am Meeresstrande liegen. Eine ältere Schreibung des Namens lautet Hirro resp. Hiru. Da der Hauchlaut h zu Beginn der Silbe öfters garnicht hörbar wird, so ist die Identität des Jru und Hiru sicher. Aber wo liegt Jru oder Hiru? Nach Paucker, Der Güterbesitz in Estland S. 59 findet sich im Kirchspiel Kegel ein Hiurenkylae, G. M. Knüpffer schreibt den Namen Huirenkylae, Thor Helle-Gutsleff, Kurzgefaßte Anweisung zur Ehstn. Sprache 311 Hüromois. Lautlich näher aber steht dem Jru das zum Stadtgute Rehat gehörige Dorf Hirwae (Paucker 62) oder Hirwen, estn. Hiru, unweit des Dunten'schen Kruges. Nach A. K. Knüpffer, Wörter und Redensarten, die in Hupel's Wörterbuche nicht stehen, Rosenplänter, Beiträge IX, 99 heißt eine Brücke an der Narva'schen Straße 8 Werst (Nach Neus 12 Werst) von Reval Hirusild und ein Felsblock daselbst Hiruämm, Jru's Mutter (Kwp. III, 407). Auf diesem Stein wurden vor Zeiten Bauerkinder, die zum ersten Mal nach Reval gebracht wurden, mit Ruthenstreichen gehänselt. Ebenso wird ein zum Gute Hark gehöriges Dorf an der Hapsal'schen Landstraße Hiruküla genannt. Vgl. Neus, Revals sämmtliche Namen. S. 21—26. In finnischen Volksliedern kommt der Name Jro häufig vor. Jro ist ein im Gouvernement Archangel gewöhnlicher Frauenname. So wird die keusche Jungfrau, welche schwanger wird, weil sie eine Brombeere gegessen hat, in einigen Varianten Jro genannt, während sie in der Schlußrune der Kalevala und im Kanteletar Maaria oder Marjatta heißt. Ob zwischen der Jungfrau Jro und der Jruämm eine Beziehung vorhanden ist, kann hier nicht untersucht werden. Vgl. Comparetti, Kalewala S. 124.

535. 3. Waldeskönig ist eine ungenaue Übersetzung des metshaldias, der nur eine Schutzgottheit des Waldes bedeutet, nicht aber den Waldgott metsaisa, metsauku, metsakuningas Tabowane selbst. Dem metshaldias wird hier eine einzige Tochter zugeschrieben, sein Sohn heißt 3. 599 kõwersilm (Schielauge). Aber wer sind die metsapiigad (Waldesmaide) 3. 536? Wohl die Waldesjungfrauen (metsän tytöt und Tapion neitit) der Finnen? Vgl. Weske, Wana Eestlaste palwed metsajumalatele, E. K. S. aastaraamat 1886 ja 1887 S. 3—18, wo in einem Gebet an die Töchter des Waldesgottes Tabowane und der Waldesmutter Mirmi mehrere Waldesmaide (metsapiigad) namentlich aufgezählt worden.

599. 3. Das Echo heißt im estnischen kõwersilm Schielauge, metsa kostmine des Waldes Antwort und metshaldija poja hüüdmine des Elfensohnes Rufen. In einigen Gegenden herrscht die Meinung, er suche mit seinem Rufen die Wanderer von ihrem Wege irre zu leiten. Der Ehsten abergl. Gebr. S. 146. Um sich gegen seinen Trug zu verwahren, muß man ein lustiges Lied pfeifen. Wenn man im Walde ruft, so ruft er entgegen, bis er in Gestalt eines starken Mannes mit langem Bart mit dem Menschen zusammentrifft. Er schlägt bald eine Kraftprobe vor und läßt man sich darauf ein, so ist er, glatt wie ein Aal, immer oben. Umfaßt er einen, so knacken alle Knochen und es bleiben blaue Flecke. Ist Mondschein, so ist immer derjenige Sieger, welcher im Schatten des Andern steht. Bei Nennung des Namens Gottes verschwindet er. Wiedemann 419—420.

602. 3. Dagö estn. Hiiu ist die zweitgrößte Insel an der baltischen Küste — 20½ ☐ M. —, die mit vier Halbinseln nach allen vier Weltgegenden in's Meer ausläuft. Der estn. Name Hiiusaar steht in Verbindung mit hiiud, unter denen Kreutzwald Riesen versteht, denn bis auf unsere Tage zeichne sich Dagö durch große, kräftige Männer aus. Während hiis, hiied im Estnischen heilige Haine oder einzelne heilige Bäume bezeichnen, bedeutet hiisi im Finnischen eine Person, und zwar den bösen Geist per excellence. Er ist der Herr eines ganzen Trupps gleichartiger Geschöpfe und hat seinen Wohnsitz und sein Reich in Hiitola. Seine Hauptwohnung ist der dichte Wald, das Waldgebirge; er selbst ist ursprünglich eine Gottheit oder ein Genius des Waldes, . jedoch boshafter Natur. Später wurde er mit dem Juudas der Legende, mit dem Teufel der Christen vermengt. In der fin. Tradition figuriren die hiidet mit den jättilaiset oder Riesen als Urvolk des Landes, dem die Überreste alter Gebäude und Wohnstätten zugeschrieben werden. Im Estnischen heißen sie jäätlased. „Jäätlaste aberwarred werden in allen Gegenden Estlands solche Stätten bezeichnet, wo vormals menschliche Wohnungen muthmaßlich gestanden haben." Kreutzwald's Schreiben an die Gel. Estn. Gesellschaft d. d. 23. April 1849. (Handschriften A. A. Nr. 137). Hiiumaa bedeutet demnach das Land, wo die hiiud in den Hainen (hiied) oder in einzelnen Bäumen (hiiepuud) besonders zahlreich wohnten. Unter dem Einflusse des Christenthums verdunkelte sich die Vorstellung von diesen Schutzgöttern (haldiad) und der ursprünglich ihnen zukommende Name und ihre Verehrung wurde auf ihre Wohnsitze in Hainen und Bäumen übertragen. Auf der Insel Dagö sind zahlreiche Ortsnamen mit hiis oder püha (heilig) zusammengesetzt. Fassen wir hiied, hiiud als Beinamen einer früheren Bevölkerung des Landes, so ist dieser Name ihnen von den eindringen Finnen und Esten im verächtlichen, gehässigen Sinne beigelegt worden und die Bezeichnung Hiiumaa ließe sich dann etwa so vorstellen, daß die hiiud auf diese äußerste Insel im Meer zurückgedrängt wurden und dieser sowie der benachbarten Insel Worms (estn. Hiiurootsi) den Namen gaben. Hiisi, hiis leitet Comparetti, Kalewala S. 180—181 ab vom goth. haithins, angels. haethen, altnord. heidhenn, das später Heide wurde, (vgl. die Bedeutung und die Geschichte des lat. paganus), aber ursprünglich Waldmann, wilder Mann bedeutete. Lönnrot, Suomalais-Ruotsalainen Sanakirja I, 159 stellt hiisi mit dem lapp. sieida, Sanskr. hath Schade, Plage zusammen. Nach Hunfalvy, Die Ungarn oder Magyaren S. 46—47 entspricht hiisi dem magyar. iz, welches Wort in Fällen angewandt wird, wo man die Sache nicht benennen will oder nicht benennen kann. Az ize, sein ize oder des Dinges ize sei ein sehr geläufiger Ausdruck, von dem auch ein Verbum izélni so thun, wie dessen ize, gebildet sei. Das Wort komme aber auch in einer Verwünschungsformel vor: der iz möge dich fressen, wozu zu vergl. ist das fin. mene hiiteen geh zum Teufel. Vielleicht liegt die Wurzel des hiisi, iz in id vgl. id-nap heiliger Tag. Wenigstens auf den Inseln der Westküste Estlands scheint püha heilig und hiis promiscue gebraucht zu werden, wo es sich um Verehrung der hiied handelt. Holzmayer, Osiliana I, 30—33; 67—70 und sonst öfters. Castrén, Fin. Myth. S. 108 ff. J. Jung, Kodumaalt VI, X, 34—37. Eisen, Elu pärast surma S. 21—32.

603. 3. Oesel, entstanden aus dem alten Eysysla, estn. Kuresaar = Kureninsel oder Saaremaa = Inselland im Gegensatz zu Suurmaa = Festland, ist die größte Insel an der estnischen Küste, 47 ☐ M. Sie hat eine länglichrunde Gestalt mit vielfach zerschnittenen Küsten und verläuft mit vielen kleinen Halbinseln in's Meer, unter denen besonders Hundort estn. Tagamõis und die lange, schmale Landzunge Sworbe, estn. Sõrwemaa die bemerkenswerthesten sind. Der estn. Name Kuresaar, Kureninsel, läßt vermuthen, daß die Einwanderung der Kuren nach Kurland durch das heutige Estenland über Oesel erfolgte, wo zahlreiche Ortsnamen, die mit Kur- zusammengesetzt sind (Kurkund, Kurküll, Kuremaa, Kuresaar in Tarwast u. s. w.) ihre Spuren aufweisen. Vielleicht machten die alten Oeselaner nur einen Stamm der Kuren (Kurelased) aus, die auf Oesel zurückblieben.

Vierter Gesang.

63. 3. Schwedischer Bär (Rootsi karu), Schwedischer Stier (Rootsi kabu), der alte Wagen (Wana wanker) heißt das Sternbild des großen Bären. Der kleine Stern an der Deichsel des Wagens im großen Bären ist der vom Altvater zur Strafe an den Himmel verbannte Wolf, der Widewik's Zugstier zerrissen hatte, während der hellere Stern den Stier vorstellt. Hier muß der Wolf neben dem Stier im Joche der Ewigkeit Wasser schleppen, getrieben von der eisernen Ruthe des Polarsternes. Der Polarstern heißt des Nordens Nagel (Põhjanael) oder Sternknabe (tähtepoega). Vgl. A. Schiefner, Zur ehstnischen Mythologie. Mél. russ. II, 406—417. H. Jannsen, Märchen II, 1—3. 165—168. J. Hurt, Eesti astronomia, Postimehe eralisa 1899. S. 187 ff.

114.—115. 3. Siebensterne (sõel) sind die Plejaden, der Orion heißt wardad Stangen, Spieße, koodid Dreschflegel, auch reha Harke.

120. 3. Der Hahn des Schöpfers heißt deshalb so, weil er Uku zuständig war, dem in Folge der sich geltendmachenden christlichen Gottesidee auch die Weltschöpfung zugeschrieben wurde. Auch er gilt dem Teufel feindlich, den Uku beständig verfolgt. Wenn er um Mitternacht zum ersten Mal kräht, soll er den Teufel in seiner wahren Gestalt erblicken. Sobald er die Mitternachtsstunde ankündigt, verschwindet aller böser Spuk. Dem Uku wurde er geopfert.

347. 3. Braune Augen = sõstrasilmad gelten bei den Esten als die schönsten. Söster heißt die schwarze Johannis- oder Bocksbeere, welche in einzelnen Gegenden sitik genannt werden, davon sitikmustad silmad, die gleichfalls im Liede gepriesen werden, so in der bekannten Sage von Widewik und Hämarik:

    Pää walge, põsed punased,
    Sitikmustad silmakulmud.

d. h. der Kopf blond, die Wangen geröthet, Bocksbeerschwarz die Augenbrauen. Vgl. Schiefner, Zur ehstnischen Mythologie, Mél. russ. II, 409.

454. 3. ff. Kreutzwald, Kalewipoeg, eine Eſtniſche Sage, Vorwort XII—XIII leſen wir: „Unſeres Helden berühmte Schwimmpartie über den finniſchen Meerbuſen habe ich genau nach den Umriſſen der Sage gezeichnet. Weder bei der ungenannten kleinen Inſel, wo er ausruhte und ein Liebesabenteuer beſtand, noch bei dem Tode der Inſelmaid, deſſen Motive in der Sage nicht weiter aufgeklärt ſind, habe ich irgend eine Conjectur geltend gemacht und darum die in den Liedern gebrauchte Bezeichnung der Ertrunkenen als „sõsar" (Schweſter) beibehalten, obzwar dadurch die Identität der betreffenden Perſon in Zweifel gezogen werden könnte, wenn man nicht annehmen wollte, daß die Inſelmaid wirklich die unbekannte Schweſter des Helden geweſen ſei und über ihr verwandtſchaftliches Verhältniß zu ihm unterrichtet den Tod in den Wellen geſucht habe. In den vorhandenen Sagen und Liedern iſt dieſes letztere Moment in keiner Weiſe betont. Ich bin aber ſehr geneigt, gerade das Stillſchweigen der Sage über dieſen Gegenſtand als eine zarte Schonung der unwiſſentlich Irrenden und als eine heilige Scheu vor der Entſchleierung der furchtbarſten aller Verirrungen anzuſehen."

Dieſe Vermuthung wird durch den weiteren Gang der Erzählung und durch einen Vergleich mit der finniſchen Kullevo-Sage zur Gewißheit gehoben. Kullervo, Kalervon oder Kalervan poika, iſt identiſch mit dem eſtniſchen Kalewipoeg. Vgl. J. Krohn, Die Kalevala vom äſthetiſchen Standpunkt betrachtet. VII. Kullervo, S. 86—98. Donner, Kalevipoeg ja Kullervo. Suomi. Toinen jakso. 5. osa S. 150—166. Wie Kalewipoeg, ſo verführt der unſelige Kullervo eine Jungfrau, die ihm auf einer Fahrt durch Wildniſſe begegnet iſt. Auch dieſe ſucht und findet ihren Tod im Waſſer, aber ſie thut es erſt, nach dem es ſich herausgeſtellt hat, daß Kullervo ihr leiblicher Bruder iſt. Die beiden hatten ſich nicht von Anſehen erkannt, weil das Mädchen ſchon als Kind im Walde ſich verirrt und den Rückweg nicht gefunden hatte. Das geſchwiſterliche Verhältniß des Kalewipoeg und der Inſelmaid deutet die eſtniſche Ueberlieferung nur zart an, um das Anſtößige zu vermeiden. Sie öffnet gleichſam nur die Lippen, um den tiefſten Grund des entſetzlichen Verhängniſſes auszuſprechen, verſtummt aber ſofort wieder und läßt uns in dunkler Ahnung. Aus dem Begebniß auf der Inſel erwächſt die furchtbare Tragik des Kalewipoeg und wir ſtehen vor einem ähnlichen Verhängniß, wie uns die Oedipusſage vor die Augen ſtellt. Die Inſelſcene iſt die Quelle von allem Leid. Die Jungfrau verſenkt ſich aus Verzweiflung über ihre Entdeckung in's Meer, Kalewipoeg ermordet den Bräutigam des Mädchens in Finland, der Finnenſchmied verzaubert das Schwert zum Rächer des unſchuldig vergoſſenen Blutes, Kalewipoeg findet durch ſeine eigene Waffe den Tod im Kääpafluß. Schott, Kalewipoeg S. 460. Iſraïl, Kalewipoeg S. 90. R. Kallas, Perekonnaraamat S. 203—219.

613. 3. ff. Das aus der Tiefe tönende Lied, in welchem unwiderſtehliche Verſuchung ein badendes Mädchen in die geheimnißvolle Welt auf dem Meeresgrunde hinablockt, giebt den Eltern ſichere Kunde von dem Tode der Tochter. Der Eindruck eines Selbſtmordes aus Verzweiflung von Seiten des Inſelmädchens ſoll hiedurch nachträglich gemildert werden. Schott, Kalewipoeg S. 462.

Fünfter Gesang.

221. 3. ff. Die Sage von der großen Eiche findet sich bei allen finnischen Stämmen. Ueber die Verbreitung des Liedes in Estland vgl. K. Krohn, Die geographische Verbreitung estnischer Lieder S. 10—15. Ueber ihren mythischen Gehalt vgl. O. Donner, Suomi, toinen jakso, 5 osa. S. 173 ff. Weske, Славяно-финскія отношенія S. 268—272 möchte tamm Eiche von der Wurzel dombu (vgl. das russ. дубъ) ableiten, was Mikkola, Berührungen zwischen den westfinnischen und slavischen Sprachen S. 19. als unhaltbar abweist. Die Eiche tamm ist in den Volksliedern oft mit dem Namen Taara eng verknüpft, aber es ist trotzdem fraglich, ob der Baum deshalb dem Taara besonders heilig war, oder ob hier eine bloß poetische Form vorliegt, da tamm mit Taara alliterirt, denn in den heiligen Hainen wuchsen neben Eichen auch andere Bäume verschiedenster Art: Eschen, Ebereschen, Erlen, Ulmen, Espen, auch Nadelhölzer wie Fichten, Kiefern und Wachholder. E. Reinthal, Heilige Bäume. Inland. 1857. Sp. 269—277.

386. 3. Kõu, auch Wanakõu, Kõuutaat, ist ein Beiname des Wanaisa (Altvater) und mit diesem sowie mit seinen übrigen Bezeichnungen Uku, Äike, Wanaatt, Wanataat dem Sinne nach identisch und bedeutet: Alter Mann, Altvater, Ahnherr. Ältere Formen sind Kouw = Donner in Goeseken, Manuductio ad Linguam Oesthonicam S. 160; Kouk, Kouke = Donner in Gutsleff, Kurzgefaßte Anweisung zur Ehstnischen Sprache S. 120; kou, wana kou = ein sehr alter Mann in Rosenplänter, Beiträge IX, 34, (Aufzeichnung von A. Knüpffer). Kouk, kouke sind Deminutiva von Kõu = Kõuk, Kõukene. Von der Thätigkeit des Kõu sagt man: Kõu müristab, Kõu paugub, Kõu kärgib, Kõu hüüab, = es donnert; Kõu lõi, Kõu lõi maha, Kõu pani põlema = der Blitz traf, erschlug, zündete. In einem Volksliede, Myth. und mag. Lieder S. 38 heißt es: Kaua käisin Kõukse teeda, wikerkaare wihmateeda: Wallte lange den Weg des Kõu, des Regenbogens Regenstraße. Kõuu tee und wikerkaare tee (wikerkaar = Pitker Donnerer + kaar Bogen) sind demnach identisch. In Ortsnamen hat sich Kõu noch vielfach erhalten: Kõomõis = Wolmarshof im Fellin'schen Kreise, Kouksemõis oder Kõukumõis = Kauks und Kook in Wierland, Kõuküla früher ein Dorf in Errastfer im Werro'schen Kreise, jetzt zwei Bauerhöfe Kõo talud. In dem Kirchspiel Kl.-St.-Johannis kommt Kõu als Familienname vor.

463. 3. Alter Knabe = Wanapoiss ist eine euphemistische Umschreibung des Teufels, ebenso Tühi der Leere, Nichtige, Wana Tühi der alte Leere, Sarwik, Wana Sarwik, Sarwiktaat der Gehörnte, Wana waenuwaimukeno der alte Feindschaftsgeist, Paharett, Kurat, Juudas, Saadan, der Teufel, Purask, Wana Purask, dessen Bedeutung unklar ist. Als Sarwik tritt er besonders Kwp. XIII und XIV auf, wo wir auf ihn näher eingehen. Als Wanapoiss, häufiger noch unter dem Namen Wanapagan spielt er in der Volkssage eine kägliche Rolle. Er ist dumm wie ein Dorfkalb (külawasika sarnane rumal) und wird oft von den Menschen betrogen und übertölpelt, namentlich von Pitk Hans (Hans der Lange), Kawal Hans (Hans der Pfiffige) oder Uulispilli Hans, in welchem wir Till Eulenspiegel wieder erkennen. Aus den zahllosen Sagen über Wanapoiss oder Wanapagan heben wir hervor: Pabst, Beiträge zur Kunde Ehst-, Liv- und Kurlands. I, 218—219. Kunder, Eesti muinasjutud, bes. S. 87—95. Eisen, Wanapagana jutud. 1893. Eisen, Teised Wanapagana jutud. 1896. Jutustamised Kawalast Hansust ja Wanapaganast. 1894. M. Jaakson, Kawal Hans ja Wanapagan.

582. 3. Der Erde Göttin = Murueidekene ist sonst als Rasenmutter überjetzt worden. In einem Spruche gegen die Unterirdischen kommt allerdings der Ausdruck Maaemakesed vor: Maaisakesed, Maaemakesed, Maaeitsikesed, Murueidekesed d. h. Erdväterchen, Erdmütterchen, Erdjungferchen, Rasengroßmütterchen. Myth. und mag. Lieder S. 76.

723. 3. ff. Die Schaukel estn. kiik war früher der Lieblingsort und die Hauptbelustigung der Dorfjugend. Die Schaukel wird folgendermaßen construirt: Man schlägt zwei Pfähle zwei Klafter von einander in die Erde und in die runden, am oberen Theil befindlichen Löcher steckt man eine frei sich drehende Axe. An die letztere wird eine Reihe hölzerner Stangen befestigt, die unten durch Querstangen verbunden sind, welche gleichfalls wieder an den Enden mit Bretterchen versehen sind. Auf die Querstangen setzen oder stellen sich von beiden Seiten die Schaukler, schwingen sich hin und her und singen dabei Lieder. Vgl. Tiedeböhl, Schilderungen des Estnischen Volksstammes in den Ostseeländern, C. H. Busch, Ergänzungen der Materialien zur Geschichte und Statistik des Kirchen- und Schulwesens der Ev.-Luth. Gemeinden in Rußland. II, 997. Die durch das Schaukeln zum Uebermuth gesteigerte Lebenslust kann nicht treuer gemalt werden, als die der Traumgestalt Linda's in den Mund gelegten Worte V, 723—737 sie ausdrücken.

729. 3. Kranz = pärg ist ein oder auch mehrere Wollenfäden, welches früher die Estenmädchen auf dem Haupte über dem langherabwallenden Haupthaar trugen, oder auch ein Aufsatz von Pappe oder Borke, mit farbigen Wollen- oder Seidenstoffen überzogen und über der Stirn mit Perlen und Flittern benäht. Jung, Muinasaja teadus Eestlaste maalt. I, 199.

738. 3. Kalewala = Wohnort oder Heimath der Kalewiden.

Sechster Gesang.

191. 3. ff. Nach einer von Dr. Georg Schultz 1838 in der Gel. Estn. Gesellschaft vorgetragenen Variante (Handschriften der gen. Ges. A. C. Nr. 202) wird Kalewipoeg, den Schultz Soini nennt, als Knabe an einen Schmied verkauft. Soini ergrimmt über seine Knechtschaft, erschlägt den Sohn des Meisters und ertrotzt sich die Zauberwaffe. Aber der Fluch des Vaters scheint auf ihm zu ruhen und durch dieses Schwert selbst soll Kalewa's Sohn einst fallen. — In dieser Fassung ist die Identität des estnischen Kalewipoeg und des finnischen Kullervo in's Auge springend. Nur ein Unterschied bleibt: Kalewipoeg erschlägt den Sohn des Finnenschmiedes, Kullervo veranlaßt den Tod der Gattin des Götterschmiedes Ilmarinen, der berühmten Pohjola-Jungfrau.

415. 3. See des Peipus, est. Peipsijärw, scheidet Livland von Rußland. Er zerfällt in zwei Theile, einen größeren, nördlichen, den eigentlichen Peipus, und einen kleineren, südlicheren, den Pleskau'schen oder Pskow'schen See, die durch eine schmale Wasserstraße verbunden sind. Der Peipus ist 75 Werst lang und auf der breitesten Stelle 45 Werst breit, die Tiefe übersteigt jedoch nirgends 7 Faden; meist ist er in ansehnlicher Entfernung vom Ufer noch flach. Der Peipus ist der sagenberühmteste estnische See. Nach der Sage verdankt er den Namen einer Zauberin Peipa. H. Jannsen, Märchen II. S. 69—74. Über die Etymologie des Namens sind nur vage Vermuthungen aufgestellt worden.

417. 3. Der Wirzsee, estn. Wörtsjärw liegt auf der Grenze des Fellin'schen und Dörptschen Kreises, ist 4,96 ☐ Meilen groß, seine Länge beträgt 33 Werst, seine größte Breite 12 Werst. An den Ufern bleibt er weithin flach. Seine nächste Umrandung besteht aus einem schmalen, sandigen Ufersaum. Weiterhin umgeben ihn bedeutende Niederungen, die meist aus ausgedehnten Morästen bestehen. Eine von Kreutzwald aufgezeichnete, offenbar mit geogonischen Anschauungen zusammenhängende Sage berichtet über die Entstehung des Sees und giebt über die volksthümliche Etymologie des Namens Aufschluß: Bald nachdem Altvaters Gnade das Geschlecht der Menschen hier im Lande erschaffen, den Boden gesegnet, daß er fruchtbar sei, und die Wälder mit Gethier und Vögeln erfüllt, schuf er auch einen See, mit kaltem, klarem und erquickendem Wasser, daraus die Menschen labenden Trunk gefunden zu aller Zeit. Am hohen Ufer des Sees sproßten und grünten Eichen- und Lindenhaine, herrliche Blumen blühten in ihrem Schatten und in dem Wipfeln erklang vom Frühroth bis zum Gedämmer des Abends der Singvögel Lied, daß eitel Lust und froher Muth der Menschen Herz wonnevoll erfüllte. Aber der seligen Zeit des Volkes war keine Dauer beschieden, denn mit Übermuth erfüllten sich die Menschenkinder und thaten nach den Gelüsten ihres bösen Herzens. So wurden sie denn allmählig ganz verderbt, daß Altvater kein Wohlgefallen mehr an ihnen fand, sondern sein Ohr ohne Unterlaß wiederklang von der Kunde ihrer Gottlosigkeit. Da redete Altvater eines Tages also: Ich will die übermüthigen Kinder strafen wegen ihrer Bosheit. Und so will ich es thun, daß ich ihnen den See nehme mitsamt dem frischen Wasser, ob vielleicht die Qualen des Durstes sie besserten und allmählig zurückbrächten auf den rechten Weg". Und sieh, da erhob sich eines Tages von Mittag her eine schwarze drohende Wetterwolke und schiffte hin zum Emujärw, wo sie gleichsam Rast hielt und ihre Ränder säulenförmig gegen den See hinabsenkte. Da begannen des Sees Fluthen brausend aufzusteigen im Wirbel immer höher, bis sie die Wolkensäule erreichten, und so schwand in wenig Augenbicken all das Wasser aus dem See, daß auch nicht ein Tropfen zurückblieb. Aber die schwarze Wetterwolke zog mit ihrer Last hinweg und entschwand den Blicken gegen Abend. Leer war das Bette, darin einst der See gewogt. Nur Moder und Schlamm blieb zurück den Fröschen. Und auch ihn trocknete im Laufe der Tage der Windhauch und die Strahlen der Sonne. Nun erhob sich in den Qualen des Durstes Jammer und Klage unter den Menschen, denn nirgends fanden sie andern Trank als Regenwasser, das sich in den Niederungen zu Pfützen gesammelt hatte. Wohl füllten später Regengüsse und der schmelzende Schnee des Frühlings auch das Bette des alten Emujärw bis an den Rand, aber es war weiches Pfützenwasser (wirtsuwesi), das nicht recht den Durst löschen und den Körper erquicken konnte. Scheltend nannte das Volk den See Tümpelsee (Wirtsjärw) und dieser Name ist ihm geblieben bis auf den heutigen Tag. Längst verschwunden sind des Sees alte Uferhänge, hoch und schön mit ihrem grünenden Laubgehölz und den blühenden Blumen. Da ist nur sumpfiges Land an ihrer Stätte, darauf kaum etwas gedeiht als kümmerliches Kieferngestrüpp. Wie hernach quälender Durst das verderbte Geschlecht ein wenig gebessert und seines Jammers Klage und Bitte immer flehender aufstieg zum Altvater, erweichte er sein Herz und erbarmte sich ihrer. Doch den alten See erhielten sie nicht wieder sondern auf Altvaters Geheiß entstanden allüberall im Schoße der Erde enge Schachte (kitsad urgasteed), die erfüllte er mit den Fluthen des alten Emujärw und befahl den Wassern zu wallen und hie und da den Boden zu entspringen, damit die Menschen ihren Durst löschen könnten. Auf daß aber das Wasser in den unterirdischen Adern des Winters nicht gar zu kalt und nicht zu heiß im Sommer wäre, habe es Altvaters Weisheit so geordnet, daß im Frühling ein Kältestein in die Quellen gethan werde. Den nimmt man im Herbst heraus und thut für den Winter den Wärmestein zur Stelle, da frieren die

Quellen nicht ein, ob sich auch all die anderen Bächlein und die Flüsse und Seen mit
eisigem Kleide bedecken". Kreutzwald, Estnische Märchen, 165—167. Der Ehsten
abergl. Gebr. Gebr. S. 8—9. H. Jannsen, Märchen und Sagen I, 64—66. Zu
vergleichen ist auch die nahverwandte Sage vom Eimsee in F. Thiersch, Taschen-
buch für Liebe und Freundschaft 1809, welche Quelle Jacob Grimm, Deutsche
Mythologie S. 566 benutzt hat. Der Emujärw führt in der Sage auch den Namen
Emajärw (Muttersee), der dem durch den See fließenden **Emajõgi** (Mutterbach)
entspräche. Es müssen in den Niederungen des Sees in der That große Umwälzungen
stattgefunden haben. In den an der Pahle gelegenen Morästen, sowie unter dem
Dorf **Werewi** im Randen'schen Kirchspiel werden noch oft tief im Moor befindliche
stattliche Eichen- und Kiefernstämme zu Tage befördert.

421. 3. **Koiwa** ist die livisch-estnische Bezeichnung des Aaflusses, der seine
Quellenbäche aus den Seen Allukste und Kubling in der Nähe von Pebalg-Orrisaar
sammelt, durch malerische, herrlich belaubte Schluchten fließt und schließlich zwischen
Sümpfen und Seen unweit der Düna bei Zarnikau in den Riga'schen Meerbusen
mündet. **Koiwajõgi** heißt der Birkenbach und ist vom estn. **kõiw**, livischem **kƍv**
Birke abzuleiten. Vgl. A. Bielenstein, Die Grenzen des lettischen Volksstammes
S. 48. K. A. Hermann, Ueber die etymologische Bedeutung der alten livischen
und kurischen Ortsnamen, Sitzungsber. 1896 S. 155—156 läßt den Flußnamen von
koiw „Langbein" herrühren, weil der Fluß sich weithin ins Land strecke.

423. 3. Der Fluß, dessen Grenzen geweihte heißen und der XX, 401 heilig genannt wird, ist der **Woo**, **Wõo** oder **Wõhanda**. Er entspringt mit zwei
Quellen auf dem Odenpä-Plateau, von welchen die westliche aus dem Friedrichshof-
schen See in der Nähe des **Pühajärw** kommt, während die östliche bei dem Dorfe
Ilmjärw entsteht. Nach der Vereinigung bei Koraste führen sie den Namen **Pühajõgi** oder **Wõhandu**, **Wõhanda**, später auch den Namen Sommerpahlen'scher Bach.
Dieser ergießt sich in den **Wagula**-See, aus dem ein Abfluß in den **Tamula**-See bei
Werro geht. Von Werro an fließt er unter dem Namen **Woo** bei **Wöbs** in den
schmalen Wasserarm, welcher den Peipus und den Pleskau'schen See verbindet. Rath-
leff, Skizze der orograph. und hydrograph. Verhältnisse von Liv-, Esth- und Kurland
S. 158. **Woo** war dem Donnergotte Pitkne geweiht (püha), der nach der Anschauung der anwohnenden Bevölkerung hier seine Wohnstätte (elukoht) hatte und
der hin und wieder als ein „Kerl mit blauem und gelbem Strumpfe" gesehen wurde.
Ihm wurden nicht nur Thiere, sondern auch Kinder geopfert. In der Nähe des Flusses
durfte kein Baum gefällt oder eine Ruthe gebrochen werden. Beging Jemand einen
solchen Frevel, so mußte er desselben Jahres sterben. Der Bach und die Quelle, aus
welcher er im Ilmjärw'schen Dorfe fließt, wurde jährlich gereinigt und man fürchtete,
daß ein Unwetter entstünde, wenn etwas Unreines hineingeworfen werde. Als 1640
der Besitzer von Sommerpahlen, Hans Ohm, bei dem Dorfe Ospla an dem Bache
eine Wassermühle bauen ließ, 1641 aber schlechtes Wetter und völlige Mißernte ein-
trat, maßen die Bauern das Unwetter der Entheiligung des Flusses bei und brannten
die Mühle nieder. Johann Gutslaff, Kurtzer Bericht und Unterricht von der
Falsch-heilig genandten Bäche in Liefland Wöhanda. Daraus die unchristliche Ab-
brennung der Sommerpahlschen Mühlen geschehen ist. Dorpt. 1644. Chr. J. Peterson
Ganander, Finnische Mythologie, S. 16—18. M. Weske, Wanad ohwrikohad,
Oma Maa I, 13—16, 40—43. M. Weske, Über den Namen der Landschaft
Ugania, Sitzungsberichte 1884. S. 239—260.

424. 3. Der Mutterbach ist der wörtlich übersetzte **Emajõgi**. Er entspringt
unter dem Namen **Pühajõgi** (heiliger Bach) aus mehreren Quellen, Abflüssen des
Pühajärw (Wollust'scher See) auf dem Odenpä-Plateau und mehrerer kleiner Seen

Anmerkungen. — Sechster Gesang.

auf der Arrol-Höhe und mündet in das Südende des Wirzjärw. Beim Jesuu-Kruge verläßt er diesen See, fließt in einem geschlängelten Laufe Dorpat vorüber und mündet mit mehreren Armen inmitten großer Sümpfe in den Peipus. „Die Ufer des Embachs sind der classische Boden der Esten", namentlich um Dorpat herum. „Hier war der Wohnsitz der ersten Menschen, hier sang der Gott der Dichtkunst seinen herzergreifenden Hymnus, hier wurden die Sprachen gekocht und in einem nahen Bächlein liegt das blinkende und singende Schwert des Kalewiden. Ein altes Volkslied lautet:

> „Nicht jedem ist das Glück geworden,
> Das Glück geworden, der Lohn geworden,
> Am Ufer des Mutterbachs sich zu ergehen,
> Den Schaum der Mutter zu sehen,
> Das Brausen der Mutter zu hören,
> Auf dem Rücken der Mutter fahrend
> Der Mutter in's Auge zu schauen,
> Und im Auge der Mutter sich selbst zu sehen."

Fählmann, dem wir diese Worte entnehmen, berichtet über die Entstehung des Emajõgi nach einer Volkssage Folgendes: „Altvater hatte die Erdscheibe erschaffen und darüber den blauen Himmel gespannt mit den funkelnden Sternen und der strahlenden Sonne. Auf der Erde wuchsen und gediehen Pflanzen und die Thiere freuten sich ihres Lebens. Aber die Thiere kamen nicht den Geboten des Alten nach, fingen an einander zu verfolgen und anzufeinden. Da versammelte er sie einmal alle und redete sie so an: „Ich habe euch geschaffen, damit jegliches sich seines Lebens freuen sollte, und ihr fanget an, euch anzufeinden und eins das andere sogar zu fressen. Ich sehe, es thut Noth, euch einen König zu geben, der euch beherrsche und im Zaume halte. Zu seinem Empfange müßt ihr ihm einen Bach graben, damit er an seinen Ufern sich ergehe. Den Bach grabet aber hübsch tief und breit, damit die Kleinen alle in ihm Platz finden mögen, und Mutterbach wird er heißen. Aber die Erde werfet nur nicht hier und dorthin, sondern häufet sie zu einem Berge auf und auf ihm will ich einen schönen Wald wachsen lassen und hier soll euer König wohnen. Auch Schluchten und Thäler lasset dazwischen, damit er Schutz gegen Wind und Wetter und Sonne daselbst habe. Ich sehe euch hier zahlreich versammelt; ein Jeder kennt seine Kräfte, frisch zur Arbeit!"

Da verließ er die Gesellschaft und Alles ging sogleich an die Arbeit. Hase und Fuchs maßen den Lauf auf: der Hase sprang voran, der Fuchs lief ihm nach, und sein schleppender Schwanz bezeichnete den Lauf des werdenden Embaches. Der Maulwurf zog die erste Furche, der Dachs arbeitete in der Tiefe, der Wolf scharrte, der Bär trug und die Schwalbe und die übrigen Vögel alle waren thätig.

Als das Flußbett fertig war, kam der Alte den Bau zu übersehen. Er war mit Allem zufrieden. Er lobte jeden Arbeiter. „Maulwurf und Bär, ihr scheint ja am fleißigsten gearbeitet zu haben, so daß ihr über und über schmutzig seid. Gut, dieses Schmutzkleid verbleibe euch als Ehrenkleid zum Andenken." — „Du, Wolf, hast mit Schnauze und Füßen brav gearbeitet. Du sollst auch schwarze Schnauze und Füße behalten." — „Aber wo ist der Krebs? Er ist doch sonst ein rühriger Kerl und hat viele Hände. Hat er geschlafen?" Der Krebs war soeben aus dem Schlamm hervorgekrochen und ärgerte sich, daß der Alte ihn übersah. Er rief in seinem Unmuth: „Alter, wo sind deine Augen, daß du mich nicht sahst? Du hast sie wohl hinten." „Du Naseweis", war die Antwort, „nun du sollst von nun an Deine Augen hinten haben." Als der Alte mit diesem Strafexempel fertig war, sieht er einen Stutzer, der von Ast zu Ast fliegt, sein schönes Kleid in der Sonne erglänzen läßt und ein sorgloses Lied pfeift. „Stutzer Pfingstvogel", ruft er ihm zu.

„Hast du sonst nichts zu thun, als dich zieren." „Alter," sagte jener, „die Arbeit ist schmutzig und ich kann meinen goldgelben Rock nicht preisgeben und meine silberfarbigen Hosen nicht schwarz machen. Was würdest du selbst dazu sagen?" „Du Kleidernarr", ruft der Alte mürrisch, „so sollst du von nun an schwarze Hosen haben und sollst zur Strafe nie Deinen Durst aus dem Bache löschen, sondern die Tropfen von den Blättern trinken und sollst Dein lustiges Lied nur pfeifen, wenn die anderen Geschöpfe sich verkriechen und vor dem herannahenden Wetter schaudern."

Das Flußbett war nun fertig geworden. Der Alte goß aus seiner goldenen Schale das Wasser hinein, belebte es mit seinem Hauche und bestimmte die Richtung seines Laufes." Fählmann, Estnische Sagen, Verh. I. H. 1, S. 38—47. E. Pabst, Emma rediviva.

634. 3. ff. Der Kullervo Finlands und der Kalewipoeg Estlands fügen beide einem Schmiede großes Herzeleid zu: Kullervo, indem er aus Rache den Tod der jungen Gattin des göttlichen Schmiedes Ilmarinen veranlaßt, Kalewipoeg, indem er aus Jähzorn den ältesten Sohn eines zwar überaus geschickten, aber wenigstens nicht über die Menschheit erhabenen Schmiedes tödtet. Dieser namenlos bleibende Schmied ist in der estnischen Umbildung der beiden Völkern gemeinsamen Sage gewiß nur ein der gemeinen Menschheit viel näher gerückter Ilmarine, dessen ursprüngliche Idendität mit dem göttlichen Heros in Vergessenheit überging. Schott, Kalewipoeg S. 465.

710. 3. Im Original heißt es: Täida sünnitaja soowi d. h. Erfülle (deines) Erzeugers (des Schmiedes) Wunsch!

885. 3. Die Finnenbrücke (Soome sild) verband die Insel mit den beiden Festländern, sodaß sie gleichsam zwei Arme, den einen nordwärts nach der finnischen und den andern südwärts nach der estnischen Küste ausstreckte. Schott a. a. O. S. 466 will in der Insel das heutige Nargen wiedererkennen, welches etwa 2 Meilen von der Küste abliegt, weil Kalewipoeg wahrscheinlich in der Nähe Reval's seine große Schwimmfahrt begonnen habe. Allein das Volkslied weist uns nach Tütarsaari (Tochterinsel). Neus, Ehstn. Volkslieder S. 201 lesen wir:

Sõudsid Soome silla poole,
Tütarsaare sarwe poole!

d. h. Sie ruderten zur Finnenbrücke, Hin zum Horn (einer vorspringenden Klippe) der Tochterinsel. Die neueren estnischen Dichter, namentlich Koidula verherrlichen öfterer Soome sild als das Symbol der geistigen Annäherung der Esten und Finnen.

925. 3. Im Original heißt es: Wikerkaar wibuna warjuks. Der Regenbogen heißt im Estn. wikerkaar, ammukaar. Das Wort ist ein Compositum und somit sein eigentlicher Bestandtheil kaar, insofern eben dadurch der der ursprünglichen Anschauung bei der Bildung des Wortes zu Grunde liegende Hauptbegriff ausgedrückt und dann durch den Zusatz wiker in Bezug auf den zu bezeichnenden Gegenstand nur noch näher bestimmt wird. Kaar bedeutet nun Krümmung, Biegung, Bogen, Kreis, Himmelsgegend. Vgl. wesikaar in der vorhergehenden Zeile. Wiker ist eine Alteration aus Pitker, Piker. Anm. III, 16. Wikerkaar heißt demnach der Bogen des Pitker, mit welchem er aus den Wolken die Blitzstrahlen (Pitkse noolid, Pitkse kiwid, Pitkse loodid) abschießt. Daß wikerkaar als der Bogen des Donners gefaßt wird, ergiebt sich aus „wibuna" = als Bogen und aus den andern Bezeichnungen des Regenbogens: ammukaar auf Oesel, entstanden aus ammu = Bogen als Werkzeug zum Schießen und kaar = Bogen als Gestalt oder Form, und Wanaisa ammu der Bogen, Flitzbogen des Altvaters. Die Pfeile, die Altvater von diesem Bogen abschießt, sind tulised, von Feuer glühend, und wie aus einer andern Benennung des Blitzes raudwits sich ergiebt, von Eisen, während der finnische Ukko von seinem taivaskaari, vesikaari, ukonkaari Pfeile von Kupfer (vaski) entsendet. Vielleicht enthält der Ausdruck **wesikaare waskiteeda** IX, 769. Z. noch eine Erinnerung an die ursprüngliche Vorstellung von Ukko's vaskinen vasema (Kupferpfeil oder Kupferbolzen). Eine merkwürdige, ganz isolirt für sich dastehende Auffassung vertritt B o e c l e r, Der Ehsten abergl. Gebr. S. 114: „Sie nennen den Regenbogen des Donners Sense und geben vor, damit haue er die bösen Geister, so ihnen Leid zufügen wollen, darnieder." Anlaß zu einer solchen Verdunkelung des Mythus mögen die Nebenformen des **wikerkaar**: **wikakaar, wikaskar, wikarkaar** gegeben haben, wobei leicht an **wikart**, einer noch heute vorkommenden Form im Liwischen statt wikat gedacht werden konnte. — Die Frage über die Bedeutung des wikerkaar hat in der Mitte unseres Jahrhunderts eine ganze Literatur gezeitigt: A h r e n s, Grammatik I, 133. 2. Aufl. I, 173. S j o e g r e n, Zur Ethnographie Livlands, Bull. hist.-phil. VII. S. 64—65. Neue ehstnische Uebersetzungen der Bacmeisterschen Sprachproben, Bull. hist.-phil. VIII, 56—64. Ueber die Bedeutung des ehstnischen Namens für den Regenbogen: **wikkerkaar**. Mél. russ. II, 105—136. W i e d e m a n n, Mél. russ. I, 231, 582. S c h ü d l ö f f e l, Dialog zwischen zwei Freunden der ehstnischen Sprache. Inland. 1854. Sp. 678—679. A h l q u i s t, Einige Mißgriffe im etymologischen Wörterbüchlein des Herrn Pastor Ahrens. Inland. 1854. Sp. 725. K r e u t z w a l d, Was heißt wikkerkaare wikelista? Inland. 1854. Sp. 773—775. N e u s, Ehstn. Volksl. S. 103 Z. 455—456.

912.—913. Z. Die Städte Lihala und Rahala, wörtlich Fleischstadt und Geldstadt, sind mythisch. Der Sänger führt den Fragenden ad absurdum, indem er auf die Wortbedeutung der Namen hinweist. Löwe's Randbemerkung zu der Stelle.

933. Z. Wir theilen im Folgenden die Sage mit, die sich an die Namen des Frühroths (koit), sowie der Abendröthe (hämarik) und der Dämmerung (widewik) knüpft und zu den Perlen estnischer Mythenbildung gehört:

Altvater hatte drei flinke Diener: zwei frische, schöne und sittige Jungfrauen **Widewik** und **Hämarik** und den schlanken Jüngling **Koit**. Die verrichteten Altvaters Arbeiten und führten seinen Haushalt. Einst kam Widewik, die älteste, beim Untergang der Sonne mit den Zugstieren vom Brachfeld heim, woselbst sie geackert hatte, und führte die Thiere an den Fluß zur Tränke. Wie sich aber die Mädchen allerwegen zuerst um ihr glattes Gesicht sorgen, also war es auch bei der reizenden Widewik Brauch und Regel. Sie hatte weiter nicht Acht auf die Stiere, trat an's Wasser und schaute hinein. Sieh, da blinkten ihr aus des Bächleins Silberspiegel die braunen Augen mit den rothen Wangen so lieblich entgegen, daß ihr das Herz vor Freuden höher schlug. Der Mond aber, der auf Altvaters Geheiß und Ordnung an Stelle der heimgegangenen Sonne die Welt erleuchten sollte, vergaß seines Amtes ehrbar zu walten und eilte liebeverlangend zur Erde hinab in das Bett des Bächleins. Mund an Mund, Lippe an Lippe, so weilte nun der Mond bei Widewik.

Derweil aber versäumte der Mond all seine Pflichten, sein Licht erlosch und tiefe Finsterniß deckte das Land, während er an Widewik's Herzen weilte. Da geschah ein großes Unglück. Das wilde Waldthier, der Wolf, der unterdessen nach seinem Begehr schalten konnte, da ihn Niemand sah, fiel über einen von Widewik's Stieren her und zerriß ihn. Wohl sang da die Nachtigall und ließ ihr holdes Lied durch den dunklen Hain hinschallen: „Faule Maid, faule Maid! lang ist die Nacht! Kiri, Küüt, in die Furche, in die Furche! Bring die Peitsche, bring die Peitsche! schwipp, schwipp! schwipp!"*). Aber Widewik vernahm es nicht. Sie hatte alles vergessen außer ihrer Liebe.

---

*) Im Estnischen onomatopoetisch: „Laisk tüdruk, laisk tüdruk, öö pitk! Kiri, Küüt, waole, waole! Too piits, too piits!" Kiri = Bunter, Küüt = Rückengestreifter sind Ochsennamen.

Früh Morgens, als Koit von seinem Lager aufsprang, da erwachte Widewik endlich aus ihrem Liebestraum. Als sie nun des Wolfes böse That ersah, begann sie gar bitterlich zu weinen. Aber die Thränen ihrer Unschuld blieben vor Altvater nicht verborgen. Er kam herab aus seinem Himmel, um den Uebelthäter zu strafen und den Verächter der Ordnung unter das Gesetz zu beugen. Hart strafte er den Wolf und spannte ihn hoch am Himmel neben dem Stier in's Joch, damit er allda, getrieben von der eisernen Ruthe des Polarsternes, in Ewigkeit Wasser schleppe. Zu Widewik aber sprach er: „Da der Mond mit dem Licht seiner Schönheit dich berückt hat, so will ich dir vergeben. Und wenn du ihn von Herzen liebst, so will ich euch nicht hindern und ihr sollt Gatten sein. Von Dir, Widewik, verlange ich aber treuliche Acht und Wache, daß der Mond zur rechten Zeit seinen Lauf beginne, damit nicht wieder nächtliche Finsterniß tief die Erde bedrücke und die Bösen schalten könnten nach ihrem Gefallen. Herrschet über die Nacht und traget Sorge, daß in ihrem Schoße glücklicher Frieden weile!"

So erhielt der Mond Widewik zum Weibe. Noch heute lächelt ihr freundliches Antlitz auf uns nieder und schaut hinab auf den Spiegel des Baches, wo sie zum ersten Male die Liebe ihres Verlobten kostete.

Darauf beschied Altvater Koit und Hämarik vor sein Angesicht und sprach: Auf das nicht abermals eine Unachtsamkeit sich begebe mit dem Licht der Welt, und die Finsterniß nicht überhand nehme, so will ich zwei Herrscher setzen, auf deren Weisung Alles seinen Lauf nehme. Der Mond und Widewik sollen zu ihrer Zeit die Nächte erleuchten mit ihrem Schein. Koit und Hämarik, Eurer Weisung und Waltung traue ich aber das Licht der Tage unter dem Himmelszelt an. Wartet eures Amtes mit Eifer! Unter Deine Hut, Töchterchen Hämarik, gebe ich die sinkende Sonne. Empfange sie am Himmelsrande und lösch' ihr jeden Abend alle Feuerfünkchen achtsam aus, damit kein Schaden geschieht, und geleite sie beim Untergange. Koit, mein flinker Sohn, Deine Sorge sei es, die Sonne aus Hämarik's Händen zu empfangen, wenn sie ihren Lauf beginnen will, und neues Licht zu entflammen, damit nie ein Mangel sei an Licht."

Die Beiden Diener der Sonne führten nun ihr Amt mit Eifer, also daß an keinem Tage die Sonne fehlte unter dem Himmel. Da begannen die kurzen Sommernächte, wo Koit und Hämarik eins dem andern die Hand reicht, wo ihre Herzen erbeben und ihre Lippen sich im Kuß berühren, wo die Vöglein im Walde jedes nach seiner Zunge, helle Lieder erschallen lassen, wo die Blumen blühen, die Bäume fröhlich gedeihen und die ganze Welt Wonne fühlt. In dieser Zeit kam Altvater von seinem goldenen Thron zur Erde nieder. Da er nun alle Werke und Verwaltungen in guter Ordnung fand, freute er sich seiner Schöpfung und sprach zu Koit und Hämarik: „Ich bin auch mit eurer Aufführung zufrieden; darum wünsche ich euch ein dauerndes Glück. So seid von nun an Mann und Weib!" — Da riefen aber die beiden wie aus einem Munde: „Vater, laß uns unsere Wonne ungetrübt! Wir sind zufrieden mit unserem Stande und wollen Braut und Bräutigam bleiben, denn in diesem Stande haben wir ein Glück gefunden, das immer jung und neu bleibt."

Da ließ ihnen Altvater ihren Willen und kehrte wieder zurück in seinen goldenen Himmel.

Die Sage stammt aus Tarwast. Der Erzähler, Andres Rennesk, betonte mit Hochgefühl, daß er aus dem alten Weisengeschlechte (wanast targasugust) stamme, in welchem die Ausübung von Zauberformeln und Gebeten erblich sei. In einer andern Fassung theilte Fählmann die Sage mit: Koit und Ämmarik, Verh. I, H. 3. S. 84—86, zu welcher L. von Maydel daselbst eine Zeichnung lieferte. Ueber den Streit, welcher sich über die Echtheit dieser Sagen sich erhob, vgl. Kreutzwald, Der Ehsten abergl. Gebr. S. 100—101. Schiefner, Zur estnischen Mythologie,

Mél. russes II, 406—417. H. Jannsen, Märchen, II, 165—168. W. Reiman, Kullakaewajad, E. Ü. S. Album I, 26—29. — Zur Strafversetzung des Wolfes an den Himmel vgl. das in der Anm. IV, 63 Gesagte.

Siebenter Gesang.

25. 3. Lindanisa heißt Linda's Busen. Kreutzwald hat diese Etymologie „Reval's ältester Estnischer Name Lindanisse, vom Estnischen Standpunkte beleuchtet," Verh. III. H. 1, S. 46—47 zu begründen gesucht, sie bleibt aber mehr als zweifelhaft. Andere Erklärungsversuche bieten H. Neus, Revals sämmtliche Namen, nebst vielen anderen, wissenschaftlich erklärt. Reval. 1849. F. Kruse, Ueber den Ursprung der Stadt Reval und ihres Namens. Inland. 1851. Sp. 429—435. A. Schiefner, Über die Namen Reval's. Inland 1851. Sp. 528—531. E. Pabst, Lindanisse, der älteste Name des revalschen Domberges. Inland. 1855. Sp. 741—746. 763—766.

181. 3. Beim Anblick der Insel erwacht die Stimme des Gewissens und objectivirt sich als Geisterstimme aus den Wellen. In dem Geisterliede wird Kalewipoeg zu wiederholten Malen Bruder (weli, wend) genannt. 219 Z.: Schifft der Bruder in der Brandung; 231—232: O nach Blute brünst'ger Bruder (wereahne wenda); Du von Liebesgluth verlockter (armul eksind poisikene); 242—243: Diese doppelt blühn'de Unschuld rüttelt an des Bruders Ruhe (Kahekordne werewölga wenna rahu rikkumaies). Zwar hat er den frechen Frevel (liigtöö) das eine Mal unbedachtsam (kogemata), das andere Mal in wüster Wirrniß (tahtemata = willenlos, 432 Z. teadmata unbewußt) sich zur Schuldlast geschaffen (252—255) d. h. er hat sie beide von Leidenschaft geblendet, mit wenig Zurechnungsfähigkeit verübt, aber doch soll die Rache ihn von jetzt ab bis zum Lebensende verfolgen: 276. Z. ff. Die Inselmaid hinwieder heißt sösar Schwester: 201. Z.: Schwester schläft in stillem Bette; 240. Z.: Zwangst die schwer gekränkte Schwester; 245. Z.: Schwester ruht in stiller Rüste u. s. w. Man hat gemeint, daß „Bruder" und „Schwester" in diesem Zusammenhang nur soviel als „Freund" und „Freundin" bedeuten, so noch J. Tischler, Kalewipoja sisust S. 54, wir nehmen sie aber mit Schott, Kalewipoeg S. 408 im eigentlichen Sinne. Alsdann haben wir hier einen Anklang an die ursprüngliche Gestaltung der Sage, wie sie im Finnischen in der Kullervo-Episode noch jetzt vorliegt.

221. 3. ff. Nach Israël, Kalewipoeg S. 91 ligen hier Reste einer sehr tiefen, wenngleich von dem Dichter dieser Stelle nicht mehr verstandenen Vorstellung vor, welche im Urliede ohne allen Zweifel deutlich hervortrat. Die Schatten bedürfen des Blutes, um mit den Lebenden, wenn auch nur auf Augenblicke, wieder in Lebensgemeinschaft zu treten. Denn im Blute liegt das Leben.

379.—420. 3. Die Mutterliebe und Mutterfürsorge hört nach estnischer Vorstellung auch nicht jenseit des Grabes auf. J. Kunder, Ema-armastus Eesti rahwaluuletuses. 1883.

418. 3. Weri ihkab were palka drückt den Grundgedanken der Kalewipoegsage aus.

Achter Gesang.

227. 3. Einen kleinen See ersahen. Es ist Saadjärw unweit Dorpats im Ecks'schen Kirchspiel. Der vom jüngsten Bruder geworfene Stein, an dem man noch jetzt die Fingereindrücke erkennen will, liegt unfern des Ufers. Diesem Denkstein wurden vormals häufig Opfergaben gebracht und es war Sitte, wenn man über den See fuhr, hõbewalget (Silberweiß) für den Wassergeist in die Wellen fallen zu lassen. Vgl. VIII, 620.

303. 3. Nach Fählmann, Die Sage vom Kallewi poeg, Handschriften der Gel. Estn. Ges. A. A. Nr. 214 sagte der älteste Bruder: „Wisaku mees kiwi õieti kaugele, tuleb teine, wiskab weel kaugemale. Sest esimene wiskas tühja tuulde, aga teine ju sihib üle esimese kiwi."

406.—408. 3. Vgl. die Anm. zu II, 24—27.

409. 3. Zungenlöser, kidalõikaja, ist der Beschneider des Zungenbandes. Vgl. P. Hellat, Einige Bemerkungen über die Volks=Medicin der Esten, Sitzungsber. 1883. S. 118.

410. 3. Badequäster, wihtleja, ist gewöhnlich die Hebamme oder sonst eine kundige Frau in der Badestube, wohin die Estinnen ihre Kinder schon in den ersten Tagen nach der Geburt schicken. Den Tag nach der Taufe gehen alle in die Badestube und die Taufmutter oder die Hebamme bearbeitet bei dieser Gelegenheit mit dem Badequast tüchtig den Vater des Kindes für die Schmerzen, welche er der Gebärenden veranlaßt hatte. Alle müssen sich beim Baden den Kopf recht naß machen. Das benimmt dem Kinde die Thränen. Wiedemann S. 308.

441. 3. Unter dem Namen harjaseid wõtma = Borsten nehmen versteht man folgendes, sehr verbreitetes Verfahren: Man bringt die Säuglinge in die Badestube und reibt den ganzen Körper desselben mit einem Teige aus Weizenmehl und Hefe oder Honig bestehend, ein, worauf er gründlich gerieben und abgewaschen wird. Auf diese Weise sollen die harjased = Borsten oder Finnen entfernt werden. Bleiben sie, so sollen sie nach innen wachsen und Brustkrankheiten verursachen. Sieht man einen Erwachsenen, dessen Gesicht solche Finnen und Eiterpustelchen aufweist, so sagt man, daß ihn seine Mutter im Säuglingsalter in dieser Hinsicht vernachlässigt habe. Vgl. G. Stein, Über estnische Sagen und Gebräuche, Sitzungsber. 1886 S. 47—47. J. Jung, Über estnische Bräuche, ibidem S. 111—112.

499. 3. Die Königsweihe wird dem Kalewipoeg durch das Baden ertheilt, denn 502 heißt es: kuningaksa kastetakse (wird zum König benetzt). R. Kallas, Wana kannel ja saun, E. Ü. S. Album II, 171.

650. 3. Die Furchen von dem Pfluge treten in der Nähe des Saadjärw, wo ziemlich gleichmäßig fortlaufende Hügelketten enge Thäler einschließen, besonders deutlich in's Auge, desgl. bei Burhöwden im Katharinen'schen Kirchspiele, wo die Furchen Neeruti mäed heißen.

726. 3. Der von Kalewipoeg während der Mittagsruhe benutzte Hügel ist ein sogenannter linnamägi (Estenburg), 1½ Werst von der Katharinen'schen Kirche entfernt. Die vom Haupte eingedrückte Vertiefung ist deutlich erkennbar. Aus dem Hügel entspringt eine vortreffliche Quelle mit krystallklarem Wasser, die des Helden Schweiß erzeugte. Der Quelle wurden noch zu Anfang unseres Jahrhunderts Opfer gebracht. (Kreutzwald).

772. 3. Trank Mariens = Maarja puna ist eine Branntweinart, in welche Alaun (Marja jää) hineingethan wird und welche Weiber und Mädchen am Tage der Verkündigung Mariä (den 25. März) einander zutrinken, damit sie das ganze Jahr

Anmerkungen. — Achter und Neunter Gesang. 315

hindurch geröthete Wangen haben. Es ist ein altheidnischer Brauch, der noch vom Uku-Fest herrührt, nur christlich verbrämt. Kreutzwald, Ueber den Charakter der Estnischen Mythologie, Verh. II, H. 2, S. 46—47.

845. ff. Die Fußspuren des in Spannkette gelegten Rosses sind Gruben in fast gleichmäßig abgemessenen Entfernungen, die in einer Reihe neben einander liegen. Man zeigt solche in den Kirchspielen St.-Katharinen, St.-Simonis und Klein-St.-Marien.

851. Z. Laiwere (Breitblut) heißt der Ort, wo das Pferd verblutete.

852. V. Maksa mägi (Leberberg) wird eine Anhöhe genannt, die aus des Rosses Leber gebildet wurde.

855. Z. Ein kleiner Moosmorast unweit des Dorfes Aruküla unweit Jömper (Jöepere) wird als der Ort bezeichnet, wo des Rosses Eingeweide verfaulten.

857. Z. ff. Hie und da zerstreute Hügel heißen Kalewipoja hobuse kontide asemed, Spuren von den Knochen des Rosses des Kalewiden. Kreutzwald.

Neunter Gesang.

9. Z. Estnisch heißt die Stelle: Lehe wõimul wilistelles. Gemeint ist das Pfeifen mittelst eines Laubblättchens zwischen den Lippen. Nach einer Sage der Pleskau'schen Esten ist der Erfinder dieser primitiven Musik der Herr Gott selber.

135. Z. In der Nähe des Jömper'schen Dorfes Aruküla und des Mäeotsatalu liegt eine ziemliche Fläche, welche nach Kreutzwald den Namen Kalewipoja hobuse naha ase führt, die Stelle, wo die Haut des Rosses gelegen.

200.—202. Z. Hochland (Kõrgesaar), Tochterinsel (Tütarsaar) und Flachland (Lawasaar) sind Inseln im östlichen Theile des Finnischen Meerbusens.

346. Z. Der neue Fremdling (wanarauka 408. Z.) ist kein geringerer, als Wanaisa-Altvater selbst, wie es sich aus dem Ganzen ergiebt.

584. Z. Estnisch heißt die Stelle: wihmal wilja woodumine d. h. im Regen kommt des Kornes Gedeihen. Woodumine, woodma erinnert an Woodu kaisu und Woda Pitker in der Anm. Zur Einführung. 12 Z.

743. Die Eisenmänner werden im Original nur angedeutet: pangu rammu raua wasta! d. h. sie mögen Kraft dem Eisen entgegenstellen. Die Eisenmänner können nichts anderes sein, als die deutschen Ritter, welche Estland vom Meere her unterjochten, obgleich sie IX, 173 „von Norden heransegeln" und ihre Schiffe XI, 200 bei Hochland sich mit Kriegervolke füllen. Man könnte nach diesen Stellen an Karelier (Karjalased) denken, welche ebenso wie ihre stammverwandten Kuren (Kurelased) und Oeselaner (Kuresaarlased) gefürchtete Seeräuber waren und auch die Esten heimsuchten. Vgl. Neus, Ehstn. Volkslieder Nr. 34, Z. 9, 18. Weske, Bericht, Verh. VIII. H. 4. S. 23. Hurt, Vana kannel I, 148—150. J. Truusmann, Kust ja kudas algab Eesti rahwa ajalugu? Oma Maa. 1887. S. 137—141. Aber der Ausdruck „raud" weist diese Vermuthung ab und kennzeichnet unzweideutig die deutschen Eroberer, welche XX, 646, 740 rannast tulnud raualaled heißen, vom Strande gekommene Eiserne, XIX, 1003 raudamehed Eisenmänner, XX, 287 raudariides rüütlid Ritter in dem Eisenkleide. Obgleich das goldne Zeitalter des Kalewipoeg jenseit aller Geschichte liegt, so läßt ihn das Epos doch bereits mit über's Meer gekommenen Eisenmännern zusammentreffen und mit ihnen kämpfen, ebenso wie später mit Polen, Tataren und Russen. Dieser Anachronismus darf uns nicht Wunder nehmen, denn die Volkstradition kann bei ihrer Gleichgültigkeit gegen Geschichte und bei ihrer Beweglichkeit unmöglich als historisches Document dienen. Vgl. Comparetti, Kalewala S. 52. ff.

864. 3. Der Hunger heißt Kaffkoch, kölkakokk, weil das Brot in den Zeiten des Hungers, der unter dem estnischen Landvolke während der Leibeigenschaft und der Frohne fast perennirend war und in jedem Frühling, wo die Vorräthe verzehrt waren, regelmäßig wiederkehrte, nicht aus Korn, sondern aus einem Gemisch von Roggen und Kaff gebacken wurde (XII, 885 ff). Hupel, Topogr. Nachrichten II, 131 berichtet von den Bauern: „Arme und Reiche essen Kaffbrod d. i. sie reinigen den ausgeklopften Roggen nicht von der Spreu, sondern mahlen und backen beydes unter einander. In Gegenden, wo ein undankbarer Boden wenig Ausbeute giebt oder das Ackerland sparsam zugemessen ist, essen Letten und Esten äußerst elendes Brod, das man am Feuer anzünden kann." Nach Bertram-Schultz, Wagien S. 28 wurde dieses Brot, „das ein Hund verschmäht haben würde," auf Stroh im Ofen gebacken, zerfiel in formlose Klumpen und brannte lichterloh, weil es mehr aus Häksel und Spreu, als aus Teig bestand. Im Werro'schen seien noch 1868 häufig Bauern zu finden gewesen, „die sich von Kaffbrot nährten — oder richtiger gesagt, die an Kaffbrot starben." Wagien S. 29. In einem alten Volksliede: Tage der Vorzeit (Neus, Ehstn. Volkslieder S. 130) heißt es: „Pölwepöld oli Saksa toita, söötismaa pidi meida söötma, kanarpik meid kaswatama, aganik meid awitama d. h. Aecker waren des Deutschen Atzung, Oeden mußten uns ernähren, Haidekraut uns halten aufrecht, Uns des Spreues Speicher helfen."

769. 3. Die Zeile lautet im Original: „Wesikaare waskiteeda". Wesikaar Wasserbogen, Wassergegend heißt der Westen, weil dem Esten das Meer im Westen (läns) liegt, daher heißt die Ostsee Läänemeri = Westsee. Ueber den estn. Compaß vgl. F. Schmidt, Etwas über den Compaß der Esten, Rosenplänter, Beiträge X, 96. J. Hirschhausen, Ueber den Compaß der Ehsten, Rosenplänter, Beiträge XII, 92—97. J. Tamberg, Eesti Kompas. Oma Maa. 1885. S. 38—46. Uebrigens könnte Z. 769 auch als Parallelvers zu 770 aufgefaßt werden, da wesikaar auch wikerkaar bedeuten kann, wozu das Epitheton waski = kupfern, glänzend, strahlend gut paßte. Nach finnischer Vorstellung sind die Pfeile, welche Ukko mit seinem Bogen (ukonkaari) entsendet, von Kupfer. Die Bezeichnung des Regenbogens als wesikaar Wasserbogen könnte aus der Vorstellung entstanden sein, daß man, wenn der Regenbogen in der Luft schwebt und mit seinen beiden Enden Wasser und Land unmittelbar zu berühren scheint, sagt: der Regenbogen trinkt aus dem Meere, dem See oder Flusse, d. h. er zieht mit seinen beiden Enden das Wasser von der Erde in die Wolken, damit es dann wieder als Regen (wikerwihm) zurückfalle. Vgl. dazu Kwp. XII, 849—821: Regenbogen schlürft vom Flusse und versucht des Dorfes Brunnen in der Felsensplitter Mitte. Neus, Ehstn. Volksl. S. 103. 756. Die Insulaner meinen, der Regenbogen habe einen Ochsenkopf, den er in den Fluß niedersenkt und mit welchem er alles Wasser aus demselben verschluckt. Holzmayer, Osiliana S. 50. Aber es sind auch von einer anderen Vorstellung Spuren vorhanden, als ob der Regen in oder längs dem Regenbogen herabkommt. Myth. und mag. Lieder S. 38 hören wir von „wikerkaare wihmatee" = Regenweg des Regenbogens; ibidem S. 64 lesen wir: Wikerkaaris weepisarad d. h. in dem Regenbogen sind Wassertropfen. Sjoegren, Ueber die Bedeutung des ehstn. Namens für den Regenbogen: wikkerkaar, Mel. russ. II, 128—136.

Zehnter Gesang.

58. 3. Die Satanssöhne, welche die Entscheidung ihres Streites dem Kalewipoeg anheimstellen, heißen paharetic pojad. Paha bezeichnet den Schlechten, den Bösen, die Endsilbe -ret dagegen, welche sonst noch in kõhnrett = der Schwache, Magere vorkommt und gleichfalls zur Bezeichnung des Teufels dient, ist schwer zu erklären. Ahrens, Grammatik I, 161 denkt an das fin. retki Weg, Umweg, Ränke, was aber nicht befriedigen kann.

76. 3. Der Kikerpära'sche Sumpf, estn. Kikerpära soo oder Kikerpära raba ist eine unabsehbare, stellenweise unpassirbare Sumpf- und Morastregion westlich von dem Hallist'schen Flusse. Den Morast durchschneidet die Winterstraße von Fellin nach Pernau.

144. 3. Die bösen Geister müssen sich vor wilden Thieren flüchten. Ehstn. Märchen II, 175—178. Gemeint sind die Wölfe. Vgl. kiskjad kutsikad im Original und die Anm. III, 41.

167. 3. Alew's Herkunft und Sippe ist in Dunkel gehüllt. Auch im Volksliede wird Alew oder Alewipoeg und Sulew oder Sulewipoeg zusammen genannt. Ob es Verwandte sind oder bloß Freunde und Waffengefährten, läßt sich nicht entscheiden.

189. 3. Es dürfte wohl der Hallist'sche Fluß gemeint sein, dessen Quelle in der Nähe des Weißsees, auf der Grenze der Kirchspiele Karkus und Helmet, sich befindet, und der durch mehrere Bäche verstärkt zuerst ein ausgedehntes Waldgebiet, dann eine unabsehbare Sumpf- und Morastregion durchfließt, indem er zwischen dem östlich gelegenen Ördi soo und dem westlich gelegenen Kikerpära soo seinen Lauf nimmt und nach Vereinigung mit dem Kaansu seine Wasser dem Torgel zuführt, der bald darauf den Namen Pernaufluß annimmt. Wenn es im Original 190. 3. heißt, daß Alewipoeg von Mustapalli aus das Messen des Morasts begann, so ist es ungenau. Mustapalli liegt im Wieratz'schen Gebiet unweit Fellin und die Entfernung vom Kikerpära'schen Morast bis dorthin beträgt mindestens 40 Werst.

192. 3. ff. „Jener alte garst'ge Geist, der Christenmenschen ohne Kränkung nirgends loszulassen Willen's (wana waenuwaimukono, kes ei raatsi ristilapsi kuskil jätta kiusamata) ist, hat ganz unverdienterermaßen diesen Leumund von christ-katholischen Vorstellungen her, denn dem estnischen wetewaim (Wassergeist, Wassergenius), als welcher er sich entpuppt, liegen solche seelengefährdende Versuchungen gänzlich fern. Gerade er wird als gut und wohlwollend gegen die Menschen geschildert, der ihnen alles Verlorene und in's Wasser Gefallene wiedergiebt und es manchmal sogar gegen etwas Besseres umtauscht. Holzmayer, Osiliana I, 25—26. Gleichen katholischen Vorstellungen ist die Schilderung seines Wohnsitzes als Hölle entsprungen. Im Verlauf der Erzählung wird er sogar paharett genannt (211), paharetipoeg (325), purask (279), põrgu poeg (525); die jungen Teufel, die den Hackenbuben an der Schwelle des Schattenreiches (warjuriik 375) begrüßen, sind des Wassergeistes Brüder wetewaimu wennad (388), werden aber auch paharetic pojukesed (412) und põrgulaste poisikesed (437), juudalised (507) genannt. Der Wasserkobold ist also zwar ein Teufel (põrguline), aber nicht der Teufel selbst.

Wenn es erlaubt ist, seiner Genealogie weiter nachzugehen, so machen wir noch auf 504. 3. aufmerksam, wo eine Hündin (lita) mit dem Namen „Mutter der Satanssöhne" beehrt wird. Kwp. XIV, 428—429 heißt es aber von Sarwik, dem Höllenfürsten: Höllenhündin nennt er Base, Großmama die weiße Mähre" (Põrgu lita tema tädi, walge mära wana ema). Die Träger des katholischen Christen-

thums haben es nicht verschmäht, alles, was den heidnischen Esten theuer war, mit der
Hölle in Verbindung zu setzen, um es herabzuwürdigen. Sonst galten weiße Thiere
gerade für heilig. In der späteren Sage aber erscheint die weiße Mähre als des Teufels
Großmutter. Selbst der alte Donnergott Uku mußte so in der Vorstellung des Volkes
allmälig auf die Stufe des Donner und Gepolter verursachenden Teufels herabsinken
und aus einer seiner Verehrungsstätten zu Pühalepp auf Dagö machte man eine Esse
des Teufels, was noch eine Erinnerung an den Blitz des Heidengottes ist. So sind
in der Sage heidnische und christliche Anschauungen so innig verkoppelt, daß die Sonde-
rung schwer wird.

417. 3. Lett'sche Laute, vgl. X, 571 Lettenlümmel, sind spöttische Bezeichnungen der Sprache des südlichen Nachbarvolkes. Der Gegensatz, der zwischen den
Letten und ihren finnischen Nachbarn schon in den Tagen der Selbständigkeit vorhanden war, trat besonders schroff hervor, als bei der Ankunft der deutschen Eroberer
die Letten sich ihnen anschlossen, um gegen Liven und Esten gemeinsame Sache zu
machen. In den gegenseitig ertheilten Spott- und Spitznamen äußert sich der alte
Groll noch heute. Vgl. Fählmann, Das Kochen der Sprachen, Verh. I. H. 1,
44—47.

505. 3. Der Satans Söhne Mutter = juudaliste ema. Juudas wird
zuweilen mit dem Teufel identificirt. Wiedemann S. 421 und Neus, Die
altestnische Gottheit Judas. Inland. 1849. Sp. 630—634. 657—660 haben
hierbei an die lettische Gottheit Johds (juds) gedacht. Ebenso Schiefner, Castrén
Fin. Myth. S. 110. Anm.** und die deutsche Uebersetzung der Kalewala S. 297 und
Thomsen, Beröringer S. 175—176, der Juudas noch mit dem liv. mustā mies =
Teufel und dem estn. must mees = Popanz vergleicht. Aber liegt es nicht viel näher,
an eine Entlehnung aus dem Christenthum zu denken, dessen Einfluß doch viel inten-
siver und tiefgreifender gewesen ist, als die angebliche Beeinflussung der estn. Mythologie durch Litthauer und Letten?

508. 3. Torgel, estn. Tori im Pernau'schen Kreise, 25 Werst von Pernau,
am Pernaustrom gelegen. Im Sandstein am Flußufer befindet sich eine Höhle, Tori
pörgu (Torgel'sche Hölle) oder Kuradimäe auk (des Teufelsberges Oeffnung), die
nach der Volkssage den Eingang zur Hölle darstellt. J. Jung, Muinasaja teadus
Eestlaste maalt II, 67—68. Tori steht im Zusammenhang mit der Gottheit
Taara.

558. 3. Närskaberg estn. Närska mägi liegt am Fellin'schen See. Der vom
Wassergeist geschleuderte Felsblock wird in Tarwast auf der Wiese des Bauerhofes
Aadamhansu gezeigt. Er mißt 48 Fuß im Umkreise und ist 9 Fuß hoch, wird
jedoch von der örtlichen Bevölkerung dem Kalewipoeg zugeschrieben, während der
Wurfstein des Wasserkobolds einige hundert Schritte näher nach Mustapalli zu liegt,
(X, 698), welches in der Nähe Fellins zu suchen ist, denn unter dem Stadtgut Wie-
ratz heißt ein Gesinde noch gegenwärtig Mustapalli (Schwarzkugel). J. Rein-
wald, Oma Maa. 1886. S. 231—232.

653. 3. Diese Art der Kraftprobe heißt wägikaigast oder wägipulka wedama = Kraftstockziehen. Die Gegner setzen sich auf die Erde, doch so, daß sie mit
ihren Fußsohlen sich berühren. Nachdem sie einer Knüttel gefaßt haben, sucht einer den andern emporzuziehen. Blumberg, Quellen S. 76—77.

885. 3. Der innere Zusammenhang dieses Abenteuers mit den vorherigen
ist nach Israël, Kalewipoeg S. 93 der, daß Kalewipoeg von den bösen Geistern verfolgt wird, ihnen aber widersteht. Entweder sei die Wetterjungfrau selbst die
Anstifterin dieses tückischen Anschlages, oder — was uns wahrscheinlicher dünkt —
er kommt auf Rechnung der bösen Kobolde in ihrer Begleitung.

Der ilmaneitsi (Wetterjungfrau oder Luftmaid), Kõuu tütar (Kõu's Kind) begegnen wir in der estn. Mythologie nur noch Myth. und mag. Lieder S. 32 ff. Die dort gegebene Beschreibung berührt sich vielfach mit derjenigen, welche die fin. Ueberlieferung von den ilman immet (impyet) oder luonnotaret (Naturtöchtern) giebt, von denen Kave eine besonders hervorragende Rolle spielt. Ob der Beiname Kõuu tütar mit Kave irgendwie in Zusammenhang zu bringen ist, kann hier nicht entschieden werden. Vgl. Castrén, Fin. Myth. S. 64 ff.

Elfter Gesang.

14. 3. Die erste Morgenmahlzeit heißt im Volksmunde, so auch hier im Original linnupete Vogeltrug. Man nimmt beim Erwachen alsbald einen Imbiß, um sich gegen den von den Vögeln, namentlich vom Kuckuck im Frühling etwa ausgehenden Trug zu sichern.

98. 3. Wider Geschwülste Myth. und mag. Lieder S. 90—91.

99. 3. Der Zauberer bringt Branntwein durch Schwanken und Schütteln in Bewegung, dann zeigt sich auf demselben das Gesicht des Diebes. Wiedemann S. 393.

101. 3. Estnisch wiha wõtma = den Zorn bannen. Einige Zauberer hatten die Macht, den Zorn anderer, namentlich den Zorn der Herrschaft (saksad) gegen ihre Leibeigene besänftigen und bannen zu können. Das Heilverfahren wurde in einem Dampfbade in der Badestube vorgenommen, entweder mit Wasser aus einer heiligen Quelle oder auch mit Branntwein. Manche wihawõtjad verlangten bei der Operation von ihren Patienten Blut, weil nur mit Blut erhärtete Hilfe (werega kinnitatud abi) unfehlbar sei. Der Ehsten abergl. Gebr. S. 145—146. Mythische und magische Lieder S. 110 bringen zwei solcher Beschwörungsformel „Teise wiha ära wõtta" (den Zorn eines Andern zu bannen) und „Saksa wiha wõtmise sõnad" (Spruch den Zorn des Herrn zu bannen) und S. 123 eine dritte Beschwörung: Saksa wiha wõtmine" (das Bannen des Zornes der Herrschaft).

102. 3. Wie der Zauberer dem Nebenmenschen auf die verschiedenste Weise schaden kann, darüber vgl. Wiedemann S. 389 ff.

104. 3. Den Spuk zu bannen giebt es unzählige Mittelchen: Der Ehsten abergl. Gebräuche. Myth. und mag Lieder. Wiedemann S. 388 ff.

107. 3. Gegen Verstauchungen werden nikastuse sõnad angewandt. Myth. und mag. Lieder S. 97—99. Wiedemann S. 401—402. R. Kobert, Medicinische Zaubersprüche der Esten S. 12—13. Es sind das Nachbildungen und breitere Ausführungen des berühmten Merseburger Gebetes, die erst in der katholischen Zeit eingedrungen sein können. W. Schlüter, Ein estnischer Zauberspruch. Sitzungsber. 1882 S. 66—78. Comparetti, Kalewala S. 257. Ueber die Anwendung von Wollenfäden bei dem Besprechen der verrenkten Glieder vgl. Myth. und mag. Lieder S. 100—101.

111. 3. Einen Zauberspruch gegen diese Krankheit bringen Myth. und mag. Lieder S. 102 und Wiedemann S. 399.

112. 3. Löwe übersetzt mit Drüsen Schwellung kõhuwoolmed; Kreutzwald versteht unter ihnen Darmkrämpfe, die durch geschicktes Kneten und Kneifen (Massage) des Bauches beseitigt werden. Myth. und mag. Lieder 89—90. Wiedemann S. 378—379.

113. 3. Vgl. Die Anmk. XX., 313 ff.

115. 3. Besprechung des Schlangenstiches vgl. Anm. XIII., 228 ff.

123. 3. Gegen die Fallsucht, richtiger Drachenschuß (rabandus) Myth. und mag. Lieder S. 79—81. Wiedemann S. 399—400.

124. 3. Sprüche wider die Rose. Myth. und mag. Lieder S. 82—85. Wiedemann S. 400.

126. 3. Wider den Zahnschmerz Myth. und mag. Lieder S. 87—88.

116.—118. 3. Hautausschläge und Flechten (sammaspoolik) und (maast saanud wiga) schreibt der Este dem Anhauche der Unterirdischen (maaalused) zu, die er gestört zu haben vermeint. Um ihren Zorn zu besänftigen und von ihnen Heilung zu erlangen, schabt er als Opfer auf die Stätte, wo er auf feuchtem Erdboden gelegen, etwas von seinem Silberschmucke oder einer Silbermünze (hõbewalget), nachdem er sie dreimal mit der Sonne um den erkrankten Körpertheil bewegt hat. Dazu spricht er die Gebetformel: "Erdväterchen, Erdmütterchen, Erdjungferchen, Rasengroßmütterchen, Euch des Silbers Weißes bring ich: Gebt mir Helle gegen Schmerzen. Gebt Gesundheit ihr dem Siechen, bringe Euch dann meinen Dank dar." Über maaalused vgl. die Anm. zu XI, 558. Myth. und mag. Lieder S. 76—79. R. Kobert, Medicinische Zaubersprüche der Esten S. 7—8.

120. 3. Wenn ein neugeborenes Kind schluhzt so leidet es am penitõbi = Hundekrankheit und es muß, um gänzlich geheilt zu werden, aus einem Hundeschädel Wasser trinken. Bleibt das Kind im Wachsthum zurück, so zaubert man die Krankheit in etwas hinein, was man dem Hunde zu fressen giebt, und überträgt so die Krankheit auf den Hund. — Der Esten abergl. Gebr. S. 58—60. Hat es Krämpfe (XI, 123), die man am Verdrehen der Augen erkennen kann, so leidet es am siwutõbi = Schlangenkrankheit und man kann nur dadurch das Kind retten, daß man eine lebende Schlange verbrennt und das Kind in den Rauch steckt. G. Stein, Über estnische Sagen und Bräuche, Sitzungsber. 1886. S. 47.

121. 3. Einem schwächlichen Kinde zum Gedeihen werden Segensprüche gesprochen. Myth. und mag. Lieder S. 88, 112. R. Kobert a. a. O. S. 10.

126. 3. Gegen Zahnweh vgl. Myth und mag. Lieder S. 87—88. R. Kobert a. a. O. S. 9—10.

127. 3. Gegen das Fieber Myth. und mag. Lieder S. 91—94. R. Kobert a. a. O. S. 11.

128. 3. Es werden Zauberknäulchen oder Zauberknötchen gebunden, worin gewöhnlich besprochenes Salz enthalten ist; diese wirft man aus; wer sie öffnet, erleidet Schaden. Der Ehsten abergl. Gebr. S. 145.

129. 3. Hexenbündel = nõianuustik, nõiawiht vgl. Der Ehsten abergl. Gebr. Seite 33.

130. 3. Gefeite Hirtenstäbe (karjase warju- oder kaitsekepid) mußten zu Weihnachten aus Eberesschen Holz geschnitten oder erworben entweder mit Geld oder mit einigen Tropfen Blut —, den Winter über im Strohdach des Viehstalles aufbewahrt und am St. Georgstage dem Hirten übergeben werden. Sie trugen nicht nur Runen und Zauberzeichen, sondern waren nicht selten ausgehöhlt und mit Quecksilber gefüllt. Wiedemann S. 393. Holzmayer, Osiliana I, 109. Der Ehsten abergl. Gebräuche S. 83. Einiges über Aberglauben, Sitten und Gebräuche der Esthen. Inland. 1837. Sp. 704.

131.—132. 3. Ueber estnische Jägergebräuche und Jägersprüche vgl. Inland a. a. O. Sp. 703—704. Myth. und mag. Lieder S. 95—97, über Fischer und Fischfang Der Ehsten abergl. Gebr. S. 71 ff.

133. 3. Vom Gram befreien = solche Zauberer heißen nurjawõtjad, die die junge Frau (noorik) von Leiden des Heimwehes, der Eifersucht u. s. w. befreien und die Schwermuth während der Schwangerschaft verscheuchen. Kreutzwald.

137. 3. Ueber die Schätzeschlepper (warandusewedajad), die sehr verschiedene Namen tragen: lendaw (der Fliegende), tulehänd (Feuerschweif), õnnetooja (Glücksbringer, kratt (Skratt), puuk, miisu u. s. w. zuweilen auch tont (Gespenst), vgl. C. Rußwurm, Der Skratt, Inland. 1848. Sp. 609—614, 625—627. Auch Eibofolke S. 241—250. Hurt, Beiträge S. 16—19. Holzmayer, Osiliana I, 11—14. Wiedemann S. 427—428, 433—434, 436—437. Jung, Kodumaalt VI, 30—32. H. Jannsen, Märchen II, 178—180. M. I. Eisen, Krati-raamat. 1895.

138.—139. 3. Eine kleine blaue Flamme (rahatuli), welche irgendwo dem Boden nach Erlöschen der Abendröthe entspringt, deutet einen vergrabenen Schatz an. Es ist wohl das Irrlicht gemeint.

335.—341. 3. Thymian (kaetisrohi), Bärlapp (nõiakollad), Einbeere (hooramarjad), Farnkraut (sõnajalad), Bovistschwamm (ämmatuss), Baldrian (ülekäija rohi) sind oft gebrauchte Zaubermittel. Insbesondere ist sõnajalg nebst nasipuu (Seidelbast) dem Teufel zuständig. Unter dem Farnkraut verbarg sich einst der Teufel vor den Pfeilen des Donnergottes. Den Namen sõnajalg (Spruchfuß) hat ersteres Kraut davon, weil vormals alle Besprechungs= und Zauberformeln auf dieses Kraut gesprochen worden seien und der Betheiligte das gewonnene Kraut gleich einem Talisman bei sich getragen habe. Der Ehsten abergl. Gebr. S. 144.

348. 3. Todtenmond, kooljakuu, ist der November. „Der Name ist wahrscheinlich ein ungetaufter Este und rührt von dem heidnischen Todtenfest her". Ueber die Monatsnamen der Ehsten. Auszug aus einem Briefe des Dr. Kreutzwald an A. Schiefner. Mél. russ. III, 402. Vgl. Kwp. XIV, 375 ff.

349. 3. In der Johannisnacht, wo die Hexen das größte Unwesen treiben, müssen alle Heil= und Zauberkräuter gesammelt werden. Kreutzwald, Einiges über Aberglauben, Sitten und Sagen der Ehsten. Inland 1837. Sp. 687—690. Holzmayer, Osiliana I, 62—64. Wiedemann S. 364—366. Eisen, Jaani raamat. 1898.

352. 3. Unter den Beschwörungsmitteln gilt das aus dem Ringfinger (nimeta sõrm) vergossene Blut als das vornehmste. Es ist eine deutliche Erinnerung an das Schlachtopfer des Heidenthums, das nur hervorragende Gottheiten genossen. Der Peipus-Zauberer vergießt nach Erschöpfung aller übrigen Künste, um das Schwert des schlafenden Kalewipoeg in seine Gewalt zu bekommen, endlich Blut aus seinem Finger „mõegahoidja meelehääksa", als mildstimmende Gabe für den Schwertbewahrer d. h. den Kalewipoeg, den Abkömmling der Götter, der selbst schlafend von solchem Opfer bezwungen werden soll. So H. Jannsen, Märchen, II, 180. Aber es fragt sich doch, ob die Gabe nicht dem Geiste, dem haldias galt, der 353 Z. luupaenaja genannt wird, der gesühnt werden soll (lepituseks). H. Jannsen, Märchen II, 199 meint, daß lepitama ursprünglich wohl nur opfern bedeutet habe, wofür später das Fremdwort ohwerdama eingeführt wurde.

387. 3. Der Kääpa entspringt im Marien=Magdalenen'schen Kirchspiel aus dem Kajusee oder See von Zegel, der durch seine echten Blutegel bekannt geworden ist, welche sonst sehr selten sind. Er vereinigt sich mit dem Rojel'schen Bache, und fließt in den Kiawo oder Ommedo und mündet bei Ommedo in den Peipus. Das blinkende und singende Schwert des Kalewiden liegt im Grunde des Kääpa nicht weit von dem

Gesinde **Kääpa** bei Saarenhof, hart an der kleinen Brücke, die über den **Kääpafluß** führt. **Bernhof**. Des Kalewiden Tod und Schwert. Inland. 1851. Sp. 380—381. Nach einer anderen von E. Pabst Inland. 1851. Sp. 592 mitgetheilten Sage ist das Schwert des Kalewipoeg in einem Morast bei dem Kloster Padis versenkt worden.

457. 3. Im Original: isa sugulane. XII, 523 wird er näher als „kadund isa lellekene" bestimmt.

695. 3. Der Fluch ist doppelsinnig. Kalewipoeg bezieht ihn auf den Zauberer, der ihm das Schwert zum Kääpafluß getragen, in Wahrheit trifft er ihn selbst, denn er ist es doch, der „dich früher selbst getragen" (kes sind enne ise kannud). Die Verfluchung des Finnenschmiedes verwirrt seine Worte und er bereitet sich selbst den Untergang, da alle bösen Zaubermächte nichts gegen ihn vermögen. Vgl. Zur Entstehungsgeschichte des Kalewipoeg, Verh. XVIII. H. 1. S. 46.

770. 3. Strömlingskasten = silgukarp enthält die noch heutzutage gewöhnliche Zukost des estnischen Bauern. Ueber den Strömling, der im Riga'schen Meerbusen und an der Westküste Estlands gefangen wird, vgl. H. Kawall, Der Strömling und sein Fang an der nördlichen Küste von Kurland. Inland. 1857. Sp. 757—760. V. **Hehn**, Das Salz S. 67 betrachtet silk als Lehnwort, **Donner**, Wörterbuch Nr. 714 möchte jedoch lieber an die Wurzel sal, sil glänzen, glatt sein denken, davon sool = Salz. Hiezu stimmte I, 616 strömlingfarben = räimekarwa.

Zwölfter Gesang.

106. 3. Der Todten Geister heißen buchstäblich Heimgänger kodukäijad. Böse, schuldbeladene Verstorbene verlassen nächtlich ihre Gräber und wandeln umher, um wie bei Lebzeiten Uebles zu thun. Hurt, Beiträge S. 21—23. Holzmayer, Osiliana I, 81—82. Wiedemann S. 424—426. Jung, Kodumaalt VI, 47—49. Eisen, Kodukäijad. 1897.

164—165. 3. Im Original heißt es:
Sõrwitie, sõrwitie,
Kallis Kalewite poega!

288. 3. Des Kalewiden Lager (Kalewi säng) liegt in einem Morast unter Terrastfer im Torma'schen Kirchspiel in der Nähe des Gesindes **Linnutaja**, dem der bekannte estnische Schriftsteller E. R. Jacobson seinen Pseudonym als Dichter entlehnte. Über andere Betten und einen Stuhl (Kalewi iste) siehe Bertram, Wagien 6—9.

441. 3. Arpu aga aerumaie. Arp, arbu heißt das Loos, das Wahrsagungswerkzeug, finnisch arpa, arvan. Vgl. hiezu das Zeitwort arwama meinen, rathen. Das Loos anwenden heißt arpu katsuma, arpu lööma, arpu küsima oder kaaluma, arpu aeruma. Ein Schlüssel wird mit dem Barte zwischen die Blätter eines mit Haken versehenen Gesangbuches geklemmt. Dann läßt man mit dem Griff des Schlüssels diese Last auf den Spitzen der sich gegenübergestellten Goldfinger (nimetissõrm) der beiden Hände schweben und fragt: „Ütle arbukene, kelle süü see on?" d. h. Sage, kleines Loos, wessen Schuld ist es?" Das Buch mit dem Schlüssel wird sich dann nach der Richtung kehren, wo der Schuldige (der Dieb oder der Einem ein Leid zugefügt hat) sich aufhält. — Eine ältere, ursprünglichere Art besteht darin, daß man die Spitzen einer Schafschurscheere (lambaraud) in den hölzernen Rand eines Siebes schlägt. Die Handhabe der Scheere bringt man wieder auf die sich gegenübergestellten Goldfinger und fragt wie oben. Über diese und andere Arten der Wahrsagerei vgl. Blumberg, Quellen S. 32. Wiedemann 392—393. Julius Krohn, Suomen suvun jumalanpalvelus S. 125—140.

442. 3. Über den Rabenstein (kaarnakiwi oder korbikiwi) berichtet Kreutzwald, Etwas zur Sagengeschichte der Esten, Inland. 1856. Sp. 628: „Glückt es Jemandem, ein Rabennest mit noch ungebrüteten Eiern zu finden, so soll er unverzüglich ein Feuer anmachen, die Eier aus dem Neste holen und sie kochen. Darauf trägt er die gekochten Eier wieder in's Nest zurück, ohne daß der Rabe davon etwas merken darf. Dieser setzt sich später brütend auf seine Eier und wartet die Zeit ab, bis die junge Brut herauskommen soll. Da sie immer nicht kommt, merkt er den Betrug, fliegt über Länder und Meere, bis er den belebenden Wunderstein (kaarnakiwi) findet; diesen trägt er in sein Nest, worauf die Jungen sogleich aus den Eiern schlüpfen. Man wartet ruhig ab, bis des Raben Brut flügge geworden, holt dann aus des Nestes Boden den Stein und hebt ihn sorgfältig auf." Nach einer von Kreutzwald mündlich gegebenen Variante (Blumberg, Quellen S. 32—33) verwandelt sich das gekochte Ei, auf welchem der Rabe bis zum Herbst gebrütet, in einen Stein, der ein kräftiges Heil- und Zaubermittel abgibt. Nimmt man ihn z. B. in die Hand, wenn man in's Gericht geht, so erhält man immer Recht. Vgl. Mythische und mag. Lieder S. 91. Holzmayer, Osiliana I, 34.

558. 3. Ilmarine, der Wunderkunstschmied (imeseppa) ist, wie die Ableitung des Namens von ilma Wetter, Luft zeigt, eine Personification des guten und schlechten, den Reisenden günstigen und ungünstigen Wetters, ursprünglich eine Luft- und Wettergottheit, die über die Region des Aethers und über die Vorgänge daselbst gebietet, also auch über das himmlische Feuer, den Blitz. Nachdem Ilmarine dem Uku die Herrschaft über den Luftkreis abgetreten, ward aus ihm mehr und mehr der kunstreiche Götterschmied, ein geringerer Beherrscher des Feuers, der auf Uku's Geheiß an der Schöpfung der Welt theilnimmt. Als Altvater die Welt als rohen Kloß geschaffen hatte und schlief, nahm Ilmarine ein Stück vom besten Stahl und hämmerte es aus zu einem Gewölbe, spannte dieses als Gezelt über die Erde und heftete die silbernen Sterne daran und den Mond. Aus der Vorhalle des Alten nahm er die Leuchte und befestigte sie mit einem wunderbaren Mechanismus an das Gezelt, so daß sie selber auf und niedersteigt. Nach einer anderen Sage (Kuutõrwajad = Die Färber des Mondes, H. Jannsen, Märchen S. 20—26) fehlten anfänglich der Mond und die Sterne. Sobald des Abends die Sonne unterging, deckte tiefe Finsterniß Himmel und Erde. Alles, was geschah, verbarg die Nacht in ihrem Schoße. Gar bald ersah Altvater diesen Mangel und gebot dem Ilmarine dafür Sorge zu tragen, daß es fortan auch in den Nächten auf Erden hell sei. Ilmarine trat hin zu seiner Esse, nahm viel Silber und goß daraus eine gewaltige runde Kugel. Die überzog er mit dickem Golde, setzte ein helles Feuer hinein und hieß sie nun ihren Wandel beginnen am Himmelszelt. Darauf schmiedete er unzählige Sterne, gab ihnen mit leichtem Golde ein Ansehen und stellte jeden an seinen Platz im Himmelsraum. Da begann ein neues Leben auf der Erde. Kaum sank die Sonne, da stieg auch schon am Himmelsrande der goldene Mond auf, zog seine blaue Straße und erleuchtete das Dunkel nicht anders als die Sonne den Tag. Dazu blinkten neben ihm die unzähligen Sterne und begleiteten ihn wie einen König, bis er endlich am andern Ende des Himmels anlangte. Sein Angesicht war ebenso klar wie der Sonne

Antlitz, nur gleicher Wärme ermangelten seine Strahlen. — Ein weiteres Kunstwerk stellte der goldene Schleier dar, den Ilmarine der Geliebten seines Sohnes Endel, Juta, verfertigte, welcher ihr die goldenen Tage der Vergangenheit wieder lebendig vor die Seele brachte. Ilmarine's Schmiedewerkstatt befand sich tief im Innern eines Berges, der in der Mitte des Erdkreises sich erhob, bis zur mittleren Wolkenhöhe ragte und die Schmiede Ilmarine's und seiner Gesellen überwölbte. Von einem erhöhten Sitz aus überwachte Ilmarine selbst „unter dem Schatten seiner Brauen" die Arbeit. Ehstnische Märchen I, 230—240: Die Unterirdischen (maaalused) findet sich eine ähnliche Schilderung einer Schmiedewerkstatt tief in einer Felsengrotte. Der Schmiedemeister ist hier aber namenlos und wird als „der Mann mit dem Tannenstocke" „männikepimees" gekennzeichnet, der im Hintergrunde an der Wand auf einem hohen Blocke sitzt und auf die Arbeit der Gesellen scharf Acht giebt. In ihm ist der Götterschmied Ilmarine wiederzuerkennen. Seine Gesellen heißen des Altvaters geheime Schmiede, Unterirdische (maaalused), und bereiten nicht nur Gold und Silber in den Felsenschächten, sondern auch wunderbare Kronen und Schwerter.

Sie schaffen Nachts an ihrem Werke,
Abends an der schweren Arbeit,
Tags, da pflegen sie zu feiern.

Legt man zwischen Weihnachten und Neujahr um Mitternacht das Ohr an die Erde, so hört man das Schmieden der als Zwerge (härjapölwepoisid) gedachten Unterirdischen (maaalused, maahaldiad), ja man unterscheidet, ob Eisen, Silber oder Gold bearbeitet wird. Vgl. Mythische und magische Lieder S. 75—79. H o l z - m a y e r, Osiliana I, 19—26. J a n n s e n, Märchen S. 196—107. Kalewipoeg VI, 161 ff. erscheint Ilmarine bereits aller übermenschlichen Eigenschaften entkleidet. Der namenlos bleibende finnische Schmied ist in der weiteren Umbildung der Sage gewiß der der gemeinen Menschheit viel näher gerückte Ilmarine, dessen Thätigkeit großen Theils hier auf den Schmiedemeister übertragen wird. Nur göttlichen Geschlechts ist er noch, aber nicht im höherem Grade als Kalewipoeg, denn XII, 522 wird er „kadund isa lellekene" genannt, des verstorbenen Vaters Oheim. Hienach wäre der Schmied von Finland des Kalewiden Großonkel gewesen. S c h o t t, Kalewipoeg S. 371. D o n n e r, Kalewipoeg jumalaistarulliselta ja historialliselta kannalta katsottuna, Suomi. II jakso, 5. osa S. 165—185, bes. S. 178. C o m - p a r e t t i, Kalewala S. 215—219. Der letztere vermuthet S. 218, daß der Name des Ilmarine vom See Ilmen, im Finnischen Ilmajärvi (Ilmsee) herkomme. Schließlich verweisen wir auf zahlreiche Stellen in C a s t r é n, Fin. Mythologie, in welchen auch die estnischen mythologischen Vorstellungen berücksichtigt werden.

606. 3. Alpdruckqualen, estn. luupaenaja (Beinquäler), auch paenaja (der Drückende), tallaja (der Treter) genannt. Die Esten stellten sich die Krankheiten als personificirte Wesen vor. Vgl. P. H e l l a t, Meie rahwa arwamised haiguste kohta, E. Ü. S. Album II, 67—75. Die paenajad sind gewöhnlich Menschen, oft alte Weiber, aber auch liebenswürdige Jungfrauen, welche von Zauberern in Quälgeister verwandelt werden, damit sie der Sterblichen nächtliche Ruhe stören sollen. Ueber die Mittel, mit welchen der Alp vertrieben werden kann, vgl. Der Ehsten abergl. Gebr. S. 131—132. W i e d e m a n n 434—435. M. J. E i s e n, Luupainaja. 1896.

693. 3. Der Wurfstein, unter dem Namen Persekiwi bekannt, ist in der Nähe des nach demselben benannten Dorfes zu sehen. Die Eindrücke von den fünf Fingern an dem Steine sind so groß, daß in jeder Vertiefung ein Mensch sich verbergen kann. K r e u t z w a l d. Kalewipoja räpsukiwid (Spiel- und Schleudersteine), B e r t r a m, Wagien S. 10—11.

710. 3. Beim Stranddorf Noß (Nase, Landspitze) erstreckt sich ein großer Steinhaufen tief in den Peipus. Bertram, Wagien S. 12. Das Holz habe Kalewipoeg aus dem Tellerhof'schen (Rannamõisa) Walde geholt.

719. 3. Meile heißt estn. penikoorem. Das Wort ist eine Zusammensetzung von peni Hund und koorem Fuder, Last. Penikoorem hieße demnach ein Hundefuder und wäre ein Stück Weges, den ein Hund ohne Ablösung mit einem Fuder zurücklegen kann, eine Hundestation. Die Esten müßten also ehemals mit Hunden gefahren sein. A. Knüpffer, Rosenplänter's Beiträge IV, 130. Gegen diese Deutung polemisirt C. A. Gottlund ibidem XVIII, 153—155 und hält das finnische peninkuorma für eine Zusammensetzung aus dem schwedischen Penning (Pfennig, Stüver) und dem finnischen kuorma (Ladung, Fuder). Peninkuorma hätte demnach die Bedeutung Pfennig- oder Stüverfuhre, sofern man nicht nur für eine gewisse Ladung, sondern auch für eine bestimmte Länge des Weges einen Stüver bezahlte und so sich gewöhnte, mit dem Frachtgelde den Weg selbst zu bezeichnen, den man mit der Fracht zurückzulegen sich verbunden hatte.

776. 3. In herzlichster Theilnahme gedenkt Volkssage und Volkslied der Waise (waenelaps). Vgl. K. A. Hermann, Peretütar ja waenelaps. Loe! S. 144, 159. A. Seen, Waenelaps Eesti rahwaluules. Sirwilauad. 1900. S. 9—19.

Dreizehnter Gesang.

28. 3. ff. sind für die Art der Abfassung des Kalewipoeg bezeichnend.

44. 3. Bei der hier angedeuteten Kur wird der Verletzte in der Schwitzbadestube mit einem gefeiten Badequast (nõiawiht) unter lautem Absingen von Zaubersprüchen gequästet. Kreutzwald.

72. 3. Dieses Bett liegt in einem Morast in der Nähe von Ludenhof. Der Hügel ist nicht so regelmäßig geformt, wie die andern Schlafstellen des Helden, sondern hat an der einen Seite einen Ausschnitt, als fehle ein Stück daran. Ein anderer, kleinerer Hügel in geringer Entfernung davon soll aus dem verlorenen Sande gebildet sein, welcher durch die Lücke im Pelz rieselte, die der zur Bekleidung des Igels ausgerissene Lappen zurückgelassen hatte. Kreutzwald.

104. 3. Der von den glänzenden Pfeilen des Himmelsgottes ewig verfolgte lichtscheue Teufel (Wana Tühi) wird nur im Dunkel thätig gedacht. H. Jannsen, Märchen II, 174.

164. 3. Ilmajärw oder Ilmjärw, Wettersee, ist ein von kleinen Hügeln umschlossener See, etwa 30 Werst von Dorpat, dicht an der Reval'schen Landstraße. Nach dem Volksglauben übertrifft er an Tiefe alle Gewässer des Landes. Ueber andere Wetterseen und Wetterquellen vgl. Myth. und mag. Lieder S. 113—116.

213. 3. Der Schauplatz, den die alte Zauberschwester hier unter einem Weidenstrauch einnimmt, ist in der Schlucht von Kardis im Lais'schen Kirchspiel zu suchen. Kreutzwald.

228—300. 3. bringen eine Schlangenbeschwörung, obgleich Kalewipoeg nie Gelegenheit gehabt hat, sie zu verwerthen. Vgl. Myth. und mag. Lieder S. 67—75. Wir haben es hier mit einem so genannten Ursprungswort (syntysanat) zu thun.

Der Zauberer (tark, tietäjä) war, wie wir sahen, ein Wissender, ein Kenner. Alle dämonischen Wesen (haldiad), die der Natur vorstehen, die daher als beseelt gedacht wird, kennt er. Er kennt die Natur, den Ursprung, die Geburt (synty), die Abkunft aller Dinge genau und daher stammt seine Macht, an der die bösartige Kraft jener Dinge und Geister sich bricht und sich verliert, sobald sie demjenigen begegnen, der ihnen ihr Wesen, ihren Ursprung und ihre Herkunft sagen kann. Dieser Gedanke wird dann poetisch und phantastisch weiter verfolgt und angewandt. Das personificirte Gute oder Böse wird beherrscht durch die Bekanntschaft, die der Zauberer mit ihm als mit Persönlichkeiten hat, die ihre Macht demjenigen gegenüber einbüßen, der ihre Natur und ihren Ursprung erräth (ära arwab), und die Definition dieser Natur ist stets mythisch, poetisch-phantastisch. Diese Entstehungen, Geburten, Ursprünge, Umstände des Werdens, die den Ergebnissen des Nachdenkens über Daseinsbedingungen der verschiedensten Wesen ihr Dasein verdanken, werden in zahllosen Zauberliedern erzählt und ausgemalt, die zum Theil nicht ohne poetischen Werth sind, zum Theil herzlich gemein, selbst physisch anwidernd. An die Aufforderung, die im Dienste böser Mächte stehenden Uebel möchten ihr angemaßtes Feld räumen, knüpft sich oft eine mit Hohn und Spott verbundene Drohung. Dem persönlich gedachten Leiden wird seine vorgeblich schimpfliche Abkunft vorgehalten und zu diesem Zwecke wird irgend eine landläufige, altehrwürdige Mär herangezogen. Die Zauberlieder bilden eine werthvolle Fundgrube für die Kenntniß des alten Heidenglaubens, wenngleich sich heute mit den Namen der heidnischen Gottheiten diejenigen von Christus, Maria, Petrus und anderer der katholischen Periode entstammenden Heiligen vermischt haben. Eine vollständige Sammlung finnischer Zauberrunen gab 1880 S. Lönnrot heraus: Suomen kansan muinasia loitsurunoja. XX + 373 S. Den Reichthum und die Mannigfaltigkeit der finnischen Zauberrunen besitzen die estnischen nicht, mag dies nun die Folge anderweitiger Einwirkungen sein, mag es als Folge des Umstandes zu gelten haben, daß die estnischen targad noch mißtrauischer als die finnischen tietäjät die Zauberformeln als ein geheiligtes Erbstück aus der Vergangenheit verheimlichen. Auch muß hierbei die Besorgniß in Betracht gezogen werden, daß die Formel für den eigenen Bedarf unwirksam gemacht wird, wenn sie einem andern vollständig übergeben wird. Was noch zu sammeln war, das hat F. Kreutzwald zusammengetragen und H. Neus commentirt: **Mythische und magische Lieder der Ehsten. St. Petersburg. 1854. VII + 131 S.** Aus dieser Sammlung hat Kreutzwald die Schlangenbeschwörung unserer Stelle herübergenommen. Zu vergleichen sind noch: Myth. und mag. Lieder S. 2 ff. Schott, Ueber die sogenannten Zaubersprüche der Finnen. Monatsberichte der Königl. Preußischen Akademie der Wissenschaften zu Berlin aus dem Jahre 1881. S. 486—494. Comparetti, Kalewala S. 25 ff. 206 ff. 261 ff. Lehmann, Aberglaube und Zauberei S. 81—84.

309. 3. Beim Wäggewa'schen Kruge theilt sich die Landstraße in zwei Wege. Der eine führt nach St.-Marien-Magdalenen in Jerwen, der andere nach Wesenberg. Zwischen beiden Wegen ist die von Wald umgebene Fläche belegen, wo Kalewipoeg seine Mittagsruhe hielt. Kreutzwald.

422. 3. Der Donnerstag und Sonnabend, daneben auch der Dinstag, gelten für heilig. „Den Donnerstag halten sie sonderlich hoch und heilig, brauchen insgemein am selbigen ihre Zauberhändel, enthalten sich vielerley Arbeit und ist derselbe bey ihnen in viel größeren Würden als der Sonntag." Boecler, Der Einfältigen Ehsten Abergläubische Gebräuche, Script. rerum. Liv. II, 674. „Sie geben für, sie würden mehrmale durch erscheinende Geister und Gesichter ernstlich vermahnet, den Donnerstag zu feyern, und da sie solches nicht thäten, sie weder Glück noch Gedeyen an ihrem Korn- und Viehwachs haben würden. Wie dann noch vor gar wenig Jahren fast durchs ganze Land erschollen, es habe ein am Wege sitzender Geist die vorüber reysende Bauern, und für andern einen Jungen mit gar harten Bedrohungen ermahnet, den Donnerstag besser, als sie bißher gethan hätten, zu feyern, auch diesem anbefohlen, nach dem Dorffe zu gehen und solches allen anzudeuten." Ibidem S. 675. Während Donnerstagsarbeit Unglück brachte, wurden am Donnerstag gerade vielfache Heilgebräuche als besonders wirksam vorgenommen; sämmtliche Heilkräuter wurden an diesem Tage eingesammelt; jede zwischen höheren Mächten und dem Menschen abgeschlossene Verbindlichkeit am Donnerstag ausgeführt; am Donnerstag wurde und wird noch jetzt gefreit, am Donnerstag wurden Kinder getauft und Verstorbene beerdigt u. s. w. Neben der Donnerstagsheiligung finden sich auch Spuren von einer Heilighaltung des Sonnabends. Gewisse Zaubermittel sind besonders am Sonnabend wirksam; das am Sonnabend Gesponnene wird den Unteridischen (maaalused) als Opfergabe gebracht; man ging früher nicht am Sonnabend, sondern am Mittwoch in's Bad. Die Auffassung, daß es demjenigen, der am Sonnabendabend allein in der Badestube zurückbleibt, schlimm gehen würde, ist allgemein, und es heißt geradezu, daß, wenn es ein Frauenzimmer ist, der Teufel sich dasselbe zum Weibe nehme. Auch heißt der Sonnabend im Dörpestnischen jetzt noch poolpäew = der halbe Tag d. h. an dem nur theilweise gearbeitet wird. An den Einfluß des Christenthums braucht hierbei nicht gedacht zu werden. Wenn wir noch heutzutage Spuren von dieser Heilighaltung des Donnestags antreffen, so ist doch beim Volke jede Erinnerung an den heidnischen Ursprung getilgt. In meinem Elternhause im Köppo'schen Kirchspiel wurde die Feier des Donnerstages noch streng eingehalten, namentlich im Winter. Aber jegliche Erinnerung an etwaigen altheidnischen Taara-Cult fehlte. Man begründete die Feier mit christlichen Motiven: am Donnerstag Abend habe der Herr das heilige Abendmahl gestiftet! Vgl. Kreutzwald, Der einfältigen Ehsten abergl. Gebr. S. 97—101. Holzmayer, Osiliana I, 21, 65—66. M. J. Eisen, Taara. E. Ü. S. Album I, 213—214. H. Jannsen, Märchen II, 36—40. Wiedemann, S. 372. C. Rußwurm, Sagen aus Hapsal und der Umgegend. S. 20.

429.—431. 3. Die Furcht vor dem Wort des Neidischen (kade silm, kaehtaja) und bösen Blick (kuri silm) ist weit verbreitet. Kreutzwald erzählt aus dem Werro'schen über folgende Cur: Wurde einem Kinde durch böses Auge irgend ein Leid zugefügt, so muß man Wasser durch die Glühsteine eines Badestubenofens (keris) gießen. Darauf dreimal sieben kühlende Kohlen ins Wasser werfen, dann giebt man davon dem Kinde zu trinken und badet es dann darin. So wird das Uebel glücklich gehoben, das böse Auge aber nicht selten mit einer Entzündung gestraft. Der Ehsten abergl. Gebräuche S. 62. Nach S. 19—20 und 145 des angeführten Werkes sichern andere sich durch Anwendung des Stinkasant (Ferulae Asae foetidae), dem man noch wilden Thymian (kaetisrohi) und Bärlapp (nõiakollad) beifügt, welche letztere schon an und für sich ein Schutzmittel gegen das böse Auge und den Neid abgeben. Wiedemann S. 393—399. Holzmayer, Osiliana I, 78. Jung, Kodumaalt. VI, 51—56.

434.—435. 3. Liebeszauber, meist ekliger Art, führen an Der Ehsten abergläubische Gebräuche S. 27, Wiedemann S. 391—392.

488. 3. ff. Die Hölle ist eine matterleuchtete Region, keine Flammenstadt in ewiger Gluth. Auf der Straße zur Wohnung des Höllenfürsten scheinen weder Sonne, Mond, noch Sterne. Nur von einer Lampe geht ein trüber Schimmer aus. Löwe's Ausdruck 498—499 3. „auf's schönste erhellt" darf nicht genau genommen werden.

830. 3. Wenn an Fingern und Zehen die Nägel beschnitten werden, wird in einigen Gegenden mit dem Messer ein Kreuz über die Abschnitzel gezogen, bevor man sie verwirft, sonst soll der Teufel aus denselben sich Mützenschirme fabriciren. Der Ehsten abergl. Gebr. S. 139.

936. 3. Drehholzriegel (pöörakesed), Holzschlösser (tabad) versahen in abgelegenen Gegenden noch kürzlich die Stelle eines eisernen Schlosses. Wenn man sich vom Hause entfernte, sperrte man die Thür von Außen mit einer Stütze oder Holzscheit oder man schob ein drehbares Holz über die Thür und den Thürpfosten oder man schloß mit einem Holzriegel resp. Holzschloß (taba) von Innen. Von Außen öffnete man einen solchen Riegel vermittelst eines Loches mit einem Holzhaken oder Stecken, der im Finnischen den Namen avain, vom Verbum avaan öffnen, im Estnischen den Namen wõti, vom Verbum wõtma greifen erhielt. Vgl. Ahlquist, Kulturwörter S. 110. Heikel, Die Gebäude der Tscheremissen, Mordwinen, Esten und Finnen S. 98 und 303 (Abbildungen).

Vierzehnter Gesang.

57. 3. ff. Die Höllenwirthschaft wird als eine ländliche Oeconomie, nur im großartigsten Maßstabe, der Teufel als ein Patrimonialtyrann über die ihm leibeigen gewordenen und mit neuen Körpern bekleideten Seelen geschildert. Daß die Frohndienste derselben und die davon unzertrennlichen Strafen für Fahrlässigkeit die ganze Höllenpein ausmachen, ist sehr wahrscheinlich, ob aber ein gottloses Erdenleben dazu Bedingung sei, wird nicht gesagt. Schott, Kalewipoeg S. 472.

315. 3. Siuru ist ein mythischer Vogel, der XIX, 493—494 eine Tochter Taara's, die Blaugefiederte genannt wird (Myth. und mag. Lieder S. 41—42), und an sinisirje linnukene (das Vöglein Blaugefieder, Neus, Ehstn. Volkslieder S. 42—44) erinnert. M. J. Eisen, Elu pärast surma S. 49—54 hält siuru gleichbedeutend mit kiur, Gen. kiuru = Lerche.

333. 3. ff. Woher der Gehörnte (Sarwik) stammen möge? Wir antworten: sicherlich aus der christlichen Dogmatik und dem katholischen Vorstellungskreise, der sich einen Teufel mit Hörnern und Geisbart erschuf (XVII, 430—431). Der estnische Kurat entbehrt solchen Schmuckes; auch auf Versuchungen, die Kwp. X, 192 seinem Geschlechte angedichtet wurden, ist sein Sinn keineswegs gerichtet. Das sind lauter Zusätze der christlichen Legende und der christlichen Glaubenslehre. Der estnische Kurat ist die Personification des Bösen im abstracten generellen Sinne, aber des Bösen nicht in ethischer Hinsicht, sondern in physischer Beziehung. Kurat und in gleicher Weise Wana halb, Paha, Paharett (der alte Böse) ist dasjenige dämonische Wesen (haldias), von welchem das Unglück, das Uebel, die Krankheit u. s. w. herrührt. Dies geht schon aus seiner Etymologie hervor. J. Hurt, Kurat ja kratt, Postimees. 1896. Nr. 36 hat nachgewiesen, daß Kurat von kura abzuleiten ist, welches Wort zunächst nur links, linksliegend (kura käsi linke Hand, kura pool linke Seite) bezeichnete. Weil die linke Seite, die linke Hand erfahrungsmäßig weniger kräftig, weniger geschickt und geübt ist, so erhielt kura die Nebenbedeutung paha = schwächlich, unglücklich, böse. Man sagt auch pahem pool, pahem käsi, ebenso parem pool, parem käsi und in mehreren finnisch-ugrischen Sprachen herrscht die Anschauung vom Bösen als identisch mit Linken, wie auch vom Rechten = Guten. Von gleichem Stammwort ist kuri = böse, schlecht gebildet, welches im Livischen in der Gestalt kure die Benennung des Bösen ist. Donner, Wörterbuch Nr. 164. Ahlquist, Kulturwörter S. 247. Diesem kura entsprechen die Bezeichnungen des Teufels Tühi = der Leere, der Nichtige, und Köhnrett = der Schwache. Aus kura ist kurat in der Weise entstanden, daß dem Stamm kura die zur Bildung von Personennamen angewandte Endung -t, -tti angefügt wurde. Zusammensetzungen mit -t, -tti bezeichnen oft ein Lebewesen, welchem die Eigenschaft oder die Thätigkeit eigen ist, welche das Stammwort ausdrückt. Kurat ist demnach derjenige, der auf der linken, bösen, unglücklichen Seite liegt, der sich mit Unglück und Schaden befaßt, der Uebel und Unheil erzeugt, kurz, kurat ist die Personification des Bösen. Dabei ist kurat nicht Eigenname, sondern nomen appellativum. Wie der Ursachen, aus welchen die Uebel hergeleitet werden, manche und verschiedenartige sind, so sind auch die bösen Wesen zahlreich, die mit jenen Ursachen verknüpft, das Böse hervorbringen. Es giebt daher viele kuradid, paharetid, wie wir Kwp. X, 95 ff. sahen. Zwischen den um den Kikerpära'schen Morast hadernden bösen Geistern, dem Wasserkobold nebst Brüdern und dem Sarwik unserer Stelle besteht kein principieller, nicht einmal ein gradueller Unterschied. Sie werden daher promiscue als kuradid, paharetid, phareti pojad, juudalised, puraskid, tühjad titulirt. Es verhält sich mit kurat ebenso wie mit uku, aka, jumal. Als das eindringende Christenthum jumal zum Schöpfergott erhob, ersah es sich in kurat dasjenige Wesen, dem der christliche Teufelsbegriff zugeeignet wurde. Im Kalewipoeg, sowie überhaupt in der Sage, sind altheidnische und untergeschobene christliche Vorstellungen sofehr verwoben und verflochten, daß es schwer fällt, noch klar zu scheiden. Wir bemerken nur noch dieses, daß der altheidnische kurat ebenso wie alle übrigen Personificationen und haldiad in seiner Macht beschränkt ist, sodaß der Zauberer (tark) mit seinem geheimen Wissen um den Ursprung und um das Wesen der Dinge ihm überlegen ist. In den Sagen und Märchen spielt er eine sehr untergeordnete Rolle. Die Esten sagen: wie die Ente auf trockenem Boden und der Dagdener (hiidlane) auf dem Festlande unbeholfen und dumm sind, so auch der Teufel, wenn er sein Revier, die Hölle, verläßt. Auch diese, die Hölle, haben ihm erst die Christen zuertheilt. Fählmann, Wie war der heidnische Glaube der alten Ehsten beschaffen? Verh. II, H. 2, S. 66.

362. 3. Die Beschreibung dieses Raumes entspricht den Vorstellungen vom Himmel, in welchem gleichfalls sieben Abtheilungen, besondere Welten, angenommen werden, die nach einer gewissen Rangordnung sämmtlich bewohnt sind. Kreutzwald.

364—366. 3. Sääl peab warjuliste walda, kujuliste külasida perekasti pesitama. Die Vorstellungen über den Zustand nach dem Tode sind verworren und in sich widersprechend, weil gerade hier verschiedene fremde Anschauungen, namentlich die des Christenthums, sich geltend machten und die ursprünglichen Ideen trübten. Zunächst constatiren wir die Thatsache, daß die Fortdauer der Seele allgemein vorausgesetzt wird. Der Tod endet und vernichtet nicht das Dasein des individuellen Lebens. Es giebt für den Menschen noch ein Leben jenseit des Grabes. Aber von dem Aufenthalt der Geister nach dem Tode, sowie von ihrem Zustande herrschen die abweichendsten Ansichten. Nach den ältesten Begriffen hatten die Geister keine weitere ihnen zugehörige Wohnstätte außer derjenigen, an der der todte Körper sich befand. Sie lebten ihr Schattenleben im Grabe. Von hier aus traten sie mit der Oberwelt in Verkehr, schweiften in der Nacht herum und übten auf die Lebenden ihre Macht und Einwirkung aus. Diese Ansicht ist in der Sage die vorherrschende und findet sich z. B. Kwp. III, 751 ff., wo Kalewipoeg vom Vater im Grabe Kunde erheischt, wo die Mutter geblieben sei; VII, 181 ff., wo aus dem Wellengrabe der Gesang der Inselmaid ertönt und Kalewipoeg seine doppelte Blutschuld vorhält; VII, 360 ff., wo auf dem Iruberge die Stimme der in einen Felsblock verwandelten Linda laut wird, und XX, 382 ff., wo die in der Schlacht Erschlagenen an einem vom Kalewipoeg ausgetrunkenen See beerdigt werden, damit, wenn dieser sich wieder mit Wasser füllte, die befreundeten Geister Worte wechselnd im Rauschen der Wellen um Mitternacht sich die Zeit vertrieben. Die Gottheit, die über die Gräber, und ihre Bewohner herrschte, hieß Kalma. Im Estnischen begegnen wir dieser Gottheit nicht mehr, aber die Bezeichnung der alten Grabstätten, kalmud, läßt an ihre einstige Existenz auch im Estnischen nicht zweifeln. In einem merkwürdigen, von M. Weske, Bericht, Verh. VIII. H. 4. S. 23—24 mitgetheilten Liede wird das Grab mit Iielä (Hiiela) und Toonela identificirt:

    Käisin eile Iielässä,
    Tunaeile Tuonelassa,
    Eile eide auwa päällä,
    Auduja südäme päällä:
    „Tuise üles, eidekene,
    Tuise üles, anna armu."
    Eite warsi wastajeli,
    Eite auwasta kõneli:
    „Ei saa tuissa, tüttär nuori,
    Ei saa tuissa, ei ärätä:
    Tuone poeg on põlwillani,
    Tuone tüttar sülessani."

d. h. Ich wandelte gestern in Iielä, vorgestern in Tuonela, gestern auf dem Grabe der Mutter, auf dem Herzen der Hegerin: „Stehe auf, Mütterchen, stehe auf, gönne Liebe!" Die Mutter gleich antwortete, die Mutter aus dem Grabe sprach: „Kann nicht aufstehen, junge Tochter, kann nicht aufstehen, nicht erwachen: Tuoni's Sohn ist auf meinen Knieen, Tuoni's Tochter auf meinem Schooße". Sonst gehören Hiiela oder Toonela und Tooni in die zweite Vorstellungsstufe vom Leben nach dem Tode, wie wir gleich sehen werden. Nur zu Hiiela (Iiela), fin. Hiitola bemerken wir, daß dieses Wort für den Aufenthaltsort, die Wohnung des hiisi angesehen wurde, der alles Böse in sich vereinigte, aber an unserer Stelle bezeichnet es zugleich die Wohnung der Verstorbenen, ohne daß man sie als hiisi-artig, d. h. böse vorzustellen hat, denn es ist doch das Grab der geliebten Mutter, welches so genannt wird.

  Die zweite Stufe altheidnischer Ideen läßt alle Geister an einem bestimmten Orte versammelt werden. Wir begegnen „einer wohlausgebildeten Vorstellung von einem Todtenreiche, von einer dasselbe regierenden Gottheit und von den übrigen dort unten herrschenden Wesen. Hier ist der erste Begriff nicht, wie bei Baum, Wald, Himmel, derjenige eines persönlichen Wesens, sondern der eines Ortes, weil die Körper, ob verbrannt oder nicht, doch unter die Erde begraben werden. Diese Idee des unter die Erde Gehens oder des unter der Erde Seins generalisirt und abstrahirt sich in dem phantastischen Begriff einer unterirdischen Localität, wohin die Todten gehen und wohin sie alle versammelt werden. Dieser Ort trägt den Namen Manala oder Tuonela (estn. Toonela). Der erste Name bedeutet nichts weiter als unter der Erde (maan ala), der zweite drückt mit euphemistischer Unbestimmtheit aus, jenes dort (tuonne, Illativ von tuo, too), wohin die Todten gehen, die dortige Wohnung, das Jenseits, wie auch die Griechen ἐχεῖ, ἐχεῖσε in diesem Sinne und auch οἱ ἐχεῖ von den Todten zu sagen pflegten. Von dem Localbegriff bietet sich dann die Personification desselben her, die Idee eines Wesens, das denselben regiert und repräsentirt, und der Name dieser Persönlichkeit wird aus dem der Oertlichkeit selbst gebildet. Tuonela ergiebt Tuoni, Manala*) Mana und es erscheint das eine als Wohnsitz Mana's, das andere als Wohnsitz Tuoni's. So entsteht die Gottheit der Unterwelt, der König und Herr der Todten Mana oder Tuoni." Comparetti, Kalewala S. 173—174. Das Todtenreich war eine freudenleere Region, in welche die abgeschiedenen Seelen, gleichviel ob gut oder böse übergingen und dort festgehalten wurden. Ihrem Wesen entsprechend heißen sie an unserer Stelle warjulased (Schattenhafte) und kujulised (Schemenhafte). Im Finnischen nennt man sie manalaiset, im Werroestnischen manalase'. Hurt, Beiträge S. 11—12. Diese zweitälteste Idee von dem Leben nach dem Tode hat sich hier (Kwp. XIV.) und Kwp. XVIII, 650 ff. erhalten, findet sich aber auch sonst in Sage und im Liede.

Erst in späterer Zeit — wohl durch das christliche Dogma bestimmt — begann man zwei jenseitige Regionen anzunehmen: eine selige im Himmel (Kwp. V, 745—746: Hoch auf Uku's Hof die Mutter Saß im Glanz von Glückestagen) und eine unselige in der Hölle Pein (Kwp. XIV, 381). Wie jung diese Vorstellung ist, geht schon daraus hervor, daß die Esten diese christliche Hölle mit dem litthauischen põrgu bezeichnen**). Den Grund zum Worte põrgu = Hölle hat põrgel, pergel, eine Benennung des Teufels, gelegt. Põrgel, pergel, sowie das fin. perkele, piru ist aber aus dem litth. perkunas abzuleiten, einer Bezeichnung des Donners. Gösek en, Manuductio ad Linguam Oesthonicam 1660 hat uns noch die ältere Form aufbewahrt in der Zusammensetzung Perckun Nohl = Donnerpfeil, Donnerkeil. Vgl. Ahlquist, Kulturwörter S. 244—245. Donner, Ueber den Einfluß des Lithauischen auf die finnischen Sprachen, Techmer's Internationale Zeitschrift für allg. Sprachwissenschaft I, 263. Thomsen, Berörînger S 207. — Die Höllenstrafen der Bösen sind gleichfalls rein=christlichen Ursprungs.

An Literatur ist noch zu vergleichen Castrén, Fin. Myth. S. 119—134. Schott, Kalewipoeg S. 483. Tischler, Kalewipoja sisust S. 60 ff. Eisen, Elu pärast surma S. 3—20. A. Saal, Üleüldine isamaa ajalugu I, 35—36, 71—73. Hiekisch, Heinrichs von Lettland Mittheilungen über das Heidenthum der Esten und Liven S. 45—52. C. v. Orelli, Allgemeine Religionsgeschichte S. 100.

367.—368. 3. Unter christlichen Einflüssen wurde kurat, der böse Geist, zum bösen Princip, zum Teufel nach christlichen Vorstellungen, dem auch die Würde des Fürsten der Unterwelt zugesprochen wurde. Kurat rückte so in die Stellung des Todtengottes, mit dem er ursprünglich nichts gemein hatte.

374. 3. Ueber die Seelenzeit (hingede aeg) berichtet Kreutzwald, Ueber den Charakter der Estnischen Mythologie, Verh. II, H. 3, S. 44—45. „Das Sterbefest fiel in die Zeit des Wintersolstitiums, ungefähr vierzehn Tage vor unserer Weihnacht. Die Feier dauerte neun Tage und bildete ein wahres Trauer- und Todtenfest, indem überall während dieser Zeit „hingede aeg" d. h. Seelenzeit, die größte Ruhe und Stille herrschen mußte, und wo am Abend des ersten Festtages die Seelen verstorbener Freunde und Verwandten mit einem splendiden Gastmahl bewirthet wurden, der Fußboden war mit Stroh belegt***), damit ein zufällig fallender Körper kein

---

*) Statt Manala kommt im est. Volksliede auch noch Manamaa vor. J. Kõrw, Eesti-rahva muiste-jutud ja wanad-kõned S. 37.
**) In einem Volksliede Verh. XVI 259 begegnen wir dem Ausdruck elwita: „Mis on elu elwitasse, Ehk on põlwe põrguesse, See'p on meie mõisaasse". Elwita, fin. helvetti, ist dem Skandinavischen entlehnt. Ahlquist, Kulturwörter S. 247.
***) Die übliche Sitte des Stroheintragens am Weihnachtsabend, die der christliche Priester für fromme Nachahmung der Betlehem'itischen Krippe ansah, schrieb sich aus dem Heidenthum her; mit ihr verband sich eine zweite, die noch vor wenigen Jahren an vielen Orten Estlands gebräuchlich war und darin bestand, daß am heiligen Weihnachtsabend, wo

schallendes Geräusch verursache. Während der ganzen Festzeit durfte keine geräuschvolle Arbeit vorgenommen werden, man schlich auf den Zehen und vermied selbst lautes Sprechen. Die vorwaltende Herrschaft der langen Winternächte umhüllte das Fest gleichsam mit ihrem weiten Trauermantel, der flüchtige Sonnenblick des kurzen Decembertages vermochte kaum einen Sterblichen zu erblicken, die meist in ihren Wohnungen verborgen blieben. — Dieses Fest war dem alten Donnergotte „Kõu" gewidmet, der aller Wahrscheinlichkeit nach den Beinamen „Jõu" oder „Jõul" geführt haben muß. Vor c. dreißig Jahren wurden die sogenannten „Jäo"- oder „Jõu-Abende" in Strandwierland und Allentaken noch ziemlich allgemein gefeiert, und es giebt Leute, die noch heutigen Tages dieser heidnischen Sitte huldigen, jedoch bei der größeren Zahl wird die „Jõu-Abend-Feier" mit der Weihnachtsfeierlichkeit verbunden, ohne daß sie sich selbst darüber Rechenschaft geben können, woher diese oder jene eigenthümliche Ceremonie entspringe. Die Bedeutung des alten heidnischen Todtenfestes läßt sich nur muthmaßlich bestimmen; die stille Feier scheint einen doppelten Zweck zu haben. Die Seelen der Verstorbenen waren um diese Zeit zu einem kurzen Besuch in die vorige Heimath zurückgekehrt und wollten vielleicht in ernsten Betrachtungen ihres beschaulichen Lebens nicht gestört sein, oder der Lebenden kindliche Ehrfurcht und Hochachtung meinte ihnen diesen Beweis der Liebe unaufgefordert zollen zu müssen und machte sich's zum freiwilligen Gesetze: die lieben Gäste durch kein Geräusch zu beunruhigen. Mit dieser zarten Rücksicht gegen die Verstorbenen verband man mit dieser Feierlichkeit noch einen anderen wichtigen Zweck, indem man dem zürnenden Donnergott seine Huldigung darbrachte, ihn flehend, den nächsten Sommer mit schwerem Gewitter zu verschonen! Wie sich's leicht denken läßt, konnte bei sorgfältigster Bewachung seines Thuns das Volk während der Jõul-Feier nicht jedes Geräusch verhüten, es entstand hie und da etwas Lärm und daher verging wohl auch kein Sommer ohne Gewitter, weil die Strafe nicht ausbleiben konnte und Götter mit sich nicht spaßen lassen."

Zu jõuõhtud und hingedo aeg ist noch zu vergleichen: Kreutzwald, Einiges über Aberglauben, Sitten und Gebräuche im Inland. 1837. Sp. 705—706. Der Ehsten abergl. Gebräuche S. 89—90. Besbardis, Ingede aeg oder die Seelenzeit im Fellin'schen. Inland. 1852. Sp. 950—953. Holzmayer, Osiliana I, 82—83. Jung, Kodumaalt VI, 81—83.

427. 3. Wenn hier und anderweitig der Leere (Tühi) als Schwager des Gehörnten angeführt wird, so ist es nicht wörtlich zu nehmen, denn der Gehörnte selbst erhält oft genug diesen Titel.

429. 3. Wie das weiße Pferd in heidnischer Zeit für besonders heilig galt, so daher seit der Einführung des Christenthums für besonders teuflisch. H. Neus, Issi teggi, Revalscher Almanach für 1856. Nach Hurt, Beiträge S. 9—11 wird im Werro'schen Äijätär, Äi oder Äijõ des Teufels oder Juudas Mutter genannt. Äi, Äijõ weist auf den Gewittergott Äike hin, der hier zu einem bösen Wesen, zumal weiblichen Geschlechts, erniedrigt ist!

Fünfzehnter Gesang.

1.—45. 3. haben ein zeitgeschichtliches Interesse. Als der Kalewipoeg in Lieferungen im Druck erschien, wurde seine Echtheit mehrfach angezweifelt und sein

---

alles schlafen ging, ein gedeckter mit Speisen besetzter Tisch stehen blieb, angeblich, damit ein in der Nacht zufällig angekommener Gast gleich Trank und Speise vorfände. Das war die alte Geistermahlzeit!

Werth tief unterschätzt. In besonders gehässiger Weise thaten solches öffentlich die Pastoren Ahrens-Kusal und Schüdlöffel-Jegelecht. Schüdlöffel erklärte im „Dialog zwischen zwei Freunden der ehstnischen Sprache" Inland. 1854. Sp. 678—679 „die ganze Kalewidensage" für „eine Erfindung des modernen Kalewidensängers" und Ahrens überschrieb seinen ätzenden Artikel Inland. 1855. Sp. 161—166: „Lug und Trug." Solche öffentlich vorgetragenen Verdächtigungen verletzten den Sänger tief und als Antwort schob er V. 1—45 nachträglich in den 15. Gesang ein und prägte V. 13 den Ausdruck kirikuakid = Kirchendohlen, welcher im Volksmunde noch jetzt als sarkastischer Beiname der Pastoren fortlebt.

218. 3. Brückenbauer (sillawalmistaja) heißt die Wünschelruthe, weil sie den Fliehenden gleichsam eine Brücke baut, um den Verfolger abzuhalten. Kreutzwald.

524. 3. Olewipoeg, hoonetarka, verdankt wahrscheinlich seinen Namen Olaus dem Heiligen. In Volksliedern und Sagen begegnen wir ihm oft. Ueberall erscheint er als der weise Baumeister. Das Legendenhafte drängt sich aber derart in den Vordergrund, daß es schwer fällt, zu scheiden, was als Urstock des estnischen Mythus, was als christlicher Zusatz zu betrachten ist. Vgl. H. Neus, Revals sämmtliche Namen S. 57—65. J. Jung, Olewi kiriku ehituse muinasjutt. Postimees. 1898. Nr. 289—290. E. Pabst, Die Kirche des heil. Olaus in Reval. Inland. 1836. Sp. 449—457. 468—471.

550. 3. Die üblichen Gebräuche des Fastens, Opferns, Niedersetzens der Späne u. s. w. hat Kreutzwald, Der Ehsten abergl. Gebr. S. 138—139 ausführlich beschrieben.

738. 3. Murmler (pobisejad) sind des Besprechens kundige Zauberer.

Sechszehnter Gesang.

1. 3. ff. Nach der estnischen Vorstellung bildet die Erde den Mittelpunct der Welt. Sie ist rund wie ein Rad und flach wie ein Feld. Unter der Erde befindet sich Manala oder Toonela, wo die Menschen nach dem Tode weiterhausen. Ueber die Erde wölbt sich gleich einem großen Kessel der Himmel, taewas, von taivun sich biegen. So Schott und Donner, Techmer's Zeitschrift I, 263. Andere Etymologien siehe Thomsen, Beröringer S. 166—167. Nach dem Volksglauben giebt es somit drei Welten: Die Erde, die Unterwelt, der Himmel. Wir leben zwischen zwei Welten (kahe ilma wahel). Der Himmel berührt mit seinem unteren Rande die Erde. Das ist taewäär, (kuhu taewakummi maa külge kinnitatud 3. 9—10). Dieser Himmelsrand liegt von uns sehr weit, so daß kein Sterblicher ihn je erreichen kann. Nur Soldaten, die 1849 den ungarischen Feldzug mitmachten, behaupten, den taewäär gesehen zu haben. Mit eigener Hand schlugen sie Nägel in die Himmelswand, hingen ihre Ranzen an die Nägel und lehnten an sie ihre Flinten! Vgl. J. Hurt, Eesti astronomia. Postimees. 1899. Eralisa, S. 181—182.

66. 3. Westsee = Läänemeri heißt so die Ostsee, weil sie westlich (läns) von dem Estenlande liegt.

72. 3. Ahti ist die finnische Wassergottheit Ahti oder Ahto. Er wird als ein alter, ehrwürdiger Mann vorgestellt, der mit seiner Gemahlin Wellamo in Ahtola hauste. Sein Bart war aus Seegras, sein Gewand aus Schaum. Vgl. Castrén, Fin. Myth. S. 69—85: Wassergottheiten. Von Ahti hat der Ahijärw am Fuß des **Munamägi** seinen Namen erhalten, vielleicht auch der Ajafluß (eftn. **Ahja**), der aus derselben Gegend kommt und in den Embach mündet. Sein in den Wassertiefen befindlicher Wohnort wird **K õ r w**, Eesti-rahwa muiste-jutud S. 40 Ahtu genannt: Jgaw on Ahtussa asuda, Allailmassa elada. — S. 41: Jlus on Ahtussa elada, Wiluwoogudes walada. Aber S. 54 erscheint Ahtu wieder gleichbedeutend mit Ahti zu sein: Kusa merda mürgatella, Ahtu heali kaigatella. Vgl. J. Kõrw, Jutud kolmest Eesti järwekesest. E. K. S. aastaraamat. 1878. S. 42—61. Trusmann, Введеніе христіанства въ Лифляндіи S. 97—98. Eisen, Näki raamat S. 99—101.

73. 3. Anders wird die Tiefe der namhaft gemachten Seen bestimmt K õ r w, Eesti-rahwa muiste-jutud S. 32—34.

75. 3. Mustajärw (Schwarzsee), auch Mudajärw (Schlammsee) werden vielfach kleinere Seen mit schlammigem Grunde genannt. Der hier gemeinte liegt im Kockora'schen Gutsbezirk im Kobbafer'schen Kirchspiel. J. Kõrw, Eesti-rahwa muiste-jutud S. 31—32.

76. 3. Kajujärw (Brunnensee) heißt der Jegel'sche See im Kirchspiel Marien-Magdalenen im Dörpt'schen Kreise. Aus ihm fließt der Kääpafluß. J. Kõrw, Eesti-rahwa muiste-jutud S. 30.

143. 3. Oberpahlen heißt der am Fluß Pahle (up der Pahle) gelegene Flecken Põltsamaa im Fellin'schen Kreise. Põltsamaa entspricht dem alten Nurmegunde und bezeichnet die Ackerlandgegend im Gegensatz zu Jerwen, dem Seenlande, Soontagana dem Lande hinter den Morästen, Kolga der abgelegenen Waldgegend. F. Amelung, Studien zur Geschichte Oberpahlens S. 5 ff.

206. 3. Nordlichtgeifter eftn. wirmalised sind Kämpfer der Oberwelt, kämpfende Dämonen, von deren glänzenden und funkensprühenden Schwertern der Himmel wiederstrahlt. Man sagt: wirmalised taplewad (die Nordlichtgeister streiten) oder taewas wehkleb (der Himmel ficht). H o l z m a y e r, Osiliana I, S. 49 berichtet aus Mohn: „In heiligen Nächten sieht man den Himmel sich spalten (taewas lööb luhti). An den beiden Rändern der Spalte erblickt man zwei bewaffnete Krieger. Da sie sich bekämpfen wollen, spaltet eben die Gottheit (Jumal), weil sie diese Bewältigung nicht zulassen will, den Himmel und trennt sie so von einander. Durch die so entstandene Spalte aber verbreitet sich ein Lichtstrom über die Erde." Nach einer anderen Sage (H. J a n n s e n, Märchen S. 7—8) halten die Nordlichtgeister Hochzeit, wenn im Winter das Nordlicht über den Himmel flammt.

234. 3. Lennok, Linnuk ist wahrscheinlich eine Nebenform von linnok, linnuk, dem abgekürzten linnoke, linnuke = Böglein. Dieses beliebte Kosewort mag hier zugleich auf die Schnelligkeit des Schiffes anspielen. S c h o t t, Kalewipoeg S. 475—476.

275. 3. Gesinde (pered) heißen die Bauerhöfe in Liv- und Estland.

435. 3. Mit Lappland (Lapumaa) wird wohl die ganze dunkle, kalte nördliche Gegend bezeichnet, deren Zaubererkünste von alten Zeiten her berüchtigt waren. Nach dem Volksaberglauben bereitete es den Lappen ein besonderes Vergnügen, in Gestalt des kalten Fiebers die Esten heimzusuchen und zu quälen. J. H u r t, Beiträge 19—21. P. H e l l a t, Meie rahwa arwamised haiguste kohta. E. Ü. S. Album II, 71.

513. 3. Lapplands Weise waren weitberühmte und gefürchtete Zauberer. Während des dreißigjährigen Krieges schrieb man vielerorts in Deutschland die großen Erfolge Gustav Adolfs den Beschwörungen seiner Lappen zu, wie denn auch Voltaire in seinem Charles XII erwähnt, daß die Russen nach der fürchterlichen Niederlage in der Schlacht bei Narva 1700 dieselbe als eine Folge der Macht des Teufels ansahen, den finnische Zauberer gegen sie zur Hilfe gerufen hätten. Kirchhoff, Länderkunde von Europa, II Theil, 1. Hälfte S. 419.

567. 3. Funkeninsel estn. Sädemetesaar. Vulcane, siedende Quellen und die hochnordische Gegend lassen uns in ihr Island erkennen, mögen nun die seefahrenden Esten persönlich bis dahin vorgedrungen sein oder durch Normannen Kunde von dem Wunderlande erhalten haben. Schott, Kalewipoeg S. 476.

614. 3. Warrak ist nach Schiefner, Ueber Kalewala und Kalewingen, Mél. russ. IV, 267 eine Erinnerung aus der Warägerzeit, falls dieser Name einer Volkssage entnommen ist. Andererseits macht Schiefner auf den Riesennamen Svarángr aufmerksam. Vgl. Eisen, Seitse Moosesse raamatut S. 21—35.

635. 3. Noch heutzutage wird namentlich im Frühling, wo Schilf und Rohr nicht hinderlich sind, in ähnlicher Weise gefischt. Man umwickelt einen eisernen Haken, der an eine glänzende Metallplatte befestigt ist, mit rothen Wollenfäden und zieht ihn an einer langen Schnur im Boote rudernd nach sich. Das im Wasser spielende glänzende Blei ähnelt dem Bleier, die rothen Wollenfäden erinnern an seine rothen Kiemen, sodaß Raubfische, namentlich Hechte, sich auf den Köder stürzen und ihn sammt dem Hamen verschlingen. Man nennt diese Art des Fischereigeräths wedel, wahrscheinlich von wedama ziehen, schleppen = Schleppangel.

715. 3. Riege, Darre, rehi, dient zum Trocknen des Getreides. Man ist dadurch von den herbstlichen Regenschauern unabhängiger, die sonst in unserer feuchten Witterung einen großen Theil des Ernteertrages verderben würden. In der Darre wird durch den zur Seite der Eingangthür stehenden Ofen starke Hitze und Rauch erzeugt, die das Innere des Gebäudes füllen und besonders zu dessen oberen Theilen emporsteigen, wo das Getreide auf langen Stangen oder Darrsparren (parred) aufgestellt ist. Bis in unsere Zeit herauf diente die Darre zugleich zur Wohnstube und zur Küche im Winter. Vgl. Heikel, Die Gebäude der Ceremissen, Mordwinen, Esten und Finnen, Die estnischen Häuser S. 161—206. Zur Etymologie und zum Ursprung des rehi vgl. Ahlquist, Kulturwärter S. 40. Donner, Techmer's Internationale Zeitschrift I, 269. Weske, Soome sugu rahwaste elumajade ajaloost IV. Oma Maa I, 171—173. Brückner, Die slavischen Fremdwörter im Lithanischen S. 125. 182. Thomsen, Beröringer S. 276.

721. 3. Dergleichen Anachronismen, Zusätze späterer Sänger, finden sich öfter im Volksliede.

789. 3. Ueber Riesenjungfrauen vgl. Castrén, Fin. Myth. S. 320—326. Donner, Lieder der Lappen S. 53 ff.

804. 3. Estnische Räthsel und Räthsellieder haben besprochen und Räthselsammlungen herausgegeben: E. Gutsleff, Kurzgefaßte Anweisung zur Ehstn. Sprache. 1732. S. 361—372. Hupel, Estn. Sprachlehre. 1780. S. 119—122. C. H. Schlegel, Estnische Räthsel, St. Petersburger Monatsschrift. 1806. II, 61—64, 250. Rosenplänter, Beiträge III, 112—116; VI, 20—52. Neus, Ehstn. Volksl. S. 380—394. J. Altmann, Beiträge zum Sprichwörter- und Räthselschatz der Ehsten, Erman's Russ. Archiv. XIV. H. 1. 2. Wiedemann. S. 261—294. C. C. Mõtleja, Mõistatuste raamat. 1878. Weske, Eesti rahwalaulud I, 80—83. Eisen, Eesti rahwa mõistatused. 1889.

850. 3. Die mächtige Maid = Hiigla tütar. Hiigla, eine Nebenform von Hiidla ist das Land, der Wohnsitz der hiiud, welche Kreutzwald als Riesen faßt, wie auch heute noch hiid, hiidlane, im Sinne von Riese, Recke, Held gebraucht wird. Speciell heißt Hiidla oder Hiigla die Insel Dagö, hier ist aber ganz allgemein an ein Land gedacht, in welchem Riesen wohnen. Vgl. Anm. III, 602. Eine weitere Ableitung zur Ortsbezeichnung von hiis ist Hiiela, welche gleichbedeutend mit

Toonela (Ort der Todten) zu sein scheint. Weske, Bericht, Verh. VIII, H. 4, S. 23.

897. 3. Im Estnischen heißen sie poisid penisabad taga, Menschen mit Hundeschwänzen, wie die koerakoonlased oder peninukid Menschen mit Hundeschnauzen sind. Vgl. Kreutzwald, Ehstnische Sage von Menschen mit Hundeschnauzen. Inland. 1837. Sp. 134—135. Ahrens, Über die Etymologie der ehstnischen Worte koerakoonlased. Inland. 1844. Sp. 814—815. Beiläufig noch ein Wort über die Etymologie der koerakoonlased. Inland. 1846. Nr. 8. Rußwurm, Eibofolke II, 276 ff. J. Jung, Koerakoonud wõi peninukid, Kodumaalt VI, 59—62. Eisen, Koerakoonlased ehk Peninuki rahwas. 1899.

925. 3. Angerstrick, estn. wainuköied, maalused ussid, wõrkussid, heißen die Prozessionsraupen, die in langen Zügen paarweise hinziehen und sich dann wieder in Massen in einem größeren knaulartigen Gespinste aufhalten. Wer einer solchen Prozession begegnet, muß ein Vater Unser beten und die Raupen dann von dem Haupte an (mit dem Daumen und Ohrfinger allein) auseinander pflücken. Dadurch erhält er eine glückliche Hand, Gebärenden zu helfen, Schmerzen zu stillen, auch Ueberbeine zu vertreiben. Mißlingt Jemandem das Auseinandertreiben der Raupen, so kann er das Wagniß mit dem Tode büßen. Hupel, Topogr. Nachrichten II, 141. A. Knüpffer, Rosenplänter, Beiträge IX, 52. Blumberg, Quellen S. 63—64. Mythische und magische Lieder S. 90 theilt Kreutzwald aus dem Dorfe Kutschina bei Pleskau eine Beschwörungsformel „Wainuköie keerutaja, Laterussi lahutaja" u. s. w. mit.

930. 3. ff. Wenn Chr. J. Peterson, Ganander, Fin. Myth. S. 102 und nach ihm J. Grimm, Deutsche Myth. S. 519 erzählen, Kalewipoeg habe mit einem hölzernen Pfluge grasreiche Landstriche durchfurcht, sodaß seit der Zeit auch kein Grashalm auf ihnen wachse, so ist das eine entstellte Fassung des hier Berichteten. Kalewipoeg richtet mit einem Eichenstamme die Verwüstung zwar aus Erbitterung an, aber diese ist verständlich genug und entschuldbar, wenn wir die näheren Umstände in Betracht ziehen.

1037. 3. Lalli's Lage muß nach dem Zusammenhang der Stelle in der Nähe des Laaksfelsens bei Reval zu suchen sein, ja scheint nur eine jetzt nicht mehr gebräuchliche Benennung Reval's gewesen zu sein, wie schon Kreutzwald, Myth. und mag. Lieder S. 58—59 und Eisen, Elu pärast surma, S. 55—59 vermuthen. Auf der Insel Mohn liegt gegenüber der Insel Schildau gleichfalls ein Lalli, hat aber mit dem Lalli unserer Stelle nichts zu thun. In der Nähe der Neuhausen'schen Kirche trägt ein Dorf den gleichen Namen, im Wendau'schen ein Bauerhof. Im Kl.-St.-Johannis'schen Kirchspiel im Gutsbezirke Woiseck treffen wir ein Dorf Lallsi oder Lallaste an, dessen Name gleichfalls auf Lalli hindeutet. Die Etymologie ist mir unbekannt. — Lalli oder Lallo hieß der Finne aus Saariste, der 1158 den Bischof Heinrich den Heiligen auf dem Eise des Köyliönjärvi erschlug. Vgl. O. A. Forsström, Pyhän Henrikin muisto kansantarussa ja katoolisen kirkon legendassa, Suomen keskiajan historia S. 43—62.

Siebzehnter Gesang.

30. 3. Alulinn ist eine alte Estenburg bei Haakhof im Kirchspiel Luggenhusen des Districtes Allentaken d. h. des hinter Alu gelegenen Landes. Sie liegt etwa drei Werst vom Meeresstrande im Alu-soo == Alumorast. Gekennzeichnet wird der befestigte Platz durch eine aus Kalksteinen ohne Mörtel hergestellte Mauer von 6—7 Fuß Breite, 3—5 Fuß Höhe und elliptischer oder abgerundet rechteckiger Form. Die Mauer muß früher höher gewesen sein. 1869 wurde hier im Moor eine alte Waffenniederlage entdeckt. Vgl. Kreutzwald, Allo-Linn, ein Denkmal aus der ehstnischen Vorzeit. Inland. 1838. Sp. 583. E. Grewingk, Archäologische Ausflüge in Liv- und Estland, Sitzungsberichte 1886. S. 162—166. Weske, Bericht, Verh. VIII. H. 4. S. 27—29.

42. 3. Wierland, estn. Wirumaa, fin. Viro ist ursprünglich wohl nur die Bezeichnung der Landschaft, welche etwa dem gegenwärtigen Wesenberg'schen Kreise entspricht, ist hier aber im Estnischen sowie stets im Finnischen Collectivname, worunter sowohl die Provinz Estland (Tallinnamaa), als auch das südlichere und größere Livland zusammenbegriffen werden. Den genetischen Ursprung dieser erweiterten Bedeutung des Namens deutet Renvall, Lexicon linguae finnicae II, 325 richtig an: „Virlandia, provincia Livoniae Finnis proxima, inde Estonia „l. Estlandia". Es ist mit diesem Namen bei den Finnen ebenso gegangen, wie mit so vielen anderen geo- und ethnographischen: von einer einzelnen beschränkten Landschaft wurde er nachher auf das ganze von Esten bewohnte Land ausgedehnt, ja noch darüber hinaus. Sjoegren, Historisch-ethnographische Abhandlungen über den finnisch-russischen Norden, Gesammelte Schriften I, 489—490.

196. 3. Assamalla, auch Assalamma genannt, ein zum Landgut Borkholm in Wierland gehöriges Dorf, wird übereinstimmend in allen Sagen als der Schauplatz einer großen Schlacht bezeichnet, wo Kalewipoeg ein feindliches Heer vernichtete. Man soll auf den Dorfsfeldern häufig Stücke von steinernen Waffen beim Pflügen gefunden haben. Kreutzwald.

230. 3. Nach Fählmann's Mittheilung kommen in dem Morast in ziemlich regelmäßiger Entfernung von einander vier Wassergruben vor, welche die Stellen bezeichnen, wo des Rosses Beine eingebrochen sind.

283—284. 3. erinnern an Ilias II, 204—205: Οὐκ ἀγαθὸν πολυκοιρανίη, εἷς κοίρανος ἔστω, Εἷς βασιλεύς.

Nicht gut ist die Vielherrschaft; Einer soll Herrscher sein, Einer König.

310. 3. Schwendungsrauch = kütissuits. Das Schwenden oder Röden wurde früher vielfach in waldreichen Gegenden angewandt, um das Ackerareal zu vergrößern. Man fällt den Wald, läßt die Bäume liegen und eine Zeit lang trocknen, zündet sie dann an, schafft das unverbrannte Holz, auch wohl die Baumstümpfe zur Seite, säet, solange der Boden noch etwas warm ist, pflügt die Saat ein, soweit solches zwischen den Wurzeln möglich ist, und beegget sie. Das Land ist an sich mürbe, die Asche giebt eine schöne Düngung und man gewinnt eine gute Ernte. Solche Art des Schwendens nennt man saatu tegema, saatu pöletama. Die zweite Art, die hier gemeint ist, heißt kütist tegema und wurde auf dem s. g. Buschland angewandt und bestand im Folgenden: man pflügt das Land auf, führt Strauch an, der in Bündel gebunden ist, legt die Bündel reihenweise zwei bis drei Schritt von einander, bedeckt sie mit dem aufgepflügten Rasen, zündet sie an, streut die Asche umher und besäet das Land. Die Arbeit ist mühsamer, aber lohnender. Hupel, Topogr. Nachr.

II, 282—288. Retzius, Finnland S. 43—45. Finland im 19. Jahrhundert S. 62.

311. 3. In den Meilern (miiliaugud) wurde entweder Holzkohle gebrannt oder Theer geschwelt. Finland im 19. Jahrhundert S. 63—64.

322. 3. Langschwanz (pitksaba) wird der Wolf genannt, der auch noch pitkhänd heißt, hallkuub (Graurock), lambnik (Schäfer), onu (Onkel), ühelaine (Einbeiniger), püha Jüri kutsikas (St. Georgs Welpe), kõrwe kutsik (Einödenhündlein), kriimsilm (Fleckgesicht), mõtshatt (Waldhündin), wana hall (der alte Graue), wana julge (der alte Dreiste), metsa lind (der Waldvogel), mets (der Wald), metsa Töll (der Wald-Töll), wana Töll (der alte Töll) u. s. w. Den Grund finden wir Der Ehsten abergl. Gebr. S. 120: „Sie nennen ungern die wilden Thiere mit der eigentlichen Nahmen, sondern nennen den Bären Layjalk, Breitfuß, den Wolff Halle kuhb, grau Rock, und sind der Meinung, daß solche ihnen dann nicht soviel Schaden zufügen würden, als wenn sie sie bei ihren eigenen Nahmen nenneten."

430. 3. Der Zwerg (härjapõlwlane) trägt des Teufels Embleme: sarwekesed kõrwa taga, kitsehabe alla lõuga. Härjapõlwlane heißt eigentlich der bis zum Ochsenknie Reichende.

758. 3. Des Thaues Wellen = kastekeered. So wird der an stillen Sommerabenden wellenförmig sich erhebende Thau genannt. Kreutzwald.

Achtzehnter Gesang.

80. 3. ff. Die Höllenbilder in diesem Gesange sind poetischer als die im dreizehnten und vierzehnten. Diesmal tritt des Teufels Musteröconomie mit ihren Scheunen, Viehställen und Frohnknechten in den Hintergrund und man erhält eine Art Pyriphlegeton mit einer Brücke darüber, die ein höllisches Kriegsheer wüthend vertheidigt. Schon der Eingang der Unterwelt ist hier eines Vergil oder Dante nicht ganz unwürdig geschildert und das dem Sarwik abgelistete wunderbare Glöckchen ist in seiner Art auch eine neue Erscheinung. Schott, Kalewipoeg S. 481.

650. 3. Dies widerspricht der Angabe V, 745—746, nach welcher Linda an Uku's Pforte, in dem Glanz der Glückessonne wohnte. Kreutzwald sucht zwar den Widerspruch zu heben, wenn er die Vermuthung ausspricht, daß die Erscheinung der Mutter des Helden im Reich des Gehörnten nur ein wesenloses Bild sei, gleichsam das Werkzeug, wodurch der höchste Gott selbst dem Kalewipoeg den Kunstgriff zur Besiegung seines Gegners eingab, aber der Widerspruch bleibt, weil die estnischen Vorstellungen von dem jenseitigen Leben eben mit diesem Widerspruch behaftet sind, wie wir oben sahen. Kreutzwald's briefliche Aeußerung hat Schott, Ueber finnische und estnische Heldensage, Monatsberichte der Preuß. Ak. der Wissenschaften zu Berlin. 1866. S. 259 mitgetheilt.

769. 3. Braun (tõmmupoeg) wird hier der Bär figürlich genannt, wie XVIII, 768 palupoeg und 773 laikäpp. Außerdem titulirt man den Bären mesikäpp (Honigpfote), päts (Petz), must (Schwarzer), mõuru Hans (Brummhans), wana Märt (alter Martin), müristaja (Brummer, Donnerer), metspapp (Waldpfaff) u. s. w.

892. 3. Die Schlacht auf der Höllenbrücke ist bruchstücklich weit verbreitet unter dem Volke. Sie heißt sillasõda.

Neunzehnter Gesang.

178. 3. Ein Riga'scher Loof = 70 Liter; eine Riga'sche Tonne = 133 Liter.

312. 3. ff. Ueber das Lied vom großen Ochsen vgl. K. Krohn, Die geographische Verbreitung estnischer Lieder S. 10—12.

467. 3. ff. Dieses Gelage ist Kalewipoeg's und seiner Gefährten Todesweihe, denn das Verderben aller lauert vor der Thür. Schott, Kalewipoeg S. 486.

477. 3. Gemeint sind die majawarjajad, majahoidjad, hoonehoidjad = Behüter des Hauses, die zu der Gattung der haldiad (Schutzgeister) gehören. Sie galten, wie sie auch genannt werden, als Herren des Hauses (majaperemehed) und genossen bei Festlichkeiten Antheil an Speise und Trank. "Wir sind heute froh", hieß es, "lasset denn auch die unsichtbaren Beschützer an unserer Fröhlichkeit theilnehmen! Wenn wir ihrer in guten Tagen gedenken, werden sie uns in den bösen nicht vergessen". Bei den Libationen galt als üblicher Spruch: "Wahtu waga warjajaile, Kauni önne kandijaile!" Den Schaum für fromme Beschützer, Für des schönen Glückes Träger! Auf Oesel nahm am Morgen nach der Hochzeit das junge Eheweib ein Brot und eine Kanne Bier und durchwanderte alle Räume des Hauses und goß auf jeder Schwelle einige Tropfen Bier aus, während die Umstehenden sangen:

> "Schwesterchen, Du liebe Kleine,
> Nimm ein Brötchen unterm Arm nun,
> Bieres Becher in die Hand auch,
> Sprenge auf die Thüren Bier nun,
> Gieße auf die Angel Branntwein."

Vgl. Der Ehsten abergl. Gebr. S. 38—40. Holzmayer, Osiliana I, 21—22.

659. 3. Kiuda ist ein Ochsname, dessen Bedeutung unbekannt ist. Wall (660) ist die Bezeichnung eines weißen Ochsen.

674. 3. Sulew oder Sulewipoeg wird in der Sage oft mit Kalewipoeg und Alewipoeg zusammen genannt, ist also ein Begleiter und Freund des Kalewipoeg. Neus, Ehstn. Volksl. S. 5. behauptet, daß in dem Namen Sulewi der Begriff des Flüssigen (sula) liege, wie Kalewi sprachlich den Felsen bezeichne.

870. 3. Eisenfäuste = raudkäpad, isamehed, ninamehed heißen die Freiwerber, geachtete, dem Bräutigam verwandte oder befreundete Männer, die sich allein oder mit dem heirathslustigen jungen Manne zusammen zu der Wohnung des zukünftigen Schwiegervaters begeben und die Werbung vorbringen, was nach estnischem Brauch der Freier selbst nicht thun darf. Den Namen raudkäpp verdankt der Freiwerber wohl dem Brauche, daß er am Hochzeitstage einen Degen führte, ebenso wie die peiupoisid (Hochzeitsmarschälle) und der Bräutigam selbst.

Zwanzigster Gesang.

93. 3. Johannislohe = Jaani tuli. Der Johannisabend wird von den Esten noch jetzt beim Freudenfeuer festlich begangen. Das Fest verdankt seinen Ursprung der altheidnischen Uku-Feier um die Zeit des Sommersolstitiums und ist für allerhand

Zauberwesen von besonderer Bedeutung. Kreutzwald, Einiges über Aberglauben, Sitten und Sagen der Ehsten. Inland. 1837. Sp. 687—690. Holzmayer, Osiliana I, 62—64. Wiedemann S. 362—364, 415—417. Eisen, Jaani raamat. 1898.

101. ff. Z. Wie hoch bei den alten Esten die Keuschheit gehalten wurde, geht unter anderm aus dem Namen hervor, mit welchem geschlechtliche Fehltritte bezeichnet wurden: tulitöö = Feuerverbrechen. Die sich vergangen hatten, wurden verbrannt, ihre Asche in den Wind gestreut. Kelch, Lieftländische Chronika S. 27. Tischler, Kalewipoja sisust S. 10—21. R. Kallas, Perekonna-raamat S. 164 ff. 180 ff.

250. Z. Im Rappel'schen Kirchspiel wird ein großer Stein Kalewipoja luisu-kiwi = Schleifstein des Kalewipoeg genannt. Nach einer in der Gel. Estn Ges. aufbewahrten Variante wirft der Fersenknabe des Kalewipoeg, der hier Kollart genannt wird, diesen Schleifstein bis Rappel.

283. Z. Gemeint ist Dorpat, wo auf dem heutigen Domberge sich ein heiliger Hain des Taara erhob.

296—298. Z. Das erste Schlachtroß des Kalewipoeg verunglückt nur, und zwar auf der Verfolgung des geschlagenen Feindes nach dem Siege bei Assamalla; das zweite aber, welches in der ersten Schlacht nach erneutem Kriege (am Embach) unseren Helden getragen, fällt schon am Morgen des Kampfes unter den Hieben der Eisenmänner (raudalaste ropsitusel). Die Schlacht bei Wõhanda endlich raubt unserem Helden den Sulewipoeg und nach dem Kampfe findet Alewipoeg den Tod. Die graduelle Steigerung des Unglücks ist unverkennbar und also die Schwermuth, welche von jetzt ab, mit neu erwachender Gewissensqual im Bunde, des Kalewipoeg sich bemeistert, gut motivirt. Erst bei Beschreibung dieser letzten Schlacht werden Völker, die mit den Rittern sich verbündet haben, namentlich erwähnt, und zwar Tataren, Polen, Litthauer, einmal auch Russen. Aber die Ritter selbst bleiben ohne Nationalnamen, obgleich jeder sie als saksad (Deutsche) kennen muß. Schott, Kalewipoeg S. 485.

316—323. Z. Denselben Spruch zur Blutstillung finden wir Myth. und mag. Lieder S. 104. Unter den hochgeheimen Reden salasõnad (327) und Eisenworten (rauasõnad 329) haben wir wohl Ursprungsworte (syntysanat) zu verstehen. Zum Heilen der vom Eisen verursachten Wunde genügen die gewöhnlichen Besprechungen nicht. Der Zauberer muß auch den Ursprung des Eisens (raudan synty) kennen und hersagen. Vgl. Kalevala XI, 29—258. 343—416.

336. Z. Die neunerlei Kräuter, worunter niemals Farnkraut, Thymian und Bärlapp fehlen durften, wurden in der Johannisnacht gesammelt.

367. Z. Der See heißt Jänujärw = Durstsee und liegt nach Kreutzwald's Angabe im Grenzgebiete des Gutes Alt-Köllitz (Krootuse) im Kanapä'schen Kirchspiel.

835. Z. Ebenso kommt Kullervo zu jener unglückseligen Stelle im Walde,

„Wo die Schwester er geschändet,
Seiner Mutter Kind geschwächet."

Die ganze Natur scheint die unnatürliche That zu beweinen, kein Haidekraut blüht, kein Blatt grünt. Da zieht Kullervo, Sohn des Kalervo, das Schwert aus der Scheide, fragt es,

„Ob das feurige Schwert bereit,
Schuldbeladenes Fleisch zu zehren,
Aufzuschlürfen Verbrecherblut?"

steckt den Schwertgriff in die Erde, stürzt sich auf die Spitze und bohrt sie sich tief in die Brust. So sühnt er seine Schuld an sich selber. Die Gerechtigkeit trium=

phirt, das Sittlichkeitsgesetz geht als Sieger hervor. J. Krohn, Die Kalewala vom ästhetischen Standpunct betrachtet S. 90—98.

876. 3. Indem das Schicksal Kalewipoeg's Schwert zum Vollstrecker seiner gegen ihn gefaßten Beschlüsse macht, wälzt es zugleich die ganze Verantwortung dafür auf ihn selbst, weil die Worte, deren unser Held (Kwp. XI, 693—697) bediente, eine derartige Zweideutigkeit enthielten, daß sie eher gegen ihn, als gegen den Zauberer gedeutet werden konnten. Die finsteren Mächte täuschen uns mit Doppelsinn (wie Macbeth sagt), mögen sie nun selbst räthselhaft sprechen oder unsere eigenen Aeußerungen zu unserem Verderben auslegen. Schott, Kalewipoeg S. 485.

926. ff. 3. Silm tall säras selgeeste Taewataadi tareessa. Fählmann, Die Sage vom Kallewi poeg. S. 14 a. Handschriften der Gel. Estn. Ges. A. A. Nr. 214.

930. 3. ff. Es scheint, daß nach den Vorstellungen der heidnischen Esten nur Menschen aus Göttersamen nach ihrem irdischen Tode zum Himmel fuhren, während Sterbliche von rein irdischer Abkunft in's Schattenreich hinabsanken. In Taara's himmlischer Wohnung lagerte man sich um eine Feuerstätte (tulepaiste), wie auf Erden geschah, und Sänger feierten die Thaten der Helden beim Saitenspiel. Schott, Kalewipoeg S. 486. Wir halten aber diese Vorstellung für eine jüngere, welche unter dem Einfluß christlicher Ideen entstanden ist. Eine Himmelfahrt des Kalewipoeg paßt durchaus nicht zu den altestnischen Vorstellungen vom Jenseits. Mana, der Todtengott, hält seinen Raub unerbittlich im Schattenreich fest, jetzt auch den Kalewipoeg, obgleich dieser bei Lebzeiten zwei Mal gewaltsam eingedrungen war.

1012. 3. Nach einer späten, in der Gel. Estn. Ges. aufbewahrten Variante, von unbekannter Hand aufgezeichnet, ist es Jesus, der dem Kalewipoeg befiehlt, mit der Faust in die Wand zu schlagen. Die Faust bleibt im Felsen fest und Kalewipoeg wacht noch jetzt da. Die Ketten werden dünner, indem die Teufel mit Kienspänen, welche an zwei Enden angezündet werden, sie anbrennen. Alle Weihnacht sind die Ketten dünn wie ein Haar, werden aber plötzlich ebenso dick, wie vorher, sobald in den Kirchen der Lobgesang ertönt. — Dieser Vorstellung scheint ein ursprünglicher Naturmythus zu Grunde zu liegen: die dunklen Mächte drohen jede Julzeit d. h. beim herannahenden Wintersolstitium das Licht zu besiegen, allein dieses bricht gerade um diese Zeit mit erneuter Kraft hervor und drängt allmälig die finsteren Mächte wieder zurück.

1027. 3. Julzeit, estnisch jõuluaeg, ist eine Benennung der Weihnachten, die offenbar aus der vorchristlichen Zeit herrührt und mit jäo oder jõu verwandt zu sein scheint. Beide Worte stammen nach Kreutzwald's Meinung ohne Zweifel von dem Namen einer alten heidnischen Gottheit der Esten ab. Kreutzwald denkt dabei an den alten Donnergott Kõu, der aller Wahrscheinlichkeit nach den Beinamen „Jõu" oder „Jõul" geführt haben müsse, der neben seinem Donnergeschäft vielleicht auch die Regierung des Todtenreiches zu verwalten hatte. Vgl. Anmk. Zur Einführung 12. 3. Ueber die Jäo- oder Jõu-Abende, welche um die Zeit des kürzesten Tages begangen wurden, vgl. Anmk. XIV, 374. Die Verkünder des Christenthums verlegten des Heilands Geburt an die Stelle des alten Jõul-Festes und handelten dabei sehr weise. Kreutzwald, Einiges über den Aberglauben, Sitten und Sagen der Ehsten, Inland. 1837. Sp. 705. Ueber den Charakter der Estn. Mythologie. Verh. II. H. 3. S. 44—45. Ueber die Monatsnamen der Ehsten. Mél. russ. III, 401, 403. — Man ist schnell bei der Hand gewesen, wegen des Gleichklangs der Namen das estn. Jõul- Jõu- Jäo-Fest mit der Julfeier der Scandinavier zu identificiren, man hat auch in den Festgebräuchen Aehnliches entdeckt, aber wir sind weit entfernt, schon deshalb an eine Entlehnung zu glauben. Die Sache verhält sich ebenso wie mit Taara oder Thörr. Vgl. Anmk. Zur Einführung 167 3.

1041. 3. **Mana,** entstanden aus **Manala** = **Maan-ala** (das unter der Erde Befindliche) ist der Beherrscher der Unterwelt, der **Manala,** die Gottheit des Todes. In der christlichen Zeit wurde das böse Princip, der Teufel, an Stelle des heidnischen Todesgottes Beherrscher der Unterwelt. Dieser kann aber selbstverständlich der **Mana** vorliegender Stelle nicht sein. Der Teufel heißt sonst im Kwp. der Gehörnte (Sarwik) und **Kalewipoeg** hat ihn XIX, 89 ff. so furchtbar gefesselt, daß er schwerlich die leiseste Bewegung zu machen, viel weniger seines Besiegers Faust in der Felsspalte festzuhalten vermag. Was den **Kalewipoeg** bannt, ist die Macht des über Götter und Menschen herrschenden Schicksals, das keine Schuld ungerächt läßt. Das Schicksal personificirt hier **Mana,** der uralte Todesgott, der niemals mit dem Teufel identisch wird, wie denn auch sein Name nie auf das böse Princip übergegangen ist. Schott, Kalewipoeg S. 487. Tischler, **Kalewipoja sisust** S. 53—58. R. Kallas, **Perekonna-raamat** S. 205—216.

1051. 3. Das von den Esten bewohnte Land **(Eestimaa)** umfaßt die Provinz Estland **(Tallinnamaa)** und die nördliche Hälfte des Gouvernements Livland **(Liiwimaa),** sowie einen Theil des Gouvernements Pleskau (Setumaa) und des Gouvernements Witebsk (Lutsi Maarahwas). Außerdem giebt es zahlreiche estnische Colonien in Ingermannland, Nowgorod, am unteren Lauf der Wolga (Samara, Saratow), in der Krim und im Kaukasus. Das Areal des von den Esten eingenommenen Landes beträgt nach G. Schweizer, Areal-Bestimmung des Kaiserreichs Rußland S. 42 und 48 in den vier Kreisen Estlands (vgl. Anm. Zur Einführung 29. Z. ff.) 369,76 ☐ M., in den fünf Kreisen Livlands: Oesel, Pernau, Fellin, Dorpat und Werro 417,56 ☐ M. — An bibliographischen Nachweisen ist zu vergleichen: E. Winkelmann, **Bibliotheca Livoniae historica.** 2. A. 1879. S. 22—78, sowie Die livländische Geschichtslitteratur, herausgegeben von C. Mettig und A. Poelchau; erscheint alljährlich.

Die Gesammtzahl der Esten beträgt etwa eine Million. Sie gehören der weitverzweigten, aber nicht zahlreichen ugrisch-finnischen Völkerfamilie, näher der westfinnischen Gruppe, an. K. Müller, der Ugrische Volksstamm. A. Castrén, Ethnologische Vorlesungen über die altaischen Völker. J. Krohn, **Maantieteellisiä kuvaelmia,** XIV. Suomen suku. O. Donner, Die Finnisch-ugrischen Völker, **Suomalais-ugrilaisen seuran' aikakauskirja** I, 120—129. O. Peschel, Völkerkunde. 6. Aufl. S. 395—408. Ihre Sprache zerfällt in zwei Hauptdialecte. Das Dörpt- oder Südestnische nimmt nur einen geringen Theil des ganzen Estlandes ein, nämlich, den Werro'schen Kreis, den südlichen Theil des Dörpt'schen und Fellin'schen und einen kleinen westlichen Theil des Pernau'schen Kreises. In dem Werro'schen Sprengel, der den Werro'schen und einen Theil des Dörpt'schen Kreises umfaßt, ist das Dörptestnische zugleich Schul- und Kirchensprache, in den anderen Districten nur Volkssprache und durch die immer mehr zur Geltung gelangende reval- oder nordestnische Schriftsprache beeinflußt. J. F. Wiedemann, Grammatik der ehstnischen Sprache S. 48—80 und Versuch über den werroehstnischen Dialekt S. 1—9.

Ihre gegenwärtigen Wohnsitze in Est- und Livland nehmen die Esten etwa seit dem 8. Jahrhundert nach Chr. Geburt ein, wobei die Vermuthung nahe liegt, daß die im Werro'schen Kreise angesiedelten Dörpt- oder Südesten einen späteren Strom der Einwanderung bildeten. Vgl. Yrjö Koskinen, **Sur l'antiquité des Lives en Livonie.** Act. Societ. Scientiarum Fenn. VII, 2 S. 389—411. E. Ü. S. Album III, 106—128. A. Bielenstein, Welches Volk hat an den Küsten des Rigischen Meerbusens und in Westkurland die historische Priorität, die indogermanischen Letten oder die ural-altaischen Finnen? Grenzen des lettischen Volksstammes S. 348—375. J. Trusmann, **Kust ja kudas algab Eesti rahwa ajalugu? Oma**

Maa. 1887. S. 80—84, 137—141, 200—205. Zwar ist uns der Name der Esten (Aestii) schon von Tacitus überliefert worden, aber es unterliegt keinem Zweifel, daß hiemit nicht die Vorfahren des jetzigen Estenvolkes bezeichnet wurden. Der Name der Aestii, Aesti, Haesti, Aisti, Eisten war ein rein geographischer Terminus, der alle Küstenvölker an der Ostsee von der Weichsel an umfaßte, ohne daß dabei an die Abstammung derselben gedacht wurde. Als man die dort einheimischen Nationalnamen durch den Bernsteinhandel kennen lernte, kam er für die Gegenden zwischen der Weichsel und der Düna ab und blieb endlich nur an dem weiter nach Norden zu hausenden finnischen Volke der Esten haften. Der Name Aestii, Aesti, Aisti, bezeichnete demnach ursprünglich weder einen finnischen, noch lito-slavischen Volksstamm, überhaupt gar keine Nationalität, sondern nur Leute des Ostens (Osti) und hat seine Entstehung ebenso wie der Name der Ostsee von den Germanen des Westens. Die Angelsachsen, gerade die seefahrenden West-Germanen, haben für das hochdeutsche Ost die Form east. Yrjö Koskinen, Oppikirja Suomen kansan historiassa S. 14. A. Bielenstein, Die Grenzen des lettischen Volksstammes S. 450. E. Kunik, ibidem. Anmk. S. 478, 487—488. Leo Meyer, Was ist das Aelteste, was wir von den Esten wissen? Sitzungsber. 1871. S. 1—14. Etwas Analoges finden wir bei einem anderen finnischen Stamm: Den an der Wolga wohnenden Tscheremissen soll diese Benennung von den stammverwandten Mordwinen beigelegt sein und bezeichne in der Mordwa-Sprache „Die Oestlichen". Castrén, Ethnologische Vorlesungen über die altaischen Völker S. 133. Der Tscheremisse bezeichnet sich selbst mara, was Mensch heißt. Ebenso pflegte früher der Este sich einfach maamees, Mann des Landes, sein Volk maarahwas, Volk des Landes zu nennen. Este wurde er hauptsächlich von seinen Nachbarn genannt. Erst in den letzten Jahrzehnten ist es üblich geworden diesen Namen in Schrift und im Wort anzuwenden. So nennen sich die Menschen gewöhnlich und auf diese Weise haben sich viele Volksnamen gebildet. Vgl. Sjoegren, Historisch-ethnographische Abhandlungen über den finnisch-russischen Norden, Gesammelte Schriften I, 471—472, 488—489. Wir erinnern hier nur an das ungarische ma-gyar, was gleichfalls „Mann des Landes" bedeutet, und an das alte Magoria. P. Hunfalvy, Die Ungarn oder Magyaren S. 39—41.

DM 72.-
13.4. Po